사회복지법제와 실천

강 용 규

청목출판사

머리말

4차 산업혁명이 시작되면서 각종 학문간의 융복합과 전혀 예상하지 못했던 감염병인 “COVID-19”라는 팬더믹 사태 이후 기존 경제구조의 심각한 붕괴 조짐과 수도권으로의 인구집중에서 오는 지방의 소멸, 출산율 저하로 인한 대학 신입생의 급격한 감소로 대학의 존립 위기, 일자리의 부족에서 오는 실업률의 증가, 천정부지로 상승하기 시작한 주택가격의 상승 등은 종래의 사회·경제적 호황과 어려움이 반복되면서 “공정”을 중시하는 MZ세대의 가치와 기득권 세대 사이의 갈등과 반목, ‘신빈곤’ 등을 비롯한 새로운 사회문제를 출현시키고 있다.

인간다운 삶의 실현과 이를 보장하기 위한 헌법의 정신을 구현하기 위한 사회보장기본법 및 사회복지사업법을 중심으로 관련 법률이 제정·정비되고는 있지만 새로운 금융 및 경제구조 속에서 전혀 예상치 못한 방향으로 구조화가 이루어지면서 이의 개선을 요구하는 목소리가 점차 커지고 있다.

사회복지 예산을 증액하고 다양한 사회복지제도를 운영하게 된다면 과연 사회복지수급권과 인간다운 삶의 보장과 실현은 이루어질 수 있을 것인가? 소득의 증가를 통하여 경제성장을 이루어 계층간의 부의 재분배를 이룰 수 있을 것인가?

“탄소 제로”를 위하여 화석연료를 기반으로 한 종래의 발전방식이 변하고 전기자동차의 출현으로 내연기관의 종말이 가속화되면서 혁신에 가까운 변화를 가져오고, 사회복지 소비자들에게 AI를 기반으로 하는 서비스의 변화도 가능할 것이며 이러한 경제적·기술적 변화는 사회복지에도 많은 영향을 줄 것이다.

사회복지는 “사회적으로 안락하고 만족스러운 상태에 놓여 있는 것”임에는 분명하다. 또한 인간의 충족되지 않고 결핍된 사회적 욕구와 사회문제를 해결하기 위한 사회적 노력이기도 하다. 그러나 예기치 못하는 사회적 욕구와 문제는 해마다 증가하고 있고 예측하기 곤란한 지경에 이르고 있다. 특히 “코로나 바이러스”의 세계적 대유행은 개인간 친밀감과 집합적 모임을 감소시키고, 군중적 모임에 대한 두려움과 개인적 생활과 만족을 중시하는 생활형태로 우리의 생활을 바꾸어 나가고 있다.

따라서 사회복지를 전공하는 예비 사회복지사들은 사회의 변화에 맞춰 사회복지적 제도를 ‘시대정신’에 맞게 실현하기 위해서 사회복지법률에 대한 해박한 지식과 사회복지

소비자들간의 괴리를 최소화하고 만족감과 효과성을 극대화할 수 있도록 해야 한다.

형이상학적이고 명목적인 법률이 아닌 사회복지실천현장의 목소리를 반영한 법률의 제정과 이를 효과적으로 실천할 수 있도록 해야 할 것이며, 복잡하고 다양한 법률의 입법이 아닌 명료하고 실천적인 입법이 이루어져야 한다.

본서는 사회복지실천현장에서 예비 사회복지사들이 반드시 숙지하고 있어야 할 내용들을 담고자 하였다. 복잡하고 난해한 법 규정을 보다 쉽게 풀어쓰고자 하였고, 헌법을 제외한 사회보장기본법을 위시한 29개의 사회복지 관련 법률을 학습해야 할 학생들의 경우 그 내용을 소화하기에 벅찰 수 있는 분량이 되고 있다는 점을 저자도 공감하고 있다. 그러나 "학문에는 왕도가 없"듯이 사회복지법 체계를 이해하고 이를 숙지했을 때 전문적인 실천기술을 바탕으로 체계적인 사회복지사업을 수행할 수 있다고 본다.

앞으로 우리가 예상하지 못하는 사회문제가 증가할 것이고, 우리가 학습해야 될 법률의 내용도 더욱 증가할 것이기에 법의 목적과 주요 내용을 반복적으로 학습하여 "법은 어렵다"가 아니라 법이 존재하므로 다양한 사회복지 소비자들에게 그들의 상황에 맞는 서비스를 제공할 수 있다는 사실을 인식해야 한다.

어려운 출판여건 속에서 본서가 나오기까지 기다려 주신 청목출판사 유성열 사장님과 편집진에게도 감사드린다.

2021년 8월

저자

차 례

머리말/3

제1부 사회복지법의 이해

제 1 장 법의 일반적 이해 15
1. 법의 개념 15
2. 법의 목적 18
3. 사회복지법의 법원 20
4. 사회복지법제의 과정 24
5. 사회복지법의 이념 25
6. 복지권의 법적 성격 27
7. 사회복지수급권 30

제 2 장 사회보장기본법 33
1. 입법배경 및 연혁 33
2. 목적과 이념 33
3. 사회보장의 책임주체와 대상 35
4. 사회보장수급권 36
5. 사회보장위원회 37
6. 사회보장정책의 기본방향 38
7. 사회보장제도의 운영 39
8. 사회보장정보의 관리 41
9. 기타 42

제 3 장 사회복지사업법 44
1. 총 칙 44
2. 사회복지사업의 정의 45
3. 사회복지사업의 책임 47

4. 사회복지법인 ··· 54
5. 사회복지시설 ··· 62
6. 재가복지 ··· 69
7. 보 칙 ··· 69
8. 벌 칙 ··· 73

제2부 사회안전망 관련 법률

제 4 장 국민기초생활보장법 ··· 79
1. 목 적 ··· 79
2. 국민기초생활 보장법의 특징 ··· 80
3. 국민기초생활 보장법의 기본원칙 ··· 81
4. 국민기초생활보장 급여의 내용 ··· 82
5. 보장기관 ··· 93
6. 급여의 실시 ··· 95
7. 보장시설 ··· 100
8. 수급자의 권리와 의무 ··· 100
9. 이의신청 ··· 101
10. 보장비용 ··· 102
11. 벌 칙 ··· 104

제 5 장 긴급복지지원법 ··· 106
1. 목 적 ··· 106
2. 기본원칙 ··· 107
3. 국가 및 지방자치단체의 책무 ··· 108
4. 긴급지원 ··· 108
5. 긴급지원의 종류 및 내용 ··· 110
6. 긴급지원심의위원회 ··· 112
7. 조사 및 심사 ··· 113
8. 기 타 ··· 114

제 6 장 의료급여법 ─── 116
1. 목적 ······116
2. 수급권자 ······116
3. 급여 관련기관 ······118
4. 의료급여의 내용 ······120
5. 기 타 ······126
6. 벌 칙 ······134

제 7 장 식품등 기부 활성화에 관한 법률 ─── 136
1. 목 적 ······136
2. 정 의 ······136
3. 신 고 ······137
4. 기부식품 등 지원센터의 지정 ······137
5. 기부식품등 제공사업사업의 범위 ······138
6. 기부식품 등의 모집 및 제공 ······138
7. 국가 등의 지원 ······139
8. 민 · 형사상의 책임감면 ······139
8. 사업장에 대한 평가 ······140
9. 지도 · 감독 ······140
10. 시정명령 ······141
11. 벌칙 및 과태료 ······142

제 8 장 정신건강증진 및 정신질환자 복지서비스 지원에 관한 법률 ─── 144
1. 총 칙 ······144
2. 정신건강증진 정책의 추진 ······147
3. 정신건강증진시설의 개설 · 설치 및 운영 ······155
4. 복지서비스의 제공 ······164
5. 보호 및 치료 ······165
6. 퇴원 등의 청구 및 심사 ······173
7. 권익보호 및 지원 ······180
8. 벌 칙 ······184

제9장 농어촌주민의 보건복지증진을 위한 특별법 187

1. 총 칙 187
2. 농어촌보건복지 기본계획의 수립 188
3. 농어촌 보건의료의 기반 조성 189
4. 농어촌 사회복지의 증진 191

제10장 노숙인 등의 복지 및 자립지원에 관한 법률 195

1. 총 칙 195
2. 노숙인 등을 위한 종합계획의 수립 196
3. 복지서비스 제공 198
4. 노숙인시설 200
5. 보 칙 204
6. 벌 칙 204

제11장 보호관찰 등에 관한 법률 206

1. 총 칙 206
2. 보호관찰기관 207
3. 보호관찰 210
4. 사회봉사 및 수강 225
5. 갱생보호 227
6. 벌 칙 230

제12장 일제하 일본군위안부 피해자에 대한 보호·지원 및 기념사업 등에 관한 법률 231

1. 목 적 231
2. 정 의 231
3. 국가의 의무 232
4. 결정 및 등록 232
5. 생활안정지원대상자에 대한 지원의 내용 232
6. 임대주택의 우선 임대 233
7. 일본군위안부 피해자 보호시설 233
8. 일본군위안부 피해자 지원 및 기념사업 심의위원회 234

9. 권리의 보호 ··········234
10. 생활안정지원금의 환수 ··········234
11. 실태조사 ··········235
12. 기념사업 ··········235
13. 기 타 ··········235

제13장 사회복지공동모금회법 —— 238
1. 목 적 ··········238
2. 정 의 ··········238
3. 기본 원칙 ··········239
4. 사회복지공동모금회의 설립 ··········239
5. 사 업 ··········239
6. 조 직 ··········240
7. 재 원 ··········240
8. 기부금품의 모집 ··········241
9. 복권의 발행 ··········241
10. 모금창구의 지정 ··········242
11. 배 분 ··········242
12. 재원의 사용 ··········244
13. 기 타 ··········245

제3부 아동·청소년 관련 법령

제14장 아동복지법 —— 251
1. 총 칙 ··········251
2. 아동복지정책의 수립 및 시행 ··········254
3. 아동에 대한 보호서비스 및 아동학대의 예방 및 방지 ··········258
4. 아동에 대한 지원서비스 ··········277
5. 아동복지시설 ··········283

제15장 영유아보육법 —— 296
1. 총 칙 ··········296

2. 어린이집의 설치 ············300
3. 보육교직원 ············306
4. 어린이집의 운영 ············309
5. 건강 · 영양 및 안전 ············316
6. 비 용 ············319
7. 지도 및 감독 ············323
8. 보 칙 ············333
9. 벌 칙 ············335

第16장 입양특례법 ———— 337

1. 총 칙 ············337
2. 입양의 요건 및 효력 ············339
3. 입양기관 ············343
4. 입양아동 등에 대한 복지 지원 ············346
5. 입양아동 등에 대한 정보의 공개 ············347
6. 지도 · 감독 ············347
7. 보 칙 ············348
8. 벌 칙 ············349

第17장 청소년복지 지원법 ———— 350

1. 총 칙 ············350
2. 청소년의 우대 ············351
3. 청소년의 건강보장 ············352
4. 지역사회 청소년통합지원체계 ············353
5. 위기청소년 지원 ············355
6. 청소년부모 지원 ············357
7. 예방적 · 회복적 보호지원 ············359
8. 청소년복지지원기관 ············360
9. 청소년복지시설 ············361
10. 보 칙 ············364
11. 벌 칙 ············365

제4부 노인 관련 법령

제18장 노인복지법 — 369

1. 총 칙 ······ 369
2. 보건 · 복지조치 ······ 373
4. 노인복지시설의 설치 · 운영 ······ 377
5. 비 용 ······ 395
6. 보 칙 ······ 397
7. 벌 칙 ······ 398

제19장 기초연금법 — 401

1. 총 칙 ······ 401
2. 기초연금액의 산정 ······ 403
3. 기초연금의 신청 및 지급 결정 ······ 406
4. 기초연금 수급자 사후관리 ······ 408
5. 기초연금 수급권자의 권리 보호 ······ 411
6. 보 칙 ······ 411
7. 벌 칙 ······ 413

제5부 장애인 관련 법령

제20장 장애인복지법 — 417

1. 총 칙 ······ 417
2. 기본정책의 강구 ······ 424
3. 복지 조치 ······ 430
4. 자립생활의 지원 ······ 440
5. 복지시설과 단체 ······ 441
6. 장애인보조기구 ······ 454
7. 장애인복지 전문인력 ······ 455
8. 보 칙 ······ 460

9. 벌 칙 ········· 462

제21장 장애인연금법 ——— 478

제22장 장애인 활동 지원에 관한 법률 ——— 490

1. 총 칙 ········· 490
2. 활동지원급여의 인정 ········· 491
3. 활동지원급여의 제공 ········· 495
4. 활동지원기관 ········· 498
5. 활동지원인력 ········· 502
6. 활동지원급여비용 ········· 505
7. 이의신청 ········· 507
8. 보 칙 ········· 508
9. 벌 칙 ········· 511

제23장 장애아동 복지지원법 ——— 512

1. 총 칙 ········· 512
2. 국가와 지방자치단체의 임무 ········· 514
3. 복지지원 대상자 선정 및 복지지원 제공의 절차 ········· 516
4. 복지지원의 내용 ········· 519
5. 복지지원 제공기관 ········· 522
6. 보 칙 ········· 524
7. 벌 칙 ········· 526

제24장 발달장애인 권리보장 및 지원에 관한 법률 ——— 527

1. 총 칙 ········· 527
2. 권리의 보장 ········· 529
3. 복지지원 및 서비스 ········· 535
4. 발달장애인 가족 및 보호자 지원 ········· 539
5. 발달장애인지원센터 ········· 540
6. 보 칙 ········· 544
7. 벌 칙 ········· 545

제6부 가족 관련 법령

제25장 한부모가족지원법 ―― 549
1. 총 칙 ······ 549
2. 복지의 내용과 실시 ······ 553
3. 한부모가족복지시설 ······ 560
4. 비 용 ······ 563
5. 보 칙 ······ 564

제26장 다문화가족지원법 ―― 567
제27장 가정폭력방지 및 피해자보호 등에 관한 법률 ―― 576
제28장 성매매방지 및 피해자보호 등에 관한 법률 ―― 590
제29장 성폭력방지 및 피해자 보호 등에 관한 법률 ―― 605
1. 총 칙 ······ 605
2. 피해자 보호・지원 시설 등의 설치・운영 ······ 612
3. 보 칙 ······ 620
4. 벌 칙 ······ 622

제 1 부

사회복지법의 이해

제 1 장 법의 일반적 이해
제 2 장 사회보장기본법
제 3 장 사회복지사업법

1
chapter

법의 일반적 이해

1. 법의 개념

법의 개념은 한 마디로 정의하기 매우 곤란하다. 한 국가의 역사 및 사회경제적 배경, 학자들마다 그의 개인적 세계관 및 가치관이 다르기 때문이다. 법은 국가경영의 기본 틀로서 한 시대가 추구하는 이념의 산물이며 그 시대의 사회상을 반영한다고 할 수 있다.

사람들이 살아가는 사회에서는 각종 제도가 형성되기 마련이며 특히 사회의 최고 형태라고 할 수 있는 국가는 자신이 추구하는 정책을 갖게 되는데 법은 이러한 제도와 정책을 법이라는 형식으로 나타낸 것으로 국가의 모든 제도와 정책은 법을 통하여 비로소 구체화되고 국민에게 전달 집행되어진다. 특히 법치주의를 최고의 통치이념으로 삼고 있는 현대국가에서는 국자의 중요한 정책과 제도가 법의 형식으로 나타나게 되며, 국민주권주의의 이론에 따라 주권자인 국민들이 대표자를 통하여 자신들을 규율할 법을 제정함으로써 '자동성의 이념'[1]을 구현하게 된다.

오늘날의 법은 헌법을 정점으로 다양한 유형의 법규가 일련의 체계를 갖추고 있으며 국가의 통치조직과 국민의 권리, 의무 등 헌법 규정을 구체화한 내용 외에 국가 기능의

1) 자동성의 원리란 의회와 유권자의 의사가 일치되어야 한다는 민주주의의 근원적 이념이다. 이는 루소의 동일성의 원리를 계승한 것으로 원래 직접민주주의로부터 유래된 사상이다. 그러나 완전한 직접민주주의는 현실적으로 불가능한 것이기에 대의제 원리를 통하여 이를 보완하려 하였지만 의회에 의한 간접민주주의 또한 유권자의 이익을 완전하고 충실하게 대변해 주지 못함으로써 최근 다시 직접민주주의에 의한 국민의 직접적인 참정이 강조되게 된 것이다.

확대 추세를 반영하여 경제개발과 사회복지 등 중요 정책 방향까지 제시하고 있다.

각각의 법은 국민들의 이해관계를 조절함과 동시에 국가가 추구하는 정책의 우선순위를 결정하는데 이는 입법과정에서 정당간의 타협의 결과일 수도 있고 행정부의 대안을 정책화한 것도 있으며 일반이나 또는 각종 시민사회단체 및 사회복지단체 등의 입법요구가 결실을 맺는 경우도 있다. 뿐만 아니라 우리의 전통과 관습, 법 감정을 입법화한 법이 있는 반면에 선진 각국의 제도를 그대로 수용하거나 우리 실정에 알맞게 변형시켜 도입한 법도 있으며, 우리 사회의 실정에 적합하여 오랜 기간 유지되고 있는 법도 있고, 법 시행과정에서 우리의 정서와 맞지 않음으로 인하여 단명한 법도 있다.

이들 법은 행정기관이 정책을 수립·집행하는 준거가 되고 개인간 법률관계를 형성하거나 조정하는 행위규범이 되는 동시에 법원에서는 재판규범으로서의 기능을 발휘하는데 이는 법이 갖는 규범력에서 비롯된 것이다. 법의 규범력은 법 스스로가 그 준수를 강제할 수단을 갖춤으로써 이를 확보할 수 있으며 이러한 강제력은 국가권력에 의하여 뒷받침된다. 그러나 입법절차에 의하여 대의기관(국회, 지방의회)을 거치지 않은 경우, 민주적 정당성을 결여한 경우, 국민일반의 법의식에 상반되거나 법의 내용이 서로 모순되고 상충되는 경우 법의 의의가 상실된다.

여러 학자들이 수립한 기본적인 법의 개념을 정리해 보면 다음과 같다.

1) 사회규범

사회규범이란 인간의 사회생활에 관한 일반적인 규범이라는 의미이다. 인간은 혼자서 살아갈 수 없고 다른 사람과 함께 살아가는 공동체적인 사회적 존재이다. 공동체 생활을 하면서 서로 다른 이상과 가치관을 지닌 구성원들간 대립과 갈등, 충돌은 필연적이므로 이를 방지하기 위하여 공동체를 붕괴시키지 않고 질서를 유지하기 위하여 구성원 상호간에 합의한 일반적이고 보편적인 규칙이 필요하다. 이러한 보편적인 규칙이 바로 사회규범으로서의 법이다. 사회규범에는 법 이외에도 도덕, 종교, 관습 등이 있다.

2) 강제규범

강제규범 중의 하나인 법은 스스로의 목적을 관철시키기 위하여 강제라는 수단을 가지고 있다. 즉, 법은 정치적으로 조직된 사회인 국가 속에서 권력적·물리적 강제력을 발동할 수 있는데 이것이 법의 본질적 속성이고 다른 사회규범들인 도덕, 종교, 관습과 구별되는 결정적 요소이다. 법 이외의 사회적 규범을 위반할 경우에는 비난을 받을 뿐이지만, 법을 위반할 경우에는 강력한 제재와 처벌을 받게 된다.

3) 문화규범

법은 그 사회가 지향하는 문화적 가치에 대한 그 사회적 합의의 산물이다. 법은 법의 생명인 정의라는 가치를 위하여 지속적인 노력을 하는 가운데 생성된 문화규범이다. 어느 사회나 독특한 문화가 있듯이 법 문화도 국가마다 해당 국가의 특색을 반영하여 제정된다.

법의 문화규범성은 법이 단순히 가치만을 나타내는 것이 아니라 현실을 반영한다는 의미이다. 법은 문화적 요인에 의하여 발전되며, 해당 국가의 문화적 수준과 직결되는 문화의 척도가 된다.

4) 행위규범

행위규범인 법은 법의 대상이 되는 것이 행위라는 의미이다. 인간의 행위는 일반적으로 자신의 의사에 기인하여 드러나지만, 의사만 있고 그 의사가 외부행위로 표현되지 않는 이상 인간의 내심·심리적 작용은 원칙적으로 문제 삼지 않는다. 법이 사회생활의 질서유지를 위해 존재하는 만큼 그 의사가 외부행위로 옮겨졌을 때 그 외부적인 행위를 규율하는 것이 법규범인 것이다. 즉, 행위규범이란 사람에게 어떠한 행위를 명하거나 금지하는 것에 관한 판단의 근거가 되는 준칙이다.

5) 조직규범

조직규범인 법은 국가기관의 조직과 그 조직의 권한과 역할을 부여하는 사항을 규정하는 규범이 된다. 국가의 기본적인 조직규범은 헌법이지만, 헌법의 일반적인 조항을 위임받아서 다시 국가기관의 조직과 권한을 규정하는 모든 법, 예를 들어 국회법, 법원조직법, 정부조직법, 지방자치법 등이 이 범주에 속한다. 근대국가에 있어서는 권력분립의 이념에 따라 법의 제정, 적용, 집행 등이 조직적으로 각 기관에 분립되어 있다.

6) 재판규범

재판규범으로서 법은 재판할 때 판결의 기준을 제시해 주는 규범이다. 법조항이 행위규범적 성격을 지닌 경우 대개는 동시에 재판규범적 성격을 띠고 있다.

2. 법의 목적

법은 궁극적으로 사회정의를 실현하고, 법적 안정성을 기하며, 사회질서를 유지하는 데 그 목적이 있다.

1) 사회정의의 실현

법의 궁극적인 목적은 사회정의의 실현에 있다. 사회정의(social justice)란 일반인의 통념으로 판단한 올바른 사회적 윤리, 법 앞에서의 평등이나 정당한 보수 따위와 같이 모든 개인이 한결같이 인간다운 생활을 누릴 수 있는 최소한의 조건을 보장하는 것으로 기본으로 한다.

정의(正義; Justice)는 사회를 구성하고 유지하기 위해 사회 구성원들이 공정하고 올바른 상태를 추구해야 한다는 가치로, 대부분의 법률이 포함하는 이념이나, 정의는 실제로는 애매모호한 개념이라고 할 수 있다.

예로부터 전해 오는 가장 뛰어난 정의론은 아리스토텔레스에 의한 다음 세 가지 정의의 분류이다. 아리스토텔레스는 정의의 본질이 평등이라고 주장하면서 정의를 '평균적 정의'와 '배분적 정의'로 구분했다. 평균적 정의는 인간은 인간으로서 동일한 가치를 가지고 있는 것이므로 평등하게 다루어져야 한다고 하는 형식적 절대적 평등원리이다. 그러므로 모든 사람이 동등한 대우를 받아야 한다는 가치로 현대에서는 정치·사법 분야에서 강하게 적용된다. 평균적 정의는 개인 상호간의 매매와 손해 및 배상 또는 범죄와 형벌의 균형을 찾아내려는 것이다. 둘째, 일반적 정의에 관한 것이다. 일반적 정의는 사회에 있어서 개인권리의 상호적 존중을 규정하고 개인이 단체의 일원으로서 단체에 대하여 의무를 다하는 것을 의미한다. 셋째, 배분적 정의는 각자가 개인의 능력이나 사회에 공헌·기여한 정도에 따라 다른 대우를 받아야 한다는 가치로 사회·경제적인 측면에 적용된다.

〈표 1-1〉 아리스토텔레스의 정의

평균적 정의	모든 사람이 동등한 대우를 받아야 한다는 가치
일반적 정의	사회의 일원으로서 개인이 사회에 져야 할 의무
배분적 정의	각자가 개인의 능력이나 사회에 공헌·기여한 정도에 따라 다른 대우를 받아야 한다는 가치

2) 법적 안정성의 유지

법은 사람들이 안심하고 사회생활을 할 수 있도록 하기 위해 존재한다. 법이 사람들로 하여금 안심하고 사회생활을 할 수 있도록 하는 것을 법적 안정성이라 한다. 법은 법적 안정성을 갖고 있어야 한다. 법이 법적 안정성을 유지하기 위해서는 첫째, 법은 사람들이 법의 존재 여부와 그 내용을 명확하게 이해할 수 있어야 한다. 둘째, 법은 너무 자주 변경되어서는 안 된다. 법이 조령모개(朝令暮改)식으로 자주 개정되면 사회적 불안을 부르게 되고 사회질서를 해칠 수 있다. 셋째, 법은 실효성이 있어야 한다. 법은 실제로 행해져야 사람들이 안심하고 생활할 수 있게 된다. 넷째, 법은 선량한 국민의 의식과 합치되어야 한다. 만일 사회복지법의 내용이 불명확하고, 너무 자주 바뀐다면 일반적으로 법에 대한 국민의 순응성이 저하되고 사회불안을 일으키게 된다.[2)]

3) 사회질서의 유지

법은 사회공동체의 생활에 있어서 사회질서의 유지를 목적으로 한다. 사회질서란 사회적인 과정에 일관성이 있고, 사회의 각 부분들이 각자의 기능을 수행하기 위해서 조화와 균형을 이루는 상태를 말한다. 사회질서는 사회구성원들에 의해 자발적으로 이루어지기도 하지만, 법적 강제에 의해 인위적으로 조성되고 유지되는 경우가 일반적이다. 법은 법이 집행되는 과정에서 집행기관이 의무를 준수하고, 국민들이 법규를 위반하거나 오용 및 남용하는 것을 방지하기 위하여 벌칙으로 벌금, 과태료, 징역 등 벌칙을 부과함으로써 사회질서를 유지하고 있다.[3)]

4) 문화의 증진

법은 정의를 실현하고 사회의 질서를 유지하는 것 외에도 문화를 증진시킨다. 넓은 의미로 사용할 때 문화는 경제나 도덕도 그 내용에 포함된다. 그러한 의미에서 법에 내재하

2) 김귀환 외, 『사회복지법제론』, 나눔의 집, 2005, p. 16.
3) 상게서, p. 17.

는 경제적 목적이나 도덕적 목적 등은 동시에 법이 가지는 문화적 목적이라고 할 수 있다. 좁은 의미는 경제보다는 더욱 정신적인 인간의 창조활동을 가리키고 도덕보다도 더욱 객관화된 형태를 구비한 것을 가리킨다.

학문과 종교, 예술 등은 고도의 문화영역에 속한다. 그런데 이러한 모든 것을 일반적으로 고찰하면 그것은 결국에 있어서 인간생활의 복지에 귀결된다고 할 수 있다. 인간의 행복은 물론 경제적인 풍부한 생활에서만 오는 것은 아니나 어느 정도는 불가결의 조건이다.

따라서 이러한 경제·문화적 복지는 법이 달성하고자 하는 목적이며, 법규범의 기저(基底)에는 문화규범이 있다.

3. 사회복지법의 법원

1) 성문법

(1) 헌법

독일 바이마르공화국 헌법(1919. 7. 31)의 사회권적 기본권 조항이 규정됨으로써 헌법은 가장 기본적인 사회복지법의 법원이 되었다.

> 바이마르공화국 헌법 제151조
> 제1항 경제생활의 질서는 모든 국민에게 인간다운 생활을 보장하는 것으로 목적으로 하는 정의의 원칙에 합치하여야 한다. 이 한계 내에서 개인의 경제적 자유는 보장된다.
> 제2항 경제생활의 질서는 모든 사람에게 인간다운 생활을 보장할 목적으로서 정의의 원칙에 적합하지 않으면 안 된다.

헌법은 한 국가의 조직과 통치 작용, 그리고 국민의 기본권을 규정한 기본법이고 최상위의 법이다. 하위의 법체계인 법률, 명령, 규칙 등은 상위규범인 헌법에 구속되어 그것을 위반할 수 없다. 헌법은 사회복지법을 지도하고 있는 최고의 규범이다.

우리 헌법은 전문을 비롯하여 제10조 인간의 존엄성 보장과 행복추구권, 제31조 교육을 받을 권리, 제32조 근로의 권리, 제33조 노동기본 3권, 제34조 인간다운 생활을 할 권리, 제35조 환경권 및 주거권(쾌적한 환경에서 생활할 권리), 제36조 혼인과 가족생활의 보호 및 보건권 등의 헌법규정은 사회복지의 범위와 내용을 규정한 최상위의 규범이다.

특히 제31조에서 제36조의 규정은 소위 생존권적 기본권 규정으로서 사회복지법의 기본 방향이자 기본 근거이다.[4)]

(2) 법률

법률은 국회의 의결을 거쳐 대통령이 공포한 법을 의미하며, 법률은 헌법을 제외하면 가장 큰 법원(法源)이나 헌법에 위배되면 법적 효력이 없을 뿐만 아니라 상위법인 헌법을 위반하여 제정할 수 없다.

사회복지법의 법원으로서의 법률은 실질적으로 사회복지의 구체적인 내용을 규정하고 있고, 각각의 개별 법률을 통하여 국민의 생존권적 기본권이 실현될 수 있다.

〈표 1-2〉 사회복지법의 분류체계

구 분	해당법률
사회보험법	산업재해보상보험법, 국민연금법, 국민건강보험법, 고용보험법, 노인장기요양보험법
공공부조법	국민기초생활보장법, 의료급여법, 긴급복지지원법, 재해구호법
사회서비스법	아동복지법, 노인복지법, 장애인복지법, 한부모가족지원법, 영유아보육법, 성매매방지 및 피해자보호 등에 관한 법률, 정신건강증진 및 피해자보호 등에 관한 법률, 성폭력방지 및 피해자보호 등에 관한 법률, 입양특례법, 일제하 일본군위안부 피해자에 대한 생활안정지원 및 기념사업 등에 관한 법률, 사회복지공동모금회법, 장애인·노인·임산부 등의 편의증진 보장에 관한 법률, 가정폭력방지 및 피해자보호 등에 관한 법률, 농어촌주민의 보건복지증진을 위한 특별법, 식품등 기부 활성화에 관한 법률, 의료급여법, 기초연금법, 긴급복지지원법, 다문화가족지원법, 장애인연금법, 장애인 활동 지원에 관한 법률, 노숙인 등의 복지 및 자립지원에 관한 법률, 보호관찰 등에 관한 법률, 장애아동 복지지원법, 발달장애인 권리보장 및 지원에 관한 법률, 청소년복지 지원법

(3) 명령과 규칙

명령과 규칙은 국회의 의결을 거치지 않고 권한 있는 행정기관이 단독으로 제정하는 법규로서 그 형식적 효력에 있어서는 국회가 제정한 법률보다 하위에 속한다.

명령에는 제정주체에 따라 대통령령, 총리령, 부령(보건복지부령, 여성가족부령 등) 등이 있고, 명령의 목적에 따라 긴급명령, 위임명령, 집행명령으로 나뉜다. 헌법 제75조는 대통령은 법률에서 구체적으로 범위를 정하여 위임받은 사항과 법률을 집행하기 위하여 필요한 사항에 관하여 대통령령을 발할 수 있다고 규정하고 있는데 이를 일반적으로 시행령이라고 한다. 또한 국무총리, 행정 각부의 장은 소관사항에 관하여 법률이나 대통령

4) 남기민 · 홍성로, 『사회복지법제론』, 공동체, 2008, pp. 38-39.

령의 위임 또는 직권으로 총리령 또는 부령을 발할 수 있는데 이를 보통 시행규칙이라 한다.

규칙은 각 부처가 사무처리 및 내부규율 등에 관해 제정한 규범으로 헌법이나 법률에 입각하여 입법부, 행정부, 사법부의 각 부에서 내부규율, 업무절차, 사무처리 등을 위해 제정되며, 지방자치단체장이 제정하는 규칙도 있다. 사회복지법과 관련된 시행규칙은 보건복지부 등과 같은 행정부처가 사회복지법의 시행을 위하여 필요한 내부규율, 업무절차, 사무처리를 내용으로 하는 규칙으로 주로 보건복지부령에 의해 제정되고 있다.

법률 외의 시행령과 시행규칙이 필요한 이유는 무엇인가? 오늘날 사회복지의 내용이 복잡성, 다양성, 전문성, 기술성, 임기응변성의 성질이 많기 때문에 국회에서의 입법능력에는 한계가 있기 때문이다. 따라서 국회에서는 대강만 정하고 세부사항은 행정기관에서 명령이나 규칙으로 정하는데, 이는 사회복지법의 법원(法源)으로 중요한 역할을 한다.[5)]

(4) 자치법규

헌법 제117조에 따르면 지방자치단체는 주민의 복리에 관한 사무를 처리하고 재산을 관리하며, 법령의 범위 내에서 자치에 관한 규정을 제정할 수 있다. 자치법규에는 조례와 규칙이 있는데, 조례는 지방자치단체가 법령의 범위 내에서 지방의회의 의결을 거쳐 그 사무에 관하여 제정한 법이다. 규칙은 자치단체의 장이 법령 또는 조례가 위임한 범위 내에서 그 권한 속하는 사무에 관하여 정립한 법이다.

그렇다면 왜 지방자치단체에서 조례와 규칙을 제정해야 하는가? 그것은 일반적으로 법률이 추상성이나 보편성을 띠고 있고 시행령이나 시행규칙은 중앙정부의 판단과 사정에 따라 제정되므로 지역에 거주하는 사람들의 사정을 충족시키기 어려운 점이 있기 때문이다. 따라서 조례의 제정이 활성화되면 지역주민의 의사를 최대한 반영하고 법규범의 구체성을 활보할 수 있게 되며, 중앙행정과 조화를 꾀할 수 있게 되는 것이다.[6)]

(5) 국제법

헌법 제6조 제1항에 "헌법에 의하여 체결·공포된 조약과 일반적으로 승인된 국제법규는 국내법과 같은 효력을 가진다"라고 규정하고 있다. 따라서 국제법 중 사회복지에 관련된 규정이 있으면 그것은 사회복지사업의 법원이 된다.

---

5) 남기민·홍성로, 전게서, p. 40.
6) 윤찬영, 『사회복지법제론』, 나남출판, 1999, p. 132.

2) 불문법

(1) 관습법

관습법이란 관행에 의하여 발생하는 사회생활의 규범을 말한다. 이러한 관습법은 일반적으로 성문법의 규정이 없거나 충분하지 못한 경우에 적용될 수 있는 법으로, 관습이 재판에 의하여 채택될 때 비로소 관습법이 된다.

(2) 판례법

판례법이란 판례의 형태로 존재하는 법을 말한다. 즉, 유사한 사건에 대하여 법원이 동일한 취지의 판결을 반복하여 문제의 해결방향이 대체로 확정되는데, 이 경우 그 판결이 법적 규범이 된다. 우리나라의 경우 판례를 법원으로 인정하는 명문의 규정은 없고, 각급 법원은 법을 해석하고 적용하는 데 있어서 각자 독자적인 입장에서 법원으로 인정하고, 형식적으로는 동급 및 상급법원의 판례에 구속받지 않는다. 그러나 판례의 법률적 구속력이 인정되지 않는다고 하지만 상급법원의 판례가 사실상의 구속력을 가진다. 사회복지법 분야에서는 대법원이나 헌법재판소의 판례는 사실상 구속력을 갖는다.

(3) 조리

조리(條理)는 자연의 이치, 사물의 본질적 법칙 또는 사물의 이치를 말한다. 조리는 대부분의 사회구성원들이 타당하다고 인정하는 공동생활의 원리인 도리, 사회정의, 사회형평, 사회통념, 신의성실 등으로서, 재판에 있어서 다른 법원에 의한 법을 발견할 수 없는 경우에 법원으로 채택되는 경우가 많다.

민법 제1조에는 “민사에 관하여 법률의 규정이 없으면 관습법에 의하고, 관습법이 없으면 조리에 의한다”라고 규정함으로써 조리를 성문법과 관습법 다음의 보충적 효력을 갖는 법원의 하나로서 인정하고 있다.

사회복지법에서도 조리법은 중요한 법원이 되는데, 그것은 현행 사회복지법이 대상자들의 욕구를 적절히 수렴하지 못하고 있고, 또한 법체계의 미비와 개별 법률의 모호한 내용 때문에 조리에 의한 판단 내지 해석할 수밖에 없는 법령이나 조항 또는 용어가 많기 때문이다. 특히 조리는 사회복지법이 가지는 법의 미비점을 보충해 줄 뿐만 아니라, 사회복지법의 이념인 인간다운 생활의 보장을 위해서 조리는 사회복지법의 법원으로서 매우 중요한 의미를 가진다.[7]

---

7) 남기민·홍성로, 전게서, p. 44.

4. 사회복지법제의 과정[8)]

입법과정 및 법규의 집행에 있어서 적정한 통제가 이루어져야 하는데, 입법권을 가진 국회에 대하여 행정부가 법률안거부권[9)]으로 이를 견제한다거나 헌법재판소의 위헌법률심사권에 의하여 헌법에 위반된 법률의 효력을 부인하는 제도를 비롯하여 행정입법에 있어서 정부안에서 '법제처'라는 자체 입법심사기관을 설치한 것이라든지 대통령령 이하의 하위법령에 대한 대법원의 심사권을 인정하는 방법 등에 의하여 국가기관 상호간의 관계에서 입법통제수단을 마련하고 있다.

국가기관이 수행하는 입법권도 주권자인 국민으로부터 위임받은 권한이며, 국민은 법의 당사자이며 입법에 대한 수요자 내지 평가자의 지위에 있기 때문에 국민들의 입법참여를 실질적으로 부장할 수 있는 수단이 중요한 의미를 갖는다.

대의제의 본질상 국민들은 선거에 의하여 국가기관의 입법 활동을 감시·비판함과 아울러 개별적 입법 활동에 대해서는 국회에 대한 입법청원이나 입법예고제 등의 방법으로 의견을 제출하고 헌법소원에 의하여 사후적 통제에도 참여하고 있다.

결국 현대국가에서의 법제는 구성원인 전체 국민과 의사를 반영하여 국가경영의 준거틀을 이루는 것으로서 법규 특유의 강제력으로 인하여 국민의 일상생활을 규율 내지 지배하지만 그것은 사회상황의 변동에 부응하여 변천을 거듭하고 이러한 변천은 법의 당사자인 국민들의 의사에 기초하여 이루어진다.

따라서 법제의 변천 과정을 추적해 보는 것은 사회의 발전과정을 파악하는데 매우 유용하며, 새로운 시대에 적합한 법률을 마련함에 있어 과거에 이룩한 법률의 성과나 법률운영과정에서 경험한 시행착오를 반면교사로 삼을 수 있다. 다시 말해, 과거와 현재 그리고 미래는 서로 단절될 수 없다고 볼 때 과거의 법제는 현재 시행 중인 법률이 출현할

8) 곽효문, 『사회복지법제론』, 제일법규, pp. 5-6.

9) 정부에 이송된 법률안에 대해 대통령이 이의를 제기할 수 있다는 권리. 국회에서 의결되어 정부로 넘어온 법률안에 대해 대통령의 이의가 있을 경우 이의서를 첨부하여 국회에 재의(이미 결정한 사항을 같은 기관에서 다시 심사하는 것)를 요구할 수 있는 권한이다. 대통령은 법률안의 일부 또는 법률안을 수정하여 재의를 요구할 수는 없고 단지 법률안에 이의만을 신청할 수 있다. 법률안거부권은 국회에서 법률안이 넘어온 날로부터 15일 이내에 행사해야 하며, 재의 요구가 있을 때 국회는 재의에 붙이고 재적의원 과반수 출석과 출석의원 3분의 2 이상의 찬성으로 전과 같은 의결을 하면 그 법률안은 법률로 확정되고 그렇지 않으면 그 법률안은 무산된다. 확정된 법률안은 대통령이 공표하며, 대통령이 공포하지 않을 경우 국회의장이 공포한다.

수 있는 근원 내지 배경을 이루며, 미래 사회의 법률적 수요를 파악하고 입법의 방향을 설정하는데 법리적 측면의 고찰과 입법정책적 측면의 접근을 병행해 나가야 한다.

오늘 대다수의 국가에서 성문법주의를 채택하여 수많은 법령을 양산하고 있기 때문에 성분법령의 변천과정을 파악하는 일이 가장 중요하지만 불문법원과 국민들의 법의식도 지속적으로 변모하고 있으므로 이에 대한 관심을 가질 필요가 있다.

5. 사회복지법의 이념

1) 행복추구

헌법 제10조는 "모든 국민은 인간으로서의 존엄과 가치를 가지며, 행복을 추구할 권리를 가진다. 국가는 개인이 가지는 불가침의 기본적 인권을 확인하고 이를 보장할 의무를 진다"고 규정함으로써 인간의 존엄과 가치, 행복추구권이 천부인권으로서의 기본적 인권임을 선언하고 있다.

인간의 존엄이란 인간으로서의 자주적인 인격과 가치를 의미한다. 우리나라 헌법재판소는 "헌법상의 인간상은 자기결정권을 지닌 창의적이고 성숙한 개체로서의 국민이다. 우리 국민은 자신이 스스로 선택한 인생관 및 사회관을 바탕으로 사회공동체 안에서 각자의 생활을 자신의 책임 하에 스스로 결정하고 형성하는 민주적 시민이다"라고 판시하고 있다.

인간으로서의 존엄과 가치, 행복추구권의 주체는 헌법 제10조에서 볼 때 모든 인간이다. 인간인 이상 국적의 유무에 영향을 받지 않고 국민뿐만 아니라 외국인 무국적자도 그 주체가 되며, 태아도 인간으로서의 존엄과 행복추구권과 생명권을 가진다는 것이 일반적 견해이다. 또 인간의 존엄과 행복추구권의 향유는 정신적·신체적인 상황과는 무관하기 때문에 빈민이건 부자이건, 비장애인이건 장애인이건, 아동이건 노인이건, 알코올중독자나 범죄자이건 아니건 간에 상관없이 모든 인간에게 인정된다.

인간의 존엄과 가치를 침해하는 법률은 원칙적으로 제정할 수 없으며, 행정도 이를 침해해서는 안 되며, 이를 침해한 행정처분[10]은 위헌-무효가 된다. 국가권력도 인간의 존엄과 가치·행복추구권을 침해하였을 때에는 국가가 배상책임을 져야 한다. 인간의 존엄과

10) 행정처분이라 함은 행정청이 행하는 구체적 사실에 관한 법집행으로서의 공권력의 행사 또는 그 거부와 그 밖에 이에 준하는 행정작용을 말한다(행정심판법 제2조, 행정소송법 제2조).

가치, 행복추구권의 침해에 대하여는 국민은 청원권의 행사라든가 재판청구권의 행사, 헌법소원권의 행사와 같은 여러 가지의 구제수단을 가지고 있다.[11)]

2) 평등권의 보장

평등권 사상은 역사적으로 중세의 신 앞의 평등, 근대의 법 앞의 평등, 현대의 경제적·사회적·실질적 평등으로 발전하였다. 현대의 평등사상은 평균적 정의의 실현에 국한되지 않고, 배분적 정의의 이념에 근거한 실질적 평등을 주장하고 있다. 즉, 근대의 평등사상이 만인의 평등과 인간의 해방이라는 추상적 이념인데 반하여, 현대의 평등사상은 사회생활에 있어서 경제적 불평등과 같은 현실적 불평등을 타파함으로써 모든 국민이 균등하게 인간다운 생활을 할 수 있도록 보장하기 위한 구체적이고 실질적인 이념이다. 실질적 평등사상은 독일 바이마르공화국 헌법에 의하여 확립되었다.

헌법의 평등보호조항은 개별적인 차별은 금지하나 어떠한 경우에도 차별을 인정하지 아니하고 모든 사람을 동일하게 취급하는 것을 요청하는 절대적 평등을 의미하는 것은 아니며, 정당한 이유가 있고 합리적인 근거에 기한 차별입법이 허용되는 상대적 평등을 의미한다.

누구든지 성별, 종교 또는 사회적 신분에 의하여 정치적·경제적·사회적·문화적 생활의 모든 영역에 있어서 차별을 받지 아니한다. 차별금지의 이유로는 성별, 종교, 사회적 신분을 들고 있다. 첫째, 남녀의 성에 따른 차별은 금지되고 있는데, 이것은 남녀평등권을 선언한 규정이라 하겠다. 남자도 남녀평등권의 주체가 된다. 국회는 '남녀차별금지및구제등에관한법률'을 제정하여 고용, 교육, 재화, 시설, 용역 등의 공여 및 이용, 법과 정책 등에 있어서의 차별을 금지하고 있다. 다만 '여성발전기본법' 및 다른 법률에 규정된 남녀간의 평등을 촉진하기 위하여 여성채용목표제나 모성보호제도같이 잠정적 우대조치, 남녀간에 현존하는 불평등의 해소를 위한 사항 및 모성을 보호하기 위한 특별한 조치는 남녀평등 위반이 아니라고 한다. 둘째, 종교에 따른 차별금지이다. 정교분리의 원칙에 따라 어떠한 종교도 우대하여 국교로 할 수 없다. 종교뿐 아니라 양심·사상에 의한 차별대우도 부인되어야 할 것이다. 사회복지시설에서 특정 종교를 가진 자를 우선 입소시킨다거나, 종교를 이유로 불평등하게 처우하고 차별해서는 안 된다. 셋째, 사회적 신분에 의한 차별금지이다. 사회적 신분은 출생에 의하여 고정된 생래의 신분인 선천적 신분은 물론 후천적으로 취득한 신분도 포함된다. 사회적 신분이란 사람이 사회에 있어서 일시적이 아니고

11) 김기원, 『사회복지법제론』, 나눔의 집, 2004, p. 112.

장기적으로 차지하고 있는 지위로 보아 구체적으로는 귀화인, 사용인, 노동자, 교원, 공무원, 직업상의 지위, 부자, 빈자, 농민, 어민, 상인, 학생 등이 포함된다.[12)]

3) 자유권의 보장

자유권이란 국민이 그의 자유영역에 대해서 국가권력으로부터 침해를 받지 않을 소극적인 권리이다. 따라서 자유권은 국가가 국민의 행위 등을 간섭하지 않을 것, 즉 부작위(不作爲)[13)]를 요구할 수 있는 권리일 뿐 적극적으로 국가의 작위(作爲)를 요청할 수 있는 권리가 아니다. 그러나 국가가 자유권을 침해하는 때에는 그 침해를 배제하여 줄 것을 청구할 수는 있다.

6. 복지권의 법적 성격

1) 프로그램 규정설

프로그램 규정설에 따르면 생존권은 국가의 사회정책적 목표와 강령을 선언한 것에 불과하므로 국가가 그 권리의 실현에 필요한 입법이라든가 시설을 설치하지 않는 한 그에 관한 헌법규정만으로는 국가에 대한 구체적 청구권이 인정되지 않으며, 그 입법의 태만을 헌법위반이라 하여 법원이 법령심사권을 통하여 시정할 수 없다고 한다. 요컨대 프로그램 규정설의 논거는 다음과 같은 두 가지로 요약된다.[14)]

첫째, 생존권은 국가의 경제·사회적 세력, 특히 그 재정적·예산상의 능력에 의존하는 것이므로 헌법에서 생존권을 규정하고 있는 경우에도 현실적으로 국가와 국민 전체의 경제력이 이에 도달하지 아니하면 그것은 단지 사회복지정책의 기본방침이나 사회국가적 원리로서 장래에 대한 정치적 공약을 선언한 것에 불과하다고 한다.

둘째, 생존권에 대한 헌법규정은 생존권을 법률적 권리가 되게 하는데 필요한 구체적 입법, 즉, 누가, 어떠한 조건 아래에서, 어떤 내용을, 어떤 경우에, 어떠한 절차와 방법에

---

12) 김기원, 전게서, pp. 114-115.

13) 마땅히 해야 할 것으로 기대되고 있는 행위인데도 하지 않는 태도. 작위(作爲)와 상반되는 개념. 사람의 행위에는 '밥을 먹는다' '자동차를 운전 한다' 따위와 같은 적극적 동작과, '아이에게 젖을 먹이지 아니 한다'처럼 소극적 태도가 있다. 앞의 동작을 작위(作爲)라고 하고 뒤의 태도를 부작위(不作爲)라 한다.

14) 곽효문, 전게서, pp. 217-218.

따라 요구할 수 있는가 하는 점이 명확하게 규정되어 있지 않기 때문에 단지 프로그램규정에 지나지 않는다고 한다.

> 사회적 기본권
> 국민이 생존을 유지하거나 생활을 향상시켜 '인간다운 생활'을 하기 위하여 국가에 대하여 적극적인 배려를 요구할 수 있는 권리로서, 사회권, 사회권적 수익권, 생활권적 기본권, 생존권적 기본권으로 불리기도 한다.

한국의 헌법도 제31조에서 교육을 받을 권리, 제32조에서 근로의 권리, 제33조에서 노동 3권, 제34조에서 인간다운 생활권, 제35조에서 환경권, 제36조 3항에서 보건에 관하여 국가의 보호를 받을 권리 등 일련의 사회적 기본권을 규정하고 있다.

그러나 사회적 기본권의 법적 성격에 관해서는 종래의 프로그램 권리설과 최근에 등장한 법적 권리설이 대립하고 있고, 법적 권리설은 다시 추상적 권리설과 구체적 권리설로 갈라지고 있다. 한국의 다수설인 추상적 권리설을 따를 때, 사회적 기본권은 비록 추상적인 것일지라도 법적 권리임에는 틀림이 없으며, 또한 국가의 의무의 이행이 재판에 의해서 강제될 수 없을지라도 국가가 사회적 기본권을 보장할 의무는 헌법에 의거한 법적의무라고 보고 있다.

2) 법적 권리설

법적 권리설은 생존권의 헌법규정은 국가에 대해 법적으로 요구할 수 있는 법적 권리를 국민 개개인에게 부여한 것이며, 국가는 그에 대응하는 법적 의무를 가지고 있다고 한다. 이 입장을 취하는 경우에도 헌법에 따라 직접 청구할 수 있는가, 입법이 없는 경우에 입법을 강제할 수 있는가에 따라 추상적 권리설과 구체적 권리설로 나뉜다.[15)]

(1) 추상적 권리설

추상적 권리설은 생존권의 법적 권리성을 인정하되 그 권리성은 추상적인 정도에 그친다고 보는 견해이다. 즉, 생존권의 헌법 규정에 따라 국민은 국가에 대하여 추상적인 권리를 가지고, 국가는 '입법, 기타 국정상 필요한 조치를 강구할' 추상적인 의무만을 진다고 보는 학설이다.

이에 대한 논거로서는 첫째, 사회적 기본권과 같이 정비된 법체계를 갖지 않은 기본권이 사법상(私法上)의 권리와 동일한 수준의 구체적 권리성이 인정될 수 없다는 것은 당

15) 김기원, 전게서, p. 121.

연하지만, 그렇다고 해서 그것을 단지 프로그램적 규정으로 보는 것은 논리의 비약이라는 점이다. 둘째, 국가의 재정적 능력 등의 이유로 권리보장의 방법이 불완선하기 때문에 프로그램적으로 해석하는 것은 문제가 있다고 본다. 왜냐하면, 재판청구권이나 청원권과 같은 청구권적 기본권 역시 권리실현을 위해서는 국가가 적극적인 행위를 제공해야 하는 사정은 마찬가지이므로 유독 사회적 기본권에 대해서만 권리성을 부인하는 것은 옳지 못하다고 보는 것이다.[16)]

요컨대 추상적 권리설은 생존권은 비록 추상적일지라도 법적 권리이며 또 국가의 의무이행이 재판에 의하여 강제될 수 없을지라도 국가의 생존권보장의 의무는 헌법에 의거한 법률적 의무라고 보며, 이 추상적 권리설이 현재 우리나라의 다수설이다.

(2) 구체적 권리설

구체적 권리설은 생존권을 헌법에 따라 구체적으로 실현시킬 수 있고 또 직접 청구할 수 있는 권리로 본다. 즉, 구체적인 입법이 별도로 존재하지 않아도 헌법 규정만을 가지고도 권리를 실현할 수 있다고 보는 것이다.

국민의 생존권은 헌법상 권리이며, 이 권리에 대응하여 국가는 생존권을 실현시켜야 할 헌법상의 의무가 있기에 국민은 국가에 대해서 생존에 관한 조치 등을 해줄 것을 적극적으로 요구할 수 있고, 국가는 이에 대하여 적극적으로 응할 의무가 있으며, 이를 위해 국가는 적절한 입법을 해야 하며, 입법을 하지 않거나 불충분하게 하면 이는 생존권의 침해가 되기 때문에 국민은 국가에 대하여 입법을 요구할 수 있고, 입법이 없으면 '입법부작위위헌확인소송[17)]'을 제기할 수 있으며, 나아가 국가로 하여금 생존권 보장을 위해 일정한 조치를 취하도록 의무를 지우는 '작위의무화소송'을 제기할 수 있다고 한다.

3) 복합설

이 학설은 위 세 개의 학설 모두를 경우에 따라 긍정하는 학설이다. 즉 헌법에서의 보장수준, 국가의 적극적 급부의 구체적 내용, 실현가능성 등에 따라 프로그램적 권리가 될 수도 있고 추상적 권리나 구체적 권리도 될 수 있다는 내용이다.

---

16) 윤찬영, 전게서, p. 265.

17) 행정청이 당사자의 신청에 대하여 상당한 기간 내에 일정한 처분을 할 법률상의 의무가 있음에도 불구하고 이를 하지 아니한 것에 대한 위법확인을 구하는 소송을 말한다. 오늘날 현대국가에 있어서 행정기능의 확대 · 강화 및 개인생활의 행정의존도의 증가는 필연적으로 행정청의 부작위로 인한 권익 침해의 가능성이 넓어지게 됨에 따라 이에 대한 개인의 권익 구제제도가 보장될 필요성이 역시 증대되었다. 이에 따라 각국은 부작위에 대한 행정쟁송을 제도적으로 발전시켜 나오고 있는 바, 신행정소송법에서 부작위위법확인소송을 규정하게 되었다.

헌법 제34조 제1항의 인간다운 생활을 할 권리규정에서 '인간다운'의 의미를 어떻게 해석하느냐에 따라 이 권리의 성격은 달라진다고 보는 것이다. 첫째, 인간다운 생활수준을 매우 이상적인 차원에서 기준을 설정한다면, 이 권리는 언제나 프로그램적 권리에 지나지 않을 것이다. 현행 헌법 제34조 제2항 이하 제4항에서의 증진, 향상 등을 궁극적인 목적 또는 목표로서 의미가 있을 뿐 현재로서는 입법에 의해 실현할 수 없는 수준이 되기 때문에, 이상적 수준의 인간다운 생활 또는 생존이라 함은 실질적인 권리가 될 수 없다는 것이다. 둘째, 인간다운 수준을 인간다운 최저생활수준의 실현으로 해석한다면, 현실적인 보장요구의 실현가능성도 있지만 여기에는 국가의 적극적인 급여의 대상, 내용, 수준 등에 대한 규정들이 필요하게 되는데, 이것은 기본적으로 입법자의 권한사항에 속하기 때문에 이러한 수준의 권리라는 것은 기껏해야 입법청구권 정도가 될 것이며, 따라서 사회적 기본권 또는 생존권적 기본권은 불완전한 권리 또는 추상적 권리의 성격을 갖게 되는 것이다. 셋째, 인간다운 수준을 생물학적 최저수준의 보장으로 이해한다면 구체적 권리설을 인정할 수 있을 것이다. 생물학적 또는 생리학적 측면에서는 급여의 대상을 어느 정도 객관적으로 판단할 수 있고 또한 급여의 내용이 금전급부일 경우에는 현실적으로 실현가능성이 있다는 점에서 사회적 기본권은 구체적 권리로서 인정될 수 있는 것이다.[18]

7. 사회복지수급권

사회복지법의 법률관계란, 사회복지법상의 당사자가 가지는 권리와 의무의 관계를 말한다. 사회복지법의 실행과정에서 구현하려는 권리의 핵심은 각 사회복지법상의 대상자가 향유하는 사회복지수급권이다.[19]

1) 의의

사회복지수급권이란, 사회복지법상 사회복지서비스를 받을 권리를 말한다. 사회복지서비스를 받을 권리란, 금전적·비금전적 방법에 의하여 최저한도의 생활보장, 자립을 목적으로 하는 생활보호, 재활, 생활안정과 복지의 증진을 목적으로 하는 사회복지서비스에 대한 급여청구권을 말한다.

18) 윤찬영, 전게서, pp. 267-268.
19) 김훈, 『사회복지법제론』, 학지사, 2004, pp. 87-95.

사회복지서비스가 단순히 국가 행정행위의 반사적 이익이거나 구빈의 관점에서 시혜적인 것이라고 한다면 사회복지수급권은 인정되지 않을 것이다. 그러나 자유권을 중심으로 하는 시민법체계에 대한 수정의 원리로, 시민의 권리로서 생존권이 중요시되는 상황에서 사회복지서비스의 권리적 성격은 명백해진다.

사회복지수급권은 헌법에서 생존권적 기본권의 법적 성격을 무엇이라고 규정하느냐에 따라 그 보장의 정도가 달라진다.

2) 규범적 구조

사회복지수급권의 규범적 구조란, 사회복지법상의 수급권의 내용과 형식이 체계화된 결과다. 따라서 수급권 구조를 통해서 분류방식, 분류범위, 개념 및 내용을 알 수 있다.

(1) 실질적 권리

실질적 권리란 헌법상 생존권 규정을 이어 받아 이를 실현시키려는 구체적인 사회복지법이 제정되었을 때 이 법에 근거하여 사회복지급여를 청구할 수 있는 구체적인 권리를 의미한다. 실질적인 권리가 실현되기 위해서는 수급요건(수급자격), 수급권자, 급여수준, 수급기준, 급여의 종류, 재원의 조달, 전달체계, 수급권의 보호와 제한 등이 포함되어야 한다.

실질적 권리의 유형에는 사회보험급여 청구권, 공공부조급여 청구권, 사회서비스급여 청구권 등이 있다.

(2) 수속적 권리

수속적 권리란, 사회복지급여를 받기 위해 적절한 절차에 참여할 수 있는 권리, 불평등하게 취급당하지 않을 권리 등을 의미한다. 즉, 사회복지급여를 받기 위해 청구권 실현을 위한 일련의 수속과정이 본래의 수급권 보장의 목적에 알맞게 진행되어져야 할 것을 요구하는 권리이다.

(3) 절차적 권리

절차적 권리란 실체적 권리를 보장하고 실현하거나 이것과 관련된 의무의 이행 또는 강제를 구체적으로 실현하는 절차와 관계되는 권리를 말한다. 여기에는 사회복지급여 쟁송권, 사회복지행정 참여권, 사회복지입법 청구권을 의미한다.

참고문헌

곽효문, 『사회복지법제론』, 제일법규, 2000.
김귀환 외, 『사회복지법제론』, 나눔의 집, 2005.
김기원, 『사회복지법제론』, 나눔의 집, 2004.
김훈, 『사회복지법제론』, 학지사, 2004.
남기민 · 홍성로, 『사회복지법제론』, 공동체, 2008.
윤찬영, 『사회복지법제론』, 나남출판, 1999.

2
chapter

사회보장기본법

1. 입법배경 및 연혁

우리나라에서 최초의 사회보장에 관한 기본적 성격의 법률은 1963년에 제정된 "사회보장에 관한 법률"로서, 전문 7개조로 구성된 형식적이며 상징적인 의미를 갖는 수준에서 입법화된 법이었다.

그러나 각각의 법률들이 산재해 있는 체계를 가지고 사회보장제도를 일관성 있게 발전·추진시켜 나가는 데 여러 가지 제약이 따른다는 지적이 제기되면서, 1995년 12월 "사회보장기본법"을 제정하였다.

2. 목적과 이념

1) 목적과 이념

사회보장기본법은 3가지의 목적을 지향하고 있다. 첫째, 사회보장에 관한 국민의 권리, 둘째, 국가 및 지방자치단체의 책임, 셋째, 사회보장제도에 관한 기본적인 사항을 규정함으로써 국민의 복지증진에 기여함을 목적으로 한다.

사회보장의 기본이념으로는 "사회보장은 모든 국민이 다양한 사회적 위험으로부터 벗어나 행복하고 인간다운 생활을 향유할 수 있도록 자립을 지원하며, 사회참여·자아실현에 필요한 제도와 여건을 조성하여 사회통합과 행복한 복지사회를 실현하는 것을 기본이념으로 한다"라고 명시하고 있다.

2) 사회보장 관련 용어

(1) 사회보장

사회보장이란 출산, 양육, 실업, 노령, 장애, 질병, 빈곤 및 사망 등의 사회적 위험으로부터 모든 국민을 보호하고 국민 삶의 질을 향상시키는 데 필요한 소득·서비스를 보장하는 사회보험, 공공부조, 사회서비스를 말한다.

(2) 사회보험

사회보험이란 국민에게 발생하는 사회적 위험을 보험의 방식으로 대처함으로써 국민의 건강과 소득을 보장하는 제도를 말한다.

사회보험에는 산업재해보상보험, 국민건강보험, 국민연금, 고용보험, 노인장기요양보험 등이 있다.

(3) 공공부조

공공부조란 국가와 지방자치단체의 책임 하에 생활 유지 능력이 없거나 생활이 어려운 국민의 최저생활을 보장하고 자립을 지원하는 제도를 말한다.

대표적인 공공부조제도로는 국민기초생활보장제도와 의료급여제도가 있다.

(4) 사회서비스

국가·지방자치단체 및 민간부문의 도움이 필요한 모든 국민에게 복지, 보건, 의료, 교육, 고용, 주거, 문화, 환경 등의 분야에서 인간다운 생활을 보장하고 상담, 재활, 돌봄, 정보의 제공, 관련 시설의 이용, 역량 개발, 사회참여 지원 등을 통하여 국민의 삶의 질이 향상되도록 지원하는 제도를 말한다.

일반적으로 노인복지서비스, 아동복지서비스, 장애인복지서비스, 여성복지서비스 등이 이에 해당한다.

(5) 평생사회안전망

생애주기에 걸쳐 보편적으로 충족되어야 하는 기본욕구와 특정한 사회위험에 의하여 발생하는 특수욕구를 동시에 고려하여 소득·서비스를 보장하는 맞춤형 사회보장제도를 말한다.

3. 사회보장의 책임주체와 대상

1) 사회보장의 책임주체

(1) 국가 및 지방자치단체

국가와 지방자치단체는 모든 국민의 인간다운 생활을 유지·증진하는 책임을 가지며, 사회보장에 관한 책임과 역할을 합리적으로 분담하여야 한다. 또한 국가 발전수준에 부응하고 사회환경의 변화에 선제적으로 대응하며 지속가능한 사회보장제도를 확립하고 매년 이에 필요한 재원을 조달하여야 한다. 또한 국가와 지방자치단체는 가정이 건전하게 유지되고 그 기능이 향상되도록 노력하여야 한다. 뿐만 아니라 사회보장제도를 시행할 때에 가정과 지역공동체의 자발적인 복지활동을 촉진하여야 한다고 명시하고 있다.

(2) 국민

모든 국민은 자신의 능력을 최대한 발휘하여 자립·자활할 수 있도록 노력하고 국가의 사회보장정책에 협력하여야 한다. 또한 모든 국민은 경제적·사회적·문화적·정신적·신체적으로 보호가 필요하다고 인정되는 사람에게 지속적인 관심을 가지고 이들이 보다 나은 삶을 누릴 수 있는 사회환경 조성에 서로 협력하고 노력하여야 한다. 국민은 사회보장의 수혜자이자 사회보장의 한 주체로서 자기 생활에 대한 책임을 가져야 함을 나타내고 있다.

2) 사회보장의 대상

사회보장기본법에 따르면 사회보장의 대상은 모든 국민이며, 대한민국 국민이라면 누구나 사회보장제도의 혜택을 받을 수 있다. 외국인의 경우 "국내에 거주하는 외국인에게 사회보장제도를 적용할 때에는 상호주의의 원칙에 따르되, 관계 법령에서 정하는 바에 따른다(법 제8조)"고 명시하여 외국인의 사회보장 권리를 인정하고 있다.

4. 사회보장수급권

1) 수급권리와 급여수준

모든 국민은 사회보장 관계 법령에서 정하는 바에 따라 사회보장급여를 받을 권리(사회보장수급권)를 가진다. 국가는 모든 국민이 건강하고 문화적인 생활을 유지할 수 있도록 사회보장 급여의 수준 향상을 위하여 노력해야 하며, 관계법령에 따라 최저생계비와 '최저임금법'에 따른 최저임금을 고려하여 사회보장급여의 수준을 결정해야 한다.

2) 급여의 신청

사회보장급여를 받으려는 사람은 관계 법령에서 정하는 바에 따라 국가나 지방자치단체에 신청해야 한다. 다만, 관계 법령에서 따로 정하는 경우에는 국가나 지방자치단체가 신청을 대신할 수 있다. 사회보장급여를 신청하는 사람이 다른 기관에 신청한 경우에는 그 기관은 지체 없이 이를 정당한 권한이 있는 기관에 이송해야 한다.

3) 수급권의 보호

사회보장수급권은 관계 법령에서 정하는 바에 따라 타인에게 양도하거나 담보로 제공할 수 없으며, 이를 압류할 수 없다.

사회보장수급권은 제한되거나 정지될 수 없다. 다만, 관계 법령에서 따로 정하고 있는 경우에는 제한되거나 정지될 수 있다. 사회보장수급권이 제한되거나 정지되는 경우에는 제한 또는 정지하는 목적에 필요한 최소한에 그쳐야 한다.

사회보장수급권은 정당한 권한이 있는 기관에 서면으로 통지하여 포기할 수 있다. 그러나 수급권의 포기는 취소할 수 있다. 사회보장수급권을 포기하는 것이 타인에게 피해를 주거나 사회보장에 관한 관계법령에 위반되는 경우에는 사회보장수급권을 포기할 수 없다.

제3자의 불법행위에 의하여 피해를 입은 국민이 그로 인하여 사회보장수급권을 가지게 된 경우 사회보장제도를 운영하는 자는 그 불법행위의 책임이 있는 자에 대하여 관계 법령에서 정하는 바에 따라 구상권을 행사할 수 있다.

> **구상권(求償權)**
> 민법상 연대채무자의 1인 또는 보증인이 채무를 변제한 경우, 다른 연대채무자나 주된 채무자에게 구상권을 가지게 된다. 또, 타인의 불법행위에 의하여 발생한 손해배상 의무를 이행하는 사람, 예를 들면 피용자(被用者)의 행위에 의하여 손해배상책임을 지게 되는 사용자(공무원의 경우는 국가 또는 공공단체) 등이 후에 가해자 본인에게 변제를 청구하는 경우, 착오에 의하여 타인의 채무를 변제한 사람이 그 타인에게 생긴 부당이득의 반환을 청구하는 경우도 이에 해당한다. 또, 구상권이라는 말은 타인을 위하여 손실을 받은 사람이 그 타인에 대하여 가지는 손해배상청구권이라는 뜻으로 쓰일 때도 있다(민법 1038조 2항).

5. 사회보장위원회

1) 성격

사회보장에 관한 주요 시책을 심의 · 조정하기 위하여 국무총리 소속으로 사회보장위원회를 둔다.

2) 구성

위원회는 위원장 1명(국무총리), 부위원장 3명(기획재정부장관, 교육부장관 및 보건복지부장관)과 행정안전부장관, 고용노동부장관, 여성가족부장관, 국토교통부장관을 포함한 30명 이내의 위원으로 구성한다. 위원 구성은 대통령령으로 정하는 관계 중앙행정기관의 장, 근로자를 대표하는 사람, 사용자를 대표하는 사람, 사회보장에 관한 학식과 경험이 있는 사람, 변호사 자격이 있는 사람으로 한다.

위원의 임기는 2년이며, 공무원인 경우는 그 재임기간으로 한다.

위원회를 효율적으로 운영하고 위원회의 심의사항을 전문적으로 검토하기 위하여 위원회에 실무위원회를 두며, 실무위원회에 분야별 전문위원회를 둘 수 있다.

3) 직무

사회보장심의위원회는 사회보장에 관한 다음의 사항을 심의 · 조정한다.

㉠ 사회보장 증진을 위한 기본계획

㉡ 사회보장 관련 주요 계획

㉢ 사회보장제도의 평가 및 개선

㉣ 사회보장제도의 신설 또는 변경에 따른 우선순위
㉤ 둘 이상의 중앙행정기관이 관련된 주요 사회보장정책
㉥ 사회보장급여 및 비용 부담
㉦ 사회보장의 재정추계 및 재원조달 방안
㉧ 사회보장 전달체계 운영 및 개선
㉨ 사회보장통계
㉩ 사회보장정보의 보호 및 관리
㉪ 그 밖에 위원장이 심의에 부치는 사항

6. 사회보장정책의 기본방향

1) 평생사회안전망의 구축 · 운영

국가와 지방자치단체는 모든 국민이 생애 동안 삶의 질을 유지 · 증진할 수 있도록 평생사회안전망을 구축하여야 한다. 국가와 지방자치단체는 평생사회안전망을 구축 · 운영함에 있어 사회적 취약계층을 위한 공공부조를 마련하여 최저생활을 보장하여야 한다.

2) 사회서비스 보장

국가와 지방자치단체는 모든 국민의 인간다운 생활과 자립, 사회참여, 자아실현 등을 지원하여 삶의 질이 향상될 수 있도록 사회서비스에 관한 시책을 마련하여야 하고, 국가와 지방자치단체는 사회서비스 보장과 소득보장이 효과적이고 균형적으로 연계되도록 하여야 한다.

3) 소득 보장

국가와 지방자치단체는 다양한 사회적 위험 하에서도 모든 국민들이 인간다운 생활을 할 수 있도록 소득을 보장하는 제도를 마련하여야 한다. 또한 국가와 지방자치단체는 공공부문과 민간부문의 소득보장제도가 효과적으로 연계되도록 하여야 한다.

7. 사회보장제도의 운영

1) 운영원칙

첫째, 국가와 지방자치단체가 사회보장제도를 운영할 때에는 이 제도를 필요로 하는 모든 국민에게 적용하여야 한다(**보편성**).

둘째, 국가와 지방자치단체는 사회보장제도의 급여 수준과 비용 부담 등에서 형평성을 유지하여야 한다(**형평성**).

셋째, 국가와 지방자치단체는 사회보장제도의 정책 결정 및 시행 과정에 공익의 대표자 및 이해관계인 등을 참여시켜 이를 민주적으로 결정하고 시행하여야 한다(**민주성**).

넷째, 국가와 지방자치단체가 사회보장제도를 운영할 때에는 국민의 다양한 복지 욕구를 효율적으로 충족시키기 위하여 연계성과 전문성을 높여야 한다(**연계성·전문성**).

다섯째, 사회보험은 국가의 책임으로 시행하고, 공공부조와 사회서비스는 국가와 지방자치단체의 책임으로 시행하는 것을 원칙으로 한다(**책임성**). 다만, 국가와 지방자치단체의 재정 형편 등을 고려하여 이를 협의·조정할 수 있다.

2) 협의 및 조정

국가와 지방자치단체는 사회보장제도를 신설하거나 변경할 경우 기존 제도와의 관계, 사회보장 전달체계와 재정 등에 미치는 영향 등을 사전에 충분히 검토하고 상호 협력하여 사회보장급여가 중복 또는 누락되지 않도록 하여야 한다.

중앙행정기관의 장과 지방자치단체의 장은 사회보장제도를 신설하거나 변경할 경우 신설 또는 변경의 타당성, 기존 제도와의 관계, 사회보장 전달체계에 미치는 영향 및 운영방안 등에 대하여 대통령령으로 정하는 바에 따라 보건복지부장관과 협의하여야 한다.

보건복지부장관은 사회보장급여 관련 업무에 공통적으로 적용되는 기준을 마련할 수 있다.

3) 민간의 참여

국가와 지방자치단체는 사회보장에 대한 민간부문의 참여를 유도할 수 있도록 정책을 개발·시행하고 그 여건을 조성해야 한다. 또한 국가와 지방자치단체는 사회보장에 대한 민간부문의 참여를 유도하기 위하여 다음의 사업이 포함된 시책을 수립·시행할 수 있다.

㉠ 자원봉사, 기부 등 나눔의 활성화를 위한 각종 지원 사업

㉡ 사회보장정책의 시행에 있어 민간 부문과의 상호협력체계 구축을 위한 지원 사업

㉢ 사회보장에 관련된 민간의 참여를 유도하는 데에 필요한 사업

국가와 지방자치단체는 개인·법인 또는 단체가 사회보장에 참여하는 데에 드는 경비의 전부 또는 일부를 지원하거나 그 업무를 수행하기 위하여 필요한 지원을 할 수 있다.

4) 비용의 부담

사회보장비용의 부담은 각각의 사회보장제도에 대한 역할 분담에 따라 국가, 지방자치단체 및 민간부문 간에 합리적으로 조정되어야 하며, 사회보험에 드는 비용은 사용자, 피용자 및 자영업자가 부담하는 것을 원칙으로 하되, 관계 법령에서 정하는 바에 따라 국가가 그 비용의 일부는 부담할 수 있다.

공공부조 및 관계법령에서 정하는 일정 소득 수준 이하의 국민에 대한 사회서비스에 드는 비용의 전부 또는 일부는 국가와 지방자치단체가 부담하며, 부담 능력이 있는 국민에 대한 사회서비스에 드는 비용은 그 수익자가 부담함을 원칙으로 하되, 관계 법령에서 정하는 바에 따라 국가와 지방자치단체가 그 비용의 일부를 부담할 수 있다.

5) 사회보장전달체계

국가와 지방자치단체는 모든 국민이 쉽게 이용할 수 있고 사회보장급여가 적시에 제공되도록 지역적·기능적으로 균형 잡힌 사회보장 전달체계를 구축하여야 한다. 또한 사회보장 전달체계의 효율적 운영에 필요한 조직, 인력, 예산 등을 갖추어야 하며, 공공부문과 민간부문의 사회보장 전달체계가 효율적으로 연계되도록 노력하여야 한다. 지역적으로 고루 분포되고 기능에 따라 균형이 이루어지도록, 관련 업무 시에는 관계기관과 관계자간의 조정이 원활하도록, 모든 국민이 쉽게 이용할 수 있도록 사회보장전달체계를 마련해야 한다.

6) 사회보장급여의 관리

국가와 지방자치단체는 사회보장제도의 발전을 위하여 전문 인력의 양성, 학술조사 및 연구, 국제교류의 증진 등에 노력해야 한다.

7) 전문인력의 양성

국가와 지방자치단체는 사회보장제도의 발전을 위하여 전문 인력의 양성, 학술조사 및 연구, 국제교류의 증진 등에 노력해야 한다.

8) 사회보장통계

국가와 지방자치단체는 효과적인 사회보장정책의 수립·시행을 위하여 사회보장에 관한 통계를 작성·관리하여야 한다.

8. 사회보장정보의 관리

1) 사회보장정보시스템의 구축 · 운영

국가와 지방자치단체는 국민편익의 증진과 사회보장업무의 효율성 향상을 위하여 사회보장업무를 전자적으로 관리하도록 노력하여야 한다. 또한 국가는 관계 중앙행정기관과 지방자치단체에서 시행하는 사회보장수급권자 선정 및 급여 관리 등에 관한 정보를 통합·연계하여 처리·기록 및 관리하는 시스템(사회보장정보시스템)을 구축·운영할 수 있다. 보건복지부장관은 사회보장정보시스템 구축·운영의 전 과정에서 개인정보 보호를 위하여 필요한 시책을 마련하여야 한다.

보건복지부장관은 관계 중앙행정기관, 지방자치단체 및 관련 기관·단체에서 사회보장정보시스템의 운영에 필요한 정보의 제공을 요청하고 제공받은 목적의 범위에서 보유·이용할 수 있다. 이 경우 자료의 제공을 요청받은 자는 정당한 사유가 없으면 이에 따라야 한다. 그러나 관계 중앙행정기관 및 지방자치단체의 장은 사회보장정보와 관련하여 사회보장정보시스템의 활용이 필요한 경우 사전에 보건복지부장관과 협의하여야 한다.

2) 개인정보 보호

사회보장 업무에 종사하였거나 종사하였던 자는 사회보장업무 수행과 관련하여 알게 된 개인·법인 또는 단체의 정보를 관계 법령에서 정하는 바에 따라 보호하여야 한다.

국가와 지방자치단체, 공공기관, 법인·단체, 개인이 조사하거나 제공받은 개인·법인 또는 단체의 정보는 이 법과 관련 법률에 근거하지 아니하고 보유, 이용, 제공되어서는 아니 된다.

9. 기타

1) 권리구제

위법 또는 부당한 처분을 받거나 필요한 처분을 받지 못함으로써 권리 또는 이익을 침해받은 국민은 행정심판법에 따른 행정심판을 청구하거나 행정소송법에 따른 행정소송을 제기하여 그 처분의 취소 또는 변경 등을 청구할 수 있다.

2) 국민의견 수렴

국가와 지방자치단체는 국민생활에 중대한 영향을 미치는 사회보장 계획 및 정책을 수립하려는 경우 공청회 및 정보통신망 등을 통하여 국민과 관계 전문가의 의견을 충분히 수렴하여야 한다.

3) 관계 행정기관 등의 협조

국가와 지방자치단체는 사회보장 관련 계획 및 정책의 수립·시행, 사회보장통계의 작성 등을 위하여 관련 공공기관, 법인, 단체 및 개인에게 자료제출 등 필요한 협조를 요청할 수 있다.

사회보장기본법은 헌법의 하위법이므로 헌법의 생존권 규정의 이념에 근거하지만 우리나라 사회보장제도의 기본사항을 정하는 사회복지에 관한 개별법들의 상위의 법규범이다. 그러나 현재의 사회보장기본법은 사회보장과 관련복지제도와의 관계가 명확히 드러나지 않기 때문에 과연 사회보장기본법상의 모든 원리를 관련복지제도에도 그대로 적용할 수 있을 것인가라는 의문이 생긴다. 따라서 사회보장기본법은 관련복지제도에 대해서 사회보장이라는 전체적 틀 속에서 사회보험, 공공부조, 사회서비스제도와 유기적인 연계가 가능하도록 필요한 규정이 있어야 한다.[20]

---

20) 남기민·홍성로, 『사회복지법제론』, 공동체, 2008, p. 151.

참고문헌

강용규, 『사회복지서비스법』, 청목출판사, 2014.
남기민 · 홍성로, 『사회복지법제론』, 공동체, 2008.

3
chapter

사회복지사업법

1. 총 칙

1) 사회복지사업의 목적

1970년 1월 1일 법률 제2191호로 제정된 사회복지사업법은 사회복지사업에 관한 기본적 사항을 규정하여 사회복지를 필요로 하는 사람에 대하여 인간다운 생활을 할 권리를 보장하고 사회복지의 전문성을 높이며, 사회복지사업의 공정·투명·적정을 도모하고, 지역사회복지의 체계를 구축함으로써 사회복지의 증진에 이바지함을 목적으로 한다.

사회복지사업법은 사회복지서비스에 관한 개별법의 총칙적인 법으로, 이 법이 규정하는 기본적 사항은 개별 사회복지서비스법에 적용된다.

2) 사회복지사업의 기본이념

사회복지사업의 기본이념은 첫째, 사회복지를 필요로 하는 사람은 누구든지 자신의 의사에 따라 서비스를 신청하고 제공받을 수 있다.

둘째, 사회복지법인 및 사회복지시설은 공공성을 가지며 사회복지사업을 시행하는 데 있어서 공공성을 확보하여야 한다.

셋째, 사회복지사업을 시행하는 데 있어서 사회복지를 제공하는 자는 사회복지를 필요로 하는 사람의 인권을 보장하여야 한다.

넷째, 사회복지서비스를 제공하는 자는 필요한 정보를 제공하는 등 사회복지서비스를

이용하는 사람의 선택권을 보장하여야 한다

2. 사회복지사업의 정의

1) 한정적 열거주의

사회복지사업법은 사회복지사업을 정의함에 있어서 개념을 명확히 하는 방식을 택하지 않고 종류를 나열하는 방식을 택하고 있다. 즉, 사회복지사업법은 사회복지사업이란 구체적으로 어떤 법에 의한 어떤 사업 등 한정적 열거주의를 채택하고 있어 여기에 열거되어 있지 않은 사업은 비록 통념상 사회복지사업으로서의 요건을 갖추고 있는 사업이라 해도 법률상으로는 사회복지사업으로 인정하지 않고 있다.1)

따라서 사회복지사업법에서 규정한 사회복지사업에 대한 정의는 동시에 사회복지사업의 종류이며 그 적용범위가 된다.

2) 사회복지사업의 정의

(1) 사회복지사업

사회복지사업이란 다음의 법률에 의한 보호·선도 또는 복지에 관한 사업과 사회복지상담, 직업지원, 무료숙박, 지역사회복지, 의료복지, 재가복지, 사회복지관운영, 정신질환자 및 한센병력자 사회복귀에 관한 사업 등 각종 복지사업과 이와 관련된 자원봉사활동 및 복지시설의 운영 또는 지원을 목적으로 하는 사업을 말한다.

- 국민기초생활 보장법
- 아동복지법
- 노인복지법
- 장애인복지법
- 한부모가족지원법
- 영유아보육법
- 성매매방지 및 피해자보호 등에 관한 법률
- 정신건강증진 및 피해자보호 등에 관한 법률

1) 박석돈, 『핵심사회복지법제론』, 삼영사, 2007, pp.32-33.

- 성폭력방지 및 피해자보호 등에 관한 법률
- 입양특례법
- 일제하 일본군위안부 피해자에 대한 생활안정지원 및 기념사업 등에 관한 법률
- 사회복지공동모금회법
- 장애인·노인·임산부 등의 편의증진 보장에 관한 법률
- 가정폭력방지 및 피해자보호 등에 관한 법률
- 농어촌주민의 보건복지증진을 위한 특별법
- 식품등 기부 활성화에 관한 법률
- 의료급여법
- 기초연금법
- 긴급복지지원법
- 다문화가족지원법
- 장애인연금법
- 장애인 활동 지원에 관한 법률
- 노숙인 등의 복지 및 자립지원에 관한 법률
- 보호관찰 등에 관한 법률
- 장애아동 복지지원법
- 발달장애인 권리보장 및 지원에 관한 법률
- 청소년복지 지원법
- 그 밖에 대통령령으로 정하는 법률

(2) 지역사회복지

주민의 복지증진과 삶의 질 향상을 위하여 지역사회 차원에서 전개하는 사회복지를 말한다.

(3) 사회복지법인

사회복지사업을 할 목적으로 설립된 법인을 말한다.

(4) 사회복지시설

사회복지사업을 행할 목적으로 설치된 시설을 말한다. 일반적으로 사회복지시설은 이용시설과 생활시설로 구분된다. 이용시설은 주로 낮 시간에 이용하는 시설(예; 종합사회복

지관, 노인주간보호센터, 지역아동센터 등)이며, 생활시설은 24시간 거주하며 필요한 서비스를 제공하는 시설이다.

(5) 사회복지관

지역사회를 기반으로 일정한 시설과 전문 인력을 갖추고 지역주민의 참여와 협력을 통하여 지역사회의 복지문제를 예방하고 해결하기 위하여 종합적인 복지서비스를 제공하는 시설을 말한다. 사회복지관은 시설의 면적과 종사자 및 목적사업의 수에 따라 크게 가형, 나형, 다형으로 구분한다.

(6) 사회복지서비스

국가·지방자치단체 및 민간부문의 도움을 필요로 하는 모든 국민에게 상담, 재활, 직업소개 및 지도, 사회복지시설의 이용 등을 제공하여 정상적인 사회생활이 가능하도록 제도적으로 지원하는 것을 말한다.

(7) 보건의료서비스

국민의 건강을 보호·증진하기 위하여 보건의료인이 하는 모든 활동을 말한다.

3. 사회복지사업의 책임

1) 국가 및 지방자치단체

(1) 복지와 인권증진의 책임

국가와 지방자치단체는 사회복지서비스를 증진하고, 서비스를 이용하는 사람에 대하여 인권침해를 예방하고 차별을 금지하며 인권을 옹호할 책임을 진다.

(2) 연계성

국가와 지방자치단체는 사회복지서비스와 보건의료서비스를 함께 필요로 하는 사람에게 이들 서비스가 연계되어 제공되도록 노력하여야 한다.

(3) 필요사업의 실시 및 복지욕구조사

국가와 지방자치단체, 그 밖에 사회복지사업을 하는 자는 사회복지를 필요로 하는 사람에 대하여 그 사업과 관련한 상담, 작업치료, 직업훈련 등을 실시하고 필요한 경우에는 주민의 복지욕구를 조사할 수 있다.

(4) 사회복지시설의 균형적 설치

국가와 지방자치단체는 도움을 필요로 하는 국민이 본인의 선호와 필요에 따라 적절한 사회복지서비스를 제공받을 수 있도록 사회복지서비스 수요자 등을 고려하여 사회복지시설이 균형 있게 설치되도록 노력해야 한다.

(5) 민간과의 협력

국가와 지방자치단체는 민간부문의 사회복지 증진활동이 활성화되고 국가 및 지방자치단체의 사회복지사업과 민간부문의 사회복지 증진활동이 원활하게 연계될 수 있도록 노력하여야 한다.

(6) 인권교육 강화

국가와 지방자치단체는 사회복지를 필요로 하는 사람의 인권이 충분히 존중되는 방식으로 사회복지서비스를 제공하고 사회복지와 관련된 인권교육을 강화하여야 한다. 최근 사회복지시설 내에서 발생하는 인권유린 등의 문제를 제거하고, 시설 종사자의 시설 이용자 및 생활자를 위한 인권교육을 강화하고 있다.

(7) 신속대응체계 구축

국가와 지방자치단체는 사회복지서비스를 이용하는 사람이 긴급한 인권침해 상황에 놓인 경우 신속히 대응할 체계를 갖추어야 한다.

(8) 지역사회차원의 보호서비스 제공

국가와 지방자치단체는 시설 거주자 또는 보호자의 희망을 반영하여 지역사회보호체계에서 서비스가 제공될 수 있도록 노력하여야 한다.

(9) 사회복지서비스 실시 정보 제공

국가와 지방자치단체는 사회복지서비스를 필요로 하는 사람들에게 사회복지서비스의 실시에 대한 정보를 제공하여야 한다.

(10) 신속한 구제

국가와 지방자치단체는 사회복지서비스를 제공하는 자로부터 위법 또는 부당한 처분을 받아 권리나 이익을 침해당한 사람을 위하여 간이하고 신속한 구제조치를 마련하여야 한다.

2) 인권존중 및 최대 봉사의 원칙

이 법에 따라 복지업무에 종사하는 사람은 그 업무를 수행할 때에 사회복지를 필요로 하는 사람을 위하여 인권을 존중하고 차별 없이 최대로 봉사하여야 한다.

국가와 지방자치단체는 복지업무에 종사하는 사람이 그 업무를 수행할 때에 사회복지를 필요로 하는 사람의 인권을 침해하는 행위를 한 경우에는 제2조제1호 각 목의 법률이 정하는 바에 따라 처분하고 그 사실을 공표하는 등의 조치를 하여야 한다.

3) 사회복지서비스 제공의 원칙

사회복지서비스를 필요로 하는 사람(보호대상자)에 대한 사회복지서비스 제공은 현물(現物)로 제공하는 것을 원칙으로 한다.

시장(「제주특별자치도 설치 및 국제자유도시 조성을 위한 특별법」에 따른 행정시장 포함)·군수·구청장은 국가 또는 지방자치단체 외의 자로 하여금 서비스 제공을 실시하게 하는 경우에는 보호대상자에게 사회복지서비스 이용권을 지급하여 국가 또는 지방자치단체 외의 자로부터 그 이용권으로 서비스 제공을 받게 할 수 있다.

국가와 지방자치단체는 사회복지서비스의 품질향상과 원활한 제공을 위하여 필요한 시책을 마련하여야 하며, 사회복지서비스의 품질을 관리하기 위하여 사회복지서비스를 제공하는 기관·법인·시설·단체의 서비스 환경, 서비스 제공 인력의 전문성 등을 평가할 수 있다.

보건복지부장관은 평가를 위하여 평가기관을 설치·운영하거나, 평가의 전부 또는 일부를 관계 기관 또는 단체에 위탁할 수 있으며, 위탁한 기관 또는 단체에 대하여 그 운영에 필요한 비용을 지원할 수 있다.

4) 시설 설치의 방해 금지

누구든지 정당한 이유 없이 사회복지시설의 설치를 방해하여서는 아니 되며, 시장·군수·구청장은 정당한 이유 없이 사회복지시설의 설치를 지연시키거나 제한하는 조치를 하여서는 아니 된다.

5) 사회복지시설 업무의 전자화

보건복지부장관은 사회복지법인 및 사회복지시설의 종사자, 거주자 및 이용자에 관한 자료 등 운영에 필요한 정보의 효율적 처리와 기록·관리 업무의 전자화를 위하여 정보시스템을 구축·운영할 수 있으며, 정보시스템을 구축·운영하는 데 필요한 자료를 수집·관리·보유할 수 있으며 관련 기관 및 단체에 필요한 자료의 제공을 요청할 수 있다. 이 경우 요청을 받은 기관 및 단체는 정당한 사유가 없으면 그 요청에 따라야 한다.

지방자치단체의 장은 사회복지사업을 수행할 때 관할 복지행정시스템과 정보시스템을 전자적으로 연계하여 활용하여야 한다.

사회복지법인의 대표이사와 사회복지시설의 장은 국가와 지방자치단체가 실시하는 사회복지업무의 전자화 시책에 협력하여야 한다.

보건복지부장관은 정보시스템을 효율적으로 운영하기 위하여 「사회보장기본법」에 따른 전담기구에 그 운영에 관한 업무를 위탁할 수 있다.

6) 사회복지 자원봉사활동의 지원·육성

국가와 지방자치단체는 사회복지 자원봉사활동을 지원·육성하기 위하여 다음의 사항을 실시하여야 하며, 이를 효율적으로 수행하기 위하여 사회복지법인이나 그 밖의 비영리법인·단체에 이를 위탁할 수 있다.

- 자원봉사활동의 홍보 및 교육
- 자원봉사활동 프로그램의 개발·보급
- 자원봉사활동 중의 재해에 대비한 시책의 개발
- 그 밖에 자원봉사활동의 지원에 필요한 사항

7) 지도·훈련

보건복지부장관은 이 법이나 그 밖의 사회복지 관련 법률의 시행에 관한 사무에 종사하는 공무원과 사회복지사업에 종사하는 사람의 자질 향상을 위하여 인권교육 등 필요한 지도와 훈련을 할 수 있고, 훈련에 필요한 사항은 보건복지부령으로 정한다.

8) 사회복지사

사회복지사는 사회복지전문가로서 전문적 지식과 기술, 다양한 실천경험, 인간에 대한 깊은 애정, 뜨거운 열정, 냉철하고 합리적인 판단과 생각을 할 수 있는 사람이어야 한다.

(1) 자격증의 발급

보건복지부장관은 사회복지에 관한 전문지식과 기술을 가진 사람에게 사회복지사 자격증을 발급할 수 있다. 다만, 자격증 발급 신청일 기준으로 결격사유[2]에 해당하는 사람에게 자격증을 발급해서는 아니 된다.

사회복지사의 등급은 1급·2급으로 하되, 정신건강·의료·학교 영역에 대해서는 영역별로 정신건강사회복지사·의료사회복지사·학교사회복지사의 자격을 부여할 수 있다.

사회복지사 1급 자격은 국가시험에 합격한 사람에게 부여하고, 정신건강사회복지사·의료사회복지사·학교사회복지사의 자격은 1급 사회복지사의 자격이 있는 사람 중에서 보건복지부령으로 정하는 수련기관에서 수련을 받은 사람에게 부여하며, 이에 따른 사회복지사의 등급별·영역별 자격기준 및 자격증의 발급절차 등은 대통령령으로 정한다.

보건복지부장관은 사회복지사 자격증을 발급받거나 재발급받으려는 사람에게 보건복지부령으로 정하는 바에 따라 수수료를 내게 할 수 있다.

사회복지사 자격증을 발급받은 사람은 다른 사람에게 그 자격증을 빌려주어서는 아니 되고, 누구든지 그 자격증을 빌려서는 아니 되며, 누구든지 이에 따라 금지된 행위를 알선하여서는 아니 된다.

(2) 사회복지사의 결격사유

다음의 어느 하나에 해당하는 사람은 사회복지사가 될 수 없다.

- 피성년후견인 또는 피한정후견인
- 금고 이상의 형을 선고받고 그 집행이 끝나지 아니하였거나 그 집행을 받지 아니하기로 확정되지 아니한 사람
- 법원의 판결에 따라 자격이 상실되거나 정지된 사람
- 마약·대마 또는 향정신성의약품의 중독자
- 「정신건강증진 및 정신질환자 복지서비스 지원에 관한 법률」에 따른 정신질환자. 다만, 전문의가 사회복지사로서 적합하다고 인정하는 사람은 그러하지 아니하다.

---

2) 1. 피성년후견인 또는 피한정후견인
2. 금고 이상의 형을 선고받고 그 집행이 끝나지 아니하였거나 그 집행을 받지 아니하기로 확정되지 아니한 사람
3. 법원의 판결에 따라 자격이 상실되거나 정지된 사람
4. 마약·대마 또는 향정신성의약품의 중독자
5. 「정신건강증진 및 정신질환자 복지서비스 지원에 관한 법률」 제3조 제1호에 따른 정신질환자. 다만, 전문의가 사회복지사로서 적합하다고 인정하는 사람은 그러하지 아니하다.

(3) 사회복지사의 자격취소

보건복지부장관은 사회복지사가 다음의 어느 하나에 해당하는 경우 그 자격을 취소하거나 1년의 범위에서 정지시킬 수 있다.

- 거짓이나 그 밖의 부정한 방법으로 자격을 취득한 경우(자격취소)
- 다음의 어느 하나에 해당하게 된 경우(자격취소)
  - ㉠ 피성년후견인 또는 피한정후견인
  - ㉡ 금고 이상의 형을 선고받고 그 집행이 끝나지 아니하였거나 그 집행을 받지 아니하기로 확정되지 아니한 사람
  - ㉢ 법원의 판결에 따라 자격이 상실되거나 정지된 사람
  - ㉣ 마약·대마 또는 향정신성의약품의 중독자
  - ㉤ 「정신건강증진 및 정신질환자 복지서비스 지원에 관한 법률」에 따른 정신질환자. 다만, 전문의가 사회복지사로서 적합하다고 인정하는 사람은 그러하지 아니하다.
- 자격증을 대여·양도 또는 위조·변조한 경우(자격취소)
- 사회복지사의 업무수행 중 그 자격과 관련하여 고의나 중대한 과실로 다른 사람에게 손해를 입힌 경우
- 자격정지 처분을 3회 이상 받았거나, 정지 기간 종료 후 3년 이내에 다시 자격정지 처분에 해당하는 행위를 한 경우
- 자격정지 처분 기간에 자격증을 사용하여 자격 관련 업무를 수행한 경우

보건복지부장관은 "사회복지사의 업무수행 중 그 자격과 관련하여 고의나 중대한 과실로 다른 사람에게 손해를 입힌 경우"에 해당하여 사회복지사의 자격을 취소하거나 정지시키려는 경우에는 한국사회복지사협회의 장 등 관계 전문가의 의견을 들을 수 있다.

자격취소 조항에 따라 자격이 취소된 사람은 취소된 날부터 15일 내에 자격증을 보건복지부장관에게 반납하여야 하며, 보건복지부장관은 자격이 취소된 사람에게는 그 취소된 날부터 2년 이내에 자격증을 재교부하지 못한다.

(4) 유사명칭의 사용금지

이 법에 따른 사회복지사가 아니면 사회복지사 또는 이와 유사한 명칭을 사용하지 못한다.

〈표 3-1〉 사회복지제도의 변천과정

연 도	내 용
1970. 4	사회복지사업법 제정, 사회사업종사자 자격제도 신설
1983. 5	사회복지사로 명칭 변경
1999. 4	2003년부터 사회복지사 1급은 국가시험으로 전환
2003. 4	제1회 사회복지사 1급 국가고시 시행

(5) 국가시험

국가시험은 보건복지부장관이 시행하되, 시험의 관리는 대통령령으로 정하는 바에 따라 시험관리능력이 있다고 인정되는 관계 전문기관에 위탁할 수 있고, 보건복지부장관은 국가시험의 관리를 위탁하였을 때에는 그에 드는 비용을 예산의 범위에서 보조할 수 있다.

시험의 관리를 위탁받은 기관은 보건복지부장관의 승인을 받아 정한 금액을 응시수수료로 받을 수 있으며, 시험 과목, 응시자격 등 시험의 실시에 필요한 사항은 대통령령으로 정한다.

(6) 사회복지사의 채용 및 교육

사회복지법인 및 사회복지시설을 설치·운영하는 자는 대통령령으로 정하는 바에 따라 사회복지사를 그 종사자로 채용하고, 보고방법·보고주기 등 보건복지부령으로 정하는 바에 따라 특별시장·광역시장·특별자치시장·도지사·특별자치도지사 또는 시장·군수·구청장에게 사회복지사의 임면에 관한 사항을 보고하여야 한다. 다만, 대통령령으로 정하는 사회복지시설은 그러하지 아니하다.

보건복지부장관은 사회복지사의 자질 향상을 위하여 필요하다고 인정하면 사회복지사에게 교육을 받도록 명할 수 있다. 다만, 사회복지법인 또는 사회복지시설에 종사하는 사회복지사는 정기적으로 인권에 관한 내용이 포함된 보수교육(補修敎育)을 받아야 한다.

사회복지법인 또는 사회복지시설을 운영하는 자는 그 법인 또는 시설에 종사하는 사회복지사에 대하여 보수교육을 이유로 불리한 처분을 하여서는 아니 되며, 이에 따른 교육을 보건복지부령으로 정하는 기관 또는 단체에 위탁할 수 있다.

교육의 기간·방법 및 내용과 위탁 등에 관하여 필요한 사항은 보건복지부령으로 정한다.

(7) 사회복지의 날

국가는 국민의 사회복지에 대한 이해를 증진하고 사회복지사업 종사자의 활동을 장려하기 위하여 매년 9월 7일을 '사회복지의 날'로 하고 사회복지의 날부터 1주간의 '사회복지주간'으로 한다. 국가와 지방자치단체는 사회복지의 날의 취지에 적합한 행사 등 사업을 하도록 노력하여야 한다.

4. 사회복지법인

1) 법인의 설립허가

사회복지법인을 설립하려는 자는 대통령령으로 정하는 바에 따라 시·도지사의 허가를 받아야 하며, 허가를 받은 자는 법인의 주된 사무소의 소재지에서 설립등기를 하여야 한다.

2) 정관

법인의 정관에는 다음의 사항이 포함되어야 하며, 법인이 정관을 변경하려는 경우에는 시·도지사의 인가를 받아야 한다. 다만, 보건복지부령으로 정하는 경미한 사항의 경우에는 그러하지 아니하다.

- 목적
- 명칭
- 주된 사무소의 소재지
- 사업의 종류
- 자산 및 회계에 관한 사항
- 임원의 임면(任免) 등에 관한 사항
- 회의에 관한 사항
- 수익(收益)을 목적으로 하는 사업이 있는 경우 그에 관한 사항
- 정관의 변경에 관한 사항
- 존립시기와 해산 사유를 정한 경우에는 그 시기와 사유 및 남은 재산의 처리방법
- 공고 및 공고방법에 관한 사항

3) 임원

(1) 임원의 구성

법인은 대표이사를 포함한 이사 7명 이상과 감사 2명 이상을 두어야 하며, 이에 따른 이사 정수의 3분의 1(소수점 이하는 버린다) 이상을 다음의 어느 하나에 해당하는 기관이 3배수로 추천한 사람 중에서 선임하여야 한다.

- 「사회보장급여의 이용 · 제공 및 수급권자 발굴에 관한 법률」에 따른 시 · 도사회보장위원회
- 「사회보장급여의 이용 · 제공 및 수급권자 발굴에 관한 법률」에 따른 지역사회보장협의체

이사회의 구성에 있어서 대통령령으로 정하는 특별한 관계에 있는 사람이 이사 현원(現員)의 5분의 1을 초과할 수 없고, 의 임기는 3년으로 하고 감사의 임기는 2년으로 하며, 각각 연임할 수 있으며, 외국인인 이사는 이사 현원의 2분의 1 미만이어야 한다.

법인은 임원을 임면하는 경우에는 보건복지부령으로 정하는 바에 따라 지체 없이 시 · 도지사에게 보고하여야 한다.

감사는 이사와 특별한 관계에 있는 사람이 아니어야 하며, 감사 중 1명은 법률 또는 회계에 관한 지식이 있는 사람 중에서 선임하여야 한다. 다만, 대통령령으로 정하는 일정 규모 이상의 법인은 시 · 도지사의 추천을 받아 「주식회사 등의 외부감사에 관한 법률」에 따른 감사인에 속한 사람을 감사로 선임하여야 한다.

시 · 도사회보장위원회 및 지역사회보장협의체는 이사를 추천하기 위하여 매년 다음의 어느 하나에 해당하는 사람으로 이사 후보군을 구성하여 공고하여야 한다. 다만, 사회복지법인의 대표자, 사회복지사업을 하는 비영리법인 또는 단체의 대표자, 「사회보장급여의 이용 · 제공 및 수급권자 발굴에 관한 법률」 제41조에 따른 지역사회보장협의체의 대표자는 제외한다.

- 사회복지 또는 보건의료에 관한 학식과 경험이 풍부한 사람
- 사회복지를 필요로 하는 사람의 이익 등을 대표하는 사람
- 「비영리민간단체 지원법」에 따른 비영리민간단체에서 추천한 사람
- 「사회복지공동모금회법」에 따른 사회복지공동모금지회에서 추천한 사람

(2) 임원선임 관련 금품 등 수수 금지

누구든지 임원의 선임과 관련하여 금품, 향응 또는 그 밖의 재산상 이익을 주고받거나 주고받을 것을 약속하여서는 아니 된다.

(3) 임원의 결격사유

다음의 어느 하나에 해당하는 사람은 임원이 될 수 없다.

- 미성년자
- 피성년후견인 또는 피한정후견인
- 파산선고를 받고 복권되지 아니한 사람
- 법원의 판결에 따라 자격이 상실되거나 정지된 사람
- 금고 이상의 실형을 선고받고 그 집행이 끝나거나(집행이 끝난 것으로 보는 경우를 포함) 집행이 면제된 날부터 3년이 지나지 아니한 사람
- 금고 이상의 형의 집행유예를 선고받고 그 유예기간 중에 있는 사람
- "금고 이상의 실형을 선고받고 그 집행이 끝나거나(집행이 끝난 것으로 보는 경우를 포함) 집행이 면제된 날부터 3년이 지나지 아니한 사람" 및 "금고 이상의 형의 집행유예를 선고받고 그 유예기간 중에 있는 사람"에도 불구하고 사회복지사업 또는 그 직무와 관련하여 「아동복지법」, 「보조금 관리에 관한 법률」, 「지방재정법」, 「영유아보육법」, 「장애아동 복지지원법」 또는 「형법」의 죄를 범하거나 이 법을 위반하여 다음의 어느 하나에 해당하는 사람
  - ㉠ 100만원 이상의 벌금형을 선고받고 그 형이 확정된 후 5년이 지나지 아니한 사람
  - ㉡ 형의 집행유예를 선고받고 그 형이 확정된 후 7년이 지나지 아니한 사람
  - ㉢ 징역형을 선고받고 그 집행이 끝나거나(집행이 끝난 것으로 보는 경우를 포함한다) 집행이 면제된 날부터 7년이 지나지 아니한 사람
- "금고 이상의 실형을 선고받고 그 집행이 끝나거나(집행이 끝난 것으로 보는 경우를 포함한다) 집행이 면제된 날부터 3년이 지나지 아니한 사람", "금고 이상의 형의 집행유예를 선고받고 그 유예기간 중에 있는 사람", "사회복지사업 또는 그 직무와 관련하여 「아동복지법」, 「보조금 관리에 관한 법률」, 「지방재정법」, 「영유아보육법」, 「장애아동 복지지원법」 또는 「형법」의 죄를 범하거나 이 법을 위반하여 다음의 어느 하나에 해당하는 사람"의 규정에도 불구하고 「성폭력범죄의 처벌 등에 관한 특례법」

의 성폭력범죄 또는 「아동·청소년의 성보호에 관한 법률」의 아동·청소년대상 성범죄를 저지른 사람으로서 형 또는 치료감호를 선고받고 확정된 후 그 형 또는 치료감호의 전부 또는 일부의 집행이 끝나거나(집행이 끝난 것으로 보는 경우 포함) 집행이 유예·면제된 날부터 10년이 지나지 아니한 사람

- 해임명령에 따라 해임된 날부터 5년이 지나지 아니한 사람
- 설립허가가 취소된 사회복지법인의 임원이었던 사람(그 허가의 취소사유 발생에 관하여 직접적인 또는 이에 상응하는 책임이 있는 자로서 대통령령으로 정하는 사람으로 한정)으로서 그 설립허가가 취소된 날부터 5년이 지나지 아니한 사람
- 시설의 장에서 해임된 사람으로서 해임된 날부터 5년이 지나지 아니한 사람
- 폐쇄명령을 받고 3년이 지나지 아니한 사람
- 사회복지분야의 6급 이상 공무원으로 재직하다 퇴직한 지 3년이 경과하지 아니한 사람 중에서 퇴직 전 5년 동안 소속하였던 기초자치단체가 관할하는 법인의 임원이 되고자 하는 사람

임원이 위 조항의 어느 하나에 해당하게 되었을 때에는 그 자격을 상실한다.

(4) 임원의 보충 및 겸직 금지

이사 또는 감사 중에 결원이 생겼을 때에는 2개월 이내에 보충하여야 하며, 법인이 설치한 사회복지시설의 장을 제외한 그 시설의 직원을 겸할 수 없다.

감사는 법인의 이사, 법인이 설치한 사회복지시설의 장 또는 그 직원을 겸할 수 없다.

(5) 임원의 해임명령

시·도지사는 임원이 다음의 어느 하나에 해당할 때에는 법인에 그 임원의 해임을 명할 수 있다.

- 시·도지사의 명령을 정당한 이유 없이 이행하지 아니하였을 때
- 회계부정이나 인권침해 등 현저한 불법행위 또는 그 밖의 부당행위 등이 발견되었을 때
- 법인의 업무에 관하여 시·도지사에게 보고할 사항에 대하여 고의로 보고를 지연하거나 거짓으로 보고를 하였을 때
- 시·도사회보장위원회 및 지역사회보장협의체, "이사회의 구성에 있어서 특별한 관계에 있는 사람이 이사 현원(現員)의 5분의 1을 초과할 수 없다" 또는 "감사는 이사

와 특별한 관계에 있는 사람이 아니어야 하며, 감사 중 1명은 법률 또는 회계에 관한 지식이 있는 사람 중에서 선임하여야 한다" 조항을 위반하여 선임된 사람
- "임원의 겸직금지" 규정을 위반한 사람
- "임원의 직무집행 정지" 명령을 이행하지 아니한 사람
- 그 밖에 이 법 또는 이 법에 따른 명령을 위반하였을 때

해임명령은 시·도지사가 해당 법인에게 그 사유를 들어 시정을 요구한 날부터 15일이 경과하여도 이에 응하지 아니한 경우에 한한다. 다만, 시정을 요구하여도 시정할 수 없는 것이 명백하거나 회계부정, 횡령, 뇌물수수 등 비리의 정도가 중대한 경우에는 시정요구 없이 임원의 해임을 명할 수 있으며, 그 세부적 기준은 대통령령으로 정한다.

해임명령을 받은 법인은 2개월 이내에 임원의 해임에 관한 사항을 의결하기 위한 이사회를 소집하여야 한다.

4) 재산

(1) 재산

법인은 사회복지사업의 운영에 필요한 재산을 소유하여야 하며, 법인의 재산은 보건복지부령으로 정하는 바에 따라 기본재산과 보통재산으로 구분하며, 기본재산은 그 목록과 가액(價額)을 정관에 적어야 한다. 재산과 그 회계에 관하여 필요한 사항은 보건복지부령으로 정한다.

법인은 기본재산에 관하여 다음의 어느 하나에 해당하는 경우에는 시·도지사의 허가를 받아야 한다. 다만, 보건복지부령으로 정하는 사항에 대하여는 그러하지 아니하다.
- 매도·증여·교환·임대·담보제공 또는 용도변경을 하려는 경우
- 보건복지부령으로 정하는 금액 이상을 1년 이상 장기차입(長期借入)하려는 경우

(2) 재산 취득 보고

법인이 매수·기부채납(寄附採納), 후원 등의 방법으로 재산을 취득하였을 때에는 시체 없이 이를 법인의 재산으로 편입조치하여야 한다. 이 경우 법인은 그 취득 사유, 취득재산의 종류·수량 및 가액을 매년 시·도지사에게 보고하여야 한다.

(3) 회의록의 작성 및 공개

이사회는 다음의 사항을 기재한 회의록을 작성하여야 한다. 다만, 이사회 개최 당일에

회의록 작성이 어려운 사정이 있는 경우에는 안건별로 심의·의결 결과를 기록한 회의조서를 작성한 후 회의록을 작성할 수 있다.

- 개의, 회의 중지 및 산회 일시
- 안건
- 의사
- 출석한 임원의 성명
- 표결수
- 그 밖에 대표이사가 작성할 필요가 있다고 인정하는 사항

회의록 및 회의조서에는 출석임원 전원이 날인하되 그 회의록 또는 회의조서가 2매 이상인 경우에는 간인(間印)하여야 하며, 회의조서를 작성한 경우에는 조속한 시일 내에 회의록을 작성하여야 한다.

법인은 회의록을 공개하여야 한다. 다만, 대통령령으로 정하는 사항에 대하여는 이사회의 의결로 공개하지 아니할 수 있다. 회의록의 공개에 관한 기간·절차, 그 밖에 필요한 사항은 대통령령으로 정한다.

(4) 설립허가 취소

시·도지사는 법인이 다음의 어느 하나에 해당할 때에는 기간을 정하여 시정명령을 하거나 설립허가를 취소할 수 있다. 다만, 제1호 또는 제7호에 해당할 때에는 설립허가를 취소하여야 한다.

- 거짓이나 그 밖의 부정한 방법으로 설립허가를 받았을 때(설립허가 취소)
- 설립허가 조건을 위반하였을 때
- 목적 달성이 불가능하게 되었을 때
- 목적사업 외의 사업을 하였을 때
- 정당한 사유 없이 설립허가를 받은 날부터 6개월 이내에 목적사업을 시작하지 아니하거나 1년 이상 사업실적이 없을 때
- 법인이 운영하는 시설에서 반복적 또는 집단적 성폭력범죄 및 학대관련범죄가 발생한 때
- 법인 설립 후 기본재산을 출연하지 아니한 때(설립허가 취소)
- 임원정수를 위반한 때
- 이사 정수의 1/3 이상을 시·도사회보장위원회 및 지역사회보장협의체에서 3배수로 추천한 사람 중에서 선임해야 한다는 규정을 위반하여 이사를 선임한 때

- 임원의 해임명령을 이행하지 아니한 때
- 그 밖에 이 법 또는 이 법에 따른 명령이나 정관을 위반하였을 때

법인이 위 조항 각 호("거짓이나 그 밖의 부정한 방법으로 설립허가를 받았을 때" 및 "법인 설립 후 기본재산을 출연하지 아니한 때"는 제외)의 어느 하나에 해당하여 설립허가를 취소하는 경우는 다른 방법으로 감독 목적을 달성할 수 없거나 시정을 명한 후 6개월 이내에 법인이 이를 이행하지 아니한 경우로 한정한다.

(5) 남은 재산의 처리

해산한 법인의 남은 재산은 정관으로 정하는 바에 따라 국가 또는 지방자치단체에 귀속되며, 이에 따라 국가 또는 지방자치단체에 귀속된 재산은 사회복지사업에 사용하거나 유사한 목적을 가진 법인에 무상으로 대여하거나 무상으로 사용·수익하게 할 수 있다. 다만, 해산한 법인의 이사 본인 및 그와 대통령령으로 정하는 특별한 관계에 있는 사람이 이사로 있는 법인에 대하여는 그러하지 아니하다.

(6) 수익사업

법인은 목적사업의 경비에 충당하기 위하여 필요할 때에는 법인의 설립 목적 수행에 지장이 없는 범위에서 수익사업을 할 수 있으며, 이에 따른 수익사업에서 생긴 수익을 법인 또는 법인이 설치한 사회복지시설의 운영 외의 목적에 사용할 수 없다.

(7) 합병

법인은 시·도지사의 허가를 받아 이 법에 따른 다른 법인과 합병할 수 있다. 다만, 주된 사무소가 서로 다른 특별시·광역시·특별자치시·도·특별자치도에 소재한 법인 간의 합병의 경우에는 보건복지부장관의 허가를 받아야 하며, 이에 따라 법인이 합병하는 경우 합병 후 존속하는 법인이나 합병으로 설립된 법인은 합병으로 소멸된 법인의 지위를 승계한다.

(8) 동일명칭 사용 금지

이 법에 따른 사회복지법인이 아닌 자는 사회복지법인이라는 명칭을 사용하지 못한다.

(9) 다른 법률의 준용

법인에 관하여 이 법에서 규정한 사항을 제외하고는 「민법」과 「공익법인의 설립·운영

에 관한 법률」을 준용한다.

(10) 사회복지협의회

사회복지에 관한 다음의 업무를 수행하기 위하여 전국 단위의 한국사회복지협의회("중앙협의회")와 시 · 도 단위의 시 · 도 사회복지협의회(이하 "시 · 도협의회"라 한다)를 두며, 필요한 경우에는 시(「제주특별자치도 설치 및 국제자유도시 조성을 위한 특별법」에 따른 행정시 포함) · 군 · 구 단위의 시 · 군 · 구 사회복지협의회를 둘 수 있다.

- 사회복지에 관한 조사 · 연구 및 정책 건의
- 사회복지 관련 기관 · 단체 간의 연계 · 협력 · 조정
- 사회복지 소외계층 발굴 및 민간사회복지자원과의 연계 · 협력
- 대통령령으로 정하는 사회복지사업의 조성 등

중앙협의회, 시 · 도협의회 및 시 · 군 · 구협의회는 이 법에 따른 사회복지법인으로 하되, "법인은 사회복지사업의 운영에 필요한 재산을 소유하여야 한다"는 조항은 적용하지 아니한다.

중앙협의회의 설립 및 운영 등에 관한 허가, 인가, 보고 등에 관하여 "사회복지법인을 설립하려는 자는 대통령령으로 정하는 바에 따라 시 · 도지사의 허가를 받아야 한다", "법인이 정관을 변경하려는 경우에는 시 · 도지사의 인가를 받아야 한다. 다만, 보건복지부령으로 정하는 경미한 사항의 경우에는 그러하지 아니하다", "법인은 임원을 임면하는 경우에는 보건복지부령으로 정하는 바에 따라 지체 없이 시 · 도지사에게 보고하여야 한다. 감사는 이사와 특별한 관계에 있는 사람이 아니어야 하며, 감사 중 1명은 법률 또는 회계에 관한 지식이 있는 사람 중에서 선임하여야 한다. 다만, 대통령령으로 정하는 일정 규모 이상의 법인은 시 · 도지사의 추천을 받아 「주식회사 등의 외부감사에 관한 법률」에 따른 감사인에 속한 사람을 감사로 선임하여야 한다", "임원의 해임명령", " 법인은 기본재산에 관하여 다음[3]의 어느 하나에 해당하는 경우에는 시 · 도지사의 허가를 받아야 한다. 다만, 보건복지부령으로 정하는 사항에 대하여는 그러하지 아니하다", "재산취득보고", "법인 설립허가취소 사유" 및 "다른 법인과의 합병을 적용할 때에는 "시 · 도지사"는 "보건복지부장관"으로 본다.

중앙협의회, 시 · 도협의회 및 시 · 군 · 구협의회의 조직과 운영 등에 필요한 사항은 대

---

3) 1. 매도 · 증여 · 교환 · 임대 · 담보제공 또는 용도변경을 하려는 경우
2. 보건복지부령으로 정하는 금액 이상을 1년 이상 장기차입(長期借入)하려는 경우

통령령으로 정한다.

5. 사회복지시설

1) 사회복지시설의 설치

국가나 지방자치단체는 사회복지시설을 설치·운영할 수 있으며, 국가 또는 지방자치단체 외의 자가 시설을 설치·운영하려는 경우에는 보건복지부령으로 정하는 바에 따라 시장·군수·구청장에게 신고하여야 한다. 다만, 다음의 어느 하나에 해당하는 자는 시설의 설치·운영 신고를 할 수 없다.

- 폐쇄명령을 받고 3년이 지나지 아니한 자
- 미성년자 및 다음[4]의 어느 하나에 해당하는 개인 또는 그 개인이 임원인 법인

시장·군수·구청장은 설치 신고를 받은 경우 그 내용을 검토하여 이 법에 적합하면 신고를 수리하여야 하며, 시설을 설치·운영하는 자는 보건복지부령으로 정하는 재무·회계에 관한 기준에 따라 시설을 투명하게 운영하여야 한다.

국가나 지방자치단체가 설치한 시설은 필요한 경우 사회복지법인이나 비영리법인에 위

4) 1의2. 피성년후견인 또는 피한정후견인
1의3. 파산선고를 받고 복권되지 아니한 사람
1의4. 법원의 판결에 따라 자격이 상실되거나 정지된 사람
1의5. 금고 이상의 실형을 선고받고 그 집행이 끝나거나(집행이 끝난 것으로 보는 경우를 포함한다) 집행이 면제된 날부터 3년이 지나지 아니한 사람
1의6. 금고 이상의 형의 집행유예를 선고받고 그 유예기간 중에 있는 사람
1의7. 제1호의5 및 제1호의6에도 불구하고 사회복지사업 또는 그 직무와 관련하여 「아동복지법」 제71조, 「보조금 관리에 관한 법률」 제40조부터 제42조까지, 「지방재정법」 제97조, 「영유아보육법」 제54조제2항제1호, 「장애아동 복지지원법」 제39조제1항제1호 또는 「형법」 제28장·제40장(제360조는 제외한다)의 죄를 범하거나 이 법을 위반하여 다음 각 목의 어느 하나에 해당하는 사람
가. 100만원 이상의 벌금형을 선고받고 그 형이 확정된 후 5년이 지나지 아니한 사람
나. 형의 집행유예를 선고받고 그 형이 확정된 후 7년이 지나지 아니한 사람
다. 징역형을 선고받고 그 집행이 끝나거나(집행이 끝난 것으로 보는 경우를 포함한다) 집행이 면제된 날부터 7년이 지나지 아니한 사람
1의8. 제1호의5부터 제1호의7까지의 규정에도 불구하고 「성폭력범죄의 처벌 등에 관한 특례법」 제2조의 성폭력범죄 또는 「아동·청소년의 성보호에 관한 법률」 제2조제2호의 아동·청소년대상 성범죄를 저지른 사람으로서 형 또는 치료감호를 선고받고 확정된 후 그 형 또는 치료감호의 전부 또는 일부의 집행이 끝나거나(집행이 끝난 것으로 보는 경우를 포함한다) 집행이 유예·면제된 날부터 10년이 지나지 아니한 사람

탁하여 운영하게 할 수 있으며, 위탁운영의 기준 · 기간 및 방법 등에 관하여 필요한 사항은 보건복지부령으로 정한다.

2) 시설의 통합 설치 · 운영 등에 관한 특례

이 법 또는 제2조제1호 각 목의 법률에 따른 시설을 설치 · 운영하려는 경우에는 지역 특성과 시설분포의 실태를 고려하여 이 법 또는 제2조제1호 각 목의 법률에 따른 시설을 통합하여 하나의 시설로 설치 · 운영하거나 하나의 시설에서 둘 이상의 사회복지사업을 통합하여 수행할 수 있다. 이 경우 국가 또는 지방자치단체 외의 자는 통합하여 설치 · 운영하려는 각각의 시설이나 사회복지사업에 관하여 해당 관계 법령에 따라 신고하거나 허가 등을 받아야 한다.

위 조항에 따라 둘 이상의 시설을 통합하여 하나의 시설로 설치 · 운영하거나 하나의 시설에서 둘 이상의 사회복지사업을 통합하여 수행하는 경우 해당 시설에서 공동으로 이용하거나 배치할 수 있는 시설 및 인력 기준 등은 보건복지부령으로 정한다.

3) 보험가입 의무

시설의 운영자는 다음의 손해배상책임을 이행하기 위하여 손해보험회사의 책임보험에 가입하거나 「사회복지사 등의 처우 및 지위 향상을 위한 법률」에 따른 한국사회복지공제회의 책임공제에 가입하여야 한다.

- 화재로 인한 손해배상책임
- 화재외의 안전사고로 인하여 생명 · 신체에 피해를 입은 보호대상자에 대한 손해배상책임

국가나 지방자치단체는 예산의 범위에서 위 조항에 따른 책임보험 또는 책임공제의 가입에 드는 비용의 전부 또는 일부를 보조할 수 있으며, 이에 따라 책임보험이나 책임공제에 가입하여야 할 시설의 범위는 대통령령으로 정한다.

4) 시설의 안전점검

시설의 장은 시설에 대하여 정기 및 수시 안전점검을 실시하여야 하며, 시설의 장은 이에 따라 정기 또는 수시 안전점검을 한 후 그 결과를 시장 · 군수 · 구청장에게 제출하여야 한다.

시장 · 군수 · 구청장은 안전점검 결과를 받은 후 필요한 경우에는 시설의 운영자에게

시설의 보완 또는 개수(改修)·보수를 요구할 수 있으며, 이 경우 시설의 운영자는 요구에 따라야 한다.

국가나 지방자치단체는 예산의 범위에서 규정에 따른 안전점검, 시설의 보완 및 개수·보수에 드는 비용의 전부 또는 일부를 보조할 수 있으며, 규정에 따른 정기 또는 수시 안전점검을 받아야 하는 시설의 범위, 안전점검 시기, 안전점검기관 및 그 절차는 대통령령으로 정한다.

5) 사회복지관의 설치

사회복지관은 지역사회의 특성과 지역주민의 복지욕구를 고려하여 서비스 제공 등 지역복지증진을 위한 사업을 실시할 수 있으며, 모든 지역주민을 대상으로 사회복지서비스를 실시하되, 다음의 지역주민에게 우선 제공하여야 한다.

- 「국민기초생활 보장법」에 따른 수급자 및 차상위계층
- 장애인, 노인, 한부모가족 및 다문화가족
- 직업 및 취업 알선이 필요한 사람
- 보호와 교육이 필요한 유아·아동 및 청소년
- 그 밖에 사회복지관의 사회복지서비스를 우선 제공할 필요가 있다고 인정되는 사람

그 밖에 사회복지관의 설치·운영·사업 등에 필요한 사항은 보건복지부령으로 정한다.

6) 시설의 장

시설의 장은 상근(常勤)하여야 하며, 다음의 어느 하나에 해당하는 사람은 시설의 장이 될 수 없다.

- 임원의 결격사유(제19조제1항제1호, 제1호의2부터 제1호의8까지 및 제2호의2부터 제2호의 4까지)의 어느 하나에 해당하는 사람
- 임원의 해임명령에 따라 해임된 날부터 5년이 지나지 아니한 사람
- 사회복지분야의 6급 이상 공무원으로 재직하다 퇴직한 지 3년이 경과하지 아니한 사람 중에서 퇴직 전 5년 동안 소속하였던 기초자치단체가 관할하는 시설의 장이 되고자 하는 사람

7) 종사자

사회복지법인과 사회복지시설을 설치·운영하는 자는 시설에 근무할 종사자를 채용할

수 있으며, 다음의 어느 하나에 해당하는 사람은 사회복지법인 또는 사회복지시설의 종사자가 될 수 없다.

- "100만원 이상의 벌금형을 선고받고 그 형이 확정된 후 5년이 지나지 아니한 사람, 형의 집행유예를 선고받고 그 형이 확정된 후 7년이 지나지 아니한 사람, 징역형을 선고받고 그 집행이 끝나거나(집행이 끝난 것으로 보는 경우 포함) 집행이 면제된 날부터 7년이 지나지 아니한 사람" 또는 "「성폭력범죄의 처벌 등에 관한 특례법」의 성폭력범죄 또는 「아동·청소년의 성보호에 관한 법률」의 아동·청소년대상 성범죄를 저지른 사람으로서 형 또는 치료감호를 선고받고 확정된 후 그 형 또는 치료감호의 전부 또는 일부의 집행이 끝나거나(집행이 끝난 것으로 보는 경우 포함) 집행이·유예·면제된 날부터 10년이 지나지 아니한 사람"에 해당하는 사람
- 종사자로 재직하는 동안 시설이용자를 대상으로 「성폭력범죄의 처벌 등에 관한 특례법」에 따른 성폭력범죄 및 「아동·청소년의 성보호에 관한 법률」에 따른 아동·청소년대상 성범죄를 저질러 금고 이상의 형 또는 치료감호를 선고받고 그 형이 확정된 사람

8) 종사자 채용 시 준수사항

사회복지법인과 사회복지시설을 설치·운영하는 자는 해당 법인 또는 시설의 종사자를 채용할 때 정당한 사유 없이 채용광고의 내용을 종사자가 되려는 사람에게 불리하게 변경하여 채용하여서는 아니 된다.

사회복지법인과 사회복지시설을 설치·운영하는 자는 종사자를 채용한 후에 정당한 사유 없이 채용광고에서 제시한 근로조건을 종사자에게 불리하게 변경하여 적용하여서는 아니 된다.

9) 운영위원회

시설의 장은 시설의 운영에 관한 다음의 사항을 심의하기 위하여 시설에 운영위원회를 두어야 한다. 다만, 보건복지부령으로 정하는 경우에는 복수의 시설에 공동으로 운영위원회를 둘 수 있다.

- 시설운영계획의 수립·평가에 관한 사항
- 사회복지 프로그램의 개발·평가에 관한 사항
- 시설 종사자의 근무환경 개선에 관한 사항
- 시설 거주자의 생활환경 개선 및 고충 처리 등에 관한 사항

- 시설 종사자와 거주자의 인권보호 및 권익증진에 관한 사항
- 시설과 지역사회의 협력에 관한 사항
- 그 밖에 시설의 장이 운영위원회의 회의에 부치는 사항

운영위원회의 위원은 다음의 어느 하나에 해당하는 사람 중에서 관할 시장·군수·구청장이 임명하거나 위촉한다.

- 시설의 장
- 시설 거주자 대표
- 시설 거주자의 보호자 대표
- 시설 종사자의 대표
- 해당 시·군·구 소속의 사회복지업무를 담당하는 공무원
- 후원자 대표 또는 지역주민
- 공익단체에서 추천한 사람
- 그 밖에 시설의 운영 또는 사회복지에 관하여 전문적인 지식과 경험이 풍부한 사람

시설의 장은 다음의 사항을 운영위원회에 보고하여야 한다.

- 시설의 회계 및 예산·결산에 관한 사항
- 후원금 조성 및 집행에 관한 사항
- 그 밖에 시설운영과 관련된 사건·사고에 관한 사항

그 밖에 운영위원회의 조직 및 운영에 관한 사항은 보건복지부령으로 정한다.

10) 시설의 서류 비치

시설의 장은 후원금품대장 등 보건복지부령으로 정하는 서류를 시설에 갖추어 두어야 한다.

11) 시설의 휴지·재개·폐지 신고

사회복지시설의 설치 신고를 한 자는 지체 없이 시설의 운영을 시작하여야 하며, 시설의 운영자는 그 운영을 일정 기간 중단하거나 다시 시작하거나 시설을 폐지하려는 경우에는 보건복지부령으로 정하는 바에 따라 시장·군수·구청장에게 신고하여야 한다.

시장·군수·구청장은 시설 운영이 중단되거나 시설이 폐지되는 경우에는 보건복지부

령으로 정하는 바에 따라 시설 거주자의 권익을 보호하기 위하여 다음의 조치를 하고 신고를 수리하여야 한다.

- 시설 거주자가 자립을 원하는 경우 자립을 할 수 있도록 지원하고 그 이행을 확인하는 조치
- 시설 거주자가 다른 시설을 선택할 수 있도록 하고 그 이행을 확인하는 조치
- 시설 거주자가 이용료 · 사용료 등의 비용을 부담하는 경우 납부한 비용 중 사용하지 아니한 금액을 반환하게 하고 그 이행을 확인하는 조치
- 보조금 · 후원금 등의 사용 실태 확인과 이를 재원으로 조성한 재산 중 남은 재산의 회수조치
- 그 밖에 시설 거주자의 권익 보호를 위하여 필요하다고 인정되는 조치

시설 운영자가 위 조항에 따라 시설운영을 재개하려고 할 때에는 보건복지부령으로 정하는 바에 따라 시설 거주자의 권익을 보호하기 위하여 다음의 조치를 하여야 한다. 이 경우 시장 · 군수 · 구청장은 그 조치 내용을 확인하고 신고를 수리하여야 한다.

- 운영 중단 사유의 해소
- 향후 안정적 운영계획의 수립
- 그 밖에 시설 거주자의 권익 보호를 위하여 보건복지부장관이 필요하다고 인정하는 조치

위 조항에 따른 시설 운영의 개시 · 중단 · 재개 및 시설 폐지의 신고 등에 관하여 필요한 사항은 보건복지부령으로 정한다

12) 시설의 개선, 사업의 정지, 시설의 폐쇄

보건복지부장관, 시 · 도지사 또는 시장 · 군수 · 구청장은 시설이 다음의 어느 하나에 해당할 때에는 그 시설의 개선, 사업의 정지, 시설의 장의 교체를 명하거나 시설의 폐쇄를 명할 수 있다.

- 시설이 설치기준에 미달하게 되었을 때
- 사회복지법인 또는 비영리법인이 설치 · 운영하는 시설의 경우 그 사회복지법인 또는 비영리 법인의 설립허가가 취소되었을 때
- 설치 목적이 달성되었거나 그 밖의 사유로 계속하여 운영될 필요가 없다고 인정할

때

- 회계부정이나 불법행위 또는 그 밖의 부당행위 등이 발견되었을 때
- 신고를 하지 아니하고 시설을 설치 · 운영하였을 때
- 운영위원회를 설치하지 아니하거나 운영하지 아니하였을 때
- 정당한 이유 없이 보고 또는 자료 제출을 하지 아니하거나 거짓으로 하였을 때
- 정당한 이유 없이 검사 · 질문 · 회계감사를 거부 · 방해하거나 기피하였을 때
- 시설에서 다음의 성폭력범죄 또는 학대관련범죄가 발생한 때
  - ㉠ 「성폭력범죄의 처벌 등에 관한 특례법」의 성폭력범죄
  - ㉡ 「아동 · 청소년의 성보호에 관한 법률」의 아동 · 청소년대상 성폭력범죄
  - ㉢ 「아동복지법」의 아동학대관련범죄
  - ㉣ 「노인복지법」의 노인학대관련범죄
  - ㉤ 그 밖에 대통령령으로 정하는 성폭력범죄 또는 학대관련범죄
- 1년 이상 시설이 휴지상태에 있어 시장 · 군수 · 구청장이 재개를 권고하였음에도 불구하고 재개하지 아니한 때

사업의 정지 및 시설의 폐쇄 명령을 받은 경우에는 "시설 거주자의 권익을 보호하기 위하여 다음[5)]의 조치를 하고 신고를 수리하여야 한다"는 조항을 준용하며, 이에 따른 행정처분의 세부적인 기준은 그 위반행위의 유형과 위반 정도 등을 고려하여 보건복지부령으로 정한다.

13) 시설 수용인원의 제한

각 시설의 수용인원은 300명을 초과할 수 없다. 다만, 대통령령으로 정하는 경우에는 그러하지 아니하다.

---

5) 1. 시설 거주자가 자립을 원하는 경우 자립을 할 수 있도록 지원하고 그 이행을 확인하는 조치
2. 시설 거주자가 다른 시설을 선택할 수 있도록 하고 그 이행을 확인하는 조치
3. 시설 거주자가 이용료 · 사용료 등의 비용을 부담하는 경우 납부한 비용 중 사용하지 아니한 금액을 반환하게 하고 그 이행을 확인하는 조치
4. 보조금 · 후원금 등의 사용 실태 확인과 이를 재원으로 조성한 재산 중 남은 재산의 회수조치
5. 그 밖에 시설 거주자의 권익 보호를 위하여 필요하다고 인정되는 조치

6. 재가복지

1) 재가복지서비스

국가나 지방자치단체는 보호대상자가 다음의 어느 하나에 해당하는 재가복지서비스를 제공받도록 할 수 있다.

- 가정봉사서비스: 가사 및 개인활동을 지원하거나 정서활동을 지원하는 서비스
- 주간·단기 보호서비스: 주간·단기 보호시설에서 급식 및 치료 등 일상생활의 편의를 낮 동안 또는 단기간 동안 제공하거나 가족에 대한 교육 및 상담을 지원하는 서비스

시장·군수·구청장은 「사회보장급여의 이용·제공 및 수급권자 발굴에 관한 법률」에 따른 보호대상자별 서비스 제공 계획에 따라 보호대상자에게 사회복지서비스를 제공하는 경우 시설 입소에 우선하여 재가복지서비스를 제공하도록 하여야 한다.

2) 가정봉사원의 양성

국가나 지방자치단체는 재가복지서비스를 필요로 하는 가정 또는 시설에서 보호대상자가 일상생활을 하기 위하여 필요한 각종 편의를 제공하는 가정봉사원을 양성하도록 노력하여야 한다.

7. 보　칙

1) 보조금

국가나 지방자치단체는 사회복지사업을 하는 자 중 대통령령으로 정하는 자에게 운영비 등 필요한 비용의 전부 또는 일부를 보조할 수 있으며, 보조금은 그 목적 외의 용도에 사용할 수 없다.

국가나 지방자치단체는 보조금을 받은 자가 다음의 어느 하나에 해당할 때에는 이미

지급한 보조금의 전부 또는 일부의 반환을 명할 수 있다.

- 거짓이나 그 밖의 부정한 방법으로 보조금을 받았을 때(반환 명령)
- 사업 목적 외의 용도에 보조금을 사용하였을 때(반환 명령)
- 이 법 또는 이 법에 따른 명령을 위반하였을 때

보조금과 관련하여 이 법에서 규정한 사항 외에는 「보조금 관리에 관한 법률」 및 「지방재정법」을 따른다.

2) 국유·공유 재산의 우선매각

국가나 지방자치단체는 사회복지사업과 관련한 시설을 설치하거나 사업을 육성하기 위하여 필요하다고 인정하면 「국유재산법」과 「공유재산 및 물품 관리법」에도 불구하고 사회복지법인 또는 사회복지시설에 국유·공유 재산을 우선매각하거나 임대할 수 있다.

3) 지방자치단체에 대한 지원금

보건복지부장관은 시·도지사 및 시장·군수·구청장에게 사회복지사업의 수행에 필요한 비용을 지원할 수 있고, 「사회보장급여의 이용·제공 및 수급권자 발굴에 관한 법률」에 따른 평가결과를 반영하여 지원을 할 수 있다.

지원금의 지급기준·지급방법 등에 관하여 필요한 사항은 보건복지부령으로 정한다.

4) 시설의 서비스 최저기준

보건복지부장관은 시설에서 제공하는 서비스의 최저기준을 마련하여야 하며, 시설 운영자는 서비스 최저기준 이상으로 서비스 수준을 유지하여야 한다.

서비스 기준 대상시설과 서비스 내용 등에 관하여 필요한 사항은 보건복지부령으로 정한다.

5) 시설의 평가

보건복지부장관과 시·도지사는 보건복지부령으로 정하는 바에 따라 시설을 정기적으로 평가하고, 그 결과를 공표하거나 시설의 감독·지원 등에 반영할 수 있으며 시설 거주자를 다른 시설로 보내는 등의 조치를 할 수 있다.

보건복지부장관이나 시·도지사는 평가 결과에 따라 시설 거주자를 다른 시설로 보내는 경우에는 "시설의 휴지·재개·폐지 신고" 조항의 조치를 하여야 한다.

6) 비용의 징수

이 법에 따른 복지조치에 필요한 비용을 부담한 지방자치단체의 장이나 그 밖에 시설을 운영하는 자는 그 혜택을 받은 본인 또는 그 부양의무자로부터 대통령령으로 정하는 바에 따라 그가 부담한 비용의 전부 또는 일부를 징수할 수 있다.

7) 후원금의 관리

사회복지법인의 대표이사와 시설의 장은 아무런 대가 없이 무상으로 받은 금품이나 그 밖의 자산(이하 "후원금")의 수입·지출 내용을 공개하여야 하며 그 관리에 명확성이 확보되도록 하여야 하며, 후원금에 관한 영수증 발급, 수입 및 사용결과 보고, 그 밖에 후원금 관리 및 공개 절차 등 구체적인 사항은 보건복지부령으로 정한다.

8) 상속인 없는 재산의 처리

시설을 설치·운영하는 자는 그 시설에 입소 중인 사람이 사망하고 그 상속인의 존부가 분명하지 아니한 때에는 「민법」의 규정에 따라 사망한 사람의 재산을 처리한다. 다만, 사망한 사람의 잔여재산이 500만원 이하인 경우에는 관할 시장·군수·구청장에게 잔여재산 목록을 작성하여 보고하는 것으로 그 재산의 처리를 갈음할 수 있으며, 보고를 받은 시장·군수·구청장은 절차에 따라 사망한 사람의 재산을 처리할 수 있다.

9) 한국사회복지사협회

사회복지사는 사회복지에 관한 전문지식과 기술을 개발·보급하고, 사회복지사의 자질 향상을 위한 교육훈련을 실시하며, 사회복지사의 복지증진을 도모하기 위하여 한국사회복지사협회를 설립하며, 협회는 법인으로 하되, 협회의 조직과 운영 등에 필요한 사항은 대통령령으로 정한다.

협회에 관하여 이 법에서 규정한 사항을 제외하고는 「민법」 중 사단법인에 관한 규정을 준용한다.

10) 비밀누설의 금지

사회복지사업 또는 사회복지업무에 종사하였거나 종사하고 있는 사람은 그 업무 수행 과정에서 알게 된 다른 사람의 비밀을 누설하여서는 아니 된다.

11) 압류 금지

이 법 및 사회복지 관련 법률에 따라 지급된 금품과 이를 받을 권리는 압류하지 못한다.

12) 청문

보건복지부장관, 시·도지사 또는 시장·군수·구청장은 다음의 어느 하나에 해당하는 처분을 하려면 청문을 실시하여야 한다.

- 사회복지사의 자격취소
- 설립허가 취소
- 시설의 폐쇄

13) 포상

정부는 사회복지사업에 관하여 공로가 현저하거나 모범이 되는 자에게 포상(褒賞)을 할 수 있다.

14) 지도·감독

보건복지부장관, 시·도지사 또는 시장·군수·구청장은 사회복지사업을 운영하는 자의 소관 업무에 관하여 지도·감독을 하며, 필요한 경우 그 업무에 관하여 보고 또는 관계 서류의 제출을 명하거나, 소속 공무원으로 하여금 사회복지법인의 사무소 또는 시설에 출입하여 검사 또는 질문을 하게 할 수 있다.

시·도지사 또는 시장·군수·구청장은 사회복지법인과 사회복지시설에 대하여 지방의회의 추천을 받아 「공인회계사법」에 따라 등록한 공인회계사 또는 「주식회사 등의 외부감사에 관한 법률」에 따른 감사인을 선임하여 회계감사를 실시할 수 있다. 이 경우 공인회계사 또는 감사인의 추천, 회계감사의 대상 및 그 밖에 필요한 사항은 보건복지부령으로 정하는 기준에 따라 지방자치단체의 조례로 정한다.

사회복지법인의 주된 사무소의 소재지와 시설의 소재지가 같은 시·도 또는 시·군·구에 있지 아니한 경우 그 시설의 업무에 관하여는 시설 소재지의 시·도지사 또는 시장·군수·구청장이 지도·감독·회계감사 등을 한다. 이 경우 지도·감독·회계감사 등을 위하여 필요할 때에는 사회복지법인의 업무에 대하여 사회복지법인의 주된 사무소 소재지의 시·도지사 또는 시장·군수·구청장에게 협조를 요청할 수 있으며, 이에 따른 지도・감독・회계감사 등에 관하여 따로 지방자치단체 간에 협약을 체결한 경우에는 제2항에도 불구하고 협약에서 정한 시・도지사 또는 시장・군수・구청장이 지도・감독・회계감사 등의 업무를 수행한다.

위 조항에 따라 검사・질문 또는 회계감사를 하는 관계 공무원 등은 그 권한을 표시하는 증표를 지니고 이를 관계인에게 보여주어야 한다.

보건복지부장관, 시・도지사 또는 시장・군수・구청장은 지도・감독・회계감사를 실시한 후 행정처분 등을 한 경우에는 처분 대상인 법인 또는 시설의 명칭, 처분사유, 처분내용 등 처분과 관련된 정보를 대통령령으로 정하는 바에 따라 공표할 수 있다.

지도・감독 기관은 사회복지 사업을 운영하는 자의 소관 업무에 대한 지도・감독에 있어 필요한 경우 촉탁할 수 있으며 촉탁받은 자의 업무범위와 권한은 대통령령으로 정한다.

15) 권한의 위임 또는 위탁

이 법에 따른 보건복지부장관 또는 시・도지사의 권한은 대통령령으로 정하는 바에 따라 그 일부를 시・도지사 또는 시장・군수・구청장에게 위임할 수 있다.

보건복지부장관은 이 법에 따른 업무의 일부를 대통령령으로 정하는 바에 따른 전담기구, 사회복지 관련 기관 또는 단체에 위탁할 수 있다.

8. 벌 칙

1) 벌칙

다음의 어느 하나에 해당하는 자는 5년 이하의 징역 또는 5천만원 이하의 벌금에 처한다.

- "재산 등" 관련 조항을 위반한 자
- 보조금을 목적 외의 용도에 사용한 자

다음의 어느 하나에 해당하는 자는 1년 이하의 징역 또는 1천만원 이하의 벌금에 처한다.

- "누구든지 정당한 이유 없이 사회복지시설의 설치를 방해하여서는 아니 된다"는 조

항을 위반한 자

- 사회복지사 자격증을 다른 사람에게 빌려주거나 빌린 사람
- 사회복지사 자격증을 빌려주거나 빌리는 것을 알선한 사람
- 금품, 향응 또는 재산상의 이익을 주고받거나 주고받을 것을 약속한 사람
- "수익사업에서 생긴 수익을 법인 또는 법인이 설치한 사회복지시설의 운영 외의 목적에 사용할 수 없다"는 조항을 위반한 자
- 신고를 하지 아니하고 시설을 설치 · 운영한 자
- 정당한 이유 없이 시설 거주자 권익 보호조치를 기피하거나 거부한 자
- 정당한 이유 없이 시설의 개선, 사업의 정지, 시설의 장의 교체를 명하거나 시설의 폐쇄를 명령을 이행하지 아니한 자
- 비밀누설 금지를 위반한 자
- 정당한 이유 없이 보고를 하지 아니하거나 거짓으로 보고한 자, 자료를 제출하지 아니하거나 거짓 자료를 제출한 자, 검사 · 질문 · 회계감사를 거부 · 방해 또는 기피한 자

"사회복지사의 채용 및 교육" 조항을 위반한 자는 300만원 이하의 벌금에 처한다.

2) 양벌규정

법인의 대표자나 법인 또는 개인의 대리인 · 사용인, 그 밖의 종업원이 그 법인 또는 개인의 업무에 관하여 "벌칙" 조항의 위반행위를 하면 그 행위자를 벌하는 외에 그 법인 또는 개인에게도 해당 조문의 벌금형을 과(科)한다. 다만, 법인 또는 개인이 그 위반행위를 방지하기 위하여 해당 업무에 관하여 상당한 주의와 감독을 게을리하지 아니한 경우에는 그러하지 아니하다.

3) 벌칙 적용 시의 공무원 의제

위탁받은 업무를 수행하는 전담기구, 사회복지 관련 기관 또는 단체 임직원은 「형법」의 규정을 적용할 때에는 공무원으로 본다.

4) 과태료

다음의 어느 하나에 해당하는 자에게는 500만원 이하의 과태료를 부과한다.

- "종사자 채용 시 준수사항"을 위반하여 채용한 자

- "종사자 채용 시 준수사항"을 위반하여 근로조건을 변경 · 적용한 자
- "사회복지사의 채용 및 교육" 및 "유사명칭의 사용금지", "법인의 임원 임면에 대한 시 · 도지사 보고", "재산취득 보고", "동일명칭 사용 금지", "보험가입 의무", "시설의 서류 비치", "신고한 자의 시설운영 개시", "시설의 운영자는 그 운영을 일정 기간 중단하거나 다시 시작하거나 시설을 폐지하려는 경우에는 보건복지부령으로 정하는 바에 따라 시장 · 군수 · 구청장에게 신고", "후원금의 관리"를 위반한 자에게는 300만원 이하의 과태료를 부과한다.

위 조항항에 따른 과태료는 대통령령으로 정하는 바에 따라 보건복지부장관, 시 · 도지사 또는 시장 · 군수 · 구청장이 부과 · 징수한다.

〈표 3-2〉 법인의 설립절차와 신청서류

법인의 설립 절차	
① 발기인 구성 ⇒ ② 창립총회 개최 ⇒ ③ 설립취지문 및 정관채택 ⇒ ④ 이사장 및 임원 선출 ⇒ ⑤ 사업계획서 및 예산서 작성 ※ 재단법인의 경우에는 재산출연이 전제되어야 함	
법인설립시 신청서류	
① 설립허가신청서(별지 제1호서식)	② 설립발기인의 주소/약력
③ 정관(법인의 기본규범)	④ 재산목록 및 입증서류
⑤ 사업계획서 및 수지예산서	
⑥ 임원취임예정자 인적사항, 취임승락서	⑦ 창립총회 회의록

〈표 3-3〉 법인설립허가신청서

법인설립허가신청서				처리기간 20일
신청인	①성 명		②주민등록번호	
	③주 소		④전 화 번 호	
법 인	⑤명 칭			
	⑥소 재 지		⑦전 화 번 호	
	⑧대표자성명		⑨주민등록번호	
	⑩주 소		⑪전 화 번 호	

민법 제32조의 규정에 의하여 위와 같이 법인설립을 신청하오니 허가하여 주시기 바랍니다.

년 월 일

신청인 (서명 또는 인)

귀하

〈구비서류〉	수수료
1. 설립발기인의 성명·주민등록번호·주소 및 약력을 기재한 서류(설립발기인이 법인 인 경우에는 그 명칭, 주된 사무소의 소재지, 대표자의 성명·주민등록번호·주소와 정관을 기재한 서류 1부)	없 음

2. 정관 1부
3. 재산목록(재단법인에 있어서는 기본재산과 운영재산으로 구분하여 기재하여야 합니다) 및 그 입증서류와 출연의 신청이 있는 경우에는 그 사실을 증명하는 서류 각 1부
4. 당해 사업연도분의 사업계획 및 수지예산을 기재한 서류 1부
5. 임원 취임예정자의 성명·주민등록번호·주소 및 약력을 기재한 서류와 취임승낙서 각 1부
6. 창립총회회의록(설립발기인이 법인인 경우에는 법인설립에 관한 의사의 결정을 증명하는 서류) 1부

참고문헌

강용규, 『사회복지서비스법』, 청목출판사, 2014.
박석돈, 『핵심사회복지법제론』, 삼영사, 2007.

제 2 부

사회안전망 관련 법률

제 4 장　국민기초생활보장법

제 5 장　긴급복지지원법

제 6 장　의료급여법

제 7 장　식품등 기부 활성화에 관한 법률

제 8 장　정신건강증진 및 정신질환자 복지서비스지원에 관한 법률

제 9 장　농어촌주민의 보건복지증진을 위한 특별법

제10장　노숙인 등의 복지 및 자립지원에 관한 법률

제11장　보호관찰 등에 관한 법률

제12장　일제하 일본군위안부 피해자에 대한 보호·지원 및 기념사업 등에 관한 법률

제13장　사회복지공동모금회법

4
chapter

국민기초생활보장법

1. 목 적

1961년 빈곤문제를 해결하기 위하여 제정된 생활보호법은 1997년 '외환위기'를 거치면서 사회적 안전망으로서의 기능과 역할을 충분히 수행하지 못하여 저소득층과 영세한 도시빈민, 실업자 등을 지원하고 빈곤가구별로 자활지원계획을 수립하여 빈곤의 장기화를 방지하기 위하여 '생활보호법'을 대신한 '국민기초생활 보장법'을 1999년 9월 7일 법률 제6024호를 제정하여 입법 · 대체하였다. 이 법은 생활이 어려운 사람에게 필요한 급여를 실시하여 이들의 최저생활을 보장하고 자활을 돕는 것을 목적으로 한다.

'국민기초생활 보장법'은 헌법에 보장된 인간다운 생활을 할 권리, 생존권, 사회권, 복지권 내지 사회보장 수급권 및 공공부조 수급권을 구체적으로 보장하기 위한 법률이다.

'국민기초생활 보장법'은 헌법 제34조에 근거하여 국가와 지방자치단체가 생활이 어려운 사람에게 빈곤의 정도에 따라 필요한 급여를 행하여, 법으로 정한 최저생계비 수준 이상의 생활을 보장하고 자활을 조성하는 것을 목적으로 하고 있다.

국민기초생활보장제도는 생활상 곤궁에 처한 사람들에게 각자의 처지에 따라 경제적-비경제적 원조를 필요에 따라 행하는 것이다. 국민기초생활보장제도는 생계급여, 주거급여, 교육급여, 해산급여, 장제급여와 같이 생활상의 곤란을 완화시켜 주는 소극적 · 보완적 의미뿐만 아니라, 자활급여를 제공함으로써 빈곤에 처한 사람들이 스스로 자립 · 자활할 수 있도록 국가가 주도하는 적극적 의미도 갖는다.

〈표 4-1〉 주요 용어

수급권자	급여를 받을 수 있는 자격을 가진 자
수급자	급여를 받는 사람
수급품	수급자에게 지급하거나 대여하는 금전 또는 물품
보장기관	급여를 실시하는 국가 또는 지방자치단체
부양의무자	수급권자를 부양할 책임이 있는 사람으로서 수급권자의 1촌의 직계혈족 및 그 배우자
최저생계비	국민이 건강하고 문화적인 생활을 유지하기 위하여 필요한 최소한의 비용으로서 보건복지부장관이 공표하는 금액
개별가구	급여를 받거나 자격요건 부합여부에 관한 조사를 받는 기본단위로서 수급자 및 수급권자로 구성된 가구
소득인정액	개별가구의 소득평가액과 재산의 소득환산액을 합산한 금액
개별가구의 소득평가액	개별가구의 실제소득에 불구하고 보장기관이 급여의 결정 및 실시 등에 사용하기 위하여 산출한 금액
재산의 소득환산액	보장기관이 급여의 결정 및 실시 등에 사용하기 위하여 개별가구의 재산가액에 소득환산율을 곱하여 산출한 금액
차상위계층	수급권자에 해당하지 아니 하는 계층으로서 소득인정액이 대통령령으로 정하는 기준 이하의 계층

2. 국민기초생활 보장법의 특징

첫째, 기존의 생활보호제도를 기초로 하여 생활을 보장한다는 '외환위기'(1997년) 이후의 중산층의 붕괴, 소득의 급감, 실업자의 급증 등 경제사회적 환경을 반영한 정책대안이다.

둘째, 급여를 받는 사람들의 권리를 인정하여 수급자와 수급권자라는 용어를 사용하여 복지권 내지 생존권에 대한 수혜자의 법적 권리를 강조하고 있다.

셋째, 인구학적 기준에 의한 급여를 철폐하고, 소득이 최저생계비 이하인 국민은 누구나 국가로부터 지원을 받을 수 있도록 함으로써 수급요건을 '빈곤'으로 단순화하였다.

넷째, 수급권자에 대한 생활보장의 수준을 '최저생계비 수준 이상'으로 구체적으로 설정함으로써 생활보장 행정의 실행에 있어 객관성과 합리성을 높일 수 있다.

다섯째, 소득인정액을 산정하여 수급자의 기준을 상향조정함으로 많은 대상자를 보장의 범주에 포함시켜, 안정적인 근로를 할 수 있도록 근로동기를 강화할 수 있다.

여섯째, 수급권자의 조사·선정·급여실시 등 보장업무를 수행하기 위하여 사회복지전담공무원을 배치함으로써 복지전담공무원의 사기를 제고하고, 전문성을 유지하게 할 수 있다.

3. 국민기초생활 보장법의 기본원칙

1) 복지권 보장의 원리

모든 국민은 인간다운 생활을 위해 필요한 조건을 부여받을 수 있는 권리가 있으며, 국가와 지방자치단체는 이를 보장할 책임이 있다는 원리이다.

2) 국가책임의 원리

생활이 어려운 국민들의 인간다운 생활을 국가가 책임지고 보장한다는 원리로, 국가와 지방자치단체가 생활이 어려운 자에게 빈곤의 정도에 따라 필요한 급부를 행하여 최저생계비 수준 이상의 생활을 보장하고 자활을 조성한다고 규정하고 있다.

3) 최저생활보장의 원리

모든 국민은 인간다운 생활을 보장받을 권리를 가지며, 국가는 이를 보장할 책임을 진다는 원리로, 최저생활이란 건강하고 문화적인 생활수준을 유지할 수 있는 최저한도의 생활로서 최저생계비로 계측된다.

4) 무차별 평등의 원리

모든 국민은 국민기초생활 보장법상의 요건을 충족하는 한 그 보장은 평등하게 이루어져야 하며, 태만이나 비행, 개인적 철학 등과 같은 경제적 빈곤의 주관적 원인을 묻지 않고, 생활이 어려운 상태라는 객관적 요건만 있으면 차별 없이 평등하게 기초생활을 보장받는다는 원리이다.

5) 사회적 형평의 원리

국가와 지방자치단체는 사회적 형평성(social equity)에 입각하여 생활이 어려운 국민들의 기초생활을 보장해야 한다는 원리이다. 사회적 형평은 수평적 형평과 수직적 형평으로 나누어지는데, 수평적 평등이란 같은 처지에 있는 사람을 동일하게 대우해 주는 것을 의미한다. 반면 수직적 형평이란 서로 다른 처지에 있는 사람을 서로 다르게 대우해 주는 것을 의미한다.

6) 보충성의 원리

국가의 보호를 받기 전에, 기초생활보장을 받아야 할 사람이 자신의 자산과 근로능력을 최대한 활용하고, 부양의무자의 부양과 법령에 의한 보호를 우선적으로 받은 후에, 그래도 생활상 곤란에 처한 경우 최후의 의존수단(the last resort)으로써 국민기초생활보장제도에 의하여 생활을 보장받는다는 원리이다.

7) 자립자활조장의 원리

기초생활보장 수급자가 공공부조를 받지 않고 스스로 다른 사람에 의존하지 않은 채 독립된 생활을 할 수 있도록 조장하는 원리이다. 궁극적으로 자립을 할 수 있는 여건과 능력을 갖춰 차상위계층 이상의 삶을 살 수 있도록 하는 것이다.

4. 국민기초생활보장 급여의 내용

1) 급여의 기본원칙

급여는 수급자가 자신의 생활의 유지·향상을 위하여 그 소득·재산·근로능력 등을 활용하여 최대한 노력하는 것을 전제로 이를 보충·발전시키는 것을 기본원칙으로 한다. 또한 부양의무자의 부양과 다른 법령에 따른 보호는 '국민기초생활 보장법'에 의한 급여에 우선하여 행하여지는 것으로 한다. 다만, 다른 법령에 따른 보호의 수준이 일정 수준에 이르지 아니하는 경우에는 나머지 부분에 관하여 국민기초생활 보장법에 따른 급여를 받을 권리를 잃지 않는다.

2) 급여의 기준

급여의 기준은 '건강하고 문화적인 최저생활을 유지'할 수 있는 것이어야 하며, 그 기준은 보건복지부장관이 수급자의 연령·가구 규모·거주 지역, 그 밖의 생활여건 등을 고려하여 급여의 종류별로 정하고, 보장기관은 '국민기초생활 보장법'에 의한 급여를 개별가구 단위로 실시하되, 특히 필요하다고 인정하는 경우에는 개인 단위로 실시할 수 있다.

[일본의 아사히 소송 : 생활보호에 대한 국민의식을 고양]

1. 아사히 소송의 발단

아사히 시게루(조일무)는 1913년 7월 강산현 진산시에서 4형제 중 막내로 출생하였다. 아사히 시게루(조일무)는 1933년 4월 동경의 일만창고주식회사에 입사하고 동시에 중앙대학교 야간부 상학과에 입학하여 1936년 졸업하였다. 1937년에 객혈이 발병하여 8년간 근무하였던 일만창고주식회사에서 퇴직하였다. 당시 실시되고 있던 건강보험의 급부는 불과 6개월이 되자 중단되었고 퇴직금도 2년이 못 되 모두 사용해버리고 제생회라는 구호단체에서 입원료가 면제되는 의료권을 받아 장기간 요양생활에 들어가게 되었다. 그 후 환자 자치회 활동을 의식이 단지 참고 있는 것만으로 개인 생활의 권리가 수호되지 않고, 적극적인 투쟁에서 가능하다는 것을 체험하게 된다. 1949년 「일본환자동맹」(1948년 3월 결성)의 중앙위원에 선출되었다. 그는 「결핵환자의 입퇴원기준」의 강압에 대한 투쟁이라든지, 중병자의 개인부첨부제도의 폐지에 반대투쟁을 하는 중에 1955년 큰 각혈을 하여 최중증환자가 되었다. 당시 아사히 시게루(조일무)는 1924년 이래 폐결핵으로 인하여 일본의 국립 강산요양소에 입소하여 무의탁한 무수입자로서 생활보호법에 의하여 의료 및 생활부조 최고월액 600엔의 일용품비를 받고 있었다. 그러던 중 1956년 8월 이래 친형으로부터 월액 1,500엔을 생활비로 조달받게 되었다. 그리하여 진산시 사회복지사무소장은 동년 8월 1일 이후 매월 생활조달비로 받는 1,500엔 중에서 600엔을 아사히 시게루(조일무)가 종래 생활부조로서 지급받고 있었던 일용품비에 충당시키도록 해서 생활부조를 폐지하고, 잔액 900엔을 의료비의 일부로써 아사히 시게루(조일무)에게 부담시킬 취지로 보호변경결정을 하였다. 이에 대하여 아사히 시게루(조일무)는 동결정에 불복하고서, 강산현 지사에 대하여 생활조달비 중에서 일용품비로서 적어도 1,000엔을 공제해야 할 것을 요구하고, 불복신청을 하였던바 각하되었기 때문에 다시 후생대신에 대해서 불복신립신청을 하였지만 마찬가지로 각하되었다. 그래서 아사히 시게루(조일무)는 후생 대신을 상대로 하여, 일용품비 600엔 명세서에 속옷 2년에 한 벌, 팬티 1년에 1매, 휴지 1달에 1다발 등으로 나와 있는데, 이것으로는 일용품비로서 정말 부족하고, 더욱이 식욕부진의 중증 결핵환자로서는 요양소의 급식 이외에 버터, 계란, 과일 등 보조식비가 절대로 필요하기 때문에, 후생대신의 보호기준에 의한 일용품비 600엔의 기준금액이 당시 일본헌법 및 생활보호법이 규정하고 있던 건강하고 문화적인 최저한도의 생활수준을 유지하기에 부족한 위법의 것이라고 주장하고, 후생대신이 행한 불복신립각하결정을 취소하기를 요구하는 행정소송을 제시하였다.

2. 아사히 소송의 경과와 판결

이후 아사히 소송은 1957년 8월 12일 제1심 동경지방법원에서 시작하여 동경고등법원을 거쳐 1967년 5월 24일 제3심 최고법원에 이르기까지 약 10여년에 걸친 긴 법적소송이 이루어졌다. 1960년 10월 19일 제1심 판결에서 승소하였으나, 동년 11월 1일 후생대신이 동경고등법원에 공소하였다. 그리하여 1963년 11월 4일 제2심 판결에서 패소하였다. 그 후 다시 아사히 시게루(조일무)측이 동년 11월 20일 최고법원에 상고하였다. 이러한 과정에 아사히 시게루(조일무)는 증상이 악화되어 상고심에 들어간 1964년 51세로 사망하였다. 따라서 3심 내용은 2심 내용과 별다른 차이가 없고 다만 이들의 재판승계문제가 관건이었다.

일본 헌법 25조에 나와 있는 "건강하고 문화적인 생활"에 대한 규정을 어떻게 이해하여야 할 것인지에 대한 내용이 쟁점이 되고 있었다. 예컨대 프로그램규정설이나 추상적 권리설이냐, 구체적 권리설이냐 하는 것과, 동시에 그것에 바탕을 둔 최저생활비 수준과 그 산정 근거에 대한 것이 주요 쟁점이었다.

3. 아사히소송의 판결의 의미

아사히 소송이 관심을 가지는 이유는 생존권과 직접적으로 연관되는 법률소송이기 때문이다. 아사시소송의 중요한 쟁점은 결국 4가지로 압축된다. 첫째, 일본헌법 제25조를 어떻게 이해하는가? 둘째, 일본헌법 제25조와 관련하여 생활보호법의 생활보호청구권을 어떻게 이해하는가? 셋째, 후생대신이 결정하기로 되어있는 생활보호기준 즉 다시 말하면, 최저생활비의 산출근거가 무엇인가? 넷째, 이 기준에 대해 사법심사권은 어떻게 실현되는가?이다.

1) 제1심판결의 의미

아사히 소송의 제1심판결은 국민의 생존권 개념을 인정하고 국가는 그것을 확보해야 하는 것이 책무라고 하는 내용을 결론으로 내린, 그리하여 일본헌법 제25조 「모든 국민은 건강하고 문화적인 최저한도의 생활을 영위할 수 있도록 국정을 운영해야 함」을 확증한 이른바 구체적 권리설을 지지한 것으로 이해될 수 있다. 아사히 소송은 생존권 조항에 대한 기존의 법해석(즉 프로그램 규정설)을 부정하고 새로운 판례를 남겼다.

2) 제2심, 3심판결의 의미

2심판결은 생활보호기준에 대해서 사법심사권이 실현된다고 하면서도, 보호기준에 다수의 불확적 요소를 파악하고 종합하는 근거 위에서 성립되어야 한다는 성격으로 인하여 그 설정에 관한 구체적 판단은 사실상 후생대신의 자유재량에 위임한 것으로 해석하고 있다. 그러므로 옳고 그른 것을 논평하는 것은 가능하지만, 보호행정청의 판단이 법을 명백하게 벗어나 옳고 그르다는 문제를 거친 경우에만 위법문제의 논의가 가능하다고 하였다. 문제는 후생대신의 자유재량 행위에 속하는 보호수준 설정과 관련하여 생활보호수준, 입원환자의 생활실태에 대해 고려가 없었다. 말하자면 실제 운용상 프로그램규정설 성격을 띤 것으로서, "생활보호비용은 국민의 세금에 의한 것으로서, 국가의 재정, 국민소득, 생활수준, 국민태도를 무시할 수 없다"고 하였다. 따라서 이러한 법률해석은 생활외적 요소를 도입하여 그럴듯하게 보호수준 설정을 기존제도의 구빈법적인 열등처우의 원칙을 그대로 답습케 하는 방향으로 결정을 내리고 말았다. 3심판결은 국가의 부당이득반환청구권을 주장한 점이 첨가되었다. 제3심 판결에 생존권문제에 대한 법해석, 인식은 오히려 2심보다 더 후퇴하여 명확하게 프로그램적 규정설에 입각해 있음을 알 수 있다. 즉 생존권의 권리성을 부정하였다.

4. 아사히소송의 사회정책적 의미

약 10여년을 끌어온 아사히소송은 일본 현대사에서 하나의 귀중한 사건으로 기록될 만큼 그것이 지닌 의미는 자못 중대하다.

첫째, 아사히 소송은 일본에 있어 국가를 상대로 한 최초의 생존권 투쟁으로서 의미를 지닌다.

둘째, 아사히 소송은 생활 보호 대상자만의 문제로서가 아니라 사회적 약자 모두의 문제라는 인식에서 출발한 것이다.

셋째, 아사히 소송은 생활 보호 수준과 관련하여 단지 생활보호법에만 해당되는 문제가 아니라 사회보장 전반의 급여 수준과 연결된 문제여서, 국가와 국민 대중의 관심사속에서 진행되었다고 볼 수 있다.

넷째, 아사히 소송은 미증유의 사회보장 재판으로서, 사회보장의 저열한 상태를 대상으로 하여, 사회보장의 권리를 수호하기 위한 노력이었다.(생활보호의 문제, 사회보장의 권리를 수호하기 위한 노력이었다. 이것은 또한 생활보호의 문제, 사회보장의 문제가 단순히 휴머니즘의 문제, 조악한 헌법이해, 법률인식의 문제라는 단편적이고 간단한 문제가 아니라, 정치가 결여된 지배정책과의 대결로써 이해되지 않으면 안된다는 점을 상기시킨 계기가 되었다.)

다섯째, 아사히 소송은 법정 투쟁과 대중 투쟁과의 연결을 명확하게 드러내는 전형적인 재판 투쟁이다.

여섯째, 아사히 소송은 당시 일본 법원의 기능, 성격 그리고 법관의 법의식 및 법률 교육에 대해서 새삼스럽게 문제를 제기시킨 계기가 되었다.

일곱째, 아사히 소송에 있어 사회복지 전개의 활동과 연관된 것으로서 이들이 아사히 소송 전개에서 보여 준 역할의 중요성이다.

[한국의 소송 : 1994년 생계보호기준]

서울 중구 중림동에 사는 심창섭(당시 85세), 이금순(당시 83세) 노부부는 1994년 헌법소원을 제기하였다. 노부부는 정부가 매월 지원하는 생활보호급여액 6만5천원이 최저생계비에도 못 미친다는 것을 이유로 보건사회부장관이 고시한 생활보호기준이 위헌이라고 주장하였다. 그러나 심창섭 할아버지는 헌법소원의 결과도 보지 못한 채 사망하였다. 그리고 1997년 5월 29일 노부부의 청구는 기각되고 말았다.

3) 수급권자의 범위

수급권자는 부양의무자가 없거나, 부양의무자가 있어도 부양능력이 없거나 부양을 받을 수 없는 사람으로서 소득인정액이 최저생계비 이하인 사람으로 하되, 수급권자에 해당하지 않아도 생활이 어려운 사람으로서 경우 일정 기간 동안 국민기초생활 보장법이 정하는 급여의 전부 또는 일부가 필요하다고 보건복지부장관이 정하는 자는 수급권자로 본다.

4) 외국인에 대한 특례

국내에 체류하고 있는 외국인 중 대한민국 국민과 혼인하여 본인 또는 배우자가 임신 중이거거나 대한민국 국적의 미성년 자녀를 양육하고 있거나 배우자의 대한민국 국적인 직계존속과 생계나 주거를 같이하고 있는 사람으로서 대통령령으로 정하는 사람이 수급권자의 요건에 해당하는 경우에는 수급권자가 된다.

5) 최저생계비의 결정

보건복지부장관은 국민의 소득·지출 수준과 수급권자의 가구 유형 등 생활실태, 물가상승률 등을 고려하여 최저생계비를 결정해야 한다. 보건복지부장관은 매년 9월 1일까지 중앙생활보장위원회의 심의·의결을 거쳐 다음 연도의 최저생계비를 공표하여야 한다. 보건복지부장관은 최저생계비를 결정하기 위하여 필요한 계측조사를 3년마다 하며, 이에 필요한 사항은 보건복지부령으로 정한다.

〈표 4-2〉 2021년 가구별 최저생계비

구분	1인가구	2인가구	3인가구	4인가구	5인가구	6인가구
금액 (원/월)	1,096,699	1,852,847	2,390,370	2,925,774	3,454,424	3,977,162

6) 급여내용

국민기초생활보장제도 아래에서 국가와 지방자치단체가 생활이 어려운 국민에게 빈곤의 정도에 따라 필요한 급여를 행한다고 규정하고 있다. 따라서 '국민기초생활 보장법' 제

8조에 따라 수급자에게 의복·음식물 및 연료비, 기타 일상생활에 기본적으로 필요한 금품을 제공하고 있다.

현행 법률에 따라 제공되고 있는 급여로는 '국민기초생활 보장법'에 의한 생계급여, 주거급여, 의료급여, 교육급여, 해산급여, 장제급여, 자활급여가 제공되고 있다.

〈표 4-3〉 2021년 부양능력 판정기준표(부양능력 판정소득액 기준)

부양의무자 / 수급(권)자	부양능력 판정	1인	2인	3인	4인	5인
1인	없음	1,827,831	3,088,079	3,983,950	4,876,290	5,757,373
	미약	1,827,831 ~ 2,558,963 (2,705,190)	3,088,079 ~ 3,819,211 (3,819,211)	3,983,950 ~ 4,715,082 (4,715,082)	4,876,290 ~ 5,607,422 (5,607,422)	5,757,373 ~ 6,488,505 (6,488,505)
	있음	2,558,963 (2,705,190)	3,819,211 (3,819,211)	4,715,082 (4,715,082)	5,607,422 (5,607,422)	6,488,505 (6,488,505)
2인	없음	1,827,831	3,088,079	3,983,950	4,876,290	5,757,373
	미약	1,827,831 ~ 3,063,063 (3,637,773)	3,088,079 ~ 4,323,311 (4,570,357)	3,983,950 ~ 5,219,182 (5,233,301)	4,876,290 ~ 6,111,522 (6,111,522)	5,757,373 ~ 6,992,605 (6,992,605)
	있음	3,063,063 (3,637,773)	4,323,311 (4,570,357)	5,219,182 (5,233,301)	6,111,522 (6,111,522)	6,992,605 (6,992,605)
3인	없음	1,827,831	3,088,079	3,983,950	4,876,290	5,757,373
	미약	1,827,831 ~ 3,421,411 (4,300,718)	3,088,079 ~ 4,681,659 (5,233,301)	3,983,950 ~ 5,577,530 (5,896,246)	4,876,290 ~ 6,469,870 (6,556,578)	5,757,373 ~ 7,350,953 (7,350,953)
	있음	3,421,411 (4,300,718)	4,681,659 (5,233,301)	5,577,530 (5,896,246)	6,469,870 (6,556,578)	7,350,953 (7,350,953)
4인	없음	1,827,831	3,088,079	3,983,950	4,876,290	5,757,373
	미약	1,827,831 ~ 3,778,347 (4,961,050)	3,088,079 ~ 5,038,595 (5,893,633)	3,983,950 ~ 5,934,466 (6,556,578)	4,876,290 ~ 6,826,806 (7,216,909)	5,757,373 ~ 7,707,889 (7,868,911)
	있음	3,778,347 (4,961,050)	5,038,595 (5,893,633)	5,934,466 (6,556,578)	6,826,806 (7,216,909)	7,707,889 (7,868,911)
5인	없음	1,827,831	3,088,079	3,983,950	4,876,290	5,757,373
	미약	1,827,831 ~ 4,130,780 (5,613,051)	3,088,079 ~ 5,391,028 (6,545,634)	3,983,950 ~ 6,286,899 (7,208,579)	4,876,290 ~ 7,179,239 (7,868,911)	5,757,373 ~ 8,060,322 (8,520,912)
	있음	4,130,780 (5,613,051)	5,391,028 (6,545,634)	6,286,899 (7,208,579)	7,179,239 (7,868,911)	8,060,322 (8,520,912)

※ ( ) 안의 금액은 수급(권)자가 취약계층인 노인·장애인·한부모가구·희귀난치성질환 및 중증질환자가구인 경우의 소득 기준임

(1) 생계급여

생계급여는 수급자에게 의복, 음식물 및 연료비와 그 밖에 일상생활에 기본적으로 필요한 금품을 지급하여 그 생계를 유지하게 하는 것으로 한다.

생계급여는 금전을 지급하는 것으로 한다. 다만, 금전으로 지급할 수 없거나 금전으로 지급하는 것이 적당하지 아니하다고 인정하는 경우에는 물품을 지급할 수 있다. 수급품은 대통령령으로 정하는 바에 따라 매월 정기적으로 지급하여야 한다. 다만, 특별한 사정이 있는 경우에는 그 지급방법을 다르게 정하여 지급할 수 있다.

수급품은 수급자에게 직접 지급해야 하나, 보장시설이나 타인의 가정에 위탁하여 생계급여를 실시하는 경우에는 그 위탁받은 사람에게 이를 지급할 수 있다. 이 경우 보장기관은 보건복지부장관이 정하는 바에 따라 정기적으로 수급자의 수급 여부를 확인하여야 한다.

생계급여는 보건복지부장관이 정하는 바에 따라 수급자의 소득인정액 등을 고려하여 차등 지급할 수 있다.

보장기관은 대통령령으로 정하는 바에 따라 근로능력이 있는 수급자에게 자활에 필요한 사업에 참가할 것을 조건으로 하여 생계급여를 실시할 수 있다. 이 경우 보장기관은 자활지원계획을 고려하여 조건을 제시하여야 한다(법 제9조).

생계급여는 수급자의 주거에서 실시한다. 다만, 수급자가 주거가 없거나 주거가 있어도 그곳에서는 급여의 목적을 달성할 수 없는 경우 또는 수급자가 희망하는 경우에는 수급자를 보장시설이나 타인의 가정에 위탁하여 급여를 실시할 수 있다. 수급자에 대한 생계급여를 타인의 가정에 위탁하여 실시하는 경우에는 거실의 임차료와 그 밖에 거실의 유지에 필요한 비용은 수급품에 가산하여 지급한다. 이 경우 주거급여가 실시된 것으로 본다(법 제10조).

가구별 생계급여액 = 현금급여기준액 − 가구의 소득인정액 − 주거급여액

〈표 4-4〉 기준 중위소득

(2021년도, 단위 : 원)

구분 \ 가구규모	1인가구	2인가구	3인가구	4인가구	5인가구	6인가구	7인가구
기준 중위소득	1,827,831	3,088,079	3,983,950	4,876,290	5,757,373	6,628,603	7,497,198

※ 8인 이상 가구는 7인가구 기준 중위소득에서 6인가구 기준 중위소득의 차액을 7인가구 기준 중위소득에 더하여 산정

(2) 주거급여

소득인정액 기준 이하의 가구가 안정된 주거생활을 할 수 있도록 실제임차료, 유지수선비 등을 지원하고, 주거급여가 불필요하거나, 타 법령 등에 의하여 주거를 제공받고 있는 수급자에 대해서는 주거급여를 지급하지 않는다.

주거급여를 받기 위해서는 소득인정액 기준을 만족시켜야 하며 소득인정액 기준은 중위소득 45% 이하이며, 가구원에 따른 금액은 〈표 4-5〉와 같다.

〈표 4-5〉 소득인정액 기준

(단위 : 원/월)

가구수	1인	2인	3인	4인	5인
소득인정액	822,524	1,389,636	1,792,778	2,194,331	2,590,818

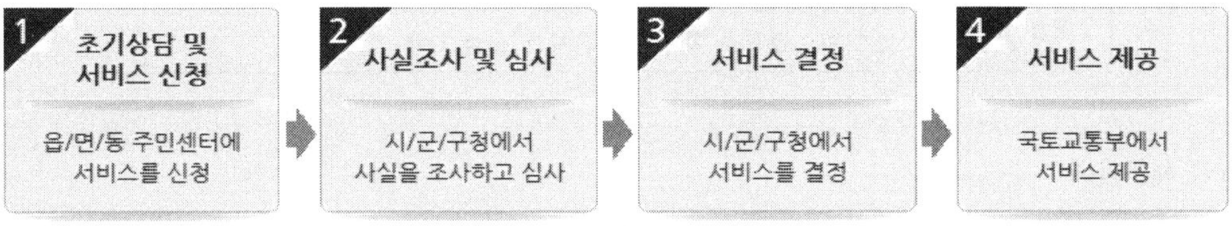

〈그림 4-1〉 지원절차

2021년부터 안정적인 주거를 보장하기 위하여 주거급여 수급가구 내 부모와 떨어져 사는 청년에게 주거급여를 분리하여 지급하며 대상은 다음과 같다.

- 임차급여 또는 수선유지급여를 지급받는 수급가구 내 만 19세 이상 30세 미만의 미혼자녀
- 청년명의의 임대차계약을 체결하고 임차료를 지불하는 청년에게 지급(전입신고 필수)
- 주거급여 수급가구의 부모와 청년이 주민등록상 시·군을 달리하는 경우 인정하되, 동일 시·군이라도 보장기관이 인정하는 경우는 예외로 한다(특별시·광역시·특별자치시 내 부모와 분리거주하는 경우는 원칙적으로 불인정).

(3) 교육급여

기초생활보장 수급자에 대하여 적정한 교육기회를 제공함으로써 자립능력을 배양함과 동시에 빈곤의 대물림을 차단하는 데 목적을 두고 있는 급여이다.

교육급여는 수급자에게 입학금, 수업료, 학용품비, 그 밖의 수급품을 지급하는 것으로 하되, 학교의 종류·범위 등에 관하여 필요한 사항은 대통령령으로 정한다. 교육급여는 금전 또는 물품을 수급자 또는 수급자의 친권자나 후견인에게 지급하는 것으로 한다. 다만, 보장기관이 필요하다고 인정하는 경우에는 수급자가 재학하는 학교의 장에게 수급품을 지급할 수 있다(법 제12조).

2020		
급여항목	학교급	지원금액
부교재비	초	134,000원
	중	212,000원
	고	339,200원
학용품비	초	72,000원
	중·고	83,000원

▶

2021				
급여항목	활용	지원금액		비고('20년 대비)
교육활동 지원비	학생별 교육수요에 따라 자율적 지출	초	286,000원	38.8% ↑
		중	376,000원	27.5% ↑
		고	448,000원	6.1% ↑

교과서대금	고	해당 학년의 정규 교육과정에 편성된 교과목의 교과서 금액 전체
입학금 및 수업료	고	연도별·급지별 학교장이 고지한 금액 전부

(4) 해산급여

해산급여는 수급자에게 다음의 급여를 실시하는 것으로 한다.

- 조산(助産)
- 분만 전과 분만 후에 필요한 조치와 보호

해산급여는 보건복지부령으로 정하는 바에 따라 보장기관이 지정하는 의료기관에 위탁하여 실시할 수 있다. 해산급여에 필요한 수급품은 보건복지부령으로 정하는 바에 따라 수급자나 그 세대주 또는 세대주에 준하는 사람에게 지급한다. 다만, 그 급여를 의료기관에 위탁하는 경우에는 수급품을 그 의료기관에 지급할 수 있다.

급여액은 출산여성에게 1인당 70만원을 현금으로 지급하고 있다. 추가 출생영아 1인당 70만원이 지급된다.

(5) 장제급여

장제급여는 수급자가 사망한 경우 사체의 검안·운반·화장 또는 매장, 그 밖의 장제조치를 하는 것으로 한다. 장제급여는 보건복지부령으로 정하는 바에 따라 실제로 장제를 실시하는 사람에게 장제에 필요한 비용을 지급하는 것으로 한다. 다만, 그 비용을 지급할 수 없거나 비용을 지급하는 것이 적당하지 아니하다고 인정하는 경우에는 물품을 지급할 수 있으며, 급여액은 사망자 1구당 800,000원을 지급한다.

(6) 자활급여

자활급여는 수급자의 자활을 돕기 위하여 다음의 급여를 실시하는 것으로 한다.

- 자활에 필요한 금품의 지급 또는 대여
- 자활에 필요한 근로능력의 향상 및 기능습득의 지원
- 취업알선 등 정보의 제공
- 자활을 위한 근로기회의 제공
- 자활에 필요한 시설 및 장비의 대여
- 창업교육, 기능훈련 및 기술·경영 지도 등 창업지원
- 자활에 필요한 자산형성 지원
- 그 밖에 대통령령으로 정하는 자활을 위한 각종 지원

자활급여는 관련 공공기관·비영리법인·시설과 그 밖에 대통령령으로 정하는 기관에 위탁하여 실시할 수 있다. 이 경우 그에 드는 비용은 보장기관이 부담한다.

7) 자활 지원

(1) 자활센터

수급자 및 차상위자의 자활촉진에 필요한 사업을 수행하기 위하여 중앙자활센터, 광역자활센터, 지역자활센터 등을 둘 수 있다(법 제15조의2).

중앙자활센터	광역자활센터	지역자활센터
• 자활 지원을 위한 조사·연구·교육 및 홍보 사업 • 자활 지원을 위한 사업의 개발 및 평가 • 광역자활센터, 지역자활센터 및 자활기업의 기술·경영 지도 및 평가 • 자활 관련 기관 간의 협력체계 및 정보네트워크 구축·운영 • 취업·창업을 위한 자활촉진 프로그램 개발 및 지원 • 그 밖에 자활촉진에 필요한 사업으로서 보건복지부장관이 정하는 사업	• 시·도 단위의 자활기업 창업지원 • 시·도 단위의 수급자 및 차상위자에 대한 취업·창업 지원 및 알선 • 지역자활센터 종사자 및 참여자에 대한 교육훈련 및 지원 • 지역특화형 자활프로그램 개발·보급 및 사업개발 지원 • 지역자활센터 및 자활기업에 대한 기술·경영 지도 • 그 밖에 자활촉진에 필요한 사업으로서 보건복지부장관이 정하는 사업	• 자활의욕 고취를 위한 교육 • 자활을 위한 정보제공, 상담, 직업교육 및 취업알선 • 생업을 위한 자금융자 알선 • 자영창업 지원 및 기술·경영 지도 • 자활기업의 설립·운영 지원 • 그 밖에 자활을 위한 각종 사업

(2) 자활기관협의체

특별자치도지사 · 시장 · 군수 · 구청장은 자활지원사업의 효율적인 추진을 위하여 지역자활센터, 직업안정기관, 사회복지시설의 장 등과 상시적인 협의체계를 구축하여야 한다.

(3) 자활기업

수급자 및 차상위자는 상호 협력하여 자활기업을 설립 · 운영할 수 있다. 자활기업은 조합 또는 '부가가치세법' 상의 사업자로 한다. 보장기관은 자활기업에게 직접 또는 중앙자활센터, 광역자활센터 및 지역자활센터를 통하여 다음의 지원을 할 수 있다.

• 자활을 위한 사업자금 융자
• 국유지 · 공유지 우선 임대
• 국가나 지방자치단체가 실시하는 사업의 우선 위탁
• 국가나 지방자치단체의 조달구매 시 자활기업 생산품의 우선 구매
• 그 밖에 수급자의 자활촉진을 위한 각종 사업

(4) 수급자의 고용촉진

보장기관은 수급자의 고용을 촉진하기 위하여 상시근로자의 일정비율 이상을 수급자로 채용하는 기업에 대하여는 대통령령으로 정하는 바에 따라 다음에 해당하는 지원을 할 수 있다.

• 자활을 위한 사업자금 융자

- 국유지 · 공유지 우선 임대
- 국가나 지방자치단체가 실시하는 사업의 우선 위탁
- 국가나 지방자치단체의 조달구매 시 자활기업 생산품의 우선 구매
- 그 밖에 수급자의 자활촉진을 위한 각종 사업

시장 · 군수 · 구청장은 수급자에게 가구별 특성을 감안하여 관련 기관의 고용지원서비스를 연계할 수 있다. 뿐만 아니라 수급자의 취업활동으로 인하여 지원이 필요하게 된 해당 가구의 아동 · 노인 등에게 사회복지서비스를 지원할 수 있다.

(5) 자활기금의 적립

보장기관은 '국민기초생활 보장법'에 따른 자활지원사업의 원활한 추진을 위하여 일정한 금액과 연한을 정하여 자활기금을 적립할 수 있다. 보장기관은 자활지원사업의 효율적 추진을 위하여 필요하다고 인정하는 경우에는 자활기금의 관리 · 운영을 중앙자활센터 또는 자활지원사업을 수행하는 비영리법인에 위탁할 수 있다. 이 경우 그에 드는 비용은 보장기관이 부담한다.

(6) 자산형성지원

보장기관은 수급자가 자활에 필요한 자산을 형성할 수 있도록 재정적인 지원을 할 수 있다. 또한 수급자가 자활에 필요한 자산을 형성하는 데 필요한 교육을 실시할 수 있다. 지원으로 형성된 자산은 보건복지부령으로 정하는 바에 따라 수급자의 재산의 소득환산액 산정 시 이를 포함하지 않는다.

5. 보장기관

1) 보장기관

'국민기초생활 보장법'에 따른 급여는 수급권자 또는 수급자의 거주지를 관할하는 특별시장 · 광역시장 · 도지사 · 특별자치도지사와 시장 · 군수 · 구청장이 실시한다. 다만, 주거가 일정하지 않은 경우에는 수급권자 또는 수급자가 실제 거주하는 지역을 관할하는 특별자치도지사 · 시장 · 군수 · 구청장이 실시한다. 또한 보건복지부장관과 시 · 도지사는 수급자를 각각 국가나 해당 지방자치단체가 경영하는 보장시설에 입소하게 하거나 다른 보장시

설에 위탁하여 급여를 실시할 수 있다.

수급권자나 수급자가 거주지를 변경하는 경우의 처리방법과 보장기관 간의 협조, 그 밖에 업무처리에 필요한 사항은 보건복지부령으로 정한다.

보장기관은 수급권자·수급자·차상위계층에 대한 조사와 수급자 결정 및 급여의 실시 등 '국민기초생활 보장법'에 따른 보장업무를 수행하게 하기 위하여 '사회복지사업법'에 따른 사회복지 전담공무원을 배치하여야 한다. 이 경우 자활급여에 따른 업무를 수행하는 사회복지 전담공무원은 따로 배치하여야 한다.

2) 생활보장위원회

'국민기초생활 보장법'에 따른 생활보장사업의 기획·조사·실시 등에 관한 사항을 심의·의결하기 위하여 보건복지부와 시·도 및 시·군·구에 각각 생활보장위원회를 둔다. 다만, 시·도 및 시·군·구에 두는 생활보장위원회는 그 기능을 담당하기에 적합한 다른 위원회가 있고 그 위원회의 위원이 자격을 갖춘 경우에는 시·도 또는 시·군구의 조례로 정하는 바에 따라 그 위원회가 생활보장위원회의 기능을 대신할 수 있다.

(1) 중앙생활보장위원회

중앙생활보장위원회는 다음의 사항을 심의·의결한다.

- 생활보장사업의 기본방향 및 대책 수립
- 소득인정액 산정방식의 결정
- 급여기준의 결정
- 최저생계비의 결정
- 자활기금의 적립·관리 및 사용에 관한 지침의 수립
- 그 밖에 위원장이 회의에 부치는 사항

중앙생활보장위원회는 위원장을 포함하여 13명 이내의 위원으로 구성하고 위원은 보건복지부장관이 다음의 어느 하나에 해당하는 사람 중에서 위촉·지명하며 위원장은 보건복지부장관으로 한다.

- 공공부조 또는 사회복지와 관련된 학문을 전공한 전문가로서 대학의 조교수 이상인 사람 또는 연구기관의 연구원으로 재직 중인 사람 4명 이내
- 공익을 대표하는 사람 4명 이내
- 관계 행정기관 소속 3급 이상 공무원 또는 고위공무원단에 속하는 일반직공무원 4명

이내

(2) 시·도 및 시·군·구 생활보장위원회

시·도 및 시·군·구 생활보장위원회 위원은 시·도지사 또는 시장·군수·구청장이 다음의 어느 하나에 해당하는 사람 중에서 위촉·지명하며 위원장은 해당 시·도지사 또는 시장·군수·구청장으로 한다. 다만 다른 위원회가 생활보장위원회의 기능을 대신하는 경우 위원장은 조례로 정한다.

- 사회보장에 관한 학식과 경험이 있는 사람
- 공익을 대표하는 사람
- 관계 행정기관 소속 공무원

생활보장위원회는 심의·의결과 관련하여 필요한 경우 보장기관에 대하여 그 소속 공무원의 출석이나 자료의 제출을 요청할 수 있다. 이 경우 해당 보장기관은 정당한 사유가 없으면 요청에 따라야 한다.

6. 급여의 실시

1) 급여의 신청

수급권자와 그 친족, 그 밖의 관계인은 관할 특별자치도지사·시장·군수·구청장에게 수급권자에 대한 급여를 신청(신청주의)할 수 있다.

사회복지 전담공무원은 급여를 필요로 하는 사람이 누락되지 않도록 하기 위하여 관할 지역에 거주하는 수급권자에 대한 급여를 직권으로 신청할 수 있다(직권주의). 이 경우 수급권자의 동의를 구하여야 하며 수급권자의 동의는 수급권자의 신청으로 볼 수 있다. 급여신청할 때 또는 사회복지 전담공무원이 급여신청을 하는 것에 수급권자가 동의하였을 때에는 수급권자와 부양의무자는 금융·신용·보험 자료 또는 정보의 제공에 대하여 동의한다는 서면을 제출하여야 한다.

2) 신청에 의한 조사

특별자치도지사·시장·군수·구청장은 급여신청이 있는 경우에는 사회복지 전담공무원으로 하여금 급여의 결정 및 실시 등에 필요한 다음의 사항을 조사하게 하거나 수급권자에게 보장기관이 지정하는 의료기관에서 검진을 받게 할 수 있다.

- 부양의무자의 유무 및 부양능력 등 부양의무자와 관련된 사항
- 수급권자 및 부양의무자의 소득 · 재산에 관한 사항
- 수급권자의 근로능력, 취업상태, 자활욕구 등 자활지원계획 수립에 필요한 사항
- 그 밖에 수급권자의 건강상태, 가구특성 등 생활실태에 관한 사항

특별자치도지사 · 시장 · 군수 · 구청장은 신청한 수급권자 또는 그 부양의무자의 소득, 재산 및 건강상태 등의 확인 및 급여의 결정 또는 실시 등을 위하여 필요한 자료를 확보하기 곤란한 경우 보건복지부령으로 정하는 바에 따라 수급권자 또는 그 부양의무자, 그 부양의무자의 고용주, 그 밖의 관계인에게 필요한 자료의 제출을 요구할 수 있다.

보장기관이 조사를 하기 위하여 금융 · 국세 · 지방세 · 토지 · 건물 · 건강보험 · 국민연금 · 고용보험 · 출입국 · 병무 · 교정 등 관련 전산망 또는 자료를 이용하려는 경우에는 관계 기관의 장에게 협조를 요청할 수 있다. 이 경우 관계 기관의 장은 정당한 사유가 없으면 협조하여야 하며, 조사를 하는 사회복지 전담공무원은 그 권한을 표시하는 증표를 지니고 이를 관계인에게 보여주어야 한다.

보장기관의 공무원 또는 공무원이었던 사람은 규정에 따라 얻은 정보와 자료를 이 법에서 정한 보장목적 외에 다른 용도로 사용하거나 다른 사람 또는 기관에 제공하여서는 아니 된다.

보장기관은 수급권자 또는 부양의무자가 규정에 따른 조사 또는 자료제출 요구를 2회 이상 거부 · 방해 또는 기피하거나 검진 지시에 따르지 아니하면 급여신청을 각하(却下)할 수 있다. 이 경우 "급여의 변경에 따른 서면 통지" 조항을 준용한다.

3) 확인조사

특별자치도지사 · 시장 · 군수 · 구청장은 수급자 및 수급자에 대한 급여의 적정성을 확인하기 위하여 매년 연간조사계획을 수립하고 관할구역의 수급자를 대상으로 매년 1회 이상 정기적으로 조사하여야 하며, 특히 필요하다고 인정하는 경우에는 보장기관이 지정하는 의료기관에서 검진을 받게 할 수 있다. 다만, 보건복지부장관이 정하는 사항은 분기마다 조사하여야 한다.

수급자의 자료제출, 조사의 위촉, 관련 전산망의 이용, 그 밖에 확인조사를 위하여 필

요한 사항에 관하여는 "신청에 의한 조사" 규정을 준용한다.

보장기관은 수급자 또는 부양의무자가 조사나 자료제출 요구를 2회 이상 거부·방해 또는 기피하거나 검진 지시에 따르지 아니하면 수급자에 대한 급여 결정을 취소하거나 급여를 정지 또는 중지할 수 있다. 이 경우 "급여의 변경은 산출 근거 등 이유를 구체적으로 밝혀 서면으로 수급자에게 통지" 조항을 준용한다.

4) 금융정보 제공

보건복지부장관은 '금융실명거래 및 비밀보장에 관한 법률'과 '신용정보의 이용 및 보호에 관한 법률'에도 불구하고 수급권자와 그 부양의무자가 제출한 동의 서면을 전자적 형태로 바꾼 문서에 의하여 금융기관 등('금융실명거래 및 비밀보장에 관한 법률'에 따른 금융회사 등, '신용정보의 이용 및 보호에 관한 법률'에 따른 신용정보집중기관)의 장에게 금융정보·신용정보 또는 보험정보의 제공을 요청할 수 있다.

보건복지부장관은 확인조사를 위하여 필요하다고 인정하는 경우 '금융실명거래 및 비밀보장에 관한 법률'과 '신용정보의 이용 및 보호에 관한 법률'에도 불구하고 대통령령으로 정하는 기준에 따라 인적사항을 적은 문서 또는 정보통신망으로 금융기관 등의 장에게 수급자와 부양의무자의 금융정보 등을 제공하도록 요청할 수 있다.

금융정보 등의 제공을 요청받은 금융기관 등의 장은 '금융실명거래 및 비밀보장에 관한 법률' 제4조와 '신용정보의 이용 및 보호에 관한 법률'에도 불구하고 명의인의 금융정보 등을 제공하여야 한다.

금융정보 등을 제공한 금융기관 등의 장은 금융정보 등의 제공 사실을 명의인에게 통보하여야 한다. 다만, 명의인이 동의한 경우에는 '금융실명거래 및 비밀보장에 관한 법률'과 '신용정보의 이용 및 보호에 관한 법률'에도 불구하고 통보하지 아니할 수 있다.

규정에 따른 업무에 종사하고 있거나 종사하였던 사람은 업무를 수행하면서 취득한 금융정보 등을 이 법에서 정한 목적 외의 다른 용도로 사용하거나 다른 사람 또는 기관에 제공하거나 누설하여서는 아니 된다.

5) 차상위계층에 대한 조사

특별자치도지사·시장·군수·구청장은 최저생계비의 변경 등에 의하여 수급권자의 범위가 변동함에 따라 다음 연도에 이 법에 따른 급여가 필요할 것으로 예측되는 수급권자의 규모를 조사하기 위하여 보건복지부령으로 정하는 바에 따라 차상위계층에 대하여 조사할 수 있다.

특별자치도지사·시장·군수·구청장은 조사를 하려는 경우 조사대상자의 동의를 받아야 한다. 이 경우 조사대상자의 동의는 다음 연도의 급여신청으로 본다.

시장·군수·구청장이 수급권자, 수급자, 부양의무자 및 차상위계층을 조사하였을 때에는 보건복지부령으로 정하는 바에 따라 관할 시·도지사에게 보고하여야 하며 보고를 받은 시·도지사는 이를 보건복지부장관에게 보고하여야 한다. 시·도지사가 조사하였을 때에도 또한 같다.

6) 급여의 결정

특별자치도지사·시장·군수·구청장은 조사를 하였을 때에는 지체 없이 급여 실시 여부와 급여의 내용을 결정하여야 한다.

차상위계층을 조사한 특별자치도지사·시장·군수·구청장은 매년 결정·공표되는 최저생계비의 변경된 급여개시일이 속하는 달에 급여 실시 여부와 급여 내용을 결정하여야 한다.

특별자치도지사·시장·군수·구청장은 급여 실시 여부와 급여 내용을 결정하였을 때에는 그 결정의 요지, 급여의 종류·방법 및 급여의 개시 시기 등을 서면으로 수급권자 또는 신청인에게 통지하여야 한다. 신청인에 대한 통지는 급여의 신청일부터 14일 이내에 하여야 한다. 다만, 다음 각 호의 어느 하나에 해당하는 경우에는 신청일부터 30일 이내에 통지할 수 있다. 이 경우 통지서에 그 사유를 구체적으로 밝혀야 한다.

- 부양의무자의 소득·재산 등의 조사에 시일이 걸리는 특별한 사유가 있는 경우
- 수급권자 또는 부양의무자가 조사나 자료제출 요구를 거부·방해 또는 기피하는 경우

7) 급여의 실시

급여 실시 및 급여 내용이 결정된 수급자에 대한 급여는 급여의 신청일부터 시작한다. 다만, 보건복지부장관이 매년 결정·공표하는 최저생계비의 변경으로 인하여 매년 1월에 새로 수급자로 결정되는 사람에 대한 급여는 해당 연도의 1월 1일을 그 급여개시일로 한다.

특별자치도지사·시장·군수·구청장은 급여 실시 여부의 결정을 하기 전이라도 수급권자에게 급여를 실시하여야 할 긴급한 필요가 있다고 인정할 때에는 급여의 일부를 실시할 수 있다.

8) 급여의 지급방법

보장기관이 급여를 금전으로 지급할 때에는 수급자의 신청에 따라 수급자 명의의 지정된 계좌(급여수급계좌)로 입금하여야 한다. 다만, 정보통신장애나 그 밖에 대통령령으로 정하는 불가피한 사유로 급여수급계좌로 이체할 수 없을 때에는 대통령령으로 정하는 바에 따라 급여를 지급할 수 있으며, 급여수급계좌의 해당 금융기관은 이 법에 따른 급여만이 급여수급계좌에 입금되도록 관리하여야 한다.

9) 자활지원계획의 수립

특별자치도지사 · 시장 · 군수 · 구청장은 수급자의 자활을 체계적으로 지원하기 위하여 보건복지부장관이 정하는 바에 따라 조사 결과를 고려하여 수급자 가구별로 자활지원계획을 수립하고 그에 따라 이 법에 따른 급여를 실시하여야 한다.

보장기관은 수급자의 자활을 위하여 필요한 경우에는 '사회복지사업법' 등 다른 법률에 따라 보장기관이 제공할 수 있는 급여가 있거나 민간기관 등이 후원을 제공하는 경우 자활지원계획에 따라 급여를 지급하거나 후원을 연계할 수 있으며, 특별자치도지사 · 시장 · 군수 · 구청장은 수급자의 자활여건 변화와 급여 실시 결과를 정기적으로 평가하고 필요한 경우 자활지원계획을 변경할 수 있다.

10) 급여의 변경

보장기관은 수급자의 소득 · 재산 · 근로능력 등이 변동된 경우에는 직권으로 또는 수급자나 그 친족, 그 밖의 관계인의 신청에 의하여 그에 대한 급여의 종류 · 방법 등을 변경할 수 있다. 급여의 변경은 서면으로 그 이유를 구체적으로 밝혀 수급자에게 통지하여야 한다.

11) 급여의 중지

보장기관은 수급자가 다음의 어느 하나에 해당하는 경우에는 급여의 전부 또는 일부를 중지하여야 한다.

- 수급자에 대한 급여의 전부 또는 일부가 필요 없게 된 경우
- 수급자가 급여의 전부 또는 일부를 거부한 경우

근로능력이 있는 수급자가 조건을 이행하지 아니하는 경우 조건을 이행할 때까지 근로

능력이 있는 수급자 본인의 생계급여의 전부 또는 일부를 지급하지 아니할 수 있다.

12) 청문

보장기관은 지역자활센터의 지정을 취소하려는 경우와 급여의 결정을 취소하려는 경우에는 청문을 하여야 한다.

7. 보장시설

1) 보장시설

보장시설이란 규정된 급여(생계급여~자활급여)를 실시하는 '사회복지사업법'에 따른 사회복지시설로서 대통령령으로 정하는 시설을 말한다.

2) 보장시설의 장의 의무

- 보장시설의 장은 보장기관으로부터 수급자에 대한 급여를 위탁받은 경우에는 정당한 사유없이 이를 거부하여서는 아니 된다.
- 보장시설의 장은 위탁받은 수급자에게 보건복지부장관이 정하는 최저기준 이상의 급여를 실시하여야 한다.
- 보장시설의 장은 위탁받은 수급자에게 급여를 실시할 때 성별·신앙 또는 사회적 신분 등을 이유로 차별대우를 하여서는 아니 된다.
- 보장시설의 장은 위탁받은 수급자에게 급여를 실시할 때 수급자의 자유로운 생활을 보장하여야 한다.
- 보장시설의 장은 위탁받은 수급자에게 종교상의 행위를 강제하여서는 아니 된다.

8. 수급자의 권리와 의무

1) 급여 변경의 금지

수급자에 대한 급여는 정당한 사유 없이 수급자에게 불리하게 변경할 수 없다.

2) 압류금지

수급자에게 지급된 수급품과 이를 받을 권리는 압류할 수 없으며, 지정된 급여수급계좌(수급자 명의의 지정된 계좌)의 예금에 관한 채권은 압류할 수 없다.

3) 양도금지

수급자는 급여를 받을 권리를 타인에게 양도할 수 없다.

4) 신고의 의무

수급자는 거주지역이나 세대의 구성이 변동되거나 급여의 신청 조사 사항이 현저하게 변동되었을 때에는 지체 없이 관할 보장기관에 신고하여야 한다.

9. 이의신청

1) 시 · 도지사에 대한 이의신청

수급자나 급여 또는 급여 변경을 신청한 사람은 특별자치도지사 · 시장 · 군수 · 구청장의 처분에 대하여 이의가 있는 경우에는 그 결정의 통지를 받은 날부터 60일 이내에 해당 보장기관을 거쳐 시 · 도지사(특별자치도지사의 처분에 이의가 있는 경우에는 해당 특별자치도지사)에게 서면 또는 구두로 이의를 신청할 수 있다. 이 경우 구두로 이의신청을 접수한 보장기관의 공무원은 이의신청서를 작성할 수 있도록 협조하여야 한다.

이의신청을 받은 시장 · 군수 · 구청장은 10일 이내에 의견서와 관계 서류를 첨부하여 시 · 도지사에게 보내야 한다.

2) 시 · 도지사의 처분

시장 · 군수 · 구청장으로부터 이의신청서를 받았을 때(특별자치도의 경우에는 특별자치도지사가 직접 이의신청을 받았을 때)에는 30일 이내에 필요한 심사를 하고 이의신청을 각하하거나 해당 처분을 변경 또는 취소하거나 그 밖에 필요한 급여를 명하여야 한다.

시 · 도지사는 처분 등을 하였을 때에는 지체 없이 신청인과 해당 시장 · 군수 · 구청장에게 각각 서면으로 통지하여야 한다.

3) 보건복지부장관에 대한 이의신청

시・도지사의 처분 등에 대하여 이의가 있는 사람은 그 처분 등의 통지를 받은 날부터 60일 이내에 시・도지사를 거쳐 보건복지부장관에게 서면 또는 구두로 이의를 신청할 수 있다. 이 경우 구두로 이의신청을 접수한 보장기관의 공무원은 이의신청서를 작성할 수 있도록 협조하여야 하며, 시・도지사는 이의신청을 받으면 10일 이내에 의견서와 관계 서류를 첨부하여 보건복지부장관에게 보내야 한다.

4) 보건복지부장관의 재결

보건복지부장관은 시・도지사로부터 이의신청서를 받았을 때에는 30일 이내에 필요한 심사를 하고 이의신청을 각하하거나 해당 처분의 변경 또는 취소의 재결(裁決)을 하여야 하며, 이의신청에 대한 재결을 하였을 때에는 지체 없이 해당 시・도지사와 신청인에게 각각 서면으로 재결 내용을 통지하여야 한다.

10. 보장비용

1) 보장비용

보장비용이란 다음의 비용을 말한다.

- 보장업무에 드는 인건비와 사무비
- 생활보장위원회의 운영에 드는 비용
- 규정에 따른 급여 실시 비용
- 그 밖에 이 법에 따른 보장업무에 드는 비용

2) 보장비용의 부담 구분

보장비용의 부담은 다음의 구분에 따른다.

- 국가 또는 시・도가 직접 수행하는 보장업무에 드는 비용은 국가 또는 해당 시・도가 부담한다.
- 보장시설에 대한 급여의 실시 비용은 국가 또는 해당 시・도가 부담한다.
- 시・군・구가 수행하는 보장업무에 드는 비용 중 보장업무 인건비와 사무비, 생활보

장위원회의 운영 비용은 해당 시 · 군 · 구가 부담한다.

- 시 · 군 · 구가 수행하는 보장업무에 드는 비용 중 시 · 군 · 구 보장비용은 시 · 군 · 구의 재정여건, 사회보장비 지출 등을 고려하여 국가, 시 · 도 및 시 · 군 · 구가 다음에 따라 차등하여 분담한다.
  ㉠ 국가는 시 · 군 · 구 보장비용의 총액 중 40% 이상 90% 이하를 부담한다.
  ㉡ 시 · 도는 시 · 군 · 구 보장비용의 총액에서 가목의 국가부담분을 뺀 금액 중 30% 이상 70% 이하를 부담하고, 시 · 군 · 구는 시 · 군 · 구 보장비용의 총액 중에서 국가와 시 · 도가 부담하는 금액을 뺀 금액을 부담한다. 다만, 특별자치도는 시 · 군 · 구 보장비용의 총액 중에서 국가가 부담하는 금액을 뺀 금액을 부담한다.

국가는 매년 이 법에 따른 보장비용 중 국가부담 예정 합계액을 각각 보조금으로 지급하고, 그 과부족(過不足) 금액은 정산하여 추가로 지급하거나 반납하게 한다.

시 · 도는 매년 시 · 군 · 구에 대하여 국가의 보조금에, 시 · 도의 부담예정액을 합하여 보조금으로 지급하고 그 과부족 금액은 정산하여 추가로 지급하거나 반납하게 한다.

보조금의 산출 및 정산 방법 등에 관하여 필요한 사항은 대통령령으로 정하고, 지방자치단체의 조례에 따라 이 법에 따른 급여 범위 및 수준을 초과하여 급여를 실시하는 경우 그 초과 보장비용은 해당 지방자치단체가 부담한다.

3) 유류금품의 처분

장제급여를 실시하는 경우에 사망자에게 부양의무자가 없을 때에는 특별자치도지사 · 시장 · 군수 · 구청장은 사망자가 유류(遺留)한 금전 또는 유가증권으로 그 비용에 충당하고, 그 부족액은 유류물품의 매각대금으로 충당할 수 있다.

4) 비용의 징수

수급자에게 부양능력을 가진 부양의무자가 있음이 확인된 경우에는 보장비용을 지급한 보장기관은 생활보장위원회의 심의 · 의결을 거쳐 그 비용의 전부 또는 일부를 그 부양의무자로부터 부양의무의 범위에서 징수할 수 있다.

속임수나 그 밖의 부정한 방법으로 급여를 받거나 타인으로 하여금 급여를 받게 한 경우에는 보장비용을 지급한 보장기관은 그 비용의 전부 또는 일부를 그 급여를 받은 사람 또는 급여를 받게 한 자(부정수급자)로부터 징수할 수 있다.

위의 조항에 따라 징수할 금액은 각각 부양의무자 또는 부정수급자에게 통지하여 징수하고, 부양의무자 또는 부정수급자가 이에 응하지 아니하는 경우 국세 또는 지방세 체납처분의 예에 따라 징수한다.

5) 반환명령

보장기관은 급여의 변경 또는 급여의 정지·중지에 따라 수급자에게 이미 지급한 수급품 중 과잉지급분이 발생한 경우에는 즉시 수급자에 대하여 그 전부 또는 일부의 반환을 명하여야 한다. 다만, 이미 이를 소비하였거나 그 밖에 수급자에게 부득이한 사유가 있을 때에는 그 반환을 면제할 수 있다.

수급권자에게 급여를 실시하여야 할 긴급한 필요가 있다고 인정하여 특별자치도지사·시장·군수·구청장이 긴급급여를 실시하였으나 조사 결과에 따라 급여를 실시하지 아니하기로 결정한 경우 급여비용의 반환을 명할 수 있다.

11. 벌 칙

1) 벌칙

5년 이하의 징역 또는 3천만원 이하의 벌금	금융관련기관 종사자 또는 종사자이었던 사람이 금융정보를 사용·제공 또는 누설한 자
3년 이하의 징역 또는 2천만원 이하의 벌금	• 보장기관의 공무원 또는 공무원이었던 사람이 정보와 자료를 보장목적 외에 다른 용도로 사용하거나 다른 사람 또는 기관에 제공해서는 안 되는 데 이를 위반하여 정보 또는 자료를 사용하거나 제공한 자 • 금융정보 관련 업무에 종사하고 있거나 종사하였던 사람이 업무를 수행하면서 취득한 신용정보 또는 보험정보를 사용·제공 또는 누설한 자
1년 이하의 징역, 500만원 이하의 벌금, 구류 또는 과료	속임수나 그 밖의 부정한 방법으로 급여를 받거나 타인으로 하여금 급여를 받게 한 자
300만원 이하의 벌금, 구류 또는 과료	수급자의 급여 위탁을 정당한 사유 없이 거부한 자나 종교상의 행위를 강제한 자

2) 양벌규정

법인의 대표자나 법인 또는 개인의 대리인, 사용인, 그 밖의 종업원이 그 법인 또는 개인의 업무에 관하여 "벌칙" 조항의 위반행위를 하면 그 행위자를 벌하는 외에 그 법인 또는 개인에게도 각 해당 조문의 벌금 또는 과료의 형을 과(科)한다. 다만, 법인 또는 개인이 그 위반행위를 방지하기 위하여 해당 업무에 관하여 상당한 주의와 감독을 게을리하지 아니한 경우에는 그러하지 아니하다.

5
chapter

긴급복지지원법

1. 목 적

'긴급복지지원법'은 생계곤란 등의 '위기상황'에 처하여 도움이 필요한 사람을 신속하게 지원함으로써 이들이 위기상황에서 벗어나 건강하고 인간다운 생활을 하게 함을 목적으로 한다.

〈표 5-1〉 위기상황

1. 주소득자가 사망, 가출, 행방불명, 구금시설에 수용되는 등의 사유로 소득을 상실하고 가구 소득이 최저생계비 이하인 경우
2. 중한 질병 또는 부상을 당한 경우
3. 가구구성원으로부터 방임 또는 유기되거나 학대 등을 당한 경우
4. 가정폭력을 당하여 가구구성원과 함께 원만한 가정생활을 하기 곤란하거나 가구 구성원으로부터 성폭력을 당한 경우
5. 화재 등으로 인하여 거주하는 주택 또는 건물에서 생활하기 곤란하게 된 경우
6. 그 밖에 보건복지부장관이 정하여 고시하는 사유가 발생한 경우

2. 기본원칙

이 법에 따른 지원은 위기상황에 처한 사람에게 일시적으로 신속하게 지원하는 것을 기본원칙으로 한다.

'재해구호법', '국민기초생활 보장법', '의료급여법', '사회복지사업법', '가정폭력방지 및 피해자보호 등에 관한 법률', '성폭력방지 및 피해자보호 등에 관한 법률' 등 다른 법률에 따라 이 법에 따른 지원 내용과 동일한 내용의 구호·보호 또는 지원을 받고 있는 경우에는 이 법에 따른 지원을 하지 아니한다.

1) 선지원 후처리 원칙

위기상황에 처한 자 등의 지원요청 또는 신고가 있는 경우 긴급지원담당공무원의 현장 확인을 통해 긴급한 지원의 필요성이 인정되면 우선 지원을 실시하고 나중에 소득, 재산 등을 조사하여 지원의 적정성을 심사한다.

2) 단기 지원 원칙

원칙적으로 1개월(의료지원의 경우 1회)만 지원하며 예외적으로 연장지원을 인정하며 이 경우에도 최대 6개월(의료지원 2회)까지만 지원한다. 지원이 종료되면 동일한 사유로 인하여는 다시 지원할 수 없다.

3) 타법률 지원 우선의 원칙

'재해구호법', '국민기초생활 보장법', '의료급여법', '사회복지사업법', '가정폭력방지 및 피해자보호 등에 관한 법률', '성폭력방지 및 피해자보호 등에 관한 법률' 등 다른 법률에 의하여 긴급지원의 내용과 동일한 내용의 구호·보호나 지원을 받고 있는 경우에는 긴급지원을 하지 아니한다. 지원요청 또는 신고를 받은 때 긴급지원담당공무원이 판단하여 기초생활보장, 의료급여, 시설보호 등 다른 법률에 의한 지원의 대상이 되는 경우에는 우선적으로 해당 지원에 연계하도록 한다.

4) 현물지원 우선의 원칙

의료서비스 제공, 임시거소 제공 등 지원의 본래 목적을 달성하기 위하여 현물지원을 우선하도록 하고, 현물지원이 곤란한 경우에 한하여 예외적으로 금전지원을 실시하도록 한다. 생계지원과 그 밖의 지원 중 해산비, 장제비의 경우에는 금전지원을 원칙으로 하고, 금전지원이 곤란한 경우에 한하여 예외적으로 현물지원을 실시한다.

5) 가구단위 지원의 원칙

가구단위로 산정하여 지원하는 것을 원칙으로 한다. 가정폭력·성폭력 또는 학대 등으로 인하여 위기상황에 처한 자에 대하여는 폭력 또는 학대를 당한 자 및 그와 함께 보호를 받아야 하는 자를 하나의 가구로 본다. 다만, 의료지원의 경우에는 의료지원이 필요한 가구구성원에 한하여 지원한다(개인단위 지원).

가구: 혈연관계와 상관없이 1명 이상이 모여 실제 생활을 함께 하는 단위
세대: 혈연, 결혼, 입양으로 인해 한 가족이 되어 한 집에 사는 것

3. 국가 및 지방자치단체의 책무

국가 및 지방자치단체는 위기상황에 처한 사람을 찾아내어 최대한 신속하게 필요한 지원을 할 뿐만 아니라 지원 후에도 위기상황이 해소되지 아니하여 계속 지원이 필요한 것으로 판단되는 사람에게는 다른 법률에 따른 구호·보호 또는 지원을 받을 수 있도록 노력해야 한다. 구호·보호 또는 지원이 어렵다고 판단되는 경우에는 민간기관·단체와의 연계를 통하여 구호·보호 또는 지원을 받을 수 있도록 노력하여야 한다.

4. 긴급지원

1) 긴급지원대상자

긴급지원대상자는 위기상황에 처한 사람으로서 '긴급복지지원법'에 따른 지원이 긴급하게 필요한 사람으로 하며, 국내에 체류하고 있는 외국인 중 대통령령으로 정하는 사람이 위기상황에 처했을 때에는 긴급지원대상자가 된다.

위기사유

1) 주소득자의 사망, 가출, 행방불명, 구금시설에 수용 등으로 소득을 상실한 경우
2) 중한 질병 또는 부상을 당한 경우
3) 가구 구성원으로부터 방임 또는 유기되거나 학대 등을 당한 경우
4) 가정폭력 또는 성폭력을 당한 경우
5) 화재 등으로 인하여 거주하는 주택 또는 건물에서 생활하기 곤란한 경우
6) 보건복지부령에 따라 지자체 조례로 정한 사유가 발생한 경우
7) 그 밖에 보건복지부 장관이 정하여 고시하는 경우로서 ① 주소득자와의 이혼, ② 단전된 때, ③ 주소득자 또는 부소득자의 휴 · 폐업 · 사업장의 화재 등 실질적인 영업곤란으로 생계 곤란, ④ 주소득자 또는 부소득자의 실직으로 생계 곤란, ⑤ 교정시설 출소자 생계 곤란, ⑥ 가족으로부터 방임(放任) · 유기(遺棄) 또는 생계곤란 등으로 노숙을 하는 경우

2) 긴급지원기관

긴급복지지원법에 따른 지원은 긴급지원대상자의 거주지를 관할하는 시장(제주시장 포함)·군수·구청장이 한다. 다만, 긴급지원대상자의 거주지가 분명하지 아니한 경우에는 지원요청 또는 신고를 받은 시장·군수·구청장이 한다. 시장·군수·구청장은 긴급지원사업을 수행할 담당공무원(긴급지원담당공무원)을 지정하여야 한다.

3) 지원요청 및 신고

긴급지원대상자와 친족, 그 밖의 관계인은 구술 또는 서면 등으로 관할 시장·군수·구청장에게 지원을 요청할 수 있다. 또한 누구든지 긴급지원대상자를 발견한 경우에는 관할 시장·군수·구청장에게 신고해야 한다.

다음의 어느 하나에 해당되는 사람은 진료·상담 등 직무수행 과정에서 긴급지원대상자가 있음을 알게 된 경우에는 관할 시장·군수·구청장에게 이를 신고하고, 긴급지원대상자가 신속하게 지원을 받을 수 있도록 노력하여야 한다.

- '의료법'에 따른 의료기관의 종사자
- '유아교육법', '초·중등교육법', '고등교육법'에 따른 교원
- '사회복지사업법'에 따른 사회복지시설의 종사자 및 동법에 따라 위촉된 복지위원
- '국가공무원법' 및 '지방공무원법'에 따른 공무원

4) 현장 확인 및 지원

시장·군수·구청장은 지원요청 또는 신고를 받거나 위기상황에 처한 사람을 찾아낸 경우에는 지체 없이 긴급지원담당공무원으로 하여금 긴급지원대상자의 거주지 등을 방문하여 위기상황을 확인하여야 한다. 시장·군수·구청장은 위기상황을 확인하기 위하여 필요한 경우에는 관할 경찰관서, 소방관서 등 관계 행정기관의 장에게 협조를 요청할 수 있으며, 이 경우 관계 행정기관의 장은 정당한 사유가 없으면 그 요청에 따라야 하며, 확인 결과 위기상황의 발생이 확인된 사람에 대하여는 지체 없이 지원의 종류 및 내용을 결정하여 지원을 해야 한다.

현장을 확인하는 긴급지원담당공무원은 권한을 표시하는 증표를 지니고 이를 관계인에게 내보여야 한다.

5) 금융정보 등의 제공동의서 제출

지원을 요청할 때 또는 긴급지원담당공무원이 위기상황을 확인할 때에 그 긴급지원대상자 및 가구구성원은 금융·신용·보험 자료 또는 정보의 제공에 대하여 동의한다는 서면을 제출하여야 한다.

5. 긴급지원의 종류 및 내용

1) 지원의 종류와 내용

(1) 금전 또는 현물(現物) 등의 직접지원

- 생계지원: 식료품비·의복비 등 생계유지에 필요한 비용 또는 현물 지원
- 의료지원: 각종 검사 및 치료 등 의료서비스 지원
- 주거지원: 임시거소(臨時居所) 제공 또는 이에 해당하는 비용 지원
- 사회복지시설 이용 지원: '사회복지사업법'에 따른 사회복지시설 입소(入所) 또는 이용 서비스 제공이나 이에 필요한 비용 지원
- 교육지원: 초·중·고등학생의 수업료, 입학금, 학교운영지원비 및 학용품비 등 필요한 비용 지원
- 그 밖의 지원: 연료비나 그 밖에 위기상황의 극복에 필요한 비용 또는 현물 지원

(2) 민간기관 · 단체와의 연계 등의 지원

- '대한적십자사 조직법'에 따른 대한적십자사, '사회복지공동모금회법'에 따른 사회복지공동모금회 등의 사회복지기관 · 단체와의 연계 지원
- 상담 · 정보제공, 그 밖의 지원

구체적인 지원기준 · 방법 및 절차 등에 관하여 필요한 사항은 대통령령으로 정한다. 이 경우 생계지원 및 주거지원은 '국민기초생활 보장법'에 따라 해마다 공표되는 최저생계비를 한도로 한다.

시장 · 군수 · 구청장은 사회복지시설 이용 지원을 하는 경우 관할 사회복지시설의 장에게 지원을 요청할 수 있다. 이 경우 지원요청을 받은 사회복지시설의 장은 정당한 사유가 없으면 해당 시설의 입소기준에도 불구하고 긴급지원대상자가 1개월간의 기간에 그 시설을 이용할 수 있도록 조치하여야 한다.

2) 긴급지원의 기간

생계지원, 주거지원, 사회복지시설 이용 지원 및 그 밖의 지원에 따른 긴급지원은 1개월간의 생계유지 등에 필요한 지원으로 한다. 다만, 시장 · 군수 · 구청장이 긴급지원대상자의 위기상황이 계속된다고 판단하는 경우에는 1개월씩 두 번의 범위에서 기간을 연장할 수 있다.

의료지원에 따른 지원은 위기상황의 원인이 되는 질병 또는 부상을 검사 · 치료하기 위한 범위에서 한 번 실시하며, 교육지원에 따른 지원도 한 번 실시한다.

시장 · 군수 · 구청장은 긴급지원에도 불구하고 위기상황이 계속되는 경우에는 긴급지원심의위원회의 심의를 거쳐 지원을 연장할 수 있다. 이 경우 생계지원, 사회복지시설 이용 지원 및 그 밖의 지원에 따른 지원은 금전 또는 현물 등의 직접지원에 따른 지원기간을 합하여 총 6개월을 초과하여서는 아니 되고, 주거지원에 따른 지원은 금전 또는 현물 등의 직접지원에 따른 지원기간을 합하여 총 12개월을 초과하여서는 아니 되며, "의료지원 및 교육지원에 따른 지원은 기상황의 원인이 되는 질병 또는 부상을 검사 · 치료하기 위한 범위에서 한 번 실시하며, 교육지원에 따른 지원도 한 번 실시한다(법 제10조 제2항)"에 따른 지원횟수를 합하여 총 두 번을 초과하여서는 아니 된다.

지원연장에 관한 긴급지원심의위원회의 심의 시기 및 절차는 보건복지부령으로 정한다.

3) 담당기구 설치

보건복지부장관은 위기상황에 처한 사람에게 상담 · 정보제공 및 관련 기관 · 단체 등과의 연계서비스를 제공하기 위하여 담당기구를 설치 · 운영할 수 있다.

시장 · 군수 · 구청장은 긴급지원사업을 원활하게 수행하기 위하여 '사회복지사업법'에 따른 지역사회복지협의체를 통하여 사회복지 · 보건의료 관련 기관 · 단체 간의 연계 · 협력을 강화하여야 한다.

6. 긴급지원심의위원회

1) 위원회 역할

다음의 사항을 심의 · 의결하기 위하여 시('제주특별자치도 설치 및 국제자유도시 조성을 위한 특별법' 제15조제2항에 따른 행정시 포함) · 군 · 구에 긴급지원심의위원회를 둔다.

- 긴급지원연장 결정
- 긴급지원의 적정성 심사
- 긴급지원의 중단 또는 지원비용의 환수 결정
- 그 밖에 긴급지원심의위원회의 위원장이 회의에 부치는 사항

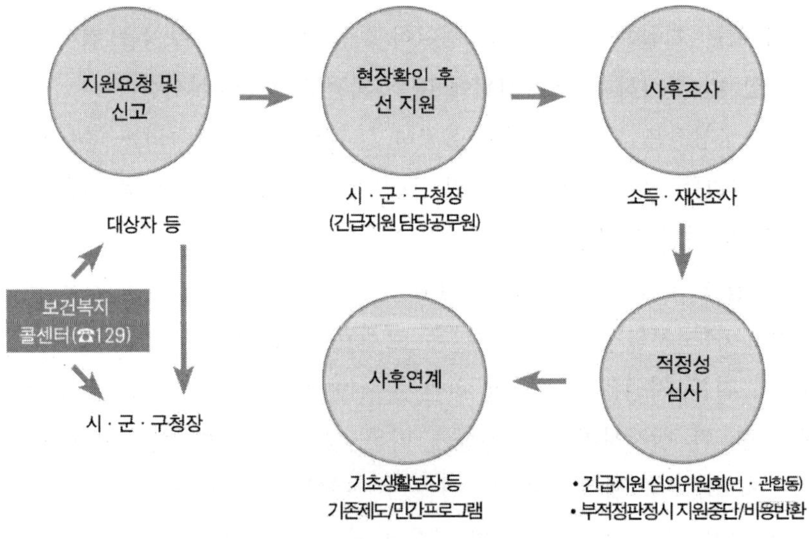

〈그림 5-1〉 긴급지원체계도

2) 위원회 구성

긴급지원심의위원회는 위원장 1명을 포함한 15명 이내의 위원으로 구성한다. 위원장은 시장·군수·구청장이 되고, 위원은 다음의 어느 하나에 해당하는 사람 중에서 시장·군수·구청장이 임명하거나 위촉한다. 이 경우 사회보장에 관한 학식과 경험이 있는 사람 및 '비영리민간단체 지원법'에 따른 비영리민간단체에서 추천한 사람이 2분의 1 이상 되도록 구성하여야 한다.

- 사회보장에 관한 학식과 경험이 있는 사람
- '비영리민간단체 지원법'에 따른 비영리민간단체에서 추천한 사람
- 해당 시·군·구 또는 관계 행정기관 소속의 공무원
- 해당 시·군·구 지방의회가 추천하는 사람

시·군·구에 '국민기초생활 보장법'에 따른 생활보장위원회가 있는 경우 그 위원회는 조례로 정하는 바에 따라 긴급지원심의위원회의 기능을 대신할 수 있다.

7. 조사 및 심사

1) 사후조사

시장·군수·구청장은 현장 확인 결과 위기상황의 발생이 확인된 사람으로 지원을 받았거나 받고 있는 긴급지원대상자에 대하여 소득 또는 재산 등 대통령령으로 정하는 기준에 따라 긴급지원이 적정한지를 조사하여야 하며, 사후조사를 위하여 금융·국세·지방세·건강보험·국민연금 및 고용보험 등 관련 전산망을 이용하려는 경우에는 해당 법률에서 정하는 바에 따라 관계 기관의 장에게 협조를 요청할 수 있다. 이 경우 관계 기관의 장은 정당한 사유가 없으면 그 요청에 따라야 한다.

보건복지부장관은 사후조사를 위하여 '금융실명거래 및 비밀보장에 관한 법률'과 '신용정보의 이용 및 보호에 관한 법률'에도 불구하고 긴급지원대상자 및 가구구성원이 제출한 동의 서면을 전자적 형태로 바꾼 문서에 따라 금융기관 등('금융실명거래 및 비밀보장에 관한 법률'에 따른 금융회사 등, '신용정보의 이용 및 보호에 관한 법률'에 따른 신용정보 집중기관)의 장에게 금융정보·신용정보 또는 보험정보의 제공을 요청할 수 있다.

금융정보 등의 제공을 요청받은 금융기관 등의 장은 '금융실명거래 및 비밀보장에 관한 법률'과 '신용정보의 이용 및 보호에 관한 법률'에도 불구하고 명의인의 금융정보 등을 제공하여야 하며, 그 정보의 제공사실을 명의인에게 통보하여야 한다. 다만, 명의인의 동의가 있는 경우에는 통보하지 아니할 수 있다.

긴급지원담당공무원 또는 긴급지원담당공무원이었던 사람은 금융, 조세, 사회보험, 금융정보 등의 정보와 자료를 이 법에서 정한 지원 목적 외에 다른 용도로 사용하거나 다른 사람 또는 기관에 제공하여서는 아니 된다.

2) 긴급지원의 적정성 심사

긴급지원심의위원회는 시장·군수·구청장이 한 사후조사 결과를 참고하여 긴급지원의 적정성을 심사하며, 긴급지원대상자가 '국민기초생활 보장법' 또는 '의료급여법'에 따른 수급권자로 결정된 경우에는 적정성 심사를 하지 아니할 수 있다.

시장·군수·구청장은 적정성 심사결과 긴급지원대상자에 대한 지원이 적정하지 아니한 것으로 결정된 경우에도 긴급지원담당공무원의 고의 또는 중대한 과실이 없으면 이를 이유로 긴급지원담당공무원에 대하여 불리한 처분이나 대우를 하여서는 아니 된다.

8. 기 타

1) 지원중단 또는 비용환수

시장·군수·구청장은 심사결과 거짓이나 그 밖의 부정한 방법으로 위기상황 발생 확인에 따른 지원을 받은 것으로 결정된 사람에게는 긴급지원심의위원회의 결정에 따라 지체 없이 지원을 중단하고 지원한 비용의 전부 또는 일부를 반환하게 하여야 한다.

시장·군수·구청장은 긴급지원의 적정성 심사결과 긴급지원이 적정하지 아니한 것으로 결정된 사람에게는 지원을 중단하고 지원한 비용의 전부 또는 일부를 반환하게 할 수 있다.

시장·군수·구청장은 해마다 공표되는 최저생계비에 따른 지원기준을 초과하여 지원받은 사람에게는 그 초과 지원 상당분을 반환하게 할 수 있다.

시장·군수·구청장은 긴급지원의 적정성 심사에 따른 반환명령에 따르지 아니하는 사람에게는 지방세 체납처분의 예에 따라 징수한다.

2) 이의신청

위기상황의 발생이 확인된 사람으로 긴급지원에 따른 결정이나 심사결과 거짓이나 그 밖의 부정한 방법으로 지원을 중단하고 지원한 비용의 전부 또는 일부의 반환에 따른 반환명령에 이의가 있는 사람은 그 처분을 고지받은 날부터 30일 이내에 해당 시장·군수·구청장을 거쳐 특별시장·광역시장·도지사·특별자치도지사에게 서면으로 이의신청할 수 있다. 이 경우 시장·군수·구청장은 이의신청을 받은 날부터 10일 이내에 의견서와 관련 서류를 첨부하여 시·도지사에게 송부하여야 한다.

시·도지사는 이의신청 서류를 송부 받은 날부터 15일 이내에 이를 검토하고 처분이 위법·부당하다고 인정되는 때는 시정, 그 밖에 필요한 조치를 하여야 한다.

3) 예산분담

국가 및 지방자치단체는 긴급지원 업무를 수행하기 위하여 필요한 비용을 분담하여야 한다.

4) 압류금지

법에 따라 긴급지원대상자에게 지급되는 금전 또는 현물은 압류할 수 없다.

5) 양도 및 담보제공 금지

긴급지원대상자는 이 법에 따라 지급되는 금전 또는 현물을 생계유지 등의 목적 외의 다른 용도로 사용하기 위하여 양도하거나 담보로 제공할 수 없다.

6) 벌칙

긴급지원담당공무원 또는 긴급지원담당공무원이었던 사람이 재직 중 얻은 정보와 자료를 지원 목적 외에 다른 용도로 사용하거나 다른 사람 또는 기관에 제공해서는 안 된다는 조항을 위반한 사람은 3년 이하의 징역 또는 1천만원 이하의 벌금에 처한다.

6
chapter

의료급여법

1. 목적

1977년 12월 31일 법률 제3076호로 제정된 의료급여법은 생활이 어려운 사람에게 의료급여를 함으로써 국민보건의 향상과 사회복지의 증진에 이바지함을 목적으로 한다(법 제1조).

〈표 6-1〉 주요 용어

용어	뜻
수급권자	의료급여를 받을 수 있는 자격을 가진 사람
의료급여기관	수급권자에 대한 진료·조제 또는 투약 등을 담당하는 의료기관 및 약국
부양의무자	수급권자를 부양할 책임이 있는 사람으로서 수급권자의 1촌의 직계혈족 및 그 배우자

2. 수급권자

1) 수급권자의 범위

① '국민기초생활 보장법'에 의한 수급자

② '재해구호법'에 의한 이재민으로서 보건복지부장관이 의료급여가 필요하다고 인정한 사람
③ '의사상자 등 예우 및 지원에 관한 법률'에 따라 의료급여를 받는 사람
④ '입양특례법'에 의하여 국내에 입양된 18세 미만의 아동
⑤ '독립유공자예우에 관한 법률' 및 '국가유공자 등 예우 및 지원에 관한 법률', '보훈대상자 지원에 관한 법률'의 적용을 받고 있는 사람과 그 가족으로서 국가보훈처장이 의료급여가 필요하다고 추천한 사람 중에서 보건복지부장관이 의료급여가 필요하다고 인정한 사람
⑥ '문화재보호법'에 의하여 지정된 중요무형문화재의 보유자(명예보유자 포함)와 그 가족으로서 문화재청장이 의료급여가 필요하다고 추천한 사람 중에서 보건복지부장관이 의료급여가 필요하다고 인정한 사람
⑦ '북한이탈주민의 보호 및 정착지원에 관한 법률'의 적용을 받고 있는 사람과 그 가족으로서 보건복지부장관이 의료급여가 필요하다고 인정한 사람
⑧ '5·18민주화운동 관련자 보상 등에 관한 법률'에 따라 보상금 등을 받은 사람과 그 가족으로서 보건복지부장관이 의료급여가 필요하다고 인정한 사람
⑨ '노숙인 등의 복지 및 자립지원에 관한 법률'에 따른 노숙인 등으로서 보건복지부장관이 의료급여가 필요하다고 인정한 사람
⑩ 그 밖에 생활유지 능력이 없거나 생활이 어려운 사람으로서 대통령령으로 정하는 사람

2) 난민에 대한 특례

'난민법'에 따른 난민인정자로서 '국민기초생활 보장법' 상의 수급권자의 범위에 해당하는 사람은 수급권자로 본다.

3) 수급권자의 인정 절차

수급권자가 되려는 사람은 보건복지부령으로 정하는 바에 따라 특별자치시장·특별자치도지사·시장(특별자치도의 행정시장은 제외)·군수·구청장에게 수급권자 인정 신청을 하여야 한다.

시장·군수·구청장은 신청인을 수급권자로 인정하는 것이 타당한지를 확인하기 위하여 필요한 경우 그 신청인에게 '국민기초생활 보장법'에 따른 자료 또는 정보의 제공에 동의한다는 서면을 제출하게 할 수 있다.

신청에 따른 조사, 확인조사, 금융정보 등의 제공 등에 관하여는 '국민기초생활 보장법'의 규정을 준용한다.

국가보훈처장과 문화재청장은 대통령령으로 정하는 바에 따라 수급권자로 인정할 필요가 있는 사람을 추천하여 그 결과를 수급권자의 주소지를 관할하는 시장·군수·구청장에게 알려야 한다. 이 경우 수급권자가 되려는 사람이 수급권자 인정 신청을 한 것으로 본다.

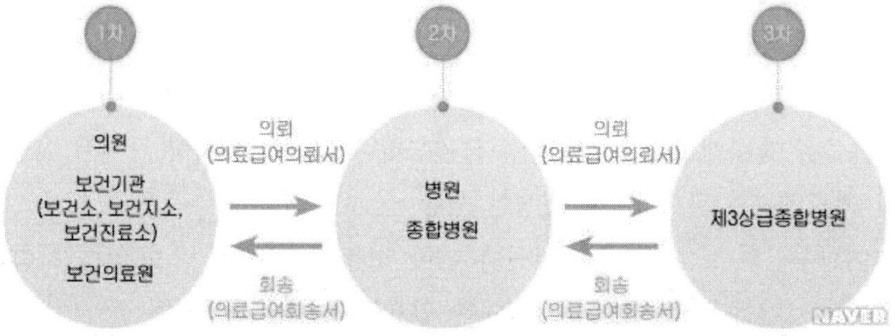

출처 : 한국생활가이드북

〈그림 6-1〉 의료급여 절차

4) 적용배제

수급권자가 다른 법령에 따라 의료급여를 받고 있는 경우에는 이 법에 의한 의료급여를 행하지 아니한다.

3. 급여 관련기관

1) 보장기관

이 법에 의한 의료급여에 관한 업무는 수급권자의 거주지를 관할하는 특별시장·광역시장·도지사와 시장·군수·구청장이 실시하며, 주거가 일정하지 아니한 수급권자에 대하여는 그가 실제 거주하는 지역을 관할하는 시장·군수·구청장이 행한다. 특별시장·광역시장·도지사 및 시장·군수·구청장은 수급권자의 건강 유지 및 증진을 위하여 필요한 사업을 실시하여야 한다.

2) 사례관리

보건복지부장관, 특별시장·광역시장·도지사 및 시장·군수·구청장은 수급권자의 건강관리 능력 향상 및 합리적 의료이용 유도 등을 위하여 사례관리를 실시할 수 있다.

사례관리를 실시하기 위하여 특별시·광역시·특별자치시·도·특별자치도 및 시(특별자치도의 행정시 제외)·군·구에 의료급여 관리사를 둔다.

보건복지부장관은 사례관리 사업의 전문적인 지원을 위하여 해당 업무를 공공 또는 민간 기관·단체 등에 위탁하여 실시할 수 있다.

의료급여 관리사의 자격·배치기준 등 운영에 관한 사항과 사례관리 사업의 지원 업무 위탁 실시 등에 필요한 사항은 보건복지부령으로 정한다.

3) 의료급여심의위원회

이 법에 의한 의료급여사업의 실시에 관한 사항을 심의하기 위하여 보건복지부와 시·도와 시·군·구에 각각 의료급여심의위원회를 둔다. 다만, 시·도 및 시·군·구에 두는 의료급여심의위원회의 경우에는 그 기능을 담당하기에 적합한 다른 위원회가 있고 그 위원회의 위원이 규정된 자격을 갖춘 경우 시·도 또는 시·군·구의 조례로 각각 정하는 바에 따라 그 위원회로 하여금 의료급여심의위원회의 기능을 수행하게 할 수 있다.

(1) 의료급여심의위원회 심의 사항

보건복지부에 두는 의료급여심의위원회(중앙의료급여심의위원회)는 다음의 사항을 심의한다.

- 의료급여사업의 기본방향 및 대책 수립에 관한 사항
- 의료급여의 기준 및 수가에 관한 사항
- 그 밖에 보건복지부장관 또는 위원장이 부의하는 사항

(2) 중앙의료급여심의위원회 구성

중앙의료급여심의위원회는 위원장을 포함하여 10인 이내의 위원으로 구성하고 위원은 보건복지부장관이 다음의 어느 하나에 해당하는 사람 중에서 위촉·지명하며 위원장은 보건복지부차관으로 한다.

- 공익을 대표하는 사람(의료보장에 관한 전문가로서 대학의 조교수 이상인 사람 또는 연구기관의 연구원으로 재직 중인 사람)

• 의약계를 대표하는 사람 및 사회복지계를 대표하는 사람
• 관계 행정기관 소속의 3급 이상 공무원

(3) 시 · 도 및 시 · 군 · 구 의료급여심의위원회

시·도 및 시·군·구 의료급여심의위원회의 위원은 특별시장·광역시장·도지사 또는 시장·군수·구청장이 다음의 어느 하나에 해당하는 사람 중에서 위촉·지명하며 위원장은 해당 특별시장·광역시장·도지사 또는 시장·군수·구청장으로 한다. 다만, 단서에 따라 다른 위원회가 의료급여심의위원회의 기능을 대신하는 경우 위원장은 조례로 정한다.

• 의료보장에 관한 학식과 경험이 있는 사람
• 공익을 대표하는 사람
• 관계 행정기관 소속의 공무원

의료급여심의위원회는 심의와 관련하여 필요한 경우 보장기관에 대하여 그 소속 공무원의 출석이나 자료의 제출을 요청할 수 있다. 이 경우 해당 보장기관은 정당한 사유가 없는 한 이에 응하여야 한다.

보건복지부와 시·도 및 시·군·구에 두는 의료급여심의위원회의 기능과 각 의료급여심의위원회의 구성·운영 등에 관하여 필요한 사항은 대통령령으로 정한다.

4. 의료급여의 내용

1) 의료급여의 내용

수급권자의 질병·부상·출산 등에 대한 의료급여의 내용은 다음과 같다.

① 진찰·검사
② 약제·치료재료의 지급
③ 처치·수술과 그 밖의 치료
④ 예방·재활
⑤ 입원
⑥ 간호
⑦ 이송과 그 밖의 의료목적의 달성을 위한 조치

의료급여의 방법·절차·범위·한도 등 의료급여의 기준에 관하여는 보건복지부령으로 정하고, 의료수가기준과 그 계산방법 등에 관하여는 보건복지부장관이 정한다. 보건복지부장관은 의료급여의 기준을 정할 때에는 업무 또는 일상생활에 지장이 없는 질환 등 보건복지부령으로 정하는 사항은 의료급여 대상에서 제외할 수 있다.

2) 의료급여증

시장·군수·구청장은 수급권자에게 의료급여증을 발급하여야 한다. 다만, 부득이한 사유가 있는 경우에는 의료급여증에 갈음하는 의료급여증명서를 발급하거나 보건복지부령으로 정하는 바에 따라 의료급여증을 발급하지 아니할 수 있다.

수급권자가 의료급여를 받을 때에는 의료급여증 또는 의료급여증명서를 의료급여기관에 제출하여야 한다. 다만, 천재지변이나 그 밖의 부득이한 사유가 있으면 그러하지 아니하다.

수급권자는 주민등록증, 운전면허증, 여권, 그 밖에 본인 여부를 확인할 수 있는 보건복지부령으로 정하는 신분증명서로 의료급여기관이 그 자격을 확인할 수 있으면 의료급여증 또는 의료급여증명서를 제출하지 아니할 수 있다.

3) 의료급여기관

의료급여는 다음의 의료급여기관에서 실시한다. 이 경우 보건복지부장관은 공익상 또는 국가시책상 의료급여기관으로 적합하지 아니하다고 인정할 때에는 대통령령으로 정하는 바에 따라 의료급여기관에서 제외할 수 있다.

- '의료법'에 따라 개설된 의료기관
- '지역보건법'에 따라 설치된 보건소·보건의료원 및 보건지소
- '농어촌 등 보건의료를 위한 특별조치법'에 따라 설치된 보건진료소
- '약사법'에 따라 개설등록된 약국 및 같은 법 제91조에 따라 설립된 한국희귀의약품 센터

의료급여기관은 다음과 같이 구분하되, 의료급여기관별 진료범위는 보건복지부령으로 정한다.

- 제1차 의료급여기관
  - ㉠ '의료법'에 따라 개설신고를 한 의료기관
  - ㉡ 의료급여기관

- 제2차 의료급여기관: '의료법'에 따라 개설허가를 받은 의료기관
- 제3차 의료급여기관: 제2차 의료급여기관 중에서 보건복지부장관이 지정하는 의료기관

의료급여기관은 정당한 이유 없이 이 법에 따른 의료급여를 거부하지 못한다. 특별시장·광역시장·도지사 또는 시장·군수·구청장은 의료급여기관이 개설·설치되거나, 개설·설치된 의료급여기관의 신고·허가 및 등록 사항 등이 변경되었을 때에는 보건복지부령으로 정하는 바에 따라 그 내용을 다음의 전문기관에 알려야 한다.

- 의료급여에 든 비용(급여비용)의 심사·조정 업무를 위탁받은 전문기관(급여비용심사기관)
- 급여비용의 지급업무를 위탁받은 전문기관(급여비용지급기관)

제3차 의료급여기관의 지정기준 및 지정절차 등에 관하여 필요한 사항은 보건복지부령으로 정한다.

4) 급여비용의 부담

급여비용은 대통령령으로 정하는 바에 따라 그 전부 또는 일부를 의료급여기금에서 부담하되, 의료급여기금에서 일부를 부담하는 경우 그 나머지 비용은 본인이 부담한다.

〈표 6-1〉 의료급여 본인부담금

구분	1종 수급권자	2종 수급권자
입원	급여비용 면제	급여비용의 10%
외래	의원(1,000원) 병원 및 종합병원(1,500원) 상급종합병원(2,000원)	의원(1,000원) 병원 및 종합병원(급여비용의 15%) 상급종합병원(급여비용의 15%)
약국	500원(처방전 1매당)	500원(처방전 1매당)

5) 급여비용의 청구와 지급

의료급여기관은 의료급여기금에서 부담하는 급여비용의 지급을 시장·군수·구청장에게 청구할 수 있으며, 이 경우 심사청구는 시장·군수·구청장에 대한 급여비용의 청구로 본다.

급여비용을 청구하려는 의료급여기관은 급여비용심사기관에 급여비용의 심사청구를 하여야 하며, 심사청구를 받은 급여비용심사기관은 이를 심사한 후 지체 없이 그 내용을 시

장·군수·구청장 및 의료급여기관에 알려야 한다.

심사의 내용을 통보받은 시장·군수·구청장은 지체 없이 그 내용에 따라 급여비용을 의료급여기관에 지급하여야 하며, 이 경우 수급권자가 이미 납부한 본인부담금(수급권자가 부담하여야 하는 급여비용)이 과다한 경우에는 의료급여기관에 지급할 금액에서 그 과다하게 납부된 금액을 공제하여 수급권자에게 반환하여야 한다.

시장·군수·구청장은 급여비용을 지급할 때에 급여비용심사기관이 의료급여의 적정 여부를 평가하여 시장·군수·구청장에게 알린 경우에는 그 평가결과에 따라 급여비용을 가산 또는 감액 조정하여 지급한다. 이 경우 평가결과에 따른 급여비용의 가감지급의 기준은 보건복지부령으로 정한다.

의료급여기관은 심사청구를 다음의 단체가 대행하게 할 수 있다.

- '의료법' 에 따른 의사회·치과의사회·한의사회·조산사회 또는 신고한 각각의 지부 및 분회
- '의료법'에 따른 의료기관단체
- '약사법'에 따른 대한약사회 또는 그 지부 및 분회

규정한 사항 외에 급여비용의 청구, 심사, 지급 등의 방법 및 절차에 필요한 사항은 보건복지부령으로 정한다.

시장·군수·구청장은 '산업재해보상보험법'에 따른 근로복지공단이 이 법에 따라 의료급여를 받을 수 있는 사람에게 '산업재해보상보험법'에 따른 요양급여를 지급한 후 그 지급결정이 취소된 경우로서 그 요양급여 비용을 청구하는 경우에는 그 요양급여가 이 법에 따라 실시할 수 있는 의료급여에 상당한 것으로 인정되면 그 의료급여에 해당하는 금액을 지급할 수 있다.

6) 서류의 보존

의료급여기관은 의료급여가 끝난 날부터 5년간 보건복지부령으로 정하는 바에 따라 급여비용의 청구에 관한 서류를 보존하여야 하며, 약국 등 보건복지부령으로 정하는 의료급여기관은 처방전을 급여비용을 청구한 날부터 3년간 보존하여야 한다.

7) 급여 대상 여부의 확인

수급권자는 본인부담금 외에 부담한 비용이 의료급여의 대상에서 제외되는 사항에 해당하는 비용(비급여비용)인지에 대하여 급여비용심사기관에 확인을 요청할 수 있다. 확인

을 요청받은 급여비용심사기관은 그 확인결과를 확인을 요청한 수급권자에게 알려야 하며, 확인을 요청한 비용이 급여비용에 해당하는 것으로 확인되었을 때에는 급여비용지급기관 및 관련 의료급여기관에도 각각 알려야 한다. 통보받은 의료급여기관은 과다 징수한 금액을 지체 없이 수급권자에게 반환하여야 한다.

급여비용지급기관은 의료급여기관이 과다 징수한 금액을 반환하지 아니하면 그 의료급여기관에 지급할 급여비용에서 과다 징수한 금액을 공제하여 그 공제한 금액을 수급권자에게 지급할 수 있다.

8) 의료급여기관의 비용 청구에 관한 금지행위

의료급여기관은 의료급여를 하기 전에 수급권자에게 본인부담금을 청구하거나 수급권자가 이 법에 따라 부담하여야 하는 비용과 비급여비용 외에 입원보증금 등 다른 명목의 비용을 청구하여서는 아니 된다.

9) 요양비

시장·군수·구청장은 수급권자가 보건복지부령으로 정하는 긴급하거나 그 밖의 부득이한 사유로 의료급여기관과 같은 기능을 수행하는 기관으로서 보건복지부령으로 정하는 기관(업무정지기간 중인 의료급여기관 포함)에서 질병·부상·출산 등에 대하여 의료급여를 받거나 의료급여기관이 아닌 장소에서 출산을 하였을 때에는 그 의료급여에 상당하는 금액을 보건복지부령으로 정하는 바에 따라 수급권자에게 요양비로 지급한다.

의료급여를 실시한 기관은 보건복지부장관이 정하는 요양비명세서 또는 요양의 명세를 적은 영수증을 요양을 받은 사람에게 내주어야 하며, 요양을 받은 사람은 이를 시장·군수·구청장에게 제출하여야 한다.

요양비의 지급방법 등에 필요한 사항은 보건복지부령으로 정한다.

10) 장애인 및 임산부에 대한 특례

시장·군수·구청장은 '장애인복지법'에 따라 등록한 장애인인 수급권자에게 보장구(補裝具)에 대하여 급여를 실시할 수 있으며, 임신한 수급권자가 임신기간 중 의료급여기관에서 받는 진료에 드는 비용(출산비용 포함)에 대하여 추가급여를 실시할 수 있다.

보장구 급여 및 추가급여의 방법·절차·범위·한도 등에 필요한 사항은 보건복지부령으로 정한다.

11) 건강검진

시장 · 군수 · 구청장은 이 법에 따른 수급권자에 대하여 질병의 조기발견과 그에 따른 의료급여를 하기 위하여 건강검진을 할 수 있다. 건강검진의 대상 · 횟수 · 절차와 그 밖에 필요한 사항은 보건복지부장관이 정한다.

12) 의료급여의 제한

시장 · 군수 · 구청장은 수급권자가 다음의 어느 하나에 해당하면 이 법에 따른 의료급여를 하지 아니한다. 다만, 보건복지부장관이 의료급여를 할 필요가 있다고 인정하는 경우에는 그러하지 아니하다.

- 수급권자가 자신의 고의 또는 중대한 과실로 인한 범죄행위에 그 원인이 있거나 고의로 사고를 일으켜 의료급여가 필요하게 된 경우
- 수급권자가 정당한 이유 없이 이 법의 규정이나 의료급여기관의 진료에 관한 지시에 따르지 아니한 경우

의료급여기관은 수급권자가 위의 각 호의 어느 하나에 해당하는 경우 대통령령으로 정하는 바에 따라 수급권자의 거주지를 관할하는 시장 · 군수 · 구청장에게 알려야 한다.

13) 의료급여의 변경

시장 · 군수 · 구청장은 수급권자의 소득, 재산상황, 근로능력 등이 변동되었을 때에는 직권으로 또는 수급권자나 그 친족, 그 밖의 관계인의 신청을 받아 의료급여의 내용 등을 변경할 수 있으며, 이에 따라 의료급여의 내용 등을 변경하였을 때에는 서면으로 그 이유를 밝혀 수급권자에게 알려야 한다.

14) 의료급여의 중지

시장 · 군수 · 구청장은 수급권자가 다음의 어느 하나에 해당하면 의료급여를 중지하여야 한다.

- 수급권자에 대한 의료급여가 필요 없게 된 경우
- 수급권자가 의료급여를 거부한 경우

시장 · 군수 · 구청장은 수급권자가 의료급여를 거부한 경우에는 수급권자가 속한 가구

원 전부에 대하여 의료급여를 중지하여야 하며, 의료급여가 중지된 가구에 대하여는 그 해에 다시 의료급여를 하지 아니한다. 시장·군수·구청장은 의료급여를 중지하였을 때에는 서면으로 그 이유를 밝혀 수급권자에게 알려야 한다.

5. 기 타

1) 수급권의 보호

의료급여를 받을 권리는 양도하거나 압류할 수 없다.

2) 구상권

시장·군수·구청장은 제3자의 행위로 인하여 수급권자에게 의료급여를 한 경우에는 그 급여비용의 범위에서 제3자에게 손해배상을 청구할 권리를 얻는다. 의료급여를 받은 사람이 제3자로부터 이미 손해배상을 받은 경우에는 시장·군수·구청장은 그 배상액의 한도에서 의료급여를 하지 아니한다.

3) 급여비용의 대지급

급여비용의 일부를 의료급여기금에서 부담하는 경우 그 나머지 급여비용(보건복지부장관이 정한 금액으로 한정)은 수급권자 또는 그 부양의무자의 신청을 받아 의료급여기금에서 대지급(代支給)할 수 있다. 대지급금의 신청 및 지급방법 등에 필요한 사항은 보건복지부령으로 정한다.

(1) 대지급금의 상황

대지급금을 받은 사람(그 부양의무자 포함. 이하 "상환의무자")은 보건복지부령으로 정하는 바에 따라 대지급금을 그 거주지를 관할하는 시장·군수·구청장에게 상환하여야 한다. 이 경우 대지급금의 상환은 무이자로 한다.

상환의무자가 그 거주지를 다른 특별자치시·특별자치도·시·군·구로 이전하였을 때에는 대지급금을 새 거주지를 관할하는 시장·군수·구청장에게 상환하여야 한다. 대지급금을 상환받은 시장·군수·구청장은 이를 의료급여기금에 납입하여야 한다.

(2) 대지급금의 독촉

시장 · 군수 · 구청장은 상환의무자가 대지급금을 납부기한까지 상환하지 아니하면 납부기한이 지난 날부터 6개월 이내의 기간을 정하여 지체 없이 독촉장을 발급하여야 한다.

시장 · 군수 · 구청장은 상환의무자가 대지급금의 독촉을 받고도 상환하지 아니하면 대지급금을 지방세 체납처분의 예에 따라 징수할 수 있다.

4) 부당이득의 징수

시장 · 군수 · 구청장은 속임수나 그 밖의 부당한 방법으로 의료급여를 받은 사람 또는 급여비용을 받은 의료급여기관에 대하여는 그 급여 또는 급여비용에 상당하는 금액의 전부 또는 일부를 부당이득금으로 징수한다.

시장 · 군수 · 구청장은 의료급여기관과 의료급여를 받으려는 사람이 공모하여 속임수나 그 밖의 부당한 방법으로 의료급여가 이루어진 경우에는 그 의료급여기관에 대하여 의료급여를 받은 사람과 연대하여 부당이득금을 납부하게 할 수 있다.

시장 · 군수 · 구청장은 속임수나 그 밖의 부당한 방법으로 급여비용을 받은 의료급여기관이 다음의 어느 하나에 해당하는 경우에는 해당 의료급여기관을 개설한 자에게 그 의료급여기관과 연대하여 부당이득금을 납부하게 할 수 있다.

- '의료법'을 위반하여 의료기관을 개설할 수 없는 자가 의료인의 면허나 의료법인 등의 명의를 대여받아 개설 · 운영하는 의료기관
- '약사법'을 위반하여 약국을 개설할 수 없는 자가 약사 등의 면허를 대여받아 개설 · 운영하는 약국

시장 · 군수 · 구청장은 의료급여기관이 속임수나 그 밖의 부정한 방법으로 수급권자로부터 급여비용을 받았을 때에는 그 의료급여기관으로부터 해당 급여비용을 징수하여 수급권자에게 지체 없이 지급하여야 한다.

시장 · 군수 · 구청장은 부당이득금 납부의무자가 부당이득금을 내지 아니하면 기한을 정하여 독촉할 수 있고, 독촉을 할 때에는 10일 이상 15일 이내의 납부기한을 정하여 독촉장을 발급하여야 한다. 또한 독촉을 받은 자가 그 납부기한까지 부당이득금을 내지 아니하면 지방세 체납처분의 예에 따라 징수할 수 있다.

부당이득금 납부의무자가 거주지를 이전한 경우 부당이득금의 징수 및 징수한 부당이득금의 처리에 관하여는 "새 거주지 관할 시장 · 군수 · 구청장" 및 "대지급금을 상환 받은

시장 · 군수 · 구청장의 의료급여기금에 납입" 조항을 준용한다. 이 경우 "상환의무자"는 "부당이득금 납부의무자"로, "상환"은 "납부"로, "대지급금"은 "부당이득금"으로 본다.

5) 결손처분

시장 · 군수 · 구청장은 다음의 어느 하나에 해당하는 사유가 있으면 특별자치시 · 특별자치도 · 시 · 군 · 구 의료급여 심의위원회의 심의를 거쳐 대지급금 및 부당이득금 등을 결손처분할 수 있다.

- 체납처분이 끝나고 체납액에 충당될 배분금액이 그 체납액에 미치지 못하는 경우
- 해당 권리에 대한 소멸시효가 완성된 경우
- 그 밖에 징수할 가능성이 없다고 인정되는 경우로서 대통령령으로 정하는 경우

6) 의료급여기금의 설치 및 조성

(1) 의료기금의 조성

이 법에 따른 급여비용의 재원에 충당하기 위하여 시 · 도에 의료급여기금을 설치한다. 기금은 다음의 재원으로 조성한다.

- 국고보조금
- 지방자치단체의 출연금
- 상환받은 대지급금
- 징수한 부당이득금
- 징수한 과징금
- 기금의 결산상 잉여금 및 그 밖의 수입금

국가와 지방자치단체는 기금운영에 필요한 충분한 예산을 확보하여야 한다. 국고보조금의 비율은 '보조금 관리에 관한 법률' 및 관계 법령에서 정하는 바에 따른다.

(2) 기금의 관리 및 운용

의료급여기금은 일반회계와 구분하여 별도의 계정을 설정하여 관리하여야 한다. 의료급여기금은 급여비용, 대지급에 드는 비용, 의료급여 관리에 따른 업무 위탁에 드는 비용 또는 그 밖의 의료급여 업무에 직접 드는 비용으로서 보건복지부령으로 정하는 비용에만 사용하여야 한다.

특별시장 · 광역시장 · 특별자치시장 · 도지사 · 특별자치도지사는 기금에 여유자금이 있을

때에는 다음의 방법으로 기금을 운용할 수 있다.

- 금융기관 또는 체신관서에의 예치
- 국채 · 공채의 매입

이 법에서 정한 사항 외에 기금의 관리 · 운용에 관하여 필요한 사항은 보건복지부령으로 정하는 바에 따라 해당 지방자치단체의 조례로 정한다.

(3) 급여비용의 예탁

급여비용의 지급업무가 위탁된 경우 시 · 도지사는 기금에서 보건복지부령으로 정하는 바에 따라 추정급여비용을 급여비용지급기관에 예탁하여야 한다.

시 · 도지사는 지방자치단체의 출연금 예산이 성립되지 못한 경우 '지방재정법'에도 불구하고 국고보조금은 즉시 급여비용지급기관에 예탁하여야 한다.

(4) 의료급여기관의 업무정지

보건복지부장관은 의료급여기관이 다음의 어느 하나에 해당하면 1년의 범위에서 기간을 정하여 의료급여기관의 업무정지를 명할 수 있다.

- 속임수나 그 밖의 부당한 방법으로 수급권자, 부양의무자 또는 시장 · 군수 · 구청장에게 급여비용을 부담하게 한 경우
- "의료급여기관의 비용 청구에 관한 금지행위"를 위반하여 본인부담금을 미리 청구하거나 입원보증금 등 다른 명목의 비용을 청구한 경우
- 의료급여를 실시한 기관 및 급여비용의 심사청구를 대행하는 단체에 보고 또는 서류 제출을 하지 아니하거나 거짓 보고를 하거나 거짓 서류를 제출하거나 소속 공무원의 질문 및 검사를 거부 · 방해 또는 기피한 경우

보건복지부장관은 제3차 의료급여기관이 위의 어느 하나에 해당하면 그 지정을 취소할 수 있다.

보건복지부장관은 위의 항목에 따라 지정취소처분을 받은 제3차 의료급여기관을 그 지정을 취소한 날부터 1년 이내에는 제3차 의료급여기관으로 다시 지정할 수 없다. 또한 위의 조항에 따라 업무정지처분을 받은 자는 해당 업무정지기간 중에는 의료급여를 하지 못한다.

보건복지부장관은 위의 항목[1]에 따른 처분을 한 경우에는 보건복지부령으로 정하는

바에 따라 그 사실을 급여비용심사기관 및 급여비용지급기관에 알려야 한다.

위의 항목에 따른 업무정지처분의 효과는 그 처분이 확정된 의료급여기관을 양수한 자 또는 합병 후 존속하는 법인이나 합병으로 설립된 법인에 승계되고, 업무정지처분의 절차가 진행 중인 때에는 양수인 또는 합병 후 존속하는 법인이나 합병으로 설립되는 법인에 대하여 그 절차를 계속 진행할 수 있다. 다만, 양수인 또는 합병 후 존속하는 법인이나 합병으로 설립되는 법인이 그 처분 또는 위반사실을 알지 못하였음을 증명하는 경우에는 그러하지 아니하다.

또한 위의 항목에 따른 업무정지처분을 받았거나 업무정지처분 절차가 진행 중인 자는 행정처분을 받은 사실 또는 행정처분 절차가 진행 중인 사실을 보건복지부령으로 정하는 바에 따라 양수인 또는 합병 후 존속하는 법인이나 합병으로 설립된 법인에 지체 없이 알려야 하며, 이에 따른 행정처분의 기준 등은 대통령령으로 정한다.

(5) 과징금

보건복지부장관은 의료급여기관이 "속임수나 그 밖의 부당한 방법으로 수급권자, 부양의무자 또는 시장·군수·구청장에게 급여비용을 부담하게 한 경우"에 해당하여 업무정지처분을 하여야 하는 경우로서 그 업무정지처분이 수급권자에게 심한 불편을 주거나 그 밖의 특별한 사유가 있다고 인정되면 그 업무정지처분을 갈음하여 속임수나 그 밖의 부당한 방법으로 부담하게 한 급여비용의 5배 이하의 금액을 과징금으로 부과·징수할 수 있다. 이 경우 보건복지부장관은 12개월의 범위에서 분할 납부를 하게 할 수 있다.

보건복지부장관은 과징금을 납부하여야 할 자가 납부기한까지 내지 아니하면 국세 체납처분의 예에 따라 징수할 수 있다. 다만, 과징금 징수에 관한 권한이 시·도지사에게 위임된 경우에는 시·도지사가 지방세 체납처분의 예에 따라 징수할 수 있다.

보건복지부장관은 과징금을 징수하기 위하여 필요하면 다음의 사항을 적은 문서로 관할 세무관서의 장 또는 지방자치단체의 장에게 과세정보의 제공을 요청할 수 있다.

- 납세자의 인적사항
- 사용목적

---

1) • 속임수나 그 밖의 부당한 방법으로 수급권자, 부양의무자 또는 시장·군수·구청장에게 급여비용을 부담하게 한 경우
• "의료급여기관의 비용 청구에 관한 금지행위"를 위반하여 본인부담금을 미리 청구하거나 입원보증금 등 다른 명목의 비용을 청구한 경우
• 의료급여를 실시한 기관 및 급여비용의 심사청구를 대항하는 단체에 보고 또는 서류제출을 하지 아니하거나 거짓 보고를 하거나 거짓 서류를 제출하거나 소속 공무원의 질문 및 검사를 거부·방해 또는 기피한 경우

• 과징금 부과 사유 및 부과 기준

과징금을 부과하는 위반행위의 종류, 위반 정도 등에 따른 과징금의 금액과 그 밖에 필요한 사항은 대통령령으로 정한다.

(6) 제조업자의 금지행위

'약사법'에 따른 의약품의 제조업자·위탁제조판매업자·수입자·판매업자 및 '의료기기법'에 따른 의료기기 제조업자·수입업자·수리업자·판매업자·임대업자는 약제·치료재료와 관련하여 의료급여의 범위 및 의료수가를 계산할 때에 의료급여기관의 위반행위에 개입하거나 거짓 자료를 제출하여 약제·치료재료의 가격 한도나 판매가격을 높이는 등 속임수나 그 밖에 보건복지부령으로 정하는 부당한 방법으로 기금에 손실을 주는 행위를 하여서는 아니 된다.

보건복지부장관은 제조업자등이 "금지행위"를 위반한 사실이 있는지를 확인하기 위하여 그 제조업자등에게 관련 서류의 제출을 명하거나 소속 공무원으로 하여금 관계인에게 질문을 하게 하거나 관계 서류를 검사하게 하는 등 필요한 조사를 할 수 있다. 이 경우 소속 공무원은 그 권한을 표시하는 증표를 지니고 이를 관계인에게 보여주어야 한다.

(7) 이의신청

수급권자의 자격, 의료급여 및 급여비용에 대한 시장·군수·구청장의 처분에 이의가 있는 자는 시장·군수·구청장에게 이의신청을 할 수 있다. 급여비용의 심사·조정에 관한 급여비용심사기관의 처분에 이의가 있는 의료급여기관은 처분이 있음을 안 날부터 90일 이내에 문서(전자문서 포함)로 급여비용심사기관에 이의신청을 할 수 있다(처분이 있은 날부터 180일이 지나면 제기하지 못한다).

의료급여기관이 급여비용심사기관의 확인에 대하여 이의신청을 하려면 통보받은 날부터 30일 이내에 하여야 한다. 규정한 사항 외에 이의신청의 방법, 이의신청에 대한 결정 및 결정의 통지 등에 필요한 사항은 대통령령으로 정한다.

(8) 심판청구

급여비용심사기관의 이의신청에 대한 결정에 불복이 있는 자는 '국민건강보험법'에 따른 건강보험분쟁조정위원회에 심판청구를 할 수 있다. 이 경우 심판청구의 제기기간 및 제기방법에 관하여는 "처분이 있음을 안 날부터 90일 이내에 문서(전자문서 포함)로 급여비용심사기관에 이의신청" 조항을 준용한다.

심판청구를 하려는 자는 대통령령으로 정하는 심판청구서를 처분을 행한 급여비용심사기관에 제출하거나 건강보험분쟁조정위원회에 제출하여야 한다.

규정한 사항 외에 심판청구의 절차·방법·결정 및 그 결정의 통지 등에 필요한 사항은 대통령령으로 정한다.

(9) 소멸시효

다음의 권리는 3년간 행사하지 아니하면 소멸시효가 완성된다.

- 의료급여를 받을 권리
- 급여비용을 받을 권리
- 대지급금을 상환받을 권리

시효는 다음의 어느 하나에 해당하는 사유로 중단된다.

- 급여비용의 청구
- 대지급금에 대한 납입의 고지 및 독촉

소멸시효 및 시효중단에 관하여 이 법에서 정한 사항 외에는 '민법'에 따른다.

(10) 보고 및 검사

보건복지부장관은 필요한 경우에는 기금의 관리·운용 및 의료급여와 관련된 사항에 관하여 시·도 및 시·군·구를 지도·감독하거나 필요한 보고를 하게 할 수 있다.

보건복지부장관은 의료급여기관 및 급여비용의 심사청구를 대행하는 단체(대행청구단체)에 대하여 진료·약제의 지급 등 의료급여에 관한 보고 또는 관계 서류의 제출을 명하거나 소속 공무원으로 하여금 질문을 하게 하거나 관계 서류를 검사하게 할 수 있다.

보건복지부장관 또는 시장·군수·구청장은 의료급여를 받는 사람에게 그 의료급여의 내용에 관하여 보고하게 하거나 소속 공무원으로 하여금 질문하게 할 수 있다.

질문 또는 조사를 하는 소속 공무원은 그 권한을 표시하는 증표를 지니고 이를 관계인에게 보여주어야 한다.

(11) 자료의 제공

시장·군수·구청장, 급여비용심사기관 및 급여비용지급기관은 국가, 지방자치단체, 의료급여기관 또는 그 밖의 공공단체 등에 대하여 의료급여사업을 위하여 필요한 자료를 요청할 수 있다. 이 경우 요청받은 자는 성실히 자료를 제공하여야 한다.

급여비용심사기관은 의료급여기관에 대하여 급여비용의 심사·조정을 위하여 필요한 자료를 요청할 수 있다. 이 경우 자료의 제공을 요청받은 의료급여기관은 특별한 사유가 없으면 그 요청에 따라야 한다.

국가, 지방자치단체, 의료급여기관 또는 그 밖의 공공단체 등이 시장·군수·구청장, 급여비용심사기관 및 급여비용지급기관에 제공하는 자료에 대하여는 사용료와 수수료 등을 면제한다.

(12) 포상금 및 장려금의 지급

시장·군수·구청장은 속임수나 그 밖의 부당한 방법으로 급여비용을 받은 의료급여기관을 신고한 사람에게 포상금을 지급할 수 있으며, 의료급여 재정을 효율적으로 운영하는 데에 이바지한 의료급여기관에 대하여 장려금을 지급할 수 있다.

포상금과 장려금의 지급 기준과 범위, 절차 및 방법 등에 필요한 사항은 대통령령으로 정한다.

(13) 권한의 위임 및 위탁

이 법에 따른 보건복지부장관의 권한은 대통령령으로 정하는 바에 따라 그 일부를 시·도지사에게 위임할 수 있다.

이 법에 따른 시장·군수·구청장의 업무 중 수급권자의 관리, 급여비용의 심사·조정 및 지급 업무 등 의료급여에 관한 업무는 그 일부를 대통령령으로 정하는 바에 따라 관계 전문기관에 위탁할 수 있다. 이 경우 위탁에 드는 비용은 보건복지부장관이 정하는 바에 따라 기금에서 부담한다.

(14) 끝수 및 소액의 처리

의료급여에 관한 비용을 계산할 때 '국고금 관리법'에 따른 끝수는 계산하지 아니한다.

특별시장·광역시장·도지사 및 시장·군수·구청장은 징수·지급 또는 반환하여야 할 금액이 건당 2천원 미만인 경우에는 이를 징수·지급 또는 반환하지 아니한다.

6. 벌 칙

1) 벌칙

5년 이하의 징역 또는 3천만원 이하의 벌금	'국민기초생활 보장법'을 위반하여 금융정보를 사용·제공 또는 누설한 사람
3년 이하의 징역 또는 3천만원 이하의 벌금	대행청구단체의 종사자로서 거짓이나 그 밖의 부정한 방법으로 급여비용을 청구한 자
3년 이하의 징역 또는 2천만원 이하의 벌금	• '국민기초생활 보장법'을 위반하여 정보 또는 자료를 사용하거나 제공한 사람 • '국민기초생활 보장법'을 위반하여 신용정보 또는 보험정보를 사용·제공 또는 누설한 사람
1년 이하의 징역 또는 1천만원 이하의 벌금	• 정당한 이유 없이 이 법에 따른 의료급여를 거부한 자 • 대행청구단체가 아닌 자로 하여금 급여비용의 심사청구를 대행하게 한 자 • 속임수나 그 밖의 부정한 방법으로 의료급여를 받은 자 또는 제3자로 하여금 의료급여를 받게 한 자 • 업무정지기간 중에 의료급여를 한 의료급여기관의 개설자
1천만원 이하의 벌금	정당한 이유 없이 보고 또는 서류제출을 하지 아니하거나 거짓으로 보고하거나 거짓 자료를 제출하거나 검사를 거부·방해 또는 기피한 사람

2) 양벌규정

법인의 대표자나 법인 또는 개인의 대리인, 사용인, 그 밖의 종업원이 그 법인 또는 개인의 업무에 관하여 위반행위를 하면 그 행위자를 벌하는 외에 그 법인 또는 개인에게도 해당 조문의 벌금형을 과(科)한다. 다만, 법인 또는 개인이 그 위반행위를 방지하기 위하여 해당 업무에 관하여 상당한 주의와 감독을 게을리하지 아니한 경우에는 그러하지 아니하다.

3) 과태료

행정처분을 받은 사실 또는 행정처분 절차가 진행 중인 사실을 양수인 또는 합병 후 존속하는 법인이나 합병으로 설립된 법인에 알리지 아니한 자에게는 500만원 이하의 과태료를 부과한다.

다음의 어느 하나에 해당하는 자에게는 100만원 이하의 과태료를 부과한다.

- 서류보존의무를 위반한 자
- 정당한 사유 없이 서류제출을 하지 아니하거나 거짓 서류를 제출하거나 질문에 대하여 진술을 거부하거나 거짓으로 진술하거나 검사 등 조사를 거부·방해·기피한 자

과태료는 대통령령으로 정하는 바에 따라 보건복지부장관이 부과·징수한다.

7
chapter

식품등 기부 활성화에 관한 법률

1. 목 적

이 법은 식품 및 생활용품(이하 "식품 등")의 기부를 활성화하고 기부된 식품 등을 생활이 어려운 자에게 지원함으로써 사회복지의 증진 및 사회공동체문화의 확산에 이바지함을 목적으로 한다.

2. 정 의

- "식품"이란 「식품위생법」에 따른 식품을 말한다.
- "생활용품"이란 세제 · 세면용품 등 개인 위생관리에 필요한 물품으로서 대통령령으로 정하는 물품을 말한다.
- "기부식품 등"이란 생활이 어려운 자에게 지원할 목적으로 제공된 식품 등을 말한다.
- "이용자"란 기부식품 등을 이용하는 자를 말한다.
- "제공자"란 기부식품 등을 이용자에게 직접 또는 간접으로 제공하는 자를 말한다.
- "사업자"란 제공자 중 기부식품 등 제공사업을 계속적으로 영위하는 자로서 대통령령으로 정하는 자를 말한다.

3. 신 고

사업자는 사업장 소재지를 관할하는 특별자치시장·특별자치도지사·시장·군수·구청장에게 신고할 수 있고, 앞의 조항에도 불구하고 사업의 규모 및 범위 등을 고려하여 대통령령으로 정하는 사업자의 경우에는 사업장 소재지를 관할하는 특별자치시장·특별자치도지사·시장·군수·구청장에게 신고하여야 한다.

특별자치시장·특별자치도지사·시장·군수·구청장은 신고를 받은 날부터 7일 이내에 신고수리 여부를 신고인에게 통지해야 하며, 특별자치시장·특별자치도지사·시장·군수·구청장이 앞의 조항에서 정한 기간 내에 신고수리 여부 또는 민원 처리 관련 법령에 따른 처리기간의 연장 여부를 신고인에게 통지하지 아니하면 그 기간(민원 처리 관련 법령에 따라 처리기간이 연장 또는 재연장된 경우에는 해당 처리기간)이 끝난 날의 다음 날에 신고가 수리된 것으로 본다.

신고한 사업자가 신고를 철회하거나 폐업하고자 하는 때에는 신고를 한 특별자치시장·특별자치도지사·시장·군수·구청장에게 철회 또는 폐업 신고를 하여야 한다. 신고가 신고서의 기재사항 및 첨부서류에 흠이 없고, 법령 등에 규정된 형식상의 요건을 충족하는 경우에는 신고서가 접수기관에 도달된 때에 신고된 것으로 본다. 규정에 따른 신고의 기준 및 절차에 필요한 사항은 대통령령으로 정한다.

4. 기부식품 등 지원센터의 지정

보건복지부장관 또는 특별시장·광역시장·특별자치시장·도지사·특별자치도지사는 사업자에 대한 기부식품등의 조정·배분과 교육 실시 등을 위하여 신고한 사업자가 운영하는 사업장 중에서 전국기부식품등지원센터 또는 광역기부식품등지원센터를 각각 지정할 수 있다.

전국기부식품등지원센터 또는 광역기부식품등지원센터로 지정받으려는 자는 대통령령으로 정하는 바에 따라 시설 등에 관한 요건을 갖추어 전국기부식품등지원센터는 보건복지부장관에게, 광역기부식품등지원센터는 해당 소재지를 관할하는 시·도지사에게 신청하여야 한다.

보건복지부장관 또는 시·도지사는 전국기부식품등지원센터 및 광역기부식품등지원센터에 대하여 정기적으로 사업실적 및 운영실태를 평가할 수 있다.

보건복지부장관 또는 시·도지사는 다음의 어느 하나에 해당하는 경우 전국기부식품등지원센터 및 광역기부식품등지원센터의 지정을 취소할 수 있다.

- 평가 결과가 대통령령으로 정하는 평가 기준에 미달하는 경우
- 시정명령을 기간 이내에 이행하지 아니한 경우

전국기부식품등지원센터 또는 광역기부식품등지원센터로 지정받은 사업장의 사업자가 전국기부식품등지원센터 또는 광역기부식품등지원센터를 폐업하고자 하는 경우에는 지정을 받은 보건복지부장관 또는 시·도지사에게 보건복지부령으로 정하는 바에 따라 폐업신고를 해야 하며, 규정에 따른 전국기부식품등지원센터 및 광역기부식품등지원센터의 지정 기준, 지정 및 지정취소 절차, 평가 기준 등에 필요한 사항은 대통령령으로 정한다.

5. 기부식품등 제공사업사업의 범위

- 기부식품 등의 모집·관리 및 제공
- 식품 등의 기부를 활성화하기 위한 홍보
- 그 밖에 기부식품 등의 제공과 관련된 부수사업

6. 기부식품 등의 모집 및 제공

사업자는 기부식품 등의 모집 및 제공 과정을 투명하게 하기 위하여 기부식품 등 모집과 제공에 관한 장부를 비치하여야 하고, 증빙서류를 작성하여 보관 하여야 한다.

제공자 및 사업자는 기부식품 등을 모집하거나 제공함에 있어서 선량한 관리자로서의 주의의무를 다하여 기부식품 등을 안전하게 취급하여야 한다.

기부식품 등의 모집 및 제공 등에 필요한 사항은 대통령령으로 정하며, 제공자 및 사업자는 이용자에게 기부식품 등을 무상으로 제공하여야 한다.

7. 국가 등의 지원

국가와 지방자치단체는 식품 등 기부 및 기부식품 등 제공사업을 지원·장려하기 위하여 필요한 시책을 강구해야 하며, 국가와 지방자치단체는 제공자 또는 사업자에게 기부식품 등 제공사업에 필요한 운영비 또는 사업비의 전부 또는 일부를 보조할 수 있다.

국가, 지방자치단체 및 공공기관은 필요한 경우 보유하고 있는 식품등의 일부를 제공자 및 사업자에게 제공할 수 있다.

8. 민·형사상의 책임감면

기부식품 등의 취식 또는 사용으로 인하여 이용자가 피해를 입은 때에는 다음의 어느 하나에 해당하는 경우를 제외하고는 제공자(신고한 사업자 제외) 및 기부식품 등 제공활동에 참여한 자는 민사상 책임을 지지 아니한다.

- 고의 또는 중대한 과실이 있는 경우
- 「식품위생법」의 위생적 취급 기준을 위반한 경우
- 「식품위생법」에 따른 위해식품 등인 경우

기부식품 등의 취식 또는 사용으로 인하여 이용자가 사상(死傷)에 이른 때에는 제공자·사업자 그 밖에 기부식품 등 제공활동에 참여한 자에게 중대한 과실이 없는 경우에는 그 정상을 참작하여 「형법」 "과실치사상의 죄"[2]의 형을 감경하거나 면제할 수 있다.

---

2) 형법 제266조(과실치상) ① 과실로 인하여 사람의 신체를 상해에 이르게 한 자는 500만원 이하의 벌금, 구류 또는 과료에 처한다. ② 제1항의 죄는 피해자의 명시한 의사에 반하여 공소를 제기할 수 없다.
제267조(과실치사) 과실로 인하여 사람을 사망에 이르게 한 자는 2년 이하의 금고 또는 700만원 이하의 벌금에 처한다.
제268조(업무상과실·중과실 치사상) 업무상과실 또는 중대한 과실로 인하여 사람을 사상에 이르게 한 자는 5년 이하의 금고 또는 2천만원 이하의 벌금에 처한다.

국가와 지방자치단체는 이용자 보호를 위하여 필요한 시책을 강구하여야 한다.

신고한 사업자는 제공된 기부식품 등의 취식 또는 사용으로 인하여 이용자의 생명・신체에 발생한 손해를 보상하기 위하여 손해보험에 가입해야 하며, 국가와 지방자치단체는 보험료의 일부 또는 전부를 보조할 수 있다.

8. 사업장에 대한 평가

보건복지부장관은 식품 등의 기부를 활성화하고 기부식품 등의 안전성을 제고하기 위하여 신고한 사업자가 운영하는 사업장의 시설・장비・인력 등의 안전관리 수준과 기부식품 등의 모집 및 제공의 투명성 확보 수준 등에 대한 평가를 실시하여야 한다.

보건복지부장관은 평가를 위하여 해당 사업자에게 필요한 자료의 제공을 요청할 수 있다. 이 경우 자료의 제공을 요청받은 사업자는 정당한 사유가 없으면 이에 따라야 한다.

보건복지부장관은 평가 결과를 공표할 수 있으며, 평가 결과가 우수한 사업장에 대하여 행정적・재정적 지원을 할 수 있다. 사업장의 평가기준, 평가방법 등에 필요한 사항은 대통령령으로 정한다.

9. 지도・감독

보건복지부장관, 시・도지사 또는 시장・군수・구청장은 제공자 또는 사업자가 "제공자 및 사업자는 기부식품 등을 모집하거나 제공함에 있어서 선량한 관리자로서의 주의의무를 다하여 기부식품 등을 안전하게 취급하여야 한다"라는 조항을 위반하거나 기부식품 등으로 인한 중대한 위생상의 위해가 우려되는 때에는 그 업무에 관하여 보고 또는 관계서류의 제출을 명하거나 소속 공무원으로 하여금 제공자 및 사업자의 사무소 또는 시설에 출입하여 검사 또는 질문하도록 하는 등 지도・감독을 할 수 있다. 이 때 관계공무원이 사무소 또는 시설에 출입하여 검사 또는 질문하는 때에는 그 권한을 표시하는 증표를 관계인에게 내보여야 한다.

제268조(업무상과실・중과실 치사상) 업무상과실 또는 중대한 과실로 사람을 사망이나 상해에 이르게 한 자는 5년 이하의 금고 또는 2천만원 이하의 벌금에 처한다.

10. 시정명령

보건복지부장관, 시 · 도지사 또는 시장 · 군수 · 구청장은 제공자 또는 사업자가 다음의 어느 하나에 해당하는 때에는 보건복지부령이 정하는 바에 따라 일정한 기간을 정하여 그 시정을 명할 수 있다.

- 신고한 사업자가 신고 기준에 미달하게 된 때
- 지정된 전국기부식품 등 지원센터 또는 광역기부식품 등 지원센터가 지정기준에 미달하게 된 때
- "사업자는 기부식품 등의 모집 및 제공 과정을 투명하게 하기 위하여 기부식품 등 모집과 제공에 관한 장부를 비치하여야 하고, 증빙서류를 작성하여 보관 하여야 한다", "제공자 및 사업자는 기부식품 등을 모집하거나 제공함에 있어서 선량한 관리자로서의 주의의무를 다하여 기부식품 등을 안전하게 취급하여야 한다"를 위반한 때

특별자치시장 · 특별자치도지사 · 시장 · 군수 · 구청장은 사업자가 다음의 어느 하나에 해당하는 때에는 대통령령으로 정하는 바에 따라 사업의 정지를 명하거나 사업장의 폐쇄를 명할 수 있다.

- 시정명령을 기간 이내에 이행하지 아니한 때
- "제공자 및 사업자는 이용자에게 기부식품 등을 무상으로 제공하여야 한다"를 위반하여 기부식품 등을 무상으로 제공하지 아니한 때

특별자치시장 · 특별자치도지사 · 시장 · 군수 · 구청장이 사업장을 폐쇄하거나 보건복지부장관, 시 · 도지사가 전국기부식품 등 지원센터 또는 광역기부식품 등 지원센터의 지정을 취소하려는 경우에는 미리 청문을 실시하여야 한다.

특별자치시장 · 특별자치도지사 · 시장 · 군수 · 구청장은 사업자가 사업장의 폐쇄명령을 받은 후에도 계속하여 사업을 하는 때에는 관계공무원으로 하여금 사업장을 폐쇄하기 위하여 다음의 조치를 하게 할 수 있다.

- 사업장의 간판 그 밖의 사업장표시물의 제거 · 삭제
- 사업장이 적법한 사업장이 아님을 알리는 게시문 등의 부착

- 사업장의 시설물 그 밖에 사업에 사용하는 용구 등을 사용할 수 없게 하는 봉인

특별자치시장 · 특별자치도지사 · 시장 · 군수 · 구청장은 봉인을 한 후 봉인을 계속할 필요가 없다고 인정되거나 해당 사업자 또는 그 대리인이 해당 사업장을 폐쇄할 것을 약속하거나 그 밖에 정당한 사유를 들어 봉인의 해제를 요청하는 때에는 봉인을 해제할 수 있다. 게시문 등의 경우에도 같다.

특별자치시장 · 특별자치도지사 · 시장 · 군수 · 구청장은 봉인 해제에 따른 조치를 하고자 하는 경우에는 미리 해당 사업자 또는 그 대리인에게 서면으로 알려주어야 한다. 다만, 급박한 사유가 있는 때에는 그러하지 아니하다.

'사업장 폐쇄' 조치는 사업을 할 수 없도록 하는 데에 필요한 최소한의 범위에 그쳐야 하며, 이 때 관계공무원은 그 권한을 표시하는 증표를 지니고 관계인에게 이를 내보여야 한다.

11. 벌칙 및 과태료

"기부식품 등의 무상제공" 조항을 위반하여 기부식품 등을 제공한 자는 3년 이하의 징역 또는 3천만원 이하의 벌금에 처한다.

법인의 대표자나 법인 또는 개인의 대리인, 사용인, 그 밖의 종업원이 그 법인 또는 개인의 업무에 관하여 "기부식품 등의 무상제공" 조항의 위반행위를 하면 그 행위자를 벌하는 외에 그 법인 또는 개인에게도 해당 조문의 벌금형을 과(科)한다. 다만, 법인 또는 개인이 그 위반행위를 방지하기 위하여 해당 업무에 관하여 상당한 주의와 감독을 게을리하지 아니한 경우에는 그러하지 아니하다.

다음의 어느 하나에 해당하는 자에 대하여는 300만원 이하의 과태료를 부과한다.

- "사업장 신고" 조항에 따른 신고를 하지 아니한 자
- 기부식품 등의 모집 및 제공에 관한 장부를 비치하지 아니하거나 증빙서류를 작성 또는 보관하지 아니한 자
- 정당한 사유 없이 보고를 하지 아니하거나 허위의 보고를 한 자, 자료를 제출하지 아니하거나 허위의 자료를 제출한 자 또는 검사 · 질문을 거부 · 기피 · 방해한 자

과태료는 대통령령이 정하는 바에 의하여 보건복지부장관, 시·도지사 또는 시장·군수·구청장이 부과·징수한다.

8
chapter

정신건강증진 및 정신질환자 복지서비스 지원에 관한 법률

1. 총 칙

1) 목적

이 법은 정신질환의 예방·치료, 정신질환자의 재활·복지·권리보장과 정신건강 친화적인 환경 조성에 필요한 사항을 규정함으로써 국민의 정신건강증진 및 정신질환자의 인간다운 삶을 영위하는 데 이바지함을 목적으로 한다.

2) 기본이념

① 모든 국민은 정신질환으로부터 보호받을 권리를 가진다.
② 모든 정신질환자는 인간으로서의 존엄과 가치를 보장받고, 최적의 치료를 받을 권리를 가진다.
③ 모든 정신질환자는 정신질환이 있다는 이유로 부당한 차별대우를 받지 아니한다.
④ 미성년자인 정신질환자는 특별히 치료, 보호 및 교육을 받을 권리를 가진다.
⑤ 정신질환자에 대해서는 입원 또는 입소(이하 "입원 등"이라 한다)가 최소화되도록 지역사회 중심의 치료가 우선적으로 고려되어야 하며, 정신건강증진시설에 자신의 의지에 따른 입원 또는 입소(자의입원 등)가 권장되어야 한다.

⑥ 정신건강증진시설에 입원 등을 하고 있는 모든 사람은 가능한 한 자유로운 환경을 누릴 권리와 다른 사람들과 자유로이 의견교환을 할 수 있는 권리를 가진다.

⑦ 정신질환자는 원칙적으로 자신의 신체와 재산에 관한 사항에 대하여 스스로 판단하고 결정할 권리를 가진다. 특히 주거지, 의료행위에 대한 동의나 거부, 타인과의 교류, 복지서비스의 이용 여부와 복지서비스 종류의 선택 등을 스스로 결정할 수 있도록 자기결정권을 존중받는다.

⑧ 정신질환자는 자신에게 법률적 · 사실적 영향을 미치는 사안에 대하여 스스로 이해하여 자신의 자유로운 의사를 표현할 수 있도록 필요한 도움을 받을 권리를 가진다.

⑨ 정신질환자는 자신과 관련된 정책의 결정과정에 참여할 권리를 가진다.

3) 정의

- "정신질환자"란 망상, 환각, 사고(思考)나 기분의 장애 등으로 인하여 독립적으로 일상생활을 영위하는 데 중대한 제약이 있는 사람을 말한다.
- "정신건강증진사업"이란 정신건강 관련 교육 · 상담, 정신질환의 예방 · 치료, 정신질환자의 재활, 정신건강에 영향을 미치는 사회복지 · 교육 · 주거 · 근로 환경의 개선 등을 통하여 국민의 정신건강을 증진시키는 사업을 말한다.
- "정신건강복지센터"란 정신건강증진시설, 「사회복지사업법」에 따른 사회복지시설, 학교 및 사업장과 연계체계를 구축하여 지역사회에서의 정신건강증진사업 및 정신질환자 복지서비스 지원사업(이하 "정신건강증진사업 등")을 하는 다음의 기관 또는 단체를 말한다.
  ㉠ 국가 또는 지방자치단체가 설치 · 운영하는 기관
  ㉡ 국가 또는 지방자치단체로부터 위탁받아 정신건강증진사업 등을 수행하는 기관 또는 단체
- "정신건강증진시설"이란 정신의료기관, 정신요양시설 및 정신재활시설을 말한다.
- "정신의료기관"이란 다음의 어느 하나에 해당하는 기관을 말한다.
  ㉠ 「의료법」에 따른 정신병원
  ㉡ 「의료법」에 따른 의료기관 중 기준에 적합하게 설치된 의원
  ㉢ 「의료법」에 따른 병원급 의료기관에 설치된 정신건강의학과로서 기준에 적합한 관
- "정신요양시설"이란 정신질환자를 입소시켜 요양 서비스를 제공하는 시설을 말한다.

- "정신재활시설"이란 정신질환자 또는 정신건강상 문제가 있는 사람 중 대통령령으로 정하는 사람(이하 "정신질환자 등")의 사회적응을 위한 각종 훈련과 생활지도를 하는 시설을 말한다.

4) 국가와 지방자치단체의 책무

국가와 지방자치단체는 국민의 정신건강을 증진시키고, 정신질환을 예방·치료하며, 정신질환자의 재활 및 장애극복과 사회적응 촉진을 위한 연구·조사와 지도·상담 등 필요한 조치를 하여야 한다.

국가와 지방자치단체는 정신질환의 예방·치료와 정신질환자의 재활을 위하여 정신건강복지센터와 정신건강증진시설, 사회복지시설, 학교 및 사업장 등을 연계하는 정신건강서비스 전달체계를 확립하여야 한다.

국가와 지방자치단체는 정신질환자 등과 그 가족에 대한 권익향상, 인권보호 및 지원서비스 등에 관한 종합적인 시책을 수립하고 그 추진을 위하여 노력하여야 한다.

국가와 지방자치단체는 정신질환자 등과 그 가족에 대한 모든 차별 및 편견을 해소하고 차별받은 정신질환자등과 그 가족의 권리를 구제할 책임이 있으며, 정신질환자 등과 그 가족에 대한 차별 및 편견을 해소하기 위하여 적극적인 조치를 하여야 한다.

국가와 지방자치단체는 정신질환자 등의 적절한 치료 및 재활과 자립을 지원하기 위하여 정신질환자 등과 그 가족에 대하여 정신건강증진사업 등에 관한 정보를 제공하는 등 필요한 시책을 강구하여야 한다.

5) 국민의 의무

모든 국민은 정신건강증진을 위하여 국가와 지방자치단체가 실시하는 조사 및 정신건강증진사업 등에 협력하여야 한다.

6) 정신건강증진시설의 장의 의무

정신건강증진시설의 장은 정신질환자 등이 입원 등을 하거나 사회적응을 위한 훈련을 받으려고 하는 때에는 지체 없이 정신질환자등과 그 보호의무자에게 이 법 및 다른 법률에 따른 권리 및 권리행사 방법을 알리고, 그 권리행사에 필요한 각종 서류를 정신건강증진시설에 갖추어 두어야 한다.

정신건강증진시설의 장은 정신질환자 등이 퇴원 및 퇴소(이하 "퇴원 등")를 하려는 때에는 정신질환자 등과 그 보호의무자에게 정신건강복지센터의 기능·역할 및 이용 절차 등을 알리고, 지역사회 거주 및 치료에 필요한 정보를 제공하는 정신보건수첩 등 각종 서류를 정신건강증진시설에 갖추어 두어야 한다.

정신건강증진시설의 장은 정신질환자 등의 치료, 보호 및 재활과정에서 정신질환자 등의 의견을 존중해야 하며, 입원 등 또는 거주 중인 정신질환자 등이 인간으로서의 존엄과 가치를 보장받으며 자유롭게 생활할 수 있도록 노력하여야 한다.

정신질환자 등과 그 보호의무자에게 알릴 권리의 종류·내용, 고지방법 및 서류비치 등에 관하여 필요한 사항은 보건복지부령으로 정한다.

2. 정신건강증진 정책의 추진

1) 국가계획의 수립

보건복지부장관은 관계 행정기관의 장과 협의하여 5년마다 정신건강증진 및 정신질환자 복지서비스 지원에 관한 국가의 기본계획(이하 "국가계획")을 수립하여야 한다.

특별시장·광역시장·특별자치시장·도지사·특별자치도지사는 국가계획에 따라 각각 특별시·광역시·특별자치시·도·특별자치도 단위의 정신건강증진 및 정신질환자 복지서비스 지원에 관한 계획(이하 "지역계획")을 수립하여야 한다. 이 경우 해당 지역계획은 「지역보건법」에 따른 지역보건의료계획과 연계되도록 하여야 한다.

국가계획 또는 지역계획에는 다음의 사항이 포함되어야 한다.

- 정신질환의 예방, 상담, 조기발견, 치료 및 재활을 위한 활동과 각 활동 상호 간 연계
- 영·유아, 아동, 청소년, 중·장년, 노인 등 생애주기 및 성별에 따른 정신건강증진사업
- 정신질환자의 조기퇴원 및 사회적응
- 적정한 정신건강증진시설의 확보 및 운영
- 정신질환에 대한 인식개선을 위한 교육·홍보, 정신질환자의 법적 권리보장 및 인권 보호 방안
- 전문인력의 양성 및 관리
- 정신건강증진을 위한 교육, 주거, 근로환경 등의 개선 및 이와 관련된 부처 또는 기관과의 협력 방안
- 정신건강 관련 정보체계 구축 및 활용

- 정신질환자와 그 가족의 지원
- 정신질환자의 건강, 취업, 교육 및 주거 등 지역사회 재활과 사회참여
- 정신질환자에 대한 복지서비스의 연구 · 개발 및 평가에 관한 사항
- 정신질환자에 대한 복지서비스 제공에 필요한 재원의 조달 및 운용에 관한 사항
- 그 밖에 보건복지부장관 또는 시 · 도지사가 정신건강증진을 위하여 필요하다고 인정하는 사항

보건복지부장관과 시 · 도지사는 국가계획 및 지역계획의 수립 · 시행에 필요한 자료의 제공 및 협조를 관계 행정기관, 정신건강증진시설 및 관련 기관 · 단체 등에 요청할 수 있다. 이 경우 요청받은 기관 · 시설 · 단체 등은 자료의 제공이 법령에 위반되거나 정상적인 업무수행에 뚜렷한 지장을 초래하는 등의 정당한 사유가 없으면 그 요청에 따라야 한다.

국가계획 및 지역계획을 수립할 때에는 「장애인복지법」에 따른 장애인정책종합계획과 연계되도록 하여야 하며, 보건복지부장관은 5년마다 정신질환자의 인권과 복지증진 추진사항에 관한 백서를 발간하여 공표하여야 한다. 국가계획 및 지역계획의 수립 절차 등에 관하여 필요한 사항은 보건복지부령으로 정한다.

2) 시행계획의 수립 · 시행

보건복지부장관과 시 · 도지사는 각각 국가계획과 지역계획에 따라 매년 시행계획을 수립 · 시행하여야 하고, 시장 · 군수 · 구청장은 매년 관할 시 · 도의 지역계획에 따라 시행계획을 수립 · 시행하여야 한다. 다만, 시 · 도지사나 시장 · 군수 · 구청장이 지역계획의 시행계획 내용을 포함하여 「지역보건법」에 따라 연차별 시행계획을 수립 · 시행하는 경우에는 본문에 따른 시행계획을 별도로 수립 · 시행하지 아니할 수 있다.

보건복지부장관은 국가계획 및 지역계획의 시행 결과를, 시 · 도지사는 해당 지역계획의 시행 결과를 각각 대통령령으로 정하는 바에 따라 평가할 수 있다.

시행계획의 수립 · 시행에 필요한 자료의 제공 및 협조에 관하여는 "보건복지부장관과 시 · 도지사는 관계 행정기관, 정신건강증진시설 및 관련 기관 · 단체 등에 요청할 수 있으며 요청받은 기관 · 시설 · 단체 등은 자료의 제공이 법령에 위반되거나 정상적인 업무수행에 뚜렷한 지장을 초래하는 등의 정당한 사유가 없으면 그 요청에 따라야 한다.

시행계획의 수립절차 등에 관하여 필요한 사항은 보건복지부령으로 정한다.

3) 정신건강증진 관련 주요정책의 심의

보건복지부장관은 다음의 사항에 관하여 「국민건강증진법」에 따른 국민건강증진정책심의위원회의 심의를 받아야 한다.

- 국가계획의 수립
- 정신건강증진 및 정신질환자 복지서비스 지원 체계와 제도의 발전

4) 실태조사

보건복지부장관은 5년마다 다음의 사항에 관한 실태조사를 하여야 한다. 다만, 정신건강증진 정책을 수립하는 데 필요한 경우 수시로 실태조사를 할 수 있다.

- 정신질환의 인구학적 분포, 유병률(有病率) 및 유병요인
- 성별, 연령 등 인구학적 특성에 따른 정신질환의 치료 이력, 정신건강증진시설 이용 현황
- 정신질환으로 인한 사회적 · 경제적 손실
- 정신질환자의 취업 · 직업훈련 · 소득 · 주거 · 경제상태 및 정신질환자에 대한 복지서비스
- 정신질환자 가족의 사회 · 경제적 상황
- 그 밖에 정신건강증진에 필요한 사항으로서 보건복지부령으로 정하는 사항

실태조사와 정신건강증진 관련 지도업무를 수행하기 위하여 시 · 도에 담당 공무원을 둘 수 있으며, 실태조사는 필요한 경우 「장애인복지법」에 따른 장애 실태조사와 함께 실시할 수 있으며, 그 결과를 공표하여야 한다. 실태조사의 시기, 방법, 절차 및 공표 등에 관하여 필요한 사항은 보건복지부령으로 정한다.

5) 정신건강상 문제의 조기발견

보건복지부장관, 시 · 도지사 및 시장 · 군수 · 구청장은 정신질환의 원활한 치료와 만성화 방지를 위하여 정신건강복지센터, 정신건강증진시설 및 의료기관을 연계한 정신건강상 문제의 조기발견 체계를 구축하여야 한다.

6) 국가와 지방자치단체의 정신건강증진사업의 추진

보건복지부장관은 전국 단위의 정신건강증진사업 등을 수행하고, 지방자치단체의 지역별 정신건강증진사업 등을 총괄 · 지원한다.

시・도지사는 관할 구역에서의 정신건강증진사업 등, 시・군・구 간 연계체계 구축 및 응급 정신의료 서비스 제공 등 광역 단위의 정신건강증진사업 등을 수행하며, 시장・군수・구청장이 지역계획의 시행계획이나 지역보건의료계획의 시행계획에 따른 정신건강증진사업 등을 총괄・지원한다.

시장・군수・구청장은 관할 구역에서의 정신건강증진사업 등을 수행하며, 보건복지부장관, 시・도지사 및 시장・군수・구청장은 정신건강증진사업 등을 시행하는 경우에 정신건강복지센터, 정신건강증진시설, 사회복지시설, 학교 및 사업장의 관련 활동이 서로 연계되도록 하여야 한다.

정신건강증진사업 등에 관하여 자문・지원하기 위하여 보건복지부장관 소속으로 중앙정신건강복지사업지원단을, 시・도지사 소속으로 지방정신건강복지사업지원단을 둔다. 중앙정신건강복지사업지원단 및 지방정신건강복지사업지원단의 운영 등에 필요한 사항은 대통령령으로 정한다.

7) 학교 등에서의 정신건강증진사업 실시

다음에 해당하는 기관・단체・학교의 장 및 사업장의 사용자는 구성원의 정신건강에 관한 교육・상담과 정신질환 치료와의 연계 등의 정신건강증진사업을 실시하도록 노력하여야 하며, 효율적인 시행을 위하여 그 구체적 내용 및 방법 등에 관한 지침 시행, 정보제공, 그 밖의 필요한 사항의 권고를 할 수 있다.

- 국가 및 지방자치단체의 기관 중 업무의 성질상 정신건강을 해칠 가능성이 높아 정신건강증진사업을 실시할 필요가 있는 기관으로서 대통령령으로 정하는 기관
- 「초・중등교육법」 및 「고등교육법」에 따른 학교 중 대통령령으로 정하는 학교
- 「근로기준법」에 따른 근로자 300명 이상을 사용하는 사업장
- 그 밖에 업무의 성질이나 근무자 수 등을 고려하여 정신건강증진사업을 실시할 필요가 있는 기관・단체로서 대통령령으로 정하는 기관・단체

8) 정신건강의 날

정신건강의 중요성을 환기하고 정신질환에 대한 편견을 해소하기 위하여 매년 10월 10일을 정신건강의 날로 하고, 정신건강의 날이 포함된 주(週)를 정신건강주간으로 한다.

국가와 지방자치단체는 정신건강의 날 취지에 적합한 행사와 교육・홍보사업을 실시할 수 있으며, 정신건강의 날 행사 등에 관하여 필요한 사항은 보건복지부령으로 정한다.

9) 정신건강복지센터의 설치 및 운영

보건복지부장관은 필요한 지역에서의 정신건강증진사업 등의 제공 및 연계 사업을 전문적으로 수행하게 하기 위하여 정신건강복지센터를 설치 · 운영할 수 있다.

시 · 도지사는 관할 구역에서의 정신건강증진사업 등의 제공 및 연계 사업을 전문적으로 수행하게 하기 위하여 광역정신건강복지센터를, 시장 · 군수 · 구청장은 관할 구역에서 「지역보건법」에 따른 보건소에 기초정신건강복지센터를 설치 · 운영할 수 있고, 대통령령 및 조례나 규칙으로 정하는 바에 따라 소관 정신건강증진사업 등을 정신건강에 관한 전문성이 있는 기관 · 단체에 위탁하여 수행할 수 있다.

정신건강복지센터의 장은 정신건강증진사업 등의 제공 및 연계사업을 수행하기 위하여 정신질환자를 관리하는 경우에 정신질환자 본인이나 보호의무자의 동의를 받아야 한다.

보건복지부장관은 정신건강복지센터의 설치 · 운영에 필요한 비용의 일부를 부담한다.

시 · 도지사는 소관 광역정신건강복지센터의 운영 현황 및 정신건강증진사업 등의 추진 내용을, 시장 · 군수 · 구청장은 관할 시 · 도지사를 통하여 소관 기초정신건강복지센터의 운영 현황 및 정신건강증진사업 등의 추진 내용을 각각 반기별로 보건복지부장관에게 보고하여야 한다.

보건복지부장관, 시 · 도지사 및 시장 · 군수 · 구청장은 수시로 신고를 받을 수 있는 정신건강상담용 긴급전화를 설치 · 운영하여야 한다.

정신건강복지센터의 설치 · 운영에 필요한 사항 및 긴급전화의 설치 · 운영에 필요한 사항은 대통령령으로 정한다.

10) 국가트라우마센터의 설치 · 운영

보건복지부장관은 다음의 어느 하나에 해당하는 사람의 심리적 안정과 사회 적응을 지원(이하 "심리지원")하기 위하여 국가트라우마센터를 설치 · 운영할 수 있다.

- 재난이나 그 밖의 사고로 정신적 피해를 입은 사람과 그 가족
- 재난이나 사고 상황에서 구조, 복구, 치료 등 현장대응업무에 참여한 사람으로서 정신적 피해를 입은 사람

국가트라우마센터는 다음의 업무를 수행한다.

- 심리지원을 위한 지침의 개발 · 보급
- "재난이나 그 밖의 사고로 정신적 피해를 입은 사람과 그 가족", "재난이나 사고 상

황에서 구조, 복구, 치료 등 현장대응업무에 참여한 사람으로서 정신적 피해를 입은 사람"에 대한 심리평가, 심리상담, 심리치료

- 트라우마에 관한 조사 · 연구
- 심리지원 관련 기관 간 협력체계의 구축
- 그 밖에 심리지원을 위하여 보건복지부장관이 정하는 업무

보건복지부장관은 대통령령으로 정하는 바에 따라 국가트라우마센터의 설치 · 운영을, 국가트라우마센터의 업무를 지원하기 위하여 권역별 트라우마센터를 설치 · 지정 및 운영할 수 있고 그 업무에 필요한 전문인력과 시설을 갖춘 기관에 위임 또는 위탁할 수 있으며, 규정한 사항 외에 국가트라우마센터의 설치 · 운영에 필요한 사항은 대통령령으로 정한다.

11) 중독관리통합지원센터의 설치 및 운영

보건복지부장관 또는 지방자치단체의 장은 알코올, 마약, 도박, 인터넷 등의 중독 문제와 관련한 종합적인 지원사업을 수행하기 위하여 중독관리통합지원센터를 설치 · 운영할 수 있다.

중독관리통합지원센터는 다음의 사업을 수행한다.

- 지역사회 내 중독자의 조기발견 체계 구축
- 중독자 대상 상담, 치료, 재활 및 사회복귀 지원사업
- 중독폐해 예방 및 교육사업
- 중독자 가족에 대한 지원사업
- 그 밖에 중독 문제의 해소를 위하여 필요한 사업

보건복지부장관은 지방자치단체의 중독관리통합지원센터 설치 · 운영에 필요한 비용의 전부 또는 일부를 부담할 수 있으며, 중독관리통합지원센터의 설치 · 운영을 그 업무에 관한 전문성이 있는 기관 · 단체에 위탁할 수 있다. 중독관리통합지원센터의 설치 · 운영 및 위탁 등에 필요한 사항은 보건복지부령으로 정한다.

12) 정신건강연구기관 설치 · 운영

보건복지부장관은 다음의 업무 수행을 위하여 국립정신건강연구기관을 둘 수 있다.

- 뇌(腦)신경 과학에 관한 연구
- 정신질환 치료 및 재활을 위한 중개(仲介) · 임상 연구

- 정신건강증진 서비스 전달체계 개선에 관한 연구
- 정신질환과 관련된 정보·통계의 수집·분석 및 제공
- 정신건강증진 전문가 양성 및 정신건강증진시설 종사자 훈련
- 국가계획의 수립 및 실태조사의 지원
- 국가정신건강정책의 수행을 위한 국립정신병원의 지원
- 그 밖에 대통령령으로 정하는 업무

13) 정신건강전문요원의 자격

(1) 정신건강전문요원의 자격

보건복지부장관은 정신건강 분야에 관한 전문지식과 기술을 갖추고 보건복지부령으로 정하는 수련기관에서 수련을 받은 사람에게 정신건강전문요원의 자격을 줄 수 있다.

정신건강전문요원은 그 전문분야에 따라 정신건강임상심리사, 정신건강간호사, 정신건강사회복지사 및 정신건강작업치료사로 구분한다.

보건복지부장관은 정신건강전문요원의 자질을 향상시키기 위하여 보수교육을 실시할 수 있으며, 보수교육을 국립정신병원, 「고등교육법」에 따른 학교 또는 대통령령으로 정하는 전문기관에 위탁할 수 있다.

정신건강전문요원은 다른 사람에게 자기의 명의를 사용하여 정신건강전문요원의 업무를 수행하게 하거나 정신건강전문요원 자격증을 빌려주어서는 아니 되며, 누구든지 정신건강전문요원 자격을 취득하지 아니하고 그 명의를 사용하거나 자격증을 대여받아서는 아니 되며, 명의의 사용이나 자격증의 대여를 알선하여서도 아니 된다.

(2) 정신건강전문요원의 자격 정지 및 취소

보건복지부장관은 정신건강전문요원이 다음의 어느 하나에 해당하는 경우에는 그 자격을 취소하거나 6개월 이내의 기간을 정하여 자격의 정지를 명할 수 있다.

- 자격을 받은 후 아래의 어느 하나에 해당하게 된 경우(자격취소)
- 거짓이나 그 밖의 부정한 방법으로 자격을 받은 경우(자격취소)
- "정신건강전문요원은 다른 사람에게 자기의 명의를 사용하여 정신건강전문요원의 업무를 수행하게 하거나 정신건강전문요원 자격증을 빌려주어서는 아니 된다"는 조항을 위반하여 다른 사람에게 자기의 명의를 사용하여 정신건강전문요원의 업무를 수행하게 하거나 정신건강전문요원 자격증을 빌려준 경우
- 고의 또는 중대한 과실로 "정신건강전문요원 업무의 범위, 자격·등급에 관하여 필

요한 사항은 대통령령으로 정하고, 수련과정 및 보수교육과 정신건강전문요원에 대한 자격증의 발급 등에 관하여 필요한 사항"에 따라 대통령령으로 정하는 업무의 수행에 중대한 지장이 발생하게 된 경우

(3) 정신건강전문요원의 등급 및 유형

정신건강전문요원 업무의 범위, 자격 · 등급에 관하여 필요한 사항은 대통령령으로 정하고, 수련과정 및 보수교육과 정신건강전문요원에 대한 자격증의 발급 등에 관하여 필요한 사항은 보건복지부령으로 정한다.

보건복지부장관은 정신건강 분야에 관한 전문지식과 기술을 갖추고 보건복지부령으로 정하는 수련기관에서 수련을 받은 사람에게 정신건강임상심리사, 정신건강간호사, 정신건강사회복지사 및 정신건강작업치료사 자격을 부여한다.

보건복지부장관은 정신건강전문요원의 자질을 향상시키기 위하여 보수교육을 실시할 수 있고, 보수교육을 국립정신병원, 「고등교육법」에 따른 학교 또는 대통령령으로 정하는 전문기관에 위탁할 수 있다.

정신건강전문요원은 다른 사람에게 자기의 명의를 사용하여 정신건강전문요원의 업무를 수행하게 하거나 정신건강전문요원 자격증을 빌려주어서는 아니 되며, 누구든지 정신건강전문요원 자격을 취득하지 아니하고 그 명의를 사용하거나 자격증을 대여받아서는 아니 되며, 명의의 사용이나 자격증의 대여를 알선하여서도 아니 된다.

(4) 정신건강전문요원의 결격사유

다음의 어느 하나에 해당하는 사람은 정신건강전문요원이 될 수 없다.

- 피성년후견인
- 이 법이나 다음의 어느 하나에 해당하는 법을 위반하여 금고 이상의 형을 선고받고 그 집행이 끝나지 아니하거나 집행을 받지 아니하기로 확정되지 아니한 사람
  - ㉠ 「농어촌 등 보건의료를 위한 특별조치법」
  - ㉡ 「마약류 관리에 관한 법률」
  - ㉢ 「모자보건법」
  - ㉣ 「보건범죄 단속에 관한 특별조치법」
  - ㉤ 「사회보장급여의 이용 · 제공 및 수급권자 발굴에 관한 법률」
  - ㉥ 「사회복지사업법」
  - ㉦ 「시체 해부 및 보존 등에 관한 법률」

ⓞ 「약사법」
ⓩ 「응급의 의료기사 등에 관한 법률료에 관한 법률」
ⓒ 「의료법」
ⓚ 「지역보건법」
ⓣ 「혈액관리법」
ⓟ 「후천성면역결핍증 예방법」
ⓗ 「형법」 중 허위진단서(제233조), 위조사문서(제234조) [허위진단서 죄에 의하여 작성된 허위진단서 등을 행사한 사람만 해당), 제235조(허위진단서 및 위조사문서 죄의 미수범만 해당), 낙태(제269조), "부녀의 촉탁 또는 승낙없이 낙태하게 한" 및 "의사, 한의사, 조산사, 약제사 또는 약종상이 부녀의 촉탁 또는 승낙을 받아 낙태하게 한 때"와 "부녀의 촉탁 또는 승낙없이 낙태하게 한"(제270조제2항·제3항), "의사, 한의사, 치과의사, 약제사, 약종상, 조산사, 변호사, 변리사, 공인회계사, 공증인, 대서업자나 그 직무상 보조자 또는 차등의 직에 있던 자가 그 직무처리중 지득한 타인의 비밀을 누설한 때(제317조제1항) 및 거짓으로 진료비를 청구하여 환자나 진료비를 지급하는 기관·단체를 속인 경우(제347조만 해당)

- 「성폭력범죄의 처벌 등에 관한 특례법」에 따른 성폭력범죄 또는 「아동·청소년의 성보호에 관한 법률」에 따른 아동·청소년 대상 성범죄를 저질러 금고 이상의 형 또는 치료감호를 선고받고 그 집행이 끝나지 아니하거나 집행을 받지 아니하기로 확정되지 아니한 사람

3. 정신건강증진시설의 개설·설치 및 운영

1) 정신의료기관의 개설·운영

정신의료기관의 개설은 「의료법」에 따르며, 이 경우 의료기관 개설자 준수사항(「의료법」 제36조)에도 불구하고 정신의료기관의 시설·장비의 기준과 의료인 등 종사자의 수·자격에 관하여 필요한 사항은 정신의료기관의 규모 등을 고려하여 보건복지부령으로 따로 정한다.

다음의 어느 하나에 해당하는 행위로 금고 이상의 형을 선고받고 그 형의 집행이 끝나거나 집행을 받지 아니하기로 확정된 후 5년이 지나지 아니한 사람 또는 그 사람이 대표자로 있는 법인은 정신의료기관을 개설하거나 설치할 수 없다.

- 정신질환자를 퇴원이나 임시 퇴원을 시키지 아니한 행위
- 정신건강의학과전문의의 대면(對面) 진단에 의하지 아니하고 정신질환자를 정신의료기관에 입원을 시키거나 입원의 기간을 연장한 행위

보건복지부장관은 정신질환자에 대한 지역별 병상 수급 현황 등을 고려하여 정신의료기관이 다음의 어느 하나에 해당하는 경우에 그 정신의료기관의 규모를 제한할 수 있다.

- 300병상 이상의 정신의료기관을 개설하려는 경우
- 정신의료기관의 병상 수를 300병상 미만에서 기존의 병상 수를 포함하여 300병상 이상으로 증설하려는 경우
- 300병상 이상의 정신의료기관을 운영하는 자가 병상 수를 증설하려는 경우

시·도지사 또는 시장·군수·구청장은 정신의료기관이 다음의 어느 하나에 해당하는 경우에는 1년의 범위에서 기간을 정하여 시정명령을 할 수 있다.

- 정신의료기관의 시설·장비의 기준과 의료인 등 종사자의 수·자격에 미달하게 된 경우
- 정신질환자를 퇴원이나 임시 퇴원을 시키지 아니한 경우
- 퇴원 등 명령의 통지 또는 시·도지사 또는 시장·군수·구청장은 정신건강심의위원회에 따른 심사 결과에 따라 정신건강증진시설의 장에게 그 정신질환자를 퇴원 등을 시키도록 명령하거나 처우개선을 위하여 필요한 조치를 하도록 명령
- 정당한 사유 없이 "보건복지부장관, 시·도지사 및 시장·군수·구청장은 정신건강증진시설의 설치·운영자의 소관 업무에 관하여 지도·감독을 하거나 보건소로 하여금 지도·감독을 하도록 하여야 하며, 연 1회 이상 그 업무에 관하여 보고 또는 관계 서류의 제출을 명하거나, 관계 공무원으로 하여금 해당 시설의 장부·서류 또는 그 밖의 운영 상황을 검사"에 따른 보고를 하지 아니하거나 거짓으로 보고를 하는 경우, 관계 서류를 제출하지 아니하거나 거짓의 서류를 제출하는 경우 또는 관계 공무원의 검사를 거부·방해 또는 기피하는 경우나 관계 공무원과 정신건강심의위원회 위원의 심사를 거부·방해 또는 기피한 경우

- "누구든지 응급입원의 경우를 제외하고는 정신건강의학과전문의의 대면 진단에 의하지 아니하고 정신질환자를 정신의료기관등에 입원 등을 시키거나 입원 등의 기간을 연장할 수 없다"는 조항을 위반하여 정신건강의학과전문의의 대면 진단에 의하지 아니하고 정신질환자를 입원시키거나 입원 기간을 연장한 경우

시 · 도지사 또는 시장 · 군수 · 구청장은 정신의료기관이 시정명령에 따르지 아니한 경우 보건복지부령으로 정하는 바에 따라 1년의 범위에서 사업의 정지를 명령하거나 개설허가의 취소 또는 시설의 폐쇄를 명령할 수 있으며, 행정처분의 세부적인 기준은 그 위반행위의 유형과 위반의 정도 등을 고려하여 보건복지부령으로 정한다. 정신의료기관에 관하여는 이 법에서 규정한 것을 제외하고는 「의료법」에 따른다.

2) 과징금처분

시 · 도지사 또는 시장 · 군수 · 구청장은 정신의료기관이 "시 · 도지사 또는 시장 · 군수 · 구청장은 정신의료기관이 시정명령에 따르지 아니한 경우 보건복지부령으로 정하는 바에 따라 1년의 범위에서 사업의 정지를 명령하거나 개설허가의 취소 또는 시설의 폐쇄명령에 해당하여 사업의 정지를 명하여야 하는 경우로서 그 사업의 정지가 이용자에게 심한 불편을 주거나 그 밖에 공익을 해칠 우려가 있는 경우에는 사업의 정지 처분을 갈음하여 1억원 이하의 과징금을 부과할 수 있으며, 과징금을 부과하는 위반행위의 유형 및 위반 정도 등에 따른 과징금의 금액과 그 밖에 필요한 사항은 대통령령으로 정한다.

시 · 도지사 또는 시장 · 군수 · 구청장은 과징금을 내야 할 자가 납부기한까지 과징금을 내지 아니하면 「지방행정제재 · 부과금의 징수 등에 관한 법률」에 따라 징수한다.

3) 국립 · 공립 정신병원의 설치

국가와 지방자치단체는 국립 또는 공립의 정신의료기관으로서 정신병원을 설치 · 운영하여야 하며, 국가와 지방자치단체가 정신병원을 설치하는 경우 그 병원이 지역적으로 균형있게 분포되도록 하여야 하며, 정신질환자가 지역사회 중심으로 관리되도록 하여야 한다.

정신병원은 정신건강증진사업을 수행하고 정신건강증진사업 인력에 대한 교육 · 훈련을 담당한다.

4) 공립 정신병원의 운영

(1) 운영평가

보건복지부장관은 보건복지부령으로 정하는 바에 따라 공립 정신병원에 대한 운영평가를 실시하여야 하며, 필요하다고 인정하는 경우에는 지방자치단체의 장으로 하여금 운영평가를 하게 할 수 있다.

(2) 운영위탁

지방자치단체의 장은 공립 정신병원 운영의 전문성과 효율성을 제고하기 위하여 필요한 경우에는 보건복지부령으로 정하는 법인·단체 또는 개인에게 그 운영을 위탁할 수 있으며, 위탁하려는 경우에는 이를 공고하여 경쟁입찰에 부쳐야 한다. 다만, 공립 정신병원의 설치·운영에 필요한 부지 또는 건물 등으로서 보건복지부령으로 정하는 재산을 기부채납한 자에게 위탁하는 경우에는 수의계약을 할 수 있다.

공립 정신병원 운영의 위탁기간은 그 위탁을 받은 날부터 5년으로 하며, 지방자치단체의 장은 운영평가 결과를 고려하여 5년 단위로 위탁계약을 갱신할 수 있다.

지방자치단체의 장은 공립 정신병원의 운영을 위탁받은 자(이하 "수탁자")가 공립 정신병원을 위법 또는 부당하게 운영하거나 위탁계약을 위반한 사실이 있는 경우 그 시정을 요구할 수 있다.

(3) 위탁계약 해지

지방자치단체의 장은 수탁자가 다음의 어느 하나에 해당하는 경우 위탁계약을 해지할 수 있으며, 위탁계약을 해지하려면 수탁자에게 미리 의견진술의 기회를 주어야 한다.

- 거짓이나 그 밖의 부정한 방법으로 위탁계약을 체결한 경우(위탁계약해지)
- 부도, 파산, 해산, 의료인의 면허자격 정지 또는 취소, 의료업에 관한 허가 정지 또는 취소 등의 사유로 공립 정신병원의 위탁 운영이 곤란하다고 인정되는 경우
- 운영평가를 정당한 사유 없이 거부·방해 또는 기피한 경우
- 지방자치단체의 장의 시정 요구를 정당한 사유 없이 이행하지 아니한 경우
- 그 밖에 위탁계약 내용에 포함된 계약 해지 사유가 발생한 경우

5) 정신요양시설의 설치 · 운영

(1) 정신요양시설의 설치 허가

국가와 지방자치단체는 정신요양시설을 설치 · 운영할 수 있고, 「사회복지사업법」에 따른 사회복지법인과 그 밖의 비영리법인이 정신요양시설을 설치 · 운영하려는 경우에는 해당 정신요양시설 소재지 관할 특별자치시장 · 특별자치도지사 · 시장 · 군수 · 구청장의 허가를 받아야 한다.

다음의 어느 하나에 해당하는 행위로 금고 이상의 형을 선고받고 그 형의 집행이 끝나거나 집행을 받지 아니하기로 확정된 후 5년이 지나지 아니한 사람 또는 그 사람이 대표자로 있는 법인은 정신요양시설을 설치할 수 없다.

- 자의입원 환자의 퇴원 신청, 동의 입원환자의 퇴원 신청, 입원기간 연장 심사 청구에 대한 퇴원 또는 임시퇴원 결정조치, 입원 부적합 통지 자에 대한 퇴원을 위반하여 정신질환자를 퇴소나 임시 퇴소를 시키지 아니한 행위
- 정신건강의학과전문의의 대면 진단에 의하지 아니하고 정신질환자를 정신요양시설에 입소시키거나 입소의 기간을 연장한 행위

(2) 허가사항 변경

허가를 받은 자가 허가받은 사항을 변경하려는 경우에는 특별자치시장 · 특별자치도지사 · 시장 · 군수 · 구청장에게 신고하여야 한다. 다만, 입소 정원을 변경하려는 경우에는 변경허가를 받아야 하며, 특별자치시장 · 특별자치도지사 · 시장 · 군수 · 구청장은 신고를 받은 경우 그 내용을 검토하여 이 법에 적합하면 신고를 수리하여야 한다.

보건복지부장관, 시 · 도지사 및 시장 · 군수 · 구청장장은 정신요양시설의 장에게 정신질환자의 요양생활에 지장이 없는 범위에서 지역주민 · 사회단체 · 언론사 등이 정신요양시설의 운영상황을 파악할 수 있도록 그 시설의 개방을 요구할 수 있다. 이 경우 정신요양시설의 장은 정당한 사유가 없으면 그 요구에 따라야 한다.

정신요양시설의 설치기준 · 수용인원, 종사자의 수 · 자격 및 정신요양시설의 이용 · 운영에 필요한 사항은 보건복지부령으로 정한다.

(3) 정신건강의학과전문의의 자문

정신요양시설의 장은 정신요양시설에서 요양 서비스를 제공할 때 의료와 관련된 부분은 대통령령으로 정하는 바에 따라 정신건강의학과전문의에게 자문하여야 한다.

(4) 정신요양시설의 폐지 · 휴지 · 재개 신고

정신요양시설을 설치 · 운영하는 자가 그 시설을 폐지 · 휴지(休止)하거나 재개(再開)하려는 경우에는 보건복지부령으로 정하는 바에 따라 미리 특별자치시장 · 특별자치도지사 · 시장 · 군수 · 구청장에게 신고하여야 한다. 이 경우 특별자치시장 · 특별자치도지사 · 시장 · 군수 · 구청장은 그 내용을 검토하여 이 법에 적합하면 신고를 수리하여야 한다.

(5) 정신요양시설 사업의 정지, 설치허가 취소

특별자치시장 · 특별자치도지사 · 시장 · 군수 · 구청장은 정신요양시설이 다음의 어느 하나에 해당하는 경우에는 1년의 범위에서 기간을 정하여 시정명령을 할 수 있다.

- "허가사항 변경", "입소정원 변경" 조항을 위반하여 신고하지 아니하거나 변경허가를 받지 아니한 경우
- 설치기준, 수용인원, 종사자의 수 · 자격 또는 이용 · 운영에 관한 사항을 위반한 경우
- "자의입원 환자가 퇴원 신청한 경우, 동의입원 환자가 퇴원 신청한 경우, 보호의무자에 의한 입원 환자에 대한 퇴원 또는 임시퇴원 명령 통지를 받은 경우, 입원 등의 부적합 통지를 받은 경우" 조항을 위반하여 정신질환자를 퇴소 또는 임시 퇴소를 시키지 아니한 경우
- "퇴원 등 또는 임시 퇴원 등 명령, 처우개선을 위하여 필요한 조치 명령, 3개월 이내 재심사, 다른 정신의료기관으로의 이송, 자의입원 등 또는 동의입원 등으로의 전환, 외래치료 지원" 또는 "심사 결과에 따른 퇴원 명령 또는 처우개선 명령"을 따르지 아니한 경우
- 정당한 사유 없이 보고를 하지 아니하거나 거짓으로 보고를 하는 경우, 관계 서류를 제출하지 아니하거나 거짓의 서류를 제출하는 경우 또는 관계 공무원의 검사를 거부 · 방해 또는 기피하는 경우나 관계 공무원과 정신건강심의위원회 위원의 심사를 거부 · 방해 또는 기피한 경우
- 정신건강의학과전문의의 대면 진단에 의하지 아니하고 정신질환자를 입소시키거나 입소 기간을 연장한 경우

특별자치시장 · 특별자치도지사 · 시장 · 군수 · 구청장은 정신요양시설이 시정명령에 따르지 아니한 경우에는 보건복지부령으로 정하는 바에 따라 1개월의 범위에서의 사업의 정지 또는 정신요양시설의 장의 교체를 명령하거나 설치허가를 취소할 수 있다.

특별자치시장·특별자치도지사·시장·군수·구청장은 정신요양시설을 설치·운영하는 사회복지법인 또는 비영리법인의 설립허가가 취소되거나 법인이 해산된 경우에는 설치허가를 취소하여야 한다.

행정처분의 세부적인 기준은 그 위반행위의 유형과 위반의 정도 등을 고려하여 보건복지부령으로 정하며, 정신요양시설에 관하여는 이 법에서 규정한 것을 제외하고는 「사회복지사업법」에 따른다.

6) 정신재활시설의 설치·운영

(1) 정신재활시설의 설치

국가 또는 지방자치단체는 정신재활시설을 설치·운영할 수 있으며, 국가나 지방자치단체 외의 자가 정신재활시설을 설치·운영하려면 해당 정신재활시설 소재지 관할 특별자치시장·특별자치도지사·시장·군수·구청장에게 신고하여야 하며, 신고를 받은 경우 그 내용을 검토하여 이 법에 적합하면 신고를 수리하여야 한다. 신고한 사항 중 보건복지부령으로 정하는 중요한 사항을 변경할 때에도 신고하여야 한다.

정신재활시설의 시설기준, 수용인원, 종사자 수·자격, 설치·운영신고, 변경신고 및 정신재활시설의 이용·운영에 필요한 사항은 보건복지부령으로 정한다.

국가 또는 지방자치단체는 필요한 경우 정신재활시설을 사회복지법인 또는 비영리법인에 위탁하여 운영할 수 있으며, 위탁운영의 기준·기간 및 방법 등에 관하여 필요한 사항은 보건복지부령으로 정한다.

(2) 정신재활시설의 종류

- 생활시설: 정신질환자 등이 생활할 수 있도록 주로 의식주 서비스를 제공하는 시설
- 재활훈련시설: 정신질환자 등이 지역사회에서 직업활동과 사회생활을 할 수 있도록 주로 상담·교육·취업·여가·문화·사회참여 등 각종 재활활동을 지원하는 시설
- 그 밖에 대통령령으로 정하는 시설

정신재활시설의 구체적인 종류와 사업 등에 관하여 필요한 사항은 보건복지부령으로 정한다.

(3) 정신재활시설의 폐지·휴지·재개신고

정신재활시설을 설치·운영하는 자가 그 시설을 폐지·휴지·재개하려면 보건복지부령

으로 정하는 바에 따라 미리 특별자치시장 · 특별자치도지사 · 시장 · 군수 · 구청장에게 신고하여야 하며, 이 경우 그 내용을 검토하여 이 법에 적합하면 신고를 수리하여야 한다.

(4) 정신재활시설의 폐쇄

특별자치시장 · 특별자치도지사 · 시장 · 군수 · 구청장은 정신재활시설이 다음의 어느 하나에 해당하는 경우에는 1년의 범위에서 기간을 정하여 시정명령을 할 수 있다.

- 변경신고를 하지 아니한 경우
- 정신재활시설의 시설기준, 수용인원, 종사자 수 · 자격, 설치 · 운영신고, 변경신고 또는 이용 · 운영에 관한 사항을 위반한 경우

특별자치시장 · 특별자치도지사 · 시장 · 군수 · 구청장은 정신재활시설이 시정명령에 따르지 아니한 경우에는 보건복지부령으로 정하는 바에 따라 1년의 범위에서의 사업의 정지 또는 정신재활시설의 폐쇄를 명령할 수 있다.

특별자치시장 · 특별자치도지사 · 시장 · 군수 · 구청장은 정신재활시설을 설치 · 운영하는 사회복지법인 또는 비영리법인의 설립허가가 취소되거나 법인이 해산된 경우에는 시설의 폐쇄를 명하여야 한다.

7) 기록보존

정신건강증진시설의 장은 다음의 사항에 관한 기록을 보건복지부령으로 정하는 바에 따라 진료기록부 등에 작성 · 보존하여야 한다.

- 입원 등 당시의 대면 진단 내용
- 퇴원 등의 의사 확인
- 퇴원 등의 신청 일시 및 퇴원 등의 거부 사유
- 입원 등의 기간 연장에 대한 심사 청구 및 결과
- 투약 등의 치료 내용을 적은 진료기록
- 특수치료에 관한 협의체의 회의 내용
- 통신과 면회의 자유 제한의 사유 및 내용
- 격리시키거나 묶는 등의 신체적 제한의 사유 및 내용
- 작업치료의 내용 및 결과
- 그 밖에 보건복지부령으로 정하는 사항

정신건강증진시설의 장은 입원 등을 한 사람이 기록의 열람·사본발급 등 그 내용확인을 요구하면 그 요구에 따라야 한다.

정신건강증진시설의 장은 「의료법」에도 불구하고 보호의무자가 입원 등을 한 사람의 동의서와 보호의무자임을 확인할 수 있는 서류를 제출하고 기록의 열람·사본발급 등 그 내용확인을 요구하면 그 요구에 따라야 한다. 다만, 입원 등을 한 사람이 사망하거나 의사능력이 미흡하여 보호의무자가 입원 등을 한 사람의 동의를 받을 수 없는 경우에는 보건복지부령으로 정하는 서류로 그 동의서를 갈음할 수 있다.

정신건강증진시설의 장은 불구하고 입원 등을 한 사람에게 해가 되는 경우로서 대통령령으로 정하는 경우에는 보호의무자의 요구에 따르지 아니할 수 있다.

8) 정신건강증진시설의 평가

보건복지부장관은 정기적으로 정신건강증진시설에 대한 평가(정신건강증진시설평가)를 하여야 한다. 다만, 「의료법」에 따른 의료기관 인증 또는 「사회복지사업법」에 따른 사회복지시설평가로 정신건강증진시설평가를 갈음할 수 있다.

정신건강증진시설의 장은 정당한 사유가 있는 경우를 제외하고는 정신건강증진시설평가를 받아야 하며, 보건복지부장관은 정신건강증진시설평가에 관한 업무를 관계 전문기관 또는 단체에 위탁할 수 있고, 정신건강증진시설평가의 결과를 공표하여야 한다.

보건복지부장관은 정신건강증진시설평가 결과가 우수한 정신건강증진시설에 행정적·재정적 지원을 할 수 있다.

정신건강증진시설평가의 주기·범위·절차, 정신건강증진시설평가 업무의 위탁, 평가결과의 공표 등에 필요한 사항은 보건복지부령으로 정한다.

9) 청문

보건복지부장관, 시·도지사 또는 시장·군수·구청장은 다음의 행정처분을 하려면 청문을 하여야 한다.

- 정신건강전문요원의 자격취소
- 정신의료기관의 개설허가의 취소 또는 시설 폐쇄명령
- 정신요양시설의 설치허가의 취소
- 정신재활시설의 폐쇄명령
- 인권교육기관의 지정 취소

4. 복지서비스의 제공

1) 복지서비스의 개발

국가와 지방자치단체는 정신질환자가 정신질환에도 불구하고 잠재적인 능력을 최대한 계발할 수 있도록 정신질환자에게 적합한 서비스를 적극적으로 개발하기 위한 연구지원 체계를 구축하기 위하여 노력하여야 하며, 연구지원체계 구축에 필요한 사항은 보건복지부령으로 정한다.

2) 고용 및 직업재활 지원

국가와 지방자치단체는 정신질환자가 자신의 능력을 최대한 활용하여 직업생활을 영위할 수 있도록 일자리 창출, 창업지원 등 고용촉진에 필요한 조치를 강구하여야 한다.

또한 정신질환자의 능력과 특성에 적합한 직업훈련, 직업지도 등을 지원하기 위하여 필요한 조치를 강구하여야 하며, 고용촉진 및 직업훈련 등에 필요한 사항은 보건복지부령으로 정한다.

3) 평생교육 지원

국가와 지방자치단체는 정신질환자에게 「교육기본법」에 따른 평생교육의 기회가 충분히 부여될 수 있도록 특별자치시장·특별자치도지사·시장·군수·구청장별로 「평생교육법」의 평생교육기관을 지정하여 정신질환자를 위한 교육과정을 적절하게 운영하도록 조치하여야 한다.

국가와 지방자치단체는 지정된 평생교육기관에 대하여 예산의 범위에서 정신질환자를 위한 교육과정 운영에 필요한 경비의 전부 또는 일부를 지원할 수 있다.

평생교육기관의 지정기준과 절차, 정신질환자를 위한 교육과정의 기준, 교육제공인력의 요건 등은 교육부장관이 보건복지부장관과 협의하여 정한다.

4) 문화·예술·여가·체육활동 등 지원

국가와 지방자치단체는 이 법에서 정한 지원 외에 문화·예술·여가·체육활동 등의 영역에서 정신질환자에게 필요한 서비스가 지원되도록 최대한 노력하여야 한다.

5) 지역사회 거주 · 치료 · 재활 등 통합 지원

국가와 지방자치단체는 정신질환자의 지역사회 거주 및 치료를 위하여 필요한 시책을 강구하여야 하고, 정신건강증진시설에서의 퇴원 등이 필요한 정신질환자에 대한 지역사회 재활 지원 등 지역사회 통합 지원을 위하여 노력하여야 하며, 지역사회 거주 · 치료 · 재활 등 통합 지원을 위하여 필요한 사항은 보건복지부령으로 정한다.

6) 가족에 대한 정보제공과 교육

국가와 지방자치단체는 정신질환자의 가족이 정신질환자의 적절한 회복과 자립을 지원하는 데 필요한 정보를 제공하거나 관련 교육을 실시할 수 있으며, 정보와 교육의 내용 · 방법 등에 필요한 사항은 보건복지부령으로 정한다.

5. 보호 및 치료

1) 보호의무자

(1) 보호의무자의 자격

「민법」에 따른 후견인 또는 부양의무자는 정신질환자의 보호의무자가 된다. 다만, 다음의 어느 하나에 해당하는 사람은 보호의무자가 될 수 없다.

- 피성년후견인 및 피한정후견인
- 파산선고를 받고 복권되지 아니한 사람
- 해당 정신질환자를 상대로 한 소송이 계속 중인 사람 또는 소송한 사실이 있었던 사람과 그 배우자
- 미성년자
- 행방불명자
- 그 밖에 보건복지부령으로 정하는 부득이한 사유로 보호의무자로서의 의무를 이행할 수 없는 사람

보호의무자 사이의 보호의무의 순위는 후견인 · 부양의무자의 순위에 따르며 부양의무자가 2명 이상인 경우에는 「민법」에 따른다.

(2) 보호의무자의 의무

보호의무자는 보호하고 있는 정신질환자가 적절한 치료 및 요양과 사회적응 훈련을 받을 수 있도록 노력하여야 한다.

보호의무자는 보호하고 있는 정신질환자가 정신의료기관 또는 정신요양시설(이하 "정신의료기관 등")에 입원 등을 할 필요가 있는 경우에는 정신질환자 본인의 의사를 최대한 존중하여야 하며, 정신건강의학과전문의가 정신의료기관 등에서 정신질환자의 퇴원 등이 가능하다고 진단할 경우에는 퇴원 등에 적극 협조하여야 한다.

보호의무자는 보호하고 있는 정신질환자가 자신이나 다른 사람을 해치지 아니하도록 유의하여야 하며, 정신질환자의 재산상의 이익 등 권리보호를 위하여 노력하여야 하고, 보호하고 있는 정신질환자를 유기하여서는 아니 된다.

2) 자의입원

정신질환자나 그 밖에 정신건강상 문제가 있는 사람은 보건복지부령으로 정하는 입원 등 신청서를 정신의료기관 등의 장에게 제출함으로써 그 정신의료기관 등에 자의입원 등을 할 수 있다.

정신의료기관 등의 장은 자의입원 등을 한 사람이 퇴원 등을 신청한 경우에는 지체 없이 퇴원 등을 시켜야 하며, 자의입원 등을 한 사람에 대하여 입원 등을 한 날부터 2개월마다 퇴원 등을 할 의사가 있는지를 확인하여야 한다.

3) 동의입원

정신질환자는 보호의무자의 동의를 받아 보건복지부령으로 정하는 입원 등 신청서를 정신의료기관등의 장에게 제출함으로써 그 정신의료기관 등에 입원 등을 할 수 있다.

정신의료기관 등의 장은 입원 등을 한 정신질환자가 퇴원 등을 신청한 경우에는 지체 없이 퇴원 등을 시켜야 한다. 다만, 정신질환자가 보호의무자의 동의를 받지 아니하고 퇴원 등을 신청한 경우에는 정신건강의학과전문의 진단 결과 환자의 치료와 보호 필요성이 있다고 인정되는 경우에 한정하여 정신의료기관 등의 장은 퇴원 등의 신청을 받은 때부터 72시간까지 퇴원 등을 거부할 수 있고, 퇴원 등을 거부하는 기간 동안 "보호의무자에 대한 입원", "특별자치시장·특별자치도지사·시장·군수·구청장에 의한 입원" 등으로 전환할 수 있다.

정신의료기관 등의 장은 퇴원 등을 거부하는 경우에는 지체 없이 환자 및 보호의무자에게 그 거부 사유 및 퇴원 등의 심사를 청구할 수 있음을 서면 또는 전자문서로 통지하여야 하며, 입원 등을 한 정신질환자에 대하여 입원 등을 한 날부터 2개월마다 퇴원 등을 할 의사가 있는지를 확인하여야 한다.

4) 보호의무자에 의한 입원

정신의료기관 등의 장은 정신질환자의 보호의무자 2명 이상(보호의무자 간 입원 등에 관하여 다툼이 있는 경우에는 민법의 순위에 따른 선순위자 2명 이상을 말하며, 보호의무자가 1명만 있는 경우에는 1명으로 한다)이 신청한 경우로서 정신건강의학과전문의가 입원 등이 필요하다고 진단한 경우에만 해당 정신질환자를 입원 등을 시킬 수 있다. 이 경우 정신의료기관 등의 장은 입원 등을 할 때 보호의무자로부터 보건복지부령으로 정하는 바에 따라 입원 등 신청서와 보호의무자임을 확인할 수 있는 서류를 받아야 한다.

정신건강의학과전문의의 입원 등 필요성에 관한 진단은 해당 정신질환자가 다음의 모두에 해당하는 경우 그 각각에 관한 진단을 적은 입원 등 권고서를 입원 등 신청서에 첨부하는 방법으로 하여야 한다.

- 정신질환자가 정신의료기관 등에서 입원치료 또는 요양을 받을 만한 정도 또는 성질의 정신질환을 앓고 있는 경우
- 정신질환자 자신의 건강 또는 안전이나 다른 사람에게 해를 끼칠 위험(보건복지부령으로 정하는 기준에 해당하는 위험)이 있어 입원 등을 할 필요가 있는 경우

정신의료기관 등의 장은 정신건강의학과전문의 진단 결과 정신질환자가 위의 모두에 해당하여 입원 등이 필요하다고 진단한 경우 그 증상의 정확한 진단을 위하여 2주의 범위에서 기간을 정하여 입원하게 할 수 있다.

정신의료기관 등의 장은 진단 결과 해당 정신질환자에 대하여 계속 입원 등이 필요하다는 서로 다른 정신의료기관 등에 소속된 2명 이상의 정신건강의학과전문의(국립·공립의 정신의료기관 등 또는 보건복지부장관이 지정하는 정신의료기관등에 소속된 정신건강의학과전문의가 1명 이상 포함)의 일치된 소견이 있는 경우에만 해당 정신질환자에 대하여 치료를 위한 입원 등을 하게 할 수 있다.

입원 등의 기간은 최초로 입원 등을 한 날부터 3개월 이내로 한다. 다만, 다음의 구분에 따라 입원 등의 기간을 연장할 수 있다.

- 3개월 이후의 1차 입원 등 기간 연장: 3개월 이내

- 1차 입원 등 기간 연장 이후의 입원 등 기간 연장: 매 입원 등 기간 연장 시마다 6개월 이내

정신의료기관 등의 장은 다음의 모두에 해당하는 경우에만 입원 등 기간의 연장을 할 수 있다. 이 경우 정신의료기관 등의 장은 입원 등 기간을 연장할 때마다 관할 특별자치시장·특별자치도지사·시장·군수·구청장에게 대통령령으로 정하는 기간 이내에 그 연장에 대한 심사를 청구하여야 한다.

- 서로 다른 정신의료기관 등에 소속된 2명 이상의 정신건강의학과전문의(국립·공립의 정신의료기관 등 또는 보건복지부장관이 지정하는 정신의료기관 등에 소속된 정신건강의학과전문의가 1명 이상 포함)가 입원 등 기간을 연장하여 치료할 필요가 있다고 일치된 진단을 하는 경우
- 보호의무자(이하 "신청 보호의무자") 2명 이상(입원 등 신청 시 신청 보호의무자가 1명만 있었던 경우에는 1명)이 입원 등의 기간 연장에 대한 동의서를 제출한 경우

정신의료기관 등의 장은 입원 등 기간 연장의 심사 청구에 대하여 특별자치시장·특별자치도지사·시장·군수·구청장으로부터 퇴원 등 또는 임시 퇴원 등(일시적으로 퇴원 등을 시킨 후 일정 기간이 지난 후 다시 입원 등 여부를 결정하는 조치) 명령의 통지를 받은 경우에는 해당 정신질환자를 지체 없이 퇴원 등 또는 임시 퇴원 등을 시켜야 한다.

정신의료기관 등의 장은 규정에 따라 입원 등을 시키거나 입원 등의 기간을 연장하였을 때에는 지체 없이 입원 등을 한 사람 및 보호의무자에게 그 사실 및 사유를 서면으로 통지하여야 한다.

정신의료기관 등의 장은 입원 등을 한 사람 또는 보호의무자가 퇴원 등을 신청한 경우에는 지체 없이 그 사람을 퇴원 등을 시켜야 한다. 다만, 정신의료기관등의 장은 그 입원 등을 한 사람이 "정신질환자가 정신의료기관 등에서 입원치료 또는 요양을 받을 만한 정도 또는 성질의 정신질환을 앓고 있는 경우, 정신질환자 자신의 건강 또는 안전이나 다른 사람에게 해를 끼칠 위험(보건복지부령으로 정하는 기준에 해당하는 위험)이 있어 입원 등을 할 필요가 있는 경우"에 모두 해당하는 경우에는 퇴원 등을 거부할 수 있다.

정신의료기관 등의 장은 입원 등을 한 사람을 퇴원 등을 시켰을 때에는 지체 없이 보호의무자에게 그 사실을 서면으로 통지하여야 하고, 퇴원 등을 거부하는 경우에는 지체 없이 정신질환자 본인과 퇴원 등을 신청한 보호의무자에게 그 거부사실 및 사유와 퇴원

등의 심사를 청구할 수 있다는 사실 및 그 청구 절차를 서면으로 통지하여야 한다.

서로 다른 정신의료기관 등에 소속된 2명 이상의 정신건강의학과전문의의 진단은 해당 지역의 정신의료기관 등 또는 정신건강의학과전문의가 부족한 사정이 있는 경우에는 보건복지부령으로 정하는 바에 따라 구체적인 시행방안을 달리 정하여 진단하도록 할 수 있다.

5) 특별자치시장 · 특별자치도지사 · 시장 · 군수 · 구청장에 의한 입원

정신건강의학과전문의 또는 정신건강전문요원은 정신질환으로 자신의 건강 또는 안전이나 다른 사람에게 해를 끼칠 위험이 있다고 의심되는 사람을 발견하였을 때에는 특별자치시장 · 특별자치도지사 · 시장 · 군수 · 구청장에게 대통령령으로 정하는 바에 따라 그 사람에 대한 진단과 보호를 신청할 수 있다.

경찰관(「국가공무원법」에 따른 경찰공무원과 「지방공무원법」에 따른 자치경찰공무원)은 정신질환으로 자신의 건강 또는 안전이나 다른 사람에게 해를 끼칠 위험이 있다고 의심되는 사람을 발견한 경우 정신건강의학과전문의 또는 정신건강전문요원에게 그 사람에 대한 진단과 보호의 신청을 요청할 수 있으며, 신청을 받은 특별자치시장 · 특별자치도지사 · 시장 · 군수 · 구청장은 즉시 그 정신질환자로 의심되는 사람에 대한 진단을 정신건강의학과전문의에게 의뢰하여야 한다.

정신건강의학과전문의가 정신질환자로 의심되는 사람에 대하여 자신의 건강 또는 안전이나 다른 사람에게 해를 끼칠 위험이 있어 그 증상의 정확한 진단이 필요하다고 인정한 경우에 특별자치시장 · 특별자치도지사 · 시장 · 군수 · 구청장은 그 사람을 보건복지부장관이나 지방자치단체의 장이 지정한 정신의료기관(지정정신의료기관)에 2주의 범위에서 기간을 정하여 입원하게 할 수 있다.

특별자치시장 · 특별자치도지사 · 시장 · 군수 · 구청장은 입원을 시켰을 때에는 그 사람의 보호의무자 또는 보호를 하고 있는 사람에게 지체 없이 입원 사유 · 기간 및 장소를 서면으로 통지하여야 한다.

정신질환자로 의심되는 사람을 입원시킨 정신의료기관의 장은 지체 없이 2명 이상의 정신건강의학과전문의에게 그 사람의 증상을 진단하게 하고 그 결과를 특별자치시장 · 특별자치도지사 · 시장 · 군수 · 구청장에게 서면으로 통지하여야 한다.

특별자치시장 · 특별자치도지사 · 시장 · 군수 · 구청장은 진단 결과 그 정신질환자가 계속 입원할 필요가 있다는 2명 이상의 정신건강의학과전문의의 일치된 소견이 있는 경우에만 그 정신질환자에 대하여 지정정신의료기관에 치료를 위한 입원을 의뢰할 수 있다.

특별자치시장·특별자치도지사·시장·군수·구청장은 입원 의뢰를 한 때에는 보건복지부령으로 정하는 바에 따라 그 정신질환자와 보호의무자 또는 보호를 하고 있는 사람에게 계속하여 입원이 필요한 사유 및 기간, 퇴원 등 또는 처우개선의 심사를 청구할 수 있다는 사실 및 그 청구 절차를 지체 없이 서면으로 통지하여야 한다.

특별자치시장·특별자치도지사·시장·군수·구청장은 정신질환자로 의심되는 사람을 진단하거나 입원을 시키는 과정에서 그 사람이 자신의 건강 또는 안전이나 다른 사람에게 해를 끼칠 위험한 행동을 할 때에는 「119구조·구급에 관한 법률」에 따른 119구급대의 구급대원에게 호송을 위한 도움을 요청할 수 있다.

지정정신의료기관의 지정기준, 지정취소 및 지정취소 기준, 지정 및 지정취소 절차 등에 관하여 필요한 사항은 보건복지부령으로 정한다.

6) 입원적합성심사위원회

(1) 입원적합성심사위원회 신고

입원 등을 시키고 있는 정신의료기관등의 장은 입원 등을 시킨 즉시 입원 등을 한 사람에게 입원 등의 사유 및 입원적합성심사위원회에 의하여 입원적합성심사를 받을 수 있다는 사실을 구두 및 서면으로 알리고, 입원 등을 한 사람의 대면조사 신청 의사를 구두 및 서면으로 확인하여야 한다.

정신의료기관 등의 장은 입원 등을 한 날부터 3일 이내에 입원적합성심사위원회에 입원 등을 한 사람의 주민등록번호를 포함한 인적사항, 입원 등 일자, 진단명, 입원 등 필요성, 대면조사 신청 여부 및 그 밖에 대통령령으로 정하는 사항을 신고하여야 한다.

(2) 입원적합성심사위원회의 설치 및 운영

입원 등의 적합성을 심사하기 위하여 각 국립정신병원 등 대통령령으로 정하는 기관 안에 입원적합성심사위원회를 설치하며, 각 국립정신병원 등의 심사대상 관할 지역은 대통령령으로 정한다.

입원적합성심사위원회는 위원장을 포함하여 10명 이상 30명 이내의 위원으로 구성하고, 위원장은 각 국립정신병원등의 장으로 하며, 위원은 위원장의 추천으로 보건복지부장관이 임명 또는 위촉한다.

(3) 입원적합성심사위원회의 심사 및 심사결과 통지

입원적합성심사위원회의 위원장은 신고된 입원 등을 입원심사소위원회에 회부하여야 하고, 입원 등을 한 사람이 피후견인인 경우에는 관할 가정법원에 입원 사실 등을 통지하여야 한다. 입원심사소위원회는 회부된 입원 등의 적합 또는 부적합 여부를 심사하여 그 심사결과를 입원적합성심사위원회의 위원장에게 보고하여야 한다.

입원적합성심사위원회의 위원장은 최초로 입원 등을 한 날부터 1개월 이내에 정신의료기관등의 장에게 입원 등의 적합 또는 부적합 여부를 서면으로 통지하여야 한다. 이 경우 통지의 방법과 절차 등에 필요한 사항은 보건복지부령으로 정한다.

정신의료기관등의 장은 입원 등의 부적합 통지를 받은 경우에는 해당 입원 등을 한 사람을 지체 없이 퇴원 등을 시켜야 한다.

(4) 입원적합성의 조사

입원적합성심사위원회의 위원장은 입원심사소위원회에 회부하기 전에 입원 등을 한 사람이 대면조사를 신청하거나 입원 등의 적합성이 의심되는 등 대통령령으로 정하는 사유가 있는 경우에는 직권으로 그 국립정신병원 등의 소속 직원에게 해당 정신의료기관 등을 출입하여 입원 등을 한 사람을 직접 면담하고 입원 등의 적합성, 퇴원 등의 필요성 여부를 조사하게 할 수 있다. 조사를 수행하는 조사원은 권한을 나타내는 증표를 지니고 이를 조사대상자에게 보여주어야 한다.

7) 응급입원

정신질환자로 추정되는 사람으로서 자신의 건강 또는 안전이나 다른 사람에게 해를 끼칠 위험이 큰 사람을 발견한 사람은 그 상황이 매우 급박하여 규정에 따른 입원 등을 시킬 시간적 여유가 없을 때에는 의사와 경찰관의 동의를 받아 정신의료기관에 그 사람에 대한 응급입원을 의뢰할 수 있으며, 입원을 의뢰할 때에는 이에 동의한 경찰관 또는 구급대원은 정신의료기관까지 그 사람을 호송한다.

정신의료기관의 장은 응급입원이 의뢰된 사람을 3일(공휴일은 제외) 이내의 기간 동안 응급입원을 시킬 수 있고, 응급입원을 시킨 정신의료기관의 장은 지체 없이 정신건강의학과전문의에게 그 응급입원한 사람의 증상을 진단하게 하여야 한다.

정신의료기관의 장은 정신건강의학과전문의의 진단 결과 그 사람이 자신의 건강 또는 안전이나 다른 사람에게 해를 끼칠 위험이 있는 정신질환자로서 계속하여 입원할 필요가 있다고 인정된 경우에는 규정에 따라 입원을 할 수 있도록 필요한 조치를 하고, 계속하여 입원할 필요가 없다고 인정된 경우에는 즉시 퇴원시켜야 한다.

정신의료기관의 장은 응급입원을 시켰을 때에는 그 사람의 보호의무자 또는 보호를 하고 있는 사람에게 입원이 필요한 사유·기간 및 장소를 지체 없이 서면으로 통지하여야 한다.

8) 신상정보의 확인

정신건강증진시설의 장은 정신건강증진시설에 입원 등을 하거나 시설을 이용하는 사람의 성명, 주소, 보호의무자 등의 신상정보를 확인하여야 하며, 신상정보가 확인되지 아니하는 경우에는 보건복지부령으로 정하는 바에 따라 특별자치시장·특별자치도지사·시장·군수·구청장에게 신상정보의 조회를 요청하여야 하고, 조회 요청을 받은 경우 그 대상자의 신상정보를 확인하고 그 결과를 정신건강증진시설의 장에게 통보하여야 하며, 조회 요청 대상자의 신상정보를 확인하기 어려운 경우 관할 경찰서장에게 신상정보의 확인을 요청할 수 있다.

9) 퇴원 등의 사실의 통보

정신의료기관 등의 장은 정신의료기관 등에 입원 등을 한 사람이 퇴원 등을 할 때에는 보건복지부령으로 정하는 바에 따라 본인의 동의를 받아 그 퇴원 등의 사실을 관할 정신건강복지센터의 장(관할 지역에 정신건강복지센터가 없는 경우에는 보건소의 장)에게 통보하여야 한다. 다만, 정신건강의학과전문의가 퇴원 등을 할 사람 본인의 의사능력이 미흡하다고 판단하는 경우에는 보호의무자의 동의로 본인의 동의를 갈음할 수 있다.

정신의료기관 등의 장은 정신병적 증상으로 인하여 자신 또는 다른 사람의 생명이나 신체에 해를 끼치는 행동으로 입원 등을 한 사람이 퇴원 등을 할 때 정신건강의학과전문의가 퇴원 등 후 치료가 중단되면 증상이 급격히 악화될 우려가 있다고 진단하는 경우에는 그 퇴원 등의 사실을 관할 정신건강복지센터의 장에게 통보하여야 한다.

정신의료기관 등의 장은 퇴원 등의 사실을 관할 정신건강복지센터의 장에게 통보하기 전에 미리 그 사실을 본인 또는 보호의무자(정신건강의학과전문의가 퇴원 등을 할 사람 본인의 의사능력이 미흡하다고 판단하는 경우만 해당)에게 알려야 한다.

정신의료기관 등의 장은 본인 또는 보호의무자가 고지받은 퇴원 등의 사실 통보를 거부하는 경우에는 통보를 할 수 없다. 다만, 정신건강심사위원회의 심사를 거친 경우에는 그러하지 아니하다.

6. 퇴원 등의 청구 및 심사

1) 정신건강심의위원회

(1) 설치

시・도지사와 시장・군수・구청장은 정신건강에 관한 중요한 사항을 심의 또는 심사하기 위하여 시・도지사 소속으로 광역정신건강심의위원회를 두고, 시장・군수・구청장 소속으로 기초정신건강심의위원회를 둔다. 다만, 정신의료기관 등이 없는 시・군・구에는 기초정신건강심의위원회를 두지 아니할 수 있다.

(2) 심의・심사

광역정신건강심의위원회	특별자치시·특별자치도 과역정신건강심의위원회	기초정신건강심의위원회
• 정신건강증진시설에 대한 감독에 관한 사항 • 재심사의 청구 • 그 밖에 보건복지부령으로 정하는 사항	• 정신건강증진시설에 대한 감독에 관한 사항 • 재심사의 청구 • 그 밖에 보건복지부령으로 정하는 사항 • 입원 등 기간 연장의 심사 청구 • 퇴원 등의 사실 통보 여부 심사 • 퇴원 등 또는 처우개선의 심사 청구 • 입원 기간 연장의 심사 • 외래치료 지원 • 그 밖에 보건복지부령으로 정하는 사항	• 입원 등 기간 연장의 심사 청구 • 퇴원 등의 사실 통보 여부 심사 • 퇴원 등 또는 처우개선의 심사 청구 • 입원 기간 연장의 심사 • 외래치료 지원 • 그 밖에 보건복지부령으로 정하는 사항

(3) 위원회 구성

광역정신건강심의위원회는 10명 이상 20명 이내의 위원으로 구성하고, 기초정신건강심의위원회는 6명 이상 12명 이내의 위원으로 구성하며, 위원의 임기는 각각 2년으로 하되, 연임할 수 있다. 다만, 공무원인 위원의 임기는 그 직위에 재직하는 기간으로 한다.

2) 정신건강심사위원회의 설치 · 운영

정신건강심의위원회의 업무 중 심사와 관련된 업무를 전문적으로 수행하기 위하여 광역정신건강심의위원회 안에 광역정신건강심사위원회를 두고, 기초정신건강심의위원회 안에 기초정신건강심사위원회를 둔다.

광역정신건강심사위원회 및 기초정신건강심사위원회는 정신건강심의위원회의 위원 중에서 시 · 도지사 또는 시장 · 군수 · 구청장이 임명한 5명 이상 9명 이내의 위원으로 구성한다.

3) 퇴원 등 또는 처우개선 심사의 청구

정신의료기관등에 입원 등을 하고 있는 사람 또는 그 보호의무자는 관할 특별자치시장 · 특별자치도지사 · 시장 · 군수 · 구청장에게 입원 등을 하고 있는 사람의 퇴원 등 또는 처우개선(작업치료의 적정성 여부 포함)에 대한 심사를 청구할 수 있고, 청구절차 등에 관하여 필요한 사항은 대통령령으로 정한다.

특별자치시장 · 특별자치도지사 · 시장 · 군수 · 구청장은 심사 청구를 받았을 때에는 지체 없이 그 청구 내용을 소관 정신건강심의위원회 회의에 회부하여야 하며, 회부를 받았을 때에는 지체 없이 이를 정신건강심사위원회에서 심사하여 그 결과를 특별자치시장 · 특별자치도지사 · 시장 · 군수 · 구청장에게 보고하여야 한다.

정신건강심사위원회가 심사를 할 때에는 심사 대상자가 입원 등을 하고 있는 정신의료기관등의 장의 의견을 들어야 하나 처우개선에 관한 사항의 심사를 할 때에는 그 의견을 듣지 아니할 수 있다.

정신건강심사위원회가 심사를 할 때에는 「의료법」에도 불구하고 정신의료기관 등의 장이나 심사 대상자 또는 그 보호의무자에게 진료기록부와 기록의 제출을 요구할 수 있다.

4) 퇴원 등 명령의 통지

정신건강심의위원회로부터 보고를 받은 특별자치시장 · 특별자치도지사 · 시장 · 군수 · 구청장은 심사 청구를 접수한 날부터 15일 이내에 다음의 어느 하나에 해당하는 명령 또는 결정을 하여야 한다.

- 퇴원 등 또는 임시 퇴원 등 명령
- 처우개선을 위하여 필요한 조치 명령
- 3개월 이내 재심사
- 다른 정신의료기관 등으로의 이송(입원 등을 하고 있는 사람의 청구 또는 동의 필

요)

- 자의입원 등 또는 동의입원 등으로의 전환(입원 등을 하고 있는 사람의 청구 또는 동의 필요)
- 외래치료 지원
- 입원 등 기간 연장 결정
- 계속 입원 등 결정

입원 등을 하고 있는 사람의 청구 또는 동의는 정신건강의학과전문의가 그 사람의 의사능력이 미흡하다고 판단하는 경우에는 보호의무자의 청구 또는 동의로 갈음할 수 있다.

특별자치시장 · 특별자치도지사 · 시장 · 군수 · 구청장은 부득이한 사유로 기간 내에 명령 또는 결정을 하지 못할 때에는 10일의 범위에서 그 기간을 연장할 수 있다.

특별자치시장 · 특별자치도지사 · 시장 · 군수 · 구청장은 심사 청구를 한 사람, 해당 정신질환자 및 해당 정신의료기관등의 장에게 지체 없이 명령 또는 결정의 내용을 서면으로 통지하여야 한다. 다만, 제10일의 범위에서 그 기간을 연장하는 경우에는 기간 연장의 사유와 그 기간을 통지하여야 한다.

5) 재심사의 청구

심사 청구의 대상인 정신질환자와 그 보호의무자, 심사 청구를 한 사람, 외래치료 지원 결정 및 외래치료 지원 연장 결정을 받은 정신질환자 및 그 보호의무자는 다음의 어느 하나에 해당하는 경우에 시 · 도지사에게 재심사를 청구할 수 있으며, 재심사 청구의 절차 등에 관하여 필요한 사항은 대통령령으로 정한다.

- 통지받은 심사 결과에 불복하거나 심사 기간 내에 심사를 받지 못한 경우
- 외래치료 지원 결정에 불복하는 경우
- 외래치료 지원 연장 결정에 불복하는 경우

시 · 도지사가 재심사의 청구를 받았을 때에는 즉시 그 청구 내용을 광역정신건강심의위원회의 회의에 회부하여야 한다.

6) 특별자치시장 · 특별자치도지사 · 시장 · 군수 · 구청장에 의한 입원의 해제

특별자치시장 · 특별자치도지사 · 시장 · 군수 · 구청장은 입원한 정신질환자에 대하여 최초로 입원을 한 날부터 3개월 이내에 입원을 해제하여야 하며, 입원의 해제 사실을 그

정신질환자가 입원하고 있는 정신의료기관의 장에게 서면으로 통지하여야 한다. 이 경우 그 정신의료기관의 장은 지체 없이 그 정신질환자를 퇴원시켜야 한다.

그러나 특별자치시장·특별자치도지사·시장·군수·구청장은 2명 이상의 정신건강의학과전문의가 진단하고 소관 정신건강심사위원회에서 심사한 결과 그 정신질환자가 퇴원할 경우 정신질환으로 인하여 자신의 건강 또는 안전이나 다른 사람에게 해를 끼칠 위험이 명백하다고 인정되는 경우에는 다음의 구분에 따라 입원 등의 기간을 연장할 수 있다.

- 3개월 이후의 1차 입원 기간 연장: 3개월 이내
- 1차 입원 기간 연장 이후의 입원 기간 연장: 매 입원 기간 연장 시마다 6개월 이내

특별자치시장·특별자치도지사·시장·군수·구청장은 입원 기간을 연장하여 정신질환자를 입원시켰을 때에는 그 정신질환자와 보호의무자 또는 그 사람을 보호를 하고 있는 사람에게 입원 기간의 연장이 필요한 사유와 기간을 서면으로 통지하여야 한다.

7) 임시 퇴원

정신질환자를 입원 등을 시키고 있는 정신의료기관 등의 장은 2명 이상의 정신건강의학과전문의가 진단한 결과 정신질환자의 증상에 비추어 일시적으로 퇴원 등을 시켜 그 회복 경과를 관찰하는 것이 필요하다고 인정되는 경우에는 3개월의 범위에서 해당 정신질환자를 임시 퇴원 등을 시키고 그 사실을 보호의무자 또는 특별자치시장·특별자치도지사·시장·군수·구청장에게 통보하여야 한다.

특별자치시장·특별자치도지사·시장·군수·구청장은 임시 퇴원 등 명령의 통지를 한 경우에는 그 정신질환자가 임시 퇴원 등을 한 후의 경과를 관찰할 수 있으며, 관찰한 결과 증상의 변화 등으로 인하여 다시 입원 등을 시킬 필요가 있다고 인정되는 경우에는 2명의 정신건강의학과전문의의 의견을 들어 임시 퇴원 등을 한 정신질환자를 재입원 또는 재입소(이하 "재입원 등")를 시킬 수 있다. 이 경우 재입원 등의 기간은 재입원 등을 한 날부터 3개월을 초과할 수 없다.

8) 외래치료 지원

정신의료기관의 장은 입원을 한 정신질환자 중 정신병적 증상으로 인하여 입원을 하기 전 자신 또는 다른 사람에게 해를 끼치는 행동(보건복지부령으로 정하는 행동)을 한 사람에 대해서는 특별자치시장·특별자치도지사·시장·군수·구청장에게 외래치료 지원을 청구할 수 있다.

정신의료기관의 장 또는 정신건강복지센터의 장은 정신질환자 중 정신병적 증상으로 인하여 자신 또는 다른 사람에게 해를 끼치는 행동을 하여 정신의료기관에 입원한 사람 또는 외래치료를 받았던 사람으로서 치료를 중단한 사람을 발견한 때에는 특별자치시장・특별자치도지사・시장・군수・구청장에게 그 사람에 대한 외래치료의 지원을 청구할 수 있으며, 외래치료 지원의 청구를 받았을 때에는 소관 정신건강심사위원회의 심사를 거쳐 1년의 범위에서 기간을 정하여 외래치료를 받도록 정신질환자를 지원할 수 있다.

특별자치시장・특별자치도지사・시장・군수・구청장은 외래치료 지원 결정을 한 때에는 지체 없이 정신질환자 본인 및 그 보호의무자와 외래치료 지원을 청구한 정신의료기관의 장, 정신건강복지센터의 장 및 외래치료 지원을 하게 될 정신의료기관의 장에게 그 사실을 서면으로 통지하여야 한다.

특별자치시장・특별자치도지사・시장・군수・구청장은 외래치료 지원 결정을 받은 사람이 그 외래치료 지원 결정에 따르지 아니하고 치료를 중단한 때에는 그 사람이 자신의 건강 또는 안전이나 다른 사람에게 해를 끼칠 위험이 있는지를 평가하기 위하여 그 사람에게 지정정신의료기관에서 평가를 받도록 명령할 수 있다. 이 경우 해당 명령을 받은 사람은 명령을 받은 날부터 14일 이내에 지정정신의료기관에서 평가를 받아야 하며, 특별자치시장・특별자치도지사・시장・군수・구청장은 이에 따라 외래치료 지원 결정을 받은 사람에게 평가를 받도록 명령하는 경우 구급대원에게 그 사람을 정신의료기관까지 호송하도록 요청할 수 있다.

특별자치시장・특별자치도지사・시장・군수・구청장은 평가한 결과 외래치료 지원 결정을 받은 사람이 자신의 건강 또는 안전이나 다른 사람에게 해를 끼칠 위험이 없다고 인정되는 경우에는 외래치료 지원 결정을 철회하고, 자신의 건강 또는 안전이나 다른 사람에게 해를 끼칠 위험이 있다고 인정되는 경우에는 다음의 어느 하나에 해당하는 조치를 하여야 한다.

- 자의입원 등을 신청하게 하는 것
- 동의입원 등을 신청하게 하는 것
- 보호의무자에게 입원 등 신청을 요청하는 것
- 입원하게 하는 것(위에 해당하는 조치에 따르지 아니하는 경우만 해당)

특별자치시장・특별자치도지사・시장・군수・구청장장은 외래치료 지원 결정을 받은 사람에 대하여 정신건강의학과전문의가 치료 기간의 연장이 필요하다고 진단하는 경우에는 소관 정신건강심사위원회의 심사를 거쳐 1년의 범위에서 기간을 정하여 외래치료 지원을 연장할 수 있다.

국가와 지방자치단체는 외래치료 지원에 따라 발생하는 비용의 전부 또는 일부를 부담할 수 있으며, 외래치료 지원의 청구절차와 방법 및 외래치료 지원 결정의 집행절차 등은 보건복지부령으로 정한다.

9) 무단으로 퇴원 등을 한 사람에 대한 조치

정신의료기관 등의 장은 입원 등을 하고 있는 정신질환자로서 자신의 건강 또는 안전이나 다른 사람에게 해를 끼칠 위험이 있는 사람이 무단으로 퇴원 등을 하여 그 행방을 알 수 없을 때에는 관할 경찰서장 또는 자치경찰기구를 설치한 제주특별자치도지사에게 다음의 사항을 통지하여 탐색을 요청하여야 한다.

- 퇴원 등을 한 사람의 성명 · 주소 · 성별 및 생년월일
- 입원 등의 날짜 · 시간 및 퇴원 등의 날짜 · 시간
- 증상의 개요 및 인상착의
- 보호의무자 또는 보호를 하였던 사람의 성명 · 주소

경찰관은 탐색 요청을 받은 사람을 발견한 때에는 즉시 그 사실을 해당 정신의료기관 등의 장에게 통지하여야 하며, 통지를 받은 정신의료기관 등의 장은 즉시 정신질환자를 인도받아야 한다. 다만, 그 정신질환자를 즉시 인도받을 수 없는 부득이한 사정이 있는 경우 경찰관은 그 정신질환자를 인도할 때까지 24시간의 범위에서 그 정신질환자를 경찰관서 · 의료기관 · 사회복지시설 등에 보호할 수 있다.

10) 보고 · 검사

보건복지부장관, 시 · 도지사 및 시장 · 군수 · 구청장은 정신건강증진시설의 설치 · 운영자의 소관 업무에 관하여 지도 · 감독을 하거나 보건소로 하여금 지도 · 감독을 하도록 하여야 하며, 연 1회 이상 그 업무에 관하여 보고 또는 관계 서류의 제출을 명하거나, 관계 공무원으로 하여금 해당 시설의 장부 · 서류 또는 그 밖의 운영상황을 검사하게 하여야 한다.

시 · 도지사와 시장 · 군수 · 구청장은 대통령령으로 정하는 바에 따라 관계 공무원과 정신건강심의위원회의 위원으로 하여금 정신건강증진시설에 출입하여 입원 등을 한 사람을 직접 면담하여 입원 등의 적절성 여부, 퇴 원등의 필요성 또는 처우에 관하여 심사하게

할 수 있다. 이 경우 심사를 한 관계 공무원과 정신건강심의위원회의 위원은 그 심사 결과를 지체 없이 시·도지사 또는 시장·군수·구청장에게 보고하여야 한다.

검사·심사를 하는 관계 공무원과 정신건강심의위원회의 위원은 그 권한을 나타내는 증표를 지니고 이를 관계인에게 보여주어야 한다.

시·도지사 또는 시장·군수·구청장은 심사 결과에 따라 정신건강증진시설의 장에게 그 정신질환자를 퇴원 등을 시키도록 명령하거나 처우개선을 위하여 필요한 조치를 하도록 명령할 수 있다.

정신건강증진시설의 장은 퇴원 등을 시키는 경우에는 보건복지부령으로 정하는 바에 따라 관할 보건소장과 정신건강복지센터의 장에게 그 사실을 통보하여야 한다. 다만, 정신질환자나 보호의무자(정신건강의학과전문의가 퇴원 등을 할 사람 본인의 의사능력이 미흡하다고 판단하는 경우)가 통보하는 것에 동의하지 아니하는 경우에는 그러하지 아니하다.

정신건강증진시설의 장은 정신병적 증상으로 인하여 자신 또는 다른 사람의 생명이나 신체에 해를 끼치는 행동으로 입원 등을 한 사람이 퇴원 등을 할 때 정신건강의학과전문의가 퇴원 등 후 치료가 중단되면 증상이 급격히 악화될 우려가 있다고 진단하는 경우에는 그 퇴원 등의 사실을 관할 정신건강복지센터의 장과 보건소의 장에게 통보하여야 하며, 통보하기 전에 미리 그 사실을 본인 또는 보호의무자에게 알려야 한다.

정신건강증진시설의 장은 본인 또는 보호의무자가 고지받은 퇴원 등의 사실 통보를 거부하는 경우에는 통보를 할 수 없다. 다만, 정신건강심사위원회의 심사를 거친 경우에는 그러하지 아니하다.

퇴원 등의 사실 통보, 퇴원 등의 사실 통보 사전 고지 및 퇴원 등의 사실 통보 여부 심사절차에 관한 사항은 보건복지부령으로 정한다.

11) 입·퇴원 관리시스템

보건복지부장관은 정신의료기관 등의 입원 등 및 퇴원 등을 관리하기 위하여 입·퇴원 등 관리시스템을 구축·운영하여야 하며, 입·퇴원 등 관리시스템에 따라 신고한 내용 및 대통령령으로 정하는 퇴원 등의 사항을 등록하여야 한다.

입·퇴원 등 관리시스템에 등록된 정보는 입원 등 및 퇴원 등의 심사와 관련된 경우 등 대통령령으로 정하는 경우를 제외하고는 「개인정보 보호법」에 따른 처리를 하여서는 아니 된다.

보건복지부장관은 정신질환자가 퇴원 등을 한 후에 입·퇴원 등 관리시스템에 등록되어 있는 본인 기록의 전부 또는 일부에 대하여 삭제를 요청하는 경우 지체 없이 해당 기록을 삭제하고 그 사실을 본인에게 서면 또는 전자문서로 통지하여야 한다.

보건복지부장관은 입·퇴원 등 관리시스템의 구축·운영에 관한 사항을 대통령령으로 정하는 기관에 위탁할 수 있다.

7. 권익보호 및 지원

1) 입원 등의 금지

누구든지 응급입원의 경우를 제외하고는 정신건강의학과전문의의 대면 진단에 의하지 아니하고 정신질환자를 정신의료기관등에 입원 등을 시키거나 입원 등의 기간을 연장할 수 없으며, 진단의 유효기간은 진단서 발급일부터 30일까지로 한다.

2) 권익보호

누구든지 정신질환자이거나 정신질환자였다는 이유로 그 사람에 대하여 교육, 고용, 시설이용의 기회를 제한 또는 박탈하거나 그 밖의 불공평한 대우를 하여서는 아니 된다.

누구든지 정신질환자, 그 보호의무자 또는 보호를 하고 있는 사람의 동의를 받지 아니하고 정신질환자에 대하여 녹음·녹화 또는 촬영하여서는 아니 된다.

정신건강증진시설의 장은 입원 등을 하거나 정신건강증진시설을 이용하는 정신질환자에게 정신건강의학과전문의의 지시에 따른 치료 또는 재활의 목적이 아닌 노동을 강요하여서는 아니 된다.

3) 인권교육

정신건강증진시설의 장과 종사자는 인권에 관한 교육을 받아야 하며, 보건복지부장관은 인권교육을 하기 위하여 인권교육기관을 지정할 수 있으며, 지정한 인권교육기관에 교육과정의 운영에 드는 비용의 일부를 예산의 범위에서 보조할 수 있으며, 지정을 받은 인권교육기관은 보건복지부장관의 승인을 받아 교육에 필요한 경비를 교육대상자로부터 징수할 수 있다.

보건복지부장관은 지정을 받은 인권교육기관이 다음의 어느 하나에 해당하면 그 지정을 취소하거나 6개월 이내의 기간을 정하여 업무를 정지할 수 있다.

- 거짓이나 그 밖의 부정한 방법으로 지정을 받은 경우(지정 취소)
- 보건복지부령으로 정하는 지정요건을 갖추지 못하게 된 경우
- 인권교육의 수행능력이 현저히 부족하다고 인정되는 경우

인권교육의 시간·대상·내용·방법, 인권교육기관의 지정요건 등 지정 및 인권교육기관의 지정취소·업무정지 처분의 기준 등에 필요한 사항은 보건복지부령으로 정한다.

4) 비밀누설의 금지

정신질환자 또는 정신건강증진시설과 관련된 직무를 수행하고 있거나 수행하였던 사람은 그 직무의 수행과 관련하여 알게 된 다른 사람의 비밀을 누설하거나 공표하여서는 아니 된다.

5) 수용 및 가혹행위 등의 금지

누구든지 이 법 또는 다른 법령에 따라 정신질환자를 보호할 수 있는 시설 외의 장소에 정신질환자를 수용하여서는 아니 되며, 정신건강증진시설의 장이나 그 종사자는 정신건강증진시설에 입원등을 하거나 시설을 이용하는 사람에게 폭행을 하거나 가혹행위를 하여서는 아니 된다.

6) 특수치료의 제한

정신의료기관에 입원을 한 사람에 대한 전기충격요법·인슐린혼수요법·마취하최면요법·정신외과요법, 그 밖에 대통령령으로 정하는 치료(이하 "특수치료")는 그 정신의료기관이 구성하는 협의체에서 결정하되, 본인 또는 보호의무자에게 특수치료에 관하여 필요한 정보를 제공하고, 본인의 동의를 받아야 한다. 다만, 본인의 의사능력이 미흡한 경우에는 보호의무자의 동의를 받아야 한다.

협의체는 2명 이상의 정신건강의학과전문의와 대통령령으로 정하는 정신건강증진에 관한 전문지식과 경험을 가진 사람으로 구성하며, 그 운영 등에 필요한 사항은 대통령령으로 정한다.

7) 통신과 면회의 자유 제한의 금지

정신의료기관등의 장은 입원 등을 한 사람에 대하여 치료 목적으로 정신건강의학과전

문의의 지시에 따라 하는 경우가 아니면 통신과 면회의 자유를 제한할 수 없다.

정신의료기관의 장은 치료 목적으로 정신건강의학과전문의의 지시에 따라 통신과 면회의 자유를 제한하는 경우에도 최소한의 범위에서 하여야 한다.

8) 격리 등 제한의 금지

정신의료기관등의 장은 입원 등을 한 사람에 대하여 치료 또는 보호의 목적으로 정신건강의학과전문의의 지시에 따라 하는 경우가 아니면 격리시키거나 묶는 등의 신체적 제한을 할 수 없다.

정신의료기관등의 장은 치료 또는 보호의 목적으로 정신건강의학과전문의의 지시에 따라 입원 등을 한 사람을 격리시키거나 묶는 등의 신체적 제한을 하는 경우에도 자신이나 다른 사람을 위험에 이르게 할 가능성이 뚜렷하게 높고 신체적 제한 외의 방법으로 그 위험을 회피하는 것이 뚜렷하게 곤란하다고 판단되는 경우에만 신체적 제한을 할 수 있다. 이 경우 격리는 해당 시설 안에서 하여야 한다.

9) 작업치료

정신의료기관 등의 장은 입원 등을 한 사람의 치료, 재활 및 사회적응에 도움이 된다고 인정되는 경우에는 그 사람의 건강상태와 위험성을 고려하여 보건복지부령으로 정하는 작업을 시킬 수 있다.

작업은 입원 등을 한 사람 본인이 신청하거나 동의한 경우에만 정신건강의학과전문의가 지시하는 방법에 따라 시켜야 한다. 다만, 정신요양시설의 경우에는 정신건강의학과전문의의 지도를 받아 정신건강전문요원이 작업의 구체적인 방법을 지시할 수 있으며, 작업의 시간, 유형 또는 장소 등에 관한 사항은 보건복지부령으로 정한다.

10) 직업훈련 지원

국가 또는 지방자치단체는 정신질환으로부터 회복된 사람이 그 능력에 따라 적당한 직업훈련을 받을 수 있도록 노력하고, 이들에게 적절한 직종을 개발·보급하기 위하여 노력하여야 한다.

11) 단체 · 시설의 보호 · 육성

국가 또는 지방자치단체는 정신질환자의 사회적응 촉진과 권익보호를 목적으로 하는 단체 또는 시설을 보호·육성하고, 이에 필요한 비용을 보조할 수 있다.

11) 경제적 부담의 경감

국가 또는 지방자치단체는 정신질환자와 그 보호의무자의 경제적 부담을 줄이고 정신질환자의 사회적응을 촉진하기 위하여 의료비의 경감·보조나 그 밖에 필요한 지원을 할 수 있다.

12) 비용의 부담

국가 또는 지방자치단체는 진단과 치료에 드는 비용의 전부 또는 일부를 부담할 수 있으며, 비용의 부담에 필요한 사항은 대통령령으로 정한다.

13) 비용의 징수

정신요양시설과 정신재활시설의 설치·운영자는 그 시설을 이용하는 사람으로부터 보건복지부장관이 정하여 고시하는 비용징수 한도액의 범위에서 시설 이용에 드는 비용을 받을 수 있다.

14) 상속인 없는 재산의 처리

정신요양시설과 정신재활시설의 설치·운영자는 그 시설에 입소 중인 사람이 사망하고 그 상속인의 존부가 분명하지 아니한 경우 「민법」의 규정에 따라 사망한 사람의 재산을 처리한다. 다만, 사망한 사람의 잔여재산이 「사회복지사업법」에 따른 금액 이하인 경우에는 관할 시장·군수·구청장에게 잔여재산 목록을 작성하여 보고하는 것으로 그 재산의 처리를 갈음할 수 있으며, 이에 따른 보고를 받은 시장·군수·구청장은 상속인, 일반상속채권자, 유증받은 자, 기타 상속재산에 대하여 권리를 주장하려는 자가 있으면 6개월 내에 그 권리를 주장할 것을 3개월 이상 공고하여야 한다.

기간 내에 상속재산에 대하여 권리를 주장하는 자가 있는 때에는 시장·군수·구청장이 「민법」에 따라 그 기간 내에 신고한 채권자들 간에 배당하여 변제하여야 한다. 기간이 경과하여도 상속재산에 대하여 권리를 주장하는 자가 없는 때에는 상속재산은 지방자치단체에 귀속된다.

규정한 사항 외에 상속인 없는 재산의 처리에 관한 세부절차는 보건복지부령으로 정한다.

15) 보조금

국가는 지방자치단체가 설치·운영하는 정신건강증진시설에 대하여 그 설치·운영에 필요한 비용을 보조할 수 있으며, 국가는 지방자치단체가 수행하는 정신건강증진사업 등, 정신건강심의위원회와 정신건강심사위원회 운영 및 지도·감독을 하는 데에 드는 비용을 보조할 수 있다.

16) 권한의 위임 및 업무의 위탁

이 법에 따른 보건복지부장관 또는 시·도지사의 권한은 대통령령으로 정하는 바에 따라 그 일부를 시·도지사, 국립정신건강연구기관의 장, 국립정신병원등의 장 또는 시장·군수·구청장에게 위임할 수 있다.

보건복지부장관은 이 법에 따른 업무의 일부를 대통령령으로 정하는 바에 따라 정신건강 관련 기관 또는 단체에 위탁할 수 있다.

8. 벌 칙

1) 벌칙

5년 이하의 징역 또는 5천만원 이하의 벌금	• 정신질환자를 유기한 자 • 정신질환자를 퇴원 등을 시키지 아니한 자 • 퇴원 등의 명령 또는 임시 퇴원 등의 명령에 따르지 아니한 자 • 입원적합성심사위원회에 신고하지 아니한 자 • 퇴원 등의 명령 또는 임시 퇴원 등 의 명령에 따르지 아니한 자 • 정신질환자를 퇴원시키지 아니한 자 • 입·퇴원 등 관리시스템을 위반하여 정보를 처리한 자 • 정신건강의학과전문의의 대면 진단에 의하지 아니하고 정신질환자를 입원 등을 시키거나 입원 등의 기간을 연장한 자 • 정신질환자를 이 법 또는 다른 법령에 따라 정신질환자를 보호할 수 있는 시설 외의 장소에 수용한 자 • 정신건강증진시설의 장 또는 그 종사자로서 정신건강증진시설에 입원 등을 하거나 시설을 이용하는 사람에게 폭행을 하거나 가혹행위를 한 사람 • 협의체의 결정 없이 특수치료를 하거나 정신의료기관에 입원을 한 사람 또는 보호의무자의 동의 없이 특수치료를 한 자
3년 이하의 징역 또는 3천만원 이하의 벌금	• 사업의 정지명령 또는 시설의 폐쇄명령을 위반한 자 • 사업의 정지명령 또는 정신요양시설의 장의 교체명령을 위반한 자 • 신고를 하지 아니하고 정신재활시설을 설치·운영한 자 • 입·퇴원 등 관리시스템을 위반하여 기록을 삭제하지 아니한 자 • 입원 등을 하거나 정신건강증진시설을 이용하는 정신질환자에게 노동을 강요한 자

	• 직무수행과 관련하여 알게 된 다른 사람의 비밀을 누설하거나 공표한 사람 • 입원 등을 한 사람의 통신과 면회의 자유를 제한한 자
1년 이하의 징역 또는 1천만원 이하의 벌금	• 다른 사람에게 자기의 명의를 사용하여 정신건강전문요원의 업무를 수행하게 하거나 정신건강전문요원 자격증을 빌려준 사람 • 정신건강전문요원의 명의를 사용하거나 그 자격증을 대여받은 사람 • 정신건강전문요원의 명의의 사용이나 자격증의 대여를 알선한 사람 • 입·퇴원 등 관리시스템을 위반하여 기록을 작성 · 보존하지 아니하거나 그 내용확인을 거부한 자 • 퇴원 등을 할 의사가 있는지 여부를 확인하지 아니한 자 • 입원 등 신청서나 보호의무자임을 확인할 수 있는 서류를 받지 아니한 자 • 입원 등 기간 연장에 대한 심사 청구기간을 지나서 심사 청구를 하거나, 심사 청구를 하지 아니하고 입원 등 기간을 연장하여 입원 등을 시킨 자 • 즉시 퇴원시키지 아니한 자 • 신상정보의 확인이나 조회 요청을 하지 아니한 자 • 결정 · 명령을 따르지 아니한 자 또는 처우개선을 위하여 필요한 조치 명령을 따르지 아니한 자 • 입 · 퇴원 등 관리시스템에 따른 신고 내용 및 퇴원 등의 사항을 등록하지 아니한 자 • 동의를 받지 아니하고 정신질환자에 대하여 녹음 · 녹화 또는 촬영을 한 자 • 정신건강의학과전문의의 지시에 따르지 아니하고 신체적 제한을 한 자 • 입원 등을 한 사람의 신청 또는 동의 없이 작업을 시키거나 정신건강의학과전문의나 정신건강전문요원이 지시한 방법과 다르게 작업을 시킨 자
500만원 이하의 벌금	• 정당한 사유 없이 시설 개방 요구에 따르지 아니한 자

2) 양벌규정

법인의 대표자나 법인 또는 개인의 대리인, 사용인, 그 밖의 종업원이 그 법인 또는 개인의 업무에 관하여 위의 벌칙의 어느 하나에 해당하는 위반행위를 하면 그 행위자를 벌하는 외에 그 법인 또는 개인에게도 해당 조문의 벌금형을 과(科)한다. 다만, 법인 또는 개인이 그 위반행위를 방지하기 위하여 해당 업무에 관하여 상당한 주의와 감독을 게을리하지 아니한 경우에는 그러하지 아니하다.

3) 과태료

다음의 어느 하나에 해당하는 자에게는 100만원 이하의 과태료를 부과한다.

- 권리 및 권리행사방법을 알리지 아니하거나 권리행사에 필요한 서류를 정신건강증진시설에 갖추어 두지 아니한 자
- 정신건강복지센터의 기능 · 역할 및 이용 절차 등을 알리지 아니하거나 정신보건수첩 등의 서류를 정신건강증진시설에 갖추어 두지 아니한 자

- 신고를 하지 아니하거나 거짓으로 신고를 한 자
- 신고를 하지 아니하거나 거짓으로 신고를 한 자
- 퇴원 등 거부사유 및 퇴원등 심사를 청구할 수 있음을 통지하지 아니한 자
- 입원 등 또는 입원 등 기간 연장의 사실 및 사유를 통지하지 아니한 자
- 퇴원 등 거부 사실 및 사유나 퇴원 등 심사를 청구할 수 있다는 사실 및 그 청구절차를 통지하지 아니한 자
- 입원적합성심사위원회의 조사에 협조하지 아니한 자
- 임시 퇴원등 사실을 통보하지 아니한 자
- 보고를 하지 아니하거나 거짓으로 보고를 한 자, 관계 서류를 제출하지 아니하거나 거짓 서류를 제출한 자 또는 관계 공무원이나 정신건강심의위원회 위원의 검사·심사를 거부·방해 또는 기피한 자
- 교육, 고용, 시설이용의 기회를 제한 또는 박탈하거나 그 밖의 불공평한 대우를 한 자

과태료는 대통령령으로 정하는 바에 따라 보건복지부장관, 시·도지사 또는 시장·군수·구청장이 부과·징수한다.

9
chapter

농어촌주민의 보건복지증진을 위한 특별법

1. 총 칙

1) 목적

이 법은 농어촌주민의 보건복지 증진을 위한 시책을 강화하고 이에 관한 국가와 지방자치단체의 책임을 명확히 하며 농어촌에 보건의료 및 사회복지시설을 확충함으로써 농어촌주민의 인간다운 삶을 보장함을 목적으로 한다.

2) 정의

- "농어촌"이란 「농업·농촌 및 식품산업 기본법」에 따른 농촌과 「수산업·어촌 발전 기본법」에 따른 어촌을 말한다.
- "농어촌주민"이란 농어촌에 거주하는 사람을 말한다.
- "농어업인"이란 「농업·농촌 및 식품산업 기본법」에 따른 농업인과 「수산업·어촌 발전 기본법」에 따른 어업인을 말한다.

3) 적용 범위

이 법은 농어촌, 농어촌주민 및 농어업인에 대하여 적용한다.

4) 다른 법률과의 관계

이 법은 농어촌보건복지사업에 관하여 다른 법률의 규정에 우선하여 적용한다.

5) 국가와 지방자치단체의 책무

국가와 지방자치단체는 농어촌주민에게 보건의료 및 사회복지 영역에서 실질적인 혜택이 돌아갈 수 있도록 관련 제도와 여건을 조성하여야 한다.

2. 농어촌보건복지 기본계획의 수립

1) 실태조사의 실시

보건복지부장관은 농어촌의 보건복지 수준에 관한 실태조사를 5년마다 실시하여 공표하여야 한다. 또한 실태조사를 위하여 필요한 경우 관계 중앙행정기관의 장, 지방자치단체의 장, 「공공기관의 운영에 관한 법률」에 따른 공공기관의 장, 그 밖에 관련 시설·법인·단체의 장에게 필요한 자료의 제출 또는 의견의 진술 등을 요청할 수 있다. 이 경우 관계 중앙행정기관의 장 등은 특별한 사유가 없으면 그 요청에 따라야 한다.

실태조사는 「농어업인 삶의 질 향상 및 농어촌지역 개발촉진에 관한 특별법」에 따른 실태조사와 통합하여 실시할 수 있으며, 실태조사의 항목·방법·절차 및 공표 등에 필요한 사항은 보건복지부령으로 정한다.

2) 농어촌보건복지 기본계획의 수립

보건복지부장관은 실태조사를 토대로 관계 중앙행정기관의 장과 협의하여 농어촌보건복지 기본계획을 5년마다 수립하여야 하며, 기본계획에는 다음의 사항이 포함되어야 한다.

- 농어촌보건복지정책의 기본목표 및 추진방향
- 주요 추진과제 및 추진방법
- 필요한 재원의 규모와 조달 방안
- 농어촌보건복지의 전달체계
- 그 밖에 농어촌보건복지 증진을 위하여 특별히 필요하다고 보건복지부장관이 인정하는 사항

3) 추진계획 등의 수립

보건복지부장관, 관계 중앙행정기관의 장 및 광역시장・특별자치시장・도지사・특별자치도지사는 기본계획에 따라 농어촌보건복지와 관련된 소관 주요시책의 추진계획을 매년 수립・시행하여야 한다.

시장(「제주특별자치도 설치 및 국제자유도시 조성을 위한 특별법」에 따른 행정시장 포함)・군수(농어촌을 관할하는 자치구의 구청장 포함)는 추진계획에 따라 농어촌보건복지와 관련된 소관 주요 추진계획의 실천계획을 매년 수립・시행하여야 한다.

4) 계획수립의 협조

보건복지부장관, 관계 중앙행정기관의 장, 시・도지사 및 시장・군수는 기본계획・추진계획 및 실천계획의 수립・시행을 위하여 필요하면 관계 공공기관・민간기관 또는 단체에 협조를 요청할 수 있다.

기본계획, 추진계획 및 실천계획은 농어촌보건복지에 관한 「지역보건법」에 따른 지역보건의료계획과 「사회보장급여의 이용・제공 및 수급권자 발굴에 관한 법률」에 따른 지역사회보장계획의 내용 및 그 시행결과에 대한 평가와 연계되도록 하여야 한다.

3. 농어촌 보건의료의 기반 조성

1) 공공보건의료기관의 우선 지원

국가와 지방자치단체는 「공공보건의료에 관한 법률」의 공공보건의료기관 중 농어촌에 있는 공공보건의료기관에 인력・시설 및 장비를 우선적으로 지원할 수 있다.

2) 보건진료소의 통합 등에 관한 지역주민의 의견 수렴

지방자치단체의 장은 「농어촌 등 보건의료를 위한 특별조치법」의 보건진료소를 통합하거나 폐지하려는 경우에는 해당 지역주민의 의견을 수렴하여야 하며, 이에 따른 지역주민의 의견 수렴 방법 및 절차에 관하여 필요한 사항은 보건복지부령으로 정한다.

3) 응급의료체계의 구축

국가와 지방자치단체는 「응급의료에 관한 법률」에 따른 응급의료기본계획 및 지역응급의료시행계획에 다음의 사항을 반영하여야 하며, 이를 실천하기 위하여 농어촌의 응급의료기관 및 공공보건의료기관에 필요한 재정지원을 할 수 있다.

- 농어촌 응급의료 이용실태의 조사 · 분석
- 농어촌 응급의료 취약지의 해소를 위한 응급의료기관의 설치 · 지정
- 농어촌 응급의료기관의 인력 · 장비 및 시설 개선
- 농어촌 응급환자 이송수단의 확보

4) 민간의료기관에 대한 보건의료 제공에 관한 협조 요청

국가와 지방자치단체는 농어촌주민의 의료수요 충족을 위하여 필요하면 농어촌에 있는 민간의료기관에 대하여 「공공보건의료에 관한 법률」에 해당하는 보건의료를 농어촌에 제공하도록 협조를 요청할 수 있으며, 보건의료를 제공하는 민간의료기관에 대하여 인력 및 재정 지원을 할 수 있다.

5) 농어촌 민간의료기관의 육성

국가나 지방자치단체는 농어촌주민의 보건 향상과 국민보건의료의 균형 있는 발전을 위하여 농어촌 민간의료기관을 육성하여야 하며, 민간의료기관을 육성하기 위하여 농어촌 민간의료기관에 융자하는 경우 보건복지부장관이 관계 행정기관의 장과 협의하여 정하는 융자금리와 융자기간을 적용할 수 있다.

국가나 지방자치단체는 농어촌 민간의료기관을 육성하기 위하여 농어촌 민간의료기관이 종전의 「재정융자특별회계법」에 따라 2003년 12월 31일 이전에 도입한 차관에 대하여 보건복지부장관이 관계 행정기관의 장과 정하는 바에 따라 상환기간의 연장, 금리의 인하 등 조정된 상환조건을 적용할 수 있다.

6) 암검진사업의 우선 실시

국가는 「암관리법」에 따른 암검진사업을 농어촌에 우선적으로 무상 실시하기 위한 시책을 마련하여야 하며, 암검진 항목 및 대상 등에 필요한 사항은 보건복지부령으로 정한다.

7) 정신보건사업의 우선 실시

국가와 지방자치단체는 「정신건강증진 및 정신질환자 복지서비스 지원에 관한 법률」에 따른 정신요양시설 및 정신재활시설 중 농어촌에 있는 시설의 설치·운영 및 시설개선에 필요한 비용의 전부 또는 일부를 우선적으로 지원할 수 있다.

국가와 지방자치단체는 농어촌주민의 정신건강 증진 및 정신질환의 치료·재활을 위하여 「정신건강증진 및 정신질환자 복지서비스 지원에 관한 법률」에 따른 정신건강증진사업 등을 농어촌에서 우선적으로 하여야 하며, 정신보건센터의 설치·운영 등 그 사업에 필요한 비용의 전부 또는 일부를 지원할 수 있다.

8) 구강보건사업의 우선 실시

국가와 지방자치단체는 「구강보건법」에 따른 구강보건사업을 할 때 대통령령으로 정하는 저소득층 농어촌주민에 대하여 노인의치사업 등의 구강보건사업을 우선적으로 하기 위한 시책을 마련하여야 하며, 구강보건사업에 드는 비용은 국가와 지방자치단체가 부담한다.

구강보건사업의 항목·대상과 국가와 지방자치단체 간의 비용부담 비율 등에 필요한 사항은 보건복지부령으로 정한다.

9) 한방산업의 육성 지원

국가와 지방자치단체는 농어업인 또는 대통령령으로 정하는 자가 「한의약 육성법」의 한약재를 재배·가공 또는 유통(이하 "한약재재배 등")하려는 경우에는 비용의 일부를 예산의 범위에서 지원할 수 있으며, 한약재재배 등의 지원 신청 절차 및 신청에 대한 심사기준 등에 관한 사항은 보건복지부령으로 정한다.

4. 농어촌 사회복지의 증진

1) 「국민기초생활 보장법」」상 수급권자 선정기준의 특례

국가는 「국민기초생활 보장법」의 수급권자를 선정하기 위하여 농어업인 가구의 소득평가액을 산정하는 경우 농어업인 가구의 특성을 반영한 지출 요인을 추가하여 인정할 수 있다.

국가는 농어업인 가구의 재산의 소득환산액을 산정하는 경우 「국민기초생활 보장법」에도 불구하고 경작농지 등 농어업과 직접 관련되는 재산에 대하여 소득환산기준의 일부를 완화하여 적용할 수 있으며, 지출 요인의 추가 인정 사항과 재산의 범위 및 재산가액의 산정기준에 관하여 필요한 사항은 보건복지부령으로 정한다.

2) 자활지원시책의 시행

국가와 지방자치단체는 수급권자 및 그와 생활수준이 비슷한 농어촌주민의 자활을 지원하고 삶의 질을 향상시키기 위한 시책을 마련하여야 한다.

3) 사회복지시설의 우선 지원

국가와 지방자치단체는 「사회복지사업법」의 사회복지시설의 개선사업을 할 때 농어촌의 사회복지시설에 우선적으로 재정지원을 할 수 있다.

4) 영유아의 보육지원

국가와 지방자치단체는 농어촌의 보육 여건 개선을 위하여 국공립 어린이집을 우선 설치하거나 그 밖에 어린이집이 설치될 수 있도록 필요한 조치를 하여야 하며, 어린이집의 설치·운영 및 영유아의 보육에서 농어촌의 특성으로 인하여 추가로 드는 비용을 지원할 수 있다.

5) 아동가정 보호사업의 지원 확대

국가와 지방자치단체는 보호가 필요한 농어촌 아동의 보호를 활성화하기 위하여 다음의 가정에 대한 지원시책을 우선적으로 마련하여야 하며, 지원내용 및 범위 등에 관하여 필요한 사항은 대통령령으로 정한다.

- 소년소녀가 가장인 가정
- 「아동복지법」에 따라 아동의 보호를 위탁받은 가정
- 「입양특례법」의 요보호아동을 입양한 가정

6) 복합노인복지시설의 설치·운영

국가와 지방자치단체는 농어촌에 거주하는 노인에 대하여 주거·건강증진·여가·문화 등 다양한 복지서비스를 무료 또는 실비로 지원하기 위하여 「노인복지법」의 노인복지시설을 종합적으로 배치한 복합노인복지시설을 설치·운영할 수 있으며, 복합노인복지시설의 설치·운영에 필요한 사항은 보건복지부령으로 정한다.

7) 저소득층 노인의 요양 지원

국가와 지방자치단체는 대통령령으로 정하는 농어촌의 저소득층 노인에게 간병·수발, 일상생활 지원, 재활 등의 필요한 서비스를 제공하여야 하며, 서비스의 내용 및 방법 등에 관하여 필요한 사항은 보건복지부령으로 정한다.

국가와 지방자치단체는 간병이 필요한 노인을 부양하고 있는 대통령령으로 정하는 저소득층 농어업인 가구에 대해서는 간병비용 또는 물품 등을 예산의 범위에서 보건복지부령으로 정하는 바에 따라 지원할 수 있다.

8) 한부모가족 지원대상자의 범위에 관한 특례

국가는 「한부모가족지원법」 "지원대상자의 범위" 조항에도 불구하고 농어촌의 한부모가족 지원대상자의 범위는 보건복지부령으로 정하는 바에 따라 달리 정할 수 있다.

9) 「국민건강보험법」에 따른 보험료 지원

국가는 농어업인이 「국민건강보험법」에 따라 부담하여야 하는 보험료를 보험료부과점수에 따라 예산의 범위에서 차등하여 지원할 수 있다. 이 경우 그 지원금액과 「국민건강보험법」에 따라 경감되는 금액을 합친 금액은 부담하여야 하는 보험료의 50% 이내여야 한다.

보험료의 차등 지원 비율, 지원 범위 등의 기준은 대통령령으로 정한다.

10) 부과표준소득의 산정에 관한 특례

국민건강보험공단은 농어업인에 대하여 「국민건강보험법」에 따른 보험료부과점수를 산정하는 경우 휴경·폐경지 등 대통령령으로 정하는 농어업인의 재산에 대해서는 다른 재산과 달리 적용할 수 있으며, 농어업인의 재산에 적용할 보험료부과점수의 산정방법 및 기준 등에 관하여 필요한 사항은 대통령령으로 정한다.

11) 보험료 등의 결손처분에 관한 특례

국민건강보험공단은 「국민건강보험법」에 따라 농어업인의 보험료 등을 결손처분하는 경우에는 대통령령으로 정하는 바에 따라 그 대상과 방법을 달리 적용할 수 있다.

12) 보험료 등 납부기한의 연기

국민건강보험공단은 농어업인이 재산에 심한 손실을 받은 경우 등 보건복지부령으로 정하는 부득이한 사유가 있는 경우에는 「국민건강보험법」에 따른 보험료의 납부기한을 연기할 수 있으며, 험료의 납부기한을 연기하려고 할 때에는 보건복지부령으로 정하는 바에 따라 공단에 신청하여야 한다. 다만, 공단은 농어업인이 신청하기 어렵다고 인정되는 경우에는 직권으로 보험료의 납부기한을 연기할 수 있다.

국민건강보험공단은 보험료의 납부기한을 연기할 때에는 보건복지부령으로 정하는 바에 따라 농어업인에게 연기한 보험료 납부기한 등 필요한 사항을 통지하여야 한다.

국민건강보험공단은 연기한 보험료 납부기한이 지났으나 보험료를 내기 어려운 사유가 있다고 인정되는 경우에는 보건복지부령으로 정하는 바에 따라 분할하여 내게 할 수 있다.

13) 국민연금보험료의 지원

국가는 농어업인이 「국민연금법」에 따라 부담하여야 하는 국민연금보험료 중 50% 이내의 금액을 같은 법에서 정하는 바에 따라 예산의 범위에서 지원할 수 있다.

14) 농어촌특별세의 우선 지원

국가는 이 법에 따라 시행하는 농어촌보건복지사업에 대하여 농어촌특별세로 조성된 재원을 우선하여 지원할 수 있다.

15) 준농어촌에 대한 특례

농어촌 외의 지역으로서 다음의 어느 하나에 해당하는 지역은 농어촌으로 보아 그 지역에 거주하는 주민에게는 대통령령으로 정하는 바에 따라 필요한 지원을 할 수 있다.

- 「농지법」에 따라 지정된 농업진흥지역
- 「개발제한구역의 지정 및 관리에 관한 특별조치법」에 따라 지정된 개발제한구역
- 「공공주택 특별법」에 따른 특별관리지역(보험료 지원에 한정)
- 「개발제한구역의 지정 및 관리에 관한 특별조치법」에 따라 개발제한구역에서 해제된 지역으로서 대통령령으로 정하는 지역. 다만, 그 지역 주변에 있는 농경지가 개발제한구역 또는 「공공주택 특별법」에 따른 특별관리지역으로 남아 있는 지역(보험료 지원에 한정)

10
chapter

노숙인 등의 복지 및 자립지원에 관한 법률

1. 총 칙

1) 목적

이 법은 노숙인(露宿人) 등의 인간다운 생활을 할 권리를 보호하고 재활 및 자립을 위한 기반을 조성하여 이들의 건전한 사회복귀와 복지증진에 이바지하는 것을 목적으로 한다.

2) 정의

- "노숙인 등"이란 다음의 어느 하나에 해당하는 사람 중 보건복지부령으로 정하는 사람을 말한다.
  - ㉠ 상당한 기간 동안 일정한 주거 없이 생활하는 사람
  - ㉡ 노숙인시설을 이용하거나 상당한 기간 동안 노숙인시설에서 생활하는 사람
  - ㉢ 상당한 기간 동안 주거로서의 적절성이 현저히 낮은 곳에서 생활하는 사람
- "노숙인시설"이란 이 법에 따른 노숙인 등을 위한 노숙인복지시설, 노숙인종합지원센터를 말한다.
- "노숙인시설 종사자"란 노숙인시설에서 노숙인 등의 보호, 상담, 복지서비스 연계 및 노숙인 등의 복지에 관한 업무를 담당하는 사람으로서 노숙인시설의 장 및 그 종사자를 말한다.

3) 국가와 지방자치단체의 책임

국가와 지방자치단체는 노숙 등을 예방하고, 노숙인 등의 권익을 보장하며, 보호와 재활 및 자활을 지원하기 위한 정책을 마련하여 노숙인 등의 사회복귀 및 복지를 향상시킬 책임을 진다.

국가와 지방자치단체는 성별 특성을 고려하여 노숙인 등을 위한 지원사업을 하여야 하며, 노숙인 등을 위한 지원사업을 원활히 추진하기 위하여 관련 민간단체와 협력하여야 한다.

4) 노숙인 등의 권리와 책임

노숙인 등은 국가와 지방자치단체로부터 적절한 주거와 보호 등을 제공받을 수 있으며, 스스로 생활수준을 향상시키기 위하여 성실히 노력하여야 한다.

노숙인 등은 응급상황 발생 시 경찰공무원(「제주특별자치도 설치 및 국제자유도시 조성을 위한 특별법」에 따른 자치경찰공무원 포함), 소방공무원 또는 노숙인 등 관련 업무 종사자의 응급조치에 응하여야 한다.

5) 중복지원의 제한

다른 법률에 따라 이 법에서 정한 복지서비스의 내용과 유사한 보호 또는 지원을 받고 있는 노숙인 등에 대하여는 대통령령으로 정하는 바에 따라 이 법에 따른 복지서비스를 제한할 수 있다.

6) 다른 법률과의 관계

이 법에서 특별히 규정하지 아니한 사항에 대하여는 「사회복지사업법」에서 정하는 바에 따른다.

2. 노숙인 등을 위한 종합계획의 수립

1) 노숙인 등의 복지 및 자립지원 종합계획의 수립

보건복지부장관은 노숙인 등의 보호 및 자립 등을 지원하기 위하여 5년마다 다음의 사항을 포함하는 노숙인 등의 복지 및 자립지원 종합계획을 수립·시행하여야 한다.

- 노숙인 등에 대한 정책의 목표와 방향
- 노숙인 등의 성별 특성을 반영한 정책
- 노숙인 등의 발생예방·사후관리 및 감소 방안
- 정책성과 지표와 재정계획
- 노숙인시설의 설치·확보 및 주거지원·복지서비스 등에 관한 사항
- 민간협력에 관한 사항
- 노숙인 등의 보호와 자립을 위한 관계 중앙행정기관의 장과의 협력에 관한 사항
- 그 밖에 대통령령으로 정하는 노숙인 등 정책에 관한 사항

보건복지부장관은 종합계획 수립 및 종합계획을 변경하려는 경우 미리 관계 중앙행정기관의 장과 협의하여야 하며, 종합계획은 「사회보장기본법」에 따른 사회보장심의위원회의 심의를 거쳐 확정하며, 확정·변경된 종합계획을 관계 중앙행정기관의 장 및 특별시장·광역시장·도지사·특별자치도지사에게 알려야 한다.

보건복지부장관, 관계 중앙행정기관의 장 및 시·도지사는 종합계획 및 이에 따른 시행계획을 수립·시행하기 위하여 필요한 경우에는 관계 공공기관·사회단체 및 그 밖의 민간기업의 장에게 필요한 자료의 제출 등 협조를 요청할 수 있으며, 협조를 요청받은 자는 정당한 사유가 없는 한 이에 응하여야 한다.

2) 시행계획의 수립·시행

보건복지부장관, 관계 중앙행정기관의 장 및 시·도지사는 종합계획에 따라 노숙인 등 정책에 관한 시행계획을 매년 수립·시행하여야 한다.

관계 중앙행정기관의 장 및 시·도지사는 다음 연도 시행계획 및 전년도 시행계획에 따른 추진실적을 대통령령으로 정하는 바에 따라 매년 보건복지부장관에게 제출하여야 한다.

보건복지부장관은 매년 시행계획에 따른 추진실적을 평가하여야 하며, 시행계획의 수립·시행 및 추진실적의 평가 등에 필요한 사항은 대통령령으로 정한다.

3) 국회에 대한 보고

보건복지부장관은 매년 종합계획의 주요 내용, 해당 연도의 시행계획, 전년도 시행계획의 추진실적, 추진실적의 평가를 확정한 후 지체 없이 국회 소관 상임위원회에 보고하여

야 한다.

4) 실태조사

보건복지부장관은 이 법의 적절한 시행을 위하여 노숙인 등의 현황·욕구 및 심리와 이들에 대한 공공 및 민간의 지원상황에 대하여 5년마다 실태조사를 실시하고 그 결과를 공표하여야 한다.

보건복지부장관은 실태조사를 위하여 필요한 경우 관계 중앙행정기관의 장, 지방자치단체의 장, 「공공기관의 운영에 관한 법률」에 따른 공공기관의 장, 그 밖에 관련 시설·법인·단체의 장에게 필요한 자료의 제출 또는 의견의 진술 등을 요청할 수 있다. 이 경우 관계 중앙행정기관의 장 등은 특별한 사유가 없으면 그 요청에 따라야 하며, 실태조사의 시기·방법과 내용 등에 필요한 사항은 보건복지부령으로 정한다.

3. 복지서비스 제공

1) 주거지원

국가와 지방자치단체는 노숙인 등의 적절한 주거생활을 위하여 다음의 어느 하나에 해당하는 주거지원을 할 수 있으며, 주거지원의 기준·방법·절차 등에 필요한 사항은 대통령령으로 정한다.

- 노숙인복지시설에 의한 보호
- 「사회복지사업법」에 따른 사회복지시설 및 다른 법률에 따른 보호시설에 의한 보호
- 임대주택의 공급
- 임시주거비 지원
- 그 밖에 대통령령으로 정하는 주거지원

2) 급식지원

국가와 지방자치단체는 노숙인 등에게 필요한 급식서비스를 제공하기 위하여 노숙인급식시설을 설치·운영할 수 있으며, 국가와 지방자치단체 외의 자가 노숙인급식시설을 설치·운영하려면 보건복지부령으로 정하는 바에 따라 시장·군수·구청장에게 신고하여야 한다.

시장 · 군수 · 구청장은 신고를 받은 경우 그 내용을 검토하여 이 법에 적합하면 신고를 수리하여야 하며, 노숙인급식시설의 설치 · 운영 · 지원기준 등 급식지원에 필요한 사항은 보건복지부령으로 정한다.

3) 의료지원

국가와 지방자치단체는 노숙인 등에게 필요한 의료서비스를 제공하기 위하여 노숙인진료시설을 설치 · 운영할 수 있으며, 국공립병원, 보건소 또는 민간의료기관을 노숙인진료시설로 지정할 수 있다.

국가와 지방자치단체는 전문적인 처치와 수술 등을 필요로 하는 노숙인 등에 대한 전문 의료서비스의 제공을 국공립병원, 보건소 또는 민간의료기관에 의뢰하거나 위탁할 수 있으며, 국가와 지방자치단체 외의 자는 보건복지부령으로 정하는 바에 따라 노숙인진료시설을 설치 · 운영할 수 있다.

노숙인진료시설의 설치 · 운영 및 지정기준 등 노숙인 등에 대한 의료지원에 필요한 사항은 보건복지부령으로 정한다.

4) 여성노숙인 등에 대한 보건위생물품 지원

국가와 지방자치단체는 여성노숙인 등의 건강과 복지를 위하여 여성노숙인 등에게 보건위생에 필수적인 물품을 지원할 수 있으며, 물품 지원의 기준 · 범위 등에 필요한 사항은 대통령령으로 정한다.

5) 고용지원

국가와 지방자치단체는 노숙인 등의 고용을 지원하고 촉진하기 위하여 고용정보의 제공, 직업지원, 취업알선, 직업능력개발 등 필요한 조치를 할 수 있으며, 공공일자리 제공 등 자활지원사업을 실시할 수 있고, 국가와 지방자치단체 외의 자가 자활지원사업을 실시하려면 보건복지부령으로 정하는 바에 따라 시장 · 군수 · 구청장에게 신고하여야 한다.

시장 · 군수 · 구청장은 신고를 받은 경우 그 내용을 검토하여 이 법에 적합하면 신고를 수리하여야 하며, 노숙인 등에 대한 고용지원에 필요한 사항은 대통령령으로 정한다.

6) 응급조치의 의무

경찰공무원, 소방공무원 또는 노숙인 등 관련 업무 종사자는 중대한 질병, 동사(凍死) 등 노숙인 등에 관한 응급상황을 신고받거나 발견한 때에는 지체 없이 필요한 조치를 하여야 하며, 응급상황, 필요한 조치의 내용 및 노숙인 등 관련 업무 종사자의 범위 등에 필요한 사항은 대통령령으로 정한다.

4. 노숙인시설

1) 노숙인시설의 설치 · 운영

국가와 지방자치단체는 노숙인 등의 자립과 사회복귀 등을 지원하기 위하여 노숙인시설을 설치 · 운영하거나 사회복지법인 또는 비영리법인에 위탁하여 운영할 수 있으며, 국가와 지방자치단체 외의 자가 노숙인복지시설을 설치 · 운영하고자 하는 때에는 보건복지부령으로 정하는 바에 따라 시장 · 군수 · 구청장에게 신고하여야 하며, 신고를 받은 경우 그 내용을 검토하여 이 법에 적합하면 신고를 수리하여야 한다.

2) 노숙인복지시설의 종류

- 노숙인일시보호시설: 노숙인 등에게 일시보호 및 복지서비스 연계 등을 제공하는 시설
- 노숙인자활시설: 노숙인 등의 자립을 지원하기 위하여 전문적인 직업상담 · 훈련 등의 복지서비스를 제공하는 시설
- 노숙인재활시설: 신체 및 정신장애 등으로 자립이 어려운 노숙인 등에게 치료 및 재활서비스를 제공하는 시설
- 노숙인요양시설: 건강상의 문제 등으로 단기간 내 가정 및 사회복귀가 어려운 노숙인 등에게 요양서비스를 제공하는 시설
- 노숙인급식시설
- 노숙인진료시설
- 쪽방상담소: 쪽방 밀집지역에서 쪽방거수자에 대한 상담 · 취입지원 · 생계지원, 그 밖의 행정지원 서비스를 제공하는 시설
- 그 밖에 보건복지부령으로 정하는 시설

노숙인복지시설의 구체적인 사업내용 및 기준에 관하여 필요한 사항은 보건복지부령으로 정한다.

3) 노숙인복지시설의 입소 · 퇴소

노숙인복지시설에 입소 또는 퇴소하려는 노숙인 등은 노숙인복지시설의 장에게 입소를 신청하거나 퇴소를 요청할 수 있다.

시장 · 군수 · 구청장, 경찰관서의 장(지구대 · 파출소 및 출장소 포함)은 보건복지부령으로 정하는 바에 따라 노숙인 등의 입소를 의뢰할 수 있다.

시장 · 군수 · 구청장은 노숙인 등의 입소 · 퇴소 결정 및 다른 사회복지시설로의 전원(轉院) 등 필요한 조치를 위하여 입소 · 퇴소심사위원회를 둘 수 있다.

보건복지부장관, 시 · 도지사 또는 시장 · 군수 · 구청장은 입소조치된 자가 사망한 경우 그 자에 대한 장례를 행할 자가 없을 때에는 그 장례를 행하거나 해당 시설의 장으로 하여금 그 장례를 행하게 할 수 있다. 이 경우 보건복지부장관, 시 · 도지사, 시장 · 군수 · 구청장 또는 노숙인복지시설의 장은 사망자가 유류한 금전 또는 유가증권을 그 장례에 필요한 비용에 충당할 수 있으며, 부족이 있을 때에는 유류물품을 처분하여 그 대금을 이에 충당할 수 있다.

노숙인복지시설의 입소 · 퇴소의 기준 · 방법 · 절차 등에 필요한 사항과 입소 · 퇴소심사위원회의 구성과 운영 등에 필요한 사항 및 장례비용 충당의 세부절차는 보건복지부령으로 정한다.

4) 상속인 없는 재산의 처리

노숙인복지시설을 설치 · 운영하는 자는 그 시설에 입소 중인 사람이 사망하고 그 상속인의 존부가 분명하지 아니한 때에는 「민법」의 규정에 따라 사망한 사람의 재산을 처리한다. 다만, 사망한 사람의 잔여재산이 「사회복지사업법」에 따른 금액 이하인 경우에는 관할 시장 · 군수 · 구청장에게 잔여재산 목록을 작성하여 보고하는 것으로 그 재산의 처리를 갈음할 수 있다.

보고를 받은 시장 · 군수 · 구청장은 상속인, 일반상속채권자, 유증받은 자, 기타 상속재산에 대하여 권리를 주장하려는 자가 있으면 6개월 내에 그 권리를 주장할 것을 3개월 이상 공고하여야 하며, 기간 내에 상속재산에 대하여 권리를 주장하는 자가 있는 때에는 시장 · 군수 · 구청장이 「민법」에 따라 그 기간 내에 신고한 채권자들 간에 배당하여 변제하여야 한다.

기간이 경과하여도 상속재산에 대하여 권리를 주장하는 자가 없는 때에는 상속재산은 지방자치단체에 귀속되며, 정한 사항 외에 상속인 없는 재산의 처리에 관한 세부절차는 보건복지부령으로 정한다.

5) 노숙인복지시설의 서비스

노숙인복지시설의 장은 입소자에게 자활 및 재활에 필요한 프로그램을 제공하고 입소자의 건강관리 등을 위하여 필요한 조치를 취하여야 하며, 자활 및 재활프로그램 운영, 건강관리 등에 필요한 사항은 보건복지부령으로 정한다.

6) 노숙인종합지원센터

노숙인종합지원센터는 다음의 업무를 수행한다.

- 주거 · 의료 · 고용 지원을 위한 상담 및 복지서비스 연계
- 응급조치
- 복지서비스 이력 관리
- 심리상담
- 그 밖에 보건복지부령으로 정하는 사항

7) 인권교육

노숙인시설의 종사자는 노숙인 등에 대한 인권침해를 예방하기 위한 교육을 받아야 하며, 노숙인시설을 운영하는 자는 그 시설 종사자에 대하여 교육이수를 이유로 불리한 처우를 하여서는 아니 되며, 교육의 실시에 필요한 사항은 보건복지부령으로 정한다.

8) 금지행위

노숙인시설의 종사자는 다음의 어느 하나에 해당하는 행위를 하여서는 아니 된다.

- 노숙인 등을 유기하거나 의식주를 포함한 기본적 보호 및 치료를 소홀히 하는 방임 행위
- 노숙인 등에게 구걸을 하게 하거나 영리를 목적으로 노숙인 등 또는 노숙인시설을 이용하여 부당이익을 취하는 행위
- 노숙인 등을 위하여 증여 또는 급여로 지급받은 금품을 그 목적 외의 용도에 사용하는 행위
- 정당한 사유 없이 노숙인 등의 입소 · 퇴소 및 전원조치를 지연하거나 노숙인 등을 강압적으로 시설에 입소 · 퇴소시키는 행위
- 노숙인 등을 체포 또는 감금하는 행위

- 노숙인 등을 폭행 · 협박 또는 감금하거나 그 밖에 정신상 또는 신체상의 자유를 부당하게 구속하여 그들의 자유의사에 반하여 노동을 강요하는 행위

9) 위반사실의 공표

보건복지부장관, 시 · 도지사 또는 시장 · 군수 · 구청장은 위반행위로 노숙인시설의 대표자나 사용인이 처벌을 받은 경우 그 위반행위, 처벌내용, 노숙인시설의 명칭, 대표자 성명, 노숙인시설의 장의 성명(대표자와 동일인이 아닌 경우만 해당), 그 밖에 다른 시설과의 구별에 필요한 사항으로서 대통령령으로 정하는 사항을 공표할 수 있다. 이 경우 공표여부를 결정할 때에는 그 위반행위의 동기 · 정도 · 횟수 및 결과 등을 고려하여야 한다.

보건복지부장관, 시 · 도지사 또는 시장 · 군수 · 구청장은 처벌을 받은 자로서 금지행위로 노숙인 등의 생명을 해치거나 신체 또는 정신에 중대한 피해를 입힌 자가 있는 경우 그 성명, 위반내용, 그 밖에 대통령령으로 정하는 사항을 공표할 수 있다. 이 경우 공표여부를 결정할 때에는 그 위반행위의 동기 · 정도 · 횟수 및 결과 등을 고려하여야 한다.

보건복지부장관, 시 · 도지사 또는 시장 · 군수 · 구청장은 공표를 하기 전에 공표 대상자에게 그 사실을 통지하여 소명자료를 제출하거나 출석하여 의견진술을 할 수 있는 기회를 부여하여야 하며, 공표의 절차 · 방법, 그 밖에 필요한 사항은 대통령령으로 정한다.

10) 인권지킴이단

노숙인재활시설과 노숙인요양시설을 운영하는 자는 시설에서 생활하는 노숙인 등의 인권을 보호하기 위하여 해당 시설에 인권지킴이단을 두어야 하며, 인권지킴이단의 구성 · 운영에 관한 사항은 보건복지부령으로 정한다.

11) 지도 · 감독

국가와 지방자치단체는 노숙인시설의 업무를 지도 · 감독하고, 인권실태 등을 조사하기 위하여 필요한 경우 노숙인시설을 운영하는 자에게 그 시설에 관한 보고 또는 관련 서류의 제출을 명하거나 소속 공무원에게 그 시설의 운영상황과 장부, 그 밖의 서류를 조사 · 검사하게 하거나 관계인에게 질문하게 할 수 있다.

이에 따른 조사 · 검사 또는 질문을 하는 공무원은 그 권한을 표시하는 증표 및 조사기간, 조사범위, 조사담당자, 관계 법령 등 보건복지부령으로 정하는 사항이 기재된 서류를 관계인에게 내보여야 한다.

5. 보 칙

1) 비용의 보조

국가와 지방자치단체는 대통령령으로 정하는 바에 따라 노숙인시설의 설치·운영에 필요한 비용을 보조할 수 있다.

2) 비밀누설의 금지

노숙인시설에 종사하였거나 종사하고 있는 사람은 직무상 알게 된 다른 사람의 비밀을 누설하여서는 아니 된다.

3) 유사명칭의 사용 금지

이 법에 따른 노숙인시설이 아니면 노숙인시설 또는 이와 유사한 명칭을 사용하지 못한다.

4) 권한의 위임·위탁

이 법에 따른 보건복지부장관의 권한은 그 일부를 대통령령으로 정하는 바에 따라 시·도지사 또는 시장·군수·구청장에게 위임할 수 있다.

보건복지부장관, 시·도지사 또는 시장·군수·구청장은 이 법에 따른 업무의 일부를 대통령령으로 정하는 바에 따라 관련 단체 또는 법인에 위탁할 수 있다.

6. 벌 칙

1) 벌칙

7년 이하의 징역 또는 7천만원 이하의 벌금	노숙인 등을 폭행·협박 또는 감금하거나 그 밖에 정신상 또는 신체상의 자유를 부당하게 구속하여 그들의 자유의사에 반하여 노동을 강요하는 행위

5년 이하의 징역 또는 5천만원 이하의 벌금	• 노숙인 등을 유기하거나 의식주를 포함한 기본적 보호 및 치료를 소홀히 하는 방임행위 • 노숙인 등에게 구걸을 하게 하거나 영리를 목적으로 노숙인 등 또는 노숙인시설을 이용하여 부당이익을 취하는 행위 • 노숙인 등을 체포 또는 감금하는 행위
3년 이하의 징역 또는 3천만원 이하의 벌금	• 노숙인 등을 위하여 증여 또는 급여로 지급받은 금품을 그 목적 외의 용도에 사용하는 행위 • 정당한 사유 없이 노숙인 등의 입소·퇴소 및 전원조치를 지연하거나 노숙인 등을 강압적으로 시설에 입소·퇴소시키는 행위
2년 이하의 징역 또는 2천만원 이하의 벌금	직무상 알게 된 비밀을 누설한 사람
1년 이하의 징역 또는 1천만원 이하의 벌금	신고하지 아니하고 노숙인복지시설(노숙인급식시설은 제외한다)을 설치·운영한 자

2) 양벌규정

법인의 대표자나 법인 또는 개인의 대리인, 사용인, 그 밖의 종업원이 그 법인 또는 개인의 업무에 관하여 위반행위를 하면 그 행위자를 벌하는 외에 그 법인 또는 개인에게도 해당 조문의 벌금형을 과(科)한다. 다만, 법인 또는 개인이 그 위반 행위를 방지하기 위하여 해당 업무에 관하여 상당한 주의와 감독을 게을리하지 아니한 경우에는 그러하지 아니하다.

3) 과태료

다음의 어느 하나에 해당하는 자에게는 500만원 이하의 과태료를 부과한다.

• 노숙인급식시설 또는 자활지원사업에 따른 신고의무를 위반한 자
• 인권침해를 예방하기 위한 교육을 받지 아니한 자
• 인권교육 이수를 이유로 불리한 처우를 한 자
• 노숙인시설 또는 이와 유사한 명칭을 사용한 자

과태료는 대통령령으로 정하는 바에 따라 보건복지부장관, 시·도지사 또는 시장·군수·구청장이 부과·징수한다.

11 chapter

보호관찰 등에 관한 법률

1. 총 칙

1) 목적

이 법은 죄를 지은 사람으로서 재범 방지를 위하여 보호관찰, 사회봉사, 수강(受講) 및 갱생보호(更生保護) 등 체계적인 사회 내 처우가 필요하다고 인정되는 사람을 지도하고 보살피며 도움으로써 건전한 사회 복귀를 촉진하고, 효율적인 범죄예방 활동을 전개함으로써 개인 및 공공의 복지를 증진함과 아울러 사회를 보호함을 목적으로 한다.

2) 국민의 협력

모든 국민은 법률의 목적을 달성하기 위하여 그 지위와 능력에 따라 협력하여야 하며, 국가와 지방자치단체는 죄를 지은 사람의 건전한 사회 복귀를 위하여 보호선도 사업을 육성할 책임을 진다.

3) 보호관찰 대상자

(1) 보호관찰 대상자

- 보호관찰을 조건으로 형의 선고유예를 받은 사람
- 보호관찰을 조건으로 형의 집행유예를 선고받은 사람
- 보호관찰을 조건으로 가석방되거나 임시퇴원된 사람

- "보호자 또는 보호자를 대신하여 소년을 보호할 수 있는 자에게 감호 위탁, 보호관찰관의 단기(短期) 보호관찰, 보호관찰관의 장기(長期) 보호관찰"의 보호처분을 받은 사람
- 다른 법률에서 이 법에 따른 보호관찰을 받도록 규정된 사람

(2) 사회봉사 · 수강명령 대상자

- 「형법」에 따라 사회봉사 또는 수강을 조건으로 형의 집행유예를 선고받은 사람
- 「소년법」에 따라 사회봉사명령 또는 수강명령을 받은 사람
- 다른 법률에서 이 법에 따른 사회봉사 또는 수강을 받도록 규정된 사람

(3) 갱생보호 대상자

형사처분 또는 보호처분을 받은 사람으로서 자립갱생을 위한 숙식 제공, 주거 지원, 창업 지원, 직업훈련 및 취업 지원 등 보호의 필요성이 인정되는 사람으로 한다.

4) 운영의 기준

보호관찰, 사회봉사, 수강 또는 갱생보호는 해당 대상자의 교화, 개선 및 범죄예방을 위하여 필요하고도 적절한 한도 내에서 이루어져야 하며, 대상자의 나이, 경력, 심신상태, 가정환경, 교우관계, 그 밖의 모든 사정을 충분히 고려하여 가장 적합한 방법으로 실시되어야 한다.

2. 보호관찰기관

1) 보호관찰 심사위원회

(1) 설치

보호관찰에 관한 사항을 심사 · 결정하기 위하여 법무부장관 소속으로 보호관찰 심사위원회를 두며, 심사위원회는 고등검찰청 소재지 등 대통령령으로 정하는 지역에 설치한다.

(2) 관장 사무

심사위원회는 이 법에 따른 다음의 사항을 심사 · 결정한다.

- 가석방과 그 취소에 관한 사항

- 임시퇴원, 임시퇴원의 취소 및 「보호소년 등의 처우에 관한 법률」에 따른 보호소년의 퇴원에 관한 사항
- 보호관찰의 임시해제와 그 취소에 관한 사항
- 보호관찰의 정지와 그 취소에 관한 사항
- 가석방 중인 사람의 부정기형의 종료에 관한 사항
- 이 법 또는 다른 법령에서 심사위원회의 관장 사무로 규정된 사항
- 위의 사항과 관련된 사항으로서 위원장이 회의에 부치는 사항

(3) 구성과 임기

심사위원회는 위원장을 포함하여 5명 이상 9명 이하의 위원으로 구성하며, 위원장은 고등검찰청 검사장 또는 고등검찰청 소속 검사 중에서 법무부장관이 임명한다.

위원의 임기는 2년으로 하되, 연임할 수 있으며, 심사위원회의 위원 중 3명 이내의 상임위원을 둔다.

(4) 위원의 해임 및 해촉

위원이 다음의 어느 하나에 해당하면 해임하거나 해촉할 수 있다.

- 심신장애로 직무수행이 불가능하거나 현저히 곤란하다고 인정될 때
- 직무 태만, 품위 손상, 그 밖의 사유로 인하여 위원으로서 직무를 수행하기 적당하지 아니하다고 인정될 때

(5) 위원의 신분

상임위원은 고위공무원단에 속하는 일반직공무원 또는 4급 공무원으로서 「국가공무원법」에 따른 임기제공무원으로 한다.

상임위원이 아닌 위원은 명예직으로 한다. 다만, 예산의 범위에서 법무부령으로 정하는 바에 따라 여비나 그 밖의 수당을 지급할 수 있다.

(6) 의결 및 결정

심사위원회의 회의는 재적위원 과반수의 출석으로 개의하고, 출석위원 과반수의 찬성으로 의결한다. 그러나 회의를 개최할 시간적 여유가 없는 부득이한 경우로서 대통령령으로 정하는 경우에는 서면으로 의결할 수 있다. 이 경우 재적위원 과반수의 찬성으로 의결한다.

심사위원회의 회의는 비공개로 하며, 결정은 이유를 붙이고 심사한 위원이 서명 또는 기명날인한 문서로 한다.

2) 보호관찰소

(1) 보호관찰소의 설치

보호관찰, 사회봉사, 수강 및 갱생보호에 관한 사무를 관장하기 위하여 법무부장관 소속으로 보호관찰소를 두며, 보호관찰소의 사무 일부를 처리하게 하기 위하여 그 관할 구역에 보호관찰지소를 둘 수 있다.

(2) 보호관찰소의 관장 사무

보호관찰소(보호관찰지소 포함)는 다음의 사무를 관장한다.

- 보호관찰, 사회봉사명령 및 수강명령의 집행
- 갱생보호
- 검사가 보호관찰관이 선도(善導)함을 조건으로 공소제기를 유예하고 위탁한 선도 업무
- 범죄예방 자원봉사위원에 대한 교육훈련 및 업무지도
- 범죄예방활동
- 이 법 또는 다른 법령에서 보호관찰소의 관장 사무로 규정된 사항

(3) 보호관찰관

보호관찰소에는 관장 사무를 처리하기 위하여 보호관찰관을 두며, 보호관찰관은 형사정책학, 행형학, 범죄학, 사회사업학, 교육학, 심리학, 그 밖에 보호관찰에 필요한 전문적 지식을 갖춘 사람이어야 한다.

(4) 범죄예방 자원봉사위원

범죄예방활동을 하고, 보호관찰활동과 갱생보호사업을 지원하기 위하여 범죄예방 자원봉사위원(이하 "범죄예방위원")을 둘 수 있으며, 법무부장관은 법무부령으로 정하는 바에 따라 범죄예방위원을 위촉하며, 범죄예방위원의 명예와 이 법에 따른 활동은 존중되어야 한다.

범죄예방위원은 명예직으로 하되, 예산의 범위에서 직무수행에 필요한 비용의 전부 또는 일부를 지급할 수 있으며, 범죄예방위원의 위촉 및 해촉, 정원, 직무의 구체적 내용, 조직, 비용의 지급, 그 밖에 필요한 사항은 법무부령으로 정한다.

3. 보호관찰

1) 조사

(1) 판결 전 조사

법원은 피고인에 대하여 「형법」에 따른 보호관찰, 사회봉사 또는 수강을 명하기 위하여 필요하다고 인정하면 그 법원의 소재지(所在地) 또는 피고인의 주거지를 관할하는 보호관찰소의 장에게 범행 동기, 직업, 생활환경, 교우관계, 가족상황, 피해회복 여부 등 피고인에 관한 사항의 조사를 요구할 수 있으며, 요구를 받은 보호관찰소의 장은 지체 없이 이를 조사하여 서면으로 해당 법원에 알려야 한다. 이 경우 필요하다고 인정하면 피고인이나 그 밖의 관계인을 소환하여 심문하거나 소속 보호관찰관에게 필요한 사항을 조사하게 할 수 있다.

법원은 요구를 받은 보호관찰소의 장에게 조사진행 상황에 관한 보고를 요구할 수 있다.

(2) 결정 전 조사

법원은 「소년법」에 따라 소년 보호사건에 대한 조사 또는 심리를 위하여 필요하다고 인정하면 그 법원의 소재지 또는 소년의 주거지를 관할하는 보호관찰소의 장에게 소년의 품행, 경력, 가정상황, 그 밖의 환경 등 필요한 사항에 관한 조사를 의뢰할 수 있으며, 의뢰를 받은 보호관찰소의 장은 지체 없이 조사하여 서면으로 법원에 통보하여야 하며, 조사를 위하여 필요한 경우에는 소년 또는 관계인을 소환하여 심문하거나 소속 보호관찰관으로 하여금 필요한 사항을 조사하게 할 수 있다.

2) 형의 선고유예 및 집행유예와 보호관찰

법원은 「형법」에 따라 보호관찰을 명하는 판결이 확정된 때부터 3일 이내에 판결문 등본 및 준수사항을 적은 서면을 피고인의 주거지를 관할하는 보호관찰소의 장에게 보내야 하며, 법원은 그 의견이나 그 밖에 보호관찰에 참고가 될 수 있는 자료를 첨부할 수 있다.

법원은 통지를 받은 보호관찰소의 장에게 보호관찰 상황에 관한 보고를 요구할 수 있다.

3) 가석방 및 임시퇴원

(1) 교도소장 등의 통보의무

교도소·구치소·소년교도소의 장은 징역 또는 금고의 형을 선고받은 소년(이하 "소년수형자")이 「소년법」 제65조 각 호[1]의 기간을 지나면 그 교도소·구치소·소년교도소의 소재지를 관할하는 심사위원회에 그 사실을 통보하여야 한다.

소년원장은 보호소년이 수용된 후 6개월이 지나면 그 소년원의 소재지를 관할하는 심사위원회에 그 사실을 통보하여야 한다.

(2) 가석방·퇴원 및 임시퇴원의 신청

교도소·구치소·소년교도소 및 소년원(이하 "수용기관"이라 한다)의 장은 「소년법」 제65조 각 호의 기간이 지난 소년수형자 또는 수용 중인 보호소년에 대하여 법무부령으로 정하는 바에 따라 관할 심사위원회에 가석방, 퇴원 또는 임시퇴원 심사를 신청할 수 있으며, 신청을 할 때에는 통지받은 환경조사 및 환경개선활동 결과를 고려하여야 한다.

(3) 가석방·퇴원 및 임시퇴원의 심사와 결정

심사위원회는 가석방, 퇴원 또는 임시퇴원 심사에 따른 신청을 받으면 소년수형자에 대한 가석방 또는 보호소년에 대한 퇴원·임시퇴원이 적절한지를 심사하여 결정한다.

심사위원회는 가석방, 퇴원 또는 임시퇴원 심사 통보를 받은 사람에 대하여는 신청이 없는 경우에도 직권으로 가석방·퇴원 및 임시퇴원이 적절한지를 심사하여 결정할 수 있다.

심사위원회는 소년수형자의 가석방이 적절한지를 심사할 때에는 보호관찰의 필요성을 심사하여 결정하며, 규정에 따라 심사·결정을 할 때에는 본인의 인격, 교정성적, 직업, 생활태도, 가족관계 및 재범 위험성 등 모든 사정을 고려하여야 한다.

(4) 성인수형자에 대한 보호관찰의 심사와 결정

심사위원회는 「형의 집행 및 수용자의 처우에 관한 법률」에 따라 가석방되는 사람에 대하여 보호관찰의 필요성을 심사하여 결정하며, 보호관찰심사를 할 때에는 보호관찰 사안조사 결과를 고려하여야 한다.

---

1) 第65조(가석방) 징역 또는 금고를 선고받은 소년에 대하여는 다음 각 호의 기간이 지나면 가석방(假釋放)을 허가할 수 있다.
   1. 무기형의 경우에는 5년
   2. 15년 유기형의 경우에는 3년
   3. 부정기형의 경우에는 단기의 3분의 1

(5) 법무부장관의 허가

심사위원회는 심사 결과 가석방, 퇴원 또는 임시퇴원이 적절하다고 결정한 경우 및 심사 결과 보호관찰이 필요없다고 결정한 경우에는 결정서에 관계 서류를 첨부하여 법무부장관에게 이에 대한 허가를 신청하여야 하며, 법무부장관은 심사위원회의 결정이 정당하다고 인정하면 이를 허가할 수 있다.

4) 환경조사 및 환경개선활동

(1) 환경조사

수용기관 · 병원 · 요양소 · 「보호소년 등의 처우에 관한 법률」에 따른 의료재활소년원의 장은 소년수형자 및 「소년법」 "병원, 요양소 또는 「보호소년 등의 처우에 관한 법률」에 따른 의료재활소년원에 위탁", "단기 소년원 송치", "장기 소년원 송치"의 보호처분 중 어느 하나에 해당하는 처분을 받은 사람(이하 "수용자")을 수용한 경우에는 지체 없이 거주예정지를 관할하는 보호관찰소의 장에게 신상조사서를 보내 환경조사를 의뢰하여야 한다.

환경조사를 의뢰받은 보호관찰소의 장은 수용자의 범죄 또는 비행의 동기, 수용 전의 직업, 생활환경, 교우관계, 가족상황, 피해회복 여부, 생계대책 등을 조사하여 수용기관의 장에게 알려야 한다. 이 경우 필요하다고 인정하면 수용자를 면담하거나 관계인을 소환하여 심문(審問)하거나 소속 보호관찰관에게 필요한 사항을 조사하게 할 수 있다.

(2) 환경개선활동

보호관찰소의 장은 환경조사 결과에 따라 수용자의 건전한 사회 복귀를 촉진하기 위하여 필요하다고 인정하면 본인의 동의를 얻거나 가족 · 관계인의 협력을 받아 본인의 환경개선을 위한 활동을 할 수 있다.

보호관찰소의 장은 환경개선활동을 위하여 필요하다고 인정하면 수용기관의 장에게 수용자의 면담 등 필요한 협조를 요청할 수 있으며, 환경개선활동의 결과를 수용기관의 장과 수용기관의 소재지를 관할하는 심사위원회에 알려야 한다.

(3) 성인수형자에 대한 보호관찰 사안조사

교도소 · 구치소 · 소년교도소의 장은 징역 또는 금고 이상의 형을 선고받은 성인(이하 "성인수형자")에 대하여 「형의 집행 및 수용자의 처우에 관한 법률」에 따라 가석방심사위원회에 가석방 적격심사신청을 할 때에는 신청과 동시에 가석방 적격심사신청 대상자의 명단과 신상조사서를 해당 교도소·구치소·소년교도소의 소재지를 관할하는 심사위원회에 보내야 한다.

심사위원회는 교도소·구치소·소년교도소의 장으로부터 가석방 적격심사신청 대상자의 명단과 신상조사서를 받으면 해당 성인수형자를 면담하여 "법원의 증인신문, 감정이나 통역 및 번역에 관하여 규정된 사항, 석방 후의 재범 위험성 및 사회생활에 대한 적응 가능성 등에 관한 조사(이하 "보호관찰 사안조사")를 하거나 교도소·구치소·소년교도소의 소재지 또는 해당 성인수형자의 거주예정지를 관할하는 보호관찰소의 장에게 그 자료를 보내 보호관찰 사안조사를 의뢰할 수 있으며, 의뢰받은 보호관찰소의 장은 지체 없이 보호관찰 사안조사를 하고 그 결과를 심사위원회에 통보하여야 한다.

교도소·구치소·소년교도소의 장은 심사위원회 또는 보호관찰소의 장으로부터 보호관찰 사안조사를 위하여 성인수형자의 면담 등 필요한 협조 요청을 받으면 이에 협조하여야 한다.

5) 보호관찰

(1) 보호관찰의 개시 및 신고

보호관찰은 법원의 판결이나 결정이 확정된 때 또는 가석방·임시퇴원된 때부터 시작되며, 보호관찰 대상자는 대통령령으로 정하는 바에 따라 주거, 직업, 생활계획, 그 밖에 필요한 사항을 관할 보호관찰소의 장에게 신고하여야 한다.

(2) 보호관찰의 기간

보호관찰 대상자는 다음의 구분에 따른 기간에 보호관찰을 받는다.

- 보호관찰을 조건으로 형의 선고유예를 받은 사람: 1년
- 보호관찰을 조건으로 형의 집행유예를 선고받은 사람: 그 유예기간. 다만, 법원이 보호관찰 기간을 따로 정한 경우에는 그 기간
- 가석방자: 「형법」 또는 「소년법」에 규정된 기간
- 임시퇴원자: 퇴원일부터 6개월 이상 2년 이하의 범위에서 심사위원회가 정한 기간
- 「소년법」의 보호처분을 받은 사람: 그 법률에서 정한 기간
- 다른 법률에 따라 이 법에서 정한 보호관찰을 받는 사람: 그 법률에서 정한 기간

(3) 보호관찰 담당자

보호관찰은 보호관찰 대상자의 주거지를 관할하는 보호관찰소 소속 보호관찰관이 담당한다.

(4) 보호관찰 대상자의 준수사항

보호관찰 대상자는 보호관찰관의 지도·감독을 받으며 준수사항을 지키고 스스로 건전한 사회인이 되도록 노력하여야 한다.

보호관찰 대상자는 다음의 사항을 지켜야 한다.

- 주거지에 상주(常住)하고 생업에 종사할 것
- 범죄로 이어지기 쉬운 나쁜 습관을 버리고 선행(善行)을 하며 범죄를 저지를 염려가 있는 사람들과 교제하거나 어울리지 말 것
- 보호관찰관의 지도·감독에 따르고 방문하면 응대할 것
- 주거를 이전(移轉)하거나 1개월 이상 국내외 여행을 할 때에는 미리 보호관찰관에게 신고할 것

법원 및 심사위원회는 판결의 선고 또는 결정의 고지를 할 때에는 위의 준수사항 외에 범죄의 내용과 종류 및 본인의 특성 등을 고려하여 필요하면 보호관찰 기간의 범위에서 기간을 정하여 다음의 사항을 특별히 지켜야 할 사항으로 따로 과(科)할 수 있다.

- 야간 등 재범의 기회나 충동을 줄 수 있는 특정 시간대의 외출 제한
- 재범의 기회나 충동을 줄 수 있는 특정 지역·장소의 출입 금지
- 피해자 등 재범의 대상이 될 우려가 있는 특정인에 대한 접근 금지
- 범죄행위로 인한 손해를 회복하기 위하여 노력할 것
- 일정한 주거가 없는 자에 대한 거주장소 제한
- 사행행위에 빠지지 아니할 것
- 일정량 이상의 음주를 하지 말 것
- 마약 등 중독성 있는 물질을 사용하지 아니할 것
- 「마약류관리에 관한 법률」상의 마약류 투약, 흡연, 섭취 여부에 관한 검사에 따를 것
- 그 밖에 보호관찰 대상자의 재범 방지를 위하여 필요하다고 인정되어 대통령령으로 정하는 사항

보호관찰 대상자가 위의 준수사항을 위반하거나 사정변경의 상당한 이유가 있는 경우에는 법원은 보호관찰소의 장의 신청 또는 검사의 청구에 따라, 심사위원회는 보호관찰소의 장의 신청에 따라 각각 준수사항의 전부 또는 일부를 추가, 변경하거나 삭제할 수 있으며, "재범의 기회나 충동을 줄 수 있는 특정 지역·장소의 출입 금지, 피해자 등 재범의 대상이 될 우려가 있는 특정인에 대한 접근 금지, 범죄행위로 인한 손해를 회복하기 위하여 노력할 것" 등의 준수사항은 서면으로 고지하여야 한다.

(5) 지도 · 감독

보호관찰관은 보호관찰 대상자의 재범을 방지하고 건전한 사회 복귀를 촉진하기 위하여 필요한 지도·감독을 한다.

지도·감독 방법은 다음과 같다.

- 보호관찰 대상자와 긴밀한 접촉을 가지고 항상 그 행동 및 환경 등을 관찰하는 것
- 보호관찰 대상자에게 보호관찰 대상자의 준수사항을 이행하기에 적절한 지시를 하는 것
- 보호관찰 대상자의 건전한 사회 복귀를 위하여 필요한 조치를 하는 것

(6) 분류처우

보호관찰소의 장은 범행 내용, 재범위험성 등 보호관찰 대상자의 개별적 특성을 고려하여 그에 알맞은 지도·감독의 방법과 수준에 따라 분류처우를 하여야 하며, 분류처우에 관하여 필요한 사항은 대통령령으로 정한다.

(7) 원호

보호관찰관은 보호관찰 대상자가 자조(自助)의 노력을 할 때에는 그의 개선과 자립을 위하여 필요하다고 인정되는 적절한 원호(援護)를 하며, 원호의 방법은 다음과 같다.

- 숙소 및 취업의 알선
- 직업훈련 기회의 제공
- 환경의 개선
- 보호관찰 대상자의 건전한 사회 복귀에 필요한 원조의 제공

(8) 응급구호

보호관찰소의 장은 보호관찰 대상자에게 부상, 질병, 그 밖의 긴급한 사유가 발생한 경우에는 대통령령으로 정하는 바에 따라 필요한 구호를 할 수 있다.

(9) 갱생보호사업자 등의 원조와 협력

보호관찰소의 장은 원호와 응급구호를 위하여 필요한 경우에는 국공립기관, 갱생보호사업 허가를 받은 자, 한국법무보호복지공단, 그 밖의 단체에 대하여 숙식 제공이나 그 밖의 적절한 원조 또는 협력을 요청할 수 있다. 이 경우 필요한 비용은 국가가 예산의 범위에서 지급한다.

(10) 보호관찰 대상자 등의 조사

보호관찰소의 장은 보호관찰을 위하여 필요하다고 인정하면 보호관찰 대상자나 그 밖의 관계인을 소환하여 심문하거나 소속 보호관찰관에게 필요한 사항을 조사하게 할 수 있다.

보호관찰소의 장은 보호관찰을 위하여 필요하다고 인정하면 국공립기관이나 그 밖의 단체에 사실을 알아보거나 관련 자료의 열람 등 협조를 요청할 수 있다.

위의 직무를 담당하는 사람은 직무상 비밀을 엄수하고, 보호관찰 대상자 및 관계인의 인권을 존중하며, 보호관찰 대상자의 건전한 사회 복귀에 방해되는 일이 없도록 주의하여야 한다.

(11) 경고

보호관찰소의 장은 보호관찰 대상자가 준수사항을 위반하거나 위반할 위험성이 있다고 인정할 상당한 이유가 있는 경우에는 준수사항의 이행을 촉구하고 형의 집행 등 불리한 처분을 받을 수 있음을 경고할 수 있다.

(12) 구인

보호관찰소의 장은 보호관찰 대상자가 준수사항을 위반하였거나 위반하였다고 의심할 상당한 이유가 있고, 다음의 어느 하나에 해당하는 사유가 있는 경우에는 관할 지방검찰청의 검사에게 신청하여 검사의 청구로 관할 지방법원 판사의 구인장을 발부받아 보호관찰 대상자를 구인(拘引)할 수 있다.

- 일정한 주거가 없는 경우
- 보호관찰소의 장이 보호관찰을 위하여 필요하다고 인정에 따른 소환에 따르지 아니한 경우
- 도주한 경우 또는 도주할 염려가 있는 경우

구인장은 검사의 지휘에 따라 보호관찰관이 집행한다. 다만, 보호관찰관이 집행하기 곤란한 경우에는 사법경찰관리에게 집행하게 할 수 있다.

(13) 긴급구인

보호관찰소의 장은 "보호관찰 대상자의 준수사항"을 위반한 보호관찰 대상자가 다음[2]의 어느 하나에 해당하는 사유가 있는 경우로서 긴급하여 구인장을 발부받을 수 없는 경우에는 그 사유를 알리고 구인장 없이 그 보호관찰 대상자를 구인할 수 있다. 이 경우 긴급하다 함은 해당 보호관찰 대상자를 우연히 발견한 경우 등과 같이 구인장을 발부받을 시간적 여유가 없는 경우를 말한다.

보호관찰소의 장은 보호관찰 대상자를 구인한 경우에는 긴급구인서를 작성하여 즉시 관할 지방검찰청 검사의 승인을 받아야 하며, 승인을 받지 못하면 즉시 보호관찰 대상자를 석방하여야 한다.

(14) 구인 기간

보호관찰소의 장은 보호관찰 대상자를 구인하였을 때에는 유치(留置) 허가를 청구한 경우를 제외하고는 구인한 때부터 48시간 이내에 석방하여야 한다. 다만, 유치 허가를 받지 못하면 즉시 보호관찰 대상자를 석방하여야 한다.

(15) 유치

보호관찰소의 장은 다음의 신청이 필요하다고 인정되면 구인한 보호관찰 대상자를 수용기관 또는 소년분류심사원에 유치할 수 있다.

- "보호관찰을 조건으로 한 형의 선고유예의 실효 및 집행유예의 취소"에 따른 보호관찰을 조건으로 한 형(벌금형 제외)의 선고유예의 실효(失效) 및 집행유예의 취소 청구의 신청
- 가석방 및 임시퇴원의 취소 신청
- 보호처분의 변경 신청

---

2) 제39조(구인) ① 보호관찰소의 장은 보호관찰 대상자가 제32조의 준수사항을 위반하였거나 위반하였다고 의심할 상당한 이유가 있고, 다음 각 호의 어느 하나에 해당하는 사유가 있는 경우에는 관할 지방검찰청의 검사에게 신청하여 검사의 청구로 관할 지방법원 판사의 구인장을 발부받아 보호관찰 대상자를 구인(拘引)할 수 있다.
1. 일정한 주거가 없는 경우
2. 제37조제1항에 따른 소환에 따르지 아니한 경우
3. 도주한 경우 또는 도주할 염려가 있는 경우

유치를 하려는 경우에는 보호관찰소의 장이 검사에게 신청하여 검사의 청구로 관할 지방법원 판사의 허가를 받아야 한다. 이 경우 검사는 보호관찰 대상자가 구인된 때부터 48시간 이내에 유치 허가를 청구하여야 한다.

보호관찰소의 장은 유치 허가를 받은 때부터 24시간 이내에 "보호관찰을 조건으로 한 형의 선고유예의 실효 및 집행유예의 취소"에 따른 보호관찰을 조건으로 한 형(벌금형 제외)의 선고유예의 실효(失效) 및 집행유예의 취소 청구의 신청, 가석방 및 임시퇴원의 취소 신청, 보호처분의 변경 신청을 하여야 한다.

검사는 보호관찰소의 장으로부터 신청을 받고 그 이유가 타당하다고 인정되면 48시간 이내에 관할 지방법원에 보호관찰을 조건으로 한 형의 선고유예의 실효 또는 집행유예의 취소를 청구하여야 한다.

(15) 유치기간

유치의 기간은 구인한 날부터 20일로 하며, 법원은 "보호관찰을 조건으로 한 형(벌금형 제외)의 선고유예의 실효(失效) 및 집행유예의 취소 청구의 신청" 또는 " 보호처분의 변경 신청"이 있는 경우에 심리(審理)를 위하여 필요하다고 인정되면 심급마다 20일의 범위에서 한 차례만 유치기간을 연장할 수 있다.

보호관찰소의 장은 가석방 및 임시퇴원의 취소 신청이 있는 경우에 심사위원회의 심사에 필요하면 검사에게 신청하여 검사의 청구로 지방법원 판사의 허가를 받아 10일의 범위에서 한 차례만 유치기간을 연장할 수 있다.

(16) 유치의 해제

보호관찰소의 장은 다음의 어느 하나에 해당하는 경우에는 유치를 해제하고 보호관찰 대상자를 즉시 석방하여야 한다.

- 검사가 "보호관찰을 조건으로 한 형의 선고유예의 실효 및 집행유예의 취소"에 따른 보호관찰소의 장의 신청을 기각한 경우
- 법원이 "보호관찰을 조건으로 한 형의 선고유예의 실효 및 집행유예의 취소"에 따른 검사의 청구를 기각한 경우
- 심사위원회가 "가석방 및 임시퇴원의 취소"에 따른 보호관찰소의 장의 신청을 기각한 경우
- 법무부장관이 "가석방 및 임시퇴원의 취소"에 따른 심사위원회의 신청을 허가하지 아니한 경우

- 법원이 "보호처분의 변경"에 따른 보호관찰소의 장의 신청을 기각한 경우

(17) 유치기간의 형기 산입

유치된 사람에 대하여 보호관찰을 조건으로 한 형의 선고유예가 실효되거나 집행유예가 취소된 경우 또는 가석방이 취소된 경우에는 그 유치기간을 형기에 산입한다.

6) 보호장구

(1) 보호장구의 사용

보호관찰소 소속 공무원은 보호관찰 대상자가 다음의 어느 하나에 해당하고, 정당한 직무집행 과정에서 필요하다고 인정되는 상당한 이유가 있으면 "보호장구의 종류 및 사용요건"에 따른 보호장구를 사용할 수 있다.

- 구인 또는 긴급구인한 보호관찰 대상자를 보호관찰소에 인치하거나 수용기관 등에 유치하기 위해 호송하는 때
- 구인 또는 긴급구인한 보호관찰 대상자가 도주하거나 도주할 우려가 있는 때
- 위력으로 보호관찰소 소속 공무원의 정당한 직무집행을 방해하는 때
- 자살·자해 또는 다른 사람에 대한 위해의 우려가 큰 때
- 보호관찰소 시설의 설비·기구 등을 손괴하거나 그 밖에 시설의 안전 또는 질서를 해칠 우려가 큰 때

보호장구를 사용하는 경우에는 보호관찰 대상자의 나이, 신체적·정신적 건강상태 및 보호관찰 집행 상황 등을 고려하여야 하며, 그 밖에 보호장구의 사용절차 및 방법 등에 관하여 필요한 사항은 법무부령으로 정한다.

(2) 보호장구의 종류 및 사용요건

보호장구의 종류는 다음과 같다.

- 수갑
- 포승
- 보호대(帶)
- 가스총
- 전자충격기

보호장구의 종류별 사용요건은 다음과 같다.

1. 구인 또는 긴급구인한 보호관찰 대상자를 보호관찰소에 인치하거나 수용기관 등에 유치하기 위해 호송하는 때
2. 구인 또는 긴급구인한 보호관찰 대상자가 도주하거나 도주할 우려가 있는 때
3. 위력으로 보호관찰소 소속 공무원의 정당한 직무집행을 방해하는 때
4. 자살·자해 또는 다른 사람에 대한 위해의 우려가 큰 때
5. 보호관찰소 시설의 설비·기구 등을 손괴하거나 그 밖에 시설의 안전 또는 질서를 해칠 우려가 큰 때

- 수갑 · 포승 · 보호대(帶): 1~5의 어느 하나에 해당하는 때
- 가스총: 2~5의 어느 하나에 해당하는 때
- 전자충격기: 2~5의 어느 하나에 해당하는 경우로서 상황이 긴급하여 다른 보호장구만으로는 그 목적을 달성할 수 없는 때

(3) 보호장구 사용의 고지

수갑 · 포승 · 보호대(帶) 등의 보호장구를 사용할 경우에는 보호관찰 대상자에게 그 사유를 알려주어야 한다. 다만, 상황이 급박하여 시간적인 여유가 없을 때에는 보호장구 사용 직후 지체 없이 알려주어야 한다.

가스총 및 전자충격기 등의 보호장구를 사용할 경우에는 사전에 상대방에게 이를 경고하여야 한다. 다만, 상황이 급박하여 경고할 시간적인 여유가 없는 때에는 그러하지 아니하다.

(4) 보호장구 남용 금지

보호장구는 필요한 최소한의 범위에서 사용하여야 하며, 보호장구를 사용할 필요가 없게 되면 지체 없이 사용을 중지하여야 한다.

6) 보호관찰의 종료

(1) 보호관찰을 조건으로 한 형의 선고유예의 실효 및 집행유예의 취소

「형법」에 따른 선고유예의 실효 및 집행유예의 취소는 검사가 보호관찰소의 장의 신청을 받아 법원에 청구하며, 실효 및 취소절차에 관하여는 「형사소송법」을 준용한다.

(2) 가석방 및 임시퇴원의 취소

심사위원회는 가석방 또는 임시퇴원된 사람이 보호관찰기간 중 준수사항을 위반하고

위반 정도가 무거워 보호관찰을 계속하기가 적절하지 아니하다고 판단되는 경우에는 보호관찰소의 장의 신청을 받거나 직권으로 가석방 및 임시퇴원의 취소를 심사하여 결정할 수 있다.

심사위원회는 심사 결과 가석방 또는 임시퇴원을 취소하는 것이 적절하다고 결정한 경우에는 결정서에 관계 서류를 첨부하여 법무부장관에게 이에 대한 허가를 신청하여야 하며, 법무부장관은 심사위원회의 결정이 정당하다고 인정되면 이를 허가할 수 있다.

(3) 보호처분의 변경

보호관찰소의 장은 「소년법」 "보호관찰관의 단기(短期) 보호관찰", "보호관찰관의 장기(長期) 보호관찰"의 보호처분에 따라 보호관찰을 받고 있는 사람이 보호관찰 기간 중 준수사항을 위반하고 그 정도가 무거워 보호관찰을 계속하기 적절하지 아니하다고 판단되면 보호관찰소 소재지를 관할하는 법원에 보호처분의 변경을 신청할 수 있다.

보호처분의 변경을 할 경우 신청대상자가 19세 이상인 경우에도 「소년법」의 보호사건 규정을 적용한다.

(4) 부정기형의 종료

「소년법」 "소년이 법정형으로 장기 2년 이상의 유기형(有期刑)에 해당하는 죄를 범한 경우에는 그 형의 범위에서 장기와 단기를 정하여 선고한다. 다만, 장기는 10년, 단기는 5년을 초과하지 못한다"라는 조항에 따라 형을 선고받은 후 가석방된 사람이 그 형의 단기(短期)가 지나고 보호관찰의 목적을 달성하였다고 인정되면 "가석방 기간의 종료"에서 정한 기간 전이라도 심사위원회는 보호관찰소의 장의 신청을 받거나 직권으로 형의 집행을 종료한 것으로 결정할 수 있다.

임시퇴원자가 임시퇴원이 취소되지 아니하고 보호관찰 기간을 지난 경우에는 퇴원된 것으로 본다.

(5) 보호관찰의 종료

보호관찰은 보호관찰 대상자가 다음의 어느 하나에 해당하는 때에 종료한다.

- 보호관찰 기간이 지난 때
- 「형법」에 따라 보호관찰을 조건으로 한 형의 선고유예가 실효되거나 보호관찰을 조건으로 한 집행유예가 실효되거나 취소된 때
- 가석방 또는 임시퇴원이 실효되거나 취소된 때

- 보호처분이 변경된 때
- 부정기형 종료 결정이 있는 때
- 보호관찰이 정지된 임시퇴원자가 「보호소년 등의 처우에 관한 법률」의 나이가 된 때
- 다른 법률에 따라 보호관찰이 변경되거나 취소·종료된 때

보호관찰 대상자가 보호관찰 기간 중 금고 이상의 형의 집행을 받게 된 때에는 해당 형의 집행기간 동안 보호관찰 대상자에 대한 보호관찰 기간은 계속 진행되고, 해당 형의 집행이 종료·면제되거나 보호관찰 대상자가 가석방된 경우 보호관찰 기간이 남아 있는 때에는 그 잔여기간 동안 보호관찰을 집행한다.

(6) 임시해제

심사위원회는 보호관찰 대상자의 성적이 양호할 때에는 보호관찰소의 장의 신청을 받거나 직권으로 보호관찰을 임시해제할 수 있으며, 임시해제 중에는 보호관찰을 하지 아니한다. 다만, 보호관찰 대상자는 준수사항을 계속하여 지켜야 한다.

심사위원회는 임시해제 결정을 받은 사람에 대하여 다시 보호관찰을 하는 것이 적절하다고 인정되면 보호관찰소의 장의 신청을 받거나 직권으로 임시해제 결정을 취소할 수 있다.

임시해제 결정이 취소된 경우에는 그 임시해제 기간을 보호관찰 기간에 포함한다.

(7) 보호관찰의 정지

심사위원회는 가석방 또는 임시퇴원된 사람이 있는 곳을 알 수 없어 보호관찰을 계속할 수 없을 때에는 보호관찰소의 장의 신청을 받거나 직권으로 보호관찰을 정지하는 결정을 할 수 있으며, 보호관찰을 정지한 사람이 있는 곳을 알게 되면 즉시 그 정지를 해제하는 결정을 하여야 한다.

보호관찰 정지 중인 사람이 구인된 경우에는 구인된 날에 정지해제결정을 한 것으로 보며, 형기 또는 보호관찰 기간은 정지결정을 한 날부터 그 진행이 정지되고, 정지해제결정을 한 날부터 다시 진행된다.

심사위원회는 정지결정을 한 후 소재 불명이 천재지변이나 그 밖의 부득이한 사정 등 보호관찰 대상자에게 책임이 있는 사유로 인한 것이 아닌 것으로 밝혀진 경우에는 그 정지결정을 취소하여야 한다. 이 경우 정지결정은 없었던 것으로 본다.

7) 보호관찰사건의 이송

(1) 직무상 비밀과 증언 거부

심사위원회 및 보호관찰소의 직원이거나 직원이었던 사람이 다른 법률에 따라 증인으로 신문(訊問)을 받는 경우에는 그 직무상 알게 된 다른 사람의 비밀에 대하여 증언을 거부할 수 있다. 다만, 본인의 승낙이 있거나 중대한 공익상 필요가 있는 경우에는 그러하지 아니하다.

(2) 보호관찰사건의 이송

보호관찰소의 장은 보호관찰 대상자가 주거지를 이동한 경우에는 새 주거지를 관할하는 보호관찰소의 장에게 보호관찰사건을 이송할 수 있다.

(3) 기부금품의 접수

보호관찰소의 장은 기관·단체 또는 개인이 보호관찰 대상자에 대한 원호 등을 위하여 보호관찰소에 자발적으로 기탁하는 금품을 접수할 수 있으며, 기부자에 대한 영수증 발급, 기부금품의 용도 지정, 장부의 열람, 그 밖에 필요한 사항은 대통령령으로 정한다.

(4) 보호관찰 종료사실 등의 통보

보호관찰소의 장은 다음[3]의 어느 하나에 해당하는 범죄를 저지른 가석방자의 보호관

---

3) •「전자장치 부착 등에 관한 법률」에 따른 성폭력범죄, 살인범죄, 강도범죄
•다음의 어느 하나에 해당하는 범죄
㉠「형법」 제2편제31장 약취(略取), 유인(誘引) 및 인신매매의 죄 중 제287조(미성년자의 약취, 유인)·제288조(추행 등 목적 약취, 유인 등)·제289조(인신매매)·제290조(약취, 유인, 매매, 이송 등 상해·치상)·제291조(약취, 유인, 매매, 이송 등 살인·치사)·제292조(약취, 유인, 매매, 이송된 사람의 수수·은닉 등)·제294조(미수범)의 죄, 같은 법 제2편제37장 권리행사를 방해하는 죄 중 제324조의2(인질강요)·제324조의3(인질상해·치상)의 죄 및 같은 법 제2편제38장 절도와 강도의 죄 중 제336조(인질강도)의 죄
㉡「특정범죄 가중처벌 등에 관한 법률」 제5조의2(약취·유인죄의 가중처벌)의 죄
㉢ 위의 죄로서 다른 법률에 따라 가중처벌되는 죄
•「폭력행위 등 처벌에 관한 법률」 제4조(단체 등의 구성·활동), 제5조(단체 등의 이용·지원)의 죄 및 「형법」 제2편제5장 공안(公安)을 해하는 죄 중 제114조(범죄단체 등의 조직)의 죄
•다음의 어느 하나에 해당하는 범죄
㉠「형법」 제2편제13장 방화와 실화의 죄 중 제164조(현주건조물 등에의 방화)·제165조(공용건조물 등에의 방화)·제166조(일반건조물 등에의 방화)·제167조(일반물건에의 방화)·제168조(연소)·제172조(폭발성물건파열)·제172조의2(가스·전기 등 방류)·제173조(가스·전기 등 공급방해) 및 제174조(미수범)의 죄
㉡「산림자원의 조성 및 관리에 관한 법률」 제71조(벌칙)의 죄
㉢「산림보호법」 제53조(벌칙)의 죄(같은 조 제5항의 죄는 제외)
㉣ ㉠~㉢까지의 죄로서 다른 법률에 따라 가중처벌되는 죄

찰이 종료된 때에 재범 방지 등을 위하여 필요하다고 인정하면 가석방자의 보호관찰 종료사실 등을 그의 주거지를 관할하는 경찰관서의 장에게 통보할 수 있다.

위 조항에 따라 보호관찰소의 장이 통보할 사항은 다음과 같으며, 통보의 절차 등에 관하여 필요한 사항은 대통령령으로 정한다.

- 성명
- 주민등록번호
- 주소
- 죄명
- 판결내용
- 보호관찰 종료일

(5) 범죄경력자료 등의 조회 요청

법무부장관은 이 법에 따른 보호관찰의 집행이 종료된 사람의 재범 여부를 조사하고 보호관찰명령의 효과를 평가하기 위하여 필요한 경우에는 그 집행이 종료된 때부터 3년 동안 관계 기관에 그 사람에 관한 범죄경력자료와 수사경력자료에 대한 조회를 요청할 수 있으며, 요청을 받은 관계 기관의 장은 정당한 사유 없이 이를 거부해서는 아니 된다.

(6) 군법 적용 대상자에 대한 특례

「군사법원법」 제2조제1항 각 호[4]의 어느 하나에 해당하는 사람에게는 이 법을 적용하

• 「마약류 관리에 관한 법률」 제58조(벌칙) · 제59조(벌칙) · 제60조(벌칙)의 죄(제59조제1항제3호 · 제5호 · 제9호 · 제12호의 죄 및 제60조제1항제2호 중 향정신성의약품 등을 수수, 소지, 소유, 사용, 관리, 조제, 투약, 제공한 죄 또는 향정신성의약품을 기재한 처방전을 발급한 죄는 제외), 「마약류 불법거래 방지에 관한 특례법」 제6조(업으로서 한 불법수입 등) · 제7조(불법수익등의 은닉 및 가장) · 제8조(불법수익등의 수수) · 제9조(마약류 물품의 수입 등)의 죄 및 「특정범죄 가중처벌 등에 관한 법률」 제11조(마약사범 등의 가중처벌)의 죄

4) 1. 「군형법」 제1조제1항부터 제4항까지에 규정된 사람. 다만, 「군형법」 제1조제4항에 규정된 사람 중 다음 각 목의 어느 하나에 해당하는 내국인 · 외국인은 제외한다.
가. 군의 공장, 전투용으로 공하는 시설, 교량 또는 군용에 공하는 물건을 저장하는 창고에 대하여 「군형법」 제66조의 죄를 범한 내국인 · 외국인
나. 군의 공장, 전투용으로 공하는 시설, 교량 또는 군용에 공하는 물건을 저장하는 창고에 대하여 「군형법」 제68조의 죄를 범한 내국인 · 외국인
다. 군의 공장, 전투용으로 공하는 시설, 교량, 군용에 공하는 물건을 저장하는 창고, 군용에 공하는 철도, 전선 또는 그 밖의 시설에 대하여 「군형법」 제69조의 죄를 범한 내국인 · 외국인
라. 가목부터 다목까지의 규정에 따른 죄의 미수범인 내국인 · 외국인
마. 국군과 공동작전에 종사하고 있는 외국군의 군용시설에 대하여 가목부터 다목까지의 규정에 따른 죄를 범한 내국인 · 외국인
2. 국군부대가 관리하고 있는 포로

지 아니한다.

(7) 「형사소송법」의 준용

보호관찰에 관하여 이 법에 특별한 규정이 있는 경우를 제외하고는 그 성질에 반하지 아니하는 범위에서 「형사소송법」을 준용한다.

(8) 「형의 집행 및 수용자의 처우에 관한 법률」 적용의 일부 배제

이 법("성인수형자에 대한 보호관찰 사안조사"조는 제외)에 따른 가석방에 관하여는 「형의 집행 및 수용자의 처우에 관한 법률」 "가석방" 규정을 적용하지 아니한다.

4. 사회봉사 및 수강

1) 사회봉사명령 · 수강명령의 범위

법원은 「형법」에 따른 사회봉사를 명할 때에는 500시간, 수강을 명할 때에는 200시간의 범위에서 그 기간을 정하여야 한다. 다만, 다른 법률에 특별한 규정이 있는 경우에는 그 법률에서 정하는 바에 따르며, 법원은 사회봉사 · 수강명령 대상자가 사회봉사를 하거나 수강할 분야와 장소 등을 지정할 수 있다.

2) 판결의 통지

법원은 「형법」에 따른 사회봉사 또는 수강을 명하는 판결이 확정된 때부터 3일 이내에 판결문 등본 및 준수사항을 적은 서면을 피고인의 주거지를 관할하는 보호관찰소의 장에게 보내야 하며, 법원은 그 의견이나 그 밖에 사회봉사명령 또는 수강명령의 집행에 참고가 될 만한 자료를 첨부할 수 있다.

법원 또는 법원의 장은 위의 통지를 받은 보호관찰소의 장에게 사회봉사명령 또는 수강명령의 집행상황에 관한 보고를 요구할 수 있다.

3) 사회봉사 · 수강명령 집행 담당자

사회봉사명령 또는 수강명령은 보호관찰관이 집행한다. 다만, 보호관찰관은 국공립기관이나 그 밖의 단체에 그 집행의 전부 또는 일부를 위탁할 수 있다.

보호관찰관은 사회봉사명령 또는 수강명령의 집행을 국공립기관이나 그 밖의 단체에 위탁한 때에는 이를 법원 또는 법원의 장에게 통보하여야 한다.

법원은 법원 소속 공무원으로 하여금 사회봉사 또는 수강할 시설 또는 강의가 사회봉사·수강명령 대상자의 교화·개선에 적당한지 여부와 그 운영 실태를 조사·보고하도록 하고, 부적당하다고 인정하면 그 집행의 위탁을 취소할 수 있다.

보호관찰관은 사회봉사명령 또는 수강명령의 집행을 위하여 필요하다고 인정하면 국공립기관이나 그 밖의 단체에 협조를 요청할 수 있다.

4) 사회봉사·수강명령 대상자의 준수사항

사회봉사·수강명령 대상자는 대통령령으로 정하는 바에 따라 주거, 직업, 그 밖에 필요한 사항을 관할 보호관찰소의 장에게 신고하여야 한다.

사회봉사·수강명령 대상자는 다음의 사항을 준수하여야 한다.

- 보호관찰관의 집행에 관한 지시에 따를 것
- 주거를 이전하거나 1개월 이상 국내외여행을 할 때에는 미리 보호관찰관에게 신고할 것

법원은 판결의 선고를 할 때 준수사항 외에 대통령령으로 정하는 범위에서 본인의 특성 등을 고려하여 특별히 지켜야 할 사항을 따로 과(科)할 수 있으며, 준수사항은 서면으로 고지하여야 한다.

5) 사회봉사·수강의 종료

사회봉사·수강은 사회봉사·수강명령 대상자가 다음의 어느 하나에 해당하는 때에 종료한다.

- 사회봉사명령 또는 수강명령의 집행을 완료한 때
- 형의 집행유예 기간이 지난 때
- 「형법」에 따라 사회봉사·수강명령을 조건으로 한 집행유예의 선고가 실효되거나 취소된 때
- 다른 법률에 따라 사회봉사·수강명령이 변경되거나 취소·종료된 때

사회봉사·수강명령 대상자가 사회봉사·수강명령 집행 중 금고 이상의 형의 집행을 받게 된 때에는 해당 형의 집행이 종료·면제되거나 사회봉사·수강명령 대상자가 가석방된 경우 잔여 사회봉사·수강명령을 집행한다.

5. 갱생보호

1) 갱생보호의 방법 및 개시

(1) 갱생보호의 방법

- 숙식 제공
- 주거 지원
- 창업 지원
- 직업훈련 및 취업 지원
- 출소예정자 사전상담
- 갱생보호 대상자의 가족에 대한 지원
- 심리상담 및 심리치료
- 사후관리
- 그 밖에 갱생보호 대상자에 대한 자립 지원

갱생보호에 관한 구체적인 내용은 대통령령으로 정하며, 한국법무보호복지공단 또는 갱생보호사업의 허가를 받은 자는 갱생보호활동을 위하여 갱생보호시설을 설치·운영할 수 있으며, 갱생보호시설의 기준은 법무부령으로 정한다.

(2) 갱생보호의 신청 및 조치

갱생보호 대상자와 관계 기관은 보호관찰소의 장, 갱생보호사업 허가를 받은 자 또는 한국법무보호복지공단에 갱생보호 신청을 할 수 있으며, 신청을 받은 자는 지체 없이 보호가 필요한지 결정하고 보호하기로 한 경우에는 그 방법을 결정하여야 하며, 신청을 받은 자가 보호결정을 한 경우에는 지체 없이 갱생보호에 필요한 조치를 하여야 한다.

2) 갱생보호사업자

(1) 갱생보호사업의 허가

갱생보호사업을 하려는 자는 법무부령으로 정하는 바에 따라 법무부장관의 허가를 받아야 한다. 허가받은 사항을 변경하려는 경우에도 또한 같다.

법무부장관은 갱생보호사업의 허가를 할 때에는 사업의 범위와 허가의 기간을 정하거나 그 밖에 필요한 조건을 붙일 수 있다.

(2) 허가의 기준

법무부장관은 다음의 기준에 맞지 아니할 때에는 갱생보호사업의 허가를 하여서는 아니 된다.

- 갱생보호사업에 필요한 경제적 능력을 가질 것
- 갱생보호사업의 허가신청자가 사회적 신망이 있을 것
- 갱생보호사업의 조직 및 회계처리 기준이 공개적일 것

(3) 보고의무

갱생보호사업의 허가를 받은 자(이하 "사업자")는 법무부령으로 정하는 바에 따라 다음 해의 사업계획과 전년도의 회계 상황 및 사업 실적을 법무부장관에게 보고하여야 한다.

(4) 갱생보호사업의 허가 취소

법무부장관은 사업자가 다음의 어느 하나에 해당할 때에는 그 허가를 취소하거나 6개월 이내의 기간을 정하여 그 사업의 전부 또는 일부의 정지를 명할 수 있다.

- 부정한 방법으로 갱생보호사업의 허가를 받은 경우(허가 취소)
- 갱생보호사업의 허가 조건을 위반한 경우
- 목적사업 외의 사업을 한 경우
- 정당한 이유 없이 갱생보호사업의 허가를 받은 후 6개월 이내에 갱생보호사업을 시작하지 아니하거나 1년 이상 갱생보호사업의 실적이 없는 경우(허가취소)
- 보고를 거짓으로 한 경우
- 이 법 또는 이 법에 따른 명령을 위반한 경우

(5) 청문

법무부장관은 갱생보호사업의 허가를 취소하거나 정지하려는 경우에는 청문을 하여야 한다.

3) 한국법무보호복지공단

(1) 한국법무보호복지공단의 설립

갱생보호사업을 효율적으로 추진하기 위하여 한국법무보호복지공단을 설립하며, 공단은

법인으로 한다.

(2) 임원 및 그 임기

공단에 이사장 1명을 포함한 15명 이내의 이사와 감사 2명을 두며, 이사장은 법무부장관이 임명하고, 그 임기는 3년으로 하되 연임할 수 있다. 다만, 임기가 만료된 이사장은 그 후임자가 임명될 때까지 그 직무를 행한다.

(3) 공단의 사업

- 갱생보호
- 갱생보호제도의 조사·연구 및 보급·홍보
- 갱생보호사업을 위한 수익사업
- 공단의 목적 달성에 필요한 사업

(4) 갱생보호기금의 설치

갱생보호사업의 추진에 필요한 재원을 확보하기 위하여 공단에 갱생보호기금을 설치한다.

4) 갱생보호사업의 지원 및 감독

국가나 지방자치단체는 사업자와 공단에 대하여 보조할 수 있으며, 국가나 지방자치단체는 갱생보호사업에 대하여 「조세특례제한법」 및 「지방세특례제한법」에서 정하는 바에 따라 국세 또는 지방세를 감면할 수 있다.

사업자 또는 공단은 갱생보호사업을 위하여 수익사업을 하려면 사업마다 법무부장관의 승인을 받아야 한다. 이를 변경할 때에도 또한 같으며, 법무부장관은 수익사업을 하는 사업자 또는 공단이 수익을 갱생보호사업 외의 사업에 사용한 경우에는 수익사업의 시정이나 정지를 명할 수 있다.

법무부장관은 사업자와 공단을 지휘·감독하며. 사업자와 공단에 대하여 감독상 필요한 경우에는 그 업무에 관한 사항을 보고하게 하거나 자료의 제출이나 그 밖에 필요한 명령을 할 수 있으며, 소속 공무원에게 사업자 및 공단의 운영 실태를 조사하게 할 수 있다.

5) 유사명칭의 사용금지

이 법에 따른 공단이 아닌 자는 한국법무보호복지공단 또는 이와 유사한 명칭을 사용하지 못하며, 이 법에 따른 사업자가 아닌 자는 갱생보호회 또는 이와 유사한 명칭을 사용하지 못한다.

6. 벌 칙

1) 벌칙

1년 이하의 징역 또는 1천만원 이하의 벌금	• 갱생보호사업의 허가를 받지 아니하고 갱생보호사업 명목으로 영리행위를 한 자 • 갱생보호사업의 허가를 받은 후 이를 이용하여 갱생보호사업의 목적에 반하여 영리행위를 한 자 • 갱생보호사업의 허가 취소에 따른 정지명령을 위반한 자 • 수익사업을 하는 사업자 또는 공단이 수익을 갱생보호사업 외의 사업에 사용한 경우에 따른 명령을 위반한 자

2) 양벌규정

법인의 대표자나 법인 또는 개인의 대리인, 사용인, 그 밖의 종업원이 그 법인 또는 개인의 업무에 관하여 "벌칙" 조항의 위반행위를 하면 그 행위자를 벌하는 외에 그 법인 또는 개인에게도 해당 조문의 벌금형을 과(科)한다. 다만, 법인 또는 개인이 그 위반행위를 방지하기 위하여 해당 업무에 관하여 상당한 주의와 감독을 게을리하지 아니한 경우에는 그러하지 아니하다.

3) 과태료

"유사명칭의 사용금지" 조항을 위반한 자에게는 200만원 이하의 과태료를 부과하며, 이에 따른 과태료는 대통령령으로 정하는 바에 따라 법무부장관이 부과·징수한다.

12
chapter

일제하 일본군위안부 피해자에 대한 보호·지원 및 기념사업 등에 관한 법률

1. 목 적

이 법은 일제에 의하여 강제로 동원되어 위안부로서의 생활을 강요당한 피해자를 보호·지원하고, 일본군위안부 피해자의 명예 회복과 진상 규명을 위한 기념사업을 수행함으로써 이들의 생활 안정과 복지 증진을 꾀하고 국민의 올바른 역사관 정립과 인권 증진에 이바지함을 목적으로 한다.

2. 정 의

- "일본군위안부 피해자"란 일제에 의하여 강제로 동원되어 성적(性的) 학대를 받으며 위안부로서의 생활을 강요당한 피해자를 말한다.
- "생활안정지원대상자"란 일본군위안부 중 생존자로서 제3조에 따라 등록된 사람을 말한다.

3. 국가의 의무

국가는 일제하 일본군위안부 피해자의 명예 회복과 인권 증진 및 이와 관련한 진상 규명, 올바른 역사교육 등을 위하여 국내외적으로 적극 노력하여야 하며, 이에 필요한 조직과 예산을 확보하여야 하며, 국내외적으로 일본군위안부 피해자를 적극적으로 찾아내고 일본군위안부 피해자가 안정적인 생활을 유지할 수 있도록 필요한 조치를 마련하여야 한다.

국가는 일본군위안부 피해자의 권리·의무와 관련된 정책을 수립할 경우 일본군위안부 피해자(그 대리인 포함)의 의견을 청취하여야 하며, 정책의 주요내용을 국민에게 적극 공개하여야 한다.

4. 결정 및 등록

생활안정지원대상자가 되려는 사람은 대통령령으로 정하는 바에 따라 여성가족부장관에게 등록신청을 하여야 한다. 다만, 본인이 신청할 수 없는 경우 그 보호자가 대신하여 등록신청을 할 수 있으며, 여성가족부장관은 등록신청을 받으면 일본군위안부 피해자 지원 및 기념사업 심의위원회의 심의를 거쳐 신청인이 생활안정지원대상자인지 여부를 결정하여야 한다.

여성가족부장관은 결정을 하면 이를 등록하고, 그 결과를 즉시 신청인에게 알려야 하며, 보호자의 구체적인 범위는 대통령령으로 정한다.

5. 생활안정지원대상자에 대한 지원의 내용

국가는 생활안정지원대상자에게 다음의 지원을 한다.

- 「국민기초생활 보장법」에 따른 생계급여
- 「의료급여법」에 따른 의료급여

- 「의료급여법」에 따른 본인부담금 및 비급여비용의 지원
- 생활안정지원금의 지급
- 간병인 지원
- 장제비 지원

지원을 할 때 생활안정지원대상자는 「국민기초생활 보장법」에 따른 수급권자 및 「의료급여법」에 따른 수급권자로 보며, 「국민기초생활 보장법」 "부양의무자의 부양과 다른 법령에 따른 보호는 이 법에 따른 급여에 우선하여 행하여지는 것으로 한다. 다만, 다른 법령에 따른 보호의 수준이 이 법에서 정하는 수준에 이르지 아니하는 경우에는 나머지 부분에 관하여 이 법에 따른 급여를 받을 권리를 잃지 아니한다"는 조항은 적용하지 아니한다.

본인부담금 및 비급여비용의 지원, 생활안정지원금의 지급, 간병인 지원에 드는 비용 및 장제비는 국가가 부담하며, 생활안정지원금의 지급, 간병인 및 장제비 지원의 기준 및 방법 등에 필요한 사항은 대통령령으로 정한다.

6. 임대주택의 우선 임대

국가 · 지방자치단체 또는 「한국토지주택공사법」에 따른 한국토지주택공사는 「주택법」에 따라 건설하는 임대주택을 임대하는 경우에는 생활안정지원대상자 중 주택을 소유하지 아니한 사람에 대하여 국토교통부장관이 정하는 바에 따라 우선 임대하여야 한다.

7. 일본군위안부 피해자 보호시설

국가나 지방자치단체, 「사회복지사업법」에 따른 사회복지법인과 그 밖의 비영리법인은 일본군위안부 피해자 보호시설을 설치 · 운영할 수 있다.

국가나 지방자치단체는 사회복지법인과 그 밖의 비영리법인이 설치 · 운영하는 보호시설에 대하여 운영비용을 지원할 수 있다.

8. 일본군위안부 피해자 지원 및 기념사업 심의위원회

다음 사항을 심의하기 위하여 여성가족부에 일본군위안부 피해자 지원 및 기념사업 심의위원회를 두며, 심의위원회의 구성 및 운영 등에 필요한 사항은 대통령령으로 정한다.

- 생활안정지원대상자 등록신청 사항의 사실 여부
- 생활안정지원대상자의 지원에 관한 사항
- 기념사업 등에 관한 사항
- 그 밖에 여성가족부장관이 심의위원회의 심의에 부치는 사항

심의위원회는 생활안정지원대상자 여부를 심의하기 위하여 필요한 경우에는 신청인 본인, 증인 또는 참고인으로부터 증언 또는 진술을 듣거나, 행정기관이나 그 밖의 관계 기관에 대하여 필요한 협조를 요청할 수 있다.

9. 권리의 보호

이 법에 따른 생활안정지원금을 지급받을 권리는 양도하거나 담보로 제공할 수 없으며, 압류할 수 없다.

10. 생활안정지원금의 환수

여성가족부장관은 이 법에 따라 생활안정지원금을 받은 사람이 다음의 어느 하나에 해당하는 경우에는 생활안정지원금의 전부 또는 일부를 환수할 수 있으며, 환수하는 경우 생활안정지원금을 반환할 사람이 정하여진 날까지 이를 반환하지 아니하면 국세 체납처분의 예에 따라 징수한다.

- 거짓이나 그 밖의 부정한 방법으로 생활안정지원금을 지급받은 경우

• 과오급(過誤給)된 경우

11. 실태조사

여성가족부장관은 매년 생활안정지원대상자의 생활실태 및 정책만족도 등을 파악하기 위한 실태조사를 실시하여야 하며, 특별시장 · 광역시장 · 특별자치시장 · 도지사 또는 특별자치도지사는 실태조사가 원활히 수행될 수 있도록 적극 협조하여야 한다.

실태조사의 시기 · 내용 · 방법 등에 필요한 사항은 대통령령으로 정한다.

12. 기념사업

국가와 지방자치단체는 일본군위안부와 관련한 다음의 사업을 수행할 수 있으며, 사업을 수행하기 위하여 필요한 사항은 대통령령으로 정한다.

• 일본군위안부 피해자에 관한 기념사업
• 일본군위안부 피해자에 관한 역사적 자료의 수집 · 보존 · 관리 · 전시 및 조사 · 연구
• 일본군위안부 피해자에 관한 교육 · 홍보 및 학예활동
• 일본군위안부 피해자의 명예회복을 위한 국제교류 및 공동조사 등 국내외활동
• 일본군위안부 피해자를 위한 추도공간 조성 등 위령사업
• 위의 사업에 딸린 사업

13. 기 타

1) 일본군위안부 피해자 기림의 날

일본군위안부 문제를 국내외에 알리고 일본군위안부 피해자를 기리기 위하여 매년 8월 14일을 일본군위안부 피해자 기림의 날로 하며, 일본군위안부 피해자 기림의 날의 취지에 맞는 행사와 홍보를 실시하도록 노력하여야 한다.

2) 국적 회복 등의 지원

국가와 지방자치단체는 일본군위안부 피해자 중 대한민국 국적을 회복하지 못한 채 외국에 거주하는 사람에 대하여 필요한 지원을 하여야 하며, 지원에 관한 사항은 국적 회복과 고국 방문 등을 포함하여 대통령령으로 정한다.

3) 법률상담

국가는 일본군위안부 피해자에게 명예훼손 및 손해배상 등에 관하여 법률상담과 소송대리(訴訟代理) 등의 지원할 수 있으며, 여성가족부장관은 「법률구조법」에 따른 대한법률구조공단 또는 대통령령으로 정하는 그 밖의 기관에 법률상담 등을 요청할 수 있다.

법률상담 등에 드는 비용은 대통령령으로 정하는 바에 따라 국가가 부담할 수 있으며, 법률상담 등의 요건과 내용 및 절차 등은 대통령령으로 정한다.

4) 경비의 보조

국가는 지방자치단체가 기념사업을 수행하는 경우 예산의 범위에서 사업경비의 일부를 보조할 수 있으며, 개인·법인 또는 단체가 기념사업을 수행하는 경우 예산의 범위에서 사업경비의 일부를 보조할 수 있다.

경비를 보조받을 수 있는 개인·법인·단체의 요건과 경비보조 절차 등에 필요한 사항은 대통령령으로 정한다.

5) 국공유재산의 무상 대여

국가나 지방자치단체는 「국유재산법」 또는 「공유재산 및 물품 관리법」에도 불구하고 일본군위안부 관련 법인 또는 단체가 기념사업을 수행하는 경우에는 국유재산이나 공유재산을 무상으로 대여할 수 있으며, 대여의 대상인 법인 또는 단체의 요건과 대여 절차 등에 필요한 사항은 대통령령으로 정한다.

6) 권한의 위임·위탁

이 법에 따른 여성가족부장관의 권한은 대통령령으로 정하는 바에 따라 그 일부를 외교부장관에게 위탁하거나 특별시장·광역시장·도지사 또는 특별자치도지사에게 위임할 수 있다.

7) 벌칙 적용에서 공무원 의제

심의위원회 위원 중 공무원이 아닌 사람은 「형법」의 규정을 적용할 때에는 공무원으로 본다.

13
chapter

사회복지공동모금회법

1. 목 적

이 법은 사회복지공동모금회의 공동모금을 통하여 국민이 사회복지를 이해하고 참여하도록 함과 아울러 국민의 자발적인 성금으로 조성된 재원(財源)을 효율적이고 공정하게 관리 · 운용함으로써 사회복지증진에 이바지함을 목적으로 한다.

2. 정 의

이 법에서 사용하는 용어의 뜻은 다음과 같다.

- “사회복지사업”이란 「사회복지사업법」에 열거된 사회복지사업을 말한다.
- “사회복지공동모금”이란 사회복지사업이나 그 밖의 사회복지활동 지원에 필요한 재원을 조성하기 위하여 이 법에 따라 기부금품을 모집하는 것을 말한다.

3. 기본 원칙

기부하는 자의 의사에 반하여 기부금품을 모집하여서는 아니 되며, 조성된 재원은 지역 · 단체 · 대상자 및 사업별로 복지수요가 공정하게 충족되도록 배분하여야 하고, 목적 및 용도에 맞도록 공정하게 관리 · 운용하여야 한다.

공동모금재원의 배분은 객관적인 기준에 따라 효율적으로 이루어지도록 하고, 그 결과를 공개하여야 한다.

4. 사회복지공동모금회의 설립

사회복지공동모금사업을 관장하도록 하기 위하여 사회복지공동모금회를 두며, 모금회는 「사회복지사업법」의 사회복지법인으로 하고, 모금회는 정관을 작성하여 보건복지부장관의 인가를 받아 등기함으로써 설립된다.

5. 사 업

사회복지공동모금회화는 다음의 사업을 수행한다.

- 사회복지공동모금사업
- 공동모금재원의 배분
- 공동모금재원의 운용 및 관리
- 사회복지공동모금에 관한 조사 · 연구 · 홍보 및 교육 · 훈련
- 사회복지공동모금지회의 운영
- 사회복지공동모금과 관련된 국제교류 및 협력증진사업
- 다른 기부금품 모집자와의 협력사업
- 그 밖에 모금회의 목적 달성에 필요한 사업

6. 조 직

1) 임원

사회복지공동모금회에는 회장 1명, 부회장 3명, 이사(회장·부회장 및 사무총장 포함) 15명 이상 20명 이하, 감사 2명으로 구성하고, 임원의 임기는 3년으로 하며, 한 차례만 연임할 수 있다.

부득이한 사유로 후임임원이 선임(選任)되지 못하여 모금회의 업무수행에 지장이 있는 경우에는 후임임원이 선임될 때까지 임기가 만료된 임원이 그 업무를 수행한다.

2) 분과실행위원회

사회복지공동모금회의 기획·홍보·모금·배분 업무에 관한 사항을 심의하기 위하여 해당 분야의 전문가와 시민대표 등으로 구성되는 기획분과실행위원회, 홍보분과실행위원회, 모금분과실행위원회 및 배분분과실행위원회 등 분과실행위원회를 둔다.

분과실행위원회는 위원장 1명을 포함하여 20명 이내의 위원으로 구성한다. 다만, 모금분과실행위원회 및 배분분과실행위원회는 각각 20명 이상의 위원으로 구성하며, 위원의 임기는 2년으로 하며, 연임할 수 있다. 다만, 배분분과실행위원회 위원은 한 차례만 연임할 수 있다.

분과실행위원회가 심의한 사항을 이사회가 변경하려면 그 분과실행위원회 위원장의 의견을 청취하여야 하며, 이사회 회의록에 이를 기록하여야 하며, 운영에 필요한 사항은 정관으로 정한다.

7. 재 원

사회복지공동모금회의 사업에 필요한 경비는 다음의 재원으로 조성한다.

- 사회복지공동모금에 의한 기부금품
- 법인이나 단체가 출연하는 현금·물품 또는 그 밖의 재산

- 「복권 및 복권기금법」에 따라 배분받은 복권수익금
- 그 밖의 수입금

8. 기부금품의 모집

사회복지공동모금회는 사회복지사업이나 그 밖의 사회복지활동을 지원하기 위하여 연중 기부금품을 모집·접수할 수 있으며, 기부금품을 모집·접수한 경우 기부금품 접수 사실을 장부에 기록하고, 그 기부자에게 영수증을 내주어야 한다. 다만, 기부자가 성명을 밝히지 아니한 경우 등 기부자를 알 수 없는 경우에는 모금회에 영수증을 보관하여야 한다.

사회복지공동모금회는 영수증에 기부금품의 금액과 그 금액에 대하여 세금혜택이 있다는 문구를 적고 일련번호를 표시하여야 한다.

사회복지공동모금회는 효율적인 모금을 위하여 기간을 정하여 집중모금을 할 수 있으며, 집중모금을 하려면 그 모집일부터 15일 전에 그 내용을 보건복지부장관에게 보고하여야 하며, 그 모집을 종료하였을 때에는 모집종료일부터 1개월 이내에 그 결과를 보건복지부장관에게 보고하여야 한다.

9. 복권의 발행

사회복지공동모금회는 사회복지사업이나 그 밖의 사회복지활동 등을 지원하기 위한 재원을 조성하기 위하여 복권을 발행할 수 있으며, 복권을 발행하려면 그 종류·조건·금액 및 방법 등에 관하여 미리 보건복지부장관의 승인을 받아야 한다.

복권의 당첨금을 받을 권리는 그 지급일부터 3개월간 행사하지 아니하면 소멸시효가 완성되며, 소멸시효가 완성된 당첨금은 공동모금재원에 귀속된다.

복권의 발행에 관하여는 「사행행위 등 규제 및 처벌 특례법」을 적용하지 아니한다.

10. 모금창구의 지정

사회복지공동모금회는 기부금품의 접수를 효율적이고 공정하게 하기 위하여 언론기관을 모금창구로 지정하고, 지정된 언론기관의 명의로 모금계좌를 개설할 수 있다.

11. 배 분

1) 배분기준

사회복지공동모금회는 매년 8월 31일까지 다음의 사항이 포함된 다음 회계연도의 공동모금재원 배분기준을 정하여 공고하여야 한다.

- 공동모금재원의 배분대상
- 배분한도액
- 배분신청기간 및 배분신청서 제출 장소
- 배분심사기준
- 배분재원의 과부족(過不足) 시 조정방법
- 배분신청 시 제출할 서류
- 그 밖에 공동모금재원의 배분에 필요한 사항

사회복지공동모금회는 재난구호 및 긴급구호 등 긴급히 지원하여야 할 필요가 있는 경우에는 별도의 배분기준에 따라 지원할 수 있다.

2) 국제보건의료지원사업에 대한 배분

사회복지공동모금회는 지정되지 아니한 기부금품의 10%의 범위에서 이사회 의결로 정하는 비율에 따라 다음 각 호의 사업에 배분할 수 있다.

- 「한국국제보건의료재단법」에 따라 시행하는 개발도상국가를 비롯한 외국 및 군사분계선 이북지역의 보건의료수준의 향상을 위한 사업

• 주요 감염병 퇴치 등에 대한 사업

3) 배분자의 표시

사회복지공동모금회는 공동모금재원을 배분하는 경우 모금회가 배분하는 것임을 표시하여야 한다.

4) 배분신청

사회복지공동모금회에 배분신청을 하려는 자는 공고에 따라 배분신청서를 제출하여야 하며, 국제보건의료지원사업을 하는 자는 배분신청서를 제출할 때 정관으로 정하는 바에 따라 사업계획서를 작성하여 함께 제출하여야 한다. 제출된 배분신청서는 해당 회계연도에만 효력이 있다.

5) 배분신청의 심사

사회복지공동모금회는 접수한 배분신청서를 배분분과실행위원회에 회부하여 배분금액, 배분순위 및 배분시기 등을 심의하도록 하여야 하며, 심의결과에 기초하여 배분계획을 수립하여야 하며, 배분계획은 공동모금재원이 분기별로 균형 있게 배분되도록 하여야 한다. 다만, 사업의 성격상 한꺼번에 지원할 필요가 있는 경우에는 그러하지 아니하다.

6) 배분에 따른 자료요구

사회복지공동모금회는 공동모금재원을 배분받은 자 또는 배분신청을 한 자에게 필요한 서류 제출을 요구하거나 필요한 조사를 할 수 있다.

7) 배분사업의 평가

사회복지공동모금회(지회 포함)는 매년 공동모금재원의 배분결과를 평가하고 그 평가결과를 이사회에 보고하여야 하며, 평가의 기준 및 세부사항은 정관으로 정한다.

8) 배분결과의 공고

사회복지공동모금회는 각 회계연도의 공동모금재원 배분을 종료한 날부터 3개월 이내에 전국적으로 배포되는 1개 이상의 일간신문에 그 배분결과를 공고하여야 하며, 공고 외에 다양한 방법과 매체를 통하여 그 배분결과를 알려야 한다.

12. 재원의 사용

1) 재원의 사용

공동모금재원은 사회복지사업이나 그 밖의 사회복지활동에 사용한다.

매 회계연도에 조성된 공동모금재원은 해당 회계연도에 지출하는 것을 원칙으로 한다. 다만, 재난구호 및 긴급구호 등 긴급히 지원할 필요가 있을 때를 대비하여 매 회계연도의 공동모금재원 일부를 적립하는 경우에는 그러하지 아니하나, 다음의 어느 하나에 해당하는 경우에는 매 회계연도에 조성된 공동모금재원의 일부를 이사회 의결을 거쳐 다음 회계연도에 이월(移越)하여 지출할 수 있다.

- 사용 용도 등이 지정되어 기부된 공동모금재원으로서 모금목적사업의 특성상 해당 회계연도에 지출을 완료하기 어려운 경우
- 공동모금재원의 배분에 대한 계획이 2 회계연도 이상에 걸쳐 있는 경우로서 사업의 성격상 다음 회계연도에 이월하여 지출하는 것이 필요하다고 인정되는 경우
- 해당 회계연도 말에 집중 조성된 공동모금재원으로서 부득이한 사유로 그 회계연도에 지출하기 어려운 경우

기부금품 모집과 모금회의 관리·운영에 필요한 비용은 바로 앞 회계연도 모금총액의 10% 의 범위에서 이사회의 의결을 거쳐 사용할 수 있으며, 공동모금재원의 관리·운용 방법 및 예산·회계 등에 필요한 사항은 정관으로 정한다.

2) 사업계획의 제출

사회복지공동모금회는 매 회계연도의 사업계획 및 예산안을 회계연도가 시작되기 1개월 전에 보건복지부장관에게 제출하여야 하며, 예산안을 작성할 때에는 배분계획과 모금경비 및 모금회의 운영비 등을 포함하여야 한다.

사회복지공동모금회는 매 회계연도 종료 후 3개월 이내에 세입·세출 결산서를 작성하여 보건복지부장관에게 제출하여야 한다. 이 경우 「공인회계사법」에 따른 회계법인의 감사보고서를 붙여야 한다.

3) 기부금품의 지정 사용

기부금품의 기부자는 배분지역, 배분대상자 또는 사용 용도를 지정할 수 있다.

사회복지공동모금회는 지정 취지가 이 법의 목적·취지나 「공직선거법」을 위반하는 경우 그 사실을 기부자에게 설명하고 이 법의 목적·취지와 「공직선거법」을 위반하지 아니하도록 지정할 것을 요구하거나 그 지정을 철회할 것을 요구하여야 한다. 기부자가 이에 따르지 아니하는 경우에는 기부금품을 접수하지 아니하여야 한다.

지정이 있는 경우 그 지정 취지에 따라 기부금품을 사용하여야 하며, 사회복지공동모금회는 이사회의 의결을 거쳐 지정 및 그 사용방법에 필요한 사항을 정할 수 있다.

13. 기 타

1) 회계연도

사회복지공동모금회의 회계연도는 1월 1일부터 12월 31일까지로 한다.

2) 유사명칭 사용금지

사회복지공동모금회가 아닌 자는 사회복지공동모금 또는 이와 유사한 명칭을 사용하지 못한다.

3) 벌칙 적용 시의 공무원 의제

사회복지공동모금회의 임직원 및 이 법에 따른 기부금품 모집 업무에 종사하는 사람은 「형법」의 규정을 적용할 때에는 공무원으로 본다.

4) 지도·감독

보건복지부장관은 모금회의 업무에 관하여 지도·감독을 하며, 필요하다고 인정할 때에는 관계 서류의 제출을 명하거나 소속 공무원으로 하여금 그 운영상황을 조사하게 하거나 장부나 그 밖의 서류를 검사하게 할 수 있다.

조사 또는 검사를 하는 관계 공무원은 그 권한을 표시하는 증표 및 조사기간, 조사범위, 조사담당자, 관계 법령 등 보건복지부령으로 정하는 사항이 기재된 서류를 지니고 이를 관계인에게 보여주어야 한다.

조사 또는 검사의 절차·방법 등에 관하여는 이 법에서 정하는 사항을 제외하고는 「행정조사기본법」에서 정하는 바를 따른다.

5) 시정명령

보건복지부장관은 모금회의 운영이 이 법 또는 정관을 위반한다고 인정하는 경우에는 「사회복지사업법」을 준용하여 필요한 조치를 할 수 있다.

6) 보조금

국가나 지방자치단체는 모금회에 기부금품 모집에 필요한 비용과 모금회의 관리·운영에 필요한 비용을 보조할 수 있으며, 보조금은 그 목적 외의 용도에 사용할 수 없다.

국가나 지방자치단체는 모금회가 다음의 어느 하나에 해당할 때에는 이미 지급한 보조금의 전부 또는 일부의 반환을 명할 수 있다.

- 사업목적 외의 용도에 보조금을 사용하였을 때
- 거짓이나 그 밖의 부정한 방법으로 보조금을 받았을 때
- 이 법 또는 이 법에 따른 명령을 위반하였을 때

7) 다른 법률과의 관계

이 법 또는 사회복지공동모금회의 정관으로 규정하지 아니한 사항은 「민법」 중 재단법인에 관한 규정을 준용한다.

8) 벌칙

벌칙	대상
3년 이하의 징역 또는 3천만원 이하의 벌금	• "기부하는 자의 의사에 반하여 기부금품을 모집하여서는 아니 된다"를 위반하여 강제 모집한 자 • "기본재산의 취득 허가"를 위반하여 보건복지부장관의 허가를 받지 아니하고 기본재산을 취득한 자
2년 이하의 징역 또는 2천만원 이하의 벌금	• 이사회가 의결한 비율을 초과하여 기부금품 모집과 모금회의 관리·운영에 필요한 비용을 사용한 자 • 사업계획이나 예산안을 제출하지 아니한 자 • 세입·세출 결산서나 회계법인의 감사보고서를 제출하지 아니한 자 • 사회복지공동모금회 또는 이와 유사한 명칭을 사용한 자
1년 이하의 징역 또는 1천만원 이하의 벌금	• 배분결과를 공개하지 아니하거나 거짓으로 공개한 자 • 장부에 기부금품 접수 사실을 기록하지 아니하거나 거짓으로 기록한 자

	• 기부자에게 영수증을 내주지 아니한 자 • 사회복지공동모금회가 배분하는 것임을 표시하지 아니하고 공동모금재원을 배분한 자

9) 양벌규정

법인의 대표자나 법인 또는 개인의 대리인, 사용인, 그 밖의 종업원이 그 법인 또는 개인의 업무에 관하여 "벌칙" 조항의 위반행위를 하면 그 행위자를 벌하는 외에 그 법인 또는 개인에게도 해당 조문의 벌금형을 과(科)한다. 다만, 법인 또는 개인이 그 위반행위를 방지하기 위하여 해당 업무에 관하여 상당한 주의와 감독을 게을리하지 아니한 경우에는 그러하지 아니하다.

10) 과태료

관계 서류의 제출명령을 따르지 아니하거나 관계 공무원의 조사·검사를 거부, 기피 또는 방해한 자에게는 500만원 이하의 과태료를 부과하며, 과태료는 보건복지부장관이 부과·징수한다.

제 3 부

아동·청소년 관련 법령

제14장 아동복지법

제15장 영유아보육법

제16장 입양특례법

제17장 청소년복지 지원법

14
chapter

아동복지법

1. 총 칙

1) 목적

이 법은 아동이 건강하게 출생하여 행복하고 안전하게 자랄 수 있도록 아동의 복지를 보장하는 것을 목적으로 한다.

2) 기본 이념

첫째, 아동은 자신 또는 부모의 성별, 연령, 종교, 사회적 신분, 재산, 장애유무, 출생지역, 인종 등에 따른 어떠한 종류의 차별도 받지 아니하고 자라나야 한다.

둘째, 아동은 완전하고 조화로운 인격발달을 위하여 안정된 가정환경에서 행복하게 자라나야 한다.

셋째, 아동에 관한 모든 활동에 있어서 아동의 이익이 최우선적으로 고려되어야 한다.

넷째, 아동은 아동의 권리보장과 복지증진을 위하여 이 법에 따른 보호와 지원을 받을 권리를 가진다.

3) 정의

이 법에서 사용하는 용어의 뜻은 다음과 같다.

- "아동"이란 18세 미만인 사람을 말한다.

- "아동복지"란 아동이 행복한 삶을 누릴 수 있는 기본적인 여건을 조성하고 조화롭게 성장·발달할 수 있도록 하기 위한 경제적·사회적·정서적 지원을 말한다.
- "보호자"란 친권자, 후견인, 아동을 보호·양육·교육하거나 그러한 의무가 있는 자 또는 업무·고용 등의 관계로 사실상 아동을 보호·감독하는 자를 말한다.
- "보호대상아동"이란 보호자가 없거나 보호자로부터 이탈된 아동 또는 보호자가 아동을 학대하는 경우 등 그 보호자가 아동을 양육하기에 적당하지 아니하거나 양육할 능력이 없는 경우의 아동을 말한다.
- "지원대상아동"이란 아동이 조화롭고 건강하게 성장하는 데에 필요한 기초적인 조건이 갖추어지지 아니하여 사회적·경제적·정서적 지원이 필요한 아동을 말한다.
- "가정위탁"이란 보호대상아동의 보호를 위하여 성범죄, 가정폭력, 아동학대, 정신질환 등의 전력이 없는 보건복지부령으로 정하는 기준에 적합한 가정에 보호대상아동을 일정 기간 위탁하는 것을 말한다.
- "아동학대"란 보호자를 포함한 성인이 아동의 건강 또는 복지를 해치거나 정상적 발달을 저해할 수 있는 신체적·정신적·성적 폭력이나 가혹행위를 하는 것과 아동의 보호자가 아동을 유기하거나 방임하는 것을 말한다.

- "아동학대관련범죄"란 다음 각 목의 어느 하나에 해당하는 죄를 말한다.
  ㉠ 「아동학대범죄의 처벌 등에 관한 특례법」에 따른 아동학대범죄
  ㉡ 아동에 대한 「형법」 제2편제24장 살인의 죄 중 "살인, 존속살해", "영아살해", "촉탁, 승낙에 의한 살입", "위계 등에 의한 촉탁살인", "살인 미수범", "살인 예비, 음모"의 죄
- "피해아동"이란 아동학대로 인하여 피해를 입은 아동을 말한다.
- "아동복지시설"이란 아동복지법에 따라 설치된 시설을 말한다.
- "아동복지시설 종사자"란 아동복지시설에서 아동의 상담·지도·치료·양육, 그 밖에 아동의 복지에 관한 업무를 담당하는 사람을 말한다.

4) 국가와 지방자치단체의 책무

첫째, 국가와 지방자치단체는 아동의 안전·건강 및 복지 증진을 위하여 아동과 그 보호자 및 가정을 지원하기 위한 정책을 수립·시행하여야 한다.

둘째, 국가와 지방자치단체는 보호대상아동 및 지원대상아동의 권익을 증진하기 위한

정책을 수립·시행하여야 한다.

셋째, 국가와 지방자치단체는 아동이 태어난 가정에서 성장할 수 있도록 지원하고, 아동이 태어난 가정에서 성장할 수 없을 때에는 가정과 유사한 환경에서 성장할 수 있도록 조치하며, 아동을 가정에서 분리하여 보호할 경우에는 신속히 가정으로 복귀할 수 있도록 지원하여야 한다.

넷째, 국가와 지방자치단체는 장애아동의 권익을 보호하기 위하여 필요한 시책을 강구하여야 한다.

다섯째, 국가와 지방자치단체는 아동이 자신 또는 부모의 성별, 연령, 종교, 사회적 신분, 재산, 장애유무, 출생지역 또는 인종 등에 따른 어떠한 종류의 차별도 받지 아니하도록 필요한 시책을 강구하여야 한다.

여섯째, 국가와 지방자치단체는 「아동의 권리에 관한 협약」에서 규정한 아동의 권리 및 복지 증진 등을 위하여 필요한 시책을 수립·시행하고, 이에 필요한 교육과 홍보를 하여야 한다.

일곱째, 국가와 지방자치단체는 아동의 보호자가 아동을 행복하고 안전하게 양육하기 위하여 필요한 교육을 지원하여야 한다.

5) 보호자의 책무

첫째, 아동의 보호자는 아동을 가정에서 그의 성장시기에 맞추어 건강하고 안전하게 양육하여야 한다.

둘째, 아동의 보호자는 아동에게 신체적 고통이나 폭언 등의 정신적 고통을 가하여서는 아니 된다.

셋째, 모든 국민은 아동의 권익과 안전을 존중하여야 하며, 아동을 건강하게 양육하여야 한다.

6) 어린이날 및 어린이주간

어린이에 대한 사랑과 보호의 정신을 높임으로써 이들을 옳고 아름답고 슬기로우며 씩씩하게 자라나도록 하기 위하여 매년 5월 5일을 어린이날로 하며, 5월 1일부터 5월 7일까지를 어린이주간으로 한다.

2. 아동복지정책의 수립 및 시행

1) 아동정책기본계획의 수립

보건복지부장관은 아동정책의 효율적인 추진을 위하여 5년마다 아동정책기본계획을 수립하여야 하며, 기본계획은 다음의 사항을 포함하여야 한다.

- 이전의 기본계획에 관한 분석 · 평가
- 아동정책에 관한 기본방향 및 추진목표
- 주요 추진과제 및 추진방법
- 재원조달방안
- 그 밖에 아동정책을 시행하기 위하여 특히 필요하다고 인정되는 사항

보건복지부장관은 기본계획을 수립할 때에는 미리 관계 중앙행정기관의 장과 협의하여야 하며, 기본계획은 아동정책조정위원회의 심의를 거쳐 확정한다. 이 경우 보건복지부장관은 확정된 기본계획을 관계 중앙행정기관의 장 및 특별시장 · 광역시장 · 도지사 · 특별자치도지사에게 알려야 한다.

2) 연도별 시행계획의 수립 · 시행

보건복지부장관, 관계 중앙행정기관의 장 및 시 · 도지사는 매년 기본계획에 따라 연도별 아동정책시행계획을 수립 · 시행하여야 한다.

관계 중앙행정기관의 장 및 시 · 도지사는 다음 연도의 시행계획 및 전년도의 시행계획에 따른 추진실적을 대통령령으로 정하는 바에 따라 매년 보건복지부장관에게 제출하고, 보건복지부장관은 매년 시행계획에 따른 추진실적을 평가하여야 한다.

시행계획의 수립 · 시행 및 추진실적의 평가 등에 필요한 사항은 대통령령으로 정한다.

보건복지부장관, 관계 중앙행정기관의 장 및 시 · 도지사는 기본계획 또는 시행계획의 수립 · 시행을 위하여 필요한 경우에는 관계 기관 · 단체나 그 밖의 민간기업체의 장에게 협조를 요청할 수 있으며, 요청을 받은 자는 정당한 사유가 없는 한 이에 따라야 한다.

3) 아동정책조정위원회

아동의 권리증진과 건강한 출생 및 성장을 위하여 종합적인 아동정책을 수립하고 관계 부처의 의견을 조정하며 그 정책의 이행을 감독하고 평가하기 위하여 국무총리 소속으로 아동정책조정위원회를 두며, 위원회는 다음의 사항을 심의 · 조정한다.

- 기본계획의 수립에 관한 사항
- 아동의 권익 및 복지 증진을 위한 기본방향에 관한 사항
- 아동정책의 개선과 예산지원에 관한 사항
- 아동 관련 국제조약의 이행 및 평가 · 조정에 관한 사항
- 아동정책에 관한 관련 부처 간 협조에 관한 사항
- 그 밖에 위원장이 부의하는 사항

위원회는 위원장을 포함한 25명 이내의 위원으로 구성하되, 위원장은 국무총리가 되고 위원은 기획재정부장관 · 교육부장관 · 법무부장관 · 행정안전부장관 · 문화체육관광부장관 · 산업통상자원부장관 · 보건복지부장관 · 고용노동부장관 · 여성가족부장관, 아동 관련 단체의 장이나 아동에 대한 학식과 경험이 풍부한 사람 중 위원장이 위촉하는 15명 이내의 위원이 된다.

4) 아동권리보장원의 설립 및 운영

보건복지부장관은 아동정책에 대한 종합적인 수행과 아동복지 관련 사업의 효과적인 추진을 위하여 필요한 정책의 수립을 지원하고 사업평가 등의 업무를 수행할 수 있도록 아동권리보장원을 설립한다.

아동권리보장원은 다음의 업무를 수행한다.

- 아동정책 수립을 위한 자료 개발 및 정책 분석
- 기본계획 수립 및 시행계획 평가 지원
- 아동정책조정위원회 운영 지원
- 아동정책영향평가 지원
- 아동보호서비스에 대한 기술지원
- 아동학대의 예방과 방지를 위한 업무
- 가정위탁사업 활성화 등을 위한 업무
- 지역 아동복지사업 및 아동복지시설의 원활한 운영을 위한 지원

- 「입양특례법」에 따른 국내입양 활성화 및 입양 사후관리를 위한 다음의 업무
  - ㉠ 입양아동·가족정보 및 친가족 찾기에 필요한 통합데이터베이스 운영
  - ㉡ 입양아동의 데이터베이스 구축 및 연계
  - ㉢ 국내외 입양정책 및 서비스에 관한 조사·연구
  - ㉣ 입양 관련 국제협력 업무
- 아동 관련 조사 및 통계 구축
- 아동 관련 교육 및 홍보
- 아동 관련 해외정책 조사 및 사례분석
- 그 밖에 이 법 또는 다른 법령에 따라 보건복지부장관, 국가 또는 지방자치단체로부터 위탁받은 업무

아동권리보장원은 법인으로 하고, 주된 사무소의 소재지에 설립등기를 함으로써 성립하며, 그 업무를 총괄하기 위하여 원장을 두며, 원장은 보건복지부장관이 임면한다.

아동권리보장원에 관하여 이 법에서 정한 사항 외에는 「민법」 중 재단법인에 관한 규정을 준용하고, 「기부금품의 모집 및 사용에 관한 법률」에도 불구하고 기부금품을 모집할 수 있으며, 설립 및 운영에 필요한 사항은 대통령령으로 정한다.

5) 아동종합실태조사

보건복지부장관은 5년마다 아동의 양육 및 생활환경, 언어 및 인지 발달, 정서적·신체적 건강, 아동안전, 아동학대 등 아동의 종합실태를 조사하여 그 결과를 공표하고, 이를 기본계획과 시행계획에 반영하여야 한다. 다만, 보건복지부장관은 필요한 경우 보건복지부령으로 정하는 바에 따라 분야별 실태조사를 할 수 있다.

보건복지부장관은 실태조사를 위하여 관계 기관·법인·단체·시설의 장에게 필요한 자료의 제출 또는 의견의 진술을 요청할 수 있다. 이 경우 요청을 받은 자는 정당한 사유가 없으면 이에 협조하여야 하며, 이에 따른 아동종합실태조사의 내용과 방법 등에 필요한 사항은 보건복지부령으로 정한다.

6) 아동정책영향평가

국가와 지방자치단체는 대통령령으로 정하는 바에 따라 아동 관련 정책이 아동복지에 미치는 영향을 분석·평가(이하 "아동정책영향평가")하고, 그 결과를 아동 관련 정책의 수립·시행에 반영하여야 한다.

국가와 지방자치단체는 아동권리보장원에 아동정책영향평가를 위탁할 수 있으며, 그 밖에 아동정책영향평가의 방법과 절차, 위탁 등에 필요한 사항은 대통령령으로 정한다.

7) 아동복지심의위원회

시・도지사, 시장・군수・구청장은 다음의 사항을 심의하기 위하여 그 소속으로 아동복지심의위원회를 각각 둔다. 이 경우 제2호부터 제7호까지의 사항에 관한 심의 업무를 효율적으로 수행하기 위하여 대통령령으로 정하는 바에 따라 심의위원회 소속으로 사례결정위원회를 두고, 사례결정위원회의 심의를 거친 사항은 심의위원회의 심의를 거친 사항으로 본다.

① 연도별 시행계획 수립 및 시행에 관한 사항
② 보호조치에 관한 사항
③ 퇴소조치에 관한 사항
④ 친권행사의 제한이나 친권상실 선고 청구에 관한 사항
⑤ 아동의 후견인의 선임이나 변경 청구에 관한 사항
⑥ 지원대상아동의 선정과 그 지원에 관한 사항
⑦ 그 밖에 아동의 보호 및 지원서비스를 위하여 시・도지사 또는 시장・군수・구청장이 필요하다고 인정하는 사항

8) 아동복지전담공무원

아동복지에 관한 업무를 담당하기 위하여 특별시・광역시・도・특별자치도 및 시・군・구에 각각 아동복지전담공무원(이하 “전담공무원”)을 둘 수 있다.

전담공무원은 「사회복지사업법」에 따른 사회복지사의 자격을 가진 사람으로 하고 그 임용 등에 필요한 사항은 해당 시・도 및 시・군・구의 조례로 정한다.

전담공무원은 아동에 대한 상담 및 보호조치, 가정환경에 대한 조사, 아동복지시설에 대한 지도・감독, 아동범죄 예방을 위한 현장확인 및 지도・감독 등 지역 단위에서 아동의 복지증진을 위한 업무를 수행한다.

시・도지사 또는 시장・군수・구청장은 전담공무원의 업무를 지원하기 위하여 보건복지부령으로 정하는 바에 따라 민간전문인력을 둘 수 있다.

관계 행정기관, 아동복지시설 및 아동복지단체(아동의 권리를 보장하고 복지증진을 목적으로 설립된 기관 및 단체)를 설치・운영하는 자는 전담공무원 또는 민간전문인력이 협조를 요청하는 경우 정당한 사유가 없는 한 이에 따라야 한다.

9) 아동위원

시·군·구에 아동위원을 두며, 아동위원은 그 관할 구역의 아동에 대하여 항상 그 생활상태 및 가정환경을 상세히 파악하고 아동복지에 필요한 원조와 지도를 행하며 전담공무원, 민간전문인력 및 관계 행정기관과 협력하여야 한다.

아동위원은 그 업무의 원활한 수행을 위하여 적절한 교육을 받을 수 있으며, 명예직으로 하되, 아동위원에 대하여는 수당을 지급할 수 있으며, 그 밖에 아동위원에 관한 사항은 해당 시·군·구의 조례로 정한다.

3. 아동에 대한 보호서비스 및 아동학대의 예방 및 방지

1) 아동보호서비스

(1) 보호조치

시·도지사 또는 시장·군수·구청장은 그 관할 구역에서 보호대상아동을 발견하거나 보호자의 의뢰를 받은 때에는 아동의 최상의 이익을 위하여 대통령령으로 정하는 바에 따라 다음에 해당하는 보호조치를 하여야 한다.

- 전담공무원, 민간전문인력 또는 아동위원에게 보호대상아동 또는 그 보호자에 대한 상담·지도를 수행하게 하는 것
- 「민법」에 따른 친족에 해당하는 사람의 가정에서 보호·양육할 수 있도록 조치하는 것
- 보호대상아동을 적합한 유형의 가정에 위탁하여 보호·양육할 수 있도록 조치하는 것
- 보호대상아동을 그 보호조치에 적합한 아동복지시설에 입소시키는 것
- 약물 및 알코올 중독, 정서·행동·발달 장애, 성폭력·아동학대 피해 등으로 특수한 치료나 요양 등의 보호를 필요로 하는 아동을 전문치료기관 또는 요양소에 입원 또는 입소시키는 것
- 「입양특례법」에 따른 입양과 관련하여 필요한 조치를 하는 것

시·도지사 또는 시장·군수·구청장 이외의 자가 보호대상아동을 발견하거나 보호자의 의뢰를 받은 때에는 지체 없이 시·도지사 또는 시장·군수·구청장에게 보호조치를 의뢰하여야 한다.

시·도지사 또는 시장·군수·구청장은 "전담공무원, 민간전문인력 또는 아동위원에게 보호대상아동 또는 그 보호자에 대한 상담·지도 수행" 및 "「민법」에 따른 친족에 해당하는 사람의 가정에서 보호·양육할 수 있도록 조치"하는 것이 적합하지 아니한 보호대상아동에 대하여 "보호대상아동을 적합한 유형의 가정에 위탁하여 보호·양육할 수 있도록 조치, 보호대상아동을 그 보호조치에 적합한 아동복지시설에 입소, 약물 및 알콜 중독, 정서·행동·발달 장애, 성폭력·아동학대 피해 등으로 특수한 치료나 요양 등의 보호를 필요로 하는 아동을 전문치료기관 또는 요양소에 입원 또는 입소, 「입양특례법」에 따른 입양과 관련하여 필요한 조치"를 하기 전에 보호대상아동에 대한 상담, 건강검진, 심리검사 및 가정환경에 대한 조사를 실시하여야 한다.

시·도지사 또는 시장·군수·구청장은 "전담공무원, 민간전문인력 또는 아동위원에게 보호대상아동 또는 그 보호자에 대한 상담·지도 수행" 조치를 하려는 경우 보호대상아동에 대하여 다음의 사항이 포함된 개별 보호·관리 계획을 세워 보호하여야 하며, 그 계획을 수립할 때 해당 보호대상아동의 보호자를 참여시킬 수 있다.

- 보호조치 계획
- 아동 및 보호자에 대한 지원 계획
- 그 밖에 보건복지부령으로 정하는 사항

시·도지사 또는 시장·군수·구청장은 보호조치 및 일시보호조치를 함에 있어서 해당 보호대상아동의 의사를 존중하여야 하며, 보호자가 있을 때에는 그 의견을 들어야 한다. 다만, 아동의 보호자가 「아동학대범죄의 처벌 등에 관한 특례법」의 아동학대행위자(이하 "아동학대행위자")인 경우에는 그러하지 아니하다.

시·도지사 또는 시장·군수·구청장은 다음의 어느 하나에 해당하는 경우 보호조치를 할 때까지 필요하면 아동일시보호시설 또는 학대피해아동쉼터에 보호대상아동을 입소시켜 보호하거나, 적합한 위탁가정 또는 적당하다고 인정하는 자에게 일시 위탁하여 보호(이하 "일시보호조치")하게 할 수 있다. 이 경우 보호기간 동안 보호대상아동에 대한 상담, 건강검진, 심리검사 및 가정환경에 대한 조사를 실시하고 그 결과를 보호조치 시에 고려하여야 한다.

- 1년 이내에 2회 이상 아동학대 신고가 접수된 아동에 대하여 현장조사 과정에서 학대피해가 강하게 의심되고 재학대가 발생할 우려가 있는 경우
- 보호조치 결정이 있을 때까지 아동에 대하여 「아동학대범죄의 처벌 등에 관한 특례법」에 따른 응급조치 또는 긴급임시조치가 종료되었으나 임시조치가 청구되지 아니한 경우
- 현장조사 과정에서 아동의 보호자가 아동에게 답변을 거부 · 기피 또는 거짓 답변을 하게 하거나 그 답변을 방해한 경우
- 그 밖에 보호조치를 할 때까지 아동을 일시적으로 보호할 필요가 있다고 시 · 도지사 또는 시장 · 군수 · 구청장이 인정하는 경우

시 · 도지사 또는 시장 · 군수 · 구청장은 그 관할 구역에서 약물 및 알코올 중독, 정서 · 행동 · 발달 장애 등의 문제를 일으킬 가능성이 있는 아동의 가정에 대하여 예방차원의 적절한 조치를 강구하여야 한다.

누구든지 보호조치 및 일시보호조치와 관련하여 그 대상이 되는 아동복지시설의 종사자를 신체적 · 정신적으로 위협하는 행위를 하여서는 아니 된다.

시 · 도지사 또는 시장 · 군수 · 구청장은 아동의 가정위탁보호를 희망하는 사람에 대하여 범죄경력을 확인하여야 한다. 이 경우 본인의 동의를 받아 관계 기관의 장에게 범죄의 경력 조회를 요청하여야 한다.

아동권리보장원의 장 또는 가정위탁지원센터의 장은 위탁아동, 가정위탁보호를 희망하는 사람, 위탁아동의 부모 등의 신원확인 등의 조치를 시 · 도지사 또는 시장 · 군수 · 구청장에게 협조 요청할 수 있으며, 요청을 받은 시 · 도지사 또는 시장 · 군수 · 구청장은 정당한 사유가 없는 한 이에 응하여야 한다.

상담, 건강검진, 심리검사 및 가정환경에 대한 조사, 범죄경력 조회 및 신원확인의 요청 절차 · 범위 등에 필요한 사항은 대통령령으로 정한다.

(2) 사회보장정보시스템의 이용

시 · 도지사 또는 시장 · 군수 · 구청장은 「사회보장기본법」에 따라 설치된 사회보장정보시스템을 이용하여 보호대상아동에 대한 상담, 건강검진, 심리검사, 가정환경에 대한 조사 및 개별 보호 · 관리 계획 등 보호조치에 필요한 정보를 관리하여야 한다.

(3) 아동통합정보시스템의 구축 · 운영

보건복지부장관은 아동복지 관련 자료 또는 정보의 효율적 처리 및 통합관리를 위하여 「사회보장기본법」에 따라 설치된 사회보장정보시스템 및 「사회보장급여의 이용 · 제공 및 수급권자 발굴에 관한 법률」에 따라 설치된 사회서비스정보시스템을 연계 · 활용하여 아동통합정보시스템(이하 "아동정보시스템")을 구축 · 운영하여야 한다.

보건복지부장관은 아동정보시스템을 구축 · 운영하는 데 필요한 정보를 수집 · 관리 · 보유할 수 있으며 중앙행정기관의 장, 지방자치단체의 장, 관계 기관 및 단체의 장 등에게 필요한 정보의 제공을 요청할 수 있다. 이 경우 요청을 받은 기관의 장은 정당한 사유가 없으면 요청에 따라야 한다.

보건복지부장관은 아동정보시스템 구축 · 운영의 전 과정에서 개인정보 보호를 위하여 필요한 시책을 마련하여야 한다.

보건복지부장관은 아동에 대한 효과적인 보호와 지원을 하기 위하여 정보를 처리하는 민간단체 및 기관과 필요한 정보연계를 위한 조치를 할 수 있다. 이 경우 정보연계 목적의 범위에서 해당 단체와 기관은 연계된 정보를 이용할 수 있다.

보건복지부장관은 아동정보시스템의 구축 · 운영에 관한 업무를 대통령령으로 정하는 바에 따라 전문기관에 위탁할 수 있으며, 그 밖에 아동정보시스템의 구축 · 운영 등에 필요한 사항은 대통령령으로 정한다.

(4) 보호대상아동의 양육상황 점검

시 · 도지사 또는 시장 · 군수 · 구청장은 보호조치 중인 보호대상아동의 양육상황을 보건복지부령으로 정하는 바에 따라 매년 점검하여야 하며, 양육상황을 점검한 결과에 따라 보호대상아동의 복리를 보호할 필요가 있거나 해당 보호조치가 적절하지 아니하다고 판단되는 경우에는 지체 없이 보호조치를 변경하여야 한다.

(5) 아동보호 사각지대 발굴 및 실태조사

보건복지부장관은 보호가 필요한 아동을 발견하고 양육환경을 개선할 수 있도록 지원하기 위하여 「사회보장기본법」에 따른 사회보장정보시스템을 통하여 다음의 자료 또는 정보를 처리할 수 있으며, 해당 자료를 토대로 아동보호를 위한 실태조사 대상 아동을 선정할 수 있다.

- 「국민건강보험법」에 따른 요양급여 실시 기록

- 「국민건강보험법」에 따른 영유아건강검진 실시 기록
- 「초 · 중등교육법」에 따른 학교생활기록 정보
- 「사회보장급여의 이용 · 제공 및 수급권자 발굴에 관한 법률」에 따른 정보

보건복지부장관은 아동보호의 사각지대 해소를 위하여 자료 또는 정보 및 실태조사 대상 아동의 명단을 시 · 도지사 또는 시장 · 군수 · 구청장에게 제공할 수 있으며, 이에 따라 제공한 자료 또는 정보 및 실태조사 대상 아동의 명단을 토대로 아동의 주소지 등을 방문하여 양육환경 조사를 실시하여야 한다.

보건복지부장관, 시 · 도지사 및 시장 · 군수 · 구청장은 조사 결과 필요하다고 인정하는 경우에는 복지서비스의 제공, 보호조치, 수사기관 또는 아동보호전문기관과의 연계 등 적절한 조치를 하여야 하며, 보건복지부장관은 아동보호 사각지대 발굴 및 아동 보호 체계를 갖추기 위하여 필요한 정보시스템을 구축 · 운영할 수 있으며, 이 경우 사회보장정보시스템을 연계하여 이용할 수 있다.

조사를 실시하는 사람은 그 권한을 표시하는 증표를 지니고 이를 관계인에게 보여주어야 하며, 조사의 시기 · 절차 · 방법 등에 관하여 필요한 사항은 보건복지부령으로 정한다.

(6) 면접교섭 지원

시 · 도지사 또는 시장 · 군수 · 구청장은 보호조치 중인 아동과 「민법」에 따른 가족 간의 면접교섭을 지원하여야 한다. 다만, 아동학대 등 아동의 안전과 복지를 해할 우려가 있는 경우에는 지원을 제한하거나 중단할 수 있으며, 면접교섭의 방법과 절차 등에 필요한 사항은 보건복지부령으로 정한다.

(7) 보호대상아동의 퇴소조치

보호조치 중인 보호대상아동의 연령이 18세에 달하였거나, 보호 목적이 달성되었다고 인정되면 해당 시 · 도지사, 시장 · 군수 · 구청장은 대통령령으로 정하는 절차와 방법에 따라 그 보호 중인 아동의 보호조치를 종료하거나 해당 시설에서 퇴소시켜야 한다.

보호조치 중인 보호대상아동의 친권자, 후견인 등 보건복지부령으로 정하는 자는 관할 시 · 도지사 또는 시장 · 군수 · 구청장에게 해당 보호대상아동의 가정 복귀를 신청할 수 있으며, 가정 복귀 신청을 받은 경우에는 아동권리보장원 또는 아동보호전문기관 등 아동복지시설의 장, 아동을 상담 · 치료한 의사의 의견을 들은 후 보호조치의 종료 또는 퇴소조치가 보호대상아동의 복리에 반하지 아니한다고 인정되면 해당 보호대상아동을 가정으

로 복귀시킬 수 있다. 다만, 보호대상아동이 복귀하는 가정에 거주하는 아동학대행위자가 대통령령으로 정하는 상담·교육·심리적 치료 등에 참여하지 아니한 경우에는 그러하지 아니한다.

보호조치 중인 아동이 다음의 어느 하나에 해당하면 시·도지사, 시장·군수·구청장은 해당 아동의 보호기간을 연장할 수 있다.

- 「고등교육법」에 따른 대학 이하의 학교(대학원은 제외한다)에 재학 중인 경우
- 아동양육시설 또는 직업능력개발훈련시설에서 직업 관련 교육·훈련을 받고 있는 경우
- 그 밖에 위탁가정 및 각종 아동복지시설에서 해당 아동을 계속하여 보호·양육할 필요가 있다고 대통령령으로 정하는 경우

시·도지사 또는 시장·군수·구청장은 확인 결과 아동학대의 재발이 의심되는 경우에는 사례결정위원회의 심의를 거쳐 보호대상아동의 가정 복귀 결정을 취소할 수 있다. 다만, 아동학대 재발의 위험이 현저하여 긴급히 취소하여야 하는 경우에는 사례결정위원회의 심의를 거치지 아니하고 취소하고 사후에 보고할 수 있다.

(8) 보호대상아동의 사후관리

시·도지사 또는 시장·군수·구청장은 전담공무원 등 관계 공무원 및 민간전문인력으로 하여금 보호조치의 종료로 가정으로 복귀한 보호대상아동의 가정을 방문하여 해당 아동의 복지 증진을 위하여 필요한 지도·관리를 제공하게 하여야 한다.

(9) 금지행위

누구든지 다음의 어느 하나에 해당하는 행위를 하여서는 아니 된다.

- 아동을 매매하는 행위
- 아동에게 음란한 행위를 시키거나 이를 매개하는 행위 또는 아동에게 성적 수치심을 주는 성희롱 등의 성적 학대행위
- 아동의 신체에 손상을 주거나 신체의 건강 및 발달을 해치는 신체적 학대행위
- 아동의 정신건강 및 발달에 해를 끼치는 정서적 학대행위
- 자신의 보호·감독을 받는 아동을 유기하거나 의식주를 포함한 기본적 보호·양육·치료 및 교육을 소홀히 하는 방임행위
- 장애를 가진 아동을 공중에 관람시키는 행위

- 아동에게 구걸을 시키거나 아동을 이용하여 구걸하는 행위
- 공중의 오락 또는 흥행을 목적으로 아동의 건강 또는 안전에 유해한 곡예를 시키는 행위 또는 이를 위하여 아동을 제3자에게 인도하는 행위
- 정당한 권한을 가진 알선기관 외의 자가 아동의 양육을 알선하고 금품을 취득하거나 금품을 요구 또는 약속하는 행위
- 아동을 위하여 증여 또는 급여된 금품을 그 목적 외의 용도로 사용하는 행위

(10) 친권상실 선고의 청구

시 · 도지사, 시장 · 군수 · 구청장 또는 검사는 아동의 친권자가 그 친권을 남용하거나 현저한 비행이나 아동학대, 그 밖에 친권을 행사할 수 없는 중대한 사유가 있는 것을 발견한 경우 아동의 복지를 위하여 필요하다고 인정할 때에는 법원에 친권행사의 제한 또는 친권상실의 선고를 청구하도록 요청할 수 있다.

아동복지시설의 장 및 「초 · 중등교육법」에 따른 학교의 장(이하 "학교의 장")은 친권남용, 비행, 아동학대, 친권을 행사할 수 없는 중대한 사유가 발견된 경우 시 · 도지사, 시장 · 군수 · 구청장 또는 검사에게 법원에 친권행사의 제한 또는 친권상실의 선고를 청구하도록 요청할 수 있다.

시 · 도지사, 시장 · 군수 · 구청장 또는 검사는 위에 따라 친권행사의 제한 또는 친권상실의 선고 청구를 할 경우 아동권리보장원 또는 아동보호전문기관 등 아동복지시설의 장, 아동을 상담 · 치료한 의사 및 해당 아동의 의견을 존중하여야 한다.

시 · 도지사, 시장 · 군수 · 구청장 또는 검사는 친권행사의 제한 또는 친권상실의 선고 청구를 요청받은 경우에는 요청받은 날부터 30일 내에 청구 여부를 결정한 후 해당 요청기관에 청구 또는 미청구 요지 및 이유를 서면으로 알려야 하며, 처리결과를 통보받은 아동복지시설의 장 및 학교의 장은 그 처리결과에 대하여 이의가 있을 경우 통보받은 날부터 30일 내에 직접 법원에 친권행사의 제한 또는 친권상실의 선고를 청구할 수 있다.

(11) 아동의 후견인의 선임 청구

법원은 후견인의 선임청구를 받은 경우 후견인이 없는 아동에 대하여 후견인을 선임하기 전까지 시 · 도지사, 시장 · 군수 · 구청장, 아동보호전문기관의 장, 가정위탁지원센터의 장 및 보장원의 장으로 하여금 임시로 그 아동의 후견인 역할을 하게 할 수 있다. 이 경우 해당 아동의 의견을 존중하여야 한다.

(12) 보조인의 선임

법원의 심리과정에서 변호사, 법정대리인, 직계 친족, 형제자매, 아동학대전담공무원, 아동권리보장원 또는 아동보호전문기관의 상담원은 학대아동사건의 심리에 있어서 보조인이 될 수 있다. 다만, 변호사가 아닌 경우에는 법원의 허가를 받아야 한다.

법원은 피해아동을 증인으로 신문하는 경우 검사, 피해아동과 그 보호자 또는 보장원, 아동보호전문기관의 신청이 있는 경우에는 피해아동과 신뢰관계에 있는 사람의 동석을 허가할 수 있으며, 수사기관이 피해아동을 조사하는 경우에도 같다.

2) 아동학대의 예방 및 방지

(1) 아동학대의 예방과 방지 의무

국가와 지방자치단체는 아동학대의 예방과 방지를 위하여 다음의 조치를 취하여야 한다.

- 아동학대의 예방과 방지를 위한 각종 정책의 수립 및 시행
- 아동학대의 예방과 방지를 위한 연구·교육·홍보 및 아동학대 실태조사
- 아동학대에 관한 신고체제의 구축·운영
- 피해아동의 보호와 치료 및 피해아동의 가정에 대한 지원
- 그 밖에 대통령령으로 정하는 아동학대의 예방과 방지를 위한 사항

지방자치단체는 아동학대를 예방하고 수시로 신고를 받을 수 있도록 긴급전화를 설치하여야 한다. 이 경우 그 설치·운영 등에 필요한 사항은 대통령령으로 정한다.

시·도지사 또는 시장·군수·구청장은 피해아동의 발견 및 보호 등을 위하여 다음의 업무를 수행하여야 한다.

- 아동학대 신고접수, 현장조사 및 응급보호
- 피해아동, 피해아동의 가족 및 아동학대행위자에 대한 상담·조사
- 그 밖에 대통령령으로 정하는 아동학대 관련 업무

시·도지사 또는 시장·군수·구청장은 위의 업무를 수행하기 위하여 아동학대전담공무원을 두어야 하며, 아동학대전담공무원은 「사회복지사업법」에 따른 사회복지사의 자격을 가진 사람으로 하고 그 임용 등에 필요한 사항은 해당 시·도 또는 시·군·구의 조례로 정한다.

아동권리보장원은 아동학대예방사업의 활성화 등을 위하여 다음의 업무를 수행한다.

- 아동보호전문기관에 대한 지원
- 아동학대예방사업과 관련된 연구 및 자료 발간
- 효율적인 아동학대예방사업을 위한 연계체계 구축
- 아동학대예방사업을 위한 프로그램 개발 및 평가
- 아동보호전문기관 · 학대피해아동쉼터 직원 및 아동학대전담공무원 직무교육, 아동학대예방 관련 교육 및 홍보
- 아동보호전문기관 전산시스템 구축 및 운영
- 그 밖에 대통령령으로 정하는 아동학대예방사업과 관련된 업무

시 · 도지사 또는 시장 · 군수 · 구청장, 아동권리보장원의 장 또는 아동보호전문기관의 장은 다음의 구분에 따른 업무를 수행하기 위하여 필요한 경우 아동정보시스템의 아동학대 관련 정보 또는 자료를 활용할 수 있다.

- 시 · 도지사 또는 시장 · 군수 · 구청장의 업무
  ㉠ 아동학대 신고접수, 현장조사 및 응급보호
  ㉡ 피해아동, 피해아동의 가족 및 아동학대행위자에 대한 상담 · 조사
  ㉢ 그 밖에 대통령령으로 정하는 아동학대 관련 업무

- 아동권리보장원의 장의 업무
  ㉠ 아동보호전문기관에 대한 지원
  ㉡ 아동학대예방사업과 관련된 연구 및 자료 발간
  ㉢ 효율적인 아동학대예방사업을 위한 연계체계 구축
  ㉣ 아동학대예방사업을 위한 프로그램 개발 및 평가
  ㉤ 아동보호전문기관 · 학대피해아동쉼터 직원 및 아동학대전담공무원 직무교육, 아동학대예방 관련 교육 및 홍보
  ㉥ 아동보호전문기관 전산시스템 구축 및 운영
  ㉦ 그 밖에 대통령령으로 정하는 아동학대예방사업과 관련된 업무

- 아동보호전문기관의 장의 업무
  ㉠ 피해아동, 피해아동의 가족 및 아동학대행위자를 위한 상담 · 치료 및 교육

㉡ 아동학대예방 교육 및 홍보

㉢ 피해아동 가정의 사후관리

㉣ 그 밖에 대통령령으로 정하는 아동학대예방사업과 관련된 업무

(2) 학생 등에 대한 학대 예방 및 지원

국가와 지방자치단체는 「유아교육법」에 따른 유치원의 유아 및 「초·중등교육법」에 따른 학교의 학생(이하 이 조에서 "학생 등")에 대한 아동학대의 조기 발견 체계 및 아동보호전문기관 등 관련 기관과의 연계 체계를 구축하고, 학대피해 학생 등이 유치원 또는 학교에 안정적으로 적응할 수 있도록 지원하여야 하며, 학교 적응 지원 등 대통령령으로 정하는 업무는 교육부장관 또는 「지방교육자치에 관한 법률」에 따른 교육감이 지정하는 기관에 위탁할 수 있다.

교육부장관 또는 교육감은 아동학대의 조기 발견과 신속한 보호조치를 위하여 대통령령으로 정하는 바에 따라 장기결석 학생 등의 정보 등을 보건복지부장관과 공유하여야 한다.

보건복지부장관과 지방자치단체의 장은 아동학대의 조기 발견과 신속한 보호조치를 위하여 대통령령으로 정하는 바에 따라 학대피해 우려가 있는 아동에 대한 정보를 교육부장관 또는 교육감과 공유하여야 한다.

(3) 피해아동 등에 대한 신분조회 조치

아동권리보장원의 장 및 아동보호전문기관의 장은 피해아동의 보호, 치료 등을 수행함에 있어서 피해아동, 그 보호자 또는 아동학대행위자에 대한 다음의 조치[1]를 관계 중앙행정기관의 장, 시·도지사 또는 시장·군수·구청장에게 협조 요청할 수 있으며, 요청을 받은 관계 중앙행정기관의 장, 시·도지사 또는 시장·군수·구청장은 정당한 사유가 없으면 이에 따라야 한다.

위의 조항에 따라 관계 중앙행정기관의 장, 시·도지사 또는 시장·군수·구청장이 아동보호전문기관의 장에게 발급 등을 하는 서류에 대해서는 수수료를 면제한다.

---

1) • 「출입국관리법」에 따른 외국인등록 사실증명의 열람 및 발급
• 「가족관계의 등록 등에 관한 법률」에 따른 증명서의 발급
• 「주민등록법」에 따른 주민등록표 등본·초본의 열람 및 발급
• 「국민기초생활 보장법」에 따른 수급자 여부의 확인
• 「장애인복지법」에 따른 장애인등록증의 열람 및 발급

(4) 피해아동보호계획의 수립

시 · 도지사 또는 시장 · 군수 · 구청장은 피해아동에 대한 조사를 한 후 다음의 사항이 포함된 피해아동보호계획(이하 "보호계획")을 수립하고 그 계획을 아동보호전문기관의 장에게 통보하여야 하며, 보호계획을 통보받은 아동보호전문기관의 장은 아동학대 재발 가능성 등 위험도를 고려하여 피해아동 및 그 가족, 아동학대행위자를 대상으로 치료 · 교육 · 상담 프로그램 등이 포함된 피해아동사례관리계획(이하 "사례관리계획")을 수립하여 시행하여야 한다.

- 피해아동에 대한 보호조치 여부
- 아동학대행위에 대한 고발 여부 등 아동학대행위에 대한 개입 방향 및 절차
- 피해아동 및 그 가족에 대한 지원 여부
- 그 밖에 대통령령으로 정하는 사항

시 · 도지사 또는 시장 · 군수 · 구청장은 보호계획의 수립과 관련하여 의학적 · 법률적 판단 등 보건복지부령으로 정하는 전문적인 판단이 필요한 경우에는 아동학대사례전문위원회의 의견을 들어 보호계획을 수립할 수 있다.

시 · 도지사 또는 시장 · 군수 · 구청장은 해당 지역에서 발생한 아동학대 사건에 대하여 아동권리보장원의 장, 아동보호전문기관의 장 및 관할 경찰서장에게 관련 자료를 요청할 수 있다.

아동보호전문기관의 장은 사례관리계획에 따라 서비스를 제공한 후 그 결과를 시 · 도지사 또는 시장 · 군수 · 구청장에게 보고하여야 하며, 보호계획 및 사례관리계획의 수립 · 시행 등에 필요한 사항은 대통령령으로 정한다.

(5) 아동학대사례전문위원회

보건복지부장관은 "피해아동보호계획의 수립"에 따른 자문에 응하게 하기 위하여 보건복지부에 아동학대사례전문위원회(이하 "사례전문위원회")를 둔다.

사례전문위원회에 참석한 사람은 업무상 알게 된 비밀을 누설하거나 이를 이용하여 부당한 이익을 취하여서는 아니 되며, 사례전문위원회의 구성 · 운영 등에 필요한 사항은 보건복지부령으로 정한다.

(6) 아동학대예방의 날

아동의 건강한 성장을 도모하고, 범국민적으로 아동학대의 예방과 방지에 관한 관심을 높이기 위하여 매년 11월 19일을 아동학대예방의 날로 지정하고, 아동학대예방의 날부터 1주일을 아동학대예방주간으로 한다.

국가와 지방자치단체는 아동학대예방의 날의 취지에 맞는 행사와 홍보를 실시하도록 노력하여야 한다.

(7) 홍보영상의 제작 · 배포 · 송출

보건복지부장관은 아동학대의 예방과 방지, 위반행위자의 계도를 위한 교육 등에 관한 홍보영상을 제작하여 「방송법」상의 방송편성책임자에게 배포하여야 한다.

보건복지부장관은 「방송법」에 따른 방송사업자에게 대통령령으로 정하는 비상업적 공익광고 편성비율의 범위에서 홍보영상을 채널별로 송출하도록 요청할 수 있으며, 이에 따른 방송사업자는 홍보영상 외에 독자적인 홍보영상을 제작하여 송출할 수 있다. 이 경우 보건복지부장관에게 필요한 협조 및 지원을 요청할 수 있다.

(8) 아동학대 신고의무자에 대한 교육

관계 중앙행정기관의 장은 「아동학대범죄의 처벌 등에 관한 특례법」 제10조제2항 각 호[2)]의 어느 하나에 해당하는 사람(이하 "아동학대 신고의무자")의 자격 취득 과정이나

---

2) 1. 「아동복지법」 제10조의2에 따른 아동권리보장원(이하 "아동권리보장원"이라 한다) 및 가정위탁지원센터의 장과 그 종사자
2. 아동복지시설의 장과 그 종사자(아동보호전문기관의 장과 그 종사자는 제외한다)
3. 「아동복지법」 제13조에 따른 아동복지전담공무원
4. 「가정폭력방지 및 피해자보호 등에 관한 법률」 제5조에 따른 가정폭력 관련 상담소 및 같은 법 제7의2에 따른 가정폭력피해자 보호시설의 장과 그 종사자
5. 「건강가정기본법」 제35조에 따른 건강가정지원센터의 장과 그 종사자
6. 「다문화가족지원법」 제12조에 따른 다문화가족지원센터의 장과 그 종사자
7. 「사회보장급여의 이용 · 제공 및 수급권자 발굴에 관한 법률」 제43조에 따른 사회복지전담공무원 및 「사회복지사업법」 제34조에 따른 사회복지시설의 장과 그 종사자
8. 「성매매방지 및 피해자보호 등에 관한 법률」 제9조에 따른 지원시설 및 같은 법 제17조에 따른 성매매피해상담소의 장과 그 종사자
9. 「성폭력방지 및 피해자보호 등에 관한 법률」 제10조에 따른 성폭력피해상담소, 같은 법 제12조에 따른 성폭력피해자보호시설의 장과 그 종사자 및 같은 법 제18조에 따른 성폭력피해자통합지원센터의 장과 그 종사자
10. 「119구조 · 구급에 관한 법률」 제2조제4호에 따른 119구급대의 대원
11. 「응급의료에 관한 법률」 제2조제7호에 따른 응급의료기관등에 종사하는 응급구조사
12. 「영유아보육법」 제7조에 따른 육아종합지원센터의 장과 그 종사자 및 제10조에 따른 어린이집의 원장 등 보육교직원
13. 「유아교육법」 제2조제2호에 따른 유치원의 장과 그 종사자

보수교육 과정에 아동학대 예방 및 신고의무와 관련된 교육 내용을 포함하도록 하여야 한다.

관계 중앙행정기관의 장 및 시·도지사는 아동학대 신고의무자에게 본인이 아동학대 신고의무자라는 사실을 고지할 수 있고, 아동학대 예방 및 신고의무와 관련한 교육("신고의무 교육")을 실시할 수 있다.

아동학대 신고의무자가 소속된 기관·시설 등의 장은 소속 아동학대 신고의무자에게 신고의무 교육을 실시하고, 그 결과를 관계 중앙행정기관의 장에게 제출하여야 한다.

위의 조항에 따른 교육 내용·시간 및 방법 등 그 밖에 필요한 사항은 대통령령으로 정한다.

(9) 아동학대 예방교육의 실시

국가기관과 지방자치단체의 장, 「공공기관의 운영에 관한 법률」에 따른 공공기관과 대통령령으로 정하는 공공단체의 장은 아동학대의 예방과 방지를 위하여 필요한 교육을 연 1회 이상 실시하고, 그 결과를 보건복지부장관에게 제출하여야 한다.

아동의 보호자 등 위의 조항에 따른 교육 대상이 아닌 사람은 아동보호전문기관 또는 대통령령으로 정하는 교육기관에서 아동학대의 예방과 방지에 필요한 교육을 받을 수 있다.

보건복지부장관은 위의 조항에 따른 교육을 위하여 전문인력을 양성하고, 교육 프로그램을 개발·보급하여야 하며, 교육 내용·시간 및 방법, 그 밖에 필요한 사항은 대통령령으로 정한다.

---

14. 아동보호전문기관의 장과 그 종사자
15. 「의료법」 제3조제1항에 따른 의료기관의 장과 그 의료기관에 종사하는 의료인 및 의료기사
16. 「장애인복지법」 제58조에 따른 장애인복지시설의 장과 그 종사자로서 시설에서 장애아동에 대한 상담·치료·훈련 또는 요양 업무를 수행하는 사람
17. 「정신건강증진 및 정신질환자 복지서비스 지원에 관한 법률」 제3조제3호에 따른 정신건강복지센터, 같은 조 제5호에 따른 정신의료기관, 같은 조 제6호에 따른 정신요양시설 및 같은 조 제7호에 따른 정신재활시설의 장과 그 종사자
18. 「청소년기본법」 제3조제6호에 따른 청소년시설 및 같은 조 제8호에 따른 청소년단체의 장과 그 종사자
19. 「청소년 보호법」 제35조에 따른 청소년 보호·재활센터의 장과 그 종사자
20. 「초·중등교육법」 제2조에 따른 학교의 장과 그 종사자
21. 「한부모가족지원법」 제19조에 따른 한부모가족복지시설의 장과 그 종사자
22. 「학원의 설립·운영 및 과외교습에 관한 법률」 제6조에 따른 학원의 운영자·강사·직원 및 같은 법 제14조에 따른 교습소의 교습자·직원
23. 「아이돌봄 지원법」 제2조제4호에 따른 아이돌보미
24. 「아동복지법」 제37조에 따른 취약계층 아동에 대한 통합서비스지원 수행인력
25. 「입양특례법」 제20조에 따른 입양기관의 장과 그 종사자

(10) 아동학대 등의 통보

사법경찰관리는 아동 사망 및 상해사건, 가정폭력 사건 등에 관한 직무를 행하는 경우 아동학대가 있었다고 의심할 만한 사유가 있는 때에는 시·도지사, 시장·군수·구청장 또는 보장원의 장에게 그 사실을 통보하여야 한다.

사법경찰관 또는 보호관찰관은 「아동학대범죄의 처벌 등에 관한 특례법」」에 따라 임시 조치의 청구를 신청하였을 때에는 시·도지사, 시장·군수·구청장 또는 아동권리보장원의 장에게 그 사실을 통보하여야 한다.

위의 통보를 받은 시·도지사, 시장·군수·구청장 또는 아동권리보장원의 장은 피해아동 보호조치 등 필요한 조치를 하여야 한다.

(11) 피해아동 응급조치에 대한 거부금지

「아동학대범죄의 처벌 등에 관한 특례법」에 따라 사법경찰관리, 아동학대전담공무원이 피해아동을 인도하는 경우에는 아동학대 관련 보호시설이나 의료기관은 정당한 사유 없이 이를 거부하여서는 아니 된다.

(12) 사후관리

아동권리보장원의 장 또는 아동보호전문기관의 장은 아동학대가 종료된 이후에도 가정방문, 전화상담 등을 통하여 아동학대의 재발 여부를 확인하여야 하며, 아동학대가 종료된 이후에도 아동학대의 재발 방지 등을 위하여 필요하다고 인정하는 경우 피해아동 및 보호자를 포함한 피해아동의 가족에게 필요한 지원을 제공할 수 있다.

아동권리보장원 또는 아동보호전문기관이 위의 조항에 따라 업무를 수행하는 경우 보호자는 정당한 사유 없이 이를 거부하거나 방해하여서는 아니 된다.

(13) 국가아동학대정보시스템

보건복지부장관은 아동학대 관련 정보를 공유하고 아동학대를 예방하기 위하여 대통령령으로 정하는 바에 따라 국가아동학대정보시스템을 구축·운영하여야 한다.

보건복지부장관은 피해아동, 그 가족 및 아동학대행위자에 관한 정보와 아동학대예방사업에 관한 정보를 국가아동학대정보시스템에 입력·관리하여야 한다. 이 경우 보건복지부장관은 관계 중앙행정기관의 장, 시·도지사, 시장·군수·구청장, 아동권리보장원, 아동보호전문기관 등에 필요한 자료를 요청할 수 있다.

다음의 어느 하나에 해당하는 자는 아동의 보호 및 아동학대 발생 방지를 위하여 필요한 경우 국가아동학대정보시스템상의 피해아동, 그 가족 및 아동학대행위자에 관한 정보를 보건복지부장관에게 요청할 수 있다. 이 경우 대통령령으로 정하는 바에 따라 목적과 필요한 정보의 범위를 구체적으로 기재하여야 한다.

- 시 · 도지사 및 시장 · 군수 · 구청장
- 판사, 검사 및 경찰관서의 장
- 「초 · 중등교육법」에 따른 학교의 장
- 아동학대 전담의료기관의 장
- 아동복지시설의 장
- 「입양특례법」에 따른 입양기관의 장
- 그 밖에 대통령령으로 정하는 피해아동의 보호 및 지원 관련 기관 또는 단체의 장

보건복지부장관은 요청이 있는 경우 국가아동학대정보시스템상의 해당 정보를 제공할 수 있다. 다만, 피해아동의 보호를 위하여 필요한 경우로서 대통령령으로 정하는 경우에는 정보의 제공을 제한할 수 있다.

위의 조항에 따라 피해아동관련 정보를 취득한 사람은 요청 목적 외로 해당 정보를 사용하거나 다른 사람에게 제공 또는 누설하여서는 아니 된다.

보건복지부장관은 「사회보장급여의 이용 · 제공 및 수급권자 발굴에 관한 법률」에 따른 한국사회보장정보원에 국가아동학대정보시스템 운영을 위탁할 수 있다.

(14) 피해아동 및 그 가족 등에 대한 지원

아동권리보장원의 장 또는 아동보호전문기관의 장은 아동의 안전 확보와 재학대 방지, 건전한 가정기능의 유지 등을 위하여 피해아동 및 보호자를 포함한 피해아동의 가족에게 상담, 교육 및 의료적 · 심리적 치료 등의 필요한 지원을 제공하여야 하며, 지원을 위하여 관계 기관에 협조를 요청할 수 있다.

보호자를 포함한 피해아동의 가족은 아동권리보장원 또는 아동보호전문기관이 위의 조항에 따라 제공하는 지원에 성실하게 참여하여야 한다.

아동권리보장원의 장 또는 아동보호전문기관의 장은 지원 여부의 결정 및 지원의 제공 등 모든 과정에서 피해아동의 이익을 최우선으로 고려하여야 한다.

국가와 지방자치단체는 「초 · 중등교육법」 제2조의 학교에 재학 중인 피해아동 및 피해아동의 가족이 주소지 외의 지역에서 취학(입학 · 재입학 · 전학 · 편입학 포함)할 필요가 있을 때에는 그 취학이 원활하게 이루어 질 수 있도록 지원하여야 하며, 취학에 필요한

사항은 대통령령으로 정한다.

(15) 아동학대행위자에 대한 상담 · 교육 등의 제공

시 · 도지사, 시장 · 군수 · 구청장, 아동권리보장원의 장 또는 아동보호전문기관의 장은 아동학대행위자에 대하여 상담 · 교육 및 심리적 치료 등 필요한 지원을 제공하여야 하며, 이 경우 아동학대행위자는 상담 · 교육 및 심리적 치료 등에 성실히 참여하여야 하며, 상담 · 교육 및 심리적 치료 등에 참여할 수 없는 정당한 사유가 있는 아동학대행위자는 그 사유가 해소되는 즉시 이에 참여하여야 한다.

상담 · 교육 및 심리적 치료의 내용 · 방법 등에 관하여 필요한 사항은 보건복지부령으로 정한다.

(16) 아동관련기관의 취업제한

법원은 아동학대관련범죄로 형 또는 치료감호를 선고하는 경우에는 판결(약식명령 포함)로 그 형 또는 치료감호의 전부 또는 일부의 집행을 종료하거나 집행이 유예 · 제된 날(벌금형을 선고받은 경우에는 그 형이 확정된 날)부터 일정기간(이하 "취업제한기간") 동안 다음에 따른 시설 또는 기관(이하 "아동관련기관")을 운영하거나 아동관련기관에 취업 또는 사실상 노무를 제공할 수 없도록 하는 명령(이하 "취업제한명령")을 아동학대관련범죄 사건의 판결과 동시에 선고(약식명령의 경우에는 고지를 말한다)하여야 한다. 다만, 재범의 위험성이 현저히 낮은 경우나 그 밖에 취업을 제한하여서는 아니 되는 특별한 사정이 있다고 판단하는 경우에는 그러하지 아니하다.

- 아동권리보장원, 지방자치단체(전담공무원, 민간전문인력, 아동학대전담공무원으로 한정), 취취약계층 아동 통합서비스 수행기관, 아동보호전문기관, 다함께돌봄센터, 가정위탁지원센터 및 아동복지시설
- 「가정폭력방지 및 피해자보호 등에 관한 법률」 긴급전화센터, 가정폭력 관련 상담소 및 가정폭력피해자 보호시설
- 건강가정기본법」의 건강가정지원센터
- 다문화가족지원법」의 다문화가족지원센터
- 「성매매방지 및 피해자보호 등에 관한 법률」의 성매매피해자등을 위한 지원시설 및 성매매 피해상담소
- 성폭력방지 및 피해자보호 등에 관한 법률」의 성폭력피해상담소 및 성폭력피해자보호시설 및 성폭력피해자통합지원센터

- 「영유아보육법」의 어린이집, 육아종합지원센터 및 시간제보육서비스지정기관
- 「유아교육법」의 유치원
- 「의료법」의 의료기관(의료인에 한정)
- 「장애인복지법」의 장애인복지시설
- 「정신건강증진 및 정신질환자 복지서비스 지원에 관한 법률」에 따른 정신건강복지센터, 정신건강증진시설, 정신요양시설 및 정신재활시설
- 「주택법」의 공동주택의 관리사무소(경비업무 종사자에 한정)
- 청소년기본법」에 따른 청소년시설, 청소년단체
- 청소년활동진흥법」의 청소년활동시설
- 청소년복지 지원법」의 청소년상담복지센터, 이주배경청소년지원센터 및 청소년쉼터, 청소년 자립지원관, 청소년치료재활센터
- 「청소년 보호법」의 청소년 보호 · 재활센터
- 「체육시설의 설치 · 이용에 관한 법률」의 체육시설 중 아동의 이용이 제한되지 아니하는 체육시설로서 문화체육관광부장관이 지정하는 체육시설
- 「초 · 중등교육법」의 학교 및 학습부진아 등에 대한 교육을 실시하는 기관
- 「학원의 설립 · 운영 및 과외교습에 관한 법률」의 학원 및 교습소 중 아동의 이용이 제한되지 아니하는 학원과 교습소로서 교육부장관이 지정하는 학원 · 교습소
- 「한부모가족지원법」의 한부모가족복지시설
- 아동보호전문기관 또는 학대피해아동쉼터를 운영하는 법인
- 「보호소년 등의 처우에 관한 법률」에 따른 소년원 및 소년분류심사원
- 「민법」 제32조에 따라 보건복지부장관의 설립 허가를 받아 아동인권, 아동복지 등 아동을 위한 사업을 수행하는 비영리법인(대표자 및 아동을 직접 대면하는 업무에 종사하는 사람에 한정)
- 「아이돌봄 지원법」에 따른 서비스제공기관
- 「입양특례법」에 따른 입양기관

위 조항에 따른 취업제한기간은 10년을 초과하지 못하며, 법원은 위 조항에 따라 취업제한명령을 선고하려는 경우에는 정신건강의학과 의사, 심리학자, 사회복지학자, 아동학대 관련 전문가, 그 밖의 관련 전문가로부터 취업제한명령 대상자의 재범 위험성 등에 관한 의견을 들을 수 있다.

위의 조항(「주택법」 공동주택의 관리사무소(경비업무 종사자에 한정), 「보호소년 등의 처우에 관한 법률」에 따른 소년원 및 소년분류심사원은 제외)의 아동관련기관의 설치 또는 설립인가·허가·신고를 관할하는 중앙행정기관의 장, 지방자치단체의 장, 교육감 또는 교육장은 아동관련기관을 운영하려는 자에 대하여 본인의 동의를 받아 관계 기관의 장에게 아동학대관련범죄 전력 조회를 요청하여야 한다. 다만, 아동관련기관을 운영하려는 자가 아동학대관련범죄 전력 조회 회신서를 중앙행정기관의 장, 지방자치단체의 장, 교육감 또는 교육장에게 직접 제출한 경우에는 아동학대관련범죄 전력 조회를 한 것으로 본다.

아동관련기관의 장은 그 기관에 취업 중이거나 사실상 노무를 제공 중인 사람 또는 취업하려 하거나 사실상 노무를 제공하려는 사람(이하 "취업자 등")에 대하여 아동학대관련범죄 전력을 확인하여야 하며, 이 경우 본인의 동의를 받아 관계 기관의 장에게 아동학대관련범죄 전력 조회를 요청하여야 한다. 다만, 취업자 등이 아동학대관련범죄 전력 조회 회신서를 아동관련기관의 장에게 직접 제출한 경우에는 아동학대관련범죄 전력 조회를 한 것으로 본다.

위 조항에 따라 아동학대관련범죄 전력 조회 요청을 받은 관계 기관의 장은 아동학대관련범죄 전력 조회 회신서를 발급하여야 한다.

아동학대관련범죄 전력 조회의 요청 절차·범위 등에 관한 사항은 대통령령으로 정한다.

(17) 취업제한명령을 선고받은 자에 대한 취업 등의 점검·확인

보건복지부장관 또는 관계 중앙행정기관의 장은 아동학대관련범죄로 취업제한명령을 선고받은 자가 "아동관련기관의 취업제한" 조항을 위반하여 다음의 아동관련기관을 운영하거나 아동관련기관에 취업 또는 사실상 노무를 제공하고 있는지를 직접 또는 관계 기관 조회 등의 방법으로 연 1회 이상 점검·확인하여야 한다.

- 교육부장관: 유치원, 초·중등 학교 및 학습부진아 등에 대한 교육을 실시하는 기관, 아동의 이용이 제한되지 않으며 교육부장관이 지정하는 학원 및 교습소
- 문화체육관광부장관: 아동의 이용이 제한되지 아니하는 체육시설로서 문화체육관광부장관이 지정하는 체육시설
- 보건복지부장관: 아동권리보장원, 취약계층 아동 통합서비스 수행기관, 아동보호전문기관, 다함께돌봄센터, 가정위탁지원센터 및 아동복지시설, 어린이집, 육아종합지원센터 및 시간제보육서비스지정기관, 의료기관(의료인에 한정), 장애인복지시설, 정신건

강복지센터, 정신건강증진시설, 정신요양시설 및 정신재활시설, 「민법」에 따라 보건복지부장관의 설립 허가를 받아 아동인권, 아동복지 등 아동을 위한 사업을 수행하는 비영리법인(대표자 및 아동을 직접 대면하는 업무에 종사하는 사람에 한정), 입양기관

- 여성가족부장관: 긴급전화센터, 가정폭력 관련 상담소 및 가정폭력피해자 보호시설, 건강가정지원센터, 다문화가족지원센터, 성매매피해자등을 위한 지원시설 및 성매피해상담소, 성폭력피해상담소 및 성폭력피해자보호시설 및 성폭력피해자통합지원센터, 청소년시설, 청소년단체, 청소년활동시설, 청소년상담복지센터, 이주배경청소년지원센터 및 청소년쉼터, 청소년자립지원관, 청소년치료재활센터, 청소년 보호 · 재활센터, 한부모가족복지시설, 아이돌봄지원서비스 제공기관
- 국토교통부장관: 공동주택의 관리사무소(경비업무 종사자에 한정)
- 법무부장관: 소년원 및 소년분류심사원

보건복지부장관 또는 관계 중앙행정기관의 장은 위의 조항에 따른 점검 · 확인을 위하여 필요한 경우에는 아동관련기관의 장 또는 그 감독기관에 관련 자료의 제출을 요구할 수 있으며, 점검 · 확인 결과를 대통령령으로 정하는 바에 따라 인터넷 홈페이지 등을 이용하여 공개하여야 한다.

(18) 취업자의 해임요구

중앙행정기관의 장(교육부, 문화체육관광부, 보건복지부, 여성가족부, 국토교통부, 법무부장관)은 "아동관련기관의 취업제한" 조항을 위반하여 취업하거나 사실상 노무를 제공하는 사람에 대하여 아동관련기관의 장에게 그의 해임을 요구하여야 하며, "아동관련기관의 취업제한" 조항을 위반하여 운영 중인 아동관련기관의 폐쇄를 요구하여야 한다.

중앙행정기관의 장은 아동관련기관의 장이 폐쇄요구를 정당한 사유 없이 거부하거나 1개월 이내에 요구사항을 이행하지 아니하는 경우에는 대통령령으로 정하는 바에 따라 해당 아동관련기관을 폐쇄하거나 그 등록 · 허가 등을 취소하거나 관계 행정기관의 장에게 이를 요구할 수 있다.

(19) 아동학대에 대한 법률상담

국가는 피해아동을 위한 법률상담과 소송대리(訴訟代理) 등의 지원(이하 "법률상담 등")을 할 수 있으며, 보건복지부장관, 시 · 도지사, 시장 · 군수 · 구청장, 아동권리보장원

의 장 및 아동보호전문기관의 장은 「법률구조법」에 따른 대한법률구조공단 또는 대통령령으로 정하는 그 밖의 기관에 법률상담 등을 요청할 수 있다.

법률상담 등에 소요되는 비용은 대통령령으로 정하는 바에 따라 국가가 부담할 수 있다. 다만, 법률상담 등을 받는 자가 다른 법령에 의하여 법률상담 등에 소요되는 비용을 지원받는 경우는 제외하며, 법률상담 등의 요건과 내용 및 절차 등은 대통령령으로 정한다.

(20) 아동학대 전담의료기관의 지정

보건복지부장관, 시・도지사 및 시장・군수・구청장은 국・공립병원, 보건소 또는 민간의료기관을 피해아동의 치료를 위한 전담의료기관으로 지정할 수 있다.

전담의료기관은 시・도지사 또는 시장・군수・구청장, 피해아동・가족・친족, 아동권리보장원의 장, 아동보호전문기관 또는 아동복지시설의 장, 경찰관서의 장, 판사 또는 가정법원 등의 요청이 있는 경우 피해아동에 대하여 다음의 조치를 하여야 한다.

- 아동학대 피해에 대한 상담
- 신체적・정신적 치료
- 그 밖에 대통령령으로 정하는 의료에 관한 사항

보건복지부장관, 시・도지사 및 시장・군수・구청장은 지정한 전담의료기관이 다음의 어느 하나에 해당하는 경우에는 그 지정을 취소할 수 있으며, 지정 및 지정 취소의 기준, 절차 등에 필요한 사항은 대통령령으로 정한다.

- 거짓이나 그 밖의 부정한 방법으로 지정을 받은 경우(지정 취소)
- 정당한 사유 없이 의료 지원을 거부한 경우
- 그 밖에 전담의료기관으로서 적합하지 아니하다고 대통령령으로 정하는 경우

4. 아동에 대한 지원서비스

1) 안전기준의 설정

국가는 대통령령으로 정하는 바에 따라 아동복지시설과 아동용품에 대한 안전기준을 정하고 아동용품을 제작・설치・관리하는 자에게 이를 준수하도록 하여야 한다.

(1) 아동의 안전에 대한 교육

아동복지시설의 장, 「영유아보육법」에 따른 어린이집의 원장, 「유아교육법」에 따른 유치원의 원장 및 「초·중등교육법」에 따른 학교의 장은 교육대상 아동의 연령을 고려하여 대통령령으로 정하는 바에 따라 매년 다음의 사항에 관한 교육계획을 수립하여 교육을 실시하여야 한다.

- 성폭력 및 아동학대 예방
- 실종·유괴의 예방과 방지
- 감염병 및 약물의 오남용 예방 등 보건위생관리
- 재난대비 안전
- 교통안전

아동복지시설의 장, 「영유아보육법」에 따른 어린이집의 원장은 위 조항에 따른 교육계획 및 교육실시 결과를 관할 시장·군수·구청장에게 매년 1회 보고하여야 한다.

「유아교육법」에 따른 유치원의 원장 및 「초·중등교육법」에 따른 학교의 장은 위 조항에 따른 교육계획 및 교육실시 결과를 대통령령으로 정하는 바에 따라 관할 교육감에게 매년 1회 보고하여야 한다.

(2) 아동보호구역에서의 영상정보처리기기 설치

국가와 지방자치단체는 유괴 등 범죄의 위험으로부터 아동을 보호하기 위하여 필요하다고 인정하는 경우에는 다음의 어느 하나에 해당되는 시설의 주변구역을 아동보호구역으로 지정하여 범죄의 예방을 위한 순찰 및 아동지도 업무 등 필요한 조치를 할 수 있다.

- 「도시공원 및 녹지 등에 관한 법률」에 따른 도시공원
- 「영유아보육법」의 어린이집, 육아종합지원센터 및 시간제보육서비스지정기관
- 「초·중등교육법」에 따른 초등학교 및 특수학교
- 「유아교육법」에 따른 유치원

위 조항에 따른 아동보호구역의 지정 기준 및 절차 등에 필요한 사항은 대통령령으로 정하며, 국가와 지방자치단체는 지정된 아동보호구역에 「개인정보 보호법」에 따른 영상정보처리기기를 설치하여야 한하며, 이 법에서 정한 것 외에 영상정보처리기기의 설치 등에 관한 사항은 「개인정보 보호법」에 따른다.

(3) 아동안전 보호인력의 배치

국가와 지방자치단체는 실종 및 유괴 등 아동에 대한 범죄의 예방을 위하여 순찰활동 및 아동지도 업무 등을 수행하는 아동안전 보호인력을 배치 · 활용할 수 있으며, 순찰활동 및 아동지도 업무 등을 수행하는 아동안전 보호인력은 그 권한을 표시하는 증표를 지니고 이를 관계인에게 내보여야 한다.

국가와 지방자치단체는 아동안전 보호인력으로 배치하고자 하는 사람에 대하여 본인의 동의를 받아 범죄경력을 확인하여야 한다.

아동안전 보호인력의 업무범위 · 활용 및 범죄경력 확인의 절차 · 범위 등에 필요한 사항은 대통령령으로 정한다.

(4) 아동긴급보호소 지정 및 운영

경찰청장은 유괴 등의 위험에 처한 아동을 보호하기 위하여 아동긴급보호소를 지정 · 운영할 수 있으며, 아동긴급보호소의 지정을 원하는 자에 대하여 본인의 동의를 받아 범죄경력을 확인하여야 한다.

아동긴급보호소의 지정 및 운영, 범죄경력 확인의 절차 · 범위 등에 필요한 사항은 대통령령으로 정한다.

(5) 건강한 심신의 보존

아동의 보호자는 아동의 건강 유지와 향상을 위하여 최선의 주의와 노력을 하여야 하며, 국가와 지방자치단체는 아동의 건강 증진과 체력 향상을 위하여 다음에 해당하는 사항을 지원하여야 한다.

- 신체적 건강 증진에 관한 사항
- 자살 및 각종 중독의 예방 등 정신적 건강 증진에 관한 사항
- 급식지원 등을 통한 결식예방 및 영양개선에 관한 사항
- 비만 방지 등 체력 및 여가 증진에 관한 사항

국가와 지방자치단체는 아동의 신체적 · 정신적 문제를 미리 발견하여 아동이 제때에 상담과 치료를 받을 수 있는 기반을 마련하여야 한다.

건강한 심신의 보존을 위한 지원서비스의 구체적인 내용은 대통령령으로 정한다. 다만, 급식지원의 지원 기준 · 방법 및 절차 등에 필요한 사항은 대통령령으로 정하는 기준에 따라 해당 지방자치단체의 조례로 정한다.

(6) 보건소

보건소는 이 법에 따라 다음의 업무를 행한다.

- 아동의 전염병 예방조치
- 아동의 건강상담, 신체검사와 보건위생에 관한 지도
- 아동의 영양개선

2) 취약계층 아동 통합서비스지원 및 자립지원

(1) 취약계층 아동에 대한 통합서비스지원

국가와 지방자치단체는 아동의 건강한 성장과 발달을 도모하기 위하여 대통령령으로 정하는 바에 따라 아동의 성장 및 복지 여건이 취약한 가정을 선정하여 그 가정의 지원 대상아동과 가족을 대상으로 보건, 복지, 보호, 교육, 치료 등을 종합적으로 지원하는 통합서비스를 실시한다.

위 조항에 따른 통합서비스지원의 대상 선정, 통합서비스의 내용 및 수행기관·수행인력 등에 필요한 사항은 대통령령으로 정한다.

보건복지부장관은 통합서비스지원사업의 운영지원에 관한 업무를 법인, 단체 등에 위탁할 수 있다.

(2) 자립지원

국가와 지방자치단체는 보호대상아동의 위탁보호 종료 또는 아동복지시설 퇴소 이후의 자립을 지원하기 위하여 다음에 해당하는 조치를 시행하여야 하며, 자립지원의 절차와 방법, 지원이 필요한 아동의 범위 등에 필요한 사항은 대통령령으로 정한다.

- 자립에 필요한 주거 · 생활 · 교육 · 취업 등의 지원
- 자립에 필요한 자산의 형성 및 관리 지원(이하 "자산형성지원")
- 자립에 관한 실태조사 및 연구
- 사후관리체세 구축 및 운영
- 그 밖에 자립지원에 필요하다고 대통령령으로 정하는 사항

(3) 자립지원계획의 수립

아동권리보장원의 장, 가정위탁지원센터의 장 및 아동복지시설의 장은 보호하고 있는 15세 이상의 아동을 대상으로 매년 개별 아동에 대한 자립지원계획을 수립하고, 그 계획

을 수행하는 종사자를 대상으로 자립지원에 관한 교육을 실시하여야 하며, 자립지원계획의 수립 · 시행 등에 필요한 사항은 보건복지부령으로 정한다.

(4) 자립지원 관련 업무의 위탁

국가와 지방자치단체는 자립지원 관련 데이터베이스 구축 및 운영, 자립지원 프로그램의 개발 및 보급, 사례관리 등의 업무를 법인에 위탁할 수 있다.

(5) 아동자립지원추진협의회

보건복지부장관은 지원대상아동의 자립지원 정책을 효율적으로 수행하기 위하여 관계 행정기관의 공무원으로 구성되는 아동자립지원추진협의회를 둘 수 있으며, 아동자립지원추진협의회의 구체적인 구성 · 운영 등에 필요한 사항은 대통령령으로 정한다.

(6) 자산형성지원사업

국가와 지방자치단체는 아동이 건전한 사회인으로 성장 · 발전할 수 있도록 자산형성지원사업을 실시할 수 있으며, 자산형성지원사업을 하여야 할 아동의 범위와 해당 아동의 선정 · 관리 등에 필요한 사항은 보건복지부령으로 정한다.

(7) 자산형성지원사업 관련 업무

보건복지부장관은 자산형성지원사업을 효율적으로 추진하기 위하여 자산형성지원사업 운영업무 및 금융자산관리업무를 하여야 한다.

자산형성지원사업의 운영업무는 다음 과 같다.

- 자산형성지원사업 대상 아동의 관리
- 자산형성지원사업의 후원자 발굴 및 관리
- 자산형성지원사업에 관한 교육 및 홍보
- 자산형성지원사업에 관한 조사 · 연구 및 평가
- 그 밖에 자산형성지원사업과 관련하여 보건복지부령으로 정하는 사항

금융자산관리업무는 다음과 같다.

- 자산형성지원사업을 위한 금융상품의 개발 및 관리
- 자산형성지원사업을 위한 금융상품의 운영에 관한 사항

(8) 자산형성지원사업 관련 업무의 위탁

보건복지부장관은 자산형성지원사업의 운영업무를 법인에 위탁할 수 있으며, 금융자산 관리업무를 「은행법」에 따른 은행, 「우체국예금 · 보험에 관한 법률」」에 따른 체신관서, 「농업협동조합법」에 따른 농업협동조합중앙회, 「수산업협동조합법」에 따른 수산업협동조합중앙회 또는 「중소기업은행법」에 따른 중소기업은행에 위탁할 수 있다.

3) 방과 후 돌봄서비스 지원

(1) 다함께돌봄센터

시 · 도지사 및 시장 · 군수 · 구청장은 초등학교의 정규교육 이외의 시간 동안 다음의 돌봄서비스(이하 "방과 후 돌봄서비스")를 실시하기 위하여 다함께돌봄센터를 설치 · 운영할 수 있다.

- 아동의 안전한 보호
- 안전하고 균형 있는 급식 및 간식의 제공
- 등 · 하교 전후, 야간 또는 긴급상황 발생 시 돌봄서비스 제공
- 체험활동 등 교육 · 문화 · 예술 · 체육 프로그램의 연계 · 제공
- 돌봄 상담, 관련 정보의 제공 및 서비스의 연계
- 그 밖에 보건복지부령으로 정하는 방과 후 돌봄서비스의 제공

시 · 도지사 및 시장 · 군수 · 구청장은 다함께돌봄센터의 설치 · 운영을 보건복지부장관이 정하는 법인 또는 단체에 위탁할 수 있으며, 국가는 다함께돌봄센터의 설치 · 운영에 필요한 비용의 일부를 지방자치단체에 지원할 수 있다.

다함께돌봄센터의 장은 시 · 도지사 및 시장 · 군수 · 구청장이 정하는 바에 따라 아동의 보호자에게 방과 후 돌봄서비스 제공에 필요한 비용의 일부를 부담하게 할 수 있다.

다함께돌봄센터의 설치기준과 운영, 종사자의 자격 등에 관한 사항은 보건복지부령으로 정한다.

5. 아동복지시설

1) 아동보호전문기관

(1) 아동보호전문기관의 설치

지방자치단체는 학대받은 아동의 치료, 아동학대의 재발 방지 등 사례관리 및 아동학대 예방을 담당하는 아동보호전문기관을 시 · 도 및 시 · 군 · 구에 1개소 이상 두어야 한다. 다만, 시 · 도지사는 관할 구역의 아동 수 및 지리적 요건을 고려하여 조례로 정하는 바에 따라 둘 이상의 시 · 군 · 구를 통합하여 하나의 아동보호전문기관을 설치 · 운영할 수 있다.

아동보호전문기관을 통합하여 설치 · 운영하는 경우 시 · 도지사는 아동보호전문기관의 설치 · 운영에 필요한 비용을 관할 구역의 아동의 수 등을 고려하여 시장 · 군수 · 구청장에게 공동으로 부담하게 할 수 있다.

시 · 도지사 및 시장 · 군수 · 구청장은 아동학대예방사업을 목적으로 하는 비영리법인을 지정하여 아동보호전문기관의 운영을 위탁할 수 있다.

아동보호전문기관의 설치기준과 운영, 상담원 등 직원의 자격과 배치기준, 지정의 요건 등에 필요한 사항은 대통령령으로 정한다.

(2) 아동보호전문기관의 업무

아동보호전문기관은 다음의 업무를 수행한다.

- 피해아동, 피해아동의 가족 및 아동학대행위자를 위한 상담 · 치료 및 교육
- 아동학대예방 교육 및 홍보
- 피해아동 가정의 사후관리
- 그 밖에 대통령령으로 정하는 아동학대예방사업과 관련된 업무

(3) 아동보호전문기관의 성과평가

보건복지부장관은 아동보호전문기관의 업무 실적에 대하여 3년마다 성과평가를 실시하여야 하며, 성과평가 및 평가결과의 활용 등에 필요한 사항은 대통령령으로 정한다.

3) 가정위탁지원센터

(1) 가정위탁지원센터의 설치

지방자치단체는 보호대상아동에 대한 가정위탁사업을 활성화하기 위하여 시 · 도 및 시 · 군 · 구에 가정위탁지원센터를 둔다. 다만, 시 · 도지사는 조례로 정하는 바에 따라 둘 이상의 시 · 군 · 구를 통합하여 하나의 가정위탁지원센터를 설치 · 운영할 수 있다.

가정위탁지원센터를 통합하여 설치 · 운영하는 경우 시 · 도지사는 가정위탁지원센터의 설치 · 운영에 필요한 비용을 관할 구역의 아동의 수 등을 고려하여 시장 · 군수 · 구청장에게 공동으로 부담하게 할 수 있다.

시 · 도지사 및 시장 · 군수 · 구청장은 가정위탁지원을 목적으로 하는 비영리법인을 지정하여 가정위탁지원센터의 운영을 위탁할 수 있다.

가정위탁지원센터의 설치기준과 운영, 상담원 등 직원의 자격과 배치기준, 지정의 요건 등에 필요한 사항은 대통령령으로 정한다.

아동권리보장원은 가정위탁사업의 활성화 등을 위하여 다음의 업무를 수행한다.

- 가정위탁지원센터에 대한 지원
- 효과적인 가정위탁사업을 위한 지역 간 연계체계 구축
- 가정위탁사업과 관련된 연구 및 자료발간
- 가정위탁사업을 위한 프로그램의 개발 및 평가
- 상담원에 대한 교육 등 가정위탁에 관한 교육 및 홍보
- 가정위탁사업을 위한 정보기반 구축 및 정보 제공
- 그 밖에 대통령령으로 정하는 가정위탁사업과 관련된 업무

(2) 가정위탁지원센터의 업무

가정위탁지원센터는 다음의 업무를 수행한다.

- 가정위탁사업의 홍보 및 가정위탁을 하고자 하는 가정의 발굴
- 가정위탁을 하고자 하는 가정에 대한 조사 및 가정위탁 대상 아동에 대한 상담
- 가정위탁을 하고자 하는 사람과 위탁가정 부모에 대한 교육
- 위탁가정의 사례관리
- 친부모 가정으로의 복귀 지원
- 가정위탁 아동의 자립계획 및 사례 관리
- 관할 구역 내 가정위탁 관련 정보 제공

• 그 밖에 대통령령으로 정하는 가정위탁과 관련된 업무

4) 아동복지시설

(1) 아동복지시설의 설치

국가 또는 지방자치단체는 아동복지시설을 설치할 수 있으며, 국가 또는 지방자치단체 외의 자는 관할 시장 · 군수 · 구청장에게 신고하고 아동복지시설을 설치할 수 있다.

시장 · 군수 · 구청장은 설치 신고를 받은 경우 그 내용을 검토하여 이 법에 적합하면 신고를 수리하여야 하며, 아동복지시설의 시설기준 및 설치 등에 필요한 사항은 보건복지부령으로 정한다.

(2) 휴업 · 폐업 등의 신고

신고한 아동복지시설을 폐업 또는 휴업하거나 그 운영을 재개하고자 하는 자는 보건복지부령으로 정하는 바에 따라 미리 시장 · 군수 · 구청장에게 신고하여야 하며, 시장 · 군수 · 구청장은 아동복지시설의 폐업 또는 휴업의 신고를 받은 경우 아동복지시설의 장이 보호대상아동의 권익을 보호하기 위한 조치를 취하였는지 여부를 확인하는 등 보건복지부령으로 정하는 조치를 하고 신고를 수리하여야 한다.

아동복지시설의 장은 아동복지시설이 폐업 또는 휴업하는 경우에는 대통령령으로 정하는 바에 따라 해당 아동복지시설을 이용하는 아동이 다른 아동복지시설로 옮길 수 있도록 하는 등 보호대상아동의 권익을 보호하기 위한 조치를 취하여야 한다.

(3) 아동복지시설의 종류

• 아동양육시설: 보호대상아동을 입소시켜 보호, 양육 및 취업훈련, 자립지원 서비스 등을 제공하는 것을 목적으로 하는 시설
• 아동일시보호시설: 보호대상아동을 일시보호하고 아동에 대한 향후의 양육대책수립 및 보호조치를 행하는 것을 목적으로 하는 시설
• 아동보호치료시설: 아동에게 보호 및 치료 서비스를 제공하는 다음의 시설
  ㉠ 불량행위를 하거나 불량행위를 할 우려가 있는 아동으로서 보호자가 없거나 친권자나 후견인이 입소를 신청한 아동 또는 가정법원, 지방법원소년부지원에서 보호위탁된 19세 미만인 사람을 입소시켜 치료와 선도를 통하여 건전한 사회인으로 육성하는 것을 목적으로 하는 시설
  ㉡ 정서적 · 행동적 장애로 인하여 어려움을 겪고 있는 아동 또는 학대로 인하여 부

모로부터 일시 격리되어 치료받을 필요가 있는 아동을 보호 · 치료하는 시설

- 공동생활가정: 보호대상아동에게 가정과 같은 주거여건과 보호, 양육, 자립지원 서비스를 제공하는 것을 목적으로 하는 시설
- 자립지원시설: 아동복지시설에서 퇴소한 사람에게 취업준비기간 또는 취업 후 일정기간 동안 보호함으로써 자립을 지원하는 것을 목적으로 하는 시설
- 아동상담소: 아동과 그 가족의 문제에 관한 상담, 치료, 예방 및 연구 등을 목적으로 하는 시설
- 아동전용시설: 어린이공원, 어린이놀이터, 아동회관, 체육 · 연극 · 영화 · 과학실험전시시설, 아동휴게숙박시설, 야영장 등 아동에게 건전한 놀이 · 오락, 그 밖의 각종 편의를 제공하여 심신의 건강유지와 복지증진에 필요한 서비스를 제공하는 것을 목적으로 하는 시설
- 지역아동센터: 지역사회 아동의 보호 · 교육, 건전한 놀이와 오락의 제공, 보호자와 지역사회의 연계 등 아동의 건전육성을 위하여 종합적인 아동복지서비스를 제공하는 시설
- 아동보호전문기관
- 가정위탁지원센터
- 아동권리보장원

아동복지시설은 통합하여 설치할 수 있으며, 아동복지시설은 각 시설 고유의 목적 사업을 해치지 아니하고 각 시설별 설치기준 및 운영기준을 충족하는 경우 다음의 사업을 추가로 실시할 수 있다.

- 아동가정지원사업: 지역사회아동의 건전한 발달을 위하여 아동, 가정, 지역주민에게 상담, 조언 및 정보를 제공하여 주는 사업
- 아동주간보호사업: 부득이한 사유로 가정에서 낮 동안 보호를 받을 수 없는 아동을 대상으로 개별적인 보호와 교육을 통하여 아동의 건전한 성장을 도모하는 사업
- 아동전문상담사업: 학교부적응아동 등을 대상으로 올바른 인격형성을 위한 상담, 치료 및 학교폭력예방을 실시하는 사업
- 학대아동보호사업: 학대아동의 발견, 보호, 치료 및 아동학대의 예방 등을 전문적으로 실시하는 사업
- 공동생활가정사업: 보호대상아동에게 가정과 같은 주거여건과 보호를 제공하는 것을

목적으로 하는 사업

- 방과 후 아동지도사업: 저소득층 아동을 대상으로 방과 후 개별적인 보호와 교육을 통하여 건전한 인격형성을 목적으로 하는 사업

(4) 아동전용시설의 설치

국가와 지방자치단체는 아동이 항상 이용할 수 있는 아동전용시설을 설치하도록 노력하여야 한다.

아동이 이용할 수 있는 문화·오락 시설, 교통시설, 그 밖의 서비스시설 등을 설치·운영하는 자는 대통령령으로 정하는 바에 따라 아동의 이용편의를 고려한 편익설비를 갖추고 아동에 대한 입장료와 이용료 등을 감면할 수 있다.

아동전용시설의 설치기준 등에 필요한 사항은 보건복지부령으로 정한다.

(5) 학대피해아동쉼터의 지정

시장·군수·구청장은 공동생활가정 중에서 피해아동에 대한 보호, 치료, 양육 서비스 등을 제공하는 학대피해아동쉼터를 지정할 수 있다.

(6) 아동복지시설의 종사자

아동복지시설에는 필요한 전문인력을 배치하여야 하며, 아동복지시설 종사자의 직종과 수, 그 자격 및 배치기준은 대통령령으로 정한다.

(7) 결격사유

다음의 어느 하나에 해당하는 자는 아동복지시설의 장으로 채용될 수 없다.

- 「사회복지사업」 제35조의 어느 하나에 해당하는 자[3)]

---

3) 제35조제2항 1호 1. 미성년자
 1의2. 피성년후견인 또는 피한정후견인
 1의3. 파산선고를 받고 복권되지 아니한 사람
 1의4. 법원의 판결에 따라 자격이 상실되거나 정지된 사람
 1의5. 금고 이상의 실형을 선고받고 그 집행이 끝나거나(집행이 끝난 것으로 보는 경우를 포함한다) 집행이 면제된 날부터 3년이 지나지 아니한 사람
 1의6. 금고 이상의 형의 집행유예를 선고받고 그 유예기간 중에 있는 사람
 1의7. 제1호의5 및 제1호의6에도 불구하고 사회복지사업 또는 그 직무와 관련하여 「아동복지법」 제71조, 「보조금 관리에 관한 법률」 제40조부터 제42조까지, 「지방재정법」 제97조, 「영유아보육법」 제54조제2항제1호, 「장애아동 복지지원법」 제39조제1항제1호 또는 「형법」 제28장·제40장(제360조는 제외한다)의 죄를 범하거나 이 법을 위반하여 다음 각 목의 어느 하나에 해당하는 사람
 가. 100만원 이상의 벌금형을 선고받고 그 형이 확정된 후 5년이 지나지 아니한 사람
 나. 형의 집행유예를 선고받고 그 형이 확정된 후 7년이 지나지 아니한 사람

- 「정신건강증진 및 정신질환자 복지서비스 지원에 관한 법률」의 정신질환자. 다만, 정신건강의학과전문의가 아동복지시설의 장으로서 직무를 수행할 수 있다고 인정하는 사람은 그러하지 아니하다.
- 「마약류 관리에 관한 법률」의 마약류에 중독된 자

다음의 어느 하나에 해당하는 자는 아동복지시설 종사자로 채용될 수 없다.

- 「사회복지사업법」 제35조의2제2항 각 호의 어느 하나에 해당하는 자[4)]
- 「정신건강증진 및 정신질환자 복지서비스 지원에 관한 법률」의 정신질환자. 다만, 정신건강의학과전문의가 아동복지시설 종사자로서 직무를 수행할 수 있다고 인정하는 사람은 그러하지 아니하다.
- 「마약류 관리에 관한 법률」의 마약류에 중독된 자

(8) 아동복지시설 종사자의 교육훈련

시 · 도지사 또는 시장 · 군수 · 구청장은 아동복지시설 종사자의 양성 및 자질향상을 위한 교육 · 훈련을 실시하여야 하며, 교육훈련을 대학(전문대학 포함) 또는 아동복지단체나 그 밖의 교육훈련시설(이하 "교육훈련시설")에 위탁하여 실시할 수 있다.

(9) 시설의 개선, 사업의 정지, 시설의 폐쇄

보건복지부장관, 시 · 도지사 또는 시장 · 군수 · 구청장은 아동복지시설과 교육훈련시설(대학 및 전문대학은 제외)이 다음의 어느 하나에 해당하는 경우에는 소관에 따라 그 시

다. 징역형을 선고받고 그 집행이 끝나거나(집행이 끝난 것으로 보는 경우를 포함한다) 집행이 면제된 날부터 7년이 지나지 아니한 사람

1의8. 제1호의5부터 제1호의7까지의 규정에도 불구하고 「성폭력범죄의 처벌 등에 관한 특례법」 제2조의 성폭력범죄 또는 「아동 · 청소년의 성보호에 관한 법률」 제2조제2호의 아동 · 청소년대상 성범죄를 저지른 사람으로서 형 또는 치료감호를 선고받고 확정된 후 그 형 또는 치료감호의 전부 또는 일부의 집행이 끝나거나(집행이 끝난 것으로 보는 경우를 포함한다) 집행이 유예 · 면제된 날부터 10년이 지나지 아니한 사람

2. 제22조에 따른 해임명령에 따라 해임된 날부터 5년이 지나지 아니한 사람

2의2. 제26조에 따라 설립허가가 취소된 사회복지법인의 임원이었던 사람(그 허가의 취소사유 발생에 관하여 직접적인 또는 이에 상응하는 책임이 있는 자로서 대통령령으로 정하는 사람으로 한정한다)으로서 그 설립허가가 취소된 날부터 5년이 지나지 아니한 사람

2의3. 제40조에 따라 시설의 장에서 해임된 사람으로서 해임된 날부터 5년이 지나지 아니한 사람

2의4. 제40조에 따라 폐쇄명령을 받고 3년이 지나지 아니한 사람

제35조제2항 종사자로 재직하는 동안 시설이용자를 대상으로 「성폭력범죄의 처벌 등에 관한 특례법」 제2조에 따른 성폭력범죄 및 「아동 · 청소년의 성보호에 관한 법률」 제2조제2호에 따른 아동 · 청소년대상 성범죄를 저질러 금고 이상의 형 또는 치료감호를 선고받고 그 형이 확정된 사람

4) 각주33)의 내용과 동일.

설의 개선, 6개월 이내의 사업의 정지, 위탁의 취소 또는 해당 시설의 장의 교체를 명하거나 시설의 폐쇄를 명할 수 있다.

- 시설이 설치기준에 미달하게 된 경우
- 사회복지법인 또는 비영리법인이 설치·운영하는 시설로서 그 사회복지법인이나 비영리법인의 설립허가가 취소된 경우
- 설치목적의 달성이나 그 밖의 사유로 계속하여 운영될 필요가 없다고 인정할 때
- 보호대상아동에 대한 아동학대행위가 확인된 경우
- 거짓이나 그 밖의 부정한 방법으로 경비의 지원을 받은 경우
- 아동복지시설의 사업정지기간 중에 사업을 한 경우
- 그 밖에 이 법 또는 이 법에 따른 명령을 위반한 경우

보건복지부장관, 시·도지사 또는 시장·군수·구청장은 아동복지시설과 교육훈련시설(대학 및 전문대학은 제외)이 사업 정지, 위탁 취소 또는 시설 폐쇄되는 경우에는 해당 시설을 이용하는 아동을 다른 시설로 옮기도록 하는 등 보호대상아동의 권익을 보호하기 위하여 필요한 조치를 하여야 한다.

시설의 개선, 사업의 정지, 위탁의 취소 또는 해당 시설의 장의 교체나 시설의 폐쇄 처분의 기준은 위반행위의 유형 및 그 사유와 위반의 정도 등을 고려하여 대통령령으로 정한다.

(10) 아동복지시설의 장의 의무

아동복지시설의 장은 보호아동의 권리를 최대한 보장하여야 하며, 친권자가 있는 경우 보호아동의 가정복귀를 위하여 적절한 상담과 지도를 병행하여야 한다.

(11) 아동복지단체의 육성

국가 및 지방자치단체는 아동복지단체를 지도·육성할 수 있다.

6) 보칙

(1) 비용 보조

국가 또는 지방자치단체는 대통령령으로 정하는 바에 따라 다음의 어느 하나에 해당하는 비용의 전부 또는 일부를 보조할 수 있다.

- 아동복지시설의 설치 및 운영과 프로그램의 운용에 필요한 비용 또는 수탁보호 중인

아동의 양육 및 보호관리에 필요한 비용
- 보호대상아동의 가정위탁 보호에 따른 비용
- 아동복지사업의 지도, 감독, 계몽 및 홍보에 필요한 비용
- 신고의무 교육에 소요되는 비용
- 아동학대 전담의료기관의 지정에 소요되는 비용
- 취약계층 아동에 대한 통합서비스지원에 필요한 비용
- 보호대상아동의 자립지원에 필요한 비용
- 자산형성지원사업에 필요한 비용
- 아동복지단체의 지도 · 육성에 필요한 비용

(2) 비용 징수

시 · 도지사, 시장 · 군수 · 구청장 또는 아동복지시설의 장은 제15조제1항제3호부터 제5호[5]까지 및 같은 조 제5항 및 제6항[6]에 따른 보호조치에 필요한 비용의 전부 또는 일부를 대통령령으로 정하는 바에 따라 각각 그 아동의 부양의무자로부터 징수할 수 있다.

(3) 보조금의 반환명령

국가 또는 지방자치단체는 아동복지시설의 장 등 보호수탁자, 아동권리보장원의 장, 가정위탁지원센터의 장, 아동복지단체의 장이 다음의 어느 하나에 해당하는 경우에는 이미 교부한 보조금의 전부 또는 일부의 반환을 명할 수 있다.

- 보조금의 교부조건을 위반한 경우
- 거짓이나 그 밖의 부정한 방법으로 보조금의 교부를 받은 경우
- 아동복지시설의 경영에 관하여 개인의 영리를 도모하는 행위를 한 경우
- 보조금의 사용잔액이 있는 경우
- 이 법 또는 이 법에 따른 명령을 위반한 경우

(4) 공유 재산의 대부

국가 또는 지방자치단체는 아동복지시설의 설치 · 운영을 위하여 필요하다고 인정하는

---

5) 3. 보호대상아동을 적합한 유형의 가정에 위탁하여 보호 · 양육할 수 있도록 조치하는 것
 4. 보호대상아동을 그 보호조치에 적합한 아동복지시설에 입소시키는 것
 5. 약물 및 알코올 중독, 정서 · 행동 · 발달 장애, 성폭력 · 아동학대 피해 등으로 특수한 치료나 요양 등의 보호를 필요로 하는 아동을 전문치료기관 또는 요양소에 입원 또는 입소시키는 것

6) 5. 약물 및 알콜 중독, 정서 · 행동 · 발달 장애, 성폭력 · 아동학대 피해 등으로 특수한 치료나 요양 등의 보호를 필요로 하는 아동을 전문치료기관 또는 요양소에 입원 또는 입소시키는 것
 6. 「입양특례법」에 따른 입양과 관련하여 필요한 조치를 하는 것

경우 「국유재산법」 및 「공유재산 및 물품 관리법」에도 불구하고 국유·공유 재산을 무상으로 대부하거나 사용·수익하게 할 수 있다.

국유·공유 재산의 대부·사용·수익의 내용 및 조건에 관하여는 해당 재산을 사용·수익하고자 하는 자와 해당 재산의 중앙관서의 장 또는 지방자치단체의 장 간의 계약에 의한다.

(5) 면세

아동복지시설에서 그 보호아동을 위하여 사용하는 건물 및 토지, 시설설치 및 운영에 소요되는 비용에 대하여는 「조세특례제한법」, 그 밖의 관계 법령에서 정하는 바에 따라 조세, 그 밖의 공과금을 면제할 수 있다.

(6) 압류 금지

이 법에 따라 지급된 금품과 이를 받을 권리는 압류하지 못한다.

(7) 비밀 유지 등의 의무

아동복지사업을 포함하여 아동복지업무에 종사하였거나 종사하는 자는 그 직무상 알게 된 비밀을 누설하거나 직무상 목적 외의 용도로 이용하여서는 아니 된다.

(8) 연차보고서

보건복지부장관은 매년 정기국회 전까지 아동학대 예방 및 피해아동 보호 정책의 추진 현황과 평가결과에 대한 연차보고서를 작성하여 국회 소관 상임위원회에 제출하여야 하며, 연차보고서에는 다음의 내용이 포함되어야 한다.

- 아동학대 예방정책의 추진 실태 및 평가결과
- 피해아동 현황 및 보호·지원 현황
- 아동학대 사례 분석
- 아동학대 예방교육 및 신고의무자 교육 현황
- 그 밖에 아동학대 예방과 관련하여 필요한 사항

보건복지부장관은 연차보고서의 작성을 위하여 관계 중앙행정기관의 장 및 지방자치단체의 장에게 필요한 자료의 제출을 요청할 수 있다. 이 경우 요청을 받은 관계 중앙행정기관의 장 및 지방자치단체의 장은 정당한 사유가 없으면 이에 따라야 한다.

그 밖에 연차보고서의 작성 절차 및 방법 등에 필요한 사항은 대통령령으로 정한다.

(9) 조사

보건복지부장관, 시·도지사 또는 시장·군수·구청장은 필요하다고 인정할 때에는 관계 공무원이나 전담공무원으로 하여금 아동복지시설과 아동의 주소·거소, 아동의 고용장소 또는 금지행위를 위반할 우려가 있는 장소에 출입하여 아동 또는 관계인에 대하여 필요한 조사를 하거나 질문을 하게 할 수 있으며, 이 경우 관계 공무원 또는 전담공무원은 그 권한을 표시하는 증표를 지니고 이를 관계인에게 내보여야 한다.

(10) 청문

보건복지부장관, 시·도지사 또는 시장·군수·구청장은 "아동학대 전담의료기관의 지정"에 따른 지정의 취소, 위탁의 취소 또는 시설의 폐쇄명령을 하고자 하는 경우에는 청문을 하여야 한다.

(11) 권한의 위임·위탁

이 법에 따른 보건복지부장관의 권한은 그 일부를 대통령령으로 정하는 바에 따라 시·도지사 또는 시장·군수·구청장에게, 시·도지사의 권한은 그 일부를 대통령령으로 정하는 바에 따라 시장·군수·구청장에게 위임할 수 있다. 다만, 아동학대 신고의무자에 대한 교육, 취업제한명령을 선고받은 자에 대한 취업 등의 점검·확인, 취업자의 해임요구, 과태료에 따른 교육부장관, 문화체육관광부장관, 여성가족부장관, 국토교통부장관, 소방청장의 권한은 그 일부를 대통령령으로 정하는 바에 따라 시·도지사, 시장·군수·구청장 또는 교육감·교육장에게 위임할 수 있다.

이 법에 따른 보건복지부장관의 업무는 대통령령으로 정하는 바에 따라 그 일부를 "아동권리보장원의 설립 및 운영"에 따른 아동권리보장원, 아동복지 관련 법인·단체·시설에 위탁할 수 있다.

(12) 유사명칭의 사용금지

이 법에 따른 아동복지시설이 아니면 아동복지시설이라는 명칭을 사용하지 못한다.

(13) 벌칙 적용에서의 공무원 의제

아동복지시설의 장과 그 종사자는 「형법」 "수뢰, 사전수뢰", "제삼자뇌물제공", "수뢰후부정처사, 사후수뢰", "알선수뢰"를 적용할 때에는 공무원으로 본다.

7) 벌칙

(1) 벌칙

"금지행위"를 위반한 자는 다음의 구분에 따라 처벌한다.

행위	처벌
• 아동을 매매하는 행위(「아동·청소년의 성보호에 관한 법률」 제12조에 따른 매매는 제외	10년 이하의 징역
• 아동에게 음란한 행위를 시키거나 이를 매개하는 행위 또는 아동에게 성적 수치심을 주는 성희롱 등의 성적 학대행위	10년 이하의 징역 또는 1억원 이하의 벌금
• 아동의 신체에 손상을 주거나 신체의 건강 및 발달을 해치는 신체적 학대행위 • 아동의 정신건강 및 발달에 해를 끼치는 정서적 학대행위 • 자신의 보호·감독을 받는 아동을 유기하거나 의식주를 포함한 기본적 보호·양육·치료 및 교육을 소홀히 하는 방임행위 • 장애를 가진 아동을 공중에 관람시키는 행위 • 아동에게 구걸을 시키거나 아동을 이용하여 구걸하는 행위	5년 이하의 징역 또는 5천만원 이하의 벌금
• 정당한 권한을 가진 알선기관 외의 자가 아동의 양육을 알선하고 금품을 취득하거나 금품을 요구 또는 약속하는 행위 • 아동을 위하여 증여 또는 급여된 금품을 그 목적 외의 용도로 사용하는 행위	3년 이하의 징역 또는 3천만원 이하의 벌금
• 공중의 오락 또는 흥행을 목적으로 아동의 건강 또는 안전에 유해한 곡예를 시키는 행위 또는 이를 위하여 아동을 제3자에게 인도하는 행위	1년 이하의 징역 또는 1천만원 이하의 벌금
• "피해아동관련 정보를 취득한 사람은 요청 목적 외로 해당 정보를 사용하거나 다른 사람에게 제공 또는 누설하여서는 아니 된다" 조항을 위반하여 피해아동관련 정보를 요청 목적 외로 사용하거나 다른 사람에게 제공 또는 누설한 사람 • 비밀을 누설하거나 직무상 목적 외의 용도로 이용한 사람	3년 이하의 징역 또는 3천만원 이하의 벌금
• 정당한 사유 없이 제51조제2항에 따라 다른 아동복지시설로 옮기는 권익보호조치를 하지 아니한 사람 • 비밀을 누설하거나 부당한 이익을 취한 사람 • 신고를 하지 아니하고 아동복지시설을 설치한 자 • 거짓으로 서류를 작성하여 아동복지시설 전문인력의 자격을 인정받은 자 • 사업의 정지, 위탁의 취소 또는 시설의 폐쇄명령을 받고도 그 시설을 운영하거나 사업을 한 자 • 조사를 거부·방해 또는 기피하거나 질문에 대하여 답변을 거부·기피 또는 거짓 답변을 하거나, 아동에게 답변을 거부·기피 또는 거짓 답변을 하게 하거나 그 답변을 방해한 자	1년 이하의 징역 또는 1천만원 이하의 벌금

(2) 상습범

상습적으로 "벌칙" 조항 각 호의 죄를 범한 자는 그 죄에 정한 형의 2분의 1까지 가중한다.

(3) 미수범

아동을 매매하는 행위에 대한 미수범은 처벌한다.

(4) 양벌규정

법인의 대표자나 법인 또는 개인의 대리인, 사용인, 그 밖의 종업원이 그 법인 또는 개인의 업무에 관하여 "벌칙"의 위반행위를 하면 그 행위자를 벌하는 외에 그 법인 또는 개인에게도 해당 조문의 벌금형을 과(科)한다. 다만, 법인 또는 개인이 그 위반행위를 방지하기 위하여 해당 업무에 관하여 상당한 주의와 감독을 게을리하지 아니한 경우에는 그러하지 아니하다.

(5) 과태료

다음의 어느 하나에 해당하는 자에게는 1천만원 이하의 과태료를 부과한다.

- 피해아동의 인수를 거부한 아동학대 관련 보호시설의 장
- 해임요구를 정당한 사유 없이 거부하거나 1개월 이내에 이행하지 아니한 아동관련기관의 장

아동관련기관의 장이 아동학대관련범죄 전력을 확인하지 아니하는 경우에는 500만원 이하의 과태료를 부과한다.

다음의 어느 하나에 해당하는 자에게는 300만원 이하의 과태료를 부과한다.

- 신고의무 교육을 실시하지 아니한 자
- 정당한 사유 없이 아동학대 재발 방지 등을 위한 업무수행을 거부하거나 방해한 자
- "아동관련기관의 취업제한"을 위반하여 아동권리보장원의 장 또는 아동보호전문기관의 장이 제공하는 지원에 정당한 사유 없이 참여하지 아니한 피해아동의 가족(보호자 포함)
- "아동의 안전에 대한 교육"을 위반하여 교육을 실시하지 아니한 자
- 아동복지시설의 휴업·폐업 또는 운영 재개 신고를 하지 아니한 자
- 아동복지시설이라는 명칭을 사용한 자

위의 조항에 따른 과태료는 대통령령으로 정하는 바에 따라 교육부장관, 문화체육관광부장관, 보건복지부장관, 여성가족부장관, 국토교통부장관, 시 · 도지사, 특별시 · 광역시 · 특별자치도 및 도의 교육감 또는 시장 · 군수 · 구청장이 부과 · 징수한다.

15
chapter

영유아보육법

1. 총 칙

1) 목적

이 법은 영유아의 심신을 보호하고 건전하게 교육하여 건강한 사회 구성원으로 육성함과 아울러 보호자의 경제적·사회적 활동이 원활하게 이루어지도록 함으로써 영유아 및 가정의 복지 증진에 이바지함을 목적으로 한다.

2) 정의

이 법에서 사용하는 용어의 뜻은 다음과 같다.

- 영유아: 6세 미만의 취학 전 아동
- 보육: 영유아를 건강하고 안전하게 보호·양육하고 영유아의 발달 특성에 맞는 교육을 제공하는 어린이집 및 가정양육 지원에 관한 사회복지서비스
- 어린이집: 보호자의 위탁을 받아 영유아를 보육하는 기관
- 보호자: 친권자·후견인, 그 밖의 자로서 영유아를 사실상 보호하고 있는 자
- 보육교직원: 어린이집 영유아의 보육, 건강관리 및 보호자와의 상담, 그 밖에 어린이집의 관리·운영 등의 업무를 담당하는 자로서 어린이집의 원장 및 보육교사와 그 밖의 직원

3) 보육 이념

- 보육은 영유아의 이익을 최우선적으로 고려하여 제공되어야 한다.
- 보육은 영유아가 안전하고 쾌적한 환경에서 건강하게 성장할 수 있도록 하여야 한다.
- 영유아는 자신이나 보호자의 성, 연령, 종교, 사회적 신분, 재산, 장애, 인종 및 출생 지역 등에 따른 어떠한 종류의 차별도 받지 아니하고 보육되어야 한다.

4) 책임

- 모든 국민은 영유아를 건전하게 보육할 책임을 진다.
- 국가와 지방자치단체는 보호자와 더불어 영유아를 건전하게 보육할 책임을 지며, 이에 필요한 재원을 안정적으로 확보하도록 노력하여야 한다.
- 특별자치시장 · 특별자치도지사 · 시장 · 군수 · 구청장은 영유아의 보육을 위한 적절한 어린이집을 확보하여야 한다.
- 국가와 지방자치단체는 보육교직원의 양성, 근로여건 개선 및 권익 보호를 위하여 노력하여야 한다.

6) 보육정책위원회

보육에 관한 각종 정책 · 사업 · 보육지도 및 어린이집 평가에 관한 사항 등을 심의하기 위하여 보건복지부에 중앙보육정책위원회를, 특별시 · 광역시 · 특별자치시 · 도 · 특별자치도 및 시 · 군 · 구에 지방보육정책위원회를 둔다. 다만, 지방보육정책위원회는 그 기능을 담당하기에 적합한 다른 위원회가 있고 그 위원회의 위원이 아래의 자격을 갖춘 경우에는 시 · 도 또는 시 · 군 · 구의 조례로 정하는 바에 따라 그 위원회가 지방보육정책위원회의 기능을 대신할 수 있다.

중앙보육정책위원회와 지방보육정책위원회의 위원은 보육전문가, 어린이집의 원장 및 보육교사 대표, 보호자 대표 또는 공익을 대표하는 자, 관계 공무원 등으로 구성하며, 보육정책위원회의 구성 · 기능 및 운영 등에 필요한 사항은 대통령령으로 정한다.

7) 육아종합지원센터

영유아에게 시간제보육 서비스를 제공하거나 보육에 관한 정보의 수집 · 제공 및 상담을 위하여 보건복지부장관은 중앙육아종합지원센터를, 특별시장 · 광역시장 · 특별자치시장 · 도지사 · 특별자치도지사 및 시장 · 군수 · 구청장은 지방육아종합지원센터를 설치 · 운영하여야 한다. 이 경우 필요하다고 인정하는 경우에는 영아 · 장애아 보육 등에 관한 육아종합지원센터를 별도로 설치 · 운영할 수 있다.

중앙육아종합지원센터와 지방육아종합지원센터에는 육아종합지원센터의 장과 보육에 관한 정보를 제공하는 보육전문요원 및 보육교직원의 정서적 · 심리적 상담 등의 업무를 하는 상담전문요원 등을 둔다.

육아종합지원센터의 설치 · 운영 및 기능, 육아종합지원센터의 장과 보육전문요원 및 상담전문요원의 자격 및 직무 등에 필요한 사항은 대통령령으로 정한다.

8) 한국보육진흥원의 설립 및 운영

보육서비스의 질 향상을 도모하고 보육정책을 체계적으로 지원하기 위하여 한국보육진흥원을 설립하고, 법인으로 하고, 주된 사무소의 소재지에 설립등기를 함으로써 성립하며, 이 법과 「공공기관의 운영에 관한 법률」에서 정한 사항 외에는 「민법」 중 재단법인에 관한 규정을 준용하며, 수행업무는 다음과 같다.

- 어린이집 평가척도 개발
- 보육사업에 관한 교육 · 훈련 및 홍보
- 영유아 보육프로그램 및 교재 · 교구 개발
- 보육교직원 연수프로그램 개발 및 교재 개발
- 이 법에 따라 보건복지부장관으로부터 위탁받은 업무
- 그 밖에 보육정책과 관련하여 보건복지부장관이 필요하다고 인정하는 업무

한국보육진흥원은 보조금, 기부금, 그 밖의 수입금으로 운영하며, 보건복지부장관은 운영에 필요한 경비를 예산의 범위에서 지원할 수 있다. 또한 "영유아 보육프로그램 및 교재 · 교구 개발, 보육교직원 연수프로그램 개발 및 교재 개발" 업무를 관련 전문기관 등에 위탁할 수 있다.

9) 보육 실태 조사

보건복지부장관은 이 법의 적절한 시행을 위하여 보육 실태 조사를 3년마다 실시하고 그 결과를 공표하여야 하며, 보육 실태 조사를 위하여 어린이집 설치 · 운영자와 관계 기관 · 법인 · 단체의 장에게 필요한 자료의 제출 또는 의견의 진술을 요청할 수 있다. 이 경우 요청을 받은 자는 정당한 사유가 없으면 이에 협조하여야 한다.

보육 실태 조사의 방법 · 내용 및 결과 공표 등에 필요한 사항은 보건복지부령으로 정

한다.

10) 보호자 교육

국가와 지방자치단체는 영유아의 보호자에게 영유아의 성장·양육방법, 보호자의 역할, 영유아의 인권 등에 대한 교육을 실시할 수 있고, 보건복지부장관 또는 지방자치단체의 장은 예산의 범위에서 교육에 필요한 비용을 보조할 수 있으며, 교육의 내용, 실시 방법 등에 필요한 사항은 보건복지부령으로 정한다.

11) 보육통합정보시스템 구축·운영

보건복지부장관은 이 법에 따른 보육업무에 필요한 각종 자료 또는 정보의 효율적 처리와 기록·관리 업무의 전자화를 위하여 보육통합정보시스템을 구축·운영할 수 있다.

보건복지부장관은 보육통합정보시스템을 구축·운영하는 데 필요한 자료로서 다음의 어느 하나에 해당하는 자료를 수집·관리·보유할 수 있으며, 관계 기관 및 단체의 장에게 필요한 자료의 제공을 요청할 수 있다. 이 경우 요청을 받은 관계 기관 및 단체의 장은 정당한 사유가 없으면 요청에 따라야 한다.

- 보육교직원의 임면 및 결격사유 등에 관한 자료
- 어린이집의 원장 또는 보육교사의 자격검정 및 자격증 교부 등에 관한 자료
- 취약보육에 관한 자료
- 어린이집 이용대상에 관한 자료
- 보육의 우선 제공에 관한 자료
- 어린이집 평가에 관한 자료
- 건강관리 및 예방접종 등에 관한 자료
- 어린이집 안전공제사업 등에 관한 자료
- 보육서비스 이용권의 지급 및 이용에 관한 자료
- 보육사업에 드는 비용의 보조에 관한 자료
- 어린이집 원장 및 보육교사의 자격정지 및 자격취소에 관한 자료
- 그 밖에 보육 사업 실시에 필요한 자료로서 대통령령으로 정하는 자료

보건복지부장관은 보육정보시스템의 구축·운영에 관한 사무를 수행하기 위하여 불가피한 경우 「개인정보 보호법」에 따른 건강에 관한 정보(건강관리, 건강검진 관련 정보로 한정)나 같은 고유식별정보가 포함된 자료를 처리할 수 있다. 이 경우 보건복지부장관은

「개인정보 보호법」에 따라 해당 정보를 보호하여야 한다.

보육정보시스템은 「사회보장기본법」에 따른 사회보장정보시스템과 연계하여 활용할 수 있으며, 보육정보시스템의 구축 · 운영에 필요한 사항은 대통령령으로 정한다.

2. 어린이집의 설치

1) 어린이집의 종류

어린이집의 종류는 다음과 호와 같다.

- 국공립어린이집 : 국가나 지방자치단체가 설치 · 운영하는 어린이집
- 사회복지법인어린이집 : 「사회복지사업법」에 따른 사회복지법인이 설치 · 운영하는 어린이집
- 법인 · 단체등어린이집: 각종 법인(사회복지법인을 제외한 비영리법인)이나 단체 등이 설치 · 운영하는 어린이집으로서 대통령령으로 정하는 어린이집
- 직장어린이집 : 사업주가 사업장의 근로자를 위하여 설치 · 운영하는 어린이집(국가나 지방자치단체의 장이 소속 공무원 및 국가나 지방자치단체의 장과 근로계약을 체결한 자로서 공무원이 아닌 자를 위하여 설치 · 운영하는 어린이집 포함)
- 가정어린이집 : 개인이 가정이나 그에 준하는 곳에 설치 · 운영하는 어린이집
- 협동어린이집 : 보호자 또는 보호자와 보육교직원이 조합(영리를 목적으로 하지 아니하는 조합에 한정)을 결성하여 설치 · 운영하는 어린이집
- 민간어린이집 : 위의 규정에 해당하지 아니하는 어린이집

2) 보육계획의 수립 및 시행

보건복지부장관, 시 · 도지사 및 시장 · 군수 · 구청장은 보육사업을 원활하게 추진하기 위하여 보건복지부장관의 경우에는 중앙보육정책위원회, 그 밖의 경우에는 각 지방보육정책위원회의 심의를 거쳐 어린이집 수급계획 등을 포함한 보육계획을 수립 · 시행하여야 한다. 이 경우 보육계획에는 국공립어린이집의 공급에 관한 계획 및 목표가 포함되어야 한다.

보건복지부장관, 시 · 도지사 및 시장 · 군수 · 구청장은 보육계획의 수립 · 시행을 위하여 필요하면 어린이집, 보육 관련 법인 · 단체 등에 대하여 자료 제공 등의 협조를 요청할 수

있으며, 그 요청을 받은 어린이집과 보육 관련 법인·단체 등은 정당한 사유가 없으면 요청에 따라야 한다. 보육계획의 내용, 수립 시기 및 절차 등에 필요한 사항은 대통령령으로 정한다.

3) 어린이집 또는 어린이집용지 확보

시·도지사, 시장·군수·구청장은 「도시개발법」, 「도시 및 주거환경정비법」, 「택지개발촉진법」, 「산업입지 및 개발에 관한 법률」 및 「공공주택 특별법」 등에 따라 시행하는 개발·정비·조성사업에 어린이집 또는 어린이집용지가 확보될 수 있도록 노력하여야 한다.

4) 국공립어린이집의 설치

국가나 지방자치단체는 국공립어린이집을 설치·운영하여야 한다. 이 경우 국공립어린이집은 보육계획에 따라 다음의 지역에 우선적으로 설치하여야 한다.

- 도시 저소득주민 밀집 주거지역 및 농어촌지역 등 취약지역
- 「산업입지 및 개발에 관한 법률」에 따른 산업단지 지역

국가나 지방자치단체가 국공립어린이집을 설치할 경우 지방보육정책위원회의 심의를 거쳐야 하며, 「주택법」에 따른 공동주택에 설치되어야 하는 어린이집을 국공립어린이집으로 운영하여야 한다. 다만, 「공동주택관리법」에 따른 입주자등의 과반수가 국공립어린이집으로의 운영에 찬성하지 아니하는 경우 등 대통령령으로 정하는 경우에는 그러하지 아니하다.

국공립어린이집을 설치·운영하여야 하는 공동주택의 규모와 국공립어린이집의 설치·운영에 필요한 사항은 대통령령으로 정한다.

5) 국공립어린이집 외의 어린이집의 설치

국공립어린이집 외의 어린이집을 설치·운영하려는 자는 특별자치시장·특별자치도지사·시장·군수·구청장의 인가를 받아야 한다. 인가받은 사항 중 중요 사항을 변경하려는 경우에도 또한 같다.

특별자치시장·특별자치도지사·시장·군수·구청장은 인가를 할 경우 해당 지역의 보육 수요를 고려하여야 한다.

어린이집의 설치인가를 받은 자는 어린이집 방문자 등이 볼 수 있는 곳에 어린이집 인가증을 게시하여야 하며, 인가에 필요한 사항은 보건복지부령으로 정한다.

6) 직장어린이집의 설치

(1) 설치

대통령령으로 정하는 일정 규모 이상의 사업장의 사업주는 직장어린이집을 설치하여야 한다. 다만, 사업장의 사업주가 직장어린이집을 단독으로 설치할 수 없을 때에는 사업주 공동으로 직장어린이집을 설치·운영하거나, 지역의 어린이집과 위탁계약을 맺어 근로자 자녀의 보육을 지원(이하 "위탁보육")하여야 한다.

사업장의 사업주가 위탁보육을 하는 경우에는 사업장 내 보육대상이 되는 근로자 자녀 중에서 위탁보육을 받는 근로자 자녀가 보건복지부령으로 정하는 일정 비율 이상이 되도록 하여야 하며, 어린이집의 설치 및 위탁보육에 필요한 사항은 보건복지부령으로 정한다.

(2) 직장어린이집 설치의무 미이행 사업장 명단 공표

보건복지부장관 및 대통령령으로 정하는 기관("조사기관")의 장은 직장어린이집 설치 등 의무 이행에 관한 실태 조사를 매년 실시하여야 한다. 이 경우, 조사기관의 장은 실태 조사를 완료한 후 그 결과를 보건복지부장관에게 통보하여야 한다.

보건복지부장관은 실태조사 결과 직장어린이집 설치 등의 의무를 이행하지 아니한 사업장 및 실태조사에 불응한 사업장("미이행 사업장")의 명단을 공표할 수 있다. 다만, 대통령령으로 정하는 사유가 있는 경우에는 그러하지 아니하다.

명단 공표 여부를 심의하기 위하여 보건복지부에 직장어린이집명단공표심의위원회를 둔다. 이 경우 위원회의 위원은 위원장을 포함하여 5인 이상으로 구성하고 보건복지부장관이 임명 또는 위촉한다.

보건복지부장관은 위원회의 심의를 거친 명단공표 대상 사업장의 사업주에게 대통령령으로 정하는 바에 따라 명단 공표 대상자임을 통지하여 소명기회를 주어야 한다.

공표는 보건복지부·고용노동부의 홈페이지에 1년간 게시하고, 2개 이상 일간지에 게재하는 방법으로 한다.

규정에 따른 직장어린이집 설치 등 의무 이행에 관한 실태 조사의 내용과 방법, 미이행 사업장 명단 공표와 관련하여 필요한 사항 및 위원회의 설치·운영 등에 필요한 사항은 대통령령으로 정한다.

7) 어린이집 설치기준

어린이집을 설치·운영하려는 자는 보건복지부령으로 정하는 설치기준을 갖추어야 한다. 다만, 놀이터, 비상재해대비시설 및 폐쇄회로 텔레비전의 설치와 관련된 사항은 "놀이터 설치", "비상재해대비시설", "폐쇄회로 텔레비전의 설치" 조항에 따른다.

(1) 놀이터 설치

어린이집을 설치·운영하는 자는 놀이터를 설치하여야 하며 설치에 관한 기준은 보건복지부령으로 정한다. 다만, 다음의 어느 하나에 해당하는 어린이집은 그러하지 아니한다.

- 보육 정원 50명 미만인 어린이집
- 100미터 이내에 보건복지부령으로 정하는 기준을 충족하는 놀이터가 설치되어 있는 어린이집

위 조항에도 불구하고 특별자치시장·특별자치도지사·시장·군수·구청장은 지방보육정책위원회의 심의를 거쳐 2005년 1월 29일 이전에 인가받은 어린이집이 도심지 및 도서·벽지 등 지역의 여건상 놀이터를 설치하기 곤란한 경우로서 보육상 지장이 없다고 인정하는 경우에는 놀이터를 설치하지 아니하거나 놀이터 설치 기준을 완화하여 변경인가할 수 있다.

(2) 비상재해대비시설

어린이집을 설치·운영하는 자는 반드시 1층과 2층 이상 등 종류별 비상재해대비시설을 설치하여야 하며 설치에 관한 기준은 보건복지부령으로 정한다.

위 조항에도 불구하고 특별자치시장·특별자치도지사·시장·군수·구청장은 2009년 7월 3일 이전에 이미 인가받은 어린이집("기인가 어린이집")이 비상재해 대비에 지장이 없다고 판단할 경우 종전 인가당시 기준을 적용할 수 있다. 이 경우, 특별자치시장·특별자치도지사·시장·군수·구청장은 기인가 어린이집이 비상재해 대비에 지장이 없는지 여부를 판단하기 위해 비상재해대비시설기준 심의위원회를 구성·운영하여야 하며 해당 위원회의 심의를 반드시 거쳐야 한다.

(3) 폐쇄회로 텔레비전의 설치

어린이집을 설치·운영하는 자는 아동학대 방지 등 영유아의 안전과 어린이집의 보안을 위하여 「개인정보 보호법」 및 관련 법령에 따른 폐쇄회로 텔레비전을 설치·관리하여야 한다. 다만, 다음의 어느 하나에 해당하는 경우에는 그러하지 아니하다.

- 어린이집을 설치·운영하는 자가 보호자 전원의 동의를 받아 특별자치시장·특별자

치도지사·시장·군수·구청장에게 신고한 경우
- 어린이집을 설치·운영하는 자가 보호자 및 보육교직원 전원의 동의를 받아 「개인정보 보호법」 및 관련 법령에 따른 네트워크 카메라를 설치한 경우

위 조항에 따라 폐쇄회로 텔레비전을 설치·관리하는 자는 영유아 및 보육교직원 등 정보주체의 권리가 침해되지 아니하도록 다음의 사항을 준수하여야 한다.
- 아동학대 방지 등 영유아의 안전과 어린이집의 보안을 위하여 최소한의 영상정보만을 적법하고 정당하게 수집하고, 목적 외의 용도로 활용하지 아니하도록 할 것
- 영유아 및 보육교직원 등 정보주체의 권리가 침해받을 가능성과 그 위험 정도를 고려하여 영상정보를 안전하게 관리할 것
- 영유아 및 보육교직원 등 정보주체의 사생활 침해를 최소화하는 방법으로 영상정보를 처리할 것

어린이집을 설치·운영하는 자는 폐쇄회로 텔레비전에 기록된 영상정보를 60일 이상 보관하여야 하며, 폐쇄회로 텔레비전의 설치·관리기준 및 동의 또는 신고의 방법·절차·요건, 영상정보의 보관기준 및 보관기간 등에 필요한 사항은 보건복지부령으로 정한다.

(4) 영상정보의 열람금지

폐쇄회로 텔레비전을 설치·관리하는 자는 다음의 어느 하나에 해당하는 경우를 제외하고는 영상정보를 열람하게 하여서는 아니 된다.
- 보호자가 자녀 또는 보호아동의 안전을 확인할 목적으로 열람시기·절차 및 방법 등 보건복지부령으로 정하는 바에 따라 영상정보의 원본 또는 사본 등을 요청하는 경우
- 「개인정보 보호법」 따른 공공기관이 "보고와 검사", 「아동복지법」 "조사" 조항에서 정하는 영유아의 안전업무 수행을 위하여 요청하는 경우
- 범죄의 수사와 공소의 제기 및 유지, 법원의 재판업무 수행을 위하여 필요한 경우
- 그 밖에 보육관련 안전업무를 수행하는 기관으로서 보건복지부령으로 정하는 자가 업무의 수행을 위하여 열람시기·절차 및 방법 등 보건복지부령으로 정하는 바에 따라 요청하는 경우

어린이집을 설치·운영하는 자는 다음의 어느 하나에 해당하는 행위를 하여서는 아니

된다.

- 설치 목적과 다른 목적으로 폐쇄회로 텔레비전을 임의로 조작하거나 다른 곳을 비추는 행위
- 녹음기능을 사용하거나 보건복지부령으로 정하는 저장장치 이외의 장치 또는 기기에 영상정보를 저장하는 행위

어린이집을 설치·운영하는 자는 영상정보가 분실·도난·유출·변조 또는 훼손되지 아니하도록 내부 관리계획의 수립, 접속기록 보관 등 대통령령으로 정하는 바에 따라 안전성 확보에 필요한 기술적·관리적 및 물리적 조치를 하여야 한다.

국가 및 지방자치단체는 어린이집에 설치한 폐쇄회로 텔레비전의 설치·관리와 그 영상정보의 열람으로 영유아 및 보육교직원 등 정보주체의 권리가 침해되지 아니하도록 설치·관리 및 열람 실태를 보건복지부령으로 정하는 바에 따라 매년 1회 이상 조사·점검하여야 한다.

폐쇄회로 텔레비전의 설치·관리와 그 영상정보의 열람에 관하여 이 법에서 규정된 것을 제외하고는 「개인정보 보호법」("영상정보처리기기의 설치·운영 제한" 조항은 제외)을 적용한다.

8) 결격사유

다음의 어느 하나에 해당하는 자는 어린이집을 설치·운영할 수 없다.

- 미성년자·피성년후견인 또는 피한정후견인
- 「정신건강증진 및 정신질환자 복지서비스 지원에 관한 법률」의 정신질환자
- 「마약류 관리에 관한 법률」의 마약류에 중독된 자
- 파산선고를 받고 복권되지 아니한 자
- 금고 이상의 실형을 선고받고 그 집행이 종료(집행이 종료된 것으로 보는 경우 포함)되거나 집행이 면제된 날부터 5년(「아동복지법」에 따른 아동학대관련범죄를 저지른 경우에는 20년)이 경과되지 아니한 자
- 금고 이상의 형의 집행유예를 선고받고 그 유예기간 중에 있는 사람. 다만, 「아동복지법」에 따른 아동학대관련범죄로 금고 이상의 형의 집행유예를 선고받은 경우에는 그 집행유예가 확정된 날부터 20년이 지나지 아니한 사람
- 어린이집의 폐쇄명령을 받고 5년이 경과되지 아니한 자 또는 「유아교육법」에 따라 폐쇄명령을 받고 5년이 경과되지 아니한 자

- "벌칙" 규정에 따라 300만원 이상의 벌금형이 확정된 날부터 2년이 지나지 아니한 사람 또는 「아동복지법」에 따른 아동학대관련범죄로 벌금형이 확정된 날부터 10년이 지나지 아니한 사람
- 교육명령을 이행하지 아니한 자

3. 보육교직원

1) 보육교직원의 배치

어린이집에는 보육교직원을 두어야 하며, 보육시간을 구분하여 운영하는 어린이집은 보육시간별로 보육교사를 배치할 수 있다.

어린이집에는 보육교사의 업무 부담을 경감할 수 있도록 보조교사 등을 둔다.

휴가 또는 보수교육 등으로 보육교사의 업무에 공백이 생기는 경우에는 이를 대체할 수 있는 대체교사를 배치한다.

보육교직원 및 그 밖의 인력의 배치기준 등에 필요한 사항은 보건복지부령으로 정한다.

2) 보육교직원의 직무

어린이집의 원장은 어린이집을 총괄하고 보육교사와 그 밖의 직원을 지도·감독하며 영유아를 보육한다.

보육교사는 영유아를 보육하고 어린이집의 원장이 불가피한 사유로 직무를 수행할 수 없을 때에는 그 직무를 대행한다.

3) 보육교직원의 책무

보육교직원은 영유아를 보육함에 있어 영유아에게 신체적 고통이나 고성·폭언 등의 정신적 고통을 가하여서는 아니 된다.

보육교직원은 업무를 수행함에 있어 영유아의 생명·안전보호 및 위험방지를 위하여 주의의무를 다하여야 한다.

4) 보육교직원의 임면

특별자치시장·특별자치도지사·시장·군수·구청장은 보육교직원의 권익 보장과 근로

여건 개선을 위하여 보육교직원의 임면(任免)과 경력 등에 관한 사항을 관리하여야 한다.

어린이집의 원장은 보건복지부령으로 정하는 바에 따라 보육교직원의 임면에 관한 사항을 특별자치시장·특별자치도지사·시장·군수·구청장에게 보고하여야 한다.

5) 결격사유

다음의 어느 하나에 해당하는 자는 어린이집에 근무할 수 없다.

- 미성년자·피성년후견인 또는 피한정후견인
- 「정신건강증진 및 정신질환자 복지서비스 지원에 관한 법률」의 정신질환자
- 「마약류 관리에 관한 법률」의 마약류에 중독된 자
- 파산선고를 받고 복권되지 아니한 자
- 금고 이상의 실형을 선고받고 그 집행이 종료(집행이 종료된 것으로 보는 경우 포함)되거나 집행이 면제된 날부터 5년(「아동복지법」에 따른 아동학대관련범죄를 저지른 경우에는 20년)이 경과되지 아니한 자
- 금고 이상의 형의 집행유예를 선고받고 그 유예기간 중에 있는 사람. 다만, 「아동복지법」에 따른 아동학대관련범죄로 금고 이상의 형의 집행유예를 선고받은 경우에는 그 집행유예가 확정된 날부터 20년이 지나지 아니한 사람
- 어린이집의 폐쇄명령을 받고 5년이 경과되지 아니한 자 또는 「유아교육법」에 따라 폐쇄명령을 받고 5년이 경과되지 아니한 자
- "벌칙" 규정에 따라 300만원 이상의 벌금형이 확정된 날부터 2년이 지나지 아니한 사람 또는 「아동복지법」에 따른 아동학대관련범죄로 벌금형이 확정된 날부터 10년이 지나지 아니한 사람
- 교육명령을 이행하지 아니한 자
- "어린이집의 원장의 자격정지", "보육교사의 자격정지" 조항에 따라 자격정지 중인 자
- "어린이집의 원장 또는 보육교사의 자격취소" 조항에 따라 자격이 취소된 후 자격 재교부 기한이 경과되지 아니한 자

6) 어린이집의 원장 또는 보육교사의 자격

(1) 자격기준

어린이집의 원장은 대통령령으로 정하는 자격을 가진 자로서 보건복지부장관이 검정·

수여하는 자격증을 받은 자이어야 하며, 보육교사는 다음의 어느 하나에 해당하는 자로서 보건복지부장관이 검정·수여하는 자격증을 받은 자이어야 한다.

- 「고등교육법」에 따른 학교에서 보건복지부령으로 정하는 보육 관련 교과목과 학점을 이수하고 전문학사학위 이상을 취득한 사람
- 법령에 따라 「고등교육법」에 따른 학교를 졸업한 사람과 같은 수준 이상의 학력이 있다고 인정된 사람으로서 보건복지부령으로 정하는 보육 관련 교과목과 학점을 이수하고 전문학사학위 이상을 취득한 사람
- 고등학교 또는 이와 같은 수준 이상의 학교를 졸업한 자로서 시·도지사가 지정한 교육훈련시설에서 소정의 교육과정을 이수한 사람

보육교사의 등급은 1·2·3급으로 하고, 등급별 자격기준은 대통령령으로 정하고, 교육훈련시설의 지정 및 지정 취소, 교육과정 등에 필요한 사항은 보건복지부령으로 정한다.

(2) 어린이집의 원장 또는 보육교사 자격증의 교부

보건복지부장관은 어린이집의 원장 또는 보육교사의 자격을 검정하고 자격증을 교부하여야 하며, 어린이집의 원장 또는 보육교사의 자격증을 교부받거나 재교부(이하 "보육자격증 교부등")를 받으려는 사람에게 보건복지부령으로 정하는 바에 따라 수수료를 받을 수 있다.

보육자격증 교부 등에 관한 업무를 위탁받은 공공 또는 민간 기관·단체는 납부받은 수수료를 보건복지부장관의 승인을 받아 보육자격증 교부 등에 필요한 경비에 직접 충당할 수 있다. 보육자격증 교부 등에 필요한 사항은 보건복지부령으로 정한다.

(3) 명의대여 금지

어린이집의 원장 또는 보육교사는 다른 사람에게 자기의 성명이나 어린이집의 명칭을 사용하여 어린이집의 원장 또는 보육교사의 업무를 수행하게 하여서는 아니 된다.

자격증을 교부받은 사람은 다른 사람에게 그 자격증을 빌려주어서는 아니 되고, 누구든지 그 자격증을 빌려서는 아니 되며 이에 따라 금지된 행위를 알선하여서는 아니 된다.

7) 보수교육

(1) 어린이집 원장 및 보육교사의 보수교육

보건복지부장관은 어린이집 원장 및 보육교사의 자질 향상을 위한 보수교육(補修教育)

을 실시하여야 한다. 이 경우 보수교육은 집합교육을 원칙으로 한다. 그리고 보수교육은 사전직무교육과 직무교육으로 구분하며, 보수교육에는 다음의 사항에 관한 내용을 포함하여야 한다.

- 성폭력 및 아동학대 예방
- 실종·유괴의 예방과 방지
- 감염병 및 약물의 오남용 예방 등 보건위생 관리
- 재난대비 안전
- 교통안전
- 어린이집 원장 및 보육교사의 인성함양(영유아의 인권보호 교육 포함)
- 그 밖에 보건복지부령으로 정하는 사항

그 밖에 보수교육의 기간·방법 등에 필요한 사항은 보건복지부령으로 정한다.

(2) 교육명령

보건복지부장관은 「아동복지법」에 따른 아동학대관련범죄를 저지른 사람이 결격사유에 해당하지 아니하게 되어 어린이집을 설치·운영하거나 어린이집에 근무하려는 경우에는 그 사람에 대하여 사전에 아동학대 방지를 위한 교육을 받도록 명하여야 한다. 이 경우 교육 실시에 드는 비용은 교육을 받는 사람이 부담한다.

교육명령의 조치와 관련한 절차, 교육기관, 교육 방법·내용 등에 필요한 사항은 보건복지부령으로 정한다.

4. 어린이집의 운영

1) 어린이집의 운영기준

어린이집을 설치·운영하는 자는 보건복지부령으로 정하는 운영기준에 따라 어린이집을 운영하여야 한다.

국가나 지방자치단체는 설치된 국공립어린이집을 법인·단체 또는 개인에게 위탁하여 운영할 수 있다. 이 경우 보건복지부령으로 정하는 국공립어린이집 위탁체 선정관리 기준에 따라 심의하며, 최초 위탁은 다음의 어느 하나에 해당하는 자에게 위탁하는 경우를 제외하고는 공개경쟁의 방법에 따른다.

- 민간어린이집을 국가 또는 지방자치단체에 기부채납하여 국공립어린이집으로 전환하는 경우 기부채납 전에 그 어린이집을 설치·운영한 자
- 국공립어린이집 설치 시 해당 부지 또는 건물을 국가 또는 지방자치단체에 기부채납하거나 무상으로 사용하게 한 자
- 「주택법」에 따라 설치된 민간어린이집을 국공립어린이집으로 전환하는 경우 전환하기 전에 그 어린이집을 설치·운영한 자

직장어린이집을 설치한 사업주는 이를 법인·단체 또는 개인에게 위탁하여 운영할 수 있으며, 어린이집 위탁 및 위탁 취소 등에 필요한 사항은 보건복지부령으로 정한다.

2) 보육시간의 구분

어린이집은 다음과 같이 보육시간을 구분하여 운영할 수 있으며, 보육시간 운영기준과 내용에 관한 사항은 보건복지부령으로 정한다.

- 기본보육: 어린이집을 이용하는 모든 영유아에게 필수적으로 제공되는 과정으로, 보건복지부령으로 정하는 시간 이하의 보육
- 연장보육: 기본보육을 초과하여 보호자의 욕구 등에 따라 제공되는 보육

3) 어린이집운영위원회

(1) 설치목적

어린이집의 원장은 어린이집 운영의 자율성과 투명성을 높이고 지역사회와의 연계를 강화하여 지역 실정과 특성에 맞는 보육을 실시하기 위하여 어린이집에 어린이집운영위원회를 설치 · 운영할 수 있다. 다만, 취약보육(脆弱保育)을 우선적으로 실시하여야 하는 어린이집과 대통령령으로 정하는 어린이집은 어린이집운영위원회를 설치 · 운영하여야 한다.

(2) 구성

어린이집운영위원회는 그 어린이집의 원장, 보육교사 대표, 학부모 대표 및 지역사회 인사(직장어린이집의 경우에는 그 직장의 어린이집 업무 담당자로 함)로 구성한다. 이 경우 학부모 대표가 2분의 1 이상이 되도록 구성하여야 한다.

어린이집의 원장은 어린이집운영위원회의 위원 정수를 5명 이상 15명 이내의 범위에서

어린이집의 규모 등을 고려하여 대통령령으로 정한다. 이 경우 학부모 대표는 영유아 연령 등을 최대한 대표할 수 있도록 구성하여야 한다.

(3) 심의 사항

- 어린이집 운영 규정의 제정이나 개정에 관한 사항
- 어린이집 예산 및 결산의 보고에 관한 사항
- 영유아의 건강·영양 및 안전에 관한 사항
- 아동학대 예방에 관한 사항
- 보육 시간, 보육과정의 운영 방법 등 어린이집의 운영에 관한 사항
- 보육교직원의 근무환경 개선에 관한 사항
- 보육교직원의 권익 보호에 관한 사항
- 영유아의 보육환경 개선에 관한 사항
- 어린이집과 지역사회의 협력에 관한 사항
- 보육료 외의 필요경비를 받는 경우 "보육료 수납" 규정에 따른 범위에서 그 수납액 결정에 관한 사항
- 그 밖에 어린이집 운영에 대한 제안 및 건의사항

(4) 운영

어린이집운영위원회는 연간 4회 이상 개최하여야 하며, 그 밖에 어린이집운영위원회의 설치·운영에 필요한 사항은 보건복지부령으로 정한다.

4) 부모모니터링단

(1) 설치 목적

시·도지사 또는 시장·군수·구청장은 어린이집 보육환경을 모니터링하고 개선을 위한 컨설팅을 하기 위하여 부모, 보육·보건 전문가로 점검단(부모모니터링단)을 구성·운영할 수 있다.

(2) 직무

- 어린이집 급식, 위생, 건강 및 안전관리 등 운영상황 모니터링
- 어린이집 보육환경 개선을 위한 컨설팅
- 그 밖에 보육 관련 사항으로서 보건복지부령으로 정하는 사항

(3) 구성 및 운영

부모모니터링단은 10명 이내로 구성하며 시·도지사 또는 시장·군수·구청장이 위촉하며, 시·도지사 및 시장·군수·구청장은 부모모니터링단으로 위촉된 사람에게 직무 수행에 필요한 교육을 실시할 수 있다.

국가와 지방자치단체는 부모모니터링단의 구성·운영 및 교육 등에 필요한 비용의 전부 또는 일부를 예산의 범위에서 지원할 수 있다.

부모모니터링단은 직무를 수행하기 위하여 어린이집에 출입할 수 있으며, 이 경우 미리 시·도지사 또는 시장·군수·구청장의 승인을 받아야 하며, 어린이집에 출입하는 경우에는 승인서와 신분을 표시하는 증표를 어린이집의 원장 등 관계자에게 내보여야 한다.

부모모니터링단은 공무원이 어린이집 운영 상황을 조사하기 위하여 어린이집에 출입하는 경우에는 공무원과 함께 어린이집에 출입할 수 있다. 이 경우 시·도지사 또는 시장·군수·구청장의 승인을 생략할 수 있다.

부모모니터링단의 구성·운영, 교육, 비용 지원 및 직무 수행 등에 필요한 세부사항은 보건복지부령으로 정한다.

5) 보호자의 어린이집 참관

보호자는 영유아의 보육환경·보육내용 등 어린이집의 운영실태를 확인하기 위하여 어린이집 원장에게 어린이집 참관을 요구할 수 있다. 이 경우 어린이집 원장은 특별한 사유가 없으면 이에 따라야 하며, 참관 기준 및 방법 등에 필요한 사항은 보건복지부령으로 정한다.

6) 취약보육의 우선 실시

국가나 지방자치단체, 사회복지법인, 그 밖의 비영리법인이 설치한 어린이집과 대통령령으로 정하는 어린이집의 원장은 영아·장애아·「다문화가족지원법」에 따른 다문화가족의 아동 등에 대한 보육(취약보육)을 우선적으로 실시하여야 한다.

보건복지부장관, 시·도지사 및 시장·군수·구청장은 취약보육을 활성화하는 데에 필요한 각종 시책을 수립·시행하여야 하며, 취약보육의 종류와 실시 등에 필요한 사항은 보건복지부령으로 정한다.

7) 시간제보육 서비스

국가 또는 지방자치단체는 무상보육 및 「유아교육법」에 따른 무상교육 지원을 받지 아니하는 영유아에 대하여 필요한 경우 시간제보육 서비스를 지원할 수 있다. 이 경우 시간제보육 서비스의 종류, 지원대상, 지원방법, 그 밖에 시간제보육 서비스의 제공에 필요한 사항은 보건복지부령으로 정한다.

특별자치시장 · 특별자치도지사 · 시장 · 군수 · 구청장은 다음의 어느 하나에 해당하는 시설을 시간제보육 서비스를 제공하는 기관(시간제보육서비스지정기관)으로 지정할 수 있다.

- 육아종합지원센터
- 어린이집
- 그 밖에 시간제보육 서비스의 제공이 가능한 시설로서 보건복지부령으로 정하는 시설

보건복지부장관, 시 · 도지사 또는 시장 · 군수 · 구청장은 시간제보육서비스지정기관에 예산의 범위에서 시간제보육 서비스의 제공에 필요한 비용을 보조할 수 있다.

특별자치시장 · 특별자치도지사 · 시장 · 군수 · 구청장은 시간제보육서비스지정기관이 다음의 어느 하나에 해당하는 경우에는 지정을 취소할 수 있다.

- 시간제보육서비스지정기관이 지급받은 보조금 및 비용을 목적 외의 용도에 사용하였을 경우
- 시간제보육서비스지정기관이 거짓이나 그 밖의 부정한 방법으로 보조금 및 비용을 지급받았을 경우
- 그 밖에 대통령령으로 정하는 사유가 있는 경우

시간제보육서비스지정기관의 안전사고 예방 및 사고에 따른 영유아 생명 · 신체 등의 피해 보상에 관하여는 "어린이집안전공제사업" 조항을 준용한다. 이 경우 "어린이집"은 "시간제보육서비스지정기관"으로, "어린이집의 원장"은 "시간제보육서비스지정기관의 장"으로 본다.

8) 어린이집 이용대상

어린이집의 이용대상은 보육이 필요한 영유아를 원칙으로 한다. 다만, 필요한 경우 어

린이집의 원장은 만 12세까지 연장하여 보육할 수 있다.

9) 보육의 우선 제공

국가나 지방자치단체, 사회복지법인, 그 밖의 비영리법인이 설치한 어린이집과 대통령령으로 정하는 어린이집의 원장은 다음의 어느 하나에 해당하는 자가 우선적으로 어린이집을 이용할 수 있도록 하여야 한다. 다만, 「고용정책 기본법」에 따라 고용촉진시설의 설치·운영을 위탁받은 공공단체 또는 비영리법인이 설치·운영하는 어린이집의 원장은 근로자의 자녀가 우선적으로 어린이집을 이용하게 할 수 있으며, 보육의 우선제공 대상에 대한 적용 방법·기준 등에 필요한 사항은 보건복지부령으로 정한다.

- 「국민기초생활 보장법」에 따른 수급자
- 「한부모가족지원법」에 따른 보호대상자의 자녀
- 「국민기초생활 보장법」조에 따른 차상위계층의 자녀
- 「장애인복지법」에 따른 장애인 중 보건복지부령으로 정하는 장애 정도에 해당하는 자의 자녀
- 「장애인복지법」에 따른 장애인 중 보건복지부령으로 정하는 장애 정도에 해당하는 자가 형제자매인 영유아
- 「다문화가족지원법」에 따른 다문화가족의 자녀
- 「국가유공자 등 예우 및 지원에 관한 법률」에 따른 국가유공자 중 전몰군경, 상이자로서 보건복지부령으로 정하는 자, 순직자의 자녀
- 제1형 당뇨를 가진 경우로서 의학적 조치가 용이하고 일상생활이 가능하여 보육에 지장이 없는 영유아
- 그 밖에 소득수준 및 보육수요 등을 고려하여 보건복지부령으로 정하는 자의 자녀

사업주는 사업장 근로자의 자녀가 우선적으로 직장어린이집을 이용할 수 있도록 하여야 한다.

10) 보육과정

보육과정은 영유아의 신체·정서·언어·사회성 및 인지적 발달을 도모할 수 있는 내용을 포함하여야 한다.

보건복지부장관은 표준보육과정을 개발·보급하여야 하며 필요하면 그 내용을 검토하여 수정·보완하여야 하며, 어린이집의 원장은 표준보육과정에 따라 영유아를 보육하도록

노력하여야 한다.

어린이집의 원장은 보호자의 동의를 받아 일정 연령 이상의 영유아에게 보건복지부령으로 정하는 특정한 시간대에 한정하여 보육과정 외에 어린이집 내외에서 이루어지는 특별활동프로그램(특별활동)을 실시할 수 있다. 이 경우 어린이집의 원장은 특별활동에 참여하지 아니하는 영유아를 위하여 특별활동을 대체할 수 있는 프로그램을 함께 마련하여야 한다.

보육과정, 특별활동 대상 영유아의 연령 및 특별활동의 내용 등에 필요한 사항은 보건복지부령으로 정한다.

11) 어린이집 생활기록

어린이집의 원장은 영유아 생활지도 및 초등학교 교육과의 연계 지도에 활용할 수 있도록 영유아의 발달상황 등을 종합적으로 관찰·평가하여 보건복지부장관이 정하는 기준에 따라 생활기록부를 작성·관리하여야 한다.

12) 어린이집 평가

보건복지부장관은 영유아의 안전과 보육서비스의 질 향상을 위하여 어린이집의 보육환경, 보육과정 운영, 보육인력의 전문성 및 이용자 만족도 등에 대하여 정기적으로 평가를 실시하여야 하며, 평가 결과에 따라 어린이집 보육서비스의 관리, 보육사업에 대한 재정적·행정적 지원 등 필요한 조치를 할 수 있다.

보건복지부장관은 어린이집 평가등급 등 평가 결과를 공표하여야 하며, 평가를 받은 어린이집에 다음의 어느 하나에 해당하는 사유가 발생한 경우에는 그 평가등급을 최하위등급으로 조정하여야 한다.

- 거짓이나 그 밖의 부정한 방법으로 평가를 받은 경우
- 어린이집의 설치·운영자가 이 법을 위반하여 금고 이상의 형을 선고받고 그 형이 확정된 경우
- 보조금의 반환명령을 받았거나 행정처분을 받은 경우로서 보건복지부령으로 정하는 경우
- 어린이집의 대표자 또는 보육교직원이 「아동복지법」 "금지행위"을 위반하거나 「아동·청소년의 성보호에 관한 법률」의 아동·청소년대상 성범죄를 저지른 경우

보건복지부장관은 평가를 받은 어린이집의 보육서비스의 질 관리를 위하여 필요한 경

우 확인점검을 실시하여 평가등급을 조정할 수 있으며, 평가시기 및 방법, 확인점검의 대상 및 방법, 그에 따른 평가등급 결정 · 조정, 평가결과 공표의 내용 및 방법 등 필요한 사항은 보건복지부령으로 정한다.

13) 공공형어린이집

(1) 지정

보건복지부장관은 어린이집 운영의 공공성 및 관리체계를 강화하기 위하여 어린이집의 종류, 평가등급 등 보건복지부령으로 정하는 요건을 갖춘 어린이집을 공공형어린이집으로 지정할 수 있다.

지정된 공공형어린이집의 설치 · 운영자는 보건복지부령으로 정하는 공공형어린이집 운영기준을 준수하여야 하며, 공공형어린이집 지정의 유효기간은 지정을 받은 달의 다음 달 1일부터 3년으로 하고, 3년 단위로 재지정할 수 있다.

공공형어린이집 지정 절차 및 재지정의 기준 · 절차 등에 관하여 필요한 사항은 보건복지부령으로 정한다.

(2) 지정 취소

보건복지부장관은 지정된 공공형어린이집이 다음의 어느 하나에 해당하는 경우에는 그 지정을 취소할 수 있으며, 지정 취소에 필요한 사항은 보건복지부령으로 정한다.

- 거짓이나 그 밖의 부정한 방법으로 지정을 받은 경우(지정 취소)
- 지정 요건 또는 재지정 기준을 충족하지 못하게 된 경우
- 공공형어린이집 운영기준을 위반한 경우

5. 건강 · 영양 및 안전

1) 건강관리 및 응급조치

어린이집의 원장은 영유아와 보육교직원에 대하여 정기적으로 건강진단을 실시하되, 「국민건강보험법」 및 「의료급여법」에 따른 건강검진으로 갈음할 수 있다. 다만, 영유아의 경우 보호자로 하여금 그 검진결과 통보서를 제출하도록 하고 어린이집 생활기록부에 기록하여 관리하는 등 건강관리를 하여야 한다.

어린이집의 원장은 영유아에게 질병·사고 또는 재해 등으로 인하여 위급 상태가 발생한 경우 즉시 응급의료기관에 이송하여야 하며, 건강진단의 구체적인 기준과 내용 등 필요한 사항은 보건복지부령으로 정한다.

2) 어린이집 안전공제사업

어린이집 상호 간의 협동조직을 통하여 어린이집의 안전사고를 예방하고 어린이집 안전사고로 인하여 생명·신체 또는 재산상의 피해를 입은 영유아 및 보육교직원 등에 대한 보상을 하기 위하여 보건복지부장관의 허가를 받아 어린이집 안전공제사업(공제사업)을 할 수 있다.

공제사업을 위하여 설립되는 어린이집 안전공제회(공제회)는 법인으로 하며, 주된 사무소의 소재지에 설립등기를 함으로써 성립한다.

어린이집의 원장은 공제회의 가입자가 되며, 공제회에 가입한 어린이집의 원장은 공제사업의 수행에 필요한 출자금과 다음의 공제료 등을 공제회에 납부하여야 한다.

- 영유아의 생명·신체에 대한 피해를 보상하기 위한 공제료
- 보육교직원 등의 생명·신체에 대한 피해를 보상하기 위한 공제료(선택납부)
- 어린이집의 재산상의 피해를 보상하기 위한 공제료(선택납부)

공제회의 기본재산은 회원의 출자금 등으로 조성하고, 이 법에 규정된 것을 제외하고는 「민법」 중 재단법인에 관한 규정을 준용하며, 이 법에 따른 공제회의 사업에 대하여는 「보험업법」을 적용하지 아니한다.

어린이집의 원장이 “어린이집의 재산상의 피해를 보상하기 위한 공제료”를 납부하는 경우 「사회복지사업법」에 따른 보험가입의무를 이행한 것으로 본다.

공제회에 가입한 육아종합지원센터의 장은 영유아의 생명·신체에 대한 피해를 보상하기 위한 공제료, 보육교직원 등의 생명·신체에 대한 피해를 보상하기 위한 공제료, 어린이집의 재산상의 피해를 보상하기 위한 공제료를 선택하여 납부할 수 있다. 다만, 시간제 보육 서비스나 영유아의 체험 및 놀이공간을 제공하는 육아종합지원센터의 장은 영유아의 생명·신체에 대한 피해를 보상하기 위한 공제료를 의무적으로 납부하여야 한다.

3) 예방접종 여부의 확인

어린이집의 원장은 영유아에 대하여 매년 정기적으로 「감염병의 예방 및 관리에 관한 법률」에 따른 예방접종통합관리시스템을 활용하여 영유아의 예방접종에 관한 사실을 확

인하여야 한다. 다만, 영유아에 대하여 최초로 보육을 실시하는 경우에는 보육을 실시한 날부터 30일 이내에 확인하여야 한다.

어린이집의 원장은 확인 결과 예방접종을 받지 아니한 영유아에게는 필요한 예방접종을 받도록 보호자를 지도할 수 있으며, 필요한 경우 관할 보건소장에게 예방접종 지원 등의 협조를 요청할 수 있다.

어린이집의 원장은 영유아의 예방접종 여부 확인 및 관리를 위하여 어린이집 생활기록에 예방접종 여부 및 내역에 관한 사항을 기록하여 관리하여야 한다.

4) 치료 및 예방조치

어린이집의 원장은 건강진단 결과 질병에 감염되었거나 감염될 우려가 있는 영유아에 대하여 그 보호자와 협의하여 질병의 치료와 예방에 필요한 조치를 하여야 한다.

어린이집의 원장은 다음의 어느 하나에 해당하는 영유아, 어린이집 거주자 및 보육교직원을 보건복지부령으로 정하는 바에 따라 어린이집으로부터 격리시키는 등 필요한 조치를 할 수 있다.

- 건강진단의 결과나 그 밖에 의사의 진단 결과 감염병에 감염 또는 감염된 것으로 의심되거나 감염될 우려가 있는 자
- 「감염병의 예방 및 관리에 관한 법률」에 따른 감염병의심자

어린이집의 원장은 치료와 예방 조치를 위하여 필요하면 「지역보건법」에 따른 보건소 및 보건지소, 「의료법」에 따른 의료기관에 협조를 구할 수 있으며, 협조를 요청받은 보건소 · 보건지소 및 의료기관의 장은 적절한 조치를 취하여야 한다.

어린이집의 원장은 간호사(간호조무사 포함)로 하여금 영유아가 의사의 처방, 지시에 따라 투약행위를 할 때 이를 보조하게 할 수 있다. 이 경우 어린이집의 원장은 보호자의 동의를 받아야 한다.

5) 급식 관리

어린이집의 원장은 영유아에게 보건복지부령으로 정하는 바에 따라 균형 있고 위생적이며 안전한 급식을 하여야 한다.

6) 어린이집 차량안전관리

어린이집의 원장은 영유아의 통학을 위하여 차량을 운영하는 경우 「도로교통법」에 따

라 미리 어린이통학버스로 관할 경찰서장에게 신고하여야 한다.

7) 등 · 하원 시 영유아 안전관리

어린이집의 원장은 보육교직원을 대상으로 등 · 하원 시 영유아 안전에 관한 교육을 실시하여야 하며, 어린이집의 원장은 등 · 하원 시 영유아가 담당 보육교사나 부모 등 보호자에게 안전하게 인계될 수 있도록 조치하여야 하고, 모든 영유아가 안전하게 인계되었는지 여부를 확인하여야 한다.

위 조항에 따른 교육 및 인계조치 등의 방법 · 절차 등에 관하여 필요한 사항은 보건복지부령으로 정한다.

8) 어린이집 위생관리

어린이집의 원장은 감염병 예방 등을 위하여 보건복지부령으로 정하는 어린이집의 위생관리기준을 준수하여야 한다.

6. 비 용

1) 무상보육

국가와 지방자치단체는 영유아에 대한 보육을 무상으로 하되, 그 내용 및 범위는 대통령령으로 정한다.

국가와 지방자치단체는 장애아 및 「다문화가족지원법」에 따른 다문화가족의 자녀의 무상보육에 대하여는 대통령령으로 정하는 바에 따라 그 대상의 여건과 특성을 고려하여 지원할 수 있다.

보건복지부장관은 어린이집 표준보육비용 등을 조사하고 그 결과를 바탕으로 예산의 범위에서 관계 행정기관의 장과 협의하여 국가 및 지방자치단체가 부담하는 비용을 정할 수 있으며, 국가와 지방자치단체는 자녀가 2명 이상인 경우에 대하여 추가적으로 지원할 수 있다.

국가와 지방자치단체는 무상보육을 받으려는 영유아와 장애아 및 다문화가족의 자녀를 보육하기 위하여 필요한 어린이집을 설치 · 운영하여야 한다.

보건복지부장관은 표준보육비용을 결정하기 위하여 필요한 조사를 3년마다 실시하며,

조사 결과를 바탕으로 중앙보육정책위원회의 심의를 거쳐 표준보육비용을 결정하여야 한다.

2) 양육수당

국가와 지방자치단체는 어린이집이나 「유아교육법」에 따른 유치원을 이용하지 아니하는 영유아에 대하여 영유아의 연령을 고려하여 양육에 필요한 비용을 지원할 수 있으며, 영유아가 시간제보육 서비스를 이용하는 경우에도 그 영유아에 대하여는 양육에 필요한 비용을 지원할 수 있다.

국가와 지방자치단체는 양육에 필요한 비용을 지원받는 영유아가 90일 이상 지속하여 해외에 체류하는 경우에는 그 기간 동안 양육에 필요한 비용의 지원을 정지하며, 보건복지부장관 및 지방자치단체의 장은 양육수당의 지급을 정지하는 경우 서면으로 그 이유를 분명하게 밝혀 영유아의 보호자에게 통지하여야 한다.

3) 보육서비스 이용권

국가와 지방자치단체는 비용 지원을 위하여 보육서비스 이용권(이용권)을 영유아의 보호자에게 지급할 수 있다.

4) 비용 지원의 신청

영유아의 보호자는 "무상보육 및 양육수당" 비용의 지원을 신청할 수 있다.

5) 조사 · 질문

보건복지부장관 또는 지방자치단체의 장은 "무상보육" 신청자 및 지원이 확정된 자에 대하여 비용 지원대상 자격확인을 위하여 필요한 서류나 그 밖의 소득활동, 가족관계 등에 관한 자료의 제출을 요구할 수 있으며, 소속 공무원으로 하여금 비용 지원 신청자 및 지원이 확정된 자의 주거, 그 밖의 필요한 장소에 방문하여 서류 등을 조사하게 하거나 관계인에게 필요한 질문을 하게 할 수 있다.

보건복지부장관 또는 지방자치단체의 장은 조사 또는 비용 지원사업을 수행하기 위하여 필요한 국세 · 지방세 · 건강보험 · 국민연금 · 고용보험 · 산재보험 등에 관한 자료의 제공을 관계 기관의 장에게 요청할 수 있다. 이 경우 자료의 제공을 요청받은 관계 기관의 장은 특별한 사유가 없는 한 이에 응하여야 한다.

위 조항에 따라 방문 · 조사 · 질문을 하는 자는 그 권한을 표시하는 증표 및 조사기간,

조사범위, 조사담당자, 관계 법령 등이 기재된 서류를 지니고 이를 관계인에게 내보여야 한다. 보건복지부장관 또는 지방자치단체의 장은 비용 지원 신청자 또는 지원이 확정된 자가 서류 또는 자료의 제출을 거부하거나 조사·질문을 거부·방해 또는 기피하는 경우에는 비용 지원의 신청을 각하하거나 지원결정을 취소·중지 또는 변경할 수 있으며, 조사·질문의 범위·시기 및 내용에 관하여 필요한 사항은 보건복지부령으로 정한다.

보육비용 지원대상에 대한 주민등록 주소지 등을 파악하기 위하여 「전자정부법」에 따라 행정정보를 공동이용할 수 있다.

조사 또는 질문의 내용·절차·방법 등에 관하여는 이 법에서 정하는 사항을 제외하고는 「행정조사기본법」에서 정하는 바에 따른다.

6) 비용 지원 신청 관련 정보의 고지

보건복지부장관 또는 지방자치단체의 장은 영유아의 보호자에게 비용 지원의 신청과 관련한 정보를 서면 등의 방식으로 고지하여야 하며, 고지의 방식·시기·내용 및 절차 등에 필요한 사항은 보건복지부령으로 정한다.

7) 비용의 보조

국가나 지방자치단체는 대통령령으로 정하는 바에 따라 어린이집의 설치, 보육교사(대체교사 포함)의 인건비, 초과보육(超過保育)에 드는 비용 등 운영 경비 또는 지방육아종합지원센터의 설치·운영, 보육교직원의 복지 증진, 취약보육의 실시 등 보육사업에 드는 비용, 폐쇄회로 텔레비전 설치비의 전부 또는 일부를 보조한다.

8) 사업주의 비용 부담

어린이집을 설치한 사업주는 대통령령으로 정하는 바에 따라 그 어린이집의 운영과 보육에 필요한 비용의 전부 또는 일부를 부담하여야 한다.

9) 보육료 등의 수납

어린이집을 설치·운영하는 자는 그 어린이집의 소재지를 관할하는 시·도지사가 정하는 범위에서 그 어린이집을 이용하는 자로부터 보육료와 그 밖의 필요경비 등을 받을 수 있다. 다만, 시·도지사는 필요시 어린이집 유형과 지역적 여건을 고려하여 그 기준을 다르게 정할 수 있다.

어린이집을 설치·운영하는 자는 보육료와 그 밖의 필요경비 등을 최초로 받을 때 영유아의 보호자에게 해당 어린이집이 제공하는 보육서비스의 내용, 보육료와 그 밖의 필요경비 등의 수납목적 및 사용계획, 어린이집 이용에 관한 주의사항, 그 밖에 보건복지부령으로 정하는 사항을 설명하여야 한다. 이 경우 설명의 방법 및 절차 등에 관하여 필요한 사항은 보건복지부령으로 정한다.

10) 목적 외 사용 금지

어린이집을 설치·운영하는 자 및 어린이집의 원장은 어린이집의 회계에 속하는 재산이나 수입을 보육 목적 외로 부정하게 사용해서는 아니 된다.

11) 세제 지원

사업주가 직장어린이집을 설치·운영하는 데에 드는 비용과 보호자가 영유아의 보육을 위하여 지출한 보육료와 그 밖에 보육에 드는 비용에 관하여는 「조세특례제한법」에서 정하는 바에 따라 조세를 감면한다.

직장어린이집을 제외한 어린이집의 운영비에 대하여도 「조세특례제한법」에서 정하는 바에 따라 조세를 감면한다.

12) 국·공유재산의 대부

국가 또는 지방자치단체는 다음의 어린이집의 설치·운영을 위하여 필요하다고 인정하는 경우 「국유재산특례제한법」에 따라 국유재산을, 「공유재산 및 물품 관리법」에도 불구하고 공유재산을 무상으로 대부하거나 사용하게 할 수 있다.

- 국공립어린이집
- 직장어린이집 중 「중소기업기본법」에 따른 중소기업이 공동으로 설치·운영하는 어린이집

13) 비용 및 보조금의 반환명령

국가나 지방자치단체는 어린이집의 설지·운영자, 육아종합지원센터의 장, 보수교육 위탁실시자 등이 다음의 어느 하나에 해당하는 경우에는 이미 교부한 비용과 보조금의 전부 또는 일부의 반환을 명할 수 있다.

- 어린이집 운영이 정지·폐쇄 또는 취소된 경우
- 사업 목적 외의 용도에 보조금을 사용한 경우
- 거짓이나 그 밖의 부정한 방법으로 보조금을 교부받은 경우

- 거짓이나 그 밖의 부정한 방법으로 비용을 지원받은 경우
- 비용을 보육 목적 외로 부정하게 사용한 경우
- 착오 또는 경미한 과실로 보조금을 교부받은 경우로서 보건복지부령이 정하는 사유에 해당하는 경우

14) 보육비용 지원액의 환수

국가 또는 지방자치단체는 보호자가 거짓이나 그 밖의 부정한 방법으로 "무상보육 및 양육수당" 비용을 지원받은 경우에는 그 비용의 전부 또는 일부를 환수할 수 있으며, 환수하는 경우에 비용을 반환할 자가 기한까지 반환하지 아니한 때에는 국세 또는 지방세 체납처분의 예에 따라 징수한다.

국가 또는 지방자치단체는 어린이집을 설치·운영하는 자 또는 어린이집의 원장이 다음의 어느 하나에 해당하는 경우 영유아의 보호자를 대신하여 그 비용의 전부 또는 일부를 환수할 수 있다. 이 경우 환수한 비용은 보호자에게 돌려주어야 한다.

- 거짓이나 그 밖의 부정한 방법으로 "보육료 수납" 규정에 따른 보육료와 그 밖의 필요경비 등을 받은 경우
- 보육료와 그 밖의 필요경비 등을 보육 목적 외로 부정하게 사용한 경우

7. 지도 및 감독

1) 지도와 명령

보건복지부장관, 시·도지사 및 시장·군수·구청장은 보육사업의 원활한 수행을 위하여 어린이집 설치·운영자 및 보육교직원에 대하여 필요한 지도와 명령을 할 수 있다.

2) 보고와 검사

보건복지부장관, 시·도지사 또는 시장·군수·구청장은 어린이집을 설치·운영하는 자로 하여금 그 어린이집에 관하여 필요한 보고를 하게 하거나 관계 공무원으로 하여금 그 어린이집의 운영 상황을 조사하게 하거나 장부와 그 밖의 서류를 검사하게 할 수 있으며, 관계 공무원이 그 직무를 수행할 때에는 그 권한을 표시하는 증표를 지니고 이를 관계인에게 내보여야 한다.

3) 위법행위의 신고 및 신고자 보호

누구든지 다음의 어느 하나에 해당하는 자를 관계 행정기관이나 수사기관에 신고 또는 고발할 수 있다.

- 거짓이나 그 밖의 부정한 방법으로 보조금을 교부받거나 유용(流用)한 자
- 어린이집 운영기준을 지키지 아니한 자
- 급식관리기준을 지키지 아니한 자
- 어린이집 차량안전관리 기준을 지키지 아니한 자
- 거짓이나 그 밖의 부정한 방법으로 "무상보육"에 따른 비용을 지원받은 자
- 거짓이나 그 밖의 부정한 방법으로 보육료와 그 밖의 필요경비 등을 받은 자
- "목적 외 사용금지" 조항을 위반하여 어린이집의 회계에 속하는 재산이나 수입을 보육 목적 외로 부정하게 사용한 자
- 「아동복지법」에 따른 아동학대 행위를 한 자
- 그 밖에 보건복지부령으로 정하는 자

어린이집을 설치·운영하는 자는 보육교직원이 신고 또는 고발을 하였다는 이유로 「공익신고자 보호법」에 따른 불이익조치를 하여서는 아니 된다.

보건복지부장관, 시·도지사 및 시장·군수·구청장은 "어린이집 운영기준을 지키지 아니한 자" 조항을 제외하고, 나머지 조항에 해당하는 사항에 대하여 신고 또는 고발한 사람에게 예산의 범위에서 포상금을 지급할 수 있다. 신고 절차·방법 및 포상금 지급의 기준·방법 및 절차 등에 필요한 사항은 대통령령으로 정한다.

4) 어린이집의 폐지·휴지 및 재개 등의 신고

인가된 어린이집을 폐지하거나 일정기간 운영을 중단하거나 운영을 재개하려는 자는 보건복지부령으로 정하는 바에 따라 미리 특별자치시장·특별자치도지사·시장·군수·구청장에게 신고하여야 한다.

어린이집의 원장은 어린이집이 폐지되거나 일정기간 운영이 중단되는 경우에는 보건복지부령으로 정하는 바에 따라 그 어린이집에서 보육 중인 영유아가 다른 어린이집으로 옮길 수 있도록 하는 등 영유아의 권익을 보호하기 위한 조치를 취하여야 한다.

5) 어린이집에 대한 휴원명령

보건복지부장관, 시·도지사 또는 시장·군수·구청장은 천재지변이나 감염병 발생 등 긴급한 사유로 정상적인 보육이 어렵다고 인정하는 경우 어린이집의 원장에게 휴원을 명할 수 있다.

휴원명령을 받은 어린이집의 원장은 지체 없이 어린이집을 휴원하여야 하며, 휴원 시 보호자가 영유아를 가정에서 양육할 수 없는 경우 등 긴급보육수요에 대비하여 긴급보육 계획을 가정통신문 등을 통하여 보호자에게 미리 안내하는 등 어린이집 운영에 필요한 조치를 하여야 하며, 휴원명령의 기준 및 휴원에 따른 조치 등에 관하여 필요한 사항은 보건복지부령으로 정한다.

6) 시정 또는 변경 명령

보건복지부장관, 시·도지사 또는 시장·군수·구청장은 어린이집이 다음의 어느 하나에 해당하면 어린이집의 원장 또는 그 설치·운영자에게 기간을 정하여 그 시정 또는 변경을 명할 수 있다.

- 변경인가를 받지 아니하고 어린이집을 운영하는 경우
- 어린이집의 설치기준을 위반한 경우
- 폐쇄회로 텔레비전의 설치·관리 및 영상정보의 보관기준을 위반한 경우
- 보육교직원의 배치기준을 위반한 경우
- 보육교직원의 임면에 관한 사항을 보고하지 아니하거나 거짓으로 보고한 경우
- 어린이집의 운영기준을 위반한 경우
- 어린이집운영위원회를 설치·운영하지 아니한 경우
- 보호자의 동의를 받지 않고 영유아에게 특별활동을 제공한 경우
- 특별활동에 참여하지 아니하는 영유아에게 특별활동을 대체할 수 있는 프로그램을 제공하지 아니한 경우
- 생활기록부를 작성·관리하지 아니한 경우
- 정당한 이유 없이 평가 또는 확인점검을 거부·방해 또는 기피하거나 거짓이나 그 밖의 부정한 방법으로 평가 또는 확인점검을 받은 경우
- 질병의 치료와 예방조치를 하지 아니한 경우
- 균형 있고 위생적이며 안전한 급식을 하지 아니한 경우
- 범위를 초과하여 보육료와 그 밖의 필요경비 등을 받은 경우

- 보고를 하지 아니하거나 거짓으로 보고한 경우 또는 조사·검사를 거부하거나 기피한 경우
- 신고를 하지 아니하고 어린이집을 폐지하거나 일정기간 운영을 중단하거나 운영을 재개한 경우
- 휴원명령을 위반하여 휴원하지 아니하거나 긴급보육수요에 대비한 조치를 하지 아니한 경우
- 정보의 공시에 관한 사항을 위반한 경우

7) 직장어린이집 설치의무 미이행 사업장에 대한 이행명령

시·도지사, 시장·군수·구청장은 사업장의 사업주가 직장어린이집의 설치 등 의무를 이행하지 아니하는 경우에는 상당한 기간을 정하여 그 의무를 이행할 것을 명할 수 있다.

8) 이행강제금

시·도지사, 시장·군수·구청장은 "직장어린이집 설치의무 미이행 사업장에 대한 이행명령"을 이행하지 아니한 자에 대하여 그 명령의 이행에 필요한 상당한 기간을 정하여 그 기간 내에 이행할 것을 다시 명할 수 있으며, 이를 이행하지 아니한 경우에는 명령이 있었던 날을 기준으로 하여 1년에 2회, 매회 1억원의 범위에서 이행강제금을 부과·징수할 수 있다.

시·도지사, 시장·군수·구청장은 직장어린이집 미설치 기간·사유 등을 고려하여 금액을 50% 범위에서 가중할 수 있으며, 이행강제금을 부과하기 전에 상당한 기간을 정하여 그 기간 내에 이행하지 아니할 때에는 이행강제금을 부과·징수한다는 뜻을 미리 문서로 계고(戒告)하여야 한다.

시·도지사, 시장·군수·구청장은 이행강제금을 부과하는 때에는 이행강제금의 금액, 부과사유, 납부기한, 수납기관, 불복방법 등을 적은 문서로 통지하여야 하며, 명령을 받은 자가 그 명령을 이행하는 경우에는 새로운 이행강제금의 부과를 중지하되, 이미 부과된 이행강제금은 징수하여야 한다. 또한 이행강제금 부과처분을 받은 자가 납부기한까지 이행강제금을 납부하지 아니하는 경우에는 「지방행정제재·부과금의 징수 등에 관한 법률」에 따라 징수하고, 이행강제금의 부과기준, 부과·징수된 이행강제금의 반환절차 등 필요한 사항은 대통령령으로 정한다.

9) 어린이집의 폐쇄

보건복지부장관, 시·도지사 및 시장·군수·구청장은 어린이집을 설치·운영하는 자(설치·운영자)가 다음의 어느 하나에 해당하면 1년 이내의 어린이집 운영정지를 명하거나 어린이집의 폐쇄를 명할 수 있다. 이 경우 보육교직원 등 설치·운영자의 관리·감독하에 있는 자가 "아동학대" 행위를 한 경우에는 설치·운영자가 한 행위로 본다(설치·운영자가 그 행위를 방지하기 위하여 상당한 주의와 감독을 게을리하지 아니한 경우에는 그러하지 아니하다).

- 거짓이나 그 밖의 부정한 방법으로 보조금을 교부받거나 보조금을 유용(流用)한 경우
- 거짓이나 그 밖의 부정한 방법으로 비용을 지원받은 경우
- 거짓이나 그 밖의 부정한 방법으로 보육료와 그 밖의 필요경비 등을 받은 경우
- 어린이집의 회계에 속하는 재산이나 수입을 보육 목적 외로 부정하게 사용한 경우
- 비용 또는 보조금의 반환명령을 받고 반환하지 아니한 경우
- 시정 또는 변경 명령을 위반한 경우
- 「아동복지법」에 따른 아동학대 행위를 한 경우
- 다음의 어느 하나에 해당하여 영유아가 사망하거나 신체에 보건복지부령으로 정하는 중상해를 입은 경우
  ㉠ 「도로교통법」을 위반하여 어린이통학버스("어린이집 차량안전관리" 및 「도로교통법」에 따른 신고를 하지 아니한 경우 포함)에 「도로교통법」에 따른 보호자를 함께 태우지 아니한 채 운행하던 중 교통사고가 발생한 경우
  ㉡ 「도로교통법」의 규정에 따른 영유아의 하차 여부 확인에 관한 의무를 준수하지 아니한 경우

특별자치시장·특별자치도지사·시장·군수·구청장은 설치·운영자 또는 보육교직원이 아동학대 행위를 한 것으로 의심되는 경우 즉시 보고를 받거나 조사·검사를 실시하여야 하며, 보고나 조사·검사를 실시한 후 지체 없이 「아동복지법」에 따른 아동권리보장원 또는 아동보호전문기관 등 관계 기관과 협의하여 행정처분 여부를 결정하여야 한다.

특별자치도지사·시장·군수·구청장은 어린이집이 운영정지 또는 폐쇄되는 경우에는 어린이집에 보육 중인 영유아를 다른 어린이집으로 옮기도록 하는 등 영유아의 권익을

보호하기 위하여 필요한 조치를 하여야 하며, 행정처분의 세부기준은 보건복지부령으로 정한다.

10) 과징금 처분

보건복지부장관, 시 · 도지사 또는 시장 · 군수 · 구청장은 어린이집의 설치 · 운영자가 제45조제1항 각 호[7]의 어느 하나에 해당하여 어린이집 운영정지를 명하여야 하는 경우로서 그 운영정지가 영유아 및 보호자에게 심한 불편을 주거나 그 밖에 공익을 해칠 우려가 있으면 어린이집 운영정지 처분을 갈음하여 3천만원 이하의 과징금을 부과할 수 있으며, 과징금을 부과하는 위반행위의 종류와 위반 정도 등에 따른 과징금의 금액 등에 필요한 사항은 대통령령으로 정한다.

보건복지부장관, 시 · 도지사 또는 시장 · 군수 · 구청장은 과징금을 내야 할 자가 납부기한까지 내지 아니한 경우에는 국세 체납처분의 예 또는 「지방행정제재 · 부과금의 징수 등에 관한 법률」에 따라 징수한다.

11) 어린이집의 원장의 자격정지

보건복지부장관은 어린이집의 원장이 다음의 어느 하나에 해당하면 1년(「아동복지법」에 따른 아동학대 행위로 "영유아의 생명을 해치거나 신체 또는 정신에 중대한 손해를 입힌 경우"에 해당하게 된 경우에는 5년) 이내의 범위에서 보건복지부령으로 정하는 바에 따라 그 자격을 정지시킬 수 있다.

어린이집의 원장이 업무 수행 중 고의나 중대한 과실로 영유아에게 손해를 입힌 경우로서 다음의 어느 하나에 해당하는 경우

- 영유아의 생명을 해치거나 신체 또는 정신에 중대한 손해를 입힌 경우
- 운영기준을 위반하여 손해를 입힌 경우
- 보건복지부령으로 정한 급식기준을 위반하여 손해를 입힌 경우
- 그 밖에 손해를 입힌 경우
- 해당 업무 수행에 필요한 자격이 없는 자를 채용하여 보육교사 · 간호사 또는 영양사

---

7) 1. 거짓이나 그 밖의 부정한 방법으로 보조금을 교부받거나 보조금을 유용한 경우
1의2. 거짓이나 그 밖의 부정한 방법으로 제34조에 따른 비용을 지원받은 경우
1의3. 거짓이나 그 밖의 부정한 방법으로 제38조제1항에 따른 보육료와 그 밖의 필요경비 등을 받은 경우
1의4. 제38조의2를 위반하여 어린이집의 회계에 속하는 재산이나 수입을 보육 목적 외로 부정하게 사용한 경우

등의 업무를 수행하게 한 경우

- 보수교육을 연속하여 3회 이상 받지 아니한 경우
- 거짓이나 그 밖의 부정한 방법으로 보조금을 교부받거나 보조금을 유용한 경우
- 거짓이나 그 밖의 부정한 방법으로 무상보육에 따른 비용을 지원받은 경우
- 거짓이나 그 밖의 부정한 방법으로 보육료와 그 밖의 필요경비 등을 받은 경우
- 어린이집의 회계에 속하는 재산이나 수입을 보육 목적 외로 부정하게 사용한 경우
- 「공익신고자 보호법」에 따른 공익신고를 한 보육교직원에게 불이익 조치를 한 경우

보건복지부장관은 어린이집의 원장이 「도로교통법」에 따른 영유아의 하차 여부 확인에 관한 의무를 준수하지 아니하여 영유아가 사망하거나 신체에 보건복지부령으로 정하는 중상해를 입은 경우 2년 이내의 범위에서 보건복지부령으로 정하는 바에 따라 그 자격을 정지시킬 수 있다.

어린이집의 원장의 지도·감독 하에 있는 자가 다음의 어느 하나에 해당하는 행위를 한 경우에는 어린이집의 원장이 한 행위로 본다(어린이집 원장의 자격정지에 관한 사항으로 한정한다). 다만, 어린이집의 원장이 그 행위를 방지하기 위하여 상당한 주의와 감독을 게을리하지 아니한 경우에는 그러하지 아니하다.

- 「도로교통법」에 따른 영유아의 하차 여부 확인에 관한 의무를 준수하지 아니하여 영유아가 사망하거나 신체에 보건복지부령으로 정하는 중상해를 입은 경우
- 「아동복지법」에 따른 아동학대 행위를 하여 영유아의 생명을 해치거나 신체 또는 정신에 중대한 손해를 입힌 경우

12) 보육교사의 자격정지

보건복지부장관은 보육교사가 다음의 어느 하나에 해당하면 1년(「아동복지법」에 따른 아동학대 행위로 "보육교사가 업무 수행 중 그 자격과 관련하여 고의나 중대한 과실로 손해를 입힌 경우"에는 5년) 이내의 범위에서 보건복지부령으로 정하는 바에 따라 그 자격을 정지시킬 수 있다.

- 보육교사가 업무 수행 중 그 자격과 관련하여 고의나 중대한 과실로 손해를 입힌 경우
- 보수교육을 연속하여 3회 이상 받지 아니한 경우

보건복지부장관은 보육교사가 「도로교통법」에 따른 영유아의 하차 여부 확인에 관한 의무를 준수하지 아니하여 영유아가 사망하거나 신체에 보건복지부령으로 정하는 중상해를 입은 경우 2년 이내의 범위에서 보건복지부령으로 정하는 바에 따라 그 자격을 정지시킬 수 있다.

13) 어린이집의 원장 또는 보육교사의 자격취소

보건복지부장관은 어린이집의 원장 또는 보육교사가 다음의 어느 하나에 해당하면 그 자격을 취소할 수 있다.

- 거짓이나 그 밖의 부정한 방법으로 자격증을 취득한 경우
- 자격 취득자가 업무 수행 중 그 자격과 관련하여 고의나 중대한 과실로 손해를 입히고 금고 이상의 형을 선고받은 경우
- 「아동복지법」에 따른 아동학대관련범죄로 처벌을 받은 경우
- 명의대여 금지 등의 의무를 위반한 경우
- 자격정지처분기간 종료 후 3년 이내에 자격정지처분에 해당하는 행위를 한 경우
- 자격정지처분을 받고도 자격정지처분기간 이내에 자격증을 사용하여 자격 관련 업무를 수행한 경우
- 자격정지처분을 3회 이상 받은 경우
- "거짓이나 그 밖의 부정한 방법으로 보조금을 교부받거나 보조금을 유용한 경우"에 해당하여 금고 이상의 형을 선고받은 경우

보건복지부장관은 자격이 취소된 사람에게는 그 취소된 날부터 다음의 구분에 따라 자격을 재교부하지 못한다.

- 거짓이나 그 밖의 부정한 방법으로 자격증을 취득한 경우, 자격 취득자가 업무 수행 중 그 자격과 관련하여 고의나 중대한 과실로 손해를 입히고 금고 이상의 형을 선고받은 경우, 명의대여 금지 등의 의무를 위반한 경우, 자격정지처분기간 종료 후 3년 이내에 자격정지처분에 해당하는 행위를 한 경우, 자격정지처분을 받고도 자격정지처분기간 이내에 자격증을 사용하여 자격 관련 업무를 수행한 경우, 자격정지처분을 3회 이상 받은 경우, 거짓이나 그 밖의 부정한 방법으로 보조금을 교부받거나 보조금을 유용한 경우"에 해당하여 금고 이상의 형을 선고받은 경우: 2년
- 「아동복지법」에 따른 아동학대관련범죄로 처벌을 받은 경우: 10년(다만, 「아동복지

법」에 따른 아동학대관련범죄로 금고 이상의 실형을 선고받고 그 집행이 종료되거나 집행이 면제된 날부터 20년이 지나지 아니한 사람 또는 「아동복지법」에 따른 아동학대관련범죄로 금고 이상의 형의 집행유예가 확정된 날부터 20년이 지나지 아니한 사람에게는 자격을 재교부할 수 없다)

14) 청문

보건복지부장관, 시・도지사 및 시장・군수・구청장은 공공형 어린이집 지정 취소 및 "어린이집 폐쇄", "과징금 처분", "행정제재처분효과의 승계", 어린이집의 원장 및 보육교사의 자격정지와 취소의 행정처분을 하려면 청문을 하여야 한다.

15) 어린이집 정보의 공시

어린이집의 원장은 어린이집이 보유・관리하는 다음의 정보를 매년 1회 이상 공시하여야 한다. 이 경우 어린이집의 원장은 공시한 정보(공시정보)를 특별자치시장・특별자치도지사・시장・군수・구청장에게 제출하여야 하고 보건복지부장관은 공시정보와 관련된 자료의 제출을 요구할 수 있다.

- 어린이집의 시설, 설치・운영자, 보육교직원 등 기본현황
- 어린이집 보육과정에 관한 사항
- 수납하는 보육료와 그 밖의 필요경비에 관한 사항
- 어린이집 예산・결산 등 회계에 관한 사항
- 영유아의 건강・영양 및 안전관리에 관한 사항
- 그 밖에 보육여건 및 어린이집 운영에 관한 사항으로서 대통령령으로 정하는 사항

공시정보의 구체적인 범위와 공시의 횟수・시기 및 방법 등에 필요한 사항은 대통령령으로 정하며, 보건복지부장관은 공시에 필요한 양식을 마련・보급하고 공시정보를 수집 및 관리할 수 있다. 이 경우 보건복지부장관은 보육정책 수립, 학술연구 진흥, 통계 작성 등에 활용하기 위하여 공시정보를 연계・가공할 수 있다.

보건복지부장관, 시・도지사 또는 시장・군수・구청장은 어린이집의 원장이 해당 정보를 공시하지 아니하거나 게을리할 경우 이에 대한 시정을 권고하여야 한다.

어린이집의 원장은 어린이집을 홍보하거나 「표시・광고의 공정화에 관한 법률」에 따른 표시 또는 광고를 할 때에는 공시된 정보와 다르게 알려서는 아니 된다.

보건복지부장관, 시・도지사 또는 시장・군수・구청장은 공시정보 위반 여부를 확인할

필요가 있는 경우에는 해당 어린이집의 원장에게 관련 자료의 제출을 요청할 수 있다. 이 경우 요청을 받은 어린이집의 원장은 정당한 사유가 없는 한 관련 자료를 보건복지부장관, 시 · 도지사 또는 시장 · 군수 · 구청장에게 제출하여야 한다.

16) 위반사실의 공표

보건복지부장관, 시 · 도지사 또는 시장 · 군수 · 구청장은 "어린이집 폐쇄" 또는 "과징금의 처분"에 따른 행정처분을 받은 어린이집으로서 다음의 어느 하나의 경우에 해당하는 어린이집에 대하여 그 위반행위, 처분내용, 해당 어린이집의 명칭, 대표자의 성명, 어린이집 원장의 성명(대표자와 동일인이 아닌 경우만 해당) 및 그 밖에 다른 어린이집과의 구별에 필요한 사항으로서 대통령령으로 정하는 사항을 공표하여야 한다. 다만, "거짓이나 그 밖의 부정한 방법으로 보조금을 교부받거나 보조금을 유용한 경우" 및 "거짓이나 그 밖의 부정한 방법으로 "무상보육"에 따른 비용을 지원받은 경우, 거짓이나 그 밖의 부정한 방법으로 시 · 도지사가 정하는 범위에서 보육료와 그 밖의 필요 경비 등을 받은 경우, 목적 외 사용금지 규정을 위반하여 어린이집의 회계에 속하는 재산이나 수입을 보육 목적 외로 부정하게 사용한 경우"에는 보건복지부령으로 정하는 금액 이상인 경우에만 공표하여야 한다.

- 거짓이나 그 밖의 부정한 방법으로 보조금을 교부받거나 보조금을 유용한 경우
- 운영기준 및 보건복지부령으로 정한 급식기준을 위반하여 영유아의 생명을 해치거나 신체 또는 정신에 중대한 피해가 발생한 경우
- 거짓이나 그 밖의 부정한 방법으로 "무상보육"에 따른 비용을 지원받은 경우
- 거짓이나 그 밖의 부정한 방법으로 시 · 도지사가 정하는 범위에서 보육료와 그 밖의 필요경비 등을 받은 경우
- "목적 외 사용금지" 규정을 위반하여 어린이집의 회계에 속하는 재산이나 수입을 보육 목적 외로 부정하게 사용한 경우

보건복지부장관, 시 · 도지사 또는 시장 · 군수 · 구청장은 "어린이집의 폐쇄", "과징금의 처분", "행정제재처분효과의 승계", "어린이집 원장 및 보육교사의 자격정지와 취소"의 행정처분을 받은 사람으로서 「아동복지법」 따른 아동학대 행위를 하여 영유아의 생명을 해치거나 신체 또는 정신에 중대한 피해를 입힌 어린이집의 원장 및 보육교사에 대하여 법 위반 이력과 명단, 그 밖에 대통령령으로 정하는 사항을 공표하여야 하며, 공표를 실

시하기 전에 공표대상자에게 그 사실을 통지하여 소명자료를 제출하거나 출석하여 의견 진술을 할 수 있는 기회를 부여하여야 한다.

공표의 절차 · 방법, 그 밖에 필요한 사항은 대통령령으로 정한다.

8. 보 칙

1) 경력의 인정

어린이집에 근무하는 자 중 「유아교육법」에 따른 유치원교원의 자격을 가진 자에 대하여는 어린이집에서의 근무경력을 「유아교육법」에 따른 교육경력으로 인정한다.

유치원(「유아교육법」에 따른 방과후 과정 수업과정을 운영하고 있는 유치원)에 근무하는 자 중 이 법에 따른 보육교사의 자격을 가진 자에 대하여는 유치원에서의 근무경력을 이 법에 따른 보육경력으로 인정한다.

2) 권한의 위임

이 법에 따른 보건복지부장관 또는 시 · 도지사의 권한은 대통령령으로 정하는 바에 따라 그 일부를 시 · 도지사 또는 시장 · 군수 · 구청장에게 위임할 수 있다.

3) 업무의 위탁

보건복지부장관, 시 · 도지사 또는 시장 · 군수 · 구청장은 대통령령으로 정하는 바에 따라 다음에 해당하는 업무를 공공기관 또는 민간기관 · 단체 등에 위탁할 수 있다. 이 경우 "육아종합지원센터의 운영업무" 및 "평가 및 확인점검에 관한 업무"는 한국보육진흥원에 위탁할 수 있다.

- 육아종합지원센터의 운영업무
- 보육정보시스템의 구축 · 운영에 관한 업무
- 어린이집의 원장 또는 보육교사의 자격 검정 및 보육자격증 교부등에 관한 업무
- 보수교육의 실시 업무
- 평가 및 확인점검에 관한 업무
- 이용권에 관한 업무

보건복지부장관, 시 · 도지사 또는 시장 · 군수 · 구청장은 업무를 위탁한 경우에는 예산의 범위에서 그에 필요한 비용을 보조할 수 있으며, 다음의 어느 하나에 해당하는 경우에는 위탁을 취소할 수 있다.

- 수탁기관이 지급받은 보조금을 목적 외의 용도에 사용하였을 경우
- 수탁기관이 거짓이나 그 밖의 부정한 방법으로 보조금을 지급받았을 경우
- 그 밖에 대통령령으로 정하는 사유가 있는 경우

4) 관계 기관 간 업무협조

특별자치시장 · 특별자치도지사 · 시장 · 군수 · 구청장은 "어린이집을 설치 · 운영자의 결격사유" 또는 "어린이집 근무자의 결격사유"에 따른 결격사유의 확인을 위하여 관계 기관의 장에게 범죄경력자료 등에 대한 조회요청을 할 수 있다.

보건복지부장관(보건복지부장관의 권한을 위탁받은 자 포함)은 "어린이집의 원장 또는 보육교사의 자격을 검정 · 자격증 교부" 및 "어린이집의 보육환경, 보육과정 운영, 보육인력의 전문성 및 이용자 만족도 등에 대하여 정기적 평가" 업무를 수행하기 위하여 국가기관, 지방자치단체, 「공공기관의 운영에 관한 법률」에 따른 공공기관 등 관계 기관의 장에게 필요한 정보 및 자료를 요청할 수 있으며, 요청을 받은 관계 기관의 장은 정당한 사유 없이 이를 거부하여서는 아니 된다.

5) 도서 · 벽지 · 농어촌지역 등의 어린이집

특별자치시장 · 특별자치도지사 · 시장 · 군수 · 구청장은 도서 · 벽지 · 농어촌지역 등에 있는 어린이집으로서 어린이집의 설치기준 및 보육교직원의 배치기준을 적용하기 어렵다고 인정하는 경우에는 지방보육정책위원회의 심의를 거쳐 관할 시 · 도지사의 승인을 받아 이를 달리 적용할 수 있다.

위 조항에 따른 도서 · 벽지 · 농어촌지역 등의 구체적인 범위, 어린이집의 설치기준 및 보육교직원의 배치기준은 보건복지부령으로 정한다.

6) 어린이집연합회

보육사업의 원활한 추진과 어린이집의 균형적인 발전, 어린이집 간의 정보 교류 및 상호 협조 증진을 위하여 어린이집연합회를 설립할 수 있으며, 어린이집연합회의 조직과 운영, 기능 등에 필요한 사항은 보건복지부령으로 정한다.

9. 벌 칙

1) 벌칙

3년 이하의 징역 또는 3천만원 이하의 벌금	• 거짓이나 그 밖의 부정한 방법으로 보조금을 교부받거나 보조금을 유용한 자 • 폐쇄회로 텔레비전의 설치 목적과 다른 목적으로 폐쇄회로 텔레비전을 임의로 조작하거나 다른 곳을 비추는 행위를 한 자 • 녹음기능을 사용하거나 보건복지부령으로 정하는 저장장치 이외의 장치 또는 기기에 영상정보를 저장한 자
2년 이하의 징역 또는 2천만원 이하의 벌금	• 안전성 확보에 필요한 조치를 하지 아니하여 영상정보를 분실 · 도난 · 유출 · 변조 또는 훼손당한 자
1년 이하의 징역 또는 1천만원 이하의 벌금	• 설치인가를 받지 아니하고 어린이집의 명칭을 사용하거나 사실상 어린이집의 형태로 운영한 자 • 거짓이나 그 밖의 부정한 방법으로 제13조제1항에 따른 어린이집의 설치인가 또는 변경인가를 받은 자 • 자기의 성명이나 어린이집의 명칭을 사용하여 어린이집의 원장 또는 보육교사의 업무를 수행하게 한 자 및 그 상대방 • 다른 사람에게 자격증을 빌려주거나 빌린 자 • 자격증을 빌려주거나 빌리는 것을 알선한 자 • 거짓이나 그 밖의 부정한 방법으로 제34조 및 제34조의2에 따른 비용을 지원받거나 타인으로 하여금 지원을 받게 한 자 • 보육서비스 이용권을 부정사용한 자 • 거짓이나 그 밖의 부정한 방법으로 제38조제1항에 따른 보육료와 그 밖의 필요경비 등을 받은 어린이집의 설치 · 운영자 • 어린이집의 회계에 속하는 재산이나 수입을 보육 목적 외로 부정하게 사용한 자 • 어린이집 운영정지명령 또는 어린이집의 폐쇄명령을 위반하여 사업을 계속한 자

2) 양벌규정

법인의 대표자나 법인 또는 개인의 대리인, 사용인, 그 밖의 종업원이 그 법인 또는 개인의 업무에 관하여 "벌칙" 조항의 위반행위를 하면 그 행위자를 벌하는 외에 그 법인 또는 개인에게도 해당 조문의 벌금형을 과(科)한다. 다만, 법인 또는 개인이 그 위반행위를 방지하기 위하여 해당 업무에 관하여 상당한 주의와 감독을 게을리하지 아니한 경우에는 그러하지 아니하다.

3) 과태료

500만원 이하의 과태료	• 신고를 하지 아니하고 어린이집을 폐지하거나 일정기간 운영을 중단하거나 운영을 재개한 자
300만원 이하의 과태료	• 취약보육을 우선적으로 실시하지 아니한 자 • 28조 1항 각호[8]에 해당하는 자를 우선적으로 보육하지 아니한 자 • 건강진단 또는 응급조치 등을 이행하지 아니한 자. 다만, 영유아 건강진단의 경우 영유아의 보호자에게 3회 이상 영유아 건강검진을 안내하고 검진결과 통보서 제출을 요구한 경우는 제외 • 폐쇄회로 텔레비전을 설치하지 아니하거나 설치 · 관리의무를 위반한 자 • 영상정보의 열람요청에 응하지 아니한 자[9]

위 조항에 따른 과태료는 대통령령으로 정하는 바에 따라 보건복지부장관, 시 · 도지사 또는 시장 · 군수 · 구청장이 부과 · 징수한다.

---

8) 1. 「국민기초생활 보장법」에 따른 수급자
2. 「한부모가족지원법」 제5조에 따른 보호대상자의 자녀
3. 「국민기초생활 보장법」 제24조에 따른 차상위계층의 자녀
4. 「장애인복지법」 제2조에 따른 장애인 중 보건복지부령으로 정하는 장애 정도에 해당하는 자의 자녀
4의2. 「장애인복지법」 제2조에 따른 장애인 중 보건복지부령으로 정하는 장애 정도에 해당하는 자가 형제자매인 영유아
5. 「다문화가족지원법」 제2조제1호에 따른 다문화가족의 자녀
6. 「국가유공자 등 예우 및 지원에 관한 법률」 제4조제1항에 따른 국가유공자 중 제3호의 전몰군경, 제4호 · 제6호 · 제12호 · 제15호 · 제17호의 상이자로서 보건복지부령으로 정하는 자, 제5호 · 제14호 · 제16호의 순직자의 자녀
7. 제1형 당뇨를 가진 경우로서 의학적 조치가 용이하고 일상생활이 가능하여 보육에 지장이 없는 영유아
8. 그 밖에 소득수준 및 보육수요 등을 고려하여 보건복지부령으로 정하는 자의 자녀

9) 제15조의5(영상정보의 열람금지 등) ① 폐쇄회로 텔레비전을 설치 · 관리하는 자는 다음 각 호의 어느 하나에 해당하는 경우를 제외하고는 제15조의4제1항의 영상정보를 열람하게 하여서는 아니 된다. 〈개정 2021. 6. 8.〉
1. 보호자가 자녀 또는 보호아동의 안전을 확인할 목적으로 열람시기 · 절차 및 방법 등 보건복지부령으로 정하는 바에 따라 영상정보의 원본 또는 사본 등을 요청하는 경우
2. 「개인정보 보호법」 제2조제6호가목에 따른 공공기관이 제42조 또는 「아동복지법」 제66조 등 법령에서 정하는 영유아의 안전업무 수행을 위하여 요청하는 경우
3. 범죄의 수사와 공소의 제기 및 유지, 법원의 재판업무 수행을 위하여 필요한 경우
4. 그 밖에 보육관련 안전업무를 수행하는 기관으로서 보건복지부령으로 정하는 자가 업무의 수행을 위하여 열람시기 · 절차 및 방법 등 보건복지부령으로 정하는 바에 따라 요청하는 경우

16
chapter

입양특례법

1. 총 칙

1) 목적

이 법은 요보호아동의 입양(入養)에 관한 요건 및 절차 등에 대한 특례와 지원에 필요한 사항을 정함으로써 양자(養子)가 되는 아동의 권익과 복지를 증진하는 것을 목적으로 한다.

2) 정의

이 법에서 사용하는 용어의 뜻은 다음과 같다.

- 아동: 18세 미만인 사람
- 요보호아동: 「아동복지법」에 따른 보호대상아동
- 입양아동: 이 법에 따라 입양된 아동
- 부양의무자: 「국민기초생활 보장법」에 따른 부양의무자

3) 국가의 책무

- 모든 아동은 그가 태어난 가정에서 건강하게 자라야 한다.
- 국가와 지방자치단체는 아동이 그가 태어난 가정에서 건강하게 자랄 수 있도록 지원하고 태어난 가정에서 자라기 곤란한 아동에게는 건강하게 자랄 수 있는 다른 가정

을 제공하기 위하여 필요한 조치와 지원을 하여야 한다.

- 모든 국민은 입양아동이 건강하게 자랄 수 있도록 협력하여야 한다.
- 국가와 지방자치단체는 건전한 입양문화를 조성하고 요보호아동의 국내입양을 활성화하며, 아동이 입양 후의 가정생활에 원만하게 적응할 수 있도록 하는 등 입양아동의 권익과 복지 증진을 위하여 다음의 사항을 실시하여야 한다.
  ㉠ 입양정책의 수립 및 시행
  ㉡ 입양에 관한 실태조사 및 연구
  ㉢ 입양 및 사후관리 절차의 구축 및 운영
  ㉣ 입양아동 및 입양가정에 대한 지원
  ㉤ 입양 후 원만한 적응을 위한 상담 및 사회복지서비스 제공
  ㉥ 입양에 대한 교육 및 홍보
  ㉦ 그 밖에 보건복지부령으로 정하는 필요한 사항

4) 입양의 원칙

이 법에 따른 입양은 아동의 이익이 최우선이 되도록 하여야 한다.

5) 입양의 날

건전한 입양문화의 정착과 국내입양의 활성화를 위하여 5월 11일을 입양의 날로 하고, 입양의 날부터 1주일을 입양주간으로 하며, 국가와 지방자치단체는 입양의 날 취지에 적합한 행사 등 사업을 실시하도록 노력하여야 한다.

6) 정보시스템 구축 · 운영

국가는 입양아동 등에 대한 사후서비스 제공과 국내입양 활성화에 필요한 정보를 입양기관 등에 제공하기 위하여 정보시스템을 구축 · 운영하여야 하며, 정보시스템은 법인이나 단체에 그 업무의 전부 또는 일부를 위탁하여 운영할 수 있다.

7) 국내입양 우선 추진

국가 및 지방자치단체는 입양의뢰 된 아동의 양친(養親)될 사람을 국내에서 찾기 위한 시책을 최우선적으로 시행하여야 한다.

입양기관의 장은 보건복지부령으로 정하는 바에 따라 입양의뢰된 아동의 양친을 국내에서 찾기 위한 조치를 취하고, 그 결과를 보건복지부장관에게 보고하여야 한다.

입양기관의 장은 국내입양을 위한 조치에도 불구하고 양친을 찾지 못한 경우 「아동복지법」에 따른 아동통합정보시스템을 활용한 관련 기관과의 정보공유를 통하여 국내입양을 추진하여야 한다.

입양기관의 장은 보건복지부령으로 정하는 바에 따라 입양의뢰된 아동의 양친을 국내에서 찾기 위한 조치를 취하고, 그 결과를 보건복지부장관에게 보고하여야 한다.

입양기관의 장은 국내입양을 최우선적으로 시행했음에도 불구하고 국내에서 양친이 되려는 사람을 찾지 못하였을 경우에 한하여 국외입양을 추진할 수 있다.

8) 국외입양의 감축

국가는 아동에 대한 보호의무와 책임을 이행하기 위하여 국외입양을 줄여 나가기 위하여 노력하여야 한다.

2. 입양의 요건 및 효력

1) 양자가 될 자격

이 법에 따라 양자가 될 사람은 요보호아동으로서 다음의 어느 하나에 해당하는 사람이어야 한다.

- 보호자로부터 이탈된 사람으로서 특별시장 · 광역시장 · 특별자치시장 · 도지사 및 특별자치도지사 또는 시장 · 군수 · 구청장이 부양의무자를 확인할 수 없어 「국민기초생활보장법」에 따른 보장시설에 보호의뢰한 사람
- 부모(부모가 사망이나 그 밖의 사유로 동의할 수 없는 경우에는 다른 직계존속 또는 후견인이 입양에 동의하여 보장시설 또는 입양기관에 보호의뢰한 사람
- 법원에 의하여 친권상실의 선고를 받은 사람의 자녀로서 시 · 도지사 또는 시장 · 군수 · 구청장이 보장시설에 보호의뢰한 사람
- 그 밖에 부양의무자를 알 수 없는 경우로서 시 · 도지사 또는 시장 · 군수 · 구청장이 보장시설에 보호의뢰한 사람

2) 양친이 될 자격

이 법에 따라 양친이 될 사람은 다음의 요건을 모두 갖추어야 한다.

- 양자를 부양하기에 충분한 재산이 있을 것
- 양자에 대하여 종교의 자유를 인정하고 사회의 구성원으로서 그에 상응하는 양육과 교육을 할 수 있을 것
- 양친이 될 사람이 아동학대 · 가정폭력 · 성폭력 · 마약 등의 범죄나 알코올 등 약물중독의 경력이 없을 것
- 양친이 될 사람이 대한민국 국민이 아닌 경우 해당 국가의 법에 따라 양친이 될 수 있는 자격이 있을 것
- 그 밖에 양자가 될 사람의 복지를 위하여 보건복지부령으로 정하는 필요한 요건을 갖출 것

양친이 될 사람은 양자가 될 아동이 복리에 반하는 직업이나 그 밖에 인권침해의 우려가 있는 직업에 종사하지 아니하도록 하여야 하며, 양친이 되려는 사람은 입양의 성립 전에 입양기관 등으로부터 보건복지부령으로 정하는 소정의 교육을 마쳐야 한다.

3) 가정법원의 허가

"양자가 될 자격"을 갖춘 아동을 입양하려는 경우에는 다음의 서류를 갖추어 가정법원의 허가를 받아야 하며, 가정법원의 입양 허가에 필요한 서류는 대통령령으로 정하는 기관이 서류의 작성에 필요한 사항을 조사 · 확인한 후 이를 발급하되, 서류의 작성 등에 필요한 사항은 보건복지부령으로 정한다.

- 양자가 될 아동의 출생신고 증빙 서류
- "양자가 될 자격" 및 "양친이 될 자격"을 구비하였다는 서류
- 입양동의 서류
- 그 밖에 아동의 복리를 위하여 보건복지부령으로 정하는 서류

가정법원은 양자가 될 사람의 복리를 위하여 양친이 될 사람의 입양의 동기와 양육능력, 그 밖의 사정을 고려하여 허가를 하지 아니할 수 있다. 또한 허가신청 절차, 심리 및 허가 등에 필요한 사항은 대법원규칙으로 정한다.

4) 입양의 동의

"양자가 될 자격"에 해당하는 아동을 양자로 하려면 친생부모의 동의를 받아야 한다. 다만, 다음의 어느 하나에 해당하는 경우에는 그러하지 아니한다.

- 친생부모가 친권상실의 선고를 받은 경우
- 친생부모의 소재불명 등의 사유로 동의를 받을 수 없는 경우

친생부모가 "친생부모가 친권상실의 선고를 받은 경우, 친생부모의 소재불명 등의 사유로 동의를 받을 수 없는" 사유로 인하여 입양의 동의를 할 수 없는 경우에는 후견인의 동의를 받아야 한다.

"친생부모의 소재불명 등의 사유로 동의를 받을 수 없는 경우"에 해당하는 아동을 양자로 하고자 할 경우에는 보호의뢰 시의 입양동의로써 입양의 동의를 갈음할 수 있다.

13세 이상인 아동을 입양하고자 할 때에는 동의권자의 동의 외에 입양될 아동의 동의를 받아야 한다.

규정에 따른 동의는 가정법원의 허가가 있기 전에는 철회할 수 있으며, 규정에 따른 입양의 동의 또는 입양동의의 철회는 서면으로 하며, 동의에 필요한 사항은 보건복지부령으로 정한다.

5) 입양동의의 요건

- 입양의 동의는 아동의 출생일부터 1주일이 지난 후에 이루어져야 한다.
- 입양동의의 대가로 금전 또는 재산상의 이익, 그 밖의 반대급부를 주고받거나 주고받을 것을 약속하여서는 아니 된다.
- 입양기관은 입양동의 전에 친생부모에게 아동을 직접 양육할 경우 지원받을 수 있는 사항 및 입양의 법률적 효력 등에 관한 충분한 상담을 제공하여야 하며, 상담내용 등에 대하여는 보건복지부령으로 정한다.
- 입양기관은 입양동의 전에 입양될 아동에게 입양동의의 효과 등에 관한 충분한 상담을 제공하여야 하며, 상담내용 등에 대하여는 보건복지부령으로 정한다.

6) 입양의 효과

이 법에 따라 입양된 아동은 「민법」상 친양자와 동일한 지위를 가진다.

7) 입양의 효력발생

이 법에 따른 입양은 가정법원의 인용심판 확정으로 효력이 발생하고, 양친 또는 양자는 가정법원의 허가서를 첨부하여 「가족관계의 등록 등에 관한 법률」에서 정하는 바에 따라 신고하여야 한다.

8) 입양의 취소

입양아동의 친생의 부 또는 모는 자신에게 책임이 없는 사유로 인하여 입양의 동의를 할 수 없었던 경우에는 입양의 사실을 안 날부터 6개월 안에 가정법원에 입양의 취소를 청구할 수 있으며, 가정법원은 입양의 취소 청구에 대한 판결이 확정되거나 심판의 효력이 발생한 때에는 지체 없이 그 뜻을 가정법원 소재지 지방자치단체에 통보한다.

9) 파양

양친, 양자, 검사는 다음의 어느 하나의 사유가 있는 경우에는 가정법원에 파양을 청구할 수 있다.

- 양친이 양자를 학대 또는 유기하거나 그 밖에 양자의 복리를 현저히 해하는 경우
- 양자의 양친에 대한 패륜행위로 인하여 양자관계를 유지시킬 수 없게 된 경우

가정법원은 파양이 청구된 아동이 13세 이상인 경우 입양아동의 의견을 청취하고 그 의견을 존중하여야 하며, 가정법원은 파양의 청구에 대한 판결이 확정되거나 심판의 효력이 발생한 때에는 지체 없이 그 뜻을 가정법원 소재지 지방자치단체에 통보한다.

10) 국내에서의 국외입양

국내에서 다음의 어느 하나에 해당하는 사람을 양자로 하려는 외국인은 후견인과 함께 양자로 할 사람의 등록기준지 또는 주소지를 관할하는 가정법원에 보건복지부령으로 정하는 바에 따라 다음 각 호의 서류를 첨부하여 입양허가를 신청하여야 한다.

- 양자가 될 아동의 출생신고 증빙 서류
- 양자가 될 사람이 자격을 구비하였다는 서류
- 양친이 될 사람의 가정상황에 관한 서류
- 입양동의 서류

11) 외국에서의 국외입양

외국인으로부터 입양알선을 의뢰받은 입양기관의 장은 입양알선을 하려면 보건복지부장관이 발행한 해외이주허가서를 첨부하여 가정법원에 입양허가를 신청하여야 한다.

국외에 거주하는 외국인이 국내에 거주하는 아동을 입양하기 위하여는 입양기관을 통하여 입양절차를 진행하여야 한다.

양자가 될 사람이 해외이주허가를 받고 출국하여 그 국가의 국적을 취득하였을 때에는 입양기관의 장은 보건복지부령으로 정하는 바에 따라 지체 없이 그 사실을 법무부장관에게 보고하고, 법무부장관은 직권으로 그의 대한민국 국적을 말소할 것을 등록기준지 관할 가족관계등록관서에 통지하여야 한다.

입양허가 신청을 받은 보건복지부장관은 다음의 어느 하나에 해당하는 경우에는 해외이주허가서를 발행하지 아니할 수 있다

- 양자가 될 사람이 미아이거나 그 밖에 보건복지부령으로 정하는 사람인 경우
- 입양기관의 장이 입양을 원하는 외국인의 국가나 그 국가의 공인받은 입양기관과 입양업무에 관한 협약을 체결하지 아니한 경우
- 입양을 원하는 외국인의 국가가 대한민국과 전쟁상태 또는 적대적인 상태에 있는 국가인 경우

3. 입양기관

1) 입양기관

입양기관을 운영하려는 자는 「사회복지사업법」에 따른 사회복지법인으로서 보건복지부장관의 허가를 받아야 한다. 다만, 국내입양만을 알선하려는 자는 시·도지사의 허가를 받아야 하며, 허가받은 사항 중 대통령령으로 정하는 중요한 사항을 변경하려고 하는 경우에는 신고하여야 한다.

보건복지부장관 및 시·도지사는 허가받은 사항 중 변경신고를 받은 경우 그 내용을 검토하여 이 법에 적합하면 변경신고를 수리하여야 하며, 외국인은 입양기관의 장이 될 수 없다.

입양기관의 장과 그 종사자는 입양아동의 인권을 보호하고 건전한 입양문화를 정착시

키기 위하여 정기적으로 보건복지부령으로 정하는 보수교육을 받아야 한다.

입양기관의 시설 및 종사자의 기준과 허가 및 변경신고 등에 필요한 사항은 보건복지부령으로 정한다.

2) 입양기관의 의무

입양기관의 장은 입양의뢰된 사람의 권익을 보호하고, 부모를 알 수 없는 경우에는 부모 등 직계존속을 찾기 위하여 노력을 다하여야 한다.

입양기관의 장은 입양을 알선할 때 그 양친이 될 사람에 대하여 "양친이 될 자격"에서 정한 사실을 조사하여야 한다.

입양기관의 장은 양친이 될 사람에게 입양 전에 아동양육에 관한 교육을 하여야 하며, 입양이 성립된 후에는 보건복지부령으로 정하는 바에 따라 입양아동과 그에 관한 기록 등을 양친 또는 양친이 될 사람에게 건네주고, 그 결과를 특별자치시장 · 특별자치도지사 · 시장 · 군수 · 구청장에게 보고하여야 한다.

입양기관의 장은 입양업무의 효율 및 입양기관 간의 협력체계 구축을 위하여 입양아동과 가족에 관한 정보를 보건복지부령으로 정하는 바에 따라 「아동복지법」에 따른 아동권리보장원에 제공하여야 한다.

입양기관의 장은 입양업무에 관한 사항을 보건복지부령으로 정하는 바에 따라 기록하여야 한다. 이 경우 입양기록은 전자문서로서 기록할 수 있으며, 입양업무에 관한 기록은 입양아동에 대한 사후관리를 위하여 영구보존하여야 하다.

입양아동과 가족에 관한 정보의 범위 및 내용과 입양업무에 따른 입양기록 및 전자기록의 보존 등에 필요한 사항은 보건복지부령으로 정한다.

3) 입양기관의 장의 후견직무

입양기관의 장은 입양을 알선하기 위하여 보장시설의 장, 부모 등으로부터 양자될 아동을 인도받았을 때에는 그 인도받은 날부터 입양이 완료될 때까지 그 아동의 후견인이 된다. 다만, 양자가 될 아동에 대하여 법원이 이미 후견인을 둔 경우에는 그러하지 아니하다.

양자로 될 아동을 인도한 친권자의 친권행사는 정지된다. 다만, 친권자가 입양의 동의를 철회한 때에는 다시 친권을 행사할 수 있다.

4) 가족관계 등록 창설

입양기관의 장은 양자가 될 아동을 가족관계등록이 되어 있지 아니한 상태에서 인계받았을 때에는 그 아동에 대한 가족관계 등록 창설 절차를 거친다.

5) 입양알선이 곤란한 사람 등의 보호

입양기관의 장은 다음의 어느 하나에 해당하는 사람이 있는 경우에는 시·도지사 또는 시장·군수·구청장에게 이를 보고하여야 하며, 보고를 받은 사람에 대하여 「아동복지법」에 따른 보호조치를 지체 없이 하여야 한다.

- 보호의뢰된 사람으로서 입양알선이 곤란한 사람
- 이 법에 따른 입양이 취소되거나 파양을 선고받은 사람으로서 보호자가 입양기관에 보호를 요청한 사람

6) 사후서비스 제공

입양기관의 장은 입양이 성립된 후 1년 동안 양친과 양자의 상호적응을 위하여 다음의 사후관리를 하여야 한다. 국외입양 사후관리에 관한 내용, 방법 등 구체적 사항은 대통령령으로 정한다.

- 양친과 양자의 상호적응상태에 관한 관찰 및 이에 필요한 서비스
- 입양가정에서의 아동양육에 필요한 정보의 제공
- 입양가정이 수시로 상담할 수 있는 창구의 개설 및 상담요원의 배치

입양기관의 장은 해당 국가의 협력기관을 통하여 입양아동이 입양된 국가의 국적을 취득하였는지를 확인하고 그 결과를 아동권리보장원의 원장을 통하여 보건복지부장관에게 보고하여야 한다.

입양기관의 장은 국외로 입양된 아동을 위하여 모국방문사업 등 대통령령으로 정하는 사업을 실시하여야 한다.

7) 관계 기관 등에 대한 협조 요청

아동권리보장원 원장은 업무수행을 위하여 필요한 경우 공공기관, 입양기관 등에 대하여 자료를 제출하도록 요청할 수 있다. 이 경우 그 요청을 받은 기관은 특별한 사유가 없으면 그에 따라야 하며, 아동권리보장원에 제공된 자료는 「아동복지법」에서 정한 업무

수행을 위한 목적 외에는 사용할 수 없다.

4. 입양아동 등에 대한 복지 지원

1) 아동의 인도

입양기관 또는 부모는 법원의 입양허가 결정 후 입양될 아동을 양친이 될 사람에게 인도하며, 국외입양의 경우 아동의 인도는 보건복지부령으로 정하는 특별한 사정이 없으면 대한민국에서 이루어져야 한다.

2) 비용의 수납 및 보조

입양기관은 대통령령으로 정하는 바에 따라 양친이 될 사람으로부터 입양 알선에 실제로 드는 비용의 일부를 받을 수 있으며, 국가와 지방자치단체는 양친이 될 사람에게 입양 알선에 실제로 드는 비용의 전부 또는 일부를 보조할 수 있다.

3) 요보호아동의 발생예방

국가와 지방자치단체는 아동이 태어난 가정에서 양육될 수 있도록 요보호아동의 발생 예방에 필요한 시책을 강구하여야 한다.

4) 사회복지서비스

국가와 지방자치단체는 입양기관의 알선을 받아 아동을 입양한 가정에 대하여 입양아동을 건전하게 양육할 수 있도록 필요한 상담, 사회복지시설 이용 등의 사회복지서비스를 제공하여야 한다.

5) 양육보조금 등의 지급

국가와 지방자치단체는 입양기관의 알선을 받아 입양된 장애아동 등 입양아동이 건전하게 자랄 수 있도록 필요한 경우에는 대통령령으로 정하는 범위에서 양육수당, 의료비, 아동교육지원비, 그 밖의 필요한 양육보조금을 지급할 수 있다.

국가와 지방자치단체는 입양기관의 운영비와 「국민기초생활 보장법」에 따라 지급되는 수급품 외에 가정위탁보호비용을 보조할 수 있다.

양육보조금의 지급과 입양기관의 운영비 및 가정위탁보호비용의 보조에 필요한 사항은 대통령령으로 정한다.

5. 입양아동 등에 대한 정보의 공개

1) 입양정보의 공개

이 법에 따라 양자가 된 사람은 아동권리보장원 또는 입양기관이 보유하고 있는 자신과 관련된 입양정보의 공개를 청구할 수 있다. 다만, 이 법에 따라 양자가 된 사람이 미성년자인 경우에는 양친의 동의를 받아야 한다.

아동권리보장원 또는 입양기관의 장은 위 조항에 따른 요청이 있을 때 입양아동의 친생부모의 동의를 받아 정보를 공개하여야 한다.

다만, 친생부모가 정보의 공개에 동의하지 아니하는 경우에는 그 친생부모의 인적사항을 제외하고 정보를 공개하여야 하나, 친생부모가 사망이나 그 밖의 사유로 동의할 수 없는 경우에는 양자가 된 사람의 의료상 목적 등 특별한 사유가 있는 경우에는 친생부모의 동의 여부와 관계없이 입양정보를 공개할 수 있다.

위 규정에서 정한 정보공개의 청구대상이 되는 정보의 범위, 신청 방법과 절차, 그 밖에 필요한 사항은 대통령령으로 정한다.

2) 비밀유지의 의무

아동권리보장원 또는 입양기관에 종사하는 사람 또는 종사하였던 사람은 그 업무를 행하는 과정에서 알게 된 비밀을 누설하여서는 아니 된다. 다만, 입양정보를 공개하는 때에는 예외로 한다.

6. 지도 · 감독

1) 지도 · 감독

보건복지부장관, 시 · 도지사 또는 시장 · 군수 · 구청장은 입양기관을 운영하는 자에 대하여 소관 업무에 관하여 필요한 지도·감독을 하며, 필요한 경우 그 업무에 관하여 보고 또는 관계 서류의 제출을 명하거나 소속 공무원으로 하여금 입양기관의 사무소 또는 시설에 출입하여 검사하거나 질문하게 할 수 있으며, 검사나 질문을 하는 관계 공무원은 그 권한을 표시하는 증표를 지니고 이를 관계인에게 보여주어야 한다.

2) 허가의 취소

보건복지부장관 또는 시·도지사는 입양기관이 다음의 어느 하나에 해당할 때에는 6개월 이내의 기간을 정하여 업무정지를 명하거나 허가를 취소할 수 있다.

- 시설 및 종사자의 기준에 미치지 못하게 되었을 때
- 입양의뢰 된 사람의 권익을 해치는 행위를 하였을 때
- 정당한 사유 없이 보고를 하지 아니하거나 거짓으로 하였을 때 또는 조사를 거부·방해하거나 기피하였을 때
- 이 법 또는 이 법에 따른 명령을 위반하였을 때

위 조항에 따른 행정처분의 세부적인 기준은 그 행정처분의 사유와 위반의 정도 등을 고려하여 보건복지부령으로 정한다.

7. 보　칙

1) 청문

보건복지부장관 또는 시·도지사는 허가를 취소하려면 청문을 하여야 한다.

2) 권한의 위임

이 법에 따른 보건복지부장관 또는 시·도지사의 권한은 그 일부를 대통령령으로 정하는 바에 따라 시·도지사 또는 시장·군수·구청장에게 위임할 수 있다.

3) 「민법」과의 관계

입양에 관하여 이 법에 특별히 규정한 사항을 제외하고는 「민법」에서 정하는 바에 따른다.

8. 벌　칙

1) 벌　칙

3년 이하의 징역 또는 3천만원 이하의 벌금	• 법원의 허가를 받지 아니하고 입양을 행한 자 • 허가를 받지 아니하고 입양알선 업무를 행한 자 • 정당한 사유 없이 업무상 알게 된 비밀을 누설한 자
1년 이하의 징역 또는 1천만원 이하의 벌금	• 신고 없이 허가사항 중 중요 사항을 변경한 자

2) 양벌규정

법인의 대표자, 법인 또는 개인의 대리인, 사용인, 그 밖의 종사자가 그 법인 또는 개인의 업무에 관하여 "벌칙 조항"의 위반행위를 하면 행위자를 벌하는 외에 그 법인 또는 개인에게도 해당 조문의 벌금형을 과(科)한다. 다만, 법인 또는 개인이 그 위반행위를 방지하기 위하여 해당 업무에 관하여 상당한 주의와 감독을 게을리하지 아니한 경우에는 그러하지 아니한다.

17
chapter

청소년복지 지원법

1. 총 칙

1) 목적

이 법은 「청소년기본법」에 따라 청소년복지 향상에 관한 사항을 규정함을 목적으로 한다.

2) 정의

이 법에서 사용하는 용어의 뜻은 다음과 같다.

- "청소년"이란 「청소년기본법」에 해당하는 사람을 말한다.
- "청소년복지"란 「청소년기본법」에 따른 청소년복지를 말한다.
- "보호자"란 친권자, 법정대리인 또는 사실상 청소년을 양육하는 사람을 말한다.
- "위기청소년"이란 가정 문제가 있거나 학업 수행 또는 사회 적응에 어려움을 겪는 등 조화롭고 건강한 성장과 생활에 필요한 여건을 갖추지 못한 청소년을 말한다.
- "가정 밖 청소년"이란 가정 내 갈등 · 학대 · 폭력 · 방임, 가정해체, 가출 등의 사유로 보호자로부터 이탈된 청소년으로서 사회적 보호 및 지원이 필요한 청소년을 말한다.
- "청소년부모"란 자녀를 양육하는 부모가 모두 청소년인 사람을 말한다.

3) 실태조사

여성가족부장관은 청소년복지 향상을 위한 정책수립에 활용하기 위하여 3년마다 청소년의 의식 · 태도 · 생활 등에 관한 실태조사를 실시하고 그 결과를 공표하여야 하며, 실태조사에 필요한 경우에는 관계 중앙행정기관의 장, 지방자치단체의 장 또는 「공공기관의 운영에 관한 법률」에 따른 공공기관의 장, 그 밖의 관련 법인 · 단체의 장에게 필요한 자료 제출 또는 의견 진술을 요청할 수 있다. 이 경우 요청을 받은 자는 정당한 사유가 없으면 이에 협조하여야 한다. 실태조사의 대상, 방법, 절차 및 결과공표 등에 필요한 사항은 여성가족부령으로 정한다.

2. 청소년의 우대

1) 청소년의 우대

국가 또는 지방자치단체는 그가 운영하는 수송시설 · 문화시설 · 여가시설 등을 청소년이 이용하는 경우 그 이용료를 면제하거나 할인할 수 있고, 다음의 어느 하나에 해당하는 자가 청소년이 이용하는 시설을 운영하는 경우 청소년에게 그 시설의 이용료를 할인하여 주도록 권고할 수 있다.

- 국가 또는 지방자치단체의 재정적 보조를 받는 자
- 관계 법령에 따라 세제상의 혜택을 받는 자
- 국가 또는 지방자치단체로부터 위탁을 받아 업무를 수행하는 자

위 조항에 따라 이용료를 면제받거나 할인받으려는 청소년은 시설의 관리자에게 주민등록증, 학생증, 청소년증 등 나이를 확인할 수 있는 증표 또는 자료를 제시하여야 하며, 이용료를 면제받거나 할인받을 수 있는 시설의 종류 및 청소년의 나이 기준 등은 대통령령으로 정한다.

2) 청소년증

특별자치시장 · 특별자치도지사 또는 시장 · 군수 · 구청장은 9세 이상 18세 이하의 청소년에게 청소년증을 발급할 수 있으며, 청소년증은 다른 사람에게 양도하거나 빌려주어서

는 아니 되며, 누구든지 청소년증 외에 청소년증과 동일한 명칭 또는 표시의 증표를 제작·사용하여서는 아니 된다. 청소년증의 발급에 필요한 사항은 여성가족부령으로 정한다.

3. 청소년의 건강보장

1) 건강한 성장지원

국가 및 지방자치단체는 성별 특성을 고려하여 청소년의 건강 증진 및 체력 향상을 위한 질병 예방, 건강 교육 등의 필요한 시책을 수립하여야 하고, 보호자는 양육하는 청소년의 건강 증진 및 체력 향상에 노력하여야 하며, 관련 기관과 협의하여 성별 특성을 반영한 청소년의 건강·체력 기준을 설정하여 보급할 수 있다.

국가 및 지방자치단체는 여성청소년의 건강한 성장을 위하여 여성청소년이 생리용품을 신청하는 경우 이를 지원한다.

위 조항에 따른 시책의 마련, 건강·체력 기준의 설정·보급 및 생리용품 지원의 기준·범위, 방법, 신청 및 지급절차 등에 필요한 사항은 대통령령으로 정한다.

2) 체력검사와 건강진단

국가 및 지방자치단체는 청소년의 체력검사와 건강진단을 실시할 수 있으며, 체력검사 및 건강진단의 결과를 청소년 본인에게 알려주어야 한다.

국가 및 지방자치단체는 체력검사·건강진단의 실시와 그 결과 통보를 전문기관 또는 단체에 위탁할 수 있다.

체력검사·건강진단의 실시와 그 결과 통보에 필요한 사항은 여성가족부령으로 정한다.

3) 건강진단 결과의 분석

국가 및 지방자치단체는 건강진단 결과를 분석하여 청소년의 건강 증진을 위하여 필요한 시책을 수립·시행하여야 하며, 국가 및 지방자치단체는 건강진단 결과 분석을 전문기관에 의뢰할 수 있다.

4) 건강진단 결과의 공개 금지

건강진단을 실시한 국가·지방자치단체·전문기관 또는 단체에 근무하였거나 근무하는 사람은 시책을 수립하거나 시행하기 위하여 불가피한 경우를 제외하고는 건강진단 결과를 공개하여서는 아니 된다.

4. 지역사회 청소년통합지원체계

1) 지역사회 청소년통합지원체계의 구축 · 운영

지방자치단체의 장은 관할구역의 위기청소년을 조기에 발견하여 보호하고, 청소년복지 「청소년기본법」에 따른 청소년보호를 효율적으로 수행하기 위하여 지방자치단체, 공공기관, 「청소년기본법」에 따른 청소년단체 등이 협력하여 업무를 수행하는 지역사회 청소년통합지원체계(통합지원체계)를 구축 · 운영하여야 한다.

국가는 통합지원체계의 구축 · 운영을 지원하여야 하며, 통합지원체계에 반드시 포함되어야 하는 기관 또는 단체 등 통합지원체계의 구성 등에 필요한 사항은 대통령령으로 정한다.

2) 통합지원체계 전담기구

특별시 · 광역시 · 특별자치시 · 도 · 특별자치도 및 시 · 군 · 구는 통합지원체계에 관한 업무를 효율적으로 추진하기 위하여 통합지원체계 전담기구를 설치할 수 있으며, 통합지원체계 전담기구에 여성가족부령으로 정하는 바에 따라 전담공무원 및 민간 전문인력을 배치할 수 있다.

관계 행정기관, 「청소년 기본법」에 따른 청소년단체 및 청소년시설을 설치 · 운영하는 자는 전담공무원 및 민간 전문인력의 업무 수행에 협조하여야 한다.

통합지원체계 전담기구의 사무 범위, 조직 및 운영, 이에 따른 전담공무원의 임용 등에 필요한 사항은 해당 지방자치단체의 조례로 정한다.

3) 운영위원회

지방자치단체의 장은 통합지원체계의 원활한 운영을 위하여 필요하다고 인정하는 경우에는 특별지원 대상자의 선정 등 대통령령으로 정하는 청소년 지원에 관한 사항을 심의하는 지역사회 청소년통합지원체계 운영위원회를 둘 수 있다.

운영위원회는 통합지원체계를 구성하는 기관 · 단체의 장 또는 종사자와 그 밖에 청소년복지에 대하여 지식과 경험이 풍부한 사람으로 구성한다.

운영위원회의 구성, 위원의 위촉 및 회의 절차 등 운영위원회의 운영에 필요한 사항은 해당 지방자치단체의 규칙으로 정한다.

4) 청소년복지심의위원회

지방자치단체의 장은 통합지원체계의 원활한 운영을 위하여 필요하다고 인정하는 경우에는 위기청소년의 복지 및 보호와 관련된 정책 등 대통령령으로 정하는 사항을 심의하는 청소년복지심의위원회를 둘 수 있다.

심의위원회는 통합지원체계를 구성하는 기관 · 단체의 장 또는 종사자와 그 밖에 청소년복지에 대하여 지식과 경험이 풍부한 사람으로 구성하며, 심의위원회는 심의를 효율적으로 수행하기 위하여 필요하다고 인정하는 경우에는 실무위원회를 둘 수 있다.

위 조항의 규정에서 정한 사항 외에 심의위원회 및 실무위원회의 구성, 위원의 위촉 및 회의 절차 등 심의위원회 및 실무위원회의 운영에 필요한 사항은 해당 지방자치단체의 규칙으로 정한다.

5) 주민의 자원 활동 지원

국가 및 지방자치단체는 지역 주민들이 자발적으로 단체를 구성하여 위기청소년의 발견 · 보호 및 지원을 위한 활동을 하는 경우에는 그 단체의 활동을 지원할 수 있다.

6) 상담과 전화 설치

국가 및 지방자치단체는 모든 청소년이 필요한 사항에 관하여 전문가의 상담을 받을 수 있도록 하여야 하며, 상담을 위하여 전화를 설치 · 운영하거나 정보통신망을 운영하여야 하며, 전화의 설치 · 운영 및 정보통신망의 운영에 필요한 사항은 대통령령으로 정한다.

7) 위기청소년통합지원정보시스템의 구축 및 운영

여성가족부장관은 위기청소년 관련 정보의 효율적 처리, 정보 공유 및 기관 간 서비스 연계 등 통합지원체계를 효율적으로 운영하기 위하여 대통령령으로 정하는 바에 따라 위기청소년통합지원정보시스템을 구축 · 운영할 수 있으며, 통합정보시스템을 구축 · 운영하는 데 필요한 정보를 정보주체의 명시적 동의를 받아 수집 · 보유 · 이용 · 제공 · 연계할 수 있다.

여성가족부장관은 관계 중앙행정기관, 지방자치단체 및 관련 기관 · 단체(이하 "관계 중앙행정기관 등")에 통합정보시스템의 구축·운영에 필요한 자료·정보의 제공을 요청하고 제공받은 목적의 범위에서 이를 수집·보유·이용할 수 있다. 이 경우 자료·정보의 제공을 요청받은 관계 중앙행정기관 등은 정당한 사유가 없으면 이에 따라야 한다.

여성가족부장관은 위기청소년의 효과적인 보호와 지원을 위하여 정보를 처리하는 민간단체 및 기관과 필요한 정보연계를 위한 조치를 할 수 있다. 이 경우 정보연계 목적의 범위에서 해당 단체와 기관은 연계된 정보를 이용할 수 있다.

여성가족부장관은 통합정보시스템의 구축·운영의 전 과정에서 개인정보 보호를 위하여 필요한 시책을 마련하여야 하며, 통합정보시스템은 업무를 수행하기 위하여 「사회보장기본법」에 따른 사회보장정보시스템 등 관계 전산망을 연계하여 운영할 수 있다.

여성가족부장관은 한국청소년상담복지개발원에 통합정보시스템의 운영을 위탁할 수 있으며, 통합정보시스템의 자료 또는 정보를 취득하여 관리·이용하는 자는 그 직무상 알게 된 자료·정보를 목적 외로 사용하거나 제3자에게 제공·누설하여서는 아니 되며, 그 밖에 통합지원시스템의 구축과 운영에 필요한 사항은 대통령령으로 정한다.

5. 위기청소년 지원

1) 상담 및 교육

국가 및 지방자치단체는 위기청소년에게 효율적이고 적합한 지원을 하기 위하여 위기청소년의 가족 및 보호자에 대한 상담 및 교육을 실시할 수 있다.

위기청소년의 가족 및 보호자는 국가 및 지방자치단체가 상담 및 교육을 권고하는 경우에는 이에 협조하여 성실히 상담 및 교육을 받아야 한다.

국가 및 지방자치단체는 여성가족부령으로 정하는 일정 소득 이하의 가족 및 보호자가 상담 및 교육을 받은 경우에는 예산의 범위에서 여비 등 실비(實費)를 지급할 수 있다.

2) 위기청소년 특별지원

국가 및 지방자치단체는 대통령령으로 정하는 바에 따라 위기청소년에게 필요한 사회적·경제적 지원(이하 "특별지원")을 할 수 있다.

특별지원은 생활지원, 학업지원, 의료지원, 직업훈련지원, 청소년활동지원 등 대통령령으로 정하는 내용에 따라 물품 또는 서비스의 형태로 제공한다. 다만, 위기청소년의 지원에 반드시 필요하다고 인정되는 경우에는 금전의 형태로 제공할 수 있다.

특별지원 대상 청소년의 선정 기준, 범위 및 기간과 그 밖에 필요한 사항은 대통령령으로 정한다.

3) 특별지원의 신청 및 선정

다음의 어느 하나에 해당하는 사람은 위기청소년을 특별지원 대상 청소년으로 선정하여 줄 것을 특별자치시장·특별자치도지사 또는 시장·군수·구청장에게 신청할 수 있다. 이 경우 청소년 보호자 및 청소년지도자, 초·중등교원, 사회복지사, 청소년 업무 담당공무원은 해당 청소년의 동의를 받아야 한다.

- 청소년 본인 또는 그 보호자
- 「청소년기본법」에 따른 청소년지도자
- 「초·중등교육법」에 따른 교원
- 「사회복지사업법」에 따른 사회복지사
- 지방자치단체에서 청소년 업무를 담당하는 공무원

특별자치시장·특별자치도지사 또는 시장·군수·구청장은 특별지원의 신청을 받은 경우에는 심의위원회의 심의를 거쳐 선정 여부와 지원 내용 및 기간을 결정하여야 하며, 긴급하게 지원할 필요가 있다고 판단하는 경우 또는 심의위원회가 구성되지 아니한 경우에는 심의위원회의 심의를 거치지 아니하고 선정 여부와 지원 내용 및 기간의 결정을 할 수 있다.

4) 청소년 가출 예방 및 보호·지원

여성가족부장관 또는 지방자치단체의 장은 청소년의 가출을 예방하고 가출한 청소년의 가정·사회 복귀를 돕기 위하여 상담, 청소년쉼터의 설치·운영, 청소년쉼터 퇴소 청소년에 대한 사후지원 등 필요한 지원을 하여야 한다.

보호자는 청소년의 가출을 예방하기 위하여 노력하여야 하며, 가출한 청소년의 가정·사회 복귀를 위한 국가 및 지방자치단체 등의 노력에 적극 협조하여야 한다.

여성가족부장관 또는 지방자치단체의 장은 청소년 가출 예방 및 보호·지원에 관한 업무를 「청소년기본법」에 따른 청소년단체에 위탁할 수 있다.

5) 가정 밖 청소년에 대한 지원

여성가족부장관 또는 지방자치단체의 장은 가정 밖 청소년의 발생을 예방하기 위한 교육·홍보·연구·조사 등 각종 정책을 수립·시행하여야 한다.

국가 및 지방자치단체는 가정 밖 청소년의 가정·사회 복귀를 돕기 위하여 상담, 보호, 자립 지원, 사후관리 등 필요한 조치를 하여야 한다.

보호자는 가정 밖 청소년의 발생을 예방하기 위하여 노력하여야 하며, 가정 밖 청소년의 가정·사회 복귀를 위한 국가 및 지방자치단체 등의 노력에 적극 협조하여야 한다.

여성가족부장관 또는 지방자치단체의 장은 가정 밖 청소년 발생 예방 및 보호·지원에 관한 업무를 청소년단체에 위탁할 수 있다.

6) 이주배경청소년에 대한 지원

국가 및 지방자치단체는 다문화가족의 청소년, 국내로 이주하여 사회 적응 및 학업 수행에 어려움을 겪는 청소년의 사회 적응 및 학습능력 향상을 위하여 상담 및 교육 등 필요한 시책을 마련하고 시행하여야 한다.

6. 청소년부모 지원

1) 청소년부모에 대한 가족지원서비스

국가 및 지방자치단체는 청소년부모에게 다음의 가족지원서비스를 제공할 수 있다.

- 아동의 양육 및 교육 서비스
- 「지역보건법」에 따른 방문건강관리사업 서비스
- 교육·상담 등 가족 관계 증진 서비스
- 그 밖에 대통령령으로 정하는 청소년부모에 대한 가족지원 서비스

가족지원서비스 대상 청소년부모의 선정 기준, 범위 및 기간과 그 밖에 필요한 사항은 대통령령으로 정한다.

2) 청소년부모에 대한 복지지원

국가 및 지방자치단체는 청소년부모와 그 자녀에게 복지지원을 할 수 있으며, 복지지원은 생활지원, 의료지원, 주거지원, 청소년활동지원 등 대통령령으로 정하는 내용에 따라 물품 또는 서비스의 형태로 제공한다.

복지지원 대상 청소년부모의 선정 기준, 범위 및 기간과 그 밖에 필요한 사항은 대통령령으로 정한다.

3) 청소년부모에 대한 교육지원

국가 및 지방자치단체는 청소년부모가 학업을 할 수 있도록 청소년부모의 선택에 따라 다음의 어느 하나에 해당하는 지원을 할 수 있다.

- 「초·중등교육법」에 따른 학교에서의 학적 유지를 위한 지원 및 교육비 지원 또는 검정고시 지원
- 「평생교육법」에 따른 학력인정 평생교육시설에 대한 교육비 지원
- 「초·중등교육법」에 따른 교육 지원
- 그 밖에 청소년부모의 교육 지원을 위하여 여성가족부령으로 정하는 사항

국가 및 지방자치단체는 청소년부모의 학업과 양육의 병행을 위하여 그 자녀가 청소년부모가 속한 「고등교육법」에 따른 학교에 설치된 직장어린이집을 이용할 수 있도록 지원할 수 있으며, 여성가족부장관은 청소년부모가 학업을 계속할 수 있도록 교육부장관에게 협조를 요청하여야 하며, 교육지원 대상 청소년부모의 선정 기준, 범위 및 기간과 그 밖에 필요한 사항은 대통령령으로 정한다.

4) 청소년부모에 대한 직업체험 및 취업지원

국가 및 지방자치단체는 청소년부모가 자녀를 안정적으로 양육할 수 있는 환경을 조성하기 위하여 직업의 체험과 훈련을 할 수 있도록 직업적성 검사 및 진로상담프로그램, 직업체험 및 훈련프로그램, 직업소개 및 관리, 그 밖에 청소년부모의 직업체험 및 훈련에 필요한 사항 지원할 수 있다.

국가 및 지방자치단체는 청소년부모를 대상으로 취업 및 직무수행에 필요한 지식·기술 및 태도를 습득·향상시키기 위하여 직업교육 훈련을 실시할 수 있다.

7. 예방적 · 회복적 보호지원

1) 예방적 · 회복적 보호지원의 실시

특별자치시장 · 특별자치도지사 또는 시장 · 군수 · 구청장은 청소년의 비행 · 일탈을 예방하고 가정 · 학교 · 사회 생활에 복귀 및 적응하는 것을 돕기 위하여 다음의 어느 하나에 해당하는 청소년에 대하여 청소년 본인, 해당 청소년의 보호자 또는 청소년이 취학하고 있는 학교의 장의 신청에 따라 예방적 · 회복적 보호지원(보호지원)을 실시할 수 있다. 이 경우 해당 청소년의 보호자 또는 학교의 장이 보호지원을 신청하는 때에는 청소년 본인의 동의를 받아야 한다.

- 비행 · 일탈을 저지른 청소년
- 일상생활에 적응하지 못하여 가정 또는 학교 외부의 교육적 도움이 필요한 청소년

보호지원은 해당 청소년이 정상적인 가정 · 학교 · 사회 생활에 복귀 및 적응하는 데에 도움이 되는 방법으로서 상담 · 교육 · 자원봉사 · 수련 · 체육 · 단체활동 등 대통령령으로 정하는 방법에 따라 한다.

보호지원의 기간은 6개월 이내로 한다. 다만, 특별자치시장 · 특별자치도지사 또는 시장 · 군수 · 구청장은 보호지원의 결과를 검토하여 보호지원의 연장이 필요하다고 인정하는 경우 청소년 본인의 동의를 받아 6개월의 범위에서 한 번 연장할 수 있으며, 보호지원 대상자의 선정 기준 및 절차에 관한 사항은 여성가족부령으로 정한다.

2) 시설의 설치 · 운영

국가 및 지방자치단체는 보호지원에 필요한 시설의 설치 · 운영, 보호지원 프로그램의 개발 · 보급, 보호지원 활동에 대한 지원 및 지도자 교육 등 보호지원의 실효성을 확보하기 위한 노력을 하여야 한다.

3) 보호지원후견인

국가 및 지방자치단체(보호지원 업무를 위탁한 경우에는 그 보호지원 업무를 위탁받은 청소년단체)는 보호지원 대상 청소년을 개인별로 전담하여 지도하는 보호지원후견인을

지정할 수 있으며 보호지원후견인은 「청소년기본법」에 따른 청소년지도자 및 청소년지도위원 중에서 지정한다.

보호지원후견인의 임무 · 지정기준 등 세부적인 사항은 여성가족부령으로 정한다.

8. 청소년복지지원기관

1) 한국청소년상담복지개발원

국가는 청소년복지 관련 정책 수립을 지원하고 사업을 효율적이고 체계적으로 수행하기 위하여 한국청소년상담복지개발원(이하 "청소년상담원")을 설립하며, 청소년상담원은 다음의 업무를 수행한다.

- 청소년 상담 및 복지와 관련된 정책의 연구
- 청소년 상담 · 복지 사업의 개발 및 운영 · 지원
- 청소년 상담기법의 개발 및 상담자료의 제작 · 보급
- 청소년 상담 · 복지 인력의 양성 및 교육
- 청소년 상담 · 복지 관련 기관 간의 연계 및 지원
- 청소년상담복지센터, 청소년복지시설 및 「학교 밖 청소년 지원에 관한 법률」에 따른 학교 밖 청소년 지원센터에 대한 지도 및 지원
- 청소년 가족에 대한 상담 · 교육
- 통합정보시스템의 운영
- 국가가 설치하는 청소년치료재활센터 및 「청소년 보호법」에 따른 청소년 보호 · 재활센터의 유지 · 관리 및 운영
- 그 밖에 청소년상담원의 목적을 수행하기 위하여 필요한 부수사업

2) 청소년상담복지센터

특별시장 · 광역시장 · 특별자치시장 · 도지사 및 특별자치도지사 및 시장 · 군수 · 구청장은 청소년에 대한 상담 · 긴급구조 · 자활 · 의료지원 등의 업무를 수행하기 위하여 청소년상담복지센터를 설치 · 운영할 수 있으며, 설치된 청소년상담복지센터는 시 · 군 · 구의 청소년상담복지센터의 업무를 지도 · 지원하여야 한다.

시장 · 군수 · 구청장은 시 · 군 · 구에 설치하는 청소년상담복지센터를 「청소년활동 진흥

법」에 따라 시·군·구에 설치하는 지방청소년활동진흥센터와 통합하여 운영할 수 있고, 시·도지사 또는 시장·군수·구청장은 청소년상담복지센터를 청소년단체에 위탁하여 운영하도록 할 수 있다.

3) 이주배경청소년지원센터

여성가족부장관은 이주배경청소년 지원을 위한 이주배경청소년지원센터를 설치·운영할 수 있으며, 이주배경청소년지원센터의 설치·운영 등에 필요한 사항은 대통령령으로 정한다.

9. 청소년복지시설

1) 청소년복지시설의 종류

「청소년기본법」에 따른 청소년복지시설의 종류는 다음과 같다.

- 청소년쉼터: 가정 밖 청소년에 대하여 가정·학교·사회로 복귀하여 생활할 수 있도록 일정 기간 보호하면서 상담·주거·학업·자립 등을 지원하는 시설
- 청소년자립지원관: 일정 기간 청소년쉼터 또는 청소년회복지원시설의 지원을 받았는데도 가정·학교·사회로 복귀하여 생활할 수 없는 청소년에게 자립하여 생활할 수 있는 능력과 여건을 갖추도록 지원하는 시설
- 청소년치료재활센터: 학습·정서·행동상의 장애를 가진 청소년을 대상으로 정상적인 성장과 생활을 할 수 있도록 해당 청소년에게 적합한 치료·교육 및 재활을 종합적으로 지원하는 거주형 시설
- 청소년회복지원시설: 「소년법」에 따른 감호 위탁 처분을 받은 청소년에 대하여 보호자를 대신하여 그 청소년을 보호할 수 있는 자가 상담·주거·학업·자립 등 서비스를 제공하는 시설

2) 청소년복지시설의 설치

국가 또는 지방자치단체는 「청소년기본법」에 따라 청소년복지시설을 설치·운영하여야 하며, 국가 또는 지방자치단체 외의 자는 청소년복지시설을 설치·운영하려면 해당 시설

이 있는 지역을 관할하는 특별자치시장·특별자치도지사 또는 시장·군수·구청장에게 신고하여야 하며, 신고를 받은 날부터 여성가족부령으로 정하는 기간 내에 신고수리 여부를 신고인에게 통지하여야 한다.

특별자치시장·특별자치도지사 또는 시장·군수·구청장이 정한 기간 내에 신고수리 여부 또는 민원 처리 관련 법령에 따른 처리기간의 연장을 신고인에게 통지하지 아니하면 그 기간(민원 처리 관련 법령에 따라 처리기간이 연장 또는 재연장된 경우에는 해당 처리기간)이 끝난 날의 다음 날에 신고를 수리한 것으로 본다.

청소년복지시설을 설치·운영하는 자는 대통령령으로 정하는 바에 따라 청소년복지시설을 이용하는 청소년의 생명·신체에 손해가 발생하는 경우 이를 배상하기 위한 보험에 가입하여야 하며, 청소년복지시설의 설치·운영에 필요한 사항은 대통령령으로 정하고, 신고의 방법·절차에 관하여 필요한 사항은 여성가족부령으로 정한다.

3) 가출청소년의 청소년쉼터 계속 이용

청소년쉼터(가출청소년을 7일의 범위에서 일시적으로 보호하는 청소년쉼터는 제외)를 설치·운영하는 자는 해당 청소년쉼터에 입소한 가출청소년이 가정폭력, 친족에 의한 성폭력, 그 밖에 가정으로 복귀하여 생활하기 어려운 사유로서 대통령령으로 정하는 사유가 원인이 되어 가출한 경우에는 그 가출청소년 본인의 의사에 반하여 퇴소시켜서는 아니 된다. 다만, 해당 가출청소년이 다음의 어느 하나에 해당하는 경우에는 그러하지 아니하다.

- 거짓 또는 부정한 방법으로 청소년쉼터에 입소한 경우
- 청소년쉼터 안에서 현저한 질서문란 행위를 한 경우

4) 가정 밖 청소년의 청소년쉼터 계속 이용

청소년쉼터(가정 밖 청소년을 7일의 범위에서 일시적으로 보호하는 청소년쉼터 제외)를 설치·운영하는 자는 해당 청소년쉼터에 입소한 가정 밖 청소년이 가정폭력, 친족에 의한 성폭력, 그 밖에 가정으로 복귀하여 생활하기 어려운 사유로서 대통령령으로 정하는 사유가 원인이 되어 입소한 경우에는 그 가정 밖 청소년 본인의 의사에 반하여 퇴소시켜서는 아니 된다. 다만, 해당 가정 밖 청소년이 다음의 어느 하나에 해당하는 경우에는 그러하지 아니하다.

- 거짓 또는 부정한 방법으로 청소년쉼터에 입소한 경우
- 청소년쉼터 안에서 현저한 질서문란 행위를 한 경우

5) 휴업 · 폐업 등의 신고

국가 또는 지방자치단체 외의 자가 신고한 청소년복지시설을 휴업 또는 폐업하거나 그 운영을 재개(再開)하려면 여성가족부령으로 정하는 바에 따라 미리 관할 특별자치시장 · 특별자치도지사 또는 시장 · 군수 · 구청장에게 신고하여야 한다. 이 경우 휴업신고 또는 폐업신고를 받은 특별자치시장 · 특별자치도지사 또는 시장 · 군수 · 구청장은 그 내용을 검토하여 이 법에 적합하면 신고를 수리하여야 한다.

6) 청소년복지시설의 종사자

청소년복지시설에는 각 시설의 사업 수행 및 운영에 필요한 종사자를 두어야 하며, 여성가족부장관 또는 지방자치단체의 장은 청소년복지시설 종사자를 양성하고 전문성을 높이기 위한 교육 · 훈련을 실시하여야 하며, 청소년복지시설 종사자의 자격 및 배치기준, 교육 · 훈련 등에 필요한 사항은 여성가족부령으로 정한다.

7) 시설개선, 사업정지, 폐쇄

특별자치시장 · 특별자치도지사 또는 시장 · 군수 · 구청장은 국가 또는 지방자치단체 외의 자가 신고한 청소년복지시설이 다음의 어느 하나에 해당하면 그 시설의 개선, 1개월 이내의 사업정지, 시설의 장의 교체 또는 시설의 폐쇄를 명할 수 있고, 위반행위별 처분기준은 여성가족부령으로 정한다.

- 설치기준에 미달하게 된 경우
- 사회복지법인이나 비영리법인이 설치 · 운영하는 시설인 경우 그 사회복지법인이나 비영리법인의 설립허가가 취소된 경우
- 회계 부정, 이용자에 대한 인권 침해 등 불법행위가 확인된 경우
- 사업정지 기간에 사업을 한 경우
- 이 법 또는 이 법에 따른 명령을 위반한 경우

8) 청문

특별자치시장 · 특별자치도지사 또는 시장 · 군수 · 구청장은 시설의 개선, 사업정지, 시설의 장의 교체 또는 시설의 폐쇄를 명하려면 청문을 하여야 한다.

10. 보 칙

1) 비밀 누설의 금지

청소년상담원, 청소년상담복지센터, 이주배경청소년지원센터(이하 “청소년복지지원기관”)나 청소년복지시설에서 청소년복지 업무에 종사하거나 종사하였던 사람은 그 직무상 알게 된 비밀을 누설하여서는 아니 된다.

2) 동일 명칭의 사용 금지

이 법에 따른 청소년복지지원기관 또는 청소년복지시설이 아니면 한국청소년상담복지개발원, 청소년상담복지센터, 이주배경청소년지원센터 또는 청소년쉼터, 청소년자립지원관, 청소년치료재활센터의 명칭을 사용하지 못한다.

3) 감독

국가 및 지방자치단체는 필요한 경우에는 청소년복지지원기관 또는 청소년복지시설에 대하여 업무 · 회계 및 재산에 관한 사항의 보고 또는 자료의 제출을 명하거나, 소속 공무원으로 하여금 해당 장소에 출입하여 장부 또는 그 밖의 서류를 검사하거나 종사자에게 질문하게 할 수 있으며, 출입 · 검사를 하는 공무원은 그 권한을 표시하는 증표를 지니고 이를 관계인에게 보여주어야 한다.

4) 예산의 보조

국가 및 지방자치단체는 예산의 범위에서 청소년복지지원기관 및 청소년복지시설, 관련 단체의 운영에 필요한 예산의 전부 또는 일부를 보조할 수 있다.

5) 기관 · 시설 등의 평가

여성가족부장관 및 시 · 도지사는 청소년복지지원기관 및 청소년복지시설 또는 이 법에 따라 청소년복지 업무를 위탁받은 기관이나 단체를 대상으로 여성가족부령으로 정하는 바에 따라 그 업무 실적을 정기적으로 평가할 수 있다. 다만, 다른 법령에 따라 성과평가 또는 경영평가를 한 경우에는 그러하지 아니하다.

여성가족부장관은 평가 결과를 청소년복지지원기관 및 청소년복지시설 등의 감독과 지원에 반영하는 등의 조치를 할 수 있다.

6) 권한 등의 위임 및 위탁

이 법에 따른 여성가족부장관 또는 시·도지사의 권한은 대통령령으로 정하는 바에 따라 그 일부를 각각 시·도지사 또는 시장·군수·구청장에게 위임할 수 있다.

이 법에 따른 국가 또는 지방자치단체의 업무는 대통령령으로 정하는 바에 따라 그 일부를 청소년단체에 위탁할 수 있다.

7) 청소년복지지원기관 등의 위탁운영

이 법에 따라 국가 또는 지방자치단체가 설치한 청소년복지지원기관 또는 청소년복지시설은 필요한 경우 청소년단체에 위탁하여 운영할 수 있으며, 위탁운영의 기준 및 방법 등에 관하여 필요한 사항은 여성가족부령으로 정한다.

11. 벌 칙

1) 벌칙

5년 이하의 징역 또는 5천만원 이하의 벌금	• 통합정보시스템의 자료 · 정보를 목적 외로 사용하거나 제3자에게 제공 누설한 사람
2년 이하의 징역 또는 2천만원 이하의 벌금	• 건강진단 결과를 공개한 사람 • 비밀을 누설한 사람
6개월 이하의 징역 또는 500만원 이하의 벌금	• 신고를 하지 아니하고 청소년복지시설을 설치 · 운영한 자 • 사업의 정지명령 또는 시설의 폐쇄명령을 받고도 그 사업을 하거나 시설을 운영한 자

2) 양벌규정

법인의 대표자나 법인 또는 개인의 대리인, 사용인, 그 밖의 종업원이 그 법인 또는 개인의 업무에 관하여 "벌칙"의 위반행위를 하면 그 행위자를 벌하는 외에 그 법인 또는 개인에게도 해당 조문의 벌금형을 과(科)한다. 다만, 법인 또는 개인이 그 위반행위를 방지하기 위하여 해당 업무에 관하여 상당한 주의와 감독을 게을리하지 아니한 경우에는 그러하지 아니하다.

3) 과태료

500만원 이하의 과태료	• 동일 명칭을 사용한 자 • 보고 또는 자료 제출을 하지 아니하거나 검사를 거부·방해 또는 기피한 자
300만원 이하의 과태료	• 휴업 · 폐업 또는 운영 재개 신고를 하지 아니한 자
50만원 이하의 과태료	• 청소년증을 양도하거나 빌려준 사람 또는 양도받거나 빌린 사람 • 청소년증과 동일한 명칭 또는 표시의 증표를 제작하거나 사용한 자

규정에 따른 과태료는 대통령령으로 정하는 바에 따라 특별자치시장 · 특별자치도지사 또는 시장 · 군수 · 구청장이 부과 · 징수한다.

제 4 부

노인 관련 법령

제18장 노인복지법
제19장 기초연금법

18 chapter

노인복지법

1. 총 칙

1) 목적

이 법은 노인의 질환을 사전예방 또는 조기발견하고 질환상태에 따른 적절한 치료·요양으로 심신의 건강을 유지하고, 노후의 생활안정을 위하여 필요한 조치를 강구함으로써 노인의 보건복지증진에 기여함을 목적으로 한다.

2) 정의

이 법에서 사용하는 용어의 정의는 다음과 같다.

- "부양의무자"라 함은 배우자(사실상의 혼인관계에 있는 자 포함)와 직계비속 및 그 배우자(사실상의 혼인관계에 있는 자 포함)를 말한다.
- "보호자"라 함은 부양의무자 또는 업무·고용 등의 관계로 사실상 노인을 보호하는 자를 말한다.
- "치매"란 「치매관리법」에 따른 치매를 말한다.
- "노인학대"라 함은 노인에 대하여 신체적·정신적·정서적·성적 폭력 및 경제적 착취 또는 가혹행위를 하거나 유기 또는 방임을 하는 것을 말한다.
- "노인학대관련범죄"란 보호자에 의한 65세 이상 노인에 대한 노인학대로서 다음의 어느 하나에 해당되는 죄를 말한다.

㉠ 「형법」 제2편제25장 상해와 폭행의 죄 중 제257조(상해, 존속상해), 제258조(중상해, 존속중상해), 제260조(폭행, 존속폭행) 제1항 · 제2항, 제261조(특수폭행) 및 제264조(상습범)의 죄

㉡ 「형법」 제2편제28장 유기와 학대의 죄 중 제271조(유기, 존속유기) 제1항 · 제2항, 제273조(학대, 존속학대)의 죄

㉢ 「형법」 제2편제29장 체포와 감금의 죄 중 제276조(체포, 감금, 존속체포, 존속감금), 제277조(중체포, 중감금, 존속중체포, 존속중감금), 제278조(특수체포, 특수감금), 제279조(상습범), 제280조(미수범) 및 제281조(체포 · 감금 등의 치사상)(상해에 이르게 한 때에만 해당)의 죄

㉣ 「형법」 제2편제30장 협박의 죄 중 제283조(협박, 존속협박) 제1항 · 제2항, 제284조(특수협박), 제285조(상습범)(제283조의 죄에만 해당 및 제286조(미수범)의 죄

㉤ 「형법」 제2편제32장 강간과 추행의 죄 중 제297조(강간), 제297조의2(유사강간), 제298조(강제추행), 제299조(준강간, 준강제추행), 제300조(미수범), 제301조(강간등 상해 · 치상), 제301조의2(강간등 살인 · 치사), 제305조의2(상습범)(제297조, 제297조의2, 제298조부터 제300조까지의 죄에 한정)의 죄

㉥ 「형법」 제2편제33장 명예에 관한 죄 중 제307조(명예훼손), 제309조(출판물등에 의한 명예훼손) 및 제311조(모욕)의 죄

㉦ 「형법」 제2편제36장 주거침입의 죄 중 제321조(주거 · 신체 수색)의 죄

㉧ 「형법」 제2편제37장 권리행사를 방해하는 죄 중 제324조(강요) 및 제324조의5(미수범)(제324조의 죄에만 해당한다)의 죄

㉨ 「형법」 제2편제39장 사기와 공갈의 죄 중 제350조(공갈) 및 제352조(미수범)(제350조의 죄에만 해당한다)의 죄

㉩ 「형법」 제2편제42장 손괴의 죄 중 제366조(재물손괴등)의 죄

㉪ 「노인복지법」 55조의2(폭행), 제55조의3제1항제2호[1)], 제55조의4제1호[2)], 제59조의2의 죄(노인복지시설 종사자의 노인에 대한 가중처벌)

---

1) 1. 노인의 신체에 폭행을 가하거나 상해를 입히는 행위
4. 노인에게 구걸을 하게 하거나 노인을 이용하여 구걸하는 행위
6. 폭언, 협박, 위협 등으로 노인의 정신건강에 해를 끼치는 정서적 학대행위

2) 노인을 위하여 증여 또는 급여된 금품을 그 목적 외의 용도에 사용하는 행위

3) 기본이념

첫째, 노인은 후손의 양육과 국가 및 사회의 발전에 기여하여 온 자로서 존경받으며 건전하고 안정된 생활을 보장받는다.

둘째, 노인은 그 능력에 따라 적당한 일에 종사하고 사회적 활동에 참여할 기회를 보장 받는다.

셋째, 노인은 노령에 따르는 심신의 변화를 자각하여 항상 심신의 건강을 유지하고 그 지식과 경험을 활용하여 사회의 발전에 기여하도록 노력하여야 한다.

4) 가족제도의 유지 · 발전

국가와 국민은 경로효친의 미풍양속에 따른 건전한 가족제도가 유지 · 발전되도록 노력하여야 한다.

5) 보건복지증진의 책임

국가와 지방자치단체는 노인의 보건 및 복지증진의 책임이 있으며, 이를 위한 시책을 강구하여 추진하여야 하고, 시책을 강구함에 있어 규정된 기본이념이 구현되도록 노력하여야 한다.

노인의 일상생활에 관련되는 사업을 경영하는 자는 그 사업을 경영함에 있어 노인의 보건복지가 증진되도록 노력하여야 한다.

6) 안전사고 예방

국가와 지방자치단체는 노인의 안전을 보장하고 낙상사고 등 노인에게 치명적인 사고를 예방하기 위하여 필요한 시책을 수립 · 시행하여야 한다. 이 경우 안전사고 예방 시책은 「재난 및 안전관리 기본법」에 따른 국가안전관리기본계획, 시 · 도안전관리계획 및 시 · 군 · 구안전관리계획과 연계되어야 하며, 안전사고 예방 시책의 수립 · 시행에 필요한 사항은 대통령령으로 정한다.

7) 노인실태조사

보건복지부장관은 노인의 보건 및 복지에 관한 실태조사를 3년마다 실시하고 그 결과를 공표하여야 하며, 실태조사를 위하여 관계 기관 · 법인 · 단체 · 시설의 장에게 필요한 자료의 제출 또는 의견의 진술을 요청할 수 있다. 이 경우 관계 기관 · 법인 · 단체 · 시설의 장은 정당한 사유가 없으면 그 요청에 따라야 한다.

조사의 방법과 내용 등에 관하여 필요한 사항은 보건복지부령으로 정한다.

8) 노인의 날

노인에 대한 사회적 관심과 공경의식을 높이기 위하여 매년 10월 2일을 노인의 날로, 매년 10월을 경로의 달로 하며, 부모에 대한 효사상을 앙양하기 위하여 매년 5월 8일을 어버이날로 한다.

범국민적으로 노인학대에 대한 인식을 높이고 관심을 유도하기 위하여 매년 6월 15일을 노인학대예방의 날로 지정하고, 국가와 지방자치단체는 노인학대예방의 날의 취지에 맞는 행사와 홍보를 실시하도록 노력하여야 한다.

9) 홍보영상의 제작 · 배포 · 송출

보건복지부장관은 노인학대의 예방과 방지, 노인학대의 위해성, 신고방법 등에 관한 홍보영상을 제작하여 「방송법」의 방송편성책임자에게 배포하여야 한다. 또한 방송사업자에게 대통령령으로 정하는 비상업적 공익광고 편성비율의 범위에서 홍보영상을 채널별로 송출하도록 요청할 수 있다.

보건복지부장관은 「방송법」의 전광판방송사업자에게 대통령령으로 정하는 비상업적 공익광고 편성비율의 범위에서 홍보영상을 전광판으로 송출하도록 요청할 수 있다.

방송사업자와 전광판방송사업자는 홍보영상 외에 독자적인 홍보영상을 제작하여 송출할 수 있다. 이 경우 보건복지부장관에게 필요한 협조 및 지원을 요청할 수 있다.

10) 인권교육

노인복지시설 중 대통령령으로 정하는 시설을 설치 · 운영하는 자와 그 종사자는 인권에 관한 교육(인권교육)을 받아야 하며, 해당 시설을 이용하고 있는 노인들에게 인권교육을 실시할 수 있다.

보건복지부장관은 위 조항에 따른 인권교육을 효율적으로 실시하기 위하여 인권교육기관을 지정할 수 있다. 이 경우 예산의 범위에서 인권교육에 소요되는 비용을 지원할 수 있으며, 지정을 받은 인권교육기관은 보건복지부장관의 승인을 받아 인권교육에 필요한 비용을 교육대상자로부터 징수할 수 있다.

보건복지부장관은 지정을 받은 인권교육기관이 다음의 어느 하나에 해당하면 그 지정을 취소하거나 6개월 이내의 기간을 정하여 업무를 정지할 수 있다.

- 거짓이나 그 밖의 부정한 방법으로 지정을 받은 경우(지정취소)
- 보건복지부령으로 정하는 지정요건을 갖추지 못하게 된 경우
- 인권교육의 수행능력이 현저히 부족하다고 인정되는 경우

인권교육의 대상·내용·방법, 인권교육기관의 지정 및 인권교육기관의 지정취소·업무정지 처분의 기준 등에 필요한 사항은 보건복지부령으로 정한다.

11) 노인복지상담원

노인의 복지를 담당하게 하기 위하여 특별자치도와 시·군·구에 노인복지상담원을 둔다. 노인복지상담원의 임용 또는 위촉, 직무 및 보수 등에 관하여 필요한 사항은 대통령령으로 정한다.

12) 노인전용주거시설

국가 또는 지방자치단체는 노인의 주거에 적합한 기능 및 설비를 갖춘 주거용시설의 공급을 조장하여야 하며, 그 주거용시설의 공급자에 대하여 적절한 지원을 할 수 있다.

2. 보건·복지조치

1) 노인사회참여 지원

국가 또는 지방자치단체는 노인의 사회참여 확대를 위하여 노인의 지역봉사 활동기회를 넓히고 노인에게 적합한 직종의 개발과 그 보급을 위한 시책을 강구하며 근로능력있는 노인에게 일할 기회를 우선적으로 제공하도록 노력하여야 한다.

국가 또는 지방자치단체는 노인의 지역봉사 활동 및 취업의 활성화를 기하기 위하여 노인지역봉사기관, 노인취업알선기관 등 노인복지관계기관에 대하여 필요한 지원을 할 수 있다.

2) 노인일자리전담기관의 설치·운영

노인의 능력과 적성에 맞는 일자리지원사업을 전문적·체계적으로 수행하기 위한 전담기관(노인일자리전담기관)은 다음의 기관으로 한다.

- 노인인력개발기관: 노인일자리개발 · 보급사업, 조사사업, 교육 · 홍보 및 협력사업, 프로그램 인증 · 평가사업 등을 지원하는 기관
- 노인일자리지원기관: 지역사회 등에서 노인일자리의 개발 · 지원, 창업 · 육성 및 노인에 의한 재화의 생산 · 판매 등을 직접 담당하는 기관
- 노인취업알선기관: 노인에게 취업 상담 및 정보를 제공하거나 노인일자리를 알선하는 기관

국가 또는 지방자치단체는 노인일자리전담기관을 설치 · 운영하거나 그 운영의 전부 또는 일부를 법인 · 단체 등에 위탁할 수 있으며, 설치 · 운영 또는 위탁에 관하여 필요한 사항은 대통령령으로 정한다. 노인일자리지원기관의 시설 및 인력에 관한 기준 등은 보건복지부령으로 정한다.

3) 생산품 우선구매

국가, 지방자치단체 및 그 밖의 공공단체는 노인일자리지원기관에서 생산한 물품의 우선구매에 필요한 조치를 마련하여야 한다.

4) 지역봉사지도원 위촉 및 업무

국가 또는 지방자치단체는 사회적 신망과 경험이 있는 노인으로서 지역봉사를 희망하는 경우에는 이를 지역봉사지도원으로 위촉할 수 있다.

지역봉사지도원의 업무는 다음과 같다.

- 국가 또는 지방자치단체가 행하는 업무중 민원인에 대한 상담 및 조언
- 도로의 교통정리, 주 · 정차단속의 보조, 자연보호 및 환경침해 행위단속의 보조와 청소년 선도
- 충효사상, 전통의례 등 전통문화의 전수교육
- 문화재의 보호 및 안내
- 노인에 대한 교통안전 및 교통사고예방 교육
- 기타 대통령령이 정하는 업무

5) 생업지원

국가, 지방자치단체, 그 밖의 공공단체 중 대통령령으로 정하는 기관은 소관 공공시설에 식료품 · 사무용품 · 신문 등 일상생활용품의 판매를 위한 매점이나 자동판매기의 설치

를 허가 또는 위탁할 때에는 65세 이상 노인의 신청이 있는 경우 이를 우선적으로 반영하여야 한다.

국가, 지방자치단체, 그 밖의 공공단체 중 대통령령으로 정하는 기관은 소관 공공시설에 청소, 주차관리, 매표 등의 사업을 위탁하는 경우에는 65세 이상 노인을 20% 이상 채용한 사업체를 우선적으로 고려할 수 있다.

위탁사업의 종류 및 절차 등에 필요한 사항은 대통령령으로 정한다.

6) 경로우대

국가 또는 지방자치단체는 65세 이상의 자에 대하여 대통령령이 정하는 바에 의하여 국가 또는 지방자치단체의 수송시설 및 고궁·능원·박물관·공원 등의 공공시설을 무료로 또는 그 이용요금을 할인하여 이용하게 할 수 있다.

국가 또는 지방자치단체는 노인의 일상생활에 관련된 사업을 경영하는 자에게 65세 이상의 자에 대하여 그 이용요금을 할인하여 주도록 권유할 수 있으며, 노인에게 이용요금을 할인하여 주는 자에 대하여 적절한 지원을 할 수 있다.

7) 건강진단

국가 또는 지방자치단체는 대통령령이 정하는 바에 의하여 65세 이상의 자에 대하여 건강진단과 보건교육을 실시할 수 있다. 이 경우 보건복지부령으로 정하는 바에 따라 성별 다빈도질환 등을 반영하여야 하며, 건강진단 결과 필요하다고 인정한 때에는 그 건강진단을 받은 자에 대하여 필요한 지도를 하여야 한다.

8) 홀로 사는 노인에 대한 지원

국가 또는 지방자치단체는 홀로 사는 노인에 대하여 방문요양과 돌봄 등의 서비스와 안전확인 등의 보호조치를 취하여야 하며, 서비스 및 보호조치의 구체적인 내용 등에 관하여는 보건복지부장관이 정한다.

국가 또는 지방자치단체는 위의 조항에 따른 사업을 노인 관련 기관·단체에 위탁할 수 있으며, 예산의 범위에서 그 사업 및 운영에 필요한 비용을 지원할 수 있다.

9) 독거노인종합지원센터

보건복지부장관은 홀로 사는 노인에 대한 돌봄과 관련된 다음의 사업을 수행하기 위하여 독거노인종합지원센터를 설치·운영할 수 있다.

- 홀로 사는 노인에 대한 정책 연구 및 프로그램의 개발
- 홀로 사는 노인에 대한 현황조사 및 관리
- 홀로 사는 노인 돌봄사업 종사자에 대한 교육
- 홀로 사는 노인에 대한 돌봄사업의 홍보, 교육교재 개발 및 보급
- 홀로 사는 노인에 대한 돌봄사업의 수행기관 지원 및 평가
- 관련 기관 협력체계의 구축 및 교류
- 홀로 사는 노인에 대한 기부문화 조성을 위한 기부금품의 모집, 접수 및 배부
- 그 밖에 홀로 사는 노인의 돌봄을 위하여 보건복지부장관이 위탁하는 업무

보건복지부장관은 위 조항에 따른 독거노인종합지원센터의 운영을 전문 인력과 시설을 갖춘 법인 또는 단체에 위탁할 수 있으며, 그 밖에 독거노인종합지원센터의 설치·운영 등에 필요한 사항은 보건복지부령으로 정한다.

10) 노인성 질환에 대한 의료지원

국가 또는 지방자치단체는 노인성 질환자의 경제적 부담능력 등을 고려하여 노인성 질환의 예방교육, 조기발견 및 치료 등에 필요한 비용의 전부 또는 일부를 지원할 수 있다.

노인성 질환의 범위, 지원의 대상·기준 및 방법 등에 필요한 사항은 대통령령으로 정한다.

11) 상담·입소 등의 조치

보건복지부장관, 특별시장·광역시장·특별자치시장·도지사·특별자치도지사, 시장·군수·구청장은 노인에 대한 복지를 도모하기 위하여 필요하다고 인정한 때에는 다음의 조치를 하여야 한다.

- 65세 이상의 자 또는 그를 보호하고 있는 자를 관계공무원 또는 노인복지상담원으로 하여금 상담·지도하게 하는 것
- 65세 이상의 자로서 신체적·정신적·경제적 이유 또는 환경상의 이유로 거택에서 보호받기가 곤란한 자를 노인주거복지시설 또는 재가노인복지시설에 입소시키거나 입소를 위탁하는 것
- 65세 이상의 자로서 신체 또는 정신상의 현저한 결함으로 인하여 항상 보호를 필요로 하고 경제적 이유로 거택에서 보호받기가 곤란한 자를 노인의료복지시설에 입소시키거나 입소를 위탁하는 것

보건복지부장관, 시 · 도지사 또는 시장 · 군수 · 구청장(복지실시기관)은 65세 미만의 자에 대하여도 그 노쇠현상이 현저하여 특별히 보호할 필요가 있다고 인정할 때에는 위 조항의 조치를 할 수 있다.

복지실시기관은 입소조치된 자가 사망한 경우에 그 자에 대한 장례를 행할 자가 없을 때에는 그 장례를 행하거나 해당 시설의 장으로 하여금 그 장례를 행하게 할 수 있다. 이 경우 복지실시기관 또는 노인복지시설의 장은 사망자가 유류한 금전 또는 유가증권을 그 장례에 필요한 비용에 충당할 수 있으며, 부족이 있을 때에는 유류물품을 처분하여 그 대금을 이에 충당할 수 있으며, 장례비용 충당의 세부절차는 보건복지부령으로 정한다.

12) 노인재활요양사업

국가 또는 지방자치단체는 신체적 · 정신적으로 재활요양을 필요로 하는 노인을 위한 재활요양사업을 실시할 수 있으며, 노인재활요양사업의 내용 및 기타 필요한 사항은 보건복지부령으로 정한다.

4. 노인복지시설의 설치 · 운영

1) 노인복지시설의 종류

- 노인주거복지시설
- 노인의료복지시설
- 노인여가복지시설
- 재가노인복지시설
- 노인보호전문기관
- 노인일자리지원기관
- 학대피해노인 전용쉼터

2) 노인주거복지시설

(1) 노인주거복지시설의 종류

- 양로시설 : 노인을 입소시켜 급식과 그 밖에 일상생활에 필요한 편의를 제공함을 목적으로 하는 시설

- 노인공동생활가정 : 노인들에게 가정과 같은 주거여건과 급식, 그 밖에 일상생활에 필요한 편의를 제공함을 목적으로 하는 시설
- 노인복지주택 : 노인에게 주거시설을 임대하여 주거의 편의·생활지도·상담 및 안전관리 등 일상생활에 필요한 편의를 제공함을 목적으로 하는 시설

노인주거복지시설의 입소대상·입소절차·입소비용 및 임대 등에 관하여 필요한 사항은 보건복지부령으로 정하고, 노인복지주택의 설치·관리 및 공급 등에 관하여 이 법에서 규정된 사항을 제외하고는 「주택법」 및 「공동주택관리법」의 관련규정을 준용한다.

(2) 노인주거복지시설의 설치

국가 또는 지방자치단체는 노인주거복지시설을 설치할 수 있고, 국가 또는 지방자치단체외의 자가 노인주거복지시설을 설치하고자 하는 경우에는 특별자치시장·특별자치도지사·시장·군수·구청장에게 신고하여야 하며, 신고를 받은 경우 그 내용을 검토하여 이 법에 적합하면 신고를 수리하여야 한다.

노인주거복지시설의 시설, 인력 및 운영에 관한 기준과 설치신고, 설치·운영자가 준수하여야 할 사항, 그 밖에 필요한 사항은 보건복지부령으로 정한다.

(3) 노인복지주택의 입소자격

노인복지주택에 입소할 수 있는 자는 60세 이상의 노인(입소자격자)으로 한다. 다만, 다음의
어느 하나에 해당하는 경우에는 입소자격자와 함께 입소할 수 있다.

- 입소자격자의 배우자
- 입소자격자가 부양을 책임지고 있는 19세 미만의 자녀·손자녀

노인복지주택을 설치하거나 설치하려는 자는 노인복지주택을 입소자격자에게 임대하여야 하며, 노인복지주택을 임차한 자는 해당 노인주거시설을 입소자격자가 아닌 자에게 다시 임대할 수 없다.

시장·군수·구청장은 지역 내 노인 인구, 노인주거복지시설의 수요와 공급실태 및 노인복지주택의 효율적인 이용 등을 고려하여 노인복지주택의 공급가구수와 가구별 건축면적(주거의 용도로만 쓰이는 면적에 한한다)을 일정규모 이하로 제한할 수 있다.

노인복지주택을 설치한 자는 해당 노인복지주택의 전부 또는 일부 시설을 시장·군

수·구청장의 확인을 받아 대통령령으로 정하는 자에게 위탁하여 운영할 수 있다.

입소자격자가 사망하거나 노인복지주택에 거주하지 아니하는 경우 노인복지주택에 입소한 입소자격자의 배우자 및 자녀·손자녀는 보건복지부령으로 정하는 기간 내에 퇴소하여야 한다. 다만, 입소자격자의 해외 체류 등 보건복지부령으로 정하는 부득이한 사유가 있는 경우에는 그러하지 아니하다.

시장·군수·구청장은 필요한 경우 입소자격 여부 및 입소자격자의 사망 또는 실제 거주 여부를 조사할 수 있고, 조사 결과 입소부자격자가 발견되면 퇴소하도록 하는 등 적절한 조치를 취하여야 한다.

3) 노인의료복지시설

(1) 노인의료복지시설의 종류

- 노인요양시설 : 치매·중풍 등 노인성질환 등으로 심신에 상당한 장애가 발생하여 도움을 필요로 하는 노인을 입소시켜 급식·요양과 그 밖에 일상생활에 필요한 편의를 제공함을 목적으로 하는 시설
- 노인요양공동생활가정 : 치매·중풍 등 노인성질환 등으로 심신에 상당한 장애가 발생하여 도움을 필요로 하는 노인에게 가정과 같은 주거여건과 급식·요양 그 밖에 일상생활에 필요한 편의를 제공함을 목적으로 하는 시설

노인의료복지시설의 입소대상·입소비용 및 입소절차와 설치·운영자의 준수사항 등에 관하여 필요한 사항은 보건복지부령으로 정한다.

(2) 노인의료복지시설의 설치

국가 또는 지방자치단체는 노인의료복지시설을 설치할 수 있고, 국가 또는 지방자치단체외의 자가 노인의료복지시설을 설치하고자 하는 경우에는 시장·군수·구청장에게 신고하여야 하며, 이에 따른 신고를 받은 경우 그 내용을 검토하여 이 법에 적합하면 신고를 수리하여야 한다. 노인의료복지시설의 시설, 인력 및 운영에 관한 기준과 설치신고 및 설치허가 등에 관하여 필요한 사항은 보건복지부령으로 정한다.

4) 노인여가복지시설

(1) 노인여가복지시설의 종류

- 노인복지관 : 노인의 교양·취미생활 및 사회참여활동 등에 대한 각종 정보와 서비

스를 제공하고, 건강증진 및 질병예방과 소득보장 · 재가복지, 그 밖에 노인의 복지증진에 필요한 서비스를 제공함을 목적으로 하는 시설

• 경로당 : 지역노인들이 자율적으로 친목도모 · 취미활동 · 공동작업장 운영 및 각종 정보교환과 기타 여가활동을 할 수 있도록 하는 장소를 제공함을 목적으로 하는 시설
• 노인교실 : 노인들에 대하여 사회활동 참여욕구를 충족시키기 위하여 건전한 취미생활 · 노인건강유지 · 소득보장 기타 일상생활과 관련한 학습프로그램을 제공함을 목적으로 하는 시설

노인여가복지시설의 이용대상 및 이용절차 등에 관하여 필요한 사항은 보건복지부령으로 정한다.

(2) 노인여가복지시설의 설치

국가 또는 지방자치단체는 노인여가복지시설을 설치할 수 있고, 국가 또는 지방자치단체외의 자가 노인여가복지시설을 설치하고자 하는 경우에는 시장 · 군수 · 구청장에게 신고하여야 하며, 신고를 받은 경우 그 내용을 검토하여 이 법에 적합하면 신고를 수리하여야 한다.

국가 또는 지방자치단체는 경로당의 활성화를 위하여 지역별 · 기능별 특성을 갖춘 표준 모델 및 프로그램을 개발 · 보급하여야 한다.

노인여가복지시설의 시설, 인력 및 운영에 관한 기준과 설치신고 등에 관하여 필요한 사항은 보건복지부령으로 정한다.

(3) 경로당에 대한 양곡구입비 등의 보조

국가 또는 지방자치단체는 경로당에 대하여 예산의 범위에서 양곡(「양곡관리법」에 따른 정부관리양곡 포함)구입비의 전부 또는 일부를 보조할 수 있다.

국가 또는 지방자치단체는 예산의 범위에서 경로당의 냉난방 비용의 전부 또는 일부를 보조할 수 있다.

(4) 경로당에 대한 공과금 감면

「전기사업법」에 따른 전기판매사업자, 「전기통신사업법」에 따른 전기통신사업자 및 「도시가스사업법」에 따른 도시가스사업자는 경로당에 대하여 각각 전기요금 · 전기통신요금 및 도시가스요금을 감면할 수 있다.

「수도법」에 따른 수도사업자(수도사업자가 지방자치단체인 경우에는 해당 지방자치단체의 장을 말한다)는 경로당에 대하여 수도요금을 감면할 수 있다.

5) 재가노인복지시설

(1) 재가노인복지시설의 종류

재가노인복지시설은 다음 의 어느 하나 이상의 서비스를 제공함을 목적으로 하는 시설을 말한다.

- 방문요양서비스 : 가정에서 일상생활을 영위하고 있는 노인(이하 "재가노인")으로서 신체적·정신적 장애로 어려움을 겪고 있는 노인에게 필요한 각종 편의를 제공하여 지역사회 안에서 건전하고 안정된 노후를 영위하도록 하는 서비스
- 주·야간보호서비스 : 부득이한 사유로 가족의 보호를 받을 수 없는 심신이 허약한 노인과 장애노인을 주간 또는 야간 동안 보호시설에 입소시켜 필요한 각종 편의를 제공하여 이들의 생활안정과 심신기능의 유지·향상을 도모하고, 그 가족의 신체적·정신적 부담을 덜어주기 위한 서비스
- 단기보호서비스 : 부득이한 사유로 가족의 보호를 받을 수 없어 일시적으로 보호가 필요한 심신이 허약한 노인과 장애노인을 보호시설에 단기간 입소시켜 보호함으로써 노인 및 노인가정의 복지증진을 도모하기 위한 서비스
- 방문 목욕서비스 : 목욕장비를 갖추고 재가노인을 방문하여 목욕을 제공하는 서비스
- 그 밖의 서비스 : 그 밖에 재가노인에게 제공하는 서비스로서 보건복지부령이 정하는 서비스

위 조항에 따른 재가노인복지시설의 이용대상·비용부담 및 이용절차 등에 관하여 필요한 사항은 보건복지부령으로 정한다.

(2) 재가노인복지시설의 설치

국가 또는 지방자치단체는 재가노인복지시설을 설치할 수 있으며, 국가 또는 지방자치단체외의 자가 재가노인복지시설을 설치하고자 하는 경우에는 시장·군수·구청장에게 신고하여야 하며, 신고를 받은 경우 그 내용을 검토하여 이 법에 적합하면 신고를 수리하여야 한다.

재가노인복지시설의 시설, 인력 및 운영에 관한 기준과 설치신고 등에 관하여 필요한 사항은 보건복지부령으로 정한다.

6) 요양보호사

(1) 요양보호사의 직무 · 자격증의 교부

노인복지시설의 설치 · 운영자는 보건복지부령으로 정하는 바에 따라 노인 등의 신체활동 또는 가사활동 지원 등의 업무를 전문적으로 수행하는 요양보호사를 두어야 한다.

요양보호사가 되려는 사람은 요양보호사를 교육하는 기관(요양보호사교육기관)에서 교육과정을 마치고 시 · 도지사가 실시하는 요양보호사 자격시험에 합격하여야 한다.

시 · 도지사는 위 조항에 따라 요양보호사 자격시험에 합격한 사람에게 요양보호사 자격증을 교부하여야 한다. 다만, 요양보호사 자격증 교부 신청일을 기준으로 결격사유에 해당하는 사람에게는 자격증을 교부해서는 아니 된다.

시 · 도지사는 요양보호사 자격시험에 응시하고자 하는 사람과 자격증을 교부 또는 재교부 받고자 하는 사람에게 보건복지부령으로 정하는 바에 따라 수수료를 납부하게 할 수 있다. 요양보호사의 교육과정, 요양보호사 자격시험 실시 및 자격증 교부 등에 관하여 필요한 사항은 보건복지부령으로 정한다.

요양보호사 자격증을 교부받은 사람은 다른 사람에게 그 자격증을 빌려주어서는 아니 되고, 누구든지 그 자격증을 빌려서는 아니 되며, 누구든지 금지된 행위를 알선하여서는 아니 된다.

(2) 요양보호사교육기관의 지정

시 · 도지사는 요양보호사의 양성을 위하여 보건복지부령으로 정하는 지정기준에 적합한 시설을 요양보호사교육기관으로 지정 · 운영하여야 한다.

시 · 도지사는 요양보호사교육기관이 다음의 어느 하나에 해당하는 경우 사업의 정지를 명하거나 그 지정을 취소할 수 있다.

- 거짓이나 그 밖의 부정한 방법으로 요양보호사교육기관으로 지정을 받은 경우(지정취소)
- 지정기준에 적합하지 아니하게 된 경우
- 교육과정을 1년 이상 운영하지 아니하는 경우
- 정당한 사유 없이 보고 또는 자료제출을 하지 아니하거나 거짓으로 한 경우 또는 조사 · 검사를 거부 · 방해하거나 기피한 경우
- 요양보호사교육기관을 설치 · 운영하는 자가 교육 이수 관련 서류를 거짓으로 작성한 경우

시 · 도지사는 지정취소를 하는 경우 청문을 실시하여야 하며, 요양보호사교육기관의 지정절차, 행정처분의 세부적인 기준 및 절차 등에 관하여 필요한 사항은 보건복지부령으로 정한다.

(3) 요양보호사의 결격사유

다음의 어느 하나에 해당하는 사람은 요양보호사가 될 수 없다.

- 「정신건강증진 및 정신질환자 복지서비스 지원에 관한 법률」에 따른 정신질환자. 다만, 전문의가 요양보호사로서 적합하다고 인정하는 사람은 그러하지 아니하다.
- 마약 · 대마 또는 향정신성의약품 중독자
- 피성년후견인
- 금고 이상의 형을 선고받고 그 형의 집행이 종료되지 아니하였거나 그 집행을 받지 아니하기로 확정되지 아니한 사람
- 법원의 판결에 따라 자격이 정지 또는 상실된 사람
- 요양보호사의 자격이 취소(피성년후견인에 해당하여 자격이 취소된 경우는 제외)된 날부터 1년이 경과되지 아니한 사람

(4) 요양보호사 자격의 취소

시 · 도지사는 요양보호사가 다음의 어느 하나에 해당하는 경우 그 자격을 취소할 수 있다.

- 요양보호사의 결역사유의 어느 하나에 해당하게 된 경우(자격취소)
- "금지행위"를 위반하여 "벌칙" 규정에 따른 처벌을 받은 경우(자격취소)
- 거짓이나 그 밖의 부정한 방법으로 자격증을 취득한 경우(자격취소)
- 영리를 목적으로 노인 등에게 불필요한 요양서비스를 알선 · 유인하거나 이를 조장한 경우
- 자격증을 대여 · 양도 또는 위조 · 변조한 경우

시 · 도지사는 위 조항에 따라 요양보호사의 자격을 취소하는 경우 청문을 실시하여야 하며, 자격취소의 절차 등에 관하여 필요한 사항은 보건복지부령으로 정한다.

7) 긴급전화의 설치

국가 및 지방자치단체는 노인학대를 예방하고 수시로 신고를 받을 수 있도록 긴급전화

를 설치하여야 하며, 긴급전화의 설치·운영에 관하여 필요한 사항은 대통령령으로 정한다.

8) 노인보호전문기관의 설치

국가는 지역 간의 연계체계를 구축하고 노인학대를 예방하기 위하여 다음의 업무를 담당하는 중앙노인보호전문기관을 설치·운영하여야 한다.

- 노인인권보호 관련 정책제안
- 노인인권보호를 위한 연구 및 프로그램의 개발
- 노인학대 예방의 홍보, 교육자료의 제작 및 보급
- 노인보호전문사업 관련 실적 취합, 관리 및 대외자료 제공
- 지역노인보호전문기관의 관리 및 업무지원
- 지역노인보호전문기관 상담원의 심화교육
- 관련 기관 협력체계의 구축 및 교류
- 노인학대 분쟁사례 조정을 위한 중앙노인학대사례판정위원회 운영
- 그 밖에 노인의 보호를 위하여 대통령령으로 정하는 사항

학대받는 노인의 발견·보호·치료 등을 신속히 처리하고 노인학대를 예방하기 위하여 다음 의 업무를 담당하는 지역노인보호전문기관을 특별시·광역시·도·특별자치도에 둔다.

- 노인학대 신고전화의 운영 및 사례접수
- 노인학대 의심사례에 대한 현장조사
- 피해노인 및 노인학대자에 대한 상담
- 피해노인에 대한 법률 지원의 요청
- 피해노인가족 관련자와 관련 기관에 대한 상담
- 상담 및 서비스제공에 따른 기록과 보관
- 일반인을 대상으로 한 노인학대 예방교육
- 노인학대행위자를 대상으로 한 재발방지 교육
- 노인학대사례 판정을 위한 지역노인학대사례판정위원회 운영 및 자체사례회의 운영
- 그 밖에 노인의 보호를 위하여 보건복지부령으로 정하는 사항

보건복지부장관 및 시·도지사는 노인학대예방사업을 목적으로 하는 비영리법인을 지정하여 중앙노인보호전문기관과 지역노인보호전문기관의 운영을 위탁할 수 있다.

중앙노인보호전문기관과 지역노인보호전문기관의 설치기준과 운영, 상담원의 자격과 배치기준 및 위탁기관의 지정 등에 필요한 사항은 대통령령으로 정한다.

9) 노인학대 신고의무와 절차

누구든지 노인학대를 알게 된 때에는 노인보호전문기관 또는 수사기관에 신고할 수 있다. 다음의 어느 하나에 해당하는 자는 그 직무상 65세 이상의 사람에 대한 노인학대를 알게 된 때에는 즉시 노인보호전문기관 또는 수사기관에 신고하여야 한다.

- 의료기관에서 의료업을 행하는 의료인 및 의료기관의 장
- 방문요양과 돌봄이나 안전확인 등의 서비스 종사자, 노인복지시설의 장과 그 종사자 및 노인복지상담원
- 「장애인복지법」 규정에 의한 장애인복지시설에서 장애노인에 대한 상담·치료·훈련 또는 요양업무를 수행하는 사람
- 「가정폭력방지 및 피해자보호 등에 관한 법률」에 따른 가정폭력 관련 상담소 및 가정폭력피해자 보호시설의 장과 그 종사자
- 「사회복지사업법」에 따른 사회복지전담공무원 및 사회복지관, 부랑인 및 노숙인보호를 위한 시설의 장과 그 종사자
- 「노인장기요양보험법」에 따른 장기요양기관의 장과 그 종사자
- 「119구조·구급에 관한 법률」에 따른 119구급대의 구급대원
- 「건강가정기본법」에 따른 건강가정지원센터의 장과 그 종사자
- 「다문화가족지원법」에 따른 다문화가족지원센터의 장과 그 종사자
- 「성폭력방지 및 피해자보호 등에 관한 법률」에 따른 성폭력피해상담소 및 성폭력피해자보호시설의 장과 그 종사자
- 「응급의료에 관한 법률」에 따른 응급구조사
- 「의료기사 등에 관한 법률」에 따른 의료기사
- 「국민건강보험법」에 따른 국민건강보험공단 소속 요양직 직원
- 「지역보건법」에 따른 지역보건의료기관의 장과 종사자
- 노인복지시설·설치 및 관리 업무 담당 공무원

신고인의 신분은 보장되어야 하며 그 의사에 반하여 신분이 노출되어서는 아니된다.

관계 중앙행정기관의 장은 위 조항의 어느 하나에 해당하는 사람의 자격취득 교육과정이나 보수교육 과정에 노인학대 예방 및 신고의무와 관련된 교육 내용을 포함하도록 하여야 하며, 그 결과를 보건복지부장관에게 제출하여야 한다.

노인학대 신고의무자가 소속된 다음의 기관의 장은 소속 노인학대 신고의무자에게 노인학대예방 및 신고의무에 관한 교육을 실시하고 그 결과를 보건복지부장관에게 제출하여야 하며, 교육 내용·시간 및 방법 등에 관하여 필요한 사항은 보건복지부령으로 정한다.

- 노인복지시설
- 「의료법」에 따른 요양병원 및 종합병원
- 「노인장기요양보험법」에 따른 장기요양기관

10) 응급조치의무

노인학대신고를 접수한 노인보호전문기관의 직원이나 사법경찰관리는 지체없이 노인학대의 현장에 출동하여야 한다. 이 경우 노인보호전문기관의 장이나 수사기관의 장은 서로 동행하여 줄 것을 요청할 수 있고, 그 요청을 받은 때에는 정당한 사유가 없으면 소속 직원이나 사법경찰관리를 현장에 동행하도록 하여야 한다.

출동한 노인보호전문기관의 직원이나 사법경찰관리는 피해자를 보호하기 위하여 신고된 현장에 출입하여 관계인에 대하여 조사를 하거나 질문을 할 수 있다. 이 경우 노인보호전문기관의 직원은 피해노인의 보호를 위한 범위에서만 조사 또는 질문을 할 수 있으며, 출입, 조사 또는 질문을 하는 노인보호전문기관의 직원이나 사법경찰관리는 그 권한을 표시하는 증표를 지니고 이를 관계인에게 보여주어야 한다.

조사 또는 질문을 하는 노인보호전문기관의 직원이나 사법경찰관리는 피해자·신고자·목격자 등이 자유롭게 진술할 수 있도록 노인학대행위자로부터 분리된 곳에서 조사하는 등 필요한 조치를 하여야 한다.

규정에 의하여 현장에 출동한 자는 학대받은 노인을 노인학대행위자로부터 분리하거나 치료가 필요하다고 인정할 때에는 노인보호전문기관 또는 의료기관에 인도하여야 한다.

누구든지 정당한 사유 없이 노인학대 현장에 출동한 자에 대하여 현장조사를 거부하거나 업무를 방해하여서는 아니 된다.

국가 및 지방자치단체는 노인보호전문기관의 장이 학대받은 노인의 보호, 치료 등의 업무를 수행함에 있어서 피해노인, 그 보호자 또는 노인학대행위자에 대한 신분조회 등 필요한 조치의 협조를 요청할 경우 정당한 사유가 없으면 이에 적극 협조하여야 하며, 신분조회 요청 절차 · 범위 등에 관한 사항은 대통령령으로 정한다.

11) 보조인의 선임

학대받은 노인의 법정대리인, 직계친족, 형제자매, 노인보호전문기관의 상담원 또는 변호사는 노인학대사건의 심리에 있어서 보조인이 될 수 있다. 다만, 변호사가 아닌 경우에는 법원의 허가를 받아야 한다.

법원은 학대받은 노인을 증인으로 신문하는 경우 본인 · 검사 또는 노인보호전문기관의 신청이 있는 때에는 본인과 신뢰관계에 있는 자의 동석을 허가할 수 있다.

수사기관이 학대받은 노인을 조사하는 경우에도 위 조항의 절차를 준용한다.

12) 금지행위

누구든지 65세 이상의 사람(노인)에 대하여 다음의 어느 하나에 해당하는 행위를 하여서는 아니된다.

- 노인의 신체에 폭행을 가하거나 상해를 입히는 행위
- 노인에게 성적 수치심을 주는 성폭행 · 성희롱 등의 행위
- 자신의 보호 · 감독을 받는 노인을 유기하거나 의식주를 포함한 기본적 보호 및 치료를 소홀히 하는 방임행위
- 노인에게 구걸을 하게 하거나 노인을 이용하여 구걸하는 행위
- 노인을 위하여 증여 또는 급여된 금품을 그 목적외의 용도에 사용하는 행위
- 폭언, 협박, 위협 등으로 노인의 정신건강에 해를 끼치는 정서적 학대행위

13) 실종노인에 관한 신고의무

누구든지 정당한 사유 없이 사고 등의 사유로 인하여 보호자로부터 이탈된 노인(실종노인)을 경찰관서 또는 지방자치단체의 장에게 신고하지 아니하고 보호하여서는 아니 된다.

노인복지시설(「사회복지사업법」에 따른 사회복지시설 및 사회복지시설에 준하는 시설로서 인가 · 신고 등을 하지 아니하고 노인을 보호하는 시설을 포함한다. 이하 "보호시설"이라 한다)의 장 또는 그 종사자는 그 직무를 수행하면서 실종노인임을 알게 된 때에는 지체 없이 보건복지부령으로 정하는 신상카드를 작성하여 지방자치단체의 장과 업무를

수행하는 기관의 장에게 제출하여야 한다.

보건복지부장관은 실종노인의 발생예방, 조속한 발견과 복귀를 위하여 다음의 업무를 수행하여야 한다. 이 경우 보건복지부장관은 노인복지 관련 법인이나 단체에 그 업무의 전부 또는 일부를 위탁할 수 있다.

- 실종노인과 관련된 조사 및 연구
- 실종노인의 데이터베이스 구축 · 운영
- 그 밖에 실종노인의 보호 및 지원에 필요한 사항

경찰청장은 실종노인의 조속한 발견과 복귀를 위하여 다음의 사항을 시행하여야 한다.

- 실종노인에 대한 신고체계의 구축 및 운영
- 그 밖에 실종노인의 발견과 복귀를 위하여 필요한 사항

14) 조사

보건복지부장관, 시 · 도지사 또는 시장 · 군수 · 구청장은 필요하다고 인정하는 때에는 관계공무원 또는 노인복지상담원으로 하여금 노인복지시설과 노인의 주소 · 거소, 노인의 고용장소 또는 금지행위를 위반할 우려가 있는 장소에 출입하여 노인 또는 관계인에 대하여 필요한 조사를 하거나 질문을 하게 할 수 있다.

경찰청장, 시 · 도지사 또는 시장 · 군수 · 구청장은 실종노인의 발견을 위하여 필요한 때에는 보호시설의 장 또는 그 종사자에게 필요한 보고 또는 자료제출을 명하거나 소속 공무원으로 하여금 보호시설에 출입하여 관계인 또는 노인에 대하여 필요한 조사 또는 질문을 하게 할 수 있다.

위 조항의 경우 관계공무원, 노인복지상담원은 그 권한을 표시하는 증표 및 조사기간, 조사범위, 조사담당자, 관계 법령 등 보건복지부령으로 정하는 사항이 기재된 서류를 지니고 이를 노인 또는 관계인에게 내보여야 하며, 이에 따른 조사 또는 질문의 절차 · 방법 등에 관하여는 이 법에서 정하는 사항을 제외하고는 「행정조사기본법」에서 정하는 바에 따른다.

15) 비밀누설의 금지

이 법에 의한 학대노인의 보호와 관련된 업무에 종사하였거나 종사하는 자는 그 직무상 알게 된 비밀을 누설하지 못한다.

16) 노인학대 등의 통보

사법경찰관리는 노인 사망 및 상해사건, 가정폭력 사건 등에 관한 직무를 행하는 경우 노인학대가 있었다고 의심할만한 사유가 있는 때에는 노인보호전문기관에 그 사실을 통보하여야 하며, 통보를 받은 노인보호전문기관은 피해노인 보호조치 등 필요한 조치를 하여야 한다.

17) 노인학대행위자에 대한 상담·교육 등의 제공

노인보호전문기관의 장은 노인학대행위자에 대하여 상담·교육 및 심리적 치료 등 필요한 지원을 제공하여야 한다.

노인학대행위자는 노인보호전문기관의 장이 위 조항에 따른 상담·교육 및 심리적 치료 등을 제공하는 경우에는 정당한 사유가 없으면 상담·교육 및 심리적 치료 등을 받아야 한다.

18) 노인관련기관의 취업제한

법원은 노인학대관련범죄로 형 또는 치료감호를 선고하는 경우에는 판결(약식명령 포함)로 그 형 또는 치료감호의 전부 또는 일부의 집행을 종료하거나 집행이 유예·면제된 날(벌금형을 선고받은 경우에는 그 형이 확정된 날)부터 일정기간(이하 "취업제한기간") 동안 다음에 따른 시설 또는 기관(이하 "노인관련기관")을 운영하거나 노인관련기관에 취업 또는 사실상 노무를 제공할 수 없도록 하는 명령(이하 "취업제한명령")을 판결과 동시에 선고(약식명령의 경우에는 고지를 말한다)하여야 한다. 다만, 재범의 위험성이 현저히 낮은 경우, 그 밖에 취업을 제한하여서는 아니 되는 특별한 사정이 있다고 판단하는 경우에는 그러하지 아니하다.

- 노인복지시설
- 「노인장기요양보험법」에 따른 장기요양기관
- 「가정폭력방지 및 피해자보호 등에 관한 법률」의 긴급전화센터, 가정폭력 관련 상담소 및 가정폭력피해자 보호시설
- 「건강가정기본법」의 건강가정지원센터
- 「다문화가족지원법」의 다문화가족지원센터
- 「성폭력방지 및 피해자보호 등에 관한 법률」의 성폭력피해상담소 및 성폭력피해자보호시설 및 성폭력피해자통합지원센터

- 「의료법」의 의료기관
- 「장애인복지법」의 장애인복지시설
- 「정신건강증진 및 정신질환자 복지서비스 지원에 관한 법률」에 따른 정신건강복지센터 및 정신건강증진시설

위 조항에 따른 취업제한기간은 10년을 초과하지 못한다.

법원은 취업제한명령을 선고하려는 경우에는 정신건강의학과 의사, 심리학자, 사회복지학자, 노인학대 관련 전문가, 그 밖의 관련 전문가로부터 취업제한명령 대상자의 재범 위험성 등에 관한 의견을 들을 수 있다.

노인관련기관의 설치 신고·인가·허가 등을 관할하는 행정기관의 장(관할행정기관의 장)은 노인관련기관을 운영하려는 자에 대하여 본인의 동의를 받아 관계 기관의 장에게 노인학대관련범죄 경력 조회를 요청하여야 한다. 다만, 노인관련기관을 운영하려는 자가 노인학대관련범죄 경력 조회 회신서를 관할행정기관의 장에게 직접 제출한 경우에는 노인학대관련범죄 경력 조회를 한 것으로 본다.

노인관련기관의 장은 그 기관에 취업 중이거나 사실상 노무를 제공 중인 사람 또는 취업하려 하거나 사실상 노무를 제공하려는 사람(이하 "취업자 등")에 대하여 노인학대관련범죄 경력을 확인하여야 하며, 이 경우 본인의 동의를 받아 관계 기관의 장에게 노인학대관련범죄 경력 조회를 요청하여야 한다. 다만, 취업자 등이 노인학대관련범죄 경력 조회 회신서를 노인관련기관의 장에게 직접 제출한 경우에는 노인학대관련범죄 경력 조회를 한 것으로 본다.

관할행정기관의 장은 취업제한명령을 선고받은 사람이 노인관련기관을 운영하거나 노인관련기관에 취업 또는 사실상 노무를 제공하고 있는지를 직접 또는 관계 기관 조회 등의 방법으로 연 1회 이상 점검·확인하고 그 결과를 관계 중앙행정기관의 장에게 제출하여야 하며, 관할행정기관의 장은 점검·확인을 위하여 필요한 경우에는 노인관련기관의 장에게 관련 지료의 제출을 요구할 수 있다.

노인관련기관의 장은 취업제한명령을 선고받은 사람이 노인관련기관에 취업 또는 사실상 노무를 제공하고 있는 것을 알게 된 때에는 즉시 해임하여야 한다.

관할행정기관의 장은 취업제한명령을 위반하여 노인관련기관을 운영 중인 노인관련기관의 장에게 운영 중인 노인관련기관의 폐쇄를 요구하여야 하며, 취업제한명령을 위반하여 노인관련기관에 취업하거나 사실상 노무를 제공하고 있는 사람이 있으면 해당 노인관

련기관의 장에게 그의 해임을 요구하여야 한다.

관할행정기관의 장은 노인관련기관의 장이 정당한 사유 없이 폐쇄요구를 거부하거나 3개월 이내에 요구사항을 이행하지 아니하는 경우에는 대통령령으로 정하는 바에 따라 해당 노인관련기관을 폐쇄하거나 그 허가·인가 등을 취소하거나 관계 행정기관의 장에게 이를 요구할 수 있다.

노인학대관련범죄 경력 조회 요청을 받은 관계 기관의 장은 노인학대관련범죄 경력 조회 회신서를 발급하여야 하며, 노인학대관련범죄 경력 조회의 요청 절차·범위 및 확인·점검 결과의 제출방법 등에 필요한 사항은 대통령령으로 정한다.

19) 위반사실의 공표

보건복지부장관, 시·도지사 또는 시장·군수·구청장은 "금지행위" 조항으로 "처벌" 조항에 따른 처벌을 받은 법인 등이 운영하는 시설에 대하여 그 위반행위, 처벌내용, 해당 법인 또는 시설의 명칭, 대표자 성명, 시설장 성명(대표자와 동일인이 아닌 경우만 해당) 및 그 밖에 다른 시설과의 구별에 필요한 사항으로서 대통령령으로 정하는 사항을 공표할 수 있다. 이 경우 공표 여부를 결정할 때에는 그 위반행위의 동기, 정도, 횟수 및 결과 등을 고려하여야 한다.

보건복지부장관, 시·도지사 또는 시장·군수·구청장은 "요양보호사 자격의 취소"에 따른 처분을 받거나 "노인 상해"·"노인에 대한 폭행 및 상해, 노인에 대한 성폭행·성희롱 등의 행위, 방임행위, 구걸하게 하는 행위, 정서적 학대행위" 또는 "노인을 위하여 증여 또는 급여된 금품을 그 목적외의 용도에 사용하는 행위"에 따른 처벌을 받은 자로서 "노인에 대한 금지행위"에 따른 금지행위로 노인의 생명을 해치거나 신체 또는 정신에 중대한 피해를 입힌 노인복지시설의 장과 종사자에 대하여 법 위반 이력과 명단, 그 밖에 대통령령으로 정하는 사항을 공표할 수 있다. 이 경우 공표여부를 결정할 때에는 그 위반행위의 동기, 정도, 횟수 및 결과 등을 고려하여야 하며, 보건복지부장관, 시·도지사 또는 시장·군수·구청장은 공표를 실시하기 전에 공표대상자에게 그 사실을 통지하여 소명자료를 제출하거나 출석하여 의견진술을 할 수 있는 기회를 부여하여야 한다.

공표의 절차·방법, 그 밖에 필요한 사항은 대통령령으로 정한다.

20) 학대피해노인 전용쉼터의 설치

국가와 지방자치단체는 노인학대로 인하여 피해를 입은 노인(학대피해노인)을 일정기간 보호하고 심신 치유 프로그램을 제공하기 위하여 학대피해노인 전용쉼터(이하 "쉼터")를 설치 · 운영할 수 있다.

쉼터의 업무는 다음과 같다.

- 학대피해노인의 보호와 숙식제공 등의 쉼터생활 지원
- 학대피해노인의 심리적 안정을 위한 전문심리상담 등 치유프로그램 제공
- 노인학대행위자에 대한 고소 · 고발 등 법률적 사항의 자문을 위한 대한변호사협회, 지방변호사회 또는 「법률구조법」에 따른 법률구조법인 등에 대한 협조 및 지원 요청
- 학대피해노인에게 학대로 인한 신체적, 정신적 치료를 위한 기본적인 의료비 지원
- 학대 재발 방지와 원가정 회복을 위하여 노인학대행위자 등에게 전문상담서비스 제공
- 그 밖에 쉼터에 입소하거나 쉼터를 이용하는 학대피해노인을 위하여 보건복지부령으로 정하는 사항

국가와 지방자치단체는 쉼터의 운영업무를 노인보호전문기관에 위탁할 수 있다. 이 경우 국가와 지방자치단체는 위탁에 소요되는 비용을 지원할 수 있고, 쉼터 운영의 위탁과 위탁비용 지원에 관한 사항은 대통령령으로 정한다.

쉼터의 설치기준 · 운영 및 인력에 관한 사항과 쉼터의 입소 · 이용 대상, 기간 및 절차 등에 관한 사항은 보건복지부령으로 정한다.

21) 노인학대의 사후관리

노인보호전문기관의 장은 노인학대가 종료된 후에도 가정방문, 시설방문, 전화상담 등을 통하여 노인학대의 재발 여부를 확인하여야 한다.

노인보호전문기관의 장은 노인학대가 종료된 후에도 노인학대의 재발 방지를 위하여 필요하다고 인정하는 경우 피해노인 및 보호자를 포함한 피해노인의 가족에게 상담, 교육 및 의료적 · 심리적 치료 등의 지원을 하여야 하며, 지원을 하기 위하여 관계 기관 · 법인 · 단체 · 시설에 협조를 요청할 수 있다.

피해노인의 보호자 · 가족은 노인보호전문기관의 지원에 성실히 참여하여야 하고, 피해노인의 보호자 · 가족은 정당한 사유 없이 노인보호전문기관의 업무 수행을 거부하거나 방해하여서는 아니 된다.

22) 변경 · 폐지

노인주거복지시설을 설치한 자 또는 노인의료복지시설을 설치한 자가 그 설치신고사항

중 보건복지부령이 정하는 사항을 변경하거나 그 시설을 폐지 또는 휴지하고자 할 때에는 대통령령이 정하는 바에 의하여 시장·군수·구청장에게 미리 신고하여야 한다.

노인여가복지시설을 설치한 자 또는 재가노인복지시설을 설치한 자가 그 설치신고사항 중 보건복지부령이 정하는 사항을 변경하거나 그 시설을 폐지 또는 휴지하고자 할 때에는 대통령령이 정하는 바에 의하여 시장·군수·구청장에게 미리 신고하여야 하며, 변경신고를 받은 경우 그 내용을 검토하여 이 법에 적합하면 신고를 수리하여야 한다.

노인주거복지시설의 장, 노인의료복지시설의 장, 노인여가복지시설의 장 또는 재가노인복지시설의 장은 해당 시설을 폐지 또는 휴지하는 경우에는 보건복지부령으로 정하는 바에 따라 해당 시설을 이용하는 사람이 다른 시설을 이용할 수 있도록 조치계획을 수립하고 이행하는 등 시설 이용자의 권익을 보호하기 위한 조치를 취하여야 한다.

시장·군수·구청장은 노인복지시설의 폐지 또는 휴지의 신고를 받은 경우 해당 시설의 장이 시설 이용자의 권익을 보호하기 위한 조치를 취하였는지 여부를 확인하는 등 보건복지부령으로 정하는 조치를 하고, 신고 내용이 이 법에 적합하면 신고를 수리하여야 한다.

23) 수탁의무

양로시설, 노인공동생활가정 및 노인복지주택, 노인요양시설 및 노인요양공동생활가정 또는 재가노인복지시설을 설치·운영하는 자가 복지실시기관으로부터 노인의 입소·장례를 위탁받은 때에는 정당한 이유없이 이를 거부하여서는 아니된다.

24) 감독

복지실시기관은 노인복지시설 또는 요양보호사교육기관을 설치·운영하는 자로 하여금 해당 시설 또는 사업에 관하여 필요한 보고를 하게 하거나 관계공무원으로 하여금 해당 시설 또는 사업의 운영상황을 조사하게 하거나 장부, 그 밖의 관계서류를 검사하게 할 수 있다.

위 규정에 의한 노인복지시설을 설치·운영하는 자는 보건복지부령이 정하는 바에 따라 매년도 입소자 또는 이용자 현황 등에 관한 자료를 복지실시기관에 제출하여야 한다.

규정에 의하여 조사·검사를 행하는 자는 그 권한을 표시하는 증표를 지니고 이를 관계인에게 내보여야 한다.

25) 사업의 정지

시·도지사 또는 시장·군수·구청장은 노인주거복지시설, 노인의료복지시설 또는 노인일자리지원기관이 다음의 어느 하나에 해당하는 때에는 1개월의 범위에서 사업의 정지 또는 폐지를 명할 수 있다.

- 시설 등에 관한 기준에 미달하게 된 때
- 규정에 위반하여 수탁을 거부한 때
- 정당한 이유없이 규정에 의한 보고 또는 자료제출을 하지 아니하거나 허위로 한 때 또는 조사·검사를 거부·방해하거나 기피한 때
- "양로시설, 노인공동생활가정 및 노인복지주택, 노인요양시설 및 노인요양공동생활가정을 설치한 자는 그 시설에 입소하거나 그 시설을 이용하는 「국민기초생활 보장법」에 따른 생계급여 수급자 또는 의료급여 수급자외의 자로부터 그에 소요되는 비용을 수납하고자 할 때에는 시장·군수·구청장에게 신고"해야 하는 규정에 위반한 때
- 해당 시설이나 기관을 설치·운영하는 자 또는 그 종사자가 입소자나 이용자를 학대한 때

시장·군수·구청장은 노인여가복지시설 또는 재가노인복지시설이 다음의 어느 하나에 해당하는 때에는 1개월의 범위에서 사업의 정지 또는 폐지를 명할 수 있다.

- 시설 등에 관한 기준에 미달하게 된 때
- 규정에 위반하여 수탁을 거부한 때(재가노인복지시설의 경우로 한정)
- 정당한 이유없이 규정에 의한 보고 또는 자료제출을 하지 아니하거나 허위로 한 때 또는 조사·검사를 거부·방해하거나 기피한 때
- "노인여가복지시설 또는 재가노인복지시설을 설치한 자 또는 편의를 제공하는 자가 그 시설을 이용하는 자로부터 그에 소요되는 비용을 수납하고자 할 때에는 미리 시장·군수·구청장에게 신고하여야 한다"는 규정에 위반한 때
- 해당 시설을 설치·운영하는 자 또는 그 종사자가 입소자나 이용자를 학대한 때

시·도지사 또는 시장·군수·구청장은 노인주거복지시설 또는 노인의료복지시설, 노인여가복지시설 또는 재가노인복지시설이 사업이 정지 또는 폐지되는 경우에는 해당 시설의 이용자를 다른 시설로 옮기도록 하는 등 시설 이용자의 권익을 보호하기 위하여 필요

한 조치를 하여야 하며, 행정처분의 세부적인 기준은 위반의 정도 등을 참작하여 보건복지부령으로 정한다.

26) 청문

시장·군수·구청장은 "사업의 정지" 규정에 의한 사업의 폐지를 명하고자 하는 경우에는 청문을 실시하여야 한다.

5. 비 용

1) 비용의 부담

다음의 어느 하나에 해당하는 비용은 대통령령이 정하는 바에 따라 국가 또는 지방자치단체가 부담한다.

- 노인일자리전담기관의 설치·운영 또는 위탁에 소요되는 비용
- 건강진단 등과 상담·입소 등의 조치에 소요되는 비용
- "노인주거복지시설, 노인의료복지시설, 노인여가복지시설, 재가노인복지시설"의 규정에 따른 노인복지시설의 설치·운영에 소요되는 비용

2) 비용의 수납 및 청구

복지조치에 필요한 비용을 부담한 복지실시기관은 해당 노인 또는 그 부양의무자로부터 대통령령으로 정하는 바에 따라 그 부담한 비용의 전부 또는 일부를 수납하거나 청구할 수 있다.

부양의무가 없는 자가 복지조치에 준하는 보호를 행하는 경우 즉시 그 사실을 부양의무자 및 복지실시기관에 알려야 한다.

보호를 행한 자는 부양의무자에게 보호비용의 전부 또는 일부를 청구할 수 있고, 부담비용의 청구 등에 관하여 필요한 사항은 보건복지부령으로 정한다.

양로시설, 노인공동생활가정 및 노인복지주택, 노인요양시설 및 노인요양공동생활가정을 설치한 자는 그 시설에 입소하거나 그 시설을 이용하는 「국민기초생활 보장법」에 따른 생계급여 수급자 또는 의료급여 수급자외의 자로부터 그에 소요되는 비용을 수납하고자 할 때에는 시장·군수·구청장에게 신고하여야 한다. 다만, 보건복지부령이 정한 비용

수납 한도액의 범위 안에서 수납할 때에는 그러하지 아니하다.

노인여가복지시설 또는 재가노인복지시설을 설치한 자 또는 편의를 제공하는 자가 그 시설을 이용하는 자로부터 그에 소요되는 비용을 수납하고자 할 때에는 미리 시장·군수·구청장에게 신고하여야 한다.

복지실시기관과 노인복지시설을 설치한 자 또는 편의를 제공한 자는 비용을 현금이나 「여신전문금융업법」에 따른 신용카드, 직불카드 또는 선불카드에 의한 결제로 납부받을 수 있다.

3) 비용의 보조

국가 또는 지방자치단체는 대통령령이 정하는 바에 의하여 노인복지시설의 설치·운영에 필요한 비용을 보조할 수 있다.

4) 유류물품의 처분

복지실시기관 또는 노인복지시설의 장은 규정에 의한 장례를 행함에 있어서 사망자가 유류한 금전 또는 유가증권을 그 장례에 필요한 비용에 충당할 수 있으며, 부족이 있을 때에는 유류물품을 처분하여 그 대금을 이에 충당할 수 있다.

5) 상속인 없는 재산의 처리

노인주거복지시설 또는 노인의료복지시설의 설치·운영자는 그 시설에 입소 중인 사람이 사망하고 그 상속인의 존부가 분명하지 아니한 경우 「민법」의 규정에 따라 처리한다. 다만, 사망한 사람의 잔여재산이 「사회복지사업법」에 따른 금액 이하인 경우에는 관할 시장·군수·구청장에게 잔여재산 목록을 작성하여 보고하는 것으로 그 재산의 처리를 갈음할 수 있다.

보고를 받은 시장·군수·구청장은 상속인, 일반상속채권자, 유증받은 자, 기타 상속재산에 대하여 권리를 주장하려는 자가 있으면 6개월 내에 그 권리를 주장할 것을 3개월 이상 공고하여야 한다.

기간 내에 상속재산에 대하여 권리를 주장하는 자가 있는 때에는 시장·군수·구청장이 「민법」에 따라 그 기간 내에 신고한 채권자들 간에 배당하여 변제하여야 한다.

기간이 경과하여도 상속재산에 대하여 권리를 주장하는 자가 없는 때에는 상속재산은 지방자치단체에 귀속된다.

규정한 사항 외에 상속인 없는 재산의 처리에 관한 세부절차는 보건복지부령으로 정한다.

6) 조세감면

노인복지시설에서 노인을 위하여 사용하는 건물·토지 등에 대하여는 조세감면규제법 등 관계법령이 정하는 바에 의하여 조세 기타 공과금을 감면할 수 있다.

6. 보 칙

1) 이의신청

노인 또는 그 부양의무자는 이 법에 따른 복지조치에 대하여 이의가 있을 때에는 해당 복지실시기관에 이의를 신청할 수 있으며, 이의신청은 해당 복지조치가 있음을 안 날부터 90일 이내에 문서로 하여야 한다. 다만, 정당한 사유로 인하여 그 기간 이내에 이의신청을 할 수 없었음을 증명한 때에는 그 사유가 소멸한 날부터 60일 이내에 이의신청을 할 수 있다.

이의신청을 받은 복지실시기관은 그 신청을 받은 날부터 30일 이내에 이를 심사·결정하여 청구인에게 통보하여야 하며, 심사·결정에 이의가 있는 자는 그 통보를 받은 날부터 90일 이내에 행정심판을 제기할 수 있다.

부양의무자가 부담하여야 할 보호비용에 대하여 보호를 행한 자와 부양의무자 사이에 합의가 이루어지지 아니하는 경우로서 시장·군수·구청장은 당사자로부터 조정요청을 받은 경우에는 이를 조정할 수 있고, 조정을 위하여 필요하다고 인정하는 경우 부양의무자에게 소득·재산 등에 관한 자료의 제출을 요구할 수 있다.

2) 노인복지명예지도원

복지실시기관은 양로시설, 노인공동생활가정, 노인복지주택, 노인요양시설 및 노인요양공동생활가정의 입소노인의 보호를 위하여 노인복지명예지도원을 둘 수 있으며, 위촉방법·업무범위 등 기타 필요한 사항은 대통령령으로 정한다.

3) 권한의 위임·위탁

보건복지부장관 또는 시·도지사는 이 법에 의한 권한의 일부를 대통령령이 정하는 바에 의하여 각각 시·도지사 또는 시장·군수·구청장에게 위임할 수 있다.

보건복지부장관, 시·도지사 또는 시장·군수·구청장은 이 법에 의한 업무의 일부를 대통령령이 정하는 바에 의하여 법인 또는 단체에 위탁할 수 있다.

4) 국·공유재산의 대부

국가 또는 지방자치단체는 노인보건복지관련 연구시설이나 사업의 육성을 위하여 필요하다고 인정하는 경우에는 국유재산법 또는 지방재정법의 규정에 불구하고 국·공유재산을 무상으로 대부하거나 사용·수익하게 할 수 있다.

5) 「건축법」에 대한 특례

이 법에 의한 재가노인복지시설, 노인공동생활가정, 노인요양공동생활가정 및 학대피해노인 전용쉼터는 「건축법」의 규정(용도변경)에 불구하고 단독주택 또는 공동주택에 설치할 수 있다. 이 법에 의한 노인복지주택의 건축물의 용도는 건축관계법령에 불구하고 노유자시설로 본다.

7. 벌 칙

1) 벌칙

7년 이하의 징역 또는 7천만원 이하의 벌금	노인의 신체에 폭행을 가하거나 상해를 입히는 행위
5년 이하의 징역 또는 5천만원 이하의 벌금	• 업무를 수행 중인 노인보호전문기관의 직원에 대하여 폭행 또는 협박하거나 위계 또는 위력으로써 그 업무를 방해한 자 • 노인의 신체에 폭행을 가하거나 상해를 입히는 행위 • 노인에게 성적 수치심을 주는 성폭행·성희롱 등의 행위 • 자신의 보호·감독을 받는 노인을 유기하거나 의식주를 포함한 기본적 보호 및 치료를 소홀히 하는 방임행위 • 노인에게 구걸을 하게 하거나 노인을 이용하여 구걸하는 행위 • 폭언, 협박, 위협 등으로 노인의 정신건강에 해를 끼치는 정서적 학대행위
3년 이상의 유기징역	• 단체 또는 다중의 위력을 보이거나 위험한 물건을 휴대하고 "노인보호전문 기관의 직원이나 사법경찰관리는 피해자를 보호하기 위하여 신고된 현장에 출입하여 관계인에 대하여 조사를 하거나 질문", "응급조치의 의무" 규정의 죄를 범하여 노인보호전문기관의 직원을 상해에 이르게 한 때

무기 또는 5년 이상의 징역	• 단체 또는 다중의 위력을 보이거나 위험한 물건을 휴대하고 "노인보호전문 기관의 직원이나 사법경찰관리는 피해자를 보호하기 위하여 신고된 현장에 출입하여 관계인에 대하여 조사를 하거나 질문", "응급조치의 의무" 규정의 죄를 범하여 노인보호전문기관의 직원을 사망에 이르게 한 때
년 이하의 징역 또는 3천만원 이하의 벌금	• 노인을 위하여 증여 또는 급여된 금품을 그 목적외의 용도에 사용하는 행위를 한 자 • 정당한 사유 없이 신고하지 아니하고 실종노인을 보호한 자 • 위계 또는 위력을 행사하여 관계 공무원의 출입 또는 조사를 거부하거나 방해한 자 • 직무상 알게 된 비밀을 누설한 자
2년 이하의 징역에 처하거나 위법하게 임대한 세대의 수에 1천만원을 곱한 금액 이하의 벌금	• 입소자격자 아닌 자에게 노인복지주택을 임대한 자
1년 이하의 징역 또는 1천만원 이하의 벌금	• 신고를 하지 아니하고 양로시설·노인공동생활가정·노인복지주택·노인요양시설·노인요양공동생활가정·노인여가복지시설 또는 재가노인복지시설을 설치하거나 운영한 자 • "노인복지주택의 입소자격" 기준을 위반하여 임대한 자 • 신고를 하지 아니하고 양로시설·노인공동생활가정·노인복지주택·노인요양시설·노인요양공동생활가정·노인여가복지시설 또는 재가노인복지시설을 설치하거나 운영한 자 • 다른 사람에게 요양보호사 자격증을 빌려주거나 빌린 자 • 요양보호사 자격증을 빌려주거나 빌리는 것을 알선한 자 • 지정을 받지 아니하고 요양보호사교육기관을 설치하거나 운영한 자 • 신고인의 신분 보호 및 신원 노출 금지 의무를 위반한 자 • 정당한 사유 없이 노인복지시설의 폐지 및 휴지에 이용 노인의 권익보호조치를 하지 아니한 자
50만원 이하의 벌금	• 수탁을 거부한 자

2) 벌칙 적용에서 공무원 의제

위탁받은 법인 또는 단체의 임직원은 「형법」의 규정에 따른 벌칙을 적용할 때에는 공무원으로 본다.

3) 가중처벌

상습적으로 또는 노인복지시설 종사자가 "노인에 대한 상해", "업무를 수행 중인 노인보호전문기관의 직원에 대하여 폭행 또는 협박하거나 위계 또는 위력으로써 그 업무를 방해한 자" 또는 "노인을 위하여 증여 또는 급여된 금품을 그 목적외의 용도에 사용하는 행위"의 죄를 범한 경우 각 그 죄에서 정한 형의 2분의 1까지 가중한다.

4) 양벌규정

법인의 대표자나 법인 또는 개인의 대리인, 사용인, 그 밖의 종업원이 그 법인 또는 개인의 업무에 관하여 " 노인의 신체에 폭행을 가하거나 상해를 입히는 행위", "정당한 사유 없이 신고하지 아니하고 실종노인을 보호한 자", "직무상 알게 된 비밀을 누설한 자", "입소자격자 아닌 자에게 노인복지주택을 임대한 자", "신고를 하지 아니하고 양로시설·노인공동생활가정·노인복지주택·노인요양시설·노인요양공동생활가정·노인여가복지시설 또는 재가노인복지시설을 설치하거나 운영한 자, 다른 사람에게 요양보호사 자격증을 빌려주거나 빌린 자, 요양보호사 자격증을 빌려주거나 빌리는 것을 알선한 자, 지정을 받지 아니하고 요양보호사교육기관을 설치하거나 운영한 자, 신고인의 신분 보호 및 신원노출 금지 의무를 위반한 자, 정당한 사유 없이 노인복지시설의 폐지 및 휴지에 이용노인의 권익보호조치를 하지 아니한 자"의 경우 그 행위자를 벌하는 외에 그 법인 또는 개인에게도 해당 조문의 벌금형을 과(科)한다. 다만, 법인 또는 개인이 그 위반행위를 방지하기 위하여 해당 업무에 관하여 상당한 주의와 감독을 게을리하지 아니한 경우에는 그러하지 아니하다.

5) 과태료

1천만원 이하의 과태료	• 해임요구를 정당한 사유 없이 거부하거나 1개월 이내에 이행하지 아니하는 노인관련기관의 장
500만원 이하의 과태료	• 명령을 위반하여 보고 또는 자료제출을 하지 아니하거나 거짓으로 보고하거나 거짓 자료를 제출한 자 • 노인학대를 신고하지 아니한 사람 • 취업자 등에 대하여 노인학대관련범죄 경력을 확인하지 아니한 노인관련기관의 장
300만원 이하의 과태료	• 정당한 사유 없이 상담·교육 및 심리적 치료 등을 받지 아니한 노인학대행위자 • 정당한 사유 없이 노인보호전문기관의 업무 수행을 거부하거나 방해한 피해노인의 보호자·가족
200만원 이하의 과태료	• 실종노인에 대한 신상카드를 제출하지 아니한 자 • 신고하지 아니하고 노인복지시설을 폐지 또는 휴지한 자

19 chapter

기초연금법

1. 총 칙

1) 목적

이 법은 노인에게 기초연금을 지급하여 안정적인 소득기반을 제공함으로써 노인의 생활안정을 지원하고 복지를 증진함을 목적으로 한다.

2) 정의

이 법에서 사용하는 용어의 뜻은 다음과 같다.

- "기초연금 수급권(受給權)"이란 이 법에 따른 기초연금을 받을 권리를 말한다.
- "기초연금 수급권자"란 기초연금 수급권을 가진 사람을 말한다.
- "기초연금 수급자"란 이 법에 따라 기초연금을 지급받고 있는 사람을 말한다.
- "소득인정액"이란 본인 및 배우자의 소득평가액과 재산의 소득환산액을 합산한 금액을 말한다. 이 경우 소득평가액과 재산의 소득환산액을 산정하는 소득 및 재산의 범위는 대통령령으로 정하고, 소득평가액과 재산의 소득환산액의 구체적인 산정방법은 보건복지부령으로 정한다.

3) 기초연금 수급권자의 범위

기초연금은 65세 이상인 사람으로서 소득인정액이 보건복지부장관이 정하여 고시하는 금액(선정기준액) 이하인 사람에게 지급하며, 보건복지부장관은 선정기준액을 정하는 경우 65세 이상인 사람 중 기초연금 수급자가 70% 수준이 되도록 한다.

다음의 어느 하나에 해당하는 연금의 수급권자와 그 배우자나 다음의 어느 하나에 해당하는 연금을 받은 사람 중 대통령령으로 정하는 사람과 그 배우자에게는 기초연금을 지급하지 아니한다.

- 「공무원연금법」, 「공무원 재해보상법」 또는 「사립학교교직원 연금법」에 따른 퇴직연금, 퇴직연금일시금, 퇴직연금공제일시금, 장해연금, 비공무상 장해연금, 비직무상 장해연금, 장해일시금, 비공무상 장해일시금, 비직무상 장해일시금, 퇴직유족연금, 장해유족연금, 순직유족연금, 직무상유족연금, 위험직무순직유족연금, 퇴직유족연금일시금 또는 퇴직유족일시금[퇴직유족일시금의 경우에는 「공무원 재해보상법」에 따라 순직유족연금의 수급권자가 순직유족연금을 갈음하여 선택한 경우(「사립학교교직원 연금법」에 따른 직무상유족연금의 수급권자가 직무상유족연금을 갈음하여 선택한 경우 포함) 및 위험직무순직유족연금의 수급권자가 위험직무순직유족연금을 갈음하여 선택한 경우로 한정]
- 「군인연금법」에 따른 퇴역연금, 퇴역연금일시금, 퇴역연금공제일시금, 퇴역유족연금, 퇴역유족연금일시금 또는 「군인 재해보상법」에 따른 상이연금, 상이유족연금, 순직유족연금, 순직유족연금일시금
- 「별정우체국법」에 따른 퇴직연금, 퇴직연금일시금, 퇴직연금공제일시금, 유족연금 또는 유족연금일시금
- 「국민연금과 직역연금의 연계에 관한 법률」에 따른 연계퇴직연금 또는 연계퇴직유족연금 중 직역재직기간이 10년 이상인 경우의 연계퇴직연금 또는 연계퇴직유족연금

선정기준액의 기준, 고시 시기 및 적용기간 등은 대통령령으로 정한다.

4) 국가와 지방자치단체의 책무

국가와 지방자치단체는 기초연금이 법의 목적에 따라 노인의 생활안정을 지원하고 복지를 증진하는 데 필요한 수준이 되도록 최대한 노력하여야 한다.

국가와 지방자치단체는 법의 목적에 따라 필요한 비용을 부담할 수 있도록 재원(財源)을 조성하여야 한다. 이 경우 「국민연금법」에 따라 설치된 국민연금기금은 기초연금 지급을 위한 재원으로 사용할 수 없다.

국가와 지방자치단체는 기초연금의 지급에 따라 계층 간 소득역전 현상이 발생하지 아니하고 근로의욕 및 저축유인이 저하되지 아니하도록 최대한 노력하여야 한다.

2. 기초연금액의 산정

1) 기초연금액의 산정

기초연금 수급권자에 대한 기초연금의 금액(기초연금액)은 기준연금액과 국민연금 급여액 등을 고려하여 산정하고, 기준연금액에 대통령령으로 정하는 바에 따라 전국소비자물가변동률(「통계법」에 따라 통계청장이 매년 고시하는 전국소비자물가변동률)을 반영하여 매년 고시한다. 이 경우 그 고시한 기준연금액의 적용기간은 해당 조정연도 1월부터 12월까지로 한다. 2021년의 기준연금액은 30만원으로 한다.

기초연금 수급권자 중 다음의 연금 수급권자(국민연금 수급권자)에게 지급하는 기초연금액은 [기초연금액= 기준연금액 - (소득재분배급여액 × 2/3) + 부가연금액(기준연금

- 「국민연금법」 또는 국민연금법 전부개정법률 부칙에 따른 노령연금 수급권자 또는 분할연금 수급권자
- 「북한이탈주민의 보호 및 정착지원에 관한 법률」에 따른 국민연금 수급권자

국민연금 수급권자에게 지급하는 기초연금액은 기준연금액에서 (소득재분배급여액 × 2/3) 금액을 뺀 금액(그 뺀 후의 금액이 0보다 작은 경우에는 0으로 한다)에 부가연금액(기준연금액의 1/2)을 더한 금액으로 한다.

- 기준연금액("저소득 기초연금 수급권자에 대한 기초연금액"의 적용을 받는 기초연금 수급자의 경우 30만원)
- 국민연금 수급권자가 받을 수 있는 연금의 금액 중 「국민연금법」을 기초로 산정한 금액(「국민연금법」 "연금 수급 2년 전 연도와 대비한 전년도의 전국소비자물가변동률"에 따라 매년 조정한 금액을 말하며, 이하 "소득재분배급여금액")에 3분의 2를 곱한 금액. 다만, 「국민연금법」에 따라 국민연금 수급권자의 연금의 금액을 연기 또는 조기 지급하거나 가산 또는 감액하여 지급하는 경우 등의 소득재분배급여금액 산정 기초가 되는 연금의 금액 기준은 대통령령으로 정한다.

- 부가연금액: 기준연금액의 2분의 1에 해당하는 금액

기초연금 수급권자 중 「국민연금과 직역연금의 연계에 관한 법률」에 따른 연계노령연금 수급권자에게는 기준연금액에서 [(소득재분배급여금액+(연계퇴직연금액 × 1/2)] × 2/3 금액을 뺀 금액(그 뺀 후의 금액이 0보다 작은 경우에는 0으로 한다)에 부가연금액을 더한 금액을 지급한다.

- 기준연금액
- ㉠과 ㉡의 금액을 합한 금액에 3분의 2를 곱한 금액
  - ㉠ 소득재분배급여금액
  - ㉡ 「국민연금과 직역연금의 연계에 관한 법률」 제12조에 따른 연계퇴직연금액에 2분의 1을 곱한 금액
- 부가연금액: 기준연금액의 2분의 1에 해당하는 금액

기초연금 수급권자 중 다음의 어느 하나에 해당하는 사람에게 지급하는 기초연금액은 기준연금액으로 한다.

- "「국민연금법」 또는 국민연금법 전부개정법률 부칙"에 따른 노령연금 수급권자 또는 분할연금 수급권자 및 「북한이탈주민의 보호 및 정착지원에 관한 법률」에 따른 국민연금 수급권 또는 "연계노령연금 수급권자"에 해당하지 아니하는 사람
- "「국민연금법」 또는 국민연금법 전부개정법률 부칙"에 따른 노령연금 수급권자 또는 분할연금 수급권자 및 "「북한이탈주민의 보호 및 정착지원에 관한 법률」에 따른 국민연금 수급권" 또는 "연계노령연금 수급권자"에 해당하는 사람으로서 다음의 어느 하나에 해당하는 사람
  - ㉠ 「국민연금법」에 따라 국민연금 지급이 정지된 노령연금 수급권자 및 분할연금 수급권자
  - ㉡ 「장애인연금법」에 따른 수급권자
  - ㉢ 「국민기초생활 보장법」에 따른 수급권자로서 대통령령으로 정하는 사람
  - ㉣ 그 밖에 대통령령으로 정하는 사람

2) 저소득 기초연금 수급권자에 대한 기초연금액 산정의 특례

65세 이상인 사람 중 소득인정액이 40% 이하인 사람에게 적용하는 기준연금액은 30

만원으로 한다.

보건복지부장관은 위의 기준연금액을 적용받는 사람을 선정하기 위한 소득인정액(이하 "저소득자 선정기준액")을 정하여 고시하여야 하며, 저소득자 선정기준액의 기준, 고시 시기 및 적용기간 등은 대통령령으로 정한다.

3) 국민연금 급여액등에 따른 기초연금액 산정의 특례

기초연금액에도 불구하고 "「국민연금법」 또는 국민연금법 전부개정법률 부칙"에 따른 노령연금 수급권자 또는 분할연금 수급권자 및 "「북한이탈주민의 보호 및 정착지원에 관한 법률」에 따른 국민연금 수급권" 또는 "연계노령연금 수급권자"에 해당하는 사람 중 「국민연금법」 및 「국민연금과 직역연금의 연계에 관한 법률」에 의한 수급권에 따라 매월 지급 받을 수 있는 급여액(「국민연금법」조에 따른 부양가족연금액을 제외한 금액. 이하 "국민연금 급여액 등"이라 한다)이 기준연금액의 150% 이하인 사람에게 지급하는 기초연금액은 기준연금액으로 한다.

기초연금액도 불구하고 "「국민연금법」 또는 국민연금법 전부개정법률 부칙"에 따른 노령연금 수급권자 또는 분할연금 수급권자 및 "「북한이탈주민의 보호 및 정착지원에 관한 법률」에 따른 국민연금 수급권 또는 연계노령연금 수급권자"에 해당하는 사람 중 국민연금 급여액등이 기준연금액의 150% 초과 200% 이하인 사람에게 지급하는 기초연금액은 기준연금액의 범위에서 대통령령으로 정하는 바에 따라 기초연금액에 따라 산정된 금액 이상으로 달리 정할 수 있다.

4) 기초연금액의 한도

"「국민연금법」 또는 국민연금법 전부개정법률 부칙"에 따른 노령연금 수급권자 또는 분할연금 수급권자 및 "「북한이탈주민의 보호 및 정착지원에 관한 법률」에 따른 국민연금 수급권" 또는 "연계노령연금 수급권자" 규정에 따라 산정한 기초연금액이 기준연금액을 초과하는 경우 기준연금액을 기초연금액으로 본다.

5) 기초연금액의 감액

본인과 그 배우자가 모두 기초연금 수급권자인 경우에는 각각의 기초연금액에서 기초연금액의 20%에 해당하는 금액을 감액한다.

소득인정액과 기초연금액(위 조항이 적용되는 경우에는 그 감액분이 반영된 금액)을 합산한 금액이 선정기준액 이상인 경우에는 선정기준액을 초과하는 금액의 범위에서 기초연금액의 일부를 감액할 수 있다.

기초연금 수급권자의 소득인정액과 해당 기초연금액(본인과 그 배우자가 모두 기초연금 수급권자인 경우에는 각각의 기초연금액에서 기초연금액의 20%에 해당하는 금액을 감액한다. 감액분이 반영된 금액을 말한다)을 합산한 금액이 저소득자 선정기준액과 기준연금액("저소득 기초연금 수급권자에 대한 기초연금액 산정의 특례"에 해당하지 않는 기초연금 수급권자의 기준연금액을 말한다)을 합산한 금액 이상인 경우에는 "저소득 기초연금 수급권자에 대한 기초연금액 산정의 특례"의 적용을 받는 기초연금 수급권자의 기초연금액의 일부를 감액할 수 있다.

감액의 세부적인 기준은 대통령령으로 정한다.

6) 기초연금액의 적정성 평가

보건복지부장관은 전국소비자물가변동률을 반영한 기준연금액의 고시에도 불구하고 5년마다 기초연금 수급권자의 생활 수준, 「국민연금법」에 따른 금액의 변동률, 전국소비자물가변동률 등을 종합적으로 고려하여 기초연금액의 적정성을 평가하고 그 결과를 반영하여 기준연금액을 조정하여야 하며, 적정성 평가를 할 때에는 노인 빈곤에 대한 실태 조사와 기초연금의 장기적인 재정 소요에 대한 전망을 함께 실시하여야 하고, 조정한 기준연금액을 고시하여야 한다.

기준연금액 조정, 재정 소요 전망과 노인 빈곤에 대한 실태 조사의 세부 절차 및 기준연금액의 고시 등에 관하여 필요한 사항은 대통령령으로 정한다.

3. 기초연금의 신청 및 지급 결정

1) 기초연금 지급의 신청

기초연금을 지급받으려는 사람(기초연금 수급희망자) 또는 보건복지부령으로 정하는 대리인은 특별자치시장·특별자치도지사·시장·군수·구청장에게 기초연금의 지급을 신청할 수 있다.

기초연금 수급희망자와 그 배우자는 기초연금의 지급 신청을 할 때 금융·신용·보험의 자료 또는 정보를 보건복지부장관 및 특별자치시장·특별자치도지사·시장·군수·구청장(업무를 위탁받은 자 포함)에게 제공하는 것에 대하여 동의한다는 서면을 제출하여야 한다.

특별자치시장·특별자치도지사·시장·군수·구청장이 지정한 법인·단체·시설·기관 등은 기초연금 수급희망자의 요청에 따라 에 따른 기초연금 지급 신청을 지원할 수 있다.

기초연금의 지급 신청의 방법·절차 및 동의의 방법·절차 등에 관하여 필요한 사항은 대통령령으로 정한다.

보건복지부장관 또는 특별자치시장·특별자치도지사·시장·군수·구청장은 65세 이상인 사람에게 기초연금의 지급대상, 금액 및 신청방법 등 기초연금 관련 정보를 제공하여야 하며, 정보 제공의 내용·방법 및 절차 등에 필요한 사항은 대통령령으로 정한다.

2) 조사·질문

보건복지부장관 또는 특별자치시장·특별자치도지사·시장·군수·구청장은 기초연금 수급권의 발생·변경·상실 등을 확인하기 위하여 기초연금을 신청한 기초연금 수급희망자, 기초연금 수급권자, 기초연금 수급자와 그 각각의 배우자 및 고용주(기초연금 수급권자 등)에게 필요한 서류나 그 밖에 소득·재산 등에 관한 자료의 제출을 요구할 수 있으며, 소속 공무원으로 하여금 기초연금 수급권자 등의 집이나 그 밖의 필요한 장소에 방문하여 서류 등을 조사하게 하거나 관계인에게 필요한 질문을 하게 할 수 있다.

보건복지부장관 또는 특별자치시장·특별자치도지사·시장·군수·구청장은 기초연금 수급 관련 서류 및 자료의 확인·조사 또는 기초연금사업의 수행을 위하여 기초연금 수급권자 등의 소득과 재산에 관한 자료 또는 정보, 인적사항에 관한 자료 또는 정보를 관계 기관의 장에게 요청할 수 있다. 이 경우 자료 또는 정보의 제공을 요청받은 관계 기관의 장은 특별한 사유가 없으면 그 요청에 따라야 한다.

방문·조사·질문을 하는 관계 공무원은 그 권한을 표시하는 증표 및 조사기간, 조사범위, 조사담당자, 관계 법령 등 보건복지부령으로 정하는 사항이 기재된 서류를 지니고 이를 관계인에게 보여 주어야 한다.

보건복지부장관 또는 특별자치시장·특별자치도지사·시장·군수·구청장은 기초연금 수급희망자, 기초연금 수급권자 또는 기초연금 수급자가 서류 또는 자료를 제출하지 아니하거나 거짓의 서류 또는 자료를 제출한 경우 또는 조사·질문을 거부·방해 또는 기피하거나 거짓 답변을 한 경우에는 기초연금 지급의 신청을 각하하거나 기초연금 지급의 결정을 취소하거나 기초연금 지급을 정지할 수 있고, 자료 또는 정보를 제공받은 경우에는 해당 법령에 따라 부과되는 수수료 또는 사용료 등을 면제한다.

조사 · 질문의 범위 · 시기 · 내용 · 절차 · 방법 등에 관하여는 이 법에서 정하는 사항을 제외하고는 「행정조사기본법」에서 정하는 바를 따르며, 그 밖에 필요한 사항은 대통령령으로 정한다.

3) 기초연금 지급의 결정

특별자치시장 · 특별자치도지사 · 시장 · 군수 · 구청장은 조사를 한 후 기초연금 수급권의 발생 · 변경 · 상실 등을 결정하며, 기초연금 수급권의 발생 여부를 결정할 때 제공받은 자료 · 정보의 전부 또는 일부를 통해 평가한 기초연금 수급희망자와 그 배우자의 소득 · 재산 수준이 보건복지부장관이 정하는 기준 이하인 경우에는 관련 조사의 일부를 생략하고 기초연금 수급권의 발생을 결정할 수 있다.

특별자치시장 · 특별자치도지사 · 시장 · 군수 · 구청장은 결정을 한 경우에는 그 결정 내용을 서면으로 그 이유를 구체적으로 밝혀 기초연금 수급권자에게 지체 없이 통지하여야 하며, 기초연금 수급권의 발생 · 변경 · 상실 등의 결정 절차 및 통지 등에 관하여 필요한 사항은 보건복지부령으로 정한다.

4) 기초연금의 지급 및 지급 시기

특별자치시장 · 특별자치도지사 · 시장 · 군수 · 구청장은 기초연금 수급권자로 결정한 사람에 대하여 기초연금의 지급을 신청한 날이 속하는 달부터 기초연금 수급권을 상실한 날이 속하는 달까지 매월 정기적으로 기초연금을 지급한다.

기초연금의 지급이 정지된 기간에는 기초연금을 지급하지 아니하며, 기초연금 지급의 방법 · 절차 등에 관하여 필요한 사항은 보건복지부령으로 정한다.

4. 기초연금 수급자 사후관리

1) 미지급 기초연금

기초연금 수급자가 사망한 경우로서 그 기초연금 수급자에게 지급되지 아니한 기초연금액이 있는 경우에는 그 기초연금 수급자의 사망 당시 생계를 같이 한 부양의무자(배우자와 직계혈족 및 그 배우자)는 미지급 기초연금을 청구할 수 있다. 이 경우 특별자치시장 · 특별자치도지사 · 시장 · 군수 · 구청장은 지체 없이 그 지급 여부를 결정하여 그 부양의무자에게 통지하여야 한다. 미지급 기초연금의 청구 절차·방법 및 부양의무자의 인정 기준과 지급순위 등에 관하여 필요한 사항은 대통령령으로 정한다.

2) 기초연금 지급의 정지

특별자치시장·특별자치도지사·시장·군수·구청장은 기초연금 수급자가 다음의 어느 하나의 경우에 해당하면 그 사유가 발생한 날이 속하는 달의 다음 달부터 그 사유가 소멸한 날이 속하는 달까지는 기초연금의 지급을 정지한다. 지급 정지의 절차 등에 관하여 필요한 사항은 보건복지부령으로 정한다.

- 기초연금 수급자가 금고 이상의 형을 선고받고 교정시설 또는 치료감호시설에 수용되어 있는 경우
- 기초연금 수급자가 행방불명되거나 실종되는 등 대통령령으로 정하는 바에 따라 사망한 것으로 추정되는 경우
- 기초연금 수급자의 국외 체류기간이 60일 이상 지속되는 경우. 이 경우 국외 체류 60일이 되는 날을 지급 정지의 사유가 발생한 날로 본다.
- 그 밖에 위의 경우에 준하는 경우로서 대통령령으로 정하는 경우

3) 기초연금 수급권의 상실

기초연금 수급권자는 다음의 어느 하나에 해당하게 된 때에 기초연금 수급권을 상실한다.

- 사망한 때
- 국적을 상실하거나 국외로 이주한 때
- 기초연금 수급권자에 해당하지 아니하게 된 때

4) 신고

기초연금 수급자는 다음의 어느 하나에 해당하는 경우 대통령령으로 정하는 바에 따라 30일 이내에 그 사실을 특별자치시장·특별자치도지사·시장·군수·구청장에게 신고하여야 한다. 다만, 기초연금 수급권 상실의 사유가 있는 경우(사망에 해당하는 경우로 한정)의 경우에는 「가족관계의 등록 등에 관한 법률」에 따른 신고의무자가 특별자치시장·특별자치도지사·시장·군수·구청장에게 신고하여야 한다.

- 기초연금 지급의 정지 사유가 소멸한 경우
- 기초연금 수급권 상실의 사유가 있는 경우

- 대통령령으로 정하는 기준에 해당하는 기초연금 수급자 또는 그 배우자의 소득·재산의 변동이 발생한 경우
- 기초연금 수급자가 결혼 또는 이혼을 하거나 그 배우자가 사망한 경우
- 그 밖에 보건복지부령으로 정하는 사유가 발생한 경우

「가족관계의 등록 등에 관한 법률」에 따른 신고의무자가 기초연금 수급자의 사망신고를 한 경우에는 신고를 한 것으로 보며, 신고의 내용, 방법 및 절차 등에 관하여 필요한 사항은 보건복지부령으로 정한다.

5) 기초연금액의 환수

특별자치시장·특별자치도지사·시장·군수·구청장은 기초연금을 받은 사람이 다음의 어느 하나에 해당하는 경우에는 지급한 기초연금액을 대통령령으로 정하는 바에 따라 환수하여야 한다. 이 경우 "거짓이나 그 밖의 부정한 방법으로 기초연금을 받은 경우"에는 지급한 기초연금액에 대통령령으로 정하는 이자를 붙여 환수한다.

- 거짓이나 그 밖의 부정한 방법으로 기초연금을 받은 경우
- 기초연금의 지급이 정지된 기간에 대하여 기초연금이 지급된 경우
- 그 밖의 사유로 기초연금이 잘못 지급된 경우

특별자치시장·특별자치도지사·시장·군수·구청장은 환수할 기초연금액(이하 "환수금")의 환수 대상자에게 지급할 기초연금액이 있는 경우 그 지급할 기초연금액을 환수금과 상계(相計)할 수 있으며, 환수금이 대통령령으로 정하는 금액 미만인 경우에는 환수하지 아니할 수 있다.

6) 환수금의 고지, 독촉 및 징수

특별자치시장·특별자치도지사·시장·군수·구청장은 환수금을 징수하려면 기한을 정하여 환수금의 금액 및 납부기한 등을 적은 문서로써 납입 고지를 하여야 하고, 고지를 받은 사람이 그 기한까지 환수금을 내지 아니하면 기한을 정하여 대통령령으로 정하는 바에 따라 독촉하여야 하며, 독촉을 받은 사람이 그 기한까지 환수금을 내지 아니하면 지방세 체납처분의 예에 따라 징수한다.

5. 기초연금 수급권자의 권리 보호

1) 기초연금 수급권의 보호

기초연금 수급권은 양도하거나 담보로 제공할 수 없으며, 압류 대상으로 할 수 없으며, 기초연금으로 지급받은 금품은 압류할 수 없다.

2) 이의신청

기초연금 지급의 결정이나 그 밖에 이 법에 따른 처분에 이의가 있는 사람은 특별자치시장·특별자치도지사·시장·군수·구청장에게 이의신청을 할 수 있으며, 이의신청은 그 처분이 있음을 안 날부터 90일 이내에 서면으로 하여야 한다. 다만, 정당한 사유로 인하여 그 기간 이내에 이의신청을 할 수 없었음을 증명한 때에는 그 사유가 소멸한 때부터 60일 이내에 이의신청을 할 수 있다.

이의신청의 절차 및 결정 통지 등에 관하여 필요한 사항은 보건복지부령으로 정한다.

6. 보 칙

1) 시효

환수금을 환수할 권리와 기초연금 수급권자의 권리는 5년간 행사하지 아니하면 시효의 완성으로 소멸한다.

2) 비용의 분담

국가는 지방자치단체의 노인인구 비율 및 재정 여건 등을 고려하여 기초연금의 지급에 드는 비용 중 40% 이상 90% 이하의 범위에서 대통령령으로 정하는 비율에 해당하는 비용을 부담한다.

국가가 부담하는 비용을 뺀 비용은 특별시·광역시·특별자치시·도·특별자치도와 시·군·구가 상호 분담한다. 이 경우, 그 부담비율은 노인인구 비율 및 재정여건 등을 고려하여 보건복지부장관과 협의하여 시·도의 조례 및 시·군·구의 조례로 정한다.

3) 기초연금정보시스템의 구축 · 운영

보건복지부장관은 이 법에 따른 기초연금 관련 자료 또는 정보의 효율적 처리·관리를 위하여 대통령령으로 정하는 바에 따라 기초연금정보시스템을 구축·운영할 수 있으며, 기초연금 업무를 효율적으로 수행하기 위하여 「사회복지사업법」에 따른 정보시스템과 기초연금정보시스템을 연계하여 사용할 수 있다.

4) 자료 및 정보의 수집

보건복지부장관, 특별자치시장·특별자치도지사·시장·군수·구청장 및 업무를 위탁받은 국민연금공단은 기초연금 업무의 원활한 수행을 위하여 "조사·질문"과 "금융정보 등"에 따라 제출 또는 제공받은 서류, 자료 또는 정보를 처리할 수 있다.

5) 권한의 위임 · 위탁

이 법에 따른 보건복지부장관의 권한은 대통령령으로 정하는 바에 따라 그 일부를 특별시장·광역시장·특별자치시장·도지사·특별자치도지사 또는 시장·군수·구청장에게 위임할 수 있다.

보건복지부장관 또는 특별자치시장·특별자치도지사·시장·군수·구청장은 기초연금사업의 원활한 수행을 위하여 대통령령으로 정하는 업무를 「국민연금법」에 따른 국민연금공단에 위탁할 수 있다.

권한을 위임·위탁받은 자에 대해서는 제공되는 자료 또는 정보에 대하여 해당 법령에 따라 부과되는 사용료 또는 수수료 등을 면제한다.

7. 벌 칙

1) 벌칙

5년 이하의 징역 또는 5천만원 이하의 벌금	• 금융정보 등을 다른 자에게 제공하거나 누설한 자
1년 이하의 징역 또는 1천만원 이하의 벌금	• 거짓이나 그 밖의 부정한 방법으로 기초연금을 지급받은 사람

2) 양벌규정

법인의 대표자, 법인 또는 개인의 대리인, 사용인, 그 밖의 종업원이 그 법인 또는 개인의 업무에 관하여"벌칙 조항"의 위반행위를 하면 그 행위자를 벌하는 외에 그 법인 또는 개인에게도 해당 조항의 벌금형을 과(科)한다. 다만, 법인 또는 개인이 그 위반행위를 방지하기 위하여 해당 업무에 관하여 상당한 주의와 감독을 게을리하지 아니한 경우에는 그러하지 아니하다.

3) 과태료

20만원 이하의 과태료	• 정당한 사유 없이 서류나 그 밖에 소득·재산 등에 관한 자료를 제출하지 아니하거나 거짓의 서류 또는 자료를 제출한 자 또는 조사·질문을 거부·방해 또는 기피하거나 거짓 답변을 한 자
10만원 이하의 과태료	• 정당한 사유 없이 "기초연금 수급" 신고를 하지 아니한 사람

과태료는 대통령령으로 정하는 바에 따라 보건복지부장관 및 특별자치시장·특별자치도지사·시장·군수·구청장이 부과·징수한다.

제 5 부

장애인 관련 법령

제20장 장애인복지법

제21장 장애인연금법

제22장 장애인 활동 지원에 관한 법률

제23장 장애아동 복지지원법

제24장 발달장애인 권리보장 및 지원에 관한 법률

20
chapter

장애인복지법

1. 총 칙

1) 목적

이 법은 장애인의 인간다운 삶과 권리보장을 위한 국가와 지방자치단체 등의 책임을 명백히 하고, 장애발생 예방과 장애인의 의료·교육·직업재활·생활환경개선 등에 관한 사업을 정하여 장애인복지대책을 종합적으로 추진하며, 장애인의 자립생활·보호 및 수당지급 등에 관하여 필요한 사항을 정하여 장애인의 생활안정에 기여하는 등 장애인의 복지와 사회활동 참여증진을 통하여 사회통합에 이바지함을 목적으로 한다.

2) 장애인의 정의

"장애인"이란 신체적·정신적 장애로 오랫동안 일상생활이나 사회생활에서 상당한 제약을 받는 자를 말한다.

이 법을 적용받는 장애인은 위 조항에 따른 장애인 중 다음의 어느 하나에 해당하는 장애가 있는 자로서 대통령령으로 정하는 장애의 종류 및 기준에 해당하는 자를 말한다.

- "신체적 장애"란 주요 외부 신체 기능의 장애, 내부기관의 장애 등을 말한다.
- "정신적 장애"란 발달장애 또는 정신 질환으로 발생하는 장애를 말한다.

"장애인학대"란 장애인에 대하여 신체적·정신적·정서적·언어적·성적 폭력이나 가혹행위, 경제적 착취, 유기 또는 방임을 하는 것을 말하며, "장애인학대관련범죄"란 장애인학대로서 다음의 어느 하나에 해당하는 죄를 말한다.

- 「형법」 제2편제24장 살인의 죄 중 제250조(살인, 존속살해), 제252조(촉탁, 승낙에 의한 살인 등), 제253조(위계 등에 의한 촉탁살인 등) 및 제254조(미수범)의 죄
- 「형법」 제2편제25장 상해와 폭행의 죄 중 제257조(상해, 존속상해), 제258조(중상해, 존속중상해), 제258조의2(특수상해), 제259조(상해치사), 제260조(폭행, 존속폭행)제1항·제2항, 제261조(특수폭행) 및 262조(폭행치사상)의 죄
- 「형법」 제2편제28장 유기와 학대의 죄 중 제271조(유기, 존속유기)제1항·제2항, 제272조(영아유기), 제273조(학대, 존속학대), 제274조(아동혹사) 및 제275조(유기등 치사상)의 죄
- 「형법」 제2편제29장 체포와 감금의 죄 중 제276조(체포, 감금, 존속체포, 존속감금), 제277조(중체포, 중감금, 존속중체포, 존속중감금), 제278조(특수체포, 특수감금), 제280조(미수범) 및 제281조(체포·감금등의 치사상)의 죄
- 「형법」 제2편제30장 협박의 죄 중 제283조(협박, 존속협박)제1항·제2항, 제284조(특수협박) 및 제286조(미수범)의 죄
- 「형법」 제2편제31장 약취, 유인 및 인신매매의 죄 중 제287조(미성년자의 약취, 유인), 제288조(추행 등 목적 약취, 유인 등), 제289조(인신매매) 및 제290조(약취, 유인, 매매, 이송 등 상해·치상), 제291조(약취, 유인, 매매, 이송 등 살인·치사) 및 제292조(약취, 유인, 매매, 이송된 사람의 수수·은닉 등) 및 제294조(미수범)의 죄
- 「형법」 제2편제32장 강간과 추행의 죄 중 제297조(강간), 제297조의2(유사강간), 제298조(강제추행), 제299조(준강간, 준강제추행), 제300조(미수범), 제301조(강간 등 상해·치상), 제301조의2(강간등 살인·치사), 제302조(미성년자 등에 대한 간음), 제303조(업무상위력 등에 의한 간음) 및 제305조(미성년자에 대한 간음, 추행)의 죄
- 「형법」 제2편제33장 명예에 관한 죄 중 제307조(명예훼손), 제309조(출판물 등에 의한 명예훼손) 및 제311조(모욕)의 죄
- 「형법」 제2편제36장 주거침입의 죄 중 제321조(주거·신체 수색)의 죄
- 「형법」 제2편제37장 권리행사를 방해하는 죄 중 제324조(강요) 및 제324조의5(미수범)(제324조의 죄에만 해당한다)의 죄

- 「형법」 제2편제39장 사기와 공갈의 죄 중 제347조(사기), 제347조의2(컴퓨터등 사용사기), 제348조(준사기), 제350조(공갈), 제350조의2(특수공갈) 및 제352조(미수범)의 죄
- 「형법」 제2편제40장 횡령과 배임의 죄 중 제355조(횡령, 배임), 제356조(업무상의 횡령과 배임) 및 제357조(배임수증재)의 죄
- 「형법」 제2편제42장 손괴의 죄 중 제366조(재물손괴등)의 죄
- 제86조제1항(장애인에 대한 금지행위[3])·제2항(장애인의 신체에 폭행을 가하거나 상해를 입히는 행위 및 장애인을 폭행, 협박, 감금, 그 밖에 정신상 또는 신체상의 자유를 부당하게 구속하는 수단으로써 장애인의 자유의사에 어긋나는 노동을 강요하는 행위), 같은 조 제3항 제3호(장애인의 신체에 폭행을 가하거나 상해를 입히는 행위, 장애인을 폭행, 협박, 감금, 그 밖에 정신상 또는 신체상의 자유를 부당하게 구속하는 수단으로써 장애인의 자유의사에 어긋나는 노동을 강요하는 행위), 같은 조 제4항제2호(장애인을 위하여 증여 또는 급여된 금품을 그 목적 외의 용도에 사용하는 행위) 및 같은 조 제5항의 죄[4]
- 「성매매알선 등 행위의 처벌에 관한 법률」 제18조 및 제23조(제18조의 죄에만 해당한다)의 죄
- 「장애인차별금지 및 권리구제 등에 관한 법률」 제49조제1항의 죄(법에서 금지한 차별행위를 행하고 그 행위가 악의적인 것으로 인정되는 경우)
- 「정보통신망 이용촉진 및 정보보호 등에 관한 법률」 제70조제1항(사람을 비방할 목

---

3) 1. 장애인에게 성적 수치심을 주는 성희롱·성폭력 등의 행위
2. 장애인의 신체에 폭행을 가하거나 상해를 입히는 행위
2의2. 장애인을 폭행, 협박, 감금, 그 밖에 정신상 또는 신체상의 자유를 부당하게 구속하는 수단으로써 장애인의 자유의사에 어긋나는 노동을 강요하는 행위
3. 자신의 보호·감독을 받는 장애인을 유기하거나 의식주를 포함한 기본적 보호 및 치료를 소홀히 하는 방임행위
4. 장애인에게 구걸을 하게 하거나 장애인을 이용하여 구걸하는 행위

4) 1. 장애인에게 성적 수치심을 주는 성희롱·성폭력 등의 행위
2. 장애인의 신체에 폭행을 가하거나 상해를 입히는 행위
2의2. 장애인을 폭행, 협박, 감금, 그 밖에 정신상 또는 신체상의 자유를 부당하게 구속하는 수단으로써 장애인의 자유의사에 어긋나는 노동을 강요하는 행위
3. 자신의 보호·감독을 받는 장애인을 유기하거나 의식주를 포함한 기본적 보호 및 치료를 소홀히 하는 방임행위
4. 장애인에게 구걸을 하게 하거나 장애인을 이용하여 구걸하는 행위
5. 장애인을 체포 또는 감금하는 행위
6. 장애인의 정신건강 및 발달에 해를 끼치는 정서적 학대행위
7. 장애인을 위하여 증여 또는 급여된 금품을 그 목적 외의 용도에 사용하는 행위
8. 공중의 오락 또는 흥행을 목적으로 장애인의 건강 또는 안전에 유해한 곡예를 시키는 행위

적으로 정보통신망을 통하여 공공연하게 사실을 드러내어 다른 사람의 명예를 훼손) 및 제2항의 죄(사람을 비방할 목적으로 정보통신망을 통하여 공공연하게 거짓의 사실을 드러내어 다른 사람의 명예를 훼손)

- 「정신건강증진 및 정신질환자 복지서비스 지원에 관한 법률」 제84조제1호(정신질환자 유기) 및 제11호의 죄(정신건강증진시설의 장 또는 그 종사자로서 정신건강증진시설에 입원 등을 하거나 시설을 이용하는 사람에게 폭행을 하거나 가혹행위)
- 위 조항의 죄로서 다른 법률에 따라 가중처벌되는 죄

3) 기본이념

장애인복지의 기본이념은 장애인의 완전한 사회 참여와 평등을 통하여 사회통합을 이루는 데에 있다.

4) 장애인의 권리

첫째, 장애인은 인간으로서 존엄과 가치를 존중받으며, 그에 걸맞은 대우를 받는다.

둘째, 장애인은 국가·사회의 구성원으로서 정치·경제·사회·문화, 그 밖의 모든 분야의 활동에 참여할 권리를 가진다.

셋째, 장애인은 장애인 관련 정책결정과정에 우선적으로 참여할 권리가 있다.

5) 장애인 및 보호자 등에 대한 의견수렴과 참여

국가 및 지방자치단체는 장애인 정책의 결정과 그 실시에 있어서 장애인 및 장애인의 부모, 배우자, 그 밖에 장애인을 보호하는 자의 의견을 수렴하여야 한다. 이 경우 당사자의 의견수렴을 위한 참여를 보장하여야 한다.

6) 중증장애인의 보호

국가와 지방자치단체는 장애 정도가 심하여 자립하기가 매우 곤란한 장애인(이하 "중증장애인")이 필요한 보호 등을 평생 받을 수 있도록 알맞은 정책을 강구하여야 한다.

7) 여성장애인의 권익보호

국가와 지방자치단체는 여성장애인의 권익을 보호하고 사회참여를 확대하기 위하여 기초학습과 직업교육 등 필요한 시책을 강구하여야 한다.

8) 차별금지

누구든지 장애를 이유로 정치·경제·사회·문화 생활의 모든 영역에서 차별을 받지 아니하고, 누구든지 장애를 이유로 정치·경제·사회·문화 생활의 모든 영역에서 장애인을 차별하여서는 아니 된다.

누구든지 장애인을 비하·모욕하거나 장애인을 이용하여 부당한 영리행위를 하여서는 아니 되며, 장애인의 장애를 이해하기 위하여 노력하여야 한다.

9) 국가와 지방자치단체의 책임

국가와 지방자치단체는 장애 발생을 예방하고, 장애의 조기 발견에 대한 국민의 관심을 높이며, 장애인의 자립을 지원하고, 보호가 필요한 장애인을 보호하여 장애인의 복지를 향상시킬 책임을 진다.

국가와 지방자치단체는 여성 장애인의 권익을 보호하기 위하여 정책을 강구하여야 하며, 국가와 지방자치단체는 장애인복지정책을 장애인과 그 보호자에게 적극적으로 홍보하여야 하며, 국민이 장애인을 올바르게 이해하도록 하는 데에 필요한 정책을 강구하여야 한다.

10) 국민의 책임

모든 국민은 장애 발생의 예방과 장애의 조기 발견을 위하여 노력하여야 하며, 장애인의 인격을 존중하고 사회통합의 이념에 기초하여 장애인의 복지향상에 협력하여야 한다.

11) 장애인정책종합계획

보건복지부장관은 장애인의 권익과 복지증진을 위하여 관계 중앙행정기관의 장과 협의하여 5년마다 장애인정책종합계획을 수립·시행하여야 한다.

종합계획에는 다음의 사항이 포함되어야 한다.

- 장애인의 복지에 관한 사항
- 장애인의 교육문화에 관한 사항
- 장애인의 경제활동에 관한 사항
- 장애인의 사회참여에 관한 사항
- 장애인의 안전관리에 관한 사항
- 그 밖에 장애인의 권익과 복지증진을 위하여 필요한 사항

관계 중앙행정기관의 장은 장애인의 권익과 복지증진을 위하여 관련 업무에 대한 사업계획을 매년 수립·시행하여야 하고, 그 사업계획과 전년도의 사업계획 추진실적을 매년 보건복지부장관에게 제출하여야 하며, 보건복지부장관은 제출된 사업계획과 추진실적을 종합하여 종합계획을 수립하되, 장애인정책조정위원회의 심의를 미리 거쳐야 한다. 종합계획을 변경하는 경우에도 또한 같다.

보건복지부장관은 종합계획의 추진성과를 매년 평가하고, 그 결과를 종합계획에 반영할 필요가 있는 경우에는 종합계획을 변경하거나 다음 종합계획을 수립할 때에 반영하여야 한다. 종합계획의 수립 시기, 절차 및 방법 등에 관하여 필요한 사항은 대통령령으로 정한다.

12) 국회에 대한 보고

보건복지부장관은 종합계획을 수립하거나 해당 연도의 사업계획, 전년도 사업계획의 추진실적, 추진성과의 평가를 확정한 때에는 이를 지체 없이 국회 소관 상임위원회에 보고하여야 한다.

13) 장애인정책조정위원회

장애인 종합정책을 수립하고 관계 부처 간의 의견을 조정하며 그 정책의 이행을 감독·평가하기 위하여 국무총리 소속하에 장애인정책조정위원회를 둔다.

장애인정책조정위원회는 다음의 사항을 심의·조정한다.

- 장애인복지정책의 기본방향에 관한 사항
- 장애인복지 향상을 위한 제도개선과 예산지원에 관한 사항
- 중요한 특수교육정책의 조정에 관한 사항
- 장애인 고용촉진정책의 중요한 조정에 관한 사항
- 장애인 이동보장 정책조정에 관한 사항
- 장애인정책 추진과 관련한 재원조달에 관한 사항
- 장애인복지에 관한 관련 부처의 협조에 관한 사항
- 그 밖에 장애인복지와 관련하여 대통령령으로 정하는 사항

위원회는 필요하다고 인정되면 관계 행정기관에 그 직원의 출석·설명과 자료 제출을 요구할 수 있으며, 위원회는 심의 사항을 미리 검토하고 관계 기관 사이의 협조 사항을 정리하기 위하여 위원회에 장애인정책조정실무위원회(이하 "실무위원회")를 두며, 장애인

정책조정위원회와 실무위원회의 구성·운영에 관하여 필요한 사항은 대통령령으로 정한다.

14) 장애인정책책임관의 지정

중앙행정기관의 장은 해당 기관의 장애인정책을 효율적으로 수립·시행하기 위하여 소속공무원 중에서 장애인정책책임관을 지정할 수 있으며, 장애인정책책임관의 지정 및 임무 등에 관하여 필요한 사항은 대통령령으로 정한다.

15) 지방장애인복지위원회

장애인복지 관련 사업의 기획·조사·실시 등을 하는 데에 필요한 사항을 심의하기 위하여 지방자치단체에 지방장애인복지위원회를 두고, 지방장애인복지위원회를 조직·운영하는 데에 필요한 사항은 대통령령으로 정하는 기준에 따라 지방자치단체의 조례로 정한다.

16) 장애인의 날

장애인에 대한 국민의 이해를 깊게 하고 장애인의 재활의욕을 높이기 위하여 매년 4월 20일을 장애인의 날로 하며, 장애인의 날부터 1주간을 장애인 주간으로 한다.

국가와 지방자치단체는 장애인의 날의 취지에 맞는 행사 등 사업을 하도록 노력하여야 한다.

17) 다른 법률과의 관계

장애인 중 「정신건강증진 및 정신질환자 복지서비스 지원에 관한 법률」과 「국가유공자 등 예우 및 지원에 관한 법률」 등 대통령령으로 정하는 다른 법률을 적용 받는 장애인에 대하여는 대통령령으로 정하는 바에 따라 이 법의 적용을 제한할 수 있다.

18) 법제와 관련된 조치

국가와 지방자치단체는 이 법의 목적을 달성하기 위하여 필요한 법제(法制)·재정과 관련된 조치를 강구하여야 한다.

2. 기본정책의 강구

1) 장애발생 예방

국가와 지방자치단체는 장애의 발생 원인과 예방에 관한 조사 연구를 촉진하여야 하며, 모자보건사업의 강화, 장애의 원인이 되는 질병의 조기 발견과 조기 치료, 그 밖에 필요한 정책을 강구하여야 한다.

국가와 지방자치단체는 교통사고·산업재해·약물중독 및 환경오염 등에 의한 장애발생을 예방하기 위하여 필요한 조치를 강구하여야 한다.

2) 의료와 재활치료

국가와 지방자치단체는 장애인이 생활기능을 익히거나 되찾을 수 있도록 필요한 기능치료와 심리치료 등 재활의료를 제공하고 장애인의 장애를 보완할 수 있는 장애인보조기구를 제공하는 등 필요한 정책을 강구하여야 한다.

3) 사회적응 훈련

국가와 지방자치단체는 장애인이 재활치료를 마치고 일상생활이나 사회생활을 원활히 할 수 있도록 사회적응 훈련을 실시하여야 한다.

4) 교육

국가와 지방자치단체는 사회통합의 이념에 따라 장애인이 연령·능력·장애의 종류 및 정도에 따라 충분히 교육받을 수 있도록 교육 내용과 방법을 개선하는 등 필요한 정책을 강구하여야 하며, 국가와 지방자치단체는 장애인의 교육에 관한 조사·연구를 촉진하여야 한다.

국가와 지방자치단체는 장애인에게 전문 진로교육을 실시하는 제도를 강구하여야 하며, 각급 학교의 장은 교육을 필요로 하는 장애인이 그 학교에 입학하려는 경우 장애를 이유로 입학 지원을 거부하거나 입학시험 합격자의 입학을 거부하는 등의 불리한 조치를 하여서는 아니 된다.

모든 교육기관은 교육 대상인 장애인의 입학과 수학(修學) 등에 편리하도록 장애의 종류와 정도에 맞추어 시설을 정비하거나 그 밖에 필요한 조치를 강구하여야 한다.

5) 직업

국가와 지방자치단체는 장애인이 적성과 능력에 맞는 직업에 종사할 수 있도록 직업지도, 직업능력 평가, 직업 적응훈련, 직업훈련, 취업 알선, 고용 및 취업 후 지도 등 필요한 정책을 강구하여야 한다.

국가와 지방자치단체는 장애인 직업재활훈련이 원활히 이루어질 수 있도록 장애인에게 적합한 직종과 재활사업에 관한 조사·연구를 촉진하여야 한다.

6) 정보에의 접근

국가와 지방자치단체는 장애인이 정보에 원활하게 접근하고 자신의 의사를 표시할 수 있도록 전기통신·방송시설 등을 개선하기 위하여 노력하여야 한다.

국가와 지방자치단체는 방송국의 장 등 민간 사업자에게 뉴스와 국가적 주요 사항의 중계 등 대통령령으로 정하는 방송 프로그램에 청각장애인을 위한 한국수어 또는 폐쇄자막과 시각장애인을 위한 화면해설 또는 자막해설 등을 방영하도록 요청하여야 한다.

국가와 지방자치단체는 국가적인 행사, 그 밖의 교육·집회 등 대통령령으로 정하는 행사를 개최하는 경우에는 청각장애인을 위한 한국수어 통역 및 시각장애인을 위한 점자 및 인쇄물 접근성바코드(음성변환용 코드 등 대통령령으로 정하는 전자적 표시)가 삽입된 자료 등을 제공하여야 하며 민간이 주최하는 행사의 경우에는 한국수어 통역과 점자 및 인쇄물 접근성바코드가 삽입된 자료 등을 제공하도록 요청할 수 있다.

요청을 받은 방송국의 장 등 민간 사업자와 민간 행사 주최자는 정당한 사유가 없으면 그 요청에 따라야 한다.

국가와 지방자치단체는 시각장애인과 시청각장애인(시각 및 청각 기능이 손상된 장애인)이 정보에 쉽게 접근하고 의사소통을 원활하게 할 수 있도록 점자도서, 음성도서, 점자정보단말기 및 무지점자단말기 등 의사소통 보조기구를 개발·보급하고, 시청각장애인을 위한 의사소통 지원 전문인력을 양성·파견하기 위하여 노력하여야 한다.

국가와 지방자치단체는 장애인의 특성을 고려하여 정보통신망 및 정보통신기기의 접근·이용에 필요한 지원 및 도구의 개발·보급 등 필요한 시책을 강구하여야 한다.

7) 편의시설

국가와 지방자치단체는 장애인이 공공시설과 교통수단 등을 안전하고 편리하게 이용할 수 있도록 편의시설의 설치와 운영에 필요한 정책을 강구하여야 한다.

국가와 지방자치단체는 공공시설 등 이용편의를 위하여 한국수어 통역·안내보조 등 인적서비스 제공에 관하여 필요한 시책을 강구하여야 한다.

8) 안전대책 강구

국가와 지방자치단체는 추락사고 등 장애로 인하여 일어날 수 있는 안전사고와 비상재해 등에 대비하여 시각·청각 장애인과 이동이 불편한 장애인을 위하여 피난용 통로를 확보하고, 점자·음성·문자 안내판을 설치하며, 긴급 통보체계를 마련하는 등 장애인의 특성을 배려한 안전대책 등 필요한 조치를 강구하여야 한다.

9) 사회적 인식개선

국가와 지방자치단체는 학생, 공무원, 근로자, 그 밖의 일반국민 등을 대상으로 장애인에 대한 인식개선을 위한 교육 및 공익광고 등 홍보사업을 실시하여야 한다.

국가기관 및 지방자치단체의 장, 「영유아보육법」에 따른 어린이집, 「유아교육법」·「초·중등교육법」·「고등교육법」에 따른 각급 학교의 장, 그 밖에 대통령령으로 정하는 교육기관 및 공공단체(이하 "국가기관 등")의 장은 매년 소속 직원·학생을 대상으로 장애인에 대한 인식개선을 위한 교육(이하 "인식개선교육")을 실시하고, 그 결과를 보건복지부장관에게 제출하여야 하며, 보건복지부장관은 인식개선교육의 실시 결과에 대한 점검을 대통령령으로 정하는 바에 따라 매년 실시하여야 한다.

보건복지부장관은 점검 결과 인식개선교육 이수율 등이 보건복지부장관이 정한 기준에 미치지 못하는 국가기관등에 대하여 대통령령으로 정하는 바에 따라 관리자(인식개선교육에 관한 업무를 총괄하여 책임지는 사람) 특별교육 등 필요한 조치를 하여야 한다.

보건복지부장관은 점검 결과를 대통령령으로 정하는 바에 따라 언론 등에 공표하여야 한다. 다만, 다른 법률에서 공표를 제한하고 있는 경우에는 그러하지 아니하다.

보건복지부장관은 점검 결과를 다음의 평가에 반영하도록 해당 평가를 실시하는 기관·단체의 장에게 요구할 수 있다.

- 「정부업무평가 기본법」에 따른 중앙행정기관 및 지방자치단체의 자체평가
- 「공공기관의 운영에 관한 법률」에 따른 공기업·준정부기관의 경영실적 평가
- 「지방공기업법」에 따른 지방공기업의 경영평가
- 「초·중등교육법」에 따른 학교 평가

보건복지부장관은 인식개선교육을 효과적으로 실시하기 위하여 전문강사를 양성하고 교육프로그램을 개발 · 보급하여야 하며, 인식개선교육의 효율적 지원 및 실시 결과의 관리 등을 위하여 인식개선교육 정보시스템을 구축 · 운영할 수 있다.

국가는 「초 · 중등교육법」에 따른 학교에서 사용하는 교과용도서에 장애인에 대한 인식개선을 위한 내용이 포함되도록 하여야 한다.

보건복지부장관은 대통령령으로 정하는 바에 따라 다음의 업무를 「공공기관의 운영에 관한 법률」에 따른 공공기관 중 장애인 복지향상을 설립목적으로 하는 공공기관에 위탁할 수 있다. 이 경우 보건복지부장관은 예산의 범위에서 업무 수행에 필요한 비용의 전부 또는 일부를 지원할 수 있다.

- 인식개선교육 실시 결과에 대한 점검과 관리자 특별교육
- 전문강사 양성 및 교육프로그램 개발 · 보급
- 인식개선교육 정보시스템 구축 · 운영

인식개선사업, 인식개선교육의 내용과 방법, 결과 제출 및 인식개선교육 정보시스템의 구축 · 운영 등에 필요한 사항은 대통령령으로 정한다.

10) 인식개선교육의 위탁

국가기관 등의 장은 인식개선교육을 보건복지부장관이 지정하는 기관(이하 "인식개선교육기관")에 위탁할 수 있다.

인식개선교육기관의 장은 보건복지부령으로 정하는 바에 따라 인식개선교육을 실시하여야 하며, 국가기관 등의 장 및 인식개선교육기관의 장은 교육 실시 관련 자료를 3년간 보관하고 국가기관등의 장이나 피교육자가 원하는 경우 그 자료를 내주어야 한다.

인식개선교육기관은 보건복지부령으로 정하는 자격을 가진 전문강사를 1명 이상 두어야 하며, 보건복지부장관은 인식개선교육기관이 다음의 어느 하나에 해당하면 그 지정을 취소할 수 있다.

- 거짓이나 그 밖의 부정한 방법으로 지정을 받은 경우(지정 취소)
- 정당한 사유 없이 제3항에 따른 전문강사를 6개월 이상 계속하여 두지 아니한 경우

보건복지부장관은 인식개선교육기관의 지정을 취소하려면 청문을 하여야 하며, 인식개선교육기관의 지정 기준 및 절차는 보건복지부령으로 정한다.

11) 선거권 행사를 위한 편의 제공

국가와 지방자치단체는 장애인이 선거권을 행사하는 데에 불편함이 없도록 편의시설·설비를 설치하고, 선거권 행사에 관하여 홍보하며, 선거용 보조기구를 개발·보급하는 등 필요한 조치를 강구하여야 한다.

12) 주택 보급

국가와 지방자치단체는 공공주택등 주택을 건설할 경우에는 장애인에게 장애 정도를 고려하여 우선 분양 또는 임대할 수 있도록 노력하여야 한다.

국가와 지방자치단체는 주택의 구입자금·임차자금 또는 개·보수비용의 지원 등 장애인의 일상생활에 적합한 주택의 보급·개선에 필요한 시책을 강구하여야 한다.

13) 문화환경 정비

국가와 지방자치단체는 장애인의 문화생활, 체육활동 및 관광활동에 대한 장애인의 접근을 보장하기 위하여 관련 시설 및 설비, 그 밖의 환경을 정비하고 문화생활, 체육활동 및 관광활동 등을 지원하도록 노력하여야 한다.

14) 복지 연구 등의 진흥

국가와 지방자치단체는 장애인복지의 종합적이고 체계적인 조사·연구·평가 및 장애인 체육활동 등 장애인정책개발 등을 위하여 필요한 정책을 강구하여야 한다.

15) 한국장애인개발원의 설립

장애인 관련 조사·연구 및 정책개발·복지진흥 등을 위하여 한국장애인개발원(이하 "개발원")을 설립하고, 개발원은 법인으로 하며, 개발원은 다음의 사업을 수행한다.

- 장애인복지에 관한 정보의 수집·분석·관리, 조사·연구·정책개발 및 국제개발 등의 국제협력사업
- 장애인에 대한 사회적 인식개선 등 장애인복지 관련 교육, 홍보, 컨설팅
- 중증장애인 직업재활지원 및 재정지원 장애인일자리 개발·지원
- 중증장애인생산품에 대한 공공기관의 우선구매 촉진 지원
- 편의시설 설치 기술지원, 장애물 없는 생활환경 조성 등 장애인 편의증진 사업 지원
- 장애인 재난안전 대응 지침 개발·보급 등 장애인 안전대책 강화를 위한 사업

• 그 밖에 장애인복지와 관련하여 국가 또는 지방자치단체로부터 위탁받은 사업

국가와 지방자치단체는 개발원의 운영 및 사업에 필요한 비용을 보조할 수 있으며, 개발원에 대하여 이 법과 「공공기관의 운영에 관한 법률」에서 규정한 사항을 제외하고는 「민법」 중 재단법인에 관한 규정을 준용한다.

16) 경제적 부담의 경감

국가와 지방자치단체, 「공공기관의 운영에 관한 법률」에 따른 공공기관, 「지방공기업법」에 따른 지방공사 또는 지방공단은 장애인과 장애인을 부양하는 자의 경제적 부담을 줄이고 장애인의 자립을 촉진하기 위하여 세제상의 조치, 공공시설 이용료 감면, 그 밖에 필요한 정책을 강구하여야 한다.

국가와 지방자치단체, 「공공기관의 운영에 관한 법률」에 따른 공공기관, 「지방공기업법」에 따른 지방공사 또는 지방공단이 운영하는 운송사업자는 장애인과 장애인을 부양하는 자의 경제적 부담을 줄이고 장애인의 자립을 돕기 위하여 장애인과 장애인을 보호하기 위하여 동행하는 자의 운임 등을 감면하는 정책을 강구하여야 한다.

17) 장애인 가족 지원

국가와 지방자치단체는 장애인 가족의 삶의 질 향상 및 안정적인 가정생활 영위를 위하여 다음의 필요한 시책을 수립·시행하여야 한다.

• 장애인 가족에 대한 인식개선 사업
• 장애인 가족 돌봄 지원
• 장애인 가족 휴식 지원
• 장애인 가족 사례관리 지원
• 장애인 가족 역량강화 지원
• 장애인 가족 상담 지원
• 그 밖에 보건복지부장관이 장애인 가족을 위하여 필요하다고 인정하는 지원

국가와 지방자치단체는 장애인 가족 지원 사업을 효율적으로 추진하기 위하여 장애인 관련 사업을 수행하는 기관·단체 등을 장애인 가족 지원 사업 수행기관으로 지정할 수 있다.

국가와 지방자치단체는 수행기관이 다음의 어느 하나에 해당하는 경우에는 지정을 취소

할 수 있으며, 수행기관의 지정 기준·절차 등에 필요한 사항은 보건복지부령으로 정한다.

• 거짓이나 그 밖의 부정한 방법으로 지정을 받은 경우(지정 취소)
• 지정 기준에 적합하지 아니하게 된 경우
• 정당한 사유 없이 장애인 가족 지원 사업을 수행하지 아니한 경우

3. 복지 조치

1) 실태조사

보건복지부장관은 장애인 복지정책의 수립에 필요한 기초 자료로 활용하기 위하여 3년마다 장애실태조사를 실시하여야 하며, 장애실태조사의 방법, 대상 및 내용 등에 관하여 필요한 사항은 대통령령으로 정한다.

2) 장애인 등록

장애인, 그 법정대리인 또는 대통령령으로 정하는 보호자(이하 "법정대리인 등")는 장애 상태와 그 밖에 보건복지부령이 정하는 사항을 특별자치시장·특별자치도지사·시장·군수 또는 구청장에게 등록하여야 하며, 특별자치시장·특별자치도지사·시장·군수·구청장은 등록을 신청한 장애인이 기준에 맞으면 장애인등록증(이하 "등록증")을 내주어야 한다.

특별자치시장·특별자치도지사·시장·군수·구청장은 등록증을 받은 장애인의 장애 상태의 변화에 따른 장애 정도 조정을 위하여 장애 진단을 받게 하는 등 장애인이나 법정대리인 등에게 필요한 조치를 할 수 있다.

장애인의 장애 인정과 장애 정도 사정(査定)에 관한 업무를 담당하게 하기 위하여 보건복지부에 장애판정위원회를 둘 수 있다.

등록증은 양도하거나 대여하지 못하며, 등록증과 비슷한 명칭이나 표시를 사용하여서는 아니 된다.

특별자치시장·특별자치도지사·시장·군수·구청장은 장애인 등록 및 장애 상태의 변화에 따른 장애 정도를 조정함에 있어 장애인의 장애 인정과 장애 정도 사정이 적정한지를 확인하기 위하여 필요한 경우 대통령령으로 정하는 「공공기관의 운영에 관한 법률」에 따른 공공기관에 장애 정도에 관한 정밀심사를 의뢰할 수 있으며, 장애 정도에 관한 정밀

심사를 의뢰받은 공공기관은 필요한 경우 심사를 받으려는 본인이나 법정대리인 등으로부터 동의를 받아 「의료법」에 따른 의료기관에 그 사람의 해당 진료에 관한 사항의 열람 또는 사본 교부를 요청할 수 있다. 이 경우 요청을 받은 의료기관은 특별한 사유가 없으면 요청에 따라야 하며, 국가 및 지방자치단체는 예산의 범위에서 공공기관에 제공되는 자료에 대한 사용료, 수수료 등을 지원할 수 있다.

위의 규정한 사항 외에 장애인의 등록, 등록증의 발급, 장애 진단 및 장애 정도에 관한 정밀심사, 장애판정위원회, 진료에 관한 사항의 열람 또는 사본교부 요청 등에 관하여 필요한 사항은 보건복지부령으로 정한다.

3) 재외동포 및 외국인의 장애인 등록

재외동포 및 외국인 중 다음의 어느 하나에 해당하는 사람은 장애인 등록을 할 수 있으며, 국가와 지방자치단체는 등록한 장애인에 대하여는 예산 등을 고려하여 장애인복지사업의 지원을 제한할 수 있다.

- 「재외동포의 출입국과 법적 지위에 관한 법률」에 따라 국내거소신고를 한 사람
- 「주민등록법」에 따라 재외국민으로 주민등록을 한 사람
- 「출입국관리법」에 따라 외국인등록을 한 사람으로서 일반체류자격(대한민국에 체류할 수 있는 기간이 제한되는 체류자격) 중 대한민국에 영주할 수 있는 체류자격을 가진 사람
- 「재한외국인 처우 기본법」에 따른 결혼이민자
- 「난민법」에 따른 난민인정자

4) 장애인 등록 취소

특별자치시장・특별자치도지사・시장・군수・구청장은 등록증을 받은 사람(정당한 사유 없이 보건복지부령으로 정하는 기간 동안 장애 진단 명령 등 필요한 조치를 따르지 아니한 경우에는 법정대리인 등 포함)이 다음의 어느 하나에 해당하는 경우에는 장애인 등록을 취소하여야 한다.

- 사망한 경우
- 장애인의 기준에 맞지 아니하게 된 경우
- 정당한 사유 없이 보건복지부령으로 정하는 기간 동안 장애 진단 명령 등 필요한 조치를 따르지 아니한 경우
- 장애인 등록 취소를 신청하는 경우

특별자치시장 · 특별자치도지사 · 시장 · 군수 · 구청장은 다음의 어느 하나에 해당하는 경우에는 등록증을 받은 사람과 법정대리인 등 및 부정한 방법으로 등록증을 취득한 사람 등에게 등록증의 반환을 명하여야 한다.

- 장애인 등록이 취소된 경우
- 중복발급 및 양도 · 대여 등 부정한 방법으로 등록증을 취득한 경우

등록증 반환 명령을 받은 사람은 정당한 사유가 없으면 이에 따라야 하며, 규정한 사항 외에 장애인 등록의 취소, 등록증의 반환 등에 필요한 사항은 보건복지부령으로 정한다.

5) 서비스 지원 종합조사

보건복지부장관 또는 특별자치시장 · 특별자치도지사 · 시장 · 군수 · 구청장은 다음의 서비스 신청에 대하여 서비스의 수급자격, 양 및 내용 등의 결정에 필요한 서비스 지원 종합조사를 실시할 수 있다.

- 「장애인활동 지원에 관한 법률」에 따른 활동지원급여 신청
- 「장애인 · 노인 등을 위한 보조기기 지원 및 활용촉진에 관한 법률」에 따른 장애인 보조기기 교부 신청
- 장애인 거주시설 이용 신청
- 그 밖에 대통령령으로 정하는 서비스의 신청

보건복지부장관 또는 특별자치시장 · 특별자치도지사 · 시장 · 군수 · 구청장은 위 조항에 따른 서비스 지원 종합조사를 실시하는 경우 보건복지부령으로 정하는 바에 따라 다음의 사항을 조사하고, 조사결과서를 작성하여야 한다. 다만, "신청인과 그 부양의무자의 소득 및 재산 등 생활수준에 관한 사항"은 수급자격 결정 및 본인부담금 산정 등을 위하여 필요한 경우에만 조사하여야 한다.

- 신청인의 서비스 이용현황 및 욕구
- 신청인의 일상생활 수행능력 및 인지 · 행동 등 장애특성
- 신청인의 가구특성, 거주환경, 사회활동 등 사회적 환경
- 신청인에게 필요한 서비스의 종류 및 내용
- 신청인과 그 부양의무자의 소득 및 재산 등 생활수준에 관한 사항
- 그 밖에 신청인에게 서비스를 지원하기 위하여 필요한 사항으로서 보건복지부령으로

정하는 사항

보건복지부장관 또는 특별자치시장·특별자치도지사·시장·군수·구청장은 위 조항 각 호의 사항을 조사하기 위하여 필요한 자료를 확보하기 곤란한 경우에는 보건복지부령으로 정하는 바에 따라 신청인, 그 부양의무자 또는 그 밖의 관계인에게 소득·재산, 건강상태 및 장애 정도 등의 확인에 필요한 자료의 제출을 요구할 수 있다.

보건복지부장관 또는 특별자치시장·특별자치도지사·시장·군수·구청장은 서비스 지원 종합조사를 실시하기 위하여 필요하다고 인정하는 경우에 국세·지방세, 토지·주택·건축물·자동차·선박·항공기, 국민건강보험·국민연금·고용보험·산업재해보상보험·보훈급여·군인연금·사립학교교직원연금·공무원연금·별정우체국연금·기초연금·장애인연금, 출국 또는 입국, 교정시설·치료감호시설의 입소 또는 출소, 병무, 매장·화장·장례, 주민등록·가족관계등록 등에 관한 자료의 제공을 관계 기관의 장에게 요청할 수 있다. 이 경우 자료 제공을 요청받은 관계 기관의 장은 정당한 사유가 없으면 요청에 따라야 한다.

서비스 지원 종합조사를 하는 사람은 그 권한을 표시하는 증표 및 조사기간, 조사범위, 조사담당자, 관계 법령 등 보건복지부령으로 정하는 사항이 기재된 서류를 지니고 이를 관계인에게 보여주어야 한다.

보건복지부장관 또는 특별자치시장·특별자치도지사·시장·군수·구청장은 서비스 신청과 관련하여 신청인과 그 밖의 관계인이 조사에 필요한 서류·자료의 제출 및 조사·질문 또는 자료 제출 요구를 두 번 이상 거부·방해 또는 기피하는 경우에는 서비스 신청을 각하할 수 있다. 이 경우 서면으로 그 이유를 분명하게 밝혀 신청인과 그 밖의 관계인에게 통지하여야 하며, 조사의 절차 등에 관하여 필요한 사항은 대통령령으로 정한다.

6) 업무의 위탁

보건복지부장관 또는 특별자치시장·특별자치도지사·시장·군수·구청장은 서비스 지원 종합조사 업무 중 일부를 대통령령으로 정하는 바에 따라 「공공기관의 운영에 관한 법률」에 따른 공공기관에 위탁할 수 있으며, 업무를 위탁받은 공공기관에 대하여 예산의 범위에서 사업 수행에 필요한 비용의 전부 또는 일부를 지원할 수 있다.

7) 복지서비스에 관한 장애인 지원 사업

국가와 지방자치단체는 등록한 장애인에게 필요한 복지서비스가 적시에 제공될 수 있도록 다음의 장애인 지원 사업을 실시한다.

- 복지서비스에 관한 상담 및 정보 제공
- 장애인학대 등 안전문제 또는 생계곤란 등 위기상황에 놓여있을 가능성이 높은 장애인에 대한 방문 상담
- 복지서비스 신청의 대행
- 장애인 개인별로 필요한 욕구의 조사 및 복지서비스 제공 계획의 수립 지원
- 장애인과 복지서비스 제공 기관 · 법인 · 단체 · 시설과의 연계
- 복지서비스 등 복지자원의 발굴 및 데이터베이스 구축
- 그 밖에 복지서비스의 제공에 필요한 사업

국가와 지방자치단체는 위 조항 각 호의 장애인 지원 사업을 수행하기 위하여 장애인복지시설, 「발달장애인 권리보장 및 지원에 관한 법률」에 따른 발달장애인지원센터, 「공공기관의 운영에 관한 법률」에 따른 공공기관 등 관계 기관에 협력을 요청할 수 있다. 이 경우 국가와 지방자치단체는 예산의 범위에서 필요한 비용을 지원할 수 있으며, 규정된 사항 외에 장애인 지원 사업과 그 사업에 필요한 사항은 보건복지부령으로 정한다.

8) 민관협력을 통한 사례관리

특별자치시장 · 특별자치도지사 · 시장 · 군수 · 구청장은 복지서비스가 필요한 장애인을 발굴하고 공공 및 민간의 복지서비스를 연계 · 제공하기 위하여 민관협력을 통한 사례관리를 실시할 수 있으며, 사례관리를 실시하기 위하여 민관협의체를 둘 수 있으며, 해당 지방자치단체에 「사회보장급여의 이용 · 제공 및 수급권자 발굴에 관한 법률」의 통합사례관리를 수행하기 위한 민관협의체가 이미 설치되어 있는 경우 그 소속의 전문분과로 운영할 수 있다.

민관협의체는 지역사회 내 관계 기관 · 법인 · 단체 · 시설이나 개인 등 민간부문과의 협력을 강화하기 위하여 노력하여야 하며, 특별자치시장 · 특별자치도지사 · 시장 · 군수 · 구청장은 민관협의체의 효율적 운영을 위하여 필요한 지원을 할 수 있다.

9) 장애 정도가 변동된 장애인 등에 대한 정보 제공

특별자치시장 · 특별자치도지사 · 시장 · 군수 · 구청장은 장애인 등록 과정에서 장애 정도가 변동된 장애인, 장애의 기준에 맞지 아니하게 된 장애인과 장애인으로 등록되지 못한 신청인에게 장애 정도의 변동, 장애인 자격의 상실 등에 따른 지원의 변화에 대한 정보와

재활 및 자립에 필요한 각종 정보를 제공하여야 하며, 정보 제공의 대상·기준 및 내용과 방법 등에 필요한 사항은 보건복지부령으로 정한다.

10) 장애인복지상담원

장애인 복지 향상을 위한 상담 및 지원 업무를 맡기기 위하여 시·군·구에 장애인복지상담원을 두며, 장애인복지상담원은 그 업무를 할 때 개인의 인격을 존중하여야 하며, 장애인복지상담원의 임용·직무·보수와 그 밖에 필요한 사항은 대통령령으로 정한다.

11) 재활상담 등의 조치

보건복지부장관, 특별시장·광역시장·특별자치시장·도지사·특별자치도지사 또는 시장·군수·구청장(이하 "장애인복지실시기관")은 장애인에 대한 검진 및 재활상담을 하고, 필요하다고 의료와 보건지도, 주거편의·상담·치료·훈련, 직업훈련 또는 취업알선 등의 조치를 하여야 한다.

장애인복지실시기관은 장애인 거주시설 이용자가 사망한 경우 그 자에 대한 장례를 행할 자가 없을 때에는 그 장례를 행하거나 해당 시설의 장으로 하여금 그 장례를 행하게 할 수 있다. 이 경우 장애인복지실시기관 또는 장애인 거주시설의 장은 사망자가 유류한 금전 또는 유가증권을 그 장례에 필요한 비용에 충당할 수 있으며, 부족이 있을 때에는 유류물품을 처분하여 그 대금을 이에 충당할 수 있으며, 장례비용 충당의 세부절차는 보건복지부령으로 정한다.

12) 장애 유형·장애 정도별 재활 및 자립지원 서비스 제공

국가와 지방자치단체는 장애인의 일상생활을 편리하게 하고 사회활동 참여를 높이기 위하여 장애 유형·장애 정도별로 재활 및 자립지원 서비스를 제공하는 등 필요한 정책을 강구하여야 하며, 예산의 범위 안에서 지원할 수 있다.

국가와 지방자치단체는 시청각장애인을 대상으로 직업재활·의사소통·보행·이동 훈련, 심리상담, 문화·여가 활동 참여 및 가족·자조 모임 등을 지원하기 위하여 전담기관을 설치·운영하는 등 필요한 시책을 강구하여야 한다.

13) 산후조리도우미 지원

국가 및 지방자치단체는 임산부인 여성장애인과 신생아의 건강관리를 위하여 경제적 부담능력 등을 감안하여 여성장애인의 가정을 방문하여 산전·산후 조리를 돕는 도우미

(산후조리도우미)를 지원할 수 있으며, 정기적으로 모니터링(산후조리도우미 지원사업의 실효성 등을 확보하기 위한 정기적인 점검활동)을 실시하여야 한다.

14) 자녀교육비 지급

장애인복지실시기관은 경제적 부담능력 등을 고려하여 장애인이 부양하는 자녀 또는 장애인인 자녀의 교육비를 지급할 수 있으며, 교육비 지급 대상 · 기준 및 방법 등에 관하여 필요한 사항은 보건복지부령으로 정한다.

15) 장애인이 사용하는 자동차 등에 대한 지원

국가와 지방자치단체, 그 밖의 공공단체는 장애인이 이동수단인 자동차 등을 편리하게 사용할 수 있도록 하고 경제적 부담을 줄여 주기 위하여 조세감면 등 필요한 지원정책을 강구하여야 하며, 장애인이 이용하는 자동차 등을 지원하는 데에 편리하도록 장애인이 사용하는 자동차 등임을 알아 볼 수 있는 표지(장애인사용자동차 표지)를 발급하여야 한다.

장애인사용자동차 표지를 대여하거나 보건복지부령이 정하는 자 외의 자에게 양도하는 등 부당한 방법으로 사용하여서는 아니 되며, 이와 비슷한 표지 · 명칭 등을 사용하여서는 아니 되며, 장애인사용자동차등표지의 발급 대상과 발급 절차 등에 관하여 필요한 사항은 보건복지부령으로 정한다.

16) 장애인 보조견의 훈련 · 보급 지원

국가와 지방자치단체는 장애인의 복지 향상을 위하여 장애인을 보조할 장애인 보조견(補助犬)의 훈련 · 보급을 지원하는 방안을 강구하여야 하며, 보건복지부장관은 장애인 보조견에 대하여 장애인 보조견표지(보조견표지)를 발급할 수 있다.

누구든지 보조견표지를 붙인 장애인 보조견을 동반한 장애인이 대중교통수단을 이용하거나 공공장소, 숙박시설 및 식품접객업소 등 여러 사람이 다니거나 모이는 곳에 출입하려는 때에는 정당한 사유 없이 거부하여서는 아니 된다.

지정된 전문훈련기관에 종사하는 장애인 보조견 훈련자 또는 장애인 보조견 훈련 관련 자원봉사자가 보조견표지를 붙인 장애인 보조견을 동반한 경우에도 또한 같다.

보건복지부장관은 장애인보조견의 훈련 · 보급을 위하여 전문훈련기관을 지정할 수 있으며, 보조견표지의 발급대상, 발급절차 및 전문훈련기관의 지정에 관하여 필요한 사항은 보건복지부령으로 정한다.

17) 자금 대여

국가와 지방자치단체는 장애인이 사업을 시작하거나 필요한 지식과 기능을 익히는 것 등을 지원하기 위하여 대통령령으로 정하는 바에 따라 자금을 대여할 수 있다.

18) 생업 지원

국가와 지방자치단체, 그 밖의 공공단체는 소관 공공시설 안에 식료품·사무용품·신문 등 일상생활용품을 판매하는 매점이나 자동판매기의 설치를 허가하거나 위탁, 담배소매인 신청, 국내 우표류 판매업 계약 신청을 할 때에는 장애인이 신청하면 우선적으로 반영하도록 노력하여야 한다.

위의 규정에 따른 허가·위탁 또는 지정 등을 받은 자는 특별한 사유가 없으면 직접 그 사업을 하여야 하며, 설치 허가권자는 매점·자동판매기 설치를 허가하기 위하여 설치 장소와 판매할 물건의 종류 등을 조사하고 그 결과를 장애인에게 알리는 조치를 강구하여야 한다.

19) 자립훈련비 지급

장애인복지실시기관은 장애인복지시설에서 주거편의·상담·치료·훈련 등을 받도록 하거나 위탁한 장애인에 대하여 그 시설에서 훈련을 효과적으로 받는 데 필요하다고 인정되면 자립훈련비를 지급할 수 있으며, 특별한 사정이 있으면 훈련비 지급을 대신하여 물건을 지급할 수 있으며, 자립훈련비의 지급과 물건의 지급 등에 관하여 필요한 사항은 보건복지부령으로 정한다.

20) 생산품 구매

국가, 지방자치단체 및 그 밖의 공공단체는 장애인복지시설과 장애인복지단체에서 생산한 물품의 우선 구매에 필요한 조치를 마련하여야 한다.

21) 고용 촉진

국가와 지방자치단체는 직접 경영하는 사업에 능력과 적성이 맞는 장애인을 고용하도록 노력하여야 하며, 장애인에게 적합한 사업을 경영하는 자에게 장애인의 능력과 적성에 따라 장애인을 고용하도록 권유할 수 있다.

22) 장애인 응시자에 대한 편의제공

국가, 지방자치단체 및 대통령령으로 정하는 기관·단체의 장은 해당 기관·단체가 실시하는 자격시험 및 채용시험 등에 있어서 장애인 응시자가 비장애인 응시자와 동등한 조건에서 시험을 치를 수 있도록 편의를 제공하여야 하며, 편의제공 대상 시험의 범위는 대통령령으로 정하고, 편의제공의 내용·기준·방법 등에 필요한 사항은 보건복지부령으로 정한다.

23) 공공시설의 우선 이용

국가와 지방자치단체, 그 밖의 공공단체는 장애인의 자립을 지원하는 데에 필요하다고 인정되면 그 공공시설의 일부를 장애인이 우선 이용하게 할 수 있다.

24) 국유 · 공유 재산의 우선매각이나 유상 · 무상 대여

국가와 지방자치단체는 이 법에 따른 장애인복지시설을 설치하거나 장애인복지단체가 장애인복지사업과 관련한 시설을 설치하는 데에 필요할 경우 「국유재산법」 또는 「공유재산 및 물품 관리법」에도 불구하고 국유재산 또는 공유재산을 우선 매각할 수 있고 유상 또는 무상으로 대부하거나 사용·수익하게 할 수 있다.

국가와 지방자치단체는 위 조항에 따라 국가나 지방자치단체로부터 토지와 시설을 매수·임차하거나 대부받은 자가 그 매수·임차 또는 대부한 날부터 2년 이내에 장애인복지시설을 설치하지 아니하거나 장애인복지단체의 장애인복지사업 관련 시설을 설치하지 아니할 때에는 토지와 시설을 환수하거나 임차계약을 취소할 수 있다.

25) 장애수당

국가와 지방자치단체는 장애인의 장애 정도와 경제적 수준을 고려하여 장애로 인한 추가적 비용을 보전(補塡)하게 하기 위하여 장애수당을 지급할 수 있다. 다만, 「국민기초생활 보장법」에 따른 생계급여 또는 의료급여를 받는 장애인에게는 장애수당을 반드시 지급하여야 한다.

위 조항에도 불구하고 「장애인연금법」에 따른 중증장애인에게는 장애수당을 지급하지 아니한다.

국가와 지방자치단체는 장애수당을 지급하려는 경우에는 장애수당을 받으려는 사람의 장애 정도에 대하여 심사할 수 있고, 장애수당을 지급받으려는 사람이 장애 정도의 심사를 거부·방해 또는 기피하는 경우에는 장애수당을 지급하지 아니할 수 있다.

장애수당의 지급 대상·기준·방법 및 심사 대상·절차·방법 등에 관하여 필요한 사항은 대통령령으로 정한다.

26) 장애아동수당과 보호수당

국가와 지방자치단체는 장애아동에게 보호자의 경제적 생활수준 및 장애아동의 장애 정도를 고려하여 장애로 인한 추가적 비용을 보전(補塡)하게 하기 위하여 장애아동수당을 지급할 수 있다.

국가와 지방자치단체는 장애인을 보호하는 보호자에게 그의 경제적 수준과 장애인의 장애 정도를 고려하여 장애로 인한 추가적 비용을 보전하게 하기 위하여 보호수당을 지급할 수 있다.

장애아동수당과 보호수당의 지급 대상·기준 및 방법 등에 관하여 필요한 사항은 대통령령으로 정한다.

27) 자녀교육비 및 장애수당 등의 지급 신청

자녀교육비, 장애수당, 장애아동수당 및 보호수당(이하 “장애수당 등”)을 지급받으려는 사람은 보건복지부령으로 정하는 바에 따라 특별자치시장·특별자치도지사·시장·군수·구청장에게 자녀교육비 및 장애수당 등의 지급을 신청할 수 있다.

장애수당 등을 신청을 할 때에 신청인과 그 가구원(「국민기초생활 보장법」에 따른 개별가구의 가구원)은 대통령령으로 정하는 바에 따라 금융정보, 신용정보, 보험정보 등의 자료 또는 정보의 제공에 동의한다는 서면을 제출하여야 한다.

28) 장애인복지급여수급계좌

특별자치시장·특별자치도지사·시장·군수·구청장은 수급자의 신청이 있는 경우에는 자녀교육비 및 장애수당 등을 수급자 명의의 지정된 계좌(장애인복지급여수급계좌)로 입금하여야 한다. 다만, 정보통신장애나 그 밖에 대통령령으로 정하는 불가피한 사유로 장애인복지급여수급계좌로 이체할 수 없을 때에는 현금 지급 등 대통령령으로 정하는 바에 따라 자녀교육비 및 장애수당 등을 지급할 수 있다.

29) 자녀교육비 및 장애수당 등의 환수

특별자치시장·특별자치도지사·시장·군수·구청장은 자녀교육비 및 장애수당 등을 받은 사람이 다음의 어느 하나에 해당하면 그가 받은 자녀교육비 및 장애수당 등의 전부 또는 일부를 환수하여야 한다.

- 거짓이나 그 밖의 부정한 방법으로 자녀교육비 및 장애수당 등을 받은 경우
- 자녀교육비 및 장애수당 등을 받은 후 그 자녀교육비 및 장애수당 등을 받게 된 사유가 소급하여 소멸된 경우
- 잘못 지급된 경우

특별자치시장·특별자치도지사·시장·군수·구청장은 자녀교육비 및 장애수당 등을 받은 사람이 위 조항 각 호의 사유에 해당하여 일정한 기간을 정하여 반환요청을 하였으나 그 기간 내에 반환하지 아니하면 국세 또는 지방세 체납처분의 예에 따라 징수할 수 있다.

특별자치시장·특별자치도지사·시장·군수·구청장은 자녀교육비 및 장애수당 등을 징수할 때 반환하여야 할 사람이 행방불명되거나 재산이 없거나 그 밖에 대통령령으로 정하는 사유가 있어 환수가 불가능하다고 인정할 때에는 결손처분할 수 있다.

30) 장애인의 재활 및 자립생활의 연구

국가와 지방자치단체는 장애인 재활 및 자립생활에 대하여 종합적이고 체계적으로 조사·연구·평가하기 위하여 전문 연구기관에 장애예방·의료·교육·직업재활 및 자립생활 등에 관한 연구 과제를 선정하여 의뢰할 수 있으며, 연구과제를 수행하는 데에 들어가는 비용을 예산의 범위 안에서 보조할 수 있다.

4. 자립생활의 지원

1) 자립생활지원

국가와 지방자치단체는 장애인의 자기결정에 의한 자립생활을 위하여 활동지원사의 파견 등 활동보조서비스 또는 장애인보조기구의 제공, 그 밖의 각종 편의 및 정보제공 등 필요한 시책을 강구하여야 한다.

2) 장애인자립생활지원센터

국가와 지방자치단체는 장애인의 자립생활을 실현하기 위하여 장애인자립생활지원센터

를 통하여 필요한 각종 지원서비스를 제공하며, 장애인자립생활지원센터에 예산의 범위에서 운영비 또는 사업비의 일부를 지원할 수 있다.

3) 활동지원급여의 지원

국가와 지방자치단체는 장애인이 일상생활 또는 사회생활을 원활히 할 수 있도록 활동지원급여를 지원할 수 있다.

국가 및 지방자치단체는 임신 등으로 인하여 이동이 불편한 여성장애인에게 임신 및 출산과 관련한 진료 등을 위하여 경제적 부담능력 등을 감안하여 활동지원사의 파견 등 활동보조서비스를 지원할 수 있다.

4) 장애동료간 상담

국가와 지방자치단체는 장애인이 장애를 극복하는 데 도움이 되도록 장애동료 간 상호대화나 상담의 기회를 제공하도록 노력하여야 하며, 장애동료 간의 대화나 상담의 기회를 제공하기 위한 구체적인 사업 등에 관하여 필요한 사항은 보건복지부령으로 정한다.

5. 복지시설과 단체

1) 장애인복지시설의 이용

국가와 지방자치단체는 장애인이 장애인복지시설의 이용을 통하여 기능회복과 사회적 향상을 도모할 수 있도록 필요한 정책을 강구하여야 하며, 장애인복지시설을 이용하는 장애인의 인권을 보호하기 위하여 필요한 정책을 마련하고 관련 프로그램을 실시할 수 있는 기반을 조성하여야 한다.

장애인복지실시기관은 장애인복지시설에 대한 장애인의 선택권을 최대한 보장하여야 하며, 장애인의 선택권을 보장하기 위하여 장애인복지시설을 이용하려는 장애인에게 시설의 선택에 필요한 정보를 충분히 제공하여야 한다.

장애인복지시설의 선택에 필요한 정보 제공과 서비스 제공 시에는 장애인의 성별·연령 및 장애의 유형과 정도를 고려하여야 한다.

2) 장애인복지시설

(1) 장애인복지시설의 종류

- 장애인 거주시설: 거주공간을 활용하여 일반가정에서 생활하기 어려운 장애인에게 일정 기간 동안 거주·요양·지원 등의 서비스를 제공하는 동시에 지역사회생활을 지원하는 시설
- 장애인 지역사회재활시설 : 장애인을 전문적으로 상담·치료·훈련하거나 장애인의 일상생활, 여가활동 및 사회참여활동 등을 지원하는 시설
- 장애인 직업재활시설 : 일반 작업환경에서는 일하기 어려운 장애인이 특별히 준비된 작업환경에서 직업훈련을 받거나 직업 생활을 할 수 있도록 하는 시설(직업훈련 및 직업 생활을 위하여 필요한 제조·가공 시설, 공장 및 영업장 등 부속용도의 시설로서 보건복지부령으로 정하는 시설 포함)
- 장애인 의료재활시설: 장애인을 입원 또는 통원하게 하여 상담, 진단·판정, 치료 등 의료재활서비스를 제공하는 시설
- 그 밖에 대통령령으로 정하는 시설

(2) 장애인복지시설 설치

국가와 지방자치단체는 장애인복지시설을 설치할 수 있으며, 규정된 자 외의 자가 장애인복지시설을 설치·운영하려면 해당 시설 소재지 관할 시장·군수·구청장에게 신고하여야 하며, 신고한 사항 중 보건복지부령으로 정하는 중요한 사항을 변경할 때에도 신고하여야 한다. 다만, 폐쇄 명령을 받고 1년이 지나지 아니한 자는 시설의 설치·운영 신고를 할 수 없다.

시장·군수·구청장은 신고 또는 변경신고를 받은 경우 그 내용을 검토하여 이 법에 적합하면 신고 또는 변경신고를 수리하여야 한다.

장애인 거주시설의 정원은 30명을 초과할 수 없다. 다만, 특수한 서비스를 위하여 일정 규모 이상이 필요한 시설 등 대통령령으로 정하는 경우에는 그러하지 아니하다.

의료재활시설의 설치는 「의료법」에 따르며, 시설기준·신고·변경신고 및 이용 등에 관하여 필요한 사항은 보건복지부령으로 정한다.

2) 장애인관련기관에의 취업제한

법원은 장애인학대관련범죄나 성범죄(성폭력범죄 또는 아동·청소년대상 성범죄)로 형

또는 치료감호를 선고하는 경우에는 판결(약식명령 포함)로 그 형 또는 치료감호의 전부 또는 일부의 집행을 종료하거나 집행이 유예·면제된 날(벌금형을 선고받은 경우에는 그 형이 확정된 날)부터 일정기간(이하 "취업제한기간") 동안 장애인시설 또는 장애인관련기관을 운영하거나 장애인관련기관에 취업 또는 사실상 노무를 제공할 수 없도록 하는 명령(취업제한명령)을 장애인학대관련범죄나 성범죄 사건의 판결과 동시에 선고(약식명령의 경우에는 고지)하여야 한다. 다만, 재범의 위험성이 현저히 낮은 경우, 그 밖에 취업을 제한하여서는 아니 되는 특별한 사정이 있다고 판단하는 경우에는 그러하지 아니한다.

- 장애인자립생활지원센터, 장애인복지시설 및 장애인권익옹호기관
- 노인복지시설
- 「노인장기요양보험법」 장기요양기관
- 「발달장애인 권리보장 및 지원에 관한 법률」의 발달장애인지원센터
- 「아동복지법」에 따른 취약계층 아동 통합서비스 수행기관 및 아동복지시설
- 「의료법」의 의료기관(의료인, 간호조무사 및 의료기사로 한정)
- 「장애아동 복지지원법」의 발달재활서비스 제공기관 및 장애영유아를 위한 어린이집
- 「장애인활동 지원에 관한 법률」의 활동지원기관
- 「정신건강증진 및 정신질환자 복지서비스 지원에 관한 법률」의 정신건강복지센터 및 정신건강증진시설
- 「장애인 등에 대한 특수교육법」의 특수교육기관 및 특수교육지원센터

취업제한기간은 10년을 초과하지 못한다.

법원은 취업제한명령을 선고하려는 경우에는 정신건강의학과 의사, 심리학자, 사회복지학자, 장애인학대 관련 전문가, 성범죄 관련 전문가, 장애인단체가 추천하는 장애인 전문가, 그 밖의 관련 전문가로부터 취업제한명령 대상자의 재범 위험성 등에 관한 의견을 들을 수 있다.

장애인관련기관의 설치 신고·허가 등을 관할하는 행정기관의 장(관할행정기관장)은 장애인관련기관을 운영하려는 자에 대하여 본인의 동의를 받아 관계 기관의 장에게 장애인학대관련범죄 등의 경력 조회를 요청하여야 한다. 다만, 장애인관련기관을 운영하려는 자가 장애인학대관련범죄 등 경력 조회 회신서를 관할행정기관장에게 직접 제출한 경우에는 장애인학대관련범죄등의 경력 조회를 한 것으로 본다.

장애인관련기관 운영자는 그 시설에 취업 중이거나 사실상 노무를 제공 중인 사람 또

는 취업하려 하거나 사실상 노무를 제공하려는 사람(이하 "취업자 등")에 대하여 장애인학대관련범죄 등의 경력을 확인하여야 하며, 이 경우 본인의 동의를 받아 관계 기관의 장에게 장애인학대관련범죄 등의 경력 조회를 요청하여야 한다. 다만, 취업자 등이 장애인학대관련범죄 등 경력 조회 회신서를 장애인관련기관 운영자에게 직접 제출한 경우에는 장애인학대관련범죄 등의 경력 조회를 한 것으로 본다.

관할행정기관장은 장애인학대관련범죄 등으로 취업제한명령을 선고받은 사람이 장애인관련기관을 운영하거나 장애인관련기관에 취업 또는 사실상 노무를 제공하고 있는지를 직접 또는 관계 기관 조회 등의 방법으로 연 1회 이상 확인·점검하여야 하며, 확인·점검을 위하여 필요한 경우에는 장애인관련기관 운영자에게 관련 자료의 제출을 요구할 수 있으며, 보건복지부장관은 관할행정기관장에게 확인·점검 결과를 제출하도록 요구할 수 있다.

관할행정기관장은 취업제한명령을 위반하여 장애인관련기관을 운영 중인 장애인관련기관 운영자에게 운영 중인 장애인관련기관의 폐쇄를 요구하여야 한다.

관할행정기관장은 취업제한명령을 위반하여 취업하거나 사실상 노무를 제공하는 사람이 있으면 해당 장애인관련기관 운영자에게 그의 해임을 요구하여야 한다.

관할행정기관장은 장애인관련기관 운영자가 정당한 사유 없이 폐쇄요구를 거부하거나 3개월 이내에 요구사항을 이행하지 아니하는 경우에는 대통령령으로 정하는 바에 따라 해당 장애인관련기관을 폐쇄하거나 관계 행정기관의 장에게 이를 요구할 수 있다.

규정에 따라 장애인학대관련범죄 등의 경력 조회를 요청받은 관계 기관의 장은 장애인학대관련범죄 등 경력 조회 회신서를 발급하여야 하며, 장애인학대관련범죄 등 경력 조회의 요청 절차·범위 등에 관하여 필요한 사항은 대통령령으로 정한다.

3) 장애인학대 및 장애인 대상 성범죄 신고의무와 절차

누구든지 장애인학대 및 장애인 대상 성범죄를 알게 된 때에는 중앙장애인권익옹호기관 또는 지역장애인권익옹호기관이나 수사기관에 신고할 수 있다.

다음의 어느 하나에 해당하는 사람은 그 직무상 장애인학대 및 장애인 대상 성범죄를 알게 된 경우에는 지체 없이 장애인권익옹호기관 또는 수사기관에 신고하여야 한다.

- 「사회복지사업법」에 따른 사회복지 전담공무원 및 사회복지시설의 장과 그 종사자
- 「장애인활동 지원에 관한 법률」에 따른 활동지원인력 및 활동지원기관의 장과 그 종사자

- 「의료법」의 의료인 및 의료기관의 장
- 「의료기사 등에 관한 법률」의 의료기사
- 「응급의료에 관한 법률」의 응급구조사
- 「소방기본법」에 따른 구급대의 대원
- 「정신건강증진 및 정신질환자 복지서비스 지원에 관한 법률」에 따른 정신건강복지센터의 장과 그 종사자
- 「영유아보육법」에 따른 어린이집의 원장 등 보육교직원
- 「유아교육법」에 따른 교직원 및 강사 등
- 「초·중등교육법」에 따른 교직원, 전문상담교사 등 및 산학겸임교사 등
- 「학원의 설립·운영 및 과외교습에 관한 법률」에 따른 학원의 운영자·강사·직원 및 교습소의 교습자·직원
- 「성폭력방지 및 피해자보호 등에 관한 법률」에 따른 성폭력피해상담소의 장과 그 종사자 및 성폭력피해자보호시설의 장과 그 종사자
- 「성매매방지 및 피해자보호 등에 관한 법률」에 따른 지원시설의 장과 그 종사자 및 성매매피해상담소의 장과 그 종사자
- 「가정폭력방지 및 피해자보호 등에 관한 법률」에 따른 가정폭력 관련 상담소의 장과 그 종사자 및 가정폭력피해자 보호시설의 장과 그 종사자
- 「건강가정기본법」에 따른 건강가정지원센터의 장과 그 종사자
- 「다문화가족지원법」에 따른 다문화가족지원센터의 장과 그 종사자
- 「아동복지법」에 따른 아동권리보장원 및 가정위탁지원센터의 장과 그 종사자
- 「한부모가족지원법」의 한부모가족복지시설의 장과 그 종사자
- 「청소년 기본법」의 청소년시설의 장과 그 종사자 및 청소년단체의 장과 그 종사자
- 「청소년 보호법」조에 따른 청소년 보호·재활센터의 장과 그 종사자
- 「노인장기요양보험법」의 장기요양요원

보건복지부장관은 신고의무자에게 장애인학대 및 장애인 대상 성범죄의 신고 절차와 방법 등을 안내하여야 하며, 국가와 지방자치단체는 장애인학대 및 장애인 대상 성범죄를 예방하고 수시로 신고를 받을 수 있도록 필요한 조치를 하여야 한다.

위 조항 각 호에 따른 소관 중앙행정기관의 장은 각 호의 어느 하나에 해당하는 사람의 자격 취득 과정이나 보수교육 과정에 장애인학대 및 장애인 대상 성범죄 예방 및 신

고의무에 관한 교육 내용을 포함하도록 하여야 하며, 그 결과를 보건복지부장관에게 제출하여야 한다.

신고의무자가 소속된 기관·시설 등의 장은 소속 장애인학대 신고의무자에게 신고의무에 관한 교육을 실시하고, 그 결과를 관계 중앙행정기관의 장에게 제출하여야 하며, 신고절차·방법 등의 안내, 조치, 교육 내용·시간·방법 등은 대통령령으로 정한다.

4) 불이익조치의 금지

- 누구든지 장애인학대 및 장애인 대상 성범죄 신고인에게 장애인학대범죄 신고 등을 이유로 다음의 불이익조치를 하여서는 아니 된다.
  - ㉠ 파면, 해임, 해고, 그 밖에 이에 준하는 신분상실의 조치
  - ㉡ 징계, 정직, 감봉, 강등, 승진 제한, 그 밖에 이에 준하는 부당한 인사조치
  - ㉢ 전보, 전근, 직무 미부여, 직무 재배치, 그 밖에 이에 준하는 인사조치
  - ㉣ 성과평가 또는 동료평가 등을 통한 임금, 상여금 등의 차별적 지급
  - ㉤ 교육·훈련 등 자기계발 기회의 박탈 및 예산·인력 등에 대한 업무상 제한, 그 밖에 이에 준하는 근무 조건의 차별적 조치
  - ㉥ 요주의 대상자 명단의 작성·공개, 집단 따돌림 및 폭행·폭언, 그 밖에 이에 준하는 정신적·신체적 위해 행위
  - ㉦ 직무에 대한 부당한 감사, 조사 및 그 결과의 공표

5) 장애인학대범죄신고인에 대한 보호조치

장애인학대 및 장애인 대상 성범죄 신고인에 대하여는 「특정범죄신고자 등 보호법」의 규정을 준용한다.

6) 응급조치의무

장애인학대 신고를 접수한 장애인권익옹호기관의 직원이나 사법경찰관리는 지체 없이 장애인학대현장에 출동하여야 한다. 이 경우 장애인권익옹호기관의 장이나 수사기관의 장은 서로 동행하여 줄 것을 요청할 수 있으며, 그 요청을 받은 장애인권익옹호기관의 장이나 수사기관의 장은 정당한 사유가 없으면 소속 직원이나 사법경찰관리가 현장에 동행하도록 하여야 하며, 장애인학대현장에 출동한 자는 학대받은 장애인을 학대행위자로부터 분리하거나 치료가 필요하다고 인정할 때에는 즉시 피해장애인을 다음의 어느 하나에 해당하는 기관 또는 시설에 인도하여야 한다. 이 경우 해당 기관 또는 시설의 장은 정당한

사유 없이 이를 거부하여서는 아니 된다.

- 장애인권익옹호기관
- 피해장애인 쉼터
- 의료기관
- 「발달장애인 권리보장 및 지원에 관한 법률」에 따른 위기발달장애인쉼터
- 그 밖에 학대받은 장애인을 보호할 수 있는 시설로서 대통령령으로 정하는 시설

위 조항에 따라 장애인 학대 현장에 출동한 자는 학대받은 장애인을 보호하기 위하여 신고된 현장에 출입하여 관계인에 대하여 조사를 하거나 질문을 할 수 있다. 이 경우 장애인권익옹호기관의 직원은 학대받은 장애인의 보호를 위한 범위에서만 조사 또는 질문을 할 수 있으며, 출입, 조사 또는 질문을 하는 자는 그 권한을 표시하는 증표를 지니고 이를 관계인에게 보여주어야 한다. 조사 또는 질문을 하는 자는 학대받은 장애인·신고자·목격자 등이 자유롭게 진술할 수 있도록 장애인학대행위자로부터 분리된 곳에서 조사하는 등 필요한 조치를 하여야 한다.

누구든지 장애인학대현장에 출동한 자에 대하여 현장조사를 거부하거나 업무를 방해하여서는 아니 된다.

7) 보조인의 선임

학대받은 장애인의 법정대리인, 직계친족, 형제자매, 장애인권익옹호기관의 상담원 또는 변호사는 장애인학대사건의 심리에 있어서 보조인이 될 수 있다. 다만, 변호사가 아닌 경우에는 법원의 허가를 받아야 한다.

법원은 학대받은 장애인을 증인으로 신문하는 경우 본인 또는 검사의 신청이 있는 때에는 본인과 신뢰관계에 있는 사람의 동석을 허가할 수 있으며, 수사기관이 학대받은 장애인을 조사하는 경우에도 위 조항의 절차를 준용한다.

8) 금지행위

누구든지 다음의 어느 하나에 해당하는 행위를 하여서는 아니 된다.

- 장애인에게 성적 수치심을 주는 성희롱·성폭력 등의 행위
- 장애인의 신체에 폭행을 가하거나 상해를 입히는 행위
- 장애인을 폭행, 협박, 감금, 그 밖에 정신상 또는 신체상의 자유를 부당하게 구속하는 수단으로써 장애인의 자유의사에 어긋나는 노동을 강요하는 행위

- 자신의 보호·감독을 받는 장애인을 유기하거나 의식주를 포함한 기본적 보호 및 치료를 소홀히 하는 방임행위
- 장애인에게 구걸을 하게 하거나 장애인을 이용하여 구걸하는 행위
- 장애인을 체포 또는 감금하는 행위
- 장애인의 정신건강 및 발달에 해를 끼치는 정서적 학대행위
- 장애인을 위하여 증여 또는 급여된 금품을 그 목적 외의 용도에 사용하는 행위
- 공중의 오락 또는 흥행을 목적으로 장애인의 건강 또는 안전에 유해한 곡예를 시키는 행위

9) 장애인학대의 예방과 방지 의무

국가와 지방자치단체는 장애인학대의 예방과 방지를 위하여 다음의 조치를 취하여야 한다.

- 장애인학대의 예방과 방지를 위한 각종 정책의 수립 및 시행
- 장애인학대의 예방과 방지를 위한 연구·교육·홍보와 장애인학대 현황 조사
- 장애인학대에 관한 신고체계의 구축·운영
- 장애인학대로 인하여 피해를 입은 장애인(피해장애인)의 보호 및 치료와 피해장애인의 가정에 대한 지원
- 장애인학대 예방 관계 기관·법인·단체·시설 등에 대한 지원
- 그 밖에 대통령령으로 정하는 장애인학대의 예방과 방지를 위한 사항

10) 장애인권익옹호기관의 설치

국가 및 지방자치단체는 지역 간의 연계체계를 구축하고 장애인학대를 예방하기 위하여 다음의 업무를 담당하는 중앙장애인권익옹호기관, 지역장애인권익옹호기관을 설치·운영하여야 한다.

	중앙장애인권익옹호기관	지역장애인권익옹호기관
설치지역	중앙	특별시·광역시·특별자치시·도·특별자치도
담당업무	• 지역장애인권익옹호기관에 대한 지원 • 장애인학대 예방 관련 연구 및 실태조사 • 장애인학대 예방 관련 프로그램의 개발·보급 • 장애인학대 예방 관련 교육 및 홍보 • 장애인학대 예방 관련 전문인력의 양성	• 장애인학대의 신고접수, 현장조사 및 응급보호 • 피해장애인과 그 가족, 장애인학대행위자에 대한 상담 및 사후관리 • 장애인학대 예방 관련 교육 및 홍보 • 장애인학대사례판정위원회 설치·운영

	및 능력개발 • 관계 기관·법인·단체·시설 간 협력체계의 구축 및 교류 • 장애인학대 신고접수와 그 밖에 보건복지부령으로 정하는 장애인학대 예방과 관련된 업무	• 그 밖에 보건복지부령으로 정하는 장애인학대 예방과 관련된 업무

장애인권익옹호기관의 장은 위의 표에 따른 업무를 수행하기 위하여 필요한 경우 관계 기관의 장에게 사실 확인이나 관련 자료의 제공을 요청할 수 있다. 이 경우 자료 제공을 요청받은 관계 기관의 장은 정당한 사유가 없으면 요청에 따라야 한다.

보건복지부장관, 특별시장 · 광역시장 · 특별자치시장 · 도지사 · 특별자치도지사는 「공공기관의 운영에 관한 법률」에 따른 공공기관 또는 장애인 학대의 예방 및 방지를 목적으로 하는 비영리법인을 지정하여 장애인권익옹호기관의 운영을 위탁할 수 있다. 이 경우 보건복지부장관, 특별시장 · 광역시장 · 특별자치시장 · 특별자치도지사는 그 운영에 드는 비용을 지원할 수 있으며, 장애인권익옹호기관의 설치기준 · 운영, 상담원의 자격 · 배치기준, 운영 수탁기관 등의 지정, 위탁 및 비용지원 등에 필요한 사항은 대통령령으로 정한다.

11) 사후관리

장애인권익옹호기관의 장은 장애인학대가 종료된 후에도 가정방문, 시설방문, 전화상담 등을 통하여 장애인학대의 재발 여부를 확인하여야 한다.

장애인권익옹호기관의 장은 장애인학대가 종료된 후에도 피해장애인의 안전 확보, 장애인학대의 재발 방지, 건전한 가정기능의 유지 등을 위하여 피해장애인, 피해장애인의 보호자(친권자, 「민법」에 따른 후견인, 장애인을 보호 · 양육 · 교육하거나 그러한 의무가 있는 사람 또는 업무 · 고용 등의 관계로 사실상 장애인을 보호 · 감독하는 사람) · 가족에게 상담, 교육 및 의료적 · 심리적 치료 등의 지원을 하여야 하며, 피해장애인을 지원하기 위하여 관계 기관 · 법인 · 단체 · 시설에 협조를 요청할 수 있으며, 지원을 할 때에는 피해장애인의 이익을 최우선으로 고려하여야 한다.

피해장애인의 보호자 · 가족은 장애인권익옹호기관의 지원에 참여하여야 하고, 장애인권익옹호기관의 업무 수행을 정당한 사유 없이 거부하거나 방해하여서는 아니 된다.

12) 피해장애인 쉼터

특별시장 · 광역시장 · 특별자치시장 · 도지사 · 특별자치도지사는 피해장애인의 임시 보호 및 사회복귀 지원을 위하여 장애인 쉼터를 설치 · 운영할 수 있으며, 장애인 쉼터의 설치 · 운영 등에 필요한 사항은 보건복지부령으로 정한다.

13) 장애인학대 등의 통보

사법경찰관리는 장애인 사망 및 상해 사건, 가정폭력 사건 등에 관한 직무를 수행하는 경우 장애인학대가 있었다고 의심할 만한 사유가 있는 때에는 장애인권익옹호기관에 그 사실을 통보하여야 하며, 통보를 받은 장애인권익옹호기관은 피해장애인 보호조치 등 필요한 조치를 하여야 한다.

14) 피해장애인에 대한 변호사 선임의 특례

장애인학대사건의 피해장애인 및 그 법정대리인은 형사 절차상 입을 수 있는 피해를 방어하고 법률적 조력을 보장하기 위하여 변호사를 선임할 수 있으며, 변호사에 관하여는 「성폭력범죄의 처벌 등에 관한 특례법」을 준용한다.

15) 장애인복지시설 운영의 개시

장애인복지시설 설치를 신고한 자는 지체 없이 시설 운영을 시작하여야 하며, 시설 운영자가 시설 운영을 중단 또는 재개하거나 시설을 폐지하려는 때에는 보건복지부령이 정하는 바에 따라 미리 시장 · 군수 · 구청장에게 신고하여야 한다.

시설 운영자가 시설 운영을 중단하거나 시설을 폐지할 때에는 보건복지부령이 정하는 바에 따라 시설 이용자의 권익을 보호하기 위하여 다음의 조치를 하여야 한다. 이 경우 시장 · 군수 · 구청장은 그 조치 내용을 확인하고 신고를 수리하여야 한다.

- 시장 · 군수 · 구청장의 협조를 받아 시설 이용자가 다른 시설을 선택할 수 있도록 하고 그 이행을 확인하는 조치
- 시설 이용자가 이용료 · 사용료 등의 비용을 부담하는 경우 납부한 비용 중 사용하지 아니한 금액을 반환하게 하고 그 이행을 확인하는 조치
- 보조금 · 후원금 등의 사용 실태 확인과 이를 재원으로 조성한 재산 중 남은 재산의 회수조치
- 그 밖에 시설 이용자의 권익 보호를 위하여 필요하다고 인정되는 조치

시설 운영자가 시설운영을 재개하려고 할 때에는 보건복지부령으로 정하는 바에 따라 시설 이용자의 권익을 보호하기 위하여 다음의 조치를 하여야 한다. 이 경우 시장·군수·구청장은 그 조치 내용을 확인하고 신고를 수리하여야 한다.

- 운영 중단 사유의 해소
- 향후 안정적 운영계획의 수립
- 그 밖에 시설 이용자의 권익 보호를 위하여 보건복지부장관이 필요하다고 인정하는 조치

위 조항에 따른 시설 운영의 개시·중단·재개 및 시설 폐지의 신고 등에 관하여 필요한 사항은 보건복지부령으로 정한다.

16) 장애인 거주시설 이용절차

(1) 이용절차

장애인 거주시설을 이용하려는 자와 그 친족, 그 밖의 관계인은 보건복지부령으로 정하는 서류를 갖추어 시장·군수·구청장에게 장애인의 시설 이용을 신청하여야 하며, 시설 이용을 신청받은 시장·군수·구청장은 서비스 지원 종합조사 결과 등을 활용하여 이용 신청자의 시설 이용 적격성 여부를 심사하고 그 결과에 따라 시설 이용 여부를 결정하여야 한다.

시장·군수·구청장은 이용 신청자의 시설 이용 적격성 및 본인부담금을 결정하여 이용 신청자와 시설 운영자에게 통보한다.

시설 이용자가 거치지 아니하고 시설을 이용하는 경우, 시설 운영자는 보건복지부령으로 정하는 바에 따라 해당 사례를 시장·군수·구청장에게 보고하여야 하며, 시장·군수·구청장은 이용 적격성 여부의 확인 등 필요한 조치를 취하여야 한다.

시설 운영자는 이용 신청자와 서비스 이용조건, 본인부담금 등의 사항을 포함하여 계약을 체결하고, 그 결과를 시장·군수·구청장에게 보고하여야 한다.

계약은 시설을 이용할 장애인 본인이 체결하는 것을 원칙으로 하되, 지적 능력 등의 이유로 장애인 본인이 계약을 체결하기 어려운 경우에 한하여, 대통령령으로 정하는 자가 계약절차의 전부 또는 일부를 대행할 수 있다.

시설 이용자가 시설 이용을 중단하려는 경우에는 보건복지부령으로 정하는 기간 전에 시설 이용을 중단할 의사를 시설 운영자에게 밝혀야 한다. 이 경우 시설 운영자는 이용

중단과 관련하여 필요한 조치를 하여야 하고, 이용 중단 희망자에 대하여 이용 중단에 따른 어떠한 불이익한 처분이나 차별도 하여서는 아니 된다.

서비스 지원 종합조사 결과의 활용방법 등에 필요한 구체적인 사항과 계약에 관한 세부적인 사항은 보건복지부령으로 정한다.

(2) 장애인 거주시설의 서비스 최저기준

보건복지부장관은 장애인 거주시설에서 제공하여야 하는 서비스의 최저기준을 마련하여야 하며, 장애인복지실시기관은 그 기준이 충족될 수 있도록 필요한 조치를 취하여야 하며, 시설 운영자는 서비스의 최저기준 이상으로 서비스의 수준을 유지하여야 한다.

서비스 최저기준의 구체적인 내용과 시행에 관하여 필요한 사항은 보건복지부령으로 정한다.

(3) 장애인 거주시설 운영자의 의무

시설 운영자는 시설 이용자의 인권을 보호하고, 인권이 침해된 경우에는 즉각적인 회복 조치를 취하여야 하며, 시설 운영자는 시설 이용자의 거주, 요양, 생활지원, 지역사회생활 지원 등을 위하여 필요한 서비스를 제공하여야 한다.

시설 운영자는 시설 이용자의 사생활 및 자기결정권의 보장을 위하여 노력하여야 하고, 시설 이용자의 인권을 보호하기 위하여 장애인 거주시설에 시설 이용 장애인 인권지킴이단을 두어야 한다. 시설 이용 장애인 인권지킴이단의 구성 · 운영에 관한 구체적인 사항은 보건복지부령으로 정한다.

(4) 상속인 없는 재산의 처리

장애인 거주시설 운영자는 그 시설에 입소 중인 사람이 사망하고 그 상속인의 존부가 분명하지 아니한 때에는 「민법」의 규정에 따라 사망한 사람의 재산을 처리한다. 다만, 사망한 사람의 잔여재산이 「사회복지사업법」의 단서에 따른 금액 이하인 경우에는 관할 시장 · 군수 · 구청장에게 잔여재산 목록을 작성하여 보고하는 것으로 그 재산의 처리를 갈음할 수 있으며, 단서에 따른 보고를 받은 시장 · 군수 · 구청장은 상속인, 일반상속채권자, 유증받은 자, 기타 상속재산에 대하여 권리를 주장하려는 자가 있으면 6개월 내에 그 권리를 주장할 것을 3개월 이상 공고하여야 한다.

기간 내에 상속재산에 대하여 권리를 주장하는 자가 있는 때에는 시장 · 군수 · 구청장이 「민법」에 따라 그 기간 내에 신고한 채권자들 간에 배당하여 변제하여야 한다.

기간이 경과하여도 상속재산에 대하여 권리를 주장하는 자가 없는 때에는 상속재산은 지방자치단체에 귀속되며, 규정한 사항 외에 상속인 없는 재산의 처리에 관한 세부절차는 보건복지부령으로 정한다.

17) 감독

장애인복지실시기관은 장애인복지시설을 설치·운영하는 자의 소관업무 및 시설이용자의 인권실태 등을 지도·감독하며, 필요한 경우 그 시설에 관한 보고 또는 관련 서류 제출을 명하거나 소속 공무원에게 그 시설의 운영상황·장부, 그 밖의 서류를 조사·검사하거나 질문하게 할 수 있으며, 관계 공무원이 그 직무를 할 때에는 권한을 표시하는 증표 및 조사기간, 조사범위, 조사담당자, 관계 법령 등 보건복지부령으로 정하는 사항이 기재된 서류를 관계인에게 내보여야 한다.

18) 시설의 개선, 사업의 정지, 폐쇄

장애인복지실시기관은 장애인복지시설이 다음의 어느 하나에 해당하는 때에는 그 시설의 개선, 사업의 정지, 시설의 장의 교체를 명하거나 해당 시설의 폐쇄를 명할 수 있다.

- 시설기준에 미치지 못한 때
- 정당한 사유 없이 보고를 하지 아니하거나 거짓으로 보고한 때 또는 조사·검사 및 질문을 거부·방해하거나 기피한 때
- 사회복지법인이나 비영리법인이 설치·운영하는 시설인 경우 그 사회복지법인이나 비영리법인의 설립 허가가 취소된 때
- 시설의 회계 부정이나 시설이용자에 대한 인권침해 등 불법행위, 그 밖의 부당행위 등이 발견된 때
- 설치 목적을 이루었거나 그 밖의 사유로 계속하여 운영할 필요가 없다고 인정되는 때
- 이 법 또는 이 법에 따른 명령이나 처분을 위반한 경우

장애인복지시설실시기관은 거주시설이 서비스 최저기준을 유지하지 못할 때에는 그 시설의 개선, 사업의 정지, 시설의 장의 교체를 명하거나 해당 시설의 폐쇄를 명할 수 있고, 처분 기준은 위반행위의 유형 및 그 사유와 위반의 정도 등을 고려하여 보건복지부령으로 정한다.

19) 단체의 보호 · 육성

국가와 지방자치단체는 장애인의 복지를 향상하고 자립을 돕기 위하여 장애인복지단체를 보호 · 육성하도록 노력하여야 하며, 국가와 지방자치단체는 예산의 범위 안에서 단체의 사업 · 활동 또는 운영이나 그 시설에 필요한 경비의 전부 또는 일부를 보조할 수 있다.

20) 장애인복지단체협의회

장애인복지단체의 활동을 지원하고 장애인의 복지를 향상하기 위하여 장애인복지단체 협의회를 설립할 수 있으며, 협의회는 「사회복지사업법」에 따른 사회복지법인으로 하되, 「사회복지사업법」 제23조제1항("법인은 사회복지사업의 운영에 필요한 재산을 소유하여야 한다")은 적용하지 아니한다. 협의회의 조직과 운영 등에 관하여 필요한 사항은 정관으로 정한다.

6. 장애인보조기구

1) 장애인보조기구

"장애인보조기구"란 장애인이 장애의 예방 · 보완과 기능 향상을 위하여 사용하는 의지(義肢) · 보조기 및 그 밖에 보건복지부장관이 정하는 보장구와 일상생활의 편의 증진을 위하여 사용하는 생활용품을 말한다.

보건복지부장관은 장애인의 일상생활의 편의증진 등을 위하여 다른 법률이 정하는 바에 따라 장애인보조기구의 지원 및 활용촉진 등에 관한 사업을 실시할 수 있다.

2) 의지 · 보조기제조업의 개설사실의 통보

의지 · 보조기를 제조 · 개조 · 수리하거나 신체에 장착하는 사업(의지 · 보조기제조업)을 하는 자는 그 제조업소를 개설한 후 7일 이내에 보건복지부령이 정하는 바에 따라 시장 · 군수 · 구청장에게 제조업소의 개설사실을 알려야 한다. 제조업소의 소재지 변경 등 보건복지부령이 정하는 중요 사항을 변경한 때에도 또한 같다.

의지 · 보조기 제조업자는 의지 · 보조기 기사(補助器 技士)를 1명 이상 두어야 한다. 다만, 의지 · 보조기 제조업자 자신이 의지 · 보조기 기사인 경우에는 따로 기사를 두지 아니하여도 된다.

의지·보조기 제조업자가 폐쇄 명령을 받은 후 6개월이 지나지 아니하면 같은 장소에서 같은 제조업을 하여서는 아니 된다.

의지·보조기 제조업자는 의사의 처방에 따라 의지·보조기를 제조하거나 개조하여야 한다.

3) 의지·보조기 제조업소의 폐쇄

시장·군수·구청장은 의지·보조기 제조업자가 다음의 어느 하나에 해당하는 경우에는 그 제조업소의 폐쇄를 명할 수 있다.

- 의지·보조기 기사를 두지 아니하고 의지·보조기제조업을 한 경우
- 영업정지처분 기간에 영업을 하거나 3회 이상 영업정지처분을 받은 경우

시장·군수·구청장은 의지·보조기제조업자가 의지·보조기 제조업을 하면서 고의나 중대한 과실로 의지·보조기를 착용하는 사람의 신체에 손상을 입힌 사실이 있는 때에는 6개월의 범위 안에서 보건복지부령으로 정하는 바에 따라 영업정지를 명할 수 있다.

7. 장애인복지 전문인력

1) 장애인복지 전문인력 양성

국가와 지방자치단체 그 밖의 공공단체는 의지·보조기 기사, 언어재활사, 장애인재활상담사, 한국수어 통역사, 점역(點譯)·교정사 등 장애인복지 전문인력, 그 밖에 장애인복지에 관한 업무에 종사하는 자를 양성·훈련하는 데에 노력해야 한다.

장애인복지전문인력의 범위 등에 관한 사항은 보건복지부령으로 정하고, 국가와 지방자치단체는 장애인복지전문인력의 양성업무를 관계 전문기관 등에 위탁할 수 있다.

국가와 지방자치단체는 장애인복지전문인력의 양성에 소요되는 비용을 예산의 범위 안에서 보조할 수 있다.

2) 의지·보조기 기사자격증 교부

보건복지부장관은 다음의 어느 하나에 해당하는 자로서 국가시험에 합격한 자("의지·보조기 기사")에게 의지·보조기 기사자격증을 내주어야 한다.

- 「고등교육법」에 따른 전문대학이나 교육부장관이 이와 같은 수준 이상의 학력이 있다고 인정하는 학교에서 보건복지부령으로 정하는 의지 · 보조기 관련 교과목을 이수하고 졸업한 자
- 보건복지부장관이 인정하는 외국에서 보건복지부장관이 정하여 고시하는 인정기준에 해당하는 학교와 같은 수준 이상의 교육과정을 마치고 외국의 해당 의지 · 보조기 기사자격증을 받은 자
- 의지 · 보조기 기사자격증을 분실하거나 훼손한 자에게는 신청에 따라 자격증을 재교부한다.
- 의지 · 보조기 기사자격증은 다른 자에게 대여하지 못한다.

자격증의 교부 · 재교부 절차와 그 밖에 그 관리에 관하여 필요한 사항은 보건복지부령으로 정한다.

3) 언어재활사 자격증 교부

보건복지부장관은 자격요건을 갖춘 사람으로서 국가시험에 합격한 사람에게 언어재활사 자격증을 내주어야 한다.

언어재활사의 종류 및 국가시험 응시자격 요건은 다음의 구분과 같다. 이 경우 외국의 대학원 · 대학 · 전문대학(보건복지부장관이 정하여 고시하는 인정기준에 해당하는 학교)에서 언어재활 분야의 학위를 취득한 사람으로서 등급별 자격기준과 동등한 학력이 있다고 보건복지부장관이 인정하는 경우에는 해당 등급의 응시자격을 갖춘 것으로 본다.

- 1급 언어재활사: 2급 언어재활사 자격증을 가진 사람으로서 다음 각 목의 어느 하나에 해당하는 사람
  - ㉠ 「고등교육법」에 따른 대학원에서 언어재활 분야의 박사학위 또는 석사학위를 취득한 사람으로서 언어재활기관에 1년 이상 재직한 사람
  - ㉡ 「고등교육법」에 따른 대학에서 언어재활 관련 학과의 학사학위를 취득한 사람으로서 언어재활기관에 3년 이상 재직한 사람
- 2급 언어재활사: 「고등교육법」에 따른 대학원 · 대학 · 전문대학의 언어재활 관련 교과목을 이수하고 관련 학과의 석사학위 · 학사학위 · 전문학사학위를 취득한 사람

언어재활사 자격증을 분실하거나 훼손한 사람에게는 신청에 따라 자격증을 재교부하고,

언어재활사 자격증은 다른 사람에게 대여하지 못하고, 자격증의 교부·재교부 절차와 관리 및 언어재활기관의 범위, 대학원·대학·전문대학의 언어재활 관련 학과와 언어재활사로서 이수하여야 하는 관련 교과목의 범위 등에 필요한 사항은 보건복지부령으로 정한다.

4) 장애인재활상담사 자격증 교부

보건복지부장관은 장애인의 직업재활 등을 지원하기 위하여 자격요건을 갖춘 사람으로서 제73조에 따른 국가시험에 합격한 사람에게 장애인재활상담사 자격증을 내주어야 한다.

장애인재활상담사의 종류 및 국가시험 응시자격 요건은 다음의 구분과 같다. 이 경우 외국의 대학원·대학·전문대학(보건복지부장관이 정하여 고시하는 인정기준에 해당하는 학교)에서 장애인재활 분야의 학위를 취득한 사람으로서 등급별 자격기준과 동등한 학력이 있다고 보건복지부장관이 인정하는 경우에는 해당 등급의 응시자격을 갖춘 것으로 본다.

- 1급 장애인재활상담사: 다음의 어느 하나에 해당하는 사람
  - ㉠ 「고등교육법」에 따른 대학원에서 장애인재활 분야의 박사학위를 취득한 사람
  - ㉡ 「고등교육법」에 따른 대학원·대학·원격대학에서 보건복지부령으로 정하는 장애인재활 관련 교과목을 이수하고 관련 학과의 석사학위 또는 학사학위를 취득한 사람
  - ㉢ 2급 장애인재활상담사 자격증을 가진 사람으로서 장애인재활 관련 기관에서 3년 이상 재직한 사람
  - ㉣ 사회복지사 자격증을 가진 사람으로서 장애인재활 관련 기관에서 5년 이상 재직한 사람

- 2급 장애인재활상담사: 다음의 어느 하나에 해당하는 사람
  - ㉠ 「고등교육법」에 따른 전문대학·원격대학에서 보건복지부령으로 정하는 장애인재활 관련 교과목을 이수하고 관련 학과의 전문학사학위를 취득한 사람
  - ㉡ 사회복지사 자격증을 가진 사람으로서 장애인재활 관련 기관에서 3년 이상 재직한 사람

장애인재활상담사 자격증을 분실하거나 훼손한 사람에게는 신청에 따라 자격증을 재교부하며, 장애인재활상담사 자격증은 다른 사람에게 대여하지 못한다. 자격증의 교부·재

교부 절차와 관리, 장애인재활 분야·관련 기관·관련 학과·관련 교과목의 범위 등에 필요한 사항은 보건복지부령으로 정한다.

5) 국가시험의 실시

의지·보조기 기사, 언어재활사 및 장애인재활상담사(이하 "의지·보조기 기사 등")의 국가시험은 보건복지부장관이 실시하되, 실시시기·실시방법·시험과목, 그 밖에 시험 실시에 관하여 필요한 사항은 대통령령으로 정하며, 보건복지부장관은 국가시험의 실시에 관한 업무를 대통령령으로 정하는 바에 따라 「한국보건의료인국가시험원법」에 따른 한국보건의료인국가시험원에 위탁할 수 있다.

6) 응시자격 제한

다음의 어느 하나에 해당하는 자는 국가시험에 응시할 수 없다.

- 「정신건강증진 및 정신질환자 복지서비스 지원에 관한 법률」에 따른 정신질환자. 다만, 전문의가 의지·보조기 기사 등으로서 적합하다고 인정하는 사람은 그러하지 아니하다.
- 마약·대마 또는 향정신성의약품 중독자
- 피성년후견인
- 이 법이나 「형법」, 「의료법」, 「국민건강보험법」, 「의료급여법」, 「보건범죄단속에 관한 특별조치법」, 「마약류 관리에 관한 법률」 또는 「후천성면역결핍증 예방법」을 위반하여 금고 이상의 형을 선고받고 그 형의 집행이 끝나지 아니하였거나 집행을 받지 아니하기로 확정되지 아니한 자

부정한 방법으로 국가시험에 응시한 자나 국가시험에 관하여 부정행위를 한 자는 그 수험을 정지시키거나 합격을 무효로 하며, 수험이 정지되거나 합격이 무효가 된 자는 그 후 2회에 한하여 국가시험에 응시할 수 없다.

7) 보수교육

보건복지부장관은 의지·보조기 기사등에 대하여 자질 향상을 위하여 필요한 보수(補修) 교육을 받도록 명할 수 있으며, 보수교육의 실시 시기와 방법 등 필요한 사항은 보건복지부령으로 정한다.

8) 자격취소

보건복지부장관은 의지·보조기 기사 등이 다음의 어느 하나에 해당한 때에는 그 자격을 취소해야 한다.

- 타인에게 의지·보조기 기사자격증을 대여한 때
- 타인에게 언어재활사 자격증을 대여하였을 때
- 타인에게 장애인재활상담사 자격증을 대여하였을 때
- 다음의 어느 하나에 해당하게 된 때
  ㉠ 「정신건강증진 및 정신질환자 복지서비스 지원에 관한 법률」에 따른 정신질환자. 다만, 전문의가 의지·보조기 기사등으로서 적합하다고 인정하는 사람은 그러하지 아니하다.
  ㉡ 마약·대마 또는 향정신성의약품 중독자
  ㉢ 피성년후견인
  ㉣ 이 법이나 「형법」, 「의료법」, 「국민건강보험법」, 「의료급여법」, 「보건범죄단속에 관한 특별 조치법」, 「마약류 관리에 관한 법률」 또는 「후천성면역결핍증 예방법」을 위반하여 금고 이상의 형을 선고받고 그 형의 집행이 끝나지 아니하였거나 집행을 받지 아니하기로 확정되지 아니한 자
- 자격정지처분 기간에 그 업무를 하거나 자격정지 처분을 3회 받은 때

9) 자격정지

보건복지부장관은 의지·보조기 기사 등이 다음의 어느 하나에 해당하면 6개월 이내의 범위 안에서 보건복지부령으로 정하는 바에 따라 자격을 정지시킬 수 있다.

- 의지·보조기 기사의 업무를 하면서 고의 또는 중대한 과실로 의지·보조기 착용자의 신체에 손상을 입힌 사실이 있는 때
- 언어재활사의 업무를 하면서 고의 또는 중대한 과실로 언어재활 대상자의 기능에 손상을 입힌 사실이 있을 때
- 장애인재활상담사의 업무를 하면서 고의 또는 중대한 과실로 재활 대상자에게 손해를 입힌 사실이 있을 때
- 보수교육을 연속하여 2회 이상 받지 아니한 때

10) 수수료

의지·보조기 기사 등의 국가시험에 응시하려고 하거나 의지·보조기 기사등의 자격증을 교부 또는 재교부받으려 하는 자는 보건복지부령으로 정하는 바에 따라 수수료를 내야 한다.

8. 보 칙

1) 비용 부담

장애인 자녀의 교육비 지급, 자립훈련비 지급, 장애수당, 장애아동수당과 보호수당, 활동지원급여의 지원에 따른 장애인복지시설의 설치·운영에 드는 비용은 예산의 범위 안에서 대통령령으로 정하는 바에 따라 장애인복지실시기관이 부담하게 할 수 있다.

국가와 지방자치단체는 장애인이 장애인복지시설을 이용하는 데 드는 비용의 전부 또는 일부를 부담할 수 있으며, 시설 이용자의 자산과 소득을 고려하여 본인부담금을 부과할 수 있다. 이 경우 본인부담금에 관한 사항은 대통령령으로 정한다.

2) 비용 수납

장애인에 대한 의료와 보건지도에 따른 조치에 필요한 비용을 부담한 장애인복지실시기관은 해당 장애인 또는 그 부양의무자로부터 대통령령으로 정하는 바에 따라 장애인복지실시기관이 부담한 비용의 전부 또는 일부를 받을 수 있다.

3) 한국언어재활사협회

언어재활사는 언어재활에 관한 전문지식과 기술을 개발·보급하고 언어재활사의 자질향상을 위한 교육훈련 및 언어재활사의 복지증진을 도모하기 위하여 한국언어재활사협회를 설립할 수 있으며, 한국언어재활사협회는 법인으로 하며, 한국언어재활사협회에 관하여 이 법에서 규정한 것을 제외하고는 「민법」 중 사단법인에 관한 규정을 준용한다.

4) 한국장애인재활상담사협회

장애인재활상담사는 장애인재활에 관한 전문지식과 기술을 개발·보급하고 장애인재활상담사의 자질향상을 위한 교육훈련 및 장애인재활상담사의 복지증진을 도모하기 위하여 한국장애인재활상담사협회를 설립할 수 있다.

한국장애인재활상담사협회는 법인으로 하며, 한국장애인재활상담사협회에 관하여 이 법에서 규정한 것을 제외하고는 「민법」 중 사단법인에 관한 규정을 준용한다.

5) 비용 보조

국가와 지방자치단체는 대통령령으로 정하는 바에 따라 장애인복지시설의 설치·운영에 필요한 비용의 전부 또는 일부를 보조할 수 있다.

6) 압류 금지

이 법에 따라 장애인에게 지급되는 금품은 압류하지 못하며, 장애인복지급여수급계좌의 예금에 관한 채권은 압류할 수 없다.

7) 조세감면

이 법에 따라 지급되는 금품, 장애인복지시설 및 장애인복지단체에서 장애인이 제작한 물품에는 「조세특례제한법」과 「지방세특례제한법」, 그 밖의 조세 관계법령이 정하는 바에 따라 조세를 감면한다.

8) 청문

장애인복지실시기관은 다음의 어느 하나에 해당하는 조치를 하려면 청문을 하여야 한다.

- 수행기관의 지정 취소
- 장애인 등록의 취소
- 장애인복지시설의 폐쇄 명령
- 의지·보조기 제조업소의 폐쇄 명령
- 의지·보조기 기사등의 자격취소

9) 이의신청

장애인이나 법정대리인등은 이 법에 따른 복지조치에 이의가 있으면 해당 장애인복지실시기관에 이의신청을 할 수 있으며, 이의신청은 복지조치가 있음을 안 날부터 90일 이내에 문서로 하여야 한다. 다만, 정당한 사유로 인하여 그 기간 이내에 이의신청을 할 수 없었음을 증명한 때에는 그 사유가 소멸한 날부터 60일 이내에 이의신청을 할 수 있다.

장애인복지실시기관은 이의신청을 받은 때에는 30일 이내에 심사·결정하여 신청인에게 통보하여야 하며, 심사·결정에 이의가 있는 자는 「행정심판법」에 따라 행정심판을 제기할 수 있다.

10) 권한위임

이 법에 따른 보건복지부장관 및 특별시장·광역시장·특별자치시장·도지사·특별자치도지사의 권한은 대통령령으로 정하는 바에 따라 국립재활원장, 시·도지사 또는 시장·군수·구청장에게 그 일부를 위임할 수 있으며, 이 법에 따른 보건복지부장관 및 시·도지사의 업무는 대통령령으로 정하는 바에 따라 장애인 관련 단체 또는 법인에 그 일부를 위탁할 수 있다.

11) 비밀 누설 등의 금지

보건복지부 및 특별자치시·특별자치도·시·군·구 소속 공무원과 소속 공무원이었던 사람, 장애 정도에 관한 정밀심사를 의뢰한 기관의 종사자와 종사자였던 사람, 수탁기관의 종사자와 종사자였던 사람은 업무 수행 중 알게 된 정보 또는 비밀 등을 이 법에서 정한 목적 외에 다른 용도로 사용하거나 다른 사람 또는 기관에 제공·누설하여서는 아니 된다.

9. 벌 칙

1) 벌칙

10년 이하의 징역 또는 1억원 이하의 벌금	• 장애인에게 성적 수치심을 주는 성희롱·성폭력 등의 행위 • 장애인의 신체에 폭행을 가하거나 상해를 입히는 행위 • 장애인을 폭행, 협박, 감금, 그 밖에 정신상 또는 신체상의 자유를 부당하게 구속하는 수단으로써 장애인의 자유의사에 어긋나는 노동을 강요하는 행위 • 자신의 보호·감독을 받는 장애인을 유기하거나 의식주를 포함한 기본적 보호 및 치료를 소홀히 하는 방임행위 • 장애인에게 구걸을 하게 하거나 장애인을 이용하여 구걸하는 행위 • 장애인을 체포 또는 감금하는 행위

	• 장애인의 정신건강 및 발달에 해를 끼치는 정서적 학대행위 • 장애인을 위하여 증여 또는 급여된 금품을 그 목적 외의 용도에 사용하는 행위 • 공중의 오락 또는 흥행을 목적으로 장애인의 건강 또는 안전에 유해한 곡예를 시키는 행위
7년 이하의 징역 또는 7천만원 이하의 벌금	• 장애인의 신체에 상해를 입히는 행위 • 장애인을 폭행, 협박, 감금, 그 밖에 정신상 또는 신체상의 자유를 부당하게 구속하는 수단으로써 장애인의 자유의사에 어긋나는 노동을 강요하는 행위
5년 이하의 징역 또는 5천만원 이하의 벌금	• 금융정보 등을 이 법에서 정한 목적 외의 용도로 사용하거나 다른 사람 또는 기관에 제공 또는 누설한 사람 • 업무를 수행 중인 장애인권익옹호기관의 직원에 대하여 폭행 또는 협박하거나 위계 또는 위력으로써 그 업무를 방해한 사람 • 장애인의 신체에 폭행을 가하는 행위 • 장애인을 폭행, 협박, 감금, 그 밖에 정신상 또는 신체상의 자유를 부당하게 구속하는 수단으로써 장애인의 자유의사에 어긋나는 노동을 강요하는 행위 • 자신의 보호·감독을 받는 장애인을 유기하거나 의식주를 포함한 기본적 보호 및 치료를 소홀히 하는 방임행위 • 장애인에게 구걸을 하게 하거나 장애인을 이용하여 구걸하는 행위 • 장애인을 체포 또는 감금하는 행위 • 장애인의 정신건강 및 발달에 해를 끼치는 정서적 학대행위
3년 이하의 징역 또는 3천만원 이하의 벌금	• 「특정범죄신고자 등 보호법」 제8조를 위반하여 신고자의 인적사항 또는 신고자임을 미루어 알 수 있는 사실을 다른 사람에게 알려주거나 공개 또는 보도한 사람 • 장애인을 위하여 증여 또는 급여된 금품을 그 목적 외의 용도에 사용하는 행위 • 업무 수행 중 알게 된 정보 또는 비밀 등을 이 법에서 정한 목적 외에 다른 용도로 사용하거나 다른 사람 또는 기관에 제공 또는 누설한 사람
1년 이하의 징역 또는 1천만원 이하의 벌금	• 공중의 오락 또는 흥행을 목적으로 장애인의 건강 또는 안전에 유해한 곡예를 시키는 행위
2년 이하의 징역 또는 2천만원 이하의 벌금	• 장애인학대 및 장애인 대상 성범죄 신고인에게 장애인학대범죄 신고 등을 이유로 불이익조치를 한 자
1년 이하의 징역 또는 1천만원 이하의 벌금	• 징계, 정직, 감봉, 강등, 승진 제한, 그 밖에 이에 준하는 부당한 인사조치 • 전보, 전근, 직무 미부여, 직무 재배치, 그 밖에 이에 준하는 인사조치 • 성과평가 또는 동료평가 등을 통한 임금, 상여금 등의 차별적 지급 • 교육·훈련 등 자기계발 기회의 박탈 및 예산·인력 등에 대한 업무상 제한, 그 밖에 이에 준하는 근무 조건의 차별적 조치 • 요주의 대상자 명단의 작성·공개, 집단 따돌림 및 폭행·폭언, 그 밖에 이에 준하는 정신적·신체적 위해 행위 • 직무에 대한 부당한 감사, 조사 및 그 결과의 공표 • 장애인을 이용하여 부당한 영리행위를 한 자

	• 장애인등록증을 양도 또는 대여하거나 양도 또는 대여를 받은 자 및 유사한 명칭 또는 표시를 사용한 자 • 신고 또는 변경신고를 하지 아니하고 장애인복지시설을 설치 · 운영한 자 • 시설 이용자의 권익 보호조치를 위반한 시설 운영자 • 정당한 사유 없이 보고를 하지 아니하거나 거짓의 보고를 한 자, 자료를 제출하지 아니하거나 거짓 자료를 제출한 자, 조사 · 검사 · 질문을 거부 · 방해 또는 기피한 자 • 명령 등을 받고 이행하지 아니한 자 • 의지 · 보조기 기사를 두지 아니하고 의지 · 보조기제조업을 한 자 • 폐쇄 명령을 받은 후 6개월이 지나지 아니하였음에도 불구하고 같은 장소에서 같은 제조업을 한 자 • 제조업소 폐쇄 명령을 받고도 영업을 한 자
500만원 이하의 벌금	• 장애인의 입학 지원을 거부하거나 입학시험 합격자의 입학을 거부하는 등 불리한 조치를 한 자 • 타인에게 의지 · 보조기 기사자격증을 대여한 자

2) 가중처벌

상습적으로 장애인학대관련범죄를 범한 자는 그 죄에서 정한 형의 2분의 1까지 가중하고, 장애인학대 및 장애인 대상 성범죄 신고의무자가 자기의 보호 · 감독 또는 진료를 받는 장애인을 대상으로 장애인학대관련범죄를 범한 때에는 그 죄에서 정한 형의 2분의 1까지 가중한다.

3) 양벌규정

법인의 대표자나 법인 또는 개인의 대리인, 사용인, 그 밖의 종업원이 그 법인 또는 개인의 업무에 관하여 "벌칙" 조항의 어느 하나에 해당하는 위반행위를 하면 그 행위자를 벌하는 외에 그 법인 또는 개인에게도 해당 조문의 벌금형을 과(科)한다. 다만, 법인 또는 개인이 그 위반행위를 방지하기 위하여 해당 업무에 관하여 상당한 주의와 감독을 게을리하지 아니한 경우에는 그러하지 아니하다.

4) 과태료

장애인복지시설의 운영자가 "취업제한명령"에 따른 해임요구를 정당한 사유 없이 거부하거나 1개월 이내에 이행하지 아니하는 경우에는 1천만원 이하의 과태료를 부과한다.

- "취업제한명령"에 따른 해임요구를 정당한 사유 없이 거부하거나 1개월 이내에 이행하지 아니한 자

- "학대받은 장애인에 대한 장애인권익옹호기관 또는 의료기관에 인도"를 위반하여 정당한 사유 없이 학대받은 장애인의 인수를 거부한 자

장애인관련기관의 운영자가 "장애인학대관련범죄 등의 경력 확인"을 위반하여 취업자 등에 대하여 장애인학대관련범죄등 경력을 확인하지 아니한 경우에는 500만원 이하의 과태료를 부과한다.

다음의 어느 하나에 해당하는 자에게는 300만원 이하의 과태료를 부과한다.

- 정당한 사유 없이 등록증 반환 명령을 따르지 아니한 사람
- 장애인사용자동차 등 표지를 대여하거나 보건복지부령으로 정하는 자 외의 자에게 양도한 자 또는 부당하게 사용하거나 이와 비슷한 표지·명칭 등을 사용한 자
- 보조견표지를 붙인 장애인 보조견을 동반한 장애인, 장애인 보조견 훈련자 또는 장애인 보조견 훈련 관련 자원봉사자의 출입을 정당한 사유 없이 거부한 자
- 직무상 장애인학대 및 장애인 대상 성범죄의 발생사실을 알고도 장애인권익옹호기관 또는 수사기관에 신고하지 아니한 사람
- 장애인학대 현장조사를 거부·기피하거나 업무를 방해한 자
- 장애인권익옹호기관의 업무 수행을 정당한 사유 없이 거부하거나 방해한 자
- 시설 운영 개시 의무를 위반한 자
- 시설의 운영 중단·재운영·시설폐지 등의 신고의무를 위반한 자
- 의지·보조기 제조업소의 개설 또는 변경 사실을 통보하지 아니한 자
- 의사의 처방에 의하지 아니하고 의지·보조기를 제조하거나 개조한 의지·보조기 제조업자

과태료는 대통령령으로 정하는 바에 따라 특별자치시장·특별자치도지사 또는 시장·군수·구청장이 부과·징수한다.

제21장 장애인·노인·임산부 등의 편의증진 보장에 관한 법령

(1) 목적

이 법은 장애인·노인·임산부 등이 일상생활에서 안전하고 편리하게 시설과 설비를 이용하고 정보에 접근할 수 있도록 보장함으로써 이들의 사회활동 참여와 복지 증진에 이바지함을 목적으로 한다.

(2) 정의

이 법에서 사용하는 용어의 뜻은 다음과 같다.

- "장애인 등"이란 장애인·노인·임산부 등 일상생활에서 이동, 시설 이용 및 정보 접근 등에 불편을 느끼는 사람을 말한다.
- "편의시설"이란 장애인 등이 일상생활에서 이동하거나 시설을 이용할 때 편리하게 하고, 정보에 쉽게 접근할 수 있도록 하기 위한 시설과 설비를 말한다.
- "시설주"(施設主)란 대상시설의 소유자 또는 관리자(해당 대상시설에 대한 관리 의무자가 따로 있는 경우만 해당)를 말한다.
- "시설주관기관"이란 편의시설의 설치와 운영에 관하여 지도하고 감독하는 중앙행정기관의 장과 특별시장·광역시장·특별자치시장·도지사·특별자치도지사, 시장·군수·구청장 및 교육감을 말한다.
- "공원"이란 다음의 어느 하나에 해당하는 시설을 말한다.
  ㉠ 「자연공원법」의 자연공원
  ㉡ 「자연공원법」의 공원시설
  ㉢ 「도시공원 및 녹지 등에 관한 법률」의 도시공원
  ㉣ 「도시공원 및 녹지 등에 관한 법률」의 공원시설
- "공공건물 및 공중이용시설"이란 불특정다수가 이용하는 건축물, 시설 및 그 부대시설로서 대통령령으로 정하는 건물과 시설을 말한다.
- "공동주택"이란 「주택법」의 공동주택을 말한다.
- "통신시설"이란 「전기통신기본법」의 전기통신설비와 「우편법」의 우편물 등 통신을 이용하는 데에 필요한 시설을 말한다.

(3) 편의시설 설치의 기본 원칙

다음의 자(이하 "시설주 등")는 장애인등이 공공건물 및 공중이용시설을 이용할 때 가능하면 최대한 편리한 방법으로 최단거리로 이동할 수 있도록 편의시설을 설치하여야 한다.

- 시설주
- 대상시설의 설치를 위하여 「건축법」 등 관계 법령에 따른 허가나 처분(「건축법」에 따른 협의 포함)을 신청하는 등 절차를 진행 중인 자

(4) 접근권

장애인 등은 인간으로서의 존엄과 가치 및 행복을 추구할 권리를 보장받기 위하여 장애인 등이 아닌 사람들이 이용하는 시설과 설비를 동등하게 이용하고, 정보에 자유롭게 접근할 수 있는 권리를 가진다.

5) 다른 법률과의 관계??

이 법에서 특별히 정하고 있지 아니한 편의시설에 관한 사항은 다른 법률에서 정하는 바에 따른다.

6) 국가와 지방자치단체의 의무

국가와 지방자치단체는 장애인 등이 일상생활에서 안전하고 편리하게 시설과 설비를 이용하고, 정보에 접근할 수 있도록 각종 시책을 마련하여야 한다.

7) 대상시설

편의시설을 설치하여야 하는 대상시설은 다음의 어느 하나에 해당하는 것으로서 대통령령으로 정하는 것을 말한다.

- 공원
- 공공건물 및 공중이용시설
- 공동주택
- 통신시설
- 그 밖에 장애인등의 편의를 위하여 편의시설을 설치할 필요가 있는 건물·시설 및 그 부대시설

8) 편의시설의 설치기준

대상시설별로 설치하여야 하는 편의시설의 종류는 대상시설의 규모, 용도 등을 고려하여 대통령령으로 정한다.

편의시설의 구조와 재질 등에 관한 세부기준은 보건복지부령으로 정한다. 이 경우 편의시설의 종류별 안내 내용과 안내 표시 디자인 기준을 함께 정하여야 한다.

9) 시설주 등의 의무

시설주 등은 대상시설을 설치하거나 대통령령으로 정하는 주요 부분을 변경(용도변경 포함)할 때에는 장애인등이 대상시설을 항상 편리하게 이용할 수 있도록 편의시설을 설치기준에 적합하게 설치하고, 유지·관리하여야 한다.

10) 편의시설 설치기준의 적합성 확인

시설주관기관은 시설주등이 대상시설의 설치를 위하여 「건축법」 등 관계 법령에 따른 허가나 처분(「건축법」에 따른 협의 포함)을 신청하는 등 절차를 진행 중인 경우에는 설계도서의 검토 등을 통하여 편의시설 설치기준에 적합한지 여부를 확인하여야 한다.

시설주관기관은 위 조항에 따른 확인 결과 대상시설이 편의시설 설치기준에 부적합한 경우에는 상당한 기간을 정하여 시설주등에게 보완을 요구하여야 한다.

편의시설 설치기준에 대한 적합성 확인에 필요한 사항은 보건복지부령으로 정한다.

11) 편의시설 설치기준 적합성 확인 업무의 대행

시설주관기관은 "편의시설 설치기준의 적합성 확인" 업무를 보건복지부령으로 정하는 장애인 관련 법인 또는 단체에 대행하게 할 수 있으며, 확인 업무의 대행에 필요한 사항은 보건복지부령으로 정한다.

확인 업무를 담당하는 법인 또는 단체의 임직원은 「형법」의 규정에 따른 벌칙을 적용할 때에는 공무원으로 본다.

12) 편의시설에 관한 지도·감독

보건복지부장관은 편의시설의 설치·운영에 관한 업무를 총괄하며, 시설주관기관은 소관 대상시설에 대한 편의시설의 설치·운영에 필요한 지도와 감독을 하여야 한다.

13) 장애물 없는 생활환경 인증

보건복지부장관과 국토교통부장관(이하 보건복지부장관 등)은 장애인 등이 대상시설을 안전하고 편리하게 이용할 수 있도록 편의시설의 설치·운영을 유도하기 위하여 대상시설에 대하여 장애물 없는 생활환경 인증(이하 "인증")을 할 수 있다.

대상시설에 대하여 인증을 받으려는 시설주는 보건복지부장관 등에게 인증을 신청하여야 한다. 이 경우 시설주는 인증 신청 전에 대상시설의 설계도서 등에 반영된 내용을 대상으로 예비인증을 신청할 수 있다.

다음의 어느 하나에 해당하는 대상시설(이하 "의무인증시설")의 경우에는 의무적으로 인증(예비인증 포함)을 받아야 한다. 이 경우 인증을 받은 의무인증시설의 시설주는 인증의 유효기간 연장을 받아야 한다.

- 국가나 지방자치단체가 지정·인증 또는 설치하는 공원 중 「도시공원 및 녹지 등에 관한 법률」의 도시공원 및 공원시설
- 국가, 지방자치단체 또는 「공공기관의 운영에 관한 법률」에 따른 공공기관이 신축·증축(건축물이 있는 대지에 별개의 건축물로 증축하는 경우에 한정)·개축(전부를 개축하는 경우에 한정) 또는 재축하는 청사, 문화시설 등의 공공건물 및 공중이용시설 중에서 대통령령으로 정하는 시설
- 국가, 지방자치단체 또는 「공공기관의 운영에 관한 법률」에 따른 공공기관 외의 자가 신축·개축 또는 재축하는 공공건물 및 공중이용시설로서 시설의 규모, 용도 등을 고려하여 대통령령으로 정하는 시설

보건복지부장관 등은 인증 업무를 효과적으로 수행하기 위하여 필요한 전문인력과 시설을 갖춘 기관이나 단체를 인증기관으로 지정하여 인증 업무를 위탁할 수 있으며, 인증기준·절차, 유효기간 연장의 기준·절차, 인증기관 지정 기준·절차, 그 밖에 인증 제도 운영에 필요한 사항은 보건복지부와 국토교통부의 공동부령(이하 "공동부령")으로 정한다.

14) 인증의 유효기간

인증의 유효기간은 인증을 받은 날부터 10년으로 하며, 인증의 유효기간을 연장 받으려는 자는 유효기간이 끝나기 전에 공동부령으로 정하는 바에 따라 연장신청을 하여야 한다.

15) 인증의 표시

인증을 받은 대상시설의 시설주는 해당 대상시설에 인증 표시를 할 수 있으며, 누구든지 인증을 받지 아니한 시설물에 대해서는 인증 표시 또는 이와 유사한 표시를 하여서는 아니 된다.

16) 인증의 사후관리

보건복지부장관등은 인증을 받은 대상시설이 인증 기준에 적합하게 유지·관리되고 있는지 여부를 조사할 수 있으며, 보건복지부장관 등은 조사 결과 인증 기준에 적합하지 아니하게 유지·관리되고 있는 대상시설에 대하여 그 내용을 시설주에게 통보하고 기간을 정하여 시정을 명하는 등 필요한 조치를 할 수 있으며, 조사의 절차·방법 등에 관하여 필요한 사항은 공동부령으로 정한다.

17) 인증의 취소

보건복지부장관 등은 다음의 어느 하나에 해당하는 경우에는 인증을 취소하여야 한다.

- 거짓이나 그 밖의 부정한 방법으로 인증을 받은 경우
- 정당한 사유 없이 "장애물 없는 생활환경 인증"에 따른 조치를 이행하지 아니하여 "공동부령"에 따른 인증 기준에 적합하지 아니하게 된 경우

18) 인증기관 지정의 취소

보건복지부장관 등은 지정한 인증기관이 다음의 어느 하나에 해당하는 경우에는 그 인증기관의 지정을 취소하거나 1년 이내의 기간을 정하여 그 업무의 전부 또는 일부의 정지를 명할 수 있으며, 행정처분의 기준은 공동부령으로 정한다.

- 거짓이나 그 밖의 부정한 방법으로 지정을 받은 경우(지정 취소)
- 인증 기준을 위반하여 인증을 한 경우
- 지정 기준에 적합하지 아니하게 된 경우
- 정당한 사유 없이 2년 이상 계속하여 인증 업무를 하지 아니한 경우
- 업무정지 명령을 위반하여 업무정지 기간 중 인증 업무를 한 경우(지정 취소)

19) 청문

보건복지부장관 등은 인증을 취소하거나 인증기관의 지정을 취소하려는 경우에는 청문을 실시하여야 한다.

20) 인증 통계의 작성 · 관리

보건복지부장관 등은 인증의 활성화 및 사후관리 등에 활용하기 위하여 공동부령으로 정하는 바에 따라 대상시설별 인증의 현황 등 인증에 관한 통계를 작성·관리하여야 한다.

보건복지부장관 등은 관계 기관 및 단체의 장에게 통계의 작성 · 관리를 위하여 필요한 자료의 제공을 요청할 수 있다. 이 경우 요청을 받은 관계 기관 및 단체의 장은 정당한 사유가 없으면 그 요청에 따라야 한다.

21) 인증운영기관의 설치

국가는 인증에 관한 다음의 업무를 수행하게 하기 위하여 인증운영기관을 설치 · 운영할 수 있다.

- 인증기관 관리 · 지원
- 인증 관련 연구 · 개발 및 기술 보급
- 인증 관련 정보체계의 구축 및 운영
- 인증 관련 전문인력 양성 및 교육
- 그 밖에 인증 활성화를 위하여 공동부령으로 정하는 사항

국가는 인증운영기관의 설치 · 운영을 그 업무에 필요한 전문인력과 시설을 갖춘 기관 또는 단체에 위탁할 수 있으며, 인증운영기관의 설치 · 운영 및 제2항에 따른 위탁 등에 필요한 사항은 공동부령으로 정한다.

22) 인증 수수료

시설주는 인증 및 예비인증 신청, 연장신청(이하 "인증 신청 등")을 하려는 경우 인증 수수료를 내야 한다. 다만, 의무인증시설이 아닌 시설의 시설주가 인증 신청 등을 하는 경우에는 수수료를 감면할 수 있다. 수수료 납부의 방법 · 기간, 수수료 감면의 기준 · 절차 등 필요한 사항은 공동부령으로 정한다.

23) 실태조사

시설주관기관은 편의시설 활성화 정책의 기초자료 확보 등을 위하여 편의시설 설치에 관한 실태조사를 실시하고, 그 결과를 공표하여야 하며, 실태조사는 매년 전수조사 또는 표본조사의 방법으로 실시하되, 5년마다 1회는 전수조사의 방법으로 실시하여야 한다.

실태조사의 내용과 절차 및 결과공표의 범위 · 방법 등은 보건복지부령으로 정한다.

시설주관기관은 실태조사에 필요한 범위에서 시설주에게 자료제출을 요구할 수 있다. 이 경우 시설주는 정당한 사유가 없으면 이에 따라야 한다.

24) 설치계획의 수립 · 시행 및 보고

시설주관기관은 편의시설 설치를 촉진하기 위하여 소관 대상시설에 대한 편의시설 설치계획을 수립 · 시행하여야 한다.

위 조항에 따른 편의시설 설치계획에는 다음의 사항이 포함되어야 한다.

- 대상시설의 편의시설 설치실태 및 정비계획
- 대상시설의 건축 · 대수선(大修繕) · 용도변경 등에 따른 편의시설 설치계획
- 대상시설 및 편의시설 설치 기준에 관한 홍보
- 그 밖에 보건복지부령으로 정하는 사항

시설주관기관은 편의시설 설치계획과 시행 실적을 대통령령으로 정하는 바에 따라 보건복지부장관에게 제출하여야 하며, 보건복지부장관은 제출된 계획 등을 종합하여 편의증진심의회의 심의를 거쳐 편의시설 설치에 관한 국가종합계획을 수립하여야 한다.

25) 편의증진심의회의 설치

보건복지부에 장애인 등의 편의증진에 관한 중요사항을 심의하기 위하여 편의증진심의회(이하 "심의회")를 두며, 심의회의 조직 · 운영에 관하여 필요한 사항은 대통령령으로 정한다.

심의회는 다음의 사항을 심의한다.

- 장애인 등에 대한 편의증진정책의 기본방향에 관한 사항
- 편의시설 설치에 관한 국가종합계획 수립과 관련한 사항
- 장애인 등의 편의증진보장을 위한 제도개선 등에 관한 사항
- 그 밖에 장애인 등의 편의증진보장을 위하여 관계부처간에 협조가 필요한 사항

26) 설치의 지원

국가와 지방자치단체는 민간의 편의시설 설치 부담을 덜고 그 설치를 촉진하기 위하여 금융 지원과 기술 지원 등 필요한 조치를 마련하여야 한다.

법인이나 개인이 이 법에서 정하는 편의시설을 설치한 경우에는 시설의 설치 비용에 대하여 「조세특례제한법」, 「지방세특례제한법」 등 조세 관계 법령에서 정하는 바에 따라 조세를 감면한다.

27) 연구개발의 촉진

국가와 지방자치단체는 편의시설에 관한 연구개발을 촉진하기 위한 시책을 마련하여야 하며, 보건복지부장관은 편의시설 설치사업을 원활하게 추진하기 위하여 편의시설 상세표준도(詳細標準圖)를 작성하여 보급하여야 한다. 이 경우 건축물에 대한 편의시설 상세표준도는 해당 편의시설에 관하여 「건축법」에 따른 표준설계도서로 본다.

28) 교육 실시

보건복지부장관이나 시설주관기관은 편의시설의 올바른 설치 및 편의시설에 대한 인식개선을 위하여 필요하다고 인정할 때에는 건축사사무소 종사자나 시설주 등을 대상으로 교육을 할 수 있으며, 교육을 관계 전문기관·법인·단체에 위탁할 수 있다.

29) 적용의 완화

시설주 등은 다음의 어느 하나에 해당하는 경우로서 "편의시설의 설치기준"에 따른 세부기준에 적합한 편의시설을 설치하기가 곤란하거나 불합리할 때에는 세부기준을 완화한 별도의 기준을 정하고 시설주관기관의 승인을 받아 이에 따라 편의시설을 설치할 수 있다.

- 세부기준에 적합한 편의시설을 설치하기가 구조적으로 곤란한 경우
- 세부기준에 적합하게 편의시설을 설치하면 안전 관리에 중대한 위험을 초래할 우려가 있는 경우
- 대상시설의 용도와 주변 여건에 비추어 볼 때 세부기준을 완화하여 적용하는 것이 더 적절하다고 인정되는 경우
- 그 밖에 대통령령으로 정하는 경우

시설주관기관은 별도의 기준을 승인할 때에는 장애인등의 편의시설 이용에 불편이 없도록 하여야 하며, 승인 절차와 그 밖에 필요한 사항은 대통령령으로 정한다.

30) 시설이용상의 편의 제공

장애인 등이 많이 이용하는 공공건물 및 공중이용시설의 시설주는 휠체어, 점자(點字) 안내책자, 보청기기 등을 갖추어 두고 장애인 등이 해당 시설을 편리하게 이용할 수 있도록 하여야 하며, 휠체어, 점자 안내책자, 보청기기 등을 갖추어 두어야 하는 공공건물 및 공중이용시설의 범위와 휠체어, 점자 안내책자, 보청기기 등 갖추어 두어야 할 용품의 종

류 등은 보건복지부령으로 정한다.

휠체어, 점자 안내책자, 보청기기 등의 이용료는 무료를 원칙으로 하되, 수리 비용 등을 고려하여 실비로 할 수 있다.

31) 장애인에 대한 편의 제공

장애인은 대통령령으로 정하는 공공건물 및 공중이용시설을 이용하려는 경우에는 시설주에게 안내 서비스, 한국수어 통역 등의 편의 제공을 요청할 수 있다. 이 경우 시설주는 정당한 사유가 없으면 이에 따라야 한다.

32) 장애인전용주차구역

시설주 등은 주차장 관계 법령과 편의시설의 설치기준에 따라 해당 대상시설에 장애인전용주차구역을 설치하여야 한다.

국가보훈처장과 특별자치시장・특별자치도지사, 시장・군수・구청장은 보행에 장애가 있는 사람이 신청하는 경우 장애인전용주차구역에 주차할 수 있음을 표시하는 장애인전용주차구역 주차표지를 발급하여야 한다.

국가보훈처장과 특별자치시장・특별자치도지사, 시장・군수・구청장은 장애인전용주차구역 주차표지를 발급받은 자가 그 표지를 양도・대여하는 등 부당한 목적으로 사용한 경우에는 그 표지를 회수하거나 재발급을 제한할 수 있다.

누구든지 장애인전용주차구역 주차표지가 붙어 있지 아니한 자동차를 장애인전용주차구역에 주차하여서는 아니 된다. 장애인전용주차구역 주차표지가 붙어 있는 자동차에 보행에 장애가 있는 사람이 타지 아니한 경우에도 같다.

누구든지 장애인전용주차구역에 물건을 쌓거나 그 통행로를 가로막는 등 주차를 방해하는 행위를 하여서는 아니 된다.

시설주관기관은 복지 또는 교통 관련 공무원 등 소속 공무원에게 "장애인전용주차구역"을 위반하여 장애인전용주차구역에 주차하고 있는 자동차를 단속하게 할 수 있고, 다.

장애인전용주차구역 주차표지의 발급 대상・절차, 회수 및 재발급 제한의 기준・절차, 주차 방해 행위의 기준 등은 대통령령으로 정한다.

33) 자료제출 요구와 검사

보건복지부장관과 시설주관기관은 시설주에게 편의시설의 설치와 운영에 관련된 자료의 제출을 요구하거나 소속 공무원에게 설치된 편의시설이 편의시설의 설치기준에 적합한지를 검사하게 할 수 있다. 이 경우 시설주는 정당한 사유가 없으면 이에 따라야 한다.

위 조항에 따라 검사를 하는 공무원은 그 권한을 표시하는 증표(證票)를 지니고 관계인에게 이를 보여주어야 한다.

34) 시정명령

시설주관기관은 대상시설이 이 법에 위반된 경우에는 그 시설주에게 대통령령으로 정하는 바에 따라 기간을 정하여 이 법에 적합하도록 편의시설을 설치하거나 관리·보수 또는 개선하는 등 필요한 조치를 할 것을 명할 수 있다.

보건복지부장관은 시설주관기관에 소관 대상시설에 대한 편의시설을 설치하거나 관리·보수 또는 개선하는 등 시정조치를 할 것을 요청할 수 있으며, 시설주관기관은 정당한 사유가 없으면 이에 따라야 한다.

35) 이행강제금

시설주관기관은 시정명령을 받고 기간 내에 그 명령을 이행하지 아니한 시설주에게 편의시설 설치비용 등을 고려하여 3천만원 이하의 이행강제금을 부과하며, 이행강제금 부과대상이 되는 위반행위의 종류와 위반 정도에 따른 이행강제금의 금액 등은 대통령령으로 정한다.

시설주관기관은 이행강제금을 부과하기 전에 이행강제금을 부과·징수한다는 뜻을 미리 문서로 알려야 한다.

시설주관기관은 이행강제금을 부과할 때에는 다음의 사항 등을 적은 문서로 하여야 한다.

- 이행강제금의 금액
- 부과 사유
- 납부기한
- 수납기관
- 이의 제기 방법
- 이의 제기 기관

시설주관기관은 최초로 시정명령을 한 날을 기준으로 하여 매년 1회 그 시정명령이 이행될 때까지 반복하여 이행강제금을 부과·징수할 수 있으며, 시정명령을 받은 자가 그 명령을 이행하면 새로운 이행강제금의 부과를 즉시 중지하되, 이미 부과된 이행강제금은 징수하여야 하며, 시설주관기관은 이행강제금을 부과 받은 자가 이행강제금을 기한까지 내지 아니하면 국세 체납처분의 예 또는 「지방행정제재·부과금의 징수 등에 관한 법률」에 따라 징수한다.

36) 벌칙

"시설주 등의 의무를 위반한 자로서 시정명령을 받고 기간 내에 그 명령을 이행하지 아니한 자는 500만원 이하의 벌금에 처한다.

37) 양벌규정

법인의 대표자나 법인 또는 개인의 대리인, 사용인, 그 밖의 종업원이 그 법인 또는 개인의 업무에 관하여 "벌칙" 조항의 위반행위를 하면 그 행위자를 벌하는 외에 그 법인 또는 개인에게도 해당 조문의 벌금형을 과(科)한다. 다만, 법인 또는 개인이 그 위반행위를 방지하기 위하여 해당 업무에 관하여 상당한 주의와 감독을 게을리하지 아니한 경우에는 그러하지 아니하다.

38) 과태료

다음의 어느 하나에 해당하는 자에게는 200만원 이하의 과태료를 부과한다.

- 거짓이나 부정한 방법으로 인증을 받거나 "의무인증시설의 의무적 인증"을 위반하여 인증(예비인증 포함) 및 유효기간 연장을 받지 아니한 자
- 인증 표시 또는 이와 유사한 표시를 한 자
- 자료제출 요구에 따르지 아니하거나 거짓 자료를 제출한 자 또는 검사를 거부·기피·방해한 자
- 휠체어, 점자 안내책자, 보청기기 등을 갖추어 두지 아니한 자로서 시정명령을 받고 기간 내에 그 명령을 이행하지 아니한 자
- "장애인에 대한 편의 제공"의 요청에 따르지 아니한 자로서 시정명령을 받고 기간 내에 그 명령을 이행하지 아니한 자

"장애인전용주차구역에 물건을 쌓거나 그 통행로를 가로막는 등 주차를 방해하는 행위"를 한 자는 100만원 이하의 과태료를 부과한다.

다음의 어느 하나에 해당하는 자동차를 장애인전용주차구역에 주차한 사람에게는 20만원 이하의 과태료를 부과한다.

- 장애인전용주차구역 주차표지를 붙이지 아니한 자동차
- 장애인전용주차구역 주차표지가 붙어 있는 자동차로서 보행에 장애가 있는 사람이 타지 아니한 자동차

위 조항들에 따른 과태료는 시설주관기관이 부과·징수하며, 과태료를 부과하는 위반행위의 종류와 위반 정도에 따른 과태료의 금액 등은 대통령령으로 정한다.

21
chapter

장애인연금법

1) 목적

이 법은 장애로 인하여 생활이 어려운 중증장애인에게 장애인연금을 지급함으로써 중증장애인의 생활 안정 지원과 복지 증진 및 사회통합을 도모하는 데 이바지함을 목적으로 한다.

2) 정의

이 법에서 사용하는 용어의 뜻은 다음과 같다.

- "중증장애인"이란 「장애인복지법」에 따라 등록한 장애인 중 근로능력이 상실되거나 현저하게 감소되는 등 장애 정도가 중증인 사람으로서 대통령령으로 정하는 사람을 말한다.
- "수급권"이란 이 법에 따라 장애인연금을 받을 수 있는 자격을 말한다.
- "수급권자"란 수급권을 가진 사람을 말한다.
- "수급자"란 이 법에 따라 장애인연금을 받는 사람을 말한다.
- "소득인정액"이란 수급권자와 그 배우자의 소득평가액과 재산의 소득환산액을 합산한 금액을 말한다.
- "수급권자와 그 배우자의 소득평가액"이란 수급권자와 그 배우자의 실제 소득에도 불구하고 장애인연금의 지급 결정 및 실시 등에 사용하기 위하여 산출한 금액을 말한다. 이 경우 소득평가액 산출의 기초가 되는 소득의 범위는 대통령령으로 정하고, 구체적인 산정방식은 보건복지부령으로 정한다.

• "재산의 소득환산액"이란 수급권자와 그 배우자의 재산가액에 재산의 소득환산율을 곱하여 산출한 금액을 말한다. 이 경우 수급권자와 그 배우자의 재산 범위, 재산가액의 산정기준, 재산의 소득환산율, 그 밖에 재산의 소득환산액 산정방식에 필요한 사항은 보건복지부령으로 정한다.

3) 국가 및 지방자치단체의 책무

첫째, 국가 및 지방자치단체는 장애인연금이 중증장애인의 생활 안정을 지원하고 복지를 증진하는 데 필요한 수준이 되도록 최대한 노력하여야 하며, 매년 필요한 재원(財源)을 조달하여야 한다.

둘째, 국가 및 지방자치단체는 장애인연금의 지급에 따라 계층 간 소득 역전(逆轉) 현상이 발생하지 아니하고 근로 의욕 및 저축 유인이 저하되지 아니하도록 최대한 노력하여야 한다.

4) 수급권자의 범위

수급권자는 18세 이상의 중증장애인으로서 소득인정액이 그 중증장애인의 소득·재산·생활수준과 물가상승률 등을 고려하여 보건복지부장관이 정하여 고시하는 금액(이하 "선정기준액") 이하인 사람으로 하며, 보건복지부장관은 선정기준액을 정하는 경우에 18세 이상의 중증장애인 중 수급자가 70% 수준이 되도록 한다. 선정기준액의 기준, 고시 시기 및 적용기간 등은 대통령령으로 정한다

위 조항에도 불구하고 다음의 어느 하나에 해당하는 연금을 받을 자격이 있는 사람과 그 배우자나 다음의 어느 하나에 해당하는 연금을 받은 사람 중 대통령령으로 정하는 사람과 그 배우자에게는 장애인연금을 지급하지 아니한다.

• 「공무원연금법」, 「공무원 재해보상법」 또는 「사립학교교직원 연금법」에 따른 퇴직연금, 퇴직연금일시금, 퇴직연금공제일시금, 장해연금, 비공무상 장해연금, 비직무상 장해연금, 장해일시금, 비공무상 장해일시금, 비직무상 장해일시금, 퇴직유족연금, 장해유족연금, 순직유족연금, 직무상유족연금, 위험직무순직유족연금, 퇴직유족연금일시금 또는 퇴직유족일시금[퇴직유족일시금의 경우에는 「공무원 재해보상법」에 따라 순직유족연금의 수급권자가 순직유족연금을 갈음하여 선택한 경우(「사립학교교직원 연금법」에 따른 직무상유족연금의 수급권자가 직무상유족연금을 갈음하여 선택한 경우 포함) 및 위험직무순직유족연금의 수급권자가 위험직무순직유족연금을 갈음하여 선택한 경우로 한정]

- 「군인연금법」에 따른 퇴역연금, 퇴역연금일시금, 퇴역연금공제일시금, 퇴역유족연금, 퇴역유족연금일시금 또는 「군인 재해보상법」에 따른 상이연금, 상이유족연금, 순직유족연금, 순직유족연금일시금
- 「별정우체국법」에 따른 퇴직연금, 퇴직연금일시금, 퇴직연금공제일시금, 유족연금 또는 유족연금일시금
- 「국민연금과 직역연금의 연계에 관한 법률」 또는 연계퇴직연금 또는 연계퇴직유족연금 중 직역재직기간이 10년 이상인 경우의 연계퇴직연금 또는 연계퇴직유족연금

5) 장애인연금의 종류 및 내용

이 법에 따른 장애인연금의 종류 및 내용은 다음과 같다.

- 기초급여: 근로능력의 상실 또는 현저한 감소로 인하여 줄어드는 소득을 보전(補塡)하여 주기 위하여 지급하는 급여
- 부가급여: 장애로 인하여 추가로 드는 비용의 전부 또는 일부를 보전하여 주기 위하여 지급하는 급여

6) 기초급여액

기초급여액은 보건복지부장관이 그 전년도 기초급여액에 대통령령으로 정하는 바에 따라 전국소비자물가변동률(「통계법」에 따라 통계청장이 매년 고시하는 전국소비자물가변동률)을 반영하여 매년 고시한다. 다만, 2018년부터 2021년까지의 기초급여액은 다음의 구분에 따른다.

- 2018년의 기초급여액: 25만원
- 「국민기초생활 보장법」에 따른 생계급여 수급자 및 의료급여 수급자에 대한 2019년의 기초급여액: 30만원
- 「국민기초생활 보장법」에 따른 생계급여 수급자, 주거급여 수급자, 의료급여 수급자 및 교육급여 수급자와 차상위계층에 대한 2020년의 기초급여액: 30만원
- 2021년의 기초급여액: 30만원

위 조항에도 불구하고 「기초연금법」에 따라 기준연금액을 고시한 경우 그 기준연금액을 기초급여액으로 하며, 수급권자와 그 배우자가 모두 기초급여를 받는 경우에는 각각의 기초급여액에서 기초급여액의 20%에 해당하는 금액을 감액한다.

소득인정액과 기초급여액을 합한 금액이 선정기준액 이상인 경우에는 대통령령으로 정하는 바에 따라 기초급여액의 일부를 감액하여 지급할 수 있으며, 수급권자 중 「기초연금

법」에 따른 기초연금 수급권자에게는 기초급여를 지급하지 아니한다.

기초급여액의 적용기간은 해당 조정연도 1월부터 12월까지로 한다.

7) 부가급여액

부가급여액은 월정액으로 하며, 수급권자와 그 배우자의 소득 수준 및 장애로 인한 추가비용 등을 고려하여 대통령령으로 정한다.

8) 장애인연금의 신청

장애인연금을 지급받으려는 사람(수급희망자)은 특별자치시장 · 특별자치도지사 · 시장 · 군수 · 구청장에게 장애인연금의 지급을 신청할 수 있다.

특별자치시 · 특별자치도 · 시 · 군 · 구 소속 공무원은 이 법에 따른 장애인연금을 필요로 하는 사람이 누락되지 아니하도록 하기 위하여 관할 지역에 거주하는 수급희망자 또는 수급권자에 대한 장애인연금의 지급을 신청할 수 있다. 이 경우 그 수급희망자 또는 수급권자의 동의를 받아야 하며, 그 동의는 수급희망자 또는 수급권자의 신청으로 본다.

장애인연금을 신청할 때나 특별자치시 · 특별자치도 · 시 · 군 · 구 소속 공무원이 장애인연금을 신청하는 것에 수급희망자 또는 수급권자가 동의하였을 때에는 그 수급희망자 또는 수급권자와 그 배우자는 금융정보, 신용정보, 보험정보의 자료 또는 정보를 보건복지부장관 및 특별자치시장 · 특별자치도지사 · 시장 · 군수 · 구청장에게 제공한다는 것에 대하여 동의한다는 뜻을 서면(전자문서 포함)으로 제출하여야 한다. 납부한 보험료와 그 밖에 대통령령으로 정하는 자료 또는 정보(이하 "보험정보"라 한다)

장애인연금 신청의 방법 및 절차와 동의의 방법 및 절차 등에 관하여 필요한 사항은 대통령령으로 정한다.

9) 장애인연금 관련 정보의 제공

보건복지부장관 또는 특별자치시장 · 특별자치도지사 · 시장 · 군수 · 구청장은 중증장애인에게 수급권자의 범위, 장애인연금의 종류 · 내용 · 신청방법 등 장애인연금 관련 정보를 제공하여야 하며, 제공되는 정보의 내용 · 방법 및 절차 등에 필요한 사항은 대통령령으로 정한다.

10) 신청에 따른 조사

보건복지부장관 또는 특별자치시장 · 특별자치도지사 · 시장 · 군수 · 구청장은 장애인연금의 신청을 받으면 소속 공무원으로 하여금 장애인연금의 지급 결정 및 실시 등에 필요한 다음의 사항을 조사하게 할 수 있다.

- 수급희망자 또는 수급권자와 그 배우자의 소득 및 재산에 관한 사항
- 수급희망자 또는 수급권자의 가구 특성 및 장애 정도에 관한 사항
- 수급희망자 또는 수급권자의 지급계좌 등 장애인연금의 지급에 필요한 사항

보건복지부장관 또는 특별자치시장·특별자치도지사·시장·군수·구청장은 신청을 받은 경우에는 해당 수급희망자 또는 수급권자의 장애 상태와 장애 정도를 확인하기 위하여 장애 정도를 재심사할 수 있으며, 위 조항의 사항을 확인하거나 재심사를 하기 위하여 필요한 자료를 확보하기 곤란한 경우에는 보건복지부령으로 정하는 바에 따라 수급희망자·수급권자, 그 배우자 또는 그 밖의 관계인(이하 "수급권자 등")에게 소득·재산 및 장애 정도 등의 확인에 필요한 자료의 제출을 요구할 수 있다.

보건복지부장관 또는 특별자치시장·특별자치도지사·시장·군수·구청장은 위 조항의 사항에 대한 조사를 위하여 국세·지방세, 토지·주택·건축물·자동차·선박·항공기, 국민건강보험·국민연금·고용보험·산업재해보상보험·보훈급여·군인연금·사립학교교직원연금·공무원연금·공무원재해보상급여·별정우체국연금·기초연금, 출입국, 교정시설·치료감호시설의 입소·출소, 매장·화장·장례, 주민등록·가족관계등록 등에 관한 자료의 제공을 관계 기관의 장에게 요청할 수 있다. 이 경우 자료의 제공을 요청받은 관계 기관의 장은 특별한 사유가 없으면 이에 따라야 한다.

조사를 하는 공무원은 그 권한을 표시하는 증표를 지니고 이를 관계인에게 보여 주어야 하며, 보건복지부 또는 특별자치시·특별자치도·시·군·구의 소속 공무원 또는 소속 공무원이었던 자와 업무를 위탁받은 자는 규정에 따라 얻은 정보와 자료를 이 법에서 정한 목적 외의 다른 용도로 사용하거나 다른 사람 또는 기관에 제공하거나 누설하여서는 아니 된다

보건복지부장관 또는 특별자치시장·특별자치도지사·시장·군수·구청장은 규정에 따른 조사 결과를 대장으로 작성하여 갖추어 두어야 한다. 다만, 전산정보처리조직으로 관리되는 경우에는 전산파일로 대체할 수 있다.

특별자치시장·특별자치도지사·시장·군수·구청장은 수급권자등이 조사 및 재심사에 필요한 서류·자료의 제출 및 조사·질문 또는 자료제출 요구를 두 번 이상 거부·방해

또는 기피하는 경우에는 장애인연금 지급의 신청을 각하(却下)할 수 있다. 이 경우 서면으로 그 이유를 분명하게 밝혀 수급권자등에게 통지하여야 한다.

보건복지부장관 또는 특별자치시장·특별자치도지사·시장·군수·구청장에게 제공되는 자료 또는 업무를 위탁받은 관계 전문기관에 제공되는 자료에 대하여는 사용료, 수수료 등을 면제한다.

장애 정도 재심사의 대상·방법 및 절차 등에 관하여 필요한 사항은 대통령령으로 정한다.

11) 장애인연금 지급의 결정

특별자치시장·특별자치도지사·시장·군수·구청장은 조사를 하였을 때에는 지체 없이 장애인연금 지급의 여부와 내용을 결정하여야 하며, 장애인연금 지급의 여부와 내용을 결정하였을 때에는 그 결정의 요지, 장애인연금의 종류 및 지급 개시시기 등을 서면으로 해당 수급희망자 또는 수급권자에게 통지하여야 한다.

수급희망자 또는 수급권자에 대한 통지는 장애인연금 지급의 신청일부터 30일 이내에 하여야 한다.

다음의 어느 하나에 해당하는 경우에는 위 조항에도 불구하고 신청일부터 60일 이내에 통지할 수 있다. 이 경우 통지서에 그 사유를 분명하게 밝혀야 한다.

- 수급희망자 또는 수급권자와 그 배우자의 소득·재산의 조사나 수급희망자 또는 수급권자의 장애 정도의 재심사에 시일이 필요한 특별한 사유가 있는 경우
- 수급권자 등이 조사나 자료제출 요구를 거부·방해 또는 기피하는 경우

12) 장애인연금 수급희망 이력관리

장애인연금의 지급을 신청한 수급희망자 등 보건복지부령으로 정하는 사람은 수급권을 가지지 못한 경우에 특별자치시장·특별자치도지사·시장·군수·구청장에게 수급권자의 범위에 포함될 가능성을 확인받을 수 있고, 수급권자의 범위에 포함될 가능성을 확인받으려는 사람은 보건복지부령으로 정하는 신청서를 작성하여 특별자치시장·특별자치도지사·시장·군수·구청장에게 제출하여야 한다.

특별자치시장·특별자치도지사·시장·군수·구청장은 신청서를 제출한 사람에 대하여 수급권자의 범위에 포함될 가능성을 확인하여야 하며, 확인 결과 수급권자의 범위에 포함될 가능성이 확인된 사람에게 장애인연금 신청 방법 및 절차를 안내하여야 한다.

신청서의 유효기간, 가능성 확인의 시기 및 안내 방법·절차 등에 필요한 사항은 대통

령령으로 정한다.

13) 수급자에 대한 사후관리

보건복지부장관은 수급자에 대한 장애인연금 지급의 적정성을 확인하기 위하여 매년 연간조사계획을 수립하고, 전국의 수급자를 대상으로 "수급희망자 또는 수급권자와 그 배우자의 소득 및 재산에 관한 사항, 수급희망자 또는 수급권자의 가구 특성 및 장애 정도에 관한 사항, 수급희망자 또는 수급권자의 지급계좌 등 장애인연금의 지급에 필요한 사항"을 조사하여야 하며, 연간조사계획에 따라 관할 지역의 연간조사계획을 수립하고, 관할 지역의 수급자를 대상으로 위 조사항목을 조사하여야 한다.

특별자치시장·특별자치도지사·시장·군수·구청장은 수급자, 그 배우자 또는 그 밖의 관계인이 조사 및 자료제출 요구를 두 번 이상 거부·방해 또는 기피한 경우에는 수급자에 대한 장애인연금 지급 결정을 취소하거나 장애인연금 지급을 정지할 수 있다. 이 경우 서면으로 그 이유를 분명하게 밝혀 수급자에게 통지하여야 한다.

14) 금융정보 등의 제공

보건복지부장관은 「금융실명거래 및 비밀보장에 관한 법률」과 「신용정보의 이용 및 보호에 관한 법률」에도 불구하고 수급희망자 또는 수급권자와 그 배우자가 제출한 동의 서면을 전자적 형태로 바꾼 문서로 「금융실명거래 및 비밀보장에 관한 법률」에 따른 금융회사 등이나 「신용정보의 이용 및 보호에 관한 법률」에 따른 신용정보집중기관(이하 "금융회사 등")의 장에게 금융정보·신용정보 또는 보험정보(이하 "금융정보 등"이라 한다)의 제공을 요청할 수 있다. 보건복지부장관은 급자의 사후관리를 위하여 필요하다고 인정하는 경우 「금융실명거래 및 비밀보장에 관한 법률」과 「신용정보의 이용 및 보호에 관한 법률」에도 불구하고 대통령령으로 정하는 기준에 따라 인적사항을 기재한 문서로 또는 정보통신망을 통하여 금융회사 등의 장에게 수급자와 그 배우자의 금융정보 등의 제공을 요청할 수 있으며, 금융정보 등의 제공을 요청받은 금융회사 등의 장은 「금융실명거래 및 비밀보장에 관한 법률」과 「신용정보의 이용 및 보호에 관한 법률」에도 불구하고 명의인의 금융정보 등을 제공하여야 한다.

금융정보 또는 보험정보를 제공한 「금융실명거래 및 비밀보장에 관한 법률」에 따른 금융회사 등의 장은 그 정보의 제공 사실을 명의인에게 통보하여야 한다. 다만, 명의인이 동의하는 경우에는 「금융실명거래 및 비밀보장에 관한 법률」에도 불구하고 통보하지 아니할 수 있다.

금융정보 등의 제공 요청 및 제공은 「정보통신망 이용촉진 및 정보보호 등에 관한 법률」에 따른 정보통신망을 이용하여야 한다. 다만, 정보통신망이 손상되는 등 불가피한 경우에는 그러하지 아니하다.

규정에 따른 업무에 종사하거나 종사하였던 자와 업무를 위탁받은 자는 업무를 수행하면서 취득한 금융정보 등을 이 법에서 정한 목적 외의 다른 용도로 사용하거나 다른 사람 또는 기관에 제공하거나 누설하여서는 아니 되며, 금융정보 등의 제공 요청 및 제공 등에 필요한 사항은 대통령령으로 정한다.

15) 장애인연금의 지급기간 및 지급시기

특별자치시장 · 특별자치도지사 · 시장 · 군수 · 구청장은 장애인연금의 지급이 결정되면 해당 수급권자에게 장애인연금을 신청한 날이 속하는 달부터 수급권이 소멸한 날이 속하는 달까지 매월 정기적으로 지급한다.

장애인연금은 그 지급을 정지하여야 할 사유가 발생한 경우에는 그 사유가 발생한 날이 속하는 달의 다음 달부터 그 사유가 소멸한 날이 속하는 달까지는 지급하지 아니한다. 다만, 정지 사유가 발생한 날과 그 사유가 소멸한 날이 같은 달에 속하는 경우에는 그 지급을 정지하지 아니한다.

장애인연금 지급의 방법 및 절차에 필요한 사항은 대통령령으로 정한다.

16) 장애인연금수급계좌

특별자치시장 · 특별자치도지사 · 시장 · 군수 · 구청장은 수급자의 신청이 있는 경우에는 장애인연금을 수급자 명의의 지정된 계좌(이하 "장애인연금수급계좌")로 입금하여야 한다. 다만, 정보통신장애나 그 밖에 대통령령으로 정하는 불가피한 사유로 장애인연금수급계좌로 이체할 수 없을 때에는 현금 지급 등 대통령령으로 정하는 바에 따라 장애인연금을 지급할 수 있다.

장애인연금수급계좌가 개설된 금융기관은 이 법에 따른 장애인연금만이 장애인연금수급계좌에 입금되도록 관리하여야 하며, 신청 방법 · 절차와 장애인연금수급계좌의 관리에 필요한 사항은 대통령령으로 정한다.

17) 지급되지 아니한 장애인연금

수급자가 사망한 경우 그 수급자에게 지급되어야 할 장애인연금으로서 아직 지급되지 아니한 것이 있을 때에는 수급자의 사망 당시 생계를 같이 한 유족의 청구에 의하여 그 미지급 장애인연금을 지급한다.

미지급 장애인연금의 청구 절차·방법, 유족의 범위와 지급순위 등에 관하여 필요한 사항은 대통령령으로 정한다.

18) 수급권의 소멸과 지급정지

수급권자가 다음의 어느 하나에 해당하게 되면 그 수급권은 소멸한다. 다만, "수급권자의 범위에 해당하지 아니하게 된 경우" 소득·재산 상태 등의 변동수준, 수급기간 등을 고려하여 보건복지부장관이 정하는 기준에 해당하는 경우에는 그러하지 아니하다.

- . 사망한 경우
- 국적을 상실하거나 외국으로 이주하기 위하여 출국하는 경우
- 수급권자의 범위에 해당하지 아니하게 된 경우
- 장애 정도의 변경 등으로 중증장애인에 해당하지 아니하게 된 경우

특별자치시장·특별자치도지사·시장·군수·구청장은 수급자가 다음의 어느 하나에 해당하게 되면 장애인연금의 지급을 정지한다.

- 수급자가 금고 이상의 실형을 선고받고 「형의 집행 및 수용자의 처우에 관한 법률」 또는 「치료감호법」에 따른 교정시설 또는 치료감호시설에 수용 중인 경우
- 수급자가 행방불명 또는 실종 등의 사유로 사망한 것으로 추정되는 경우
- 수급자의 국외 체류기간이 60일 이상 지속되는 경우. 이 경우 국외 체류 60일이 되는 날을 지급 정지의 사유가 발생한 날로 본다.

특별자치시장·특별자치도지사·시장·군수·구청장은 수급권이 소멸하거나 장애인연금의 지급을 정지하는 경우에는 서면으로 그 이유를 분명하게 밝혀 수급권자 또는 수급자나 그 배우자에게 통지하여야 한다.

19) 신고의 의무

수급자는 다음의 어느 하나에 해당하는 사유가 발생한 경우에는 보건복지부령으로 정하는 바에 따라 특별자치시장·특별자치도지사·시장·군수·구청장에게 신고하여야 한다. 다만, "수급권의 소멸"(사망한 경우로 한정)의 경우에는 「가족관계의 등록 등에 관한 법률」에 따른 신고의무자가 30일 이내에 그 사망 사실을 특별자치시장·특별자치도지사·시장·군수·구청장에게 신고하여야 한다.

- "사망"에 따른 수급권의 소멸
- 대통령령으로 정하는 기준에 해당하는 수급자 또는 그 배우자의 소득 또는 재산의 변동
- 수급자의 결혼 또는 이혼

20) 장애인연금의 환수

특별자치시장·특별자치도지사·시장·군수·구청장은 이 법에 따라 장애인연금을 받은 자가 다음의 어느 하나에 해당되면 그가 받은 장애인연금의 전부 또는 일부를 환수하여야 한다.

- 거짓이나 그 밖의 부정한 방법으로 장애인연금을 받은 경우(이자를 가산하여 환수)
- 장애인연금을 받은 후 그 장애인연금을 받게 된 사유가 소급하여 소멸한 경우
- 잘못 지급된 경우

환수하여야 할 장애인연금을 받은 사람(그 사람이 사망한 경우에는 유족)에게 지급할 장애인연금이 있는 경우 그 지급할 장애인연금을 환수할 장애인연금과 상계(相計)할 수 있다.

특별자치시장·특별자치도지사·시장·군수·구청장은 장애인연금을 반환하여야 할 사람이 기간 내에 이를 반환하지 아니하면 국세 또는 지방세 체납처분의 예에 따라 징수할 수 있다.

특별자치시장·특별자치도지사·시장·군수·구청장은 장애인연금을 징수할 때 반환하여야 할 자가 행방불명되거나 재산이 없거나 그 밖의 불가피한 사유가 있어 환수가 불가능하다고 인정할 때에는 결손처분할 수 있다.

21) 이의신청

장애인연금의 지급 결정이나 그 밖에 이 법에 따른 처분에 이의가 있는 사람은 특별자치시장·특별자치도지사·시장·군수·구청장에게 이의신청을 할 수 있고, 이의신청은 그 처분이 있음을 안 날부터 90일 이내에 서면으로 할 수 있다. 다만, 정당한 사유로 그 기간 내에 이의신청을 할 수 없음을 증명한 경우에는 그 사유가 소멸한 날부터 60일 이내에 이의신청을 할 수 있다. 이의신청의 방법 및 절차 등에 관하여 필요한 사항은 보건복지부령으로 정한다.

22) 압류금지

수급자에게 장애인연금으로 지급된 금품이나 이를 받을 권리는 압류할 수 없으며, 장애인연금수급계좌의 예금에 관한 채권은 압류할 수 없다. 수급자는 장애인연금을 받을 권리를 다른 사람에게 양도하거나 담보로 제공할 수 없다.

23) 시효

수급자의 장애인연금을 받을 권리와 장애인연금을 환수할 지방자치단체의 권리는 5년간 행사하지 아니하면 시효의 완성으로 소멸된다.

24) 비용의 부담

장애인연금은 지방자치단체의 재정 여건 등을 고려하여 대통령령으로 정하는 바에 따라 국가, 특별시・광역시・도 또는 특별자치시・특별자치도・시・군・구가 부담한다.

25) 장애인연금정보시스템의 구축 및 운영

보건복지부장관은 장애인연금 사업에 필요한 각종 자료 또는 정보의 효율적 처리와 기록・관리 업무의 전산화를 위하여 대통령령으로 정하는 바에 따라 장애인연금정보시스템을 구축・운영할 수 있다.

26) 업무의 위탁

이 법에 따른 보건복지부장관 또는 특별자치시장・특별자치도지사・시장・군수・구청장의 업무는 그 일부를 대통령령으로 정하는 바에 따라 관계 전문기관에 위탁할 수 있다.

27) 벌칙 적용 시의 공무원 의제

위탁받은 업무에 종사하는 사람은 「형법」의 규정에 따른 벌칙을 적용할 때에는 공무원으로 본다.

28) 벌칙

금융정보 등을 사용・제공 또는 누설한 자는 5년 이하의 징역 또는 5천만원 이하의 벌금에 처한다.

정보 또는 자료를 사용・제공 또는 누설한 사람은 3년 이하의 징역 또는 3천만원 이하의 벌금에 처한다.

거짓이나 그 밖의 부정한 방법으로 장애인연금을 받거나 다른 사람으로 하여금 장애인연금을 받게 한 자는 1년 이하의 징역 또는 1천만원 이하의 벌금에 처한다.

29) 양벌규정

법인의 대표자나 법인 또는 개인의 대리인, 사용인, 그 밖의 종업원이 그 법인 또는 개인의 업무에 관하여 "벌칙" 조항의 위반행위를 하면 그 행위자를 벌하는 외에 그 법인 또는 개인에게도 해당 조문의 벌금을 과(科)한다. 다만, 법인 또는 개인이 그 위반행위를 방지하기 위하여 해당 업무에 관하여 상당한 주의와 감독을 게을리하지 아니한 경우에는 그러하지 아니하다.

30) 과태료

서류나 그 밖에 소득·재산 및 장애 정도 등에 대한 자료를 제출하지 아니하거나 거짓 자료를 제출한 자 또는 조사·질문을 거부·방해 또는 기피하거나 거짓 답변을 한 자에게는 20만원 이하의 과태료를 부과한다.

정당한 사유 없이 "수급자의 사망, 수급권의 소멸, 대통령령으로 정하는 기준에 해당하는 수급자 또는 그 배우자의 소득 또는 재산의 변동"의 신고를 하지 아니한 사람에게는 10만원 이하의 과태료를 부과한다.

과태료는 대통령령으로 정하는 기준에 따라 특별자치시장·특별자치도지사·시장·군수·구청장이 부과·징수한다.

22
chapter

장애인 활동 지원에 관한 법률

1. 총 칙

1) 목적

이 법은 신체적·정신적 장애 등의 사유로 혼자서 일상생활과 사회생활을 하기 어려운 장애인에게 제공하는 활동지원급여 등에 관한 사항을 규정하여 장애인의 자립생활을 지원하고 그 가족의 부담을 줄임으로써 장애인의 삶의 질을 높이는 것을 목적으로 한다.

2) 정의

이 법에서 사용하는 용어의 뜻은 다음과 같다.

- "장애인"이란 「장애인복지법」에 따른 장애인을 말한다.
- "활동지원급여"란 수급자에게 제공되는 활동보조, 방문목욕, 방문간호 등의 서비스를 말한다.
- "수급자"란 수급자로 인정되어 활동지원급여를 받을 예정이거나 받고 있는 사람을 말한다.
- "활동지원사업"이란 국가와 지방자치단체가 이 법에 따라 수행하는 활동지원급여에 관한 사업을 말한다.
- "부양의무자"란 수급자(신청인 포함)를 부양할 책임이 있는 사람으로서 수급자의 1촌 이내 직계 혈족 또는 수급자의 배우자 및 그 밖에 수급자의 생계를 책임지는 대

통령령으로 정하는 사람을 말한다.

- "활동지원기관"이란 지정을 받은 기관으로서 수급자에게 활동지원급여를 제공하는 기관을 말한다.
- "활동지원인력"이란 활동지원기관에 소속되어 수급자에 대한 활동지원급여를 수행하는 사람을 말한다.

3) 국가와 지방자치단체의 책무

첫째, 국가와 지방자치단체는 적절한 활동지원급여를 제공하여 장애인이 일상생활과 사회생활을 원활히 할 수 있도록 시책을 마련하여야 한다.

둘째, 국가와 지방자치단체는 활동지원사업이 장애인의 자립생활을 지원하고 그 가족의 부담을 줄일 수 있도록 매년 필요한 재원을 조달하여야 한다.

4) 활동지원사업의 심의

활동지원사업에 관한 다음의 사항에 대하여는 「장애인복지법」에 따른 장애인정책조정위원회의 심의를 거쳐야 한다.

- 활동지원사업의 기본방향에 관한 사항
- 활동지원사업의 추진과 관련한 재원 조달에 관한 사항
- 활동지원사업에 대한 관련 부처의 협조 사항
- 그 밖에 이 법 시행과 관련하여 대통령령으로 정하는 주요 사항

2. 활동지원급여의 인정

1) 활동지원급여의 신청자격

활동지원급여를 신청할 수 있는 사람은 다음의 자격을 모두 갖추어야 한다.

- 혼자서 일상생활과 사회생활을 하기 어려운 장애인
- 「노인장기요양보험법」에 따른 노인 등이 아닌 사람으로서 대통령령으로 정하는 연령 이상인 사람. 다만, 이 법에 따른 수급자였다가 65세 이후에 혼자서 사회생활을 하기 어려운 사람으로서 보건복지부장관이 정하는 기준에 해당하는 사람은 신청자격을 갖는다.

• 활동지원급여와 비슷한 다른 급여를 받고 있거나 「국민기초생활 보장법」에 따른 보장시설에 입소한 경우 등 대통령령으로 정하는 경우에 해당하지 아니하는 사람

2) 활동지원급여의 신청

활동지원급여를 신청하는 사람(신청인)은 관할 특별자치시장·특별자치도지사·시장·군수·구청장에게 활동지원급여 신청을 제출하여야 하며, 특별자치시장·특별자치도지사·시장·군수·구청장이 지정한 법인·단체·시설·기관 등은 신청인의 요청에 따라 활동지원급여의 신청을 지원할 수 있다. 활동지원급여의 신청방법 및 절차 등에 관하여 필요한 사항은 보건복지부령으로 정한다.

3) 활동지원급여 신청의 조사

보건복지부장관 또는 관할 특별자치시장·특별자치도지사·시장·군수·구청장은 활동지원급여 신청서를 접수하였을 때에는 「장애인복지법」에 따른 서비스 지원 종합조사를 실시하여야 한다.

4) 장애인활동지원 수급자격심의위원회

활동지원급여의 수급자격 인정 및 활동지원등급 등을 심의하기 위하여 특별자치시·특별자치도·시·군·구에 장애인활동지원 수급자격심의위원회를 둘 수 있다.

수급자격심의위원회는 특별자치시·특별자치도·시·군·구 단위로 설치하되, 등록 장애인 수 등을 고려하여 하나의 특별자치시·특별자치도·시·군·구에 둘 이상의 수급자격심의위원회를 설치하거나 둘 이상의 특별자치시·특별자치도·시·군·구를 통합하여 하나의 수급자격심의위원회를 설치할 수 있다.

수급자격심의위원회는 위원장 1명을 포함하여 9명 이내의 위원으로 구성하며, 위원장은 위원 중 호선(互選)하여 정하며, 위촉위원의 임기는 3년으로 하고, 한 차례만 연임할 수 있다.

수급자격심의위원회의 회의는 구성원 과반수의 출석으로 개의(開議)하고, 출석위원 과반수의 찬성으로 의결하며, 이 법에서 규정한 사항 외에 수급자격심의위원회의 구성·운영과 그 밖에 필요한 사항은 대통령령으로 정한다.

(1) 수급자격 심의

특별자치시장·특별자치도지사·시장·군수·구청장은 조사를 마치면 신청서, 조사결과

서, 그 밖에 심의에 필요한 자료를 수급자격심의위원회에 제출하여야 하며, 신청인이 신청자격 요건을 충족한 경우에 심신상태 및 활동지원이 필요한 정도 등 활동지원등급에 관한 대통령령으로 정하는 수급자격 심의기준에 따라 수급자로 인정한다.

(2) 수급자격 심의 기간

수급자격심의위원회는 신청인이 신청서를 제출한 날부터 30일 이내에 수급자격 심의를 마쳐야 한다. 다만, 신청인에 대한 추가조사가 필요한 경우 등 이 기간 내에 수급자격 심의를 마칠 수 없는 부득이한 사유가 있는 경우에는 30일의 범위에서 연장할 수 있으며, 특별자치시장 · 특별자치도지사 · 시장 · 군수 · 구청장은 수급자격심의위원회가 기간을 연장하려는 경우 신청인이나 대리인에게 그 내용 · 사유와 기간을 통보하여야 한다.

(3) 활동지원수급자격결정통지

특별자치시장 · 특별자치도지사 · 시장 · 군수 · 구청장은 수급자격심의위원회가 수급자격 심의를 마쳤을 때에는 지체 없이 다음의 사항이 포함된 활동지원수급자격결정통지서를 작성하여 신청인에게 보내고, 그 내용을 수탁기관에 통보하여야 한다.

- 수급자격 인정 여부
- 활동지원등급
- 활동지원급여의 종류 및 내용
- 본인부담금
- 급여개시일
- 그 밖에 활동지원급여에 관한 사항으로서 보건복지부령으로 정하는 사항

특별자치시장 · 특별자치도지사 · 시장 · 군수 · 구청장은 활동지원수급자격결정통지서를 보낼 때에 활동지원급여를 원활히 이용할 수 있도록 월 한도액의 범위에서 표준급여이용계획서를 작성하여 함께 보내야 한다.

활동지원수급자격결정통지서 및 표준급여이용계획서의 작성 방법 등에 관하여 필요한 사항은 보건복지부령으로 정한다.

(4) 수급자격의 유효기간

수급자격 결정의 유효기간은 최소 1년 이상으로서 대통령령으로 정하나, 수급자가 65세가 되는 경우에는 그 해당 월의 다음 월까지 수급자격을 인정한다. 다만, 수급자가 "수

급자였다가 65세 이후에 혼자서 사회생활을 하기 어려운 사람으로서 보건복지부장관이 정하는 기준에 해당하는 사람"은 그 해당 월의 다음 월까지 수급자격을 인정한다.

유효기간의 산정 방법과 그 밖에 필요한 사항은 보건복지부령으로 정한다.

(5) 수급자격의 상실

수급자는 다음의 어느 하나에 해당하게 된 때에 활동지원급여의 수급자격을 상실한다.

- 사망한 때
- 국적을 상실한 때
- 「해외이주법」에 따라 해외로 이주한 때
- "사망" 또는 "국적상실"에 따른 활동지원급여 신청자격에 해당하지 아니하게 된 때

(6) 수급자격의 갱신

수급자는 수급자격의 유효기간이 끝난 후 계속하여 활동지원급여를 받으려면 관할 특별자치시장·특별자치도지사·시장·군수·구청장에게 수급자격 갱신을 신청하여야 하며, 수급자격 갱신 신청은 유효기간이 끝나기 90일 전부터 30일 전까지 하여야 한다.

대통령령으로 정하는 바에 따라 신청인의 신체 기능 상태에 관한 사항 등은 「장애인복지법」에 따른 조사에서 제외할 수 있으며, 수급자격 갱신 신청 등에 필요한 기간, 절차 등의 사항은 보건복지부령으로 정한다.

5) 활동지원등급의 변경

활동지원등급을 변경하여 활동지원급여를 받으려는 수급자는 특별자치시장·특별자치도지사·시장·군수·구청장에게 변경 신청을 하여야 하나, 대통령령으로 정하는 바에 따라 「장애인복지법」에 따른 소득 및 재산 등 생활수준에 관한 사항 등의 일부 사항은 변경 신청에 따른 조사에서 제외할 수 있다.

활동지원등급의 변경 신청에 필요한 절차 등의 사항은 보건복지부령으로 정한다.

6) 신청 등에 대한 대리

활동지원급여를 받으려는 사람 또는 수급자가 신체적·정신적인 사유로 이 법에 따른 활동지원급여 신청, 수급자격의 갱신 신청 또는 활동지원등급의 변경 신청 등을 직접 할 수 없을 때에는 본인의 가족이나 친족, 그 밖의 관계인이 대리할 수 있다.

「사회복지사업법」에 따른 사회복지전담공무원은 관할 지역에 거주하는 사람의 활동지

원급여 신청 등을 본인 또는 가족의 동의를 받아 대리할 수 있다.

활동지원급여를 받으려는 사람 또는 수급자가 활동지원급여 신청 등을 할 수 없는 경우에는 특별자치시장·특별자치도지사·시장·군수·구청장이 지정하는 자가 대리할 수 있으며, 활동지원급여 신청 등의 대리 방법 및 절차 등에 관하여 필요한 사항은 보건복지부령으로 정한다.

3. 활동지원급여의 제공

1) 활동지원급여의 종류

- 활동보조: 활동지원인력인 활동지원사가 수급자의 가정 등을 방문하여 신체활동, 가사활동 및 이동보조 등을 지원하는 활동지원급여
- 방문목욕: 활동지원인력이 목욕설비를 갖춘 장비를 이용하여 수급자의 가정 등을 방문하여 목욕을 제공하는 활동지원급여
- 방문간호: 활동지원인력인 간호사 등이 의사, 한의사 또는 치과의사의 지시서(방문간호지시서)에 따라 수급자의 가정 등을 방문하여 간호, 진료의 보조, 요양에 관한 상담 또는 구강위생 등을 제공하는 활동지원급여
- 그 밖의 활동지원급여: 야간보호 등 대통령령으로 정하는 활동지원급여

수급자가 활동지원급여를 받거나 활동지원기관이 활동지원급여를 제공할 때에 다음의 어느 하나에 해당하는 행위를 요구하거나 제공하여서는 아니 된다.

- 수급자가 아닌 그 가족을 위한 활동보조(신체활동·가사활동·사회활동 지원 등)·방문목욕·방문간호 등의 행위
- 수급자 또는 그 가족의 직장 등에서 생업을 지원하는 활동보조 행위
- 수급자의 자립생활에 지장이 없어 지원할 필요가 없다고 인정되는 행위

그 밖에 활동지원급여의 제공 기준·절차·방법·범위 등에 필요한 사항은 보건복지부령으로 정한다.

2) 활동지원급여의 제공 시기

수급자는 활동지원수급자격결정통지서에 적혀 있는 급여개시일부터 활동지원급여를 받을 수 있다.

특별자치시장・특별자치도지사・시장・군수・구청장은 수급자가 활동지원급여를 받을 수 있도록 활동지원급여의 수량 또는 그에 상응하는 금액이 적힌(전자적 또는 자기적 방법에 의한 기록 포함) 활동지원급여이용권을 수급자에게 지급할 수 있다. 활동지원급여이용권의 지급 및 이용 절차 등에 관하여 필요한 사항은 보건복지부령으로 정한다.

3) 활동지원급여의 월 한도액

활동지원급여는 월 한도액의 범위에서 제공한다. 이 경우 월 한도액은 활동지원등급 등을 고려하여 산정한다. 이에 따른 월 한도액의 산정 기준 및 방법과 그 밖에 필요한 사항은 보건복지부령으로 정한다.

4) 수급자 등의 준수사항

첫째, 수급자는 일상생활 및 사회생활을 수행하기 위하여 활동지원급여를 적정하게 이용하여야 하며, 부당한 요구를 하여서는 아니 된다.

둘째, 활동지원인력은 수급자의 욕구에 따른 선택과 자율적인 결정을 존중하고 그에 따라 적정하게 활동지원급여를 제공하여야 한다.

셋째, 수급자와 활동지원인력은 서로 인격을 존중하고 신뢰하여야 하며, 이를 훼손할 수 있는 폭행이나 모욕적인 언행을 하여서는 아니 된다.

넷째, 활동지원기관의 장은 활동지원급여의 제공이나 이용 과정에서 발생할 수 있는 수급자와 활동지원인력 간의 갈등의 예방 및 해결을 위하여 적극 노력하여야 한다.

5) 활동지원급여의 중단 또는 제한

특별자치시장・특별자치도지사・시장・군수・구청장은 활동지원급여를 받고 있거나 받을 수 있는 사람이 다음의 어느 하나에 해당하는 경우에는 활동지원급여를 중단하거나 1년의 범위에서 활동지원급여의 수량이나 제공 기간 등을 제한하여야 한다.

- 거짓이나 그 밖의 부정한 방법으로 수급자로 선정된 경우
- 활동지원기관 또는 활동지원인력이 거짓이나 그 밖의 부정한 방법으로 활동지원급여 비용을 받은 데에 가담한 경우

특별자치시장·특별자치도지사·시장·군수·구청장은 수급자가 타당한 사유 없이 자료의 제출 및 질문·검사 요구를 거부·방해·기피하거나 거짓 자료를 제출한 경우에 활동지원급여의 전부 또는 일부를 중단하거나 활동지원기관으로 하여금 제공하지 아니하게 할 수 있다.

특별자치시장·특별자치도지사·시장·군수·구청장은 수급자가 다음의 어느 하나에 해당하는 경우 그 기간 중 활동지원급여를 중단하며, 활동지원급여의 중단, 제한 수량 및 기간 등에 필요한 사항은 보건복지부령으로 정한다.

- 「국민기초생활 보장법」에 따른 보장시설에 입소한 경우
- 금고 이상의 실형을 선고받고 「형의 집행 및 수용자의 처우에 관한 법률」 또는 「치료감호법」에 따른 교정시설 또는 치료감호시설에 수용 중인 경우
- 그 밖에 장기간의 국외체류 등으로 활동지원급여를 받는 것이 어려운 경우로서 보건복지부령으로 정하는 경우

6) 활동지원 응급안전서비스 제공

특별자치시장·특별자치도지사·시장·군수·구청장은 활동지원급여의 신청자격을 갖춘 장애인이 다음의 어느 하나에 해당하는 경우로서 응급안전서비스 제공이 필요하다고 인정될 때에는 응급상황에 대처할 수 있도록 정보통신기술 등을 활용하여 안전 확인 또는 구조·구급활동 등의 활동지원 응급안전서비스를 제공할 수 있다.

- 1인 가구인 경우
- 가구구성원인 가족이 모두 장애인이거나 18세 이하 또는 65세 이상인 경우
- 가구구성원인 가족이 직장·학교생활 등으로 인하여 장애인에 대한 보호가 곤란한 경우

활동지원 응급안전서비스의 제공을 위한 신청, 결정 등에 필요한 사항은 보건복지부령으로 정한다.

4. 활동지원기관

1) 활동지원기관의 지정

활동지원기관을 설치 · 운영하려는 자는 보건복지부령으로 정하는 시설 및 인력 기준을 갖추고 소재지를 관할하는 특별자치시장 · 특별자치도지사 · 시장 · 군수 · 구청장으로부터 지정을 받아야 하며, 활동지원기관의 지역적 분포 및 적정공급 규모, 활동지원급여 대상자 수 등을 고려하여 보건복지부령으로 정하는 바에 따라 적정 수의 활동지원기관을 지정하여야 한다.

특별자치시장 · 특별자치도지사 · 시장 · 군수 · 구청장은 활동지원기관을 지정하였을 때에는 그 지정 내용을 수탁기관에 통보하여야 한다.

활동지원기관의 장은 보건복지부령으로 정하는 중요 사항을 변경하려는 경우에는 보건복지부령으로 정하는 바에 따라 특별자치시장 · 특별자치도지사 · 시장 · 군수 · 구청장의 변경지정을 받아야 한다. 그 밖의 변경 사항의 경우에는 신고하여야 하며, 활동지원기관의 종류 및 지정 절차 등에 관하여 필요한 사항은 보건복지부령으로 정한다.

2) 활동지원기관 정보의 안내

특별자치시장 · 특별자치도지사 · 시장 · 군수 · 구청장은 수급자가 활동지원기관을 쉽게 선택하도록 하고 활동지원기관이 제공하는 활동지원급여의 질을 보장하기 위하여 활동지원기관별 활동지원급여의 내용, 시설 · 인력 현황 자료 등을 활동지원기관의 장으로부터 제출받아 수급자에게 안내하여야 하며, 활동지원급여의 내용, 시설 · 인력 현황 자료 등 안내하여야 할 내용, 방법, 절차, 그 밖에 필요한 사항은 보건복지부령으로 정한다.

3) 활동지원기관의 의무

첫째, 활동지원기관은 수급자로부터 활동지원급여 제공을 요청받았을 때에 이를 거부하여서는 아니 된다. 다만, 활동지원인력의 수급(需給)이 원활하지 아니한 경우 등 타당한 사유가 있는 경우에는 거부할 수 있다.

둘째, 활동지원기관은 활동지원급여의 제공 기준 · 절차 및 방법 등에 따라 활동지원급여를 제공하여야 한다.

셋째, 활동지원기관의 장은 활동지원급여를 제공한 수급자에게 활동지원급여비용의 명세서를 발급하여야 한다.

넷째, 활동지원기관의 장은 활동지원급여를 제공한 자료를 기록 · 관리하여야 한다.

다섯째, 활동지원기관은 영리를 목적으로 본인부담금을 면제하거나 할인하는 행위, 금품 등을 제공하는 등 수급자를 소개 · 알선 · 유인하는 행위 및 이를 조장하는 행위를 하여서는 아니 된다.

여섯째, 활동지원기관은 보건복지부령으로 정하는 재무 · 회계 기준에 따라 투명하게 운영하여야 한다.

활동지원급여비용의 명세서, 기록 · 관리하여야 할 활동지원급여 제공 자료의 내용 및 보존 기한, 그 밖에 필요한 서식 등은 보건복지부령으로 정한다.

4) 활동지원기관 운영위원회의 설치 · 운영

활동지원기관의 장은 활동지원기관의 운영에 관한 다음의 사항을 심의하기 위하여 활동지원기관에 운영위원회를 두어야 한다. 다만, 보건복지부령으로 정하는 경우에는 복수의 활동지원기관에 대하여 공동으로 운영위원회를 둘 수 있다.

- 활동지원기관 운영계획의 수립 · 평가에 관한 사항
- 활동지원 사업비 운영에 관한 사항
- 활동지원인력 등 활동지원기관 종사자의 근무환경 개선에 관한 사항
- 수급자 및 활동지원인력의 고충 처리 등에 관한 사항
- 활동지원인력 등 활동지원기관 종사자와 수급자의 인권보호 및 권익증진에 관한 사항
- 활동지원기관과 지역사회의 협력에 관한 사항
- 그 밖에 활동지원기관의 장이 운영위원회의 회의에 부치는 사항

5) 활동지원기관의 폐업 등 신고

활동지원기관은 폐업하거나 휴업하려는 경우에는 폐업 또는 휴업 예정일 전 30일까지 특별자치시장 · 특별자치도지사 · 시장 · 군수 · 구청장에게 신고하여야 하며, 신고를 받은 특별자치시장 · 특별자치도지사 · 시장 · 군수 · 구청장은 지체 없이 그 신고 내용을 수탁기관에 통보하여야 한다.

특별자치시장 · 특별자치도지사 · 시장 · 군수 · 구청장은 폐업 또는 휴업 신고를 접수하였

을 때 인근 지역에 대체 활동지원기관이 없는 등 활동지원급여에 중대한 차질이 우려되는 경우에는 활동지원기관의 폐업 또는 휴업 철회를 권고하거나 그 밖의 다른 조치를 마련하여야 한다. 활동지원기관은 폐업 또는 휴업 신고를 할 때에는 보건복지부령으로 정하는 절차 등에 따라 활동지원급여 제공 자료를 관할 지방자치단체로 이관하여야 한다. 다만, 휴업하는 활동지원기관이 활동지원급여 제공 자료를 직접 보관하기 위해서는 휴업 예정일까지 관할 지방자치단체의 허가를 받아야 한다.

6) 활동지원기관 지정의 취소

특별자치시장·특별자치도지사·시장·군수·구청장은 활동지원기관이 다음의 어느 하나에 해당하는 경우에는 6개월의 범위에서 업무를 정지하거나 그 지정을 취소할 수 있다.

- 시설 및 인력 기준 등 지정기준에 맞지 아니하게 된 경우
- 활동지원급여 제공을 거부한 경우
- 본인부담금을 면제 또는 할인하거나 수급자를 알선 또는 유인하는 행위를 한 경우
- 자료의 제출 및 질문·검사 요구를 거부·방해·기피하거나 거짓 자료를 제출한 경우
- 거짓이나 그 밖의 부정한 방법으로 활동지원급여비용을 청구한 경우
- 활동지원인력이나 그 밖의 활동지원기관 종사자가 다음의 어느 하나에 해당하는 행위를 한 경우
  - ㉠ 수급자의 신체에 폭행을 하거나 상해를 입히는 행위
  - ㉡ 수급자에게 성적 수치심을 주는 성폭행·성희롱 등의 행위
  - ㉢ 자신이 활동지원급여를 제공하는 수급자를 내다 버리거나 의식주를 포함한 기본적 보호 및 간병 등을 소홀히 하는 행위

특별자치시장·특별자치도지사·시장·군수·구청장은 활동지원기관이 다음의 어느 하나에 해당하는 경우에는 그 지정을 취소하여야 한다.

- 거짓이나 그 밖의 부정한 방법으로 지정을 받은 경우
- 휴업 또는 업무정지 기간에 활동지원급여를 제공한 경우
- 업무정지 처분을 3회 이상 받은 경우

특별자치시장·특별자치도지사·시장·군수·구청장은 행정처분을 한 경우에 지체 없이

수탁기관에 행정처분 내용을 통보하여야 한다.

지정취소를 받은 자는 그 처분을 받은 날부터 2년의 범위에서 대통령령으로 정하는 기간 동안 활동지원기관으로 다시 지정될 수 없다. 행정처분의 세부적인 기준 및 절차 등에 관하여 필요한 사항은 보건복지부령으로 정한다.

7) 과징금의 부과

특별자치시장・특별자치도지사・시장・군수・구청장은 "활동기관의 지정 취소"[5]에 해당하는 행위를 이유로 업무정지 명령을 하여야 하는 경우로서 그 업무정지가 해당 활동지원기관을 이용하는 수급자에게 심한 불편을 주거나 공익을 해칠 우려가 있는 경우에는 업무정지 명령을 갈음하여 5천만원 이하의 과징금을 부과할 수 있다.

특별자치시장・특별자치도지사・시장・군수・구청장은 "거짓이나 그 밖의 부정한 방법으로 활동지원급여비용을 청구한 경우"에 해당하는 행위를 이유로 업무정지 명령을 하여야 하는 경우로서 그 업무정지가 해당 활동지원기관을 이용하는 수급자에게 심한 불편을 주거나 공익을 해칠 우려가 있는 경우에는 업무정지 명령을 갈음하여 거짓이나 그 밖의 부정한 방법으로 청구한 금액의 5배 이하의 금액을 과징금으로 부과할 수 있다.

과징금을 부과하는 위반행위의 종류 및 위반의 정도 등에 따른 과징금의 금액과 과징금의 부과절차 등에 필요한 사항은 대통령령으로 정한다.

특별자치시장・특별자치도지사・시장・군수・구청장은 과징금을 내야 할 자가 납부기한까지 내지 아니한 경우에는 「지방행정제재・부과금의 징수 등에 관한 법률」에 따라 징수하며, 과징금의 부과와 징수에 관한 사항을 보건복지부령으로 정하는 바에 따라 기록・관리하여야 한다.

8) 활동지원급여의 관리・평가

특별자치시장・특별자치도지사・시장・군수・구청장은 활동지원기관이 활동지원급여의 제공 기준・절차・방법 등에 따라 적정하게 활동지원급여를 제공하였는지를 평가한 후

5) • 시설 및 인력 기준 등 지정기준에 맞지 아니하게 된 경우
- 활동지원급여 제공을 거부한 경우
- 본인부담금을 면제 또는 할인하거나 수급자를 알선 또는 유인하는 행위를 한 경우
- 자료의 제출 및 질문・검사 요구를 거부・방해・기피하거나 거짓 자료를 제출한 경우
- 활동지원인력이나 그 밖의 활동지원기관 종사자가 다음의 어느 하나에 해당하는 행위를 한 경우
  ㉠ 수급자의 신체에 폭행을 하거나 상해를 입히는 행위
  ㉡ 수급자에게 성적 수치심을 주는 성폭행・성희롱 등의 행위
  ㉢ 자신이 활동지원급여를 제공하는 수급자를 내다 버리거나 의식주를 포함한 기본적 보호 및 간병 등을 소홀히 하는 행위

그 결과를 공개하는 등 필요한 조치를 할 수 있다.

활동지원기관은 다음의 어느 하나에 해당하는 경우를 제외하고는 활동지원급여 평가에 응하여야 한다.

- 신규로 지정되어 운영기간이 1년 미만인 경우
- 폐업, 휴업, 업무정지 등의 사유로 현장평가가 어려운 경우
- 그 밖에 보건복지부장관이 정하여 고시하는 사유가 있는 경우

특별자치시장 · 특별자치도지사 · 시장 · 군수 · 구청장은 활동지원기관이 제공하는 활동지원급여의 내용을 지속적으로 관리 · 평가하여 그 수준을 향상시킬 수 있도록 노력하여야 하며, 평가 결과가 우수한 활동지원기관에 대하여 행정적 · 재정적 지원을 할 수 있다. 활동지원급여 제공의 평가 방법 및 평가 결과의 공개 방법과 그 밖에 필요한 사항은 보건복지부령으로 정한다.

5. 활동지원인력

1) 활동지원인력의 요건

활동지원급여의 종류별 활동지원인력의 범위 · 업무 및 교육 등에 필요한 사항은 대통령령으로 정한다.

2) 활동지원사

활동보조급여를 제공하는 활동지원인력(활동지원사)이 되려는 사람은 활동지원사교육기관에서 교육과정을 수료하거나, 대통령령으로 정하는 일정 자격을 갖추어야 하며, 활동지원사의 교육과정, 교육내용과 그 밖에 필요한 사항은 보건복지부령으로 정한다.

3) 활동지원사교육기관의 지정

특별시장 · 광역시장 · 특별자치시장 · 도지사 또는 특별자치도지사는 활동지원사의 양성을 위하여 보건복지부령으로 정하는 지정기준에 맞는 시설을 활동지원사교육기관으로 지정하여야 한다.

시 · 도지사는 교육기관이 다음의 어느 하나에 해당하는 경우에 1개월의 범위에서 업무

의 정지를 명하거나 그 지정을 취소할 수 있다.

- 거짓이나 그 밖의 부정한 방법으로 교육기관으로 지정을 받은 경우(지정취소)
- 지정기준에 맞지 아니하게 된 경우
- 교육과정을 1년 이상 운영하지 아니하는 경우
- 자료의 제출 및 질문·검사 요구를 거부·방해·기피하거나 거짓 자료를 제출한 경우

교육기관이 폐업하거나 휴업하려는 경우에는 시·도지사에게 신고하여야 하며, 교육기관의 지정절차, 행정처분의 세부적인 기준 및 절차, 휴업·폐업 절차 등에 필요한 사항은 보건복지부령으로 정한다.

4) 활동지원인력의 결격 사유

다음의 어느 하나에 해당하는 사람은 활동지원인력이 될 수 없다.

- 「정신건강증진 및 정신질환자 복지서비스 지원에 관한 법률」에 따른 정신질환자. 다만, 전문의가 활동지원인력으로서 적합하다고 인정하는 사람은 제외한다.
- 마약·대마 또는 향정신성의약품 중독자
- 피성년후견인·피한정후견인
- 금고 이상의 형을 선고받고 그 형의 집행이 끝나지 아니하였거나 그 집행을 받지 아니하기로 확정되지 아니한 사람
- 「성폭력범죄의 처벌 등에 관한 특례법」[6]에 규정된 죄로 금고 이상의 형을 선고받은 사람
- 활동지원인력의 자격이 취소된 날부터 1년이 지나지 아니한 사람
- 활동지원인력의 자격이 취소된 날부터 2년이 지나지 아니한 사람

5) 결격사유 확인을 위한 범죄경력조회

활동지원기관의 장은 소속 활동지원인력이 결격사유에 해당하는지를 확인하기 위하여 본인의 동의를 받아 소재지를 관할하는 시·도경찰청장 또는 경찰서장에게 「형의 실효 등에 관한 법률」에 따른 범죄경력조회를 요청하여야 하며, 요청받은 시·도경찰청장 또는 경찰서장은 정당한 사유가 없으면 이에 따라야 한다.

6) 특수강도강간, 특수강간, 친족관계에 의한 강간, 장애인에 대한 강간·강제추행, 13세 미만의 미성년자에 대한 강간, 강제추행, 강간 등 상해·치상, 강간 등 살인·치사, 업무상 위력 등에 의한 추행 및 미수범

범죄경력조회의 절차 · 범위 등에 필요한 사항은 대통령령으로 정한다.

6) 활동지원인력의 자격 취소 및 자격 정지

특별자치시장 · 특별자치도지사 · 시장 · 군수 · 구청장은 활동지원인력이 다음의 어느 하나에 해당하는 경우에는 활동지원인력으로서의 자격을 취소하여야 한다.

- "활동지원인력의 결격사유"의 어느 하나에 해당하게 된 경우
- 거짓이나 그 밖의 부정한 방법으로 활동지원인력이 된 경우
- 활동지원인력이 업무수행 중 고의 또는 중대한 과실로 수급자 또는 그 보호자에게 신체상 또는 재산상 손해를 입혀 금고 이상의 형을 선고받은 판결이 확정된 경우
- 자격정지 처분을 3회 이상 받은 경우
- 자격정지 기간 중 활동지원급여를 제공한 경우

특별자치시장 · 특별자치도지사 · 시장 · 군수 · 구청장은 활동지원인력이 다음의 어느 하나에 해당하는 경우에는 1년의 범위에서 보건복지부령으로 정하는 바에 따라 활동지원인력으로서의 자격을 정지시킬 수 있다.

- 수급자에게 지급된 활동지원급여이용권을 그 목적 외의 용도에 사용하게 한 경우
- 수급자를 소개 · 알선 · 유인하는 행위 및 이를 조장하는 행위를 한 경우
- 다음[7]의 어느 하나에 해당하는 행위를 한 경우
- 거짓이나 그 밖의 부정한 방법으로 활동지원급여 비용을 받은 경우

특별자치시장 · 특별자치도지사 · 시장 · 군수 · 구청장은 활동지원인력이 보건복지부령으로 정하는 본인의 가족인 수급자를 대상으로 이 법에 따라 활동지원급여비용이 지급되는 활동지원급여를 수행하는 것을 제한할 수 있다. 다만, 활동지원기관이 매우 부족한 지역에 수급자가 거주하는 등 대통령령으로 정하는 경우에는 제한하지 아니한다.

---

7) 가. 수급자의 신체에 폭행을 하거나 상해를 입히는 행위
나. 수급자에게 성적 수치심을 주는 성폭행 · 성희롱 등의 행위
다. 자신이 활동지원급여를 제공하는 수급자를 내다 버리거나 의식주를 포함한 기본적 보호 및 간병 등을 소홀히 하는 행위

6. 활동지원급여비용

1) 활동지원급여비용의 청구 및 지급

활동지원기관은 활동지원급여를 수급자에게 제공한 경우 특별자치시장・특별자치도지사・시장・군수・구청장 에게 활동지원급여비용을 청구하고, 청구를 받은 특별자치시장・특별자치도지사・시장・군수・구청장은 이를 지급하여야 하며, 활동지원급여 평가 결과에 따라 급여비용을 가산 또는 감액 조정하여 지급할 수 있다.

특별자치시장・특별자치도지사・시장・군수・구청장은 급여비용의 지급과 정산 등에 관한 업무를 대통령령으로 정하는 관련 전문기관이나 단체에 위탁할 수 있고, 규정에 따른 급여비용의 청구절차 및 지급방법, 급여비용의 가감지급 기준, 위탁 업무 등에 관하여 필요한 사항은 보건복지부령으로 정한다.

2) 급여비용의 산정

급여비용은 활동지원급여의 종류 및 활동지원등급 등에 따라 보건복지부장관이 정하여 고시하고, 보건복지부장관은 급여비용을 정할 때 대통령령으로 정하는 바에 따라 활동지원기관이 국가와 지방자치단체로부터 설립 및 운영 비용을 지원받았는지 등을 고려하여 가산 또는 감액 조정할 수 있으며, 급여비용의 구체적인 산정 방법 및 항목 등에 관하여 필요한 사항은 보건복지부령으로 정한다.

3) 본인부담금

수급자는 해당 급여비용의 15% 한도에서 대통령령으로 정하는 수급자와 그 부양의무자의 소득 및 재산 등 생활수준에 따라 그 비용의 일부(본인부담금)를 차등 부담한다.

다음의 활동지원급여에 대한 비용은 수급자 본인이 전부 부담한다.

- 이 법에 따른 급여의 범위 및 대상에 포함되지 아니하는 활동지원급여
- 활동지원급여의 월 한도액을 초과하는 활동지원급여

위 조항에도 불구하고 다음의 어느 하나에 해당하는 사람에게는 정액의 본인부담금을 부담하도록 할 수 있다.

- 「의료급여법」 규정에 따른 수급자
- 「국민기초생활 보장법」에 따른 차상위계층(다만, 「국민기초생활 보장법」에 따른 생계급여 또는 의료급여를 받지 아니하는 수급자와 그 가구원 포함)
- 소득 및 재산 등 생활수준이 보건복지부장관이 정하는 금액 이하인 사람. 다만, 섬·외딴 곳·농어촌 등의 지역에 거주하는 사람에 대하여는 따로 금액을 정할 수 있다.
- 천재지변 등 보건복지부령으로 정하는 사유로 생계가 곤란한 사람

「국민기초생활 보장법」에 따른 생계급여 수급자 또는 의료급여 수급자는 본인부담금을 부담하지 아니하며, 본인부담금의 산정 방법, 유효기간, 변경절차 및 납부절차 등에 관하여 필요한 사항은 보건복지부령으로 정한다.

4) 방문간호지시서 발급비용의 부담

수급자는 방문간호지시서의 발급비용을 보건복지부령으로 정하는 한도 안에서 부담한다. 다만, 「국민기초생활 보장법」에 따른 생계급여 수급자 또는 의료급여 수급자는 부담하지 아니한다. 방문간호지시서 발급비용의 산정 기준, 비용 청구 및 지급절차 등에 관하여 필요한 사항은 보건복지부령으로 정한다.

5) 부당지급급여의 징수

특별자치시장·특별자치도지사·시장·군수·구청장은 활동지원급여를 받은 수급자 또는 급여비용을 받은 활동지원기관이 다음의 어느 하나에 해당하는 경우에는 활동지원급여 또는 급여비용에 상당하는 금액을 징수한다.

- 활동지원급여의 월 한도액을 초과하여 활동지원급여를 받은 경우
- 활동지원급여의 제한 등을 받는 사람이 활동지원급여를 받은 경우(이자 가산하여 징수)
- 거짓이나 그 밖의 부정한 방법으로 급여비용을 청구하여 받은 경우(이자 가산하여 징수)
- 잘못 지급된 경우

특별자치시장·특별자치도지사·시장·군수·구청장은 거짓 보고 또는 증명에 의하거나 거짓 진단에 따라 활동지원급여가 제공된 때에 거짓 행위에 관여한 자에 대하여 활동지원급여를 받은 수급자와 연대하여 징수금을 납부하게 할 수 있다.

특별자치시장·특별자치도지사·시장·군수·구청장은 활동지원급여 또는 급여비용에 상당하는 금액을 반환하여야 할 자가 기간 내에 반환하지 아니하면 국세 또는 지방세 체납처분의 예에 따라 징수할 수 있으며, 활동지원급여 또는 급여비용에 상당하는 금액을 징수할 때 다음의 어느 하나에 해당하는 경우에는 대통령령으로 정하는 절차 등에 따라 결손처분할 수 있다.

- 반환하여야 할 자가 행방불명되거나 재산이 없는 경우
- 체납처분이 끝나고 체납액에 충당될 배분금액이 그 체납액에 미치지 못하는 경우
- 해당 권리에 대한 소멸시효가 완성된 경우

7. 이의신청

1) 이의신청

수급자격 인정, 활동지원등급, 활동지원급여, 부당지급급여의 징수 등에 관한 특별자치시장·특별자치도지사·시장·군수·구청장의 처분에 이의가 있는 자는 그 결정 결과 등을 통지받은 날부터 90일 이내에 특별자치시장·특별자치도지사·시장·군수·구청장에게 이의를 제기할 수 있다. 다만, 타당한 사유로 그 기간 내에 이의신청을 할 수 없었음을 소명하였을 때에는 그러하지 아니하다.

특별자치시장·특별자치도지사·시장·군수·구청장은 이의신청을 받은 날부터 60일 내에 이를 검토하고 처분이 위법·부당하다고 인정될 때에는 시정이나 그 밖에 필요한 조치를 하여야 한다. 다만, 기간 내에 조치를 할 수 없는 부득이한 사유가 있는 경우에는 30일의 범위에서 이를 연장할 수 있다.

이의신청의 방법, 절차 및 운영 등에 필요한 사항은 보건복지부령으로 정한다.

이의를 신청한 자는 그 이의신청과 관계없이 「행정심판법」에 따른 행정심판을 청구할 수 있다. 이 경우 이의를 신청하여 그 결과를 통보받은 자(결과를 통보받기 전에 「행정심판법」에 따른 행정심판을 청구한 자는 제외)는 통보받은 날부터 90일 이내에 「행정심판법」에 따른 행정심판을 청구할 수 있다.

2) 행정소송

수급자격 인정, 활동지원등급, 활동지원급여, 부당지급급여의 징수 등에 관한 특별자치시

장・특별자치도지사・시장・군수・구청장의 처분에 이의가 있는 자와 른 이의신청에 대한 결정에 불복하는 자는 「행정소송법」에서 정하는 바에 따라 행정소송을 제기할 수 있다.

8. 보 칙

1) 권한의 위임과 업무의 위탁

보건복지부장관은 이 법에 따른 권한의 일부를 대통령령으로 정하는 바에 따라 시・도지사 또는 시장・군수・구청장에게 위임할 수 있다.

보건복지부장관, 시・도지사 또는 시장・군수・구청장은 다음의 업무를 대통령령으로 정하는 관련 전문기관에 위탁할 수 있다. 이 경우 국가와 지방자치단체는 위탁에 드는 비용을 지원할 수 있다.

- 수급자격심의위원회 심의사항에 대한 조사 등
- 이의신청에 관한 조사
- 그 밖에 수급자의 관리 지원 등 대통령령으로 정하는 사항

위탁을 받은 관련 전문기관은 특별자치시・특별자치도・시・군・구 단위로 업무를 수행하기 위한 지원기관을 설치・운영할 수 있다. 다만, 등록 장애인 수, 관련 전문기관의 조직 현황 등을 고려하여 둘 이상의 특별자치시・특별자치도・시・군・구를 통합하여 하나의 지원기관을 둘 수 있으며, 지원기관의 조직・운영 등에 필요한 사항은 대통령령으로 정한다.

2) 비용의 부담

국가와 지방자치단체는 이 법에 따른 활동지원사업에 필요한 비용을 부담하며, 지방자치단체가 부담하는 금액은 보건복지부령으로 정하는 바에 따라 특별시・광역시・도 또는 특별자치시・특별자치도・시・군・구가 분담한다.

지방자치단체의 부담액 부과, 징수 및 재원관리와 그 밖에 필요한 사항은 대통령령으로 정한다.

3) 장애인활동지원정보시스템의 구축 및 운영

보건복지부장관은 이 법에 따른 활동지원사업의 수행에 필요한 각종 자료 및 정보의 효율적인 처리와 기록 및 관리 업무의 전산화를 위하여 대통령령으로 정하는 바에 따라 장애인활동지원정보시스템을 구축·운영할 수 있다.

4) 전자문서의 사용

활동지원사업에 관련된 각종 서류의 기록, 관리 및 보관은 전자문서로 하며, 특별자치시·특별자치도·시·군·구와 활동지원기관은 급여비용의 청구 및 지급 등을 할 때 전산매체 또는 전자문서교환방식을 이용하여야 한다.

정보통신망 및 정보통신서비스 시설이 열악한 지역 등 보건복지부장관이 정하는 지역의 경우에는 전자문서, 전산매체 또는 전자문서교환방식을 이용하지 아니할 수 있다.

5) 자료의 제출

보건복지부장관, 시·도지사, 시장·군수·구청장, 수탁기관의 장은 관계 중앙행정기관, 지방자치단체, 그 밖의 공공단체 및 관계 기관의 장에게 이 법의 원활한 수행을 위하여 필요한 자료의 제출을 요청할 수 있다.

보건복지부장관, 시·도지사, 시장·군수·구청장, 수탁기관의 장은 활동지원급여 제공내용 확인, 활동지원급여의 관리·평가 등 활동지원사업의 수행에 필요하다고 인정할 때에는 다음의 어느 하나에 해당하는 자에게 자료 제출을 요구할 수 있다.

- 신청인 또는 수급자
- 활동지원기관
- 활동지원인력
- 교육기관

자료 제출을 요구받은 자는 타당한 사유가 없으면 요청받은 자료를 제출하여야 하며, 제공되는 자료에 대하여는 사용료와 수수료 등을 면제한다.

6) 질문 및 검사

보건복지부장관, 시·도지사, 시장·군수·구청장, 급여비용의 지급과 정산 등에 관한 업무를 대통령령으로 정하는 관련 전문기관이나 단체에 위탁, 수탁기관의 장은 다음의 어느 하나에 해당하는 자에게 활동지원급여의 제공내용 등 활동지원급여에 관련된 자료의 제출을 명하거나 소속 공무원으로 하여금 관계인에게 질문을 하게 하거나 관계 서류를 검사하게 할 수 있다.

- 수급자
- 활동지원기관
- 활동지원인력
- 교육기관

검사를 하는 공무원은 그 권한을 표시하는 증표 및 조사기간, 조사범위, 조사담당자, 관계 법령 등 보건복지부령으로 정하는 사항이 기재된 서류를 지니고 이를 관계인에게 보여주어야 한다.

7) 비밀 누설 등의 금지

보건복지부, 특별시 · 광역시 · 도 및 특별자치시 · 특별자치도 · 시 · 군 · 구 소속 공무원과 소속 공무원이었던 사람, 수탁기관, 수급자격심의위원회 및 활동지원기관의 종사자와 종사자였던 사람은 업무 수행 중 알게 된 정보와 자료, 비밀 등을 이 법에서 정한 목적 외의 다른 용도로 사용하거나 다른 사람 또는 기관에 제공하거나 누설하여서는 아니 된다.

8) 청문

시 · 도지사, 시장 · 군수 · 구청장은 다음의 어느 하나에 해당하는 경우에는 청문을 하여야 한다.

- 활동지원기관의 지정을 취소하는 경우
- 교육기관의 지정을 취소하는 경우
- 활동지원인력의 자격을 취소하는 경우

9) 수급권의 보호

활동지원급여를 받을 권리는 양도 또는 압류하거나 담보로 제공할 수 없다.

9. 벌 칙

1) 벌칙

3년 이하의 징역 또는 3천만원 이하의 벌금	2년 이하의 징역 또는 2천만원 이하의 벌금	1년 이하의 징역 또는 1천만원 이하의 벌금
• 거짓이나 그 밖의 부정한 방법으로 급여비용을 청구한 자 • 업무 수행 중 알게 된 정보 또는 자료, 비밀 등을 사용·제공 또는 누설한 자	• 타당한 사유 없이 활동지원급여 제공을 거부한 자 • 수급자를 소개·알선·유인하거나 이를 조장하는 행위를 한 자	• 거짓이나 그 밖의 부정한 방법으로 활동지원급여를 받거나 다른 사람으로 하여금 활동지원급여를 받게 한 자 • 거짓이나 그 밖의 부정한 방법으로 활동지원기관 지정을 받은 자 • 거짓이나 그 밖의 부정한 방법으로 교육기관 지정을 받은 자

2) 양벌규정

법인의 대표자나 법인 또는 개인의 대리인, 사용인, 그 밖의 종업원이 그 법인 또는 개인의 업무에 관하여 "벌칙" 조항의 위반행위를 하면 그 행위자를 벌하는 외에 그 법인 또는 개인에게도 해당 조문의 벌금형을 과(科)한다. 다만, 법인 또는 개인이 그 위반행위를 방지하기 위하여 해당 업무에 관하여 상당한 주의와 감독을 게을리하지 아니한 경우에는 그러하지 아니하다.

3) 과태료

다음의 어느 하나에 해당하는 자에게는 500만원 이하의 과태료를 부과한다.

- 변경지정을 받지 아니하거나 신고하지 아니한 자 또는 거짓으로 신고한 자
- 활동지원급여 제공 자료를 기록·관리하지 아니한 자
- 폐업·휴업 시 신고하지 아니한 자 또는 거짓으로 신고한 자
- 자료의 제출 및 질문·검사 요구를 거부·방해·기피하거나 거짓 자료를 제출한 자

과태료는 대통령령으로 정하는 바에 따라 보건복지부장관 또는 특별자치시장·특별자치도지사·시장·군수·구청장이 부과·징수한다.

23
chapter

장애아동 복지지원법

1. 총 칙

1) 목적

이 법은 국가와 지방자치단체가 장애아동의 특별한 복지적 욕구에 적합한 지원을 통합적으로 제공함으로써 장애아동이 안정된 가정생활 속에서 건강하게 성장하고 사회에 활발하게 참여할 수 있도록 하며, 장애아동 가족의 부담을 줄이는데 이바지함을 목적으로 한다.

2) 정의

이 법에서 사용하는 용어의 뜻은 다음과 같다.

- "장애아동"이란 18세 미만의 사람 중 「장애인복지법」에 따라 등록한 장애인을 말한다. 다만, 6세 미만의 아동으로서 장애가 있다고 보건복지부장관이 별도로 인정하는 사람을 포함한다.
- "장애아동 보호자"(이하 "보호자")란 친권자, 후견인, 장애아동을 보호·양육·교육하거나 그 의무가 있는 자 또는 업무·고용 등의 관계로 사실상 장애아동을 보호·감독하는 자를 말한다.

- "장애아동 복지지원"이란 국가와 지방자치단체가 장애아동의 특별한 복지적 욕구에 따라 의료비지원, 보육지원, 가족지원 및 장애아동의 발달에 필요한 지원 등 다양한 인적·물적 자원을 제공하는 것을 말한다.
- "복지지원 대상자"란 이 법에 따라 복지지원을 받는 사람을 말한다.
- "장애아동 복지지원 이용권"이란 그 명칭 또는 형태와 상관없이 이용자가 제공자에게 제시하여 일정한 복지지원을 받을 수 있도록 복지지원의 수량 또는 그에 상응하는 금액이 기재(전자적 또는 자기적 방법에 따른 기록 포함)된 증표를 말한다. 다만, 보육료 지원의 경우에는 「영유아보육법」에 따른 보육서비스 이용권으로 대체한다.

3) 기본이념

첫째, 장애아동을 위한 모든 활동에 있어서 장애아동의 이익이 최우선적으로 고려되어야 한다.

둘째, 장애아동은 자신에게 영향을 미치는 모든 활동에 대하여 자신의 견해를 자유로이 표현할 권리를 최대한 보장받아야 한다.

4) 장애아동의 권리

첫째, 장애아동은 모든 형태의 학대 및 유기·착취·감금·폭력 등으로부터 보호받아야 한다.

둘째, 장애아동은 부모에 의하여 양육되고, 안정된 가정환경에서 자라나야 한다.

셋째, 장애아동은 인성 및 정신적·신체적 능력을 최대한 계발하기 위하여 적절한 교육을 제공받아야 한다.

넷째, 장애아동은 가능한 최상의 건강상태를 유지하고 행복한 일상생활을 영위하기 위한 의료적·복지적 지원을 받아야 한다.

다섯째, 장애아동은 휴식과 여가를 즐기고, 놀이와 문화예술활동에 참여할 수 있는 기회를 제공받아야 한다.

여섯째, 장애아동은 의사소통 능력, 자기결정 능력 및 자기권리 옹호 능력을 향상시키기 위한 교육 및 훈련 기회를 제공받아야 한다.

5) 다른 법률과의 관계

장애아동의 복지지원에 관하여는 다른 법률에 우선하여 이 법을 적용한다.

2. 국가와 지방자치단체의 임무

1) 국가와 지방자치단체의 임무

국가와 지방자치단체는 장애아동에게 적절한 복지지원을 제공하기 위하여 다음의 업무를 수행하여야 한다.

- 장애아동과 그 가족을 위한 복지지원대책의 강구
- 장애아동을 위한 복지지원 사업의 연구 · 개발
- 장애의 조기발견을 위한 홍보
- 복지지원 전달체계의 구축
- 복지지원 이용권의 수급 및 이용에 대한 관리 · 감독
- 그 밖에 장애아동과 그 가족의 복지지원을 위하여 필요하다고 인정하는 사항

2) 장애아동 복지지원의 심의

중요한 정책조정에 관한 사항은 「장애인복지법」의 장애인정책조정위원회의 심의를 거쳐야 하고, 지방자치단체의 업무의 주요 사항은 「장애인복지법」에 따른 지방장애인복지위원회의 심의를 거쳐야 한다.

3) 중앙장애아동지원센터

보건복지부장관은 다음의 업무를 수행하기 위하여 중앙장애아동지원센터를 설치 · 운영할 수 있다.

- 장애아동의 복지지원에 관한 조사 · 연구
- 지역장애아동지원센터에 대한 평가 및 운영지원
- 장애아동의 복지지원 정책에 관한 정보 및 자료 제공
- 장애아동의 장애유형별 지원 프로그램의 개발
- 가족지원업무 수행기관에 대한 운영지원 및 평가
- 지역장애아동지원센터, 복지지원을 제공하는 기관 등 복지지원 관련 기관에 대한 정보의 수집 및 제공
- 그 밖에 보건복지부장관이 필요하다고 인정하는 업무

보건복지부장관은 중앙장애아동지원센터의 운영을 「공공기관의 운영에 관한 법률」에 따른 공공기관 중 대통령령으로 정하는 기관에 위탁할 수 있으며, 그 밖에 중앙장애아동지원센터의 설치 · 운영 등에 필요한 사항은 보건복지부령으로 정한다.

4) 지역장애아동지원센터

특별시장 · 광역시장 · 특별자치시장 · 도지사 · 특별자치도지사 및 시장 · 군수 · 구청장은 다음의 업무를 수행하기 위하여 특별시 · 광역시 · 특별자치시 · 도 · 특별자치도 및 시 · 군 · 구에 지역장애아동지원센터(이하 "지역센터")를 설치 · 운영할 수 있다.

- 장애의 조기발견을 위한 홍보
- 장애아동의 복지지원 사업에 관한 정보 및 자료 제공
- 장애아동과 그 가족에 대한 복지지원 제공기관의 연계
- 장애아동의 사례관리
- 장애아동 및 그 가족을 지원하기 위한 가족상담 및 교육의 실시
- 그 밖에 시 · 도지사 및 시장 · 군수 · 구청장이 위탁하거나 필요하다고 인정하는 업무

시 · 도지사 및 시장 · 군수 · 구청장은 지역의 규모 및 장애아동의 수를 고려하여 인근 지역과 통합하여 지역센터를 설치 · 운영할 수 있으며, 지역센터의 원활한 업무 수행을 위하여 필요한 경우 지역센터의 운영비용을 지원할 수 있다.

시 · 도지사는 「공공기관의 운영에 관한 법률」에 따른 공공기관 중 대통령령으로 정하는 기관에, 시장 · 군수 · 구청장은 「공공기관의 운영에 관한 법률」에 따른 공공기관에 지역센터의 운영을 각각 위탁할 수 있고, 그 밖에 지역센터의 설치 · 운영 등에 필요한 사항은 보건복지부령으로 정한다.

5) 관계 기관 또는 단체와의 연계 · 협력

지역센터는 복지지원의 효과적인 시행을 위하여 다음의 기관 또는 단체와의 연계 및 협력 체계를 구축하여야 한다.

- 어린이집
- 「장애인복지법」에 따른 장애인복지시설
- 「아동복지법」에 따른 아동복지시설
- 「유아교육법」의 유치원
- 「초 · 중등교육법」의 학교

- 「장애인 등에 대한 특수교육법」에 따른 전공과
- 「의료법」의 의료기관
- 「공공보건의료에 관한 법률」의 공공보건의료기관
- 「지역보건법」에 따른 보건소
- 「장애인 등에 대한 특수교육법」에 따른 특수교육지원센터
- 「영유아보육법」에 따른 육아종합지원센터
- 그 밖에 복지지원과 관계된 기관 또는 단체

시·도지사 및 시장·군수·구청장은 복지지원의 효과적인 시행을 위하여 지역센터와 위 조항의 기관 또는 단체 사이의 원활한 연계·협력을 위하여 노력하여야 한다.

6) 장애아동 복지지원 실태조사

보건복지부장관은 장애아동 및 그 가족의 복지지원과 관련한 실태조사를 3년마다 실시하여야 하며, 실태조사는 「장애인복지법」에 따른 장애인의 실태조사에 포함하여 실시할 수 있다.

3. 복지지원 대상자 선정 및 복지지원 제공의 절차

1) 장애의 조기발견

특별자치시장·특별자치도지사·시장·군수·구청장은 「국민건강보험법」, 「의료급여법」 및 「모자보건법」에 따라 영유아에 대하여 정기적인 건강검진·예방접종을 실시하는 경우 장애의 유무를 조기에 발견하기 위하여 선별검사를 실시할 수 있으며, 국가와 지방자치단체는 장애의 조기발견을 위하여 방송·신문 및 인터넷 등 다양한 매체를 이용하여 홍보하여야 한다.

2) 복지지원의 신청

장애아동 및 그 보호자는 특별자치시장·특별자치도지사·시장·군수·구청장에게 이 법에서 정하는 복지지원을 신청할 수 있다. 다만, 보육지원은 「영유아보육법」 "무상보육 및 양육수당" 조항을 따른다.

복지지원을 신청할 때에 장애아동과 그 가구원(「국민기초생활 보장법」에 따른 개별가구의 가구원)은 대통령령으로 정하는 바에 따라 금융·신용·보험의 자료 또는 정보의 제공에 동의한다는 서면을 제출하여야 한다.

복지지원의 신청 방법 및 절차 등에 필요한 사항은 보건복지부령으로 정하고, 동의의 방법·절차 등에 필요한 사항은 대통령령으로 정한다.

3) 복지지원 대상자 선정

특별자치시장·특별자치도지사·시장·군수·구청장은 복지지원의 신청을 받은 경우 관련 법령에서 정하는 바에 따라 소득·재산, 장애정도, 가구특성 등을 고려하여 복지지원 대상자 여부를 심사하여야 한다.

특별자치시장·특별자치도지사·시장·군수·구청장은 30일 이내에 복지지원 대상자로의 선정 여부, 복지지원의 내용 및 복지지원 이용권의 금액 등을 결정하여 복지지원 신청자에게 즉시 알려주어야 한다.

4) 금융정보 등의 제공

보건복지부장관은 신청에 따라 신청자를 복지지원 대상자로 선정 또는 하고자 하는 경우 「금융실명거래 및 비밀보장에 관한 법률」과 「신용정보의 이용 및 보호에 관한 법률」에 따라 장애아동과 그 가구원이 제출한 동의 서면을 전자적 형태로 바꾼 문서로 「금융실명거래 및 비밀보장에 관한 법률」에 따른 금융회사 등이나 「신용정보의 이용 및 보호에 관한 법률」에 따른 신용정보집중기관(이하 "금융기관 등")의 장에게 장애아동과 그 가구원의 금융정보·신용정보 또는 보험정보(이하 "금융정보 등")의 제공을 요청할 수 있다.

보건복지부장관은 복지지원 대상자의 자격을 확인하기 위하여 필요하다고 인정하는 경우 「금융실명거래 및 비밀보장에 관한 법률」과 「신용정보의 이용 및 보호에 관한 법률」 "개인신용정보의 제공·활용에 대한 동의" 조항에도 불구하고 대통령령으로 정하는 기준에 따라 인적 사항을 기재한 문서(전자문서 포함)로 금융기관 등의 장에게 장애아동과 그 가구원의 금융정보등의 제공을 요청할 수 있다.

위 조항에 따라 금융정보 등의 제공을 요청받은 금융기관 등의 장은 「금융실명거래 및 비밀보장에 관한 법률」과 「신용정보의 이용 및 보호에 관한 법률」에도 불구하고 명의인의 금융정보등 을 제공하여야 한다.

금융정보 등을 제공한 금융기관 등의 장은 금융정보 등의 제공 사실을 명의인에게 통보하여야 한다. 다만, 명의인이 동의하는 경우에는 통보하지 아니할 수 있다.

금융정보 등의 제공 요청 및 제공은 「정보통신망 이용촉진 및 정보보호 등에 관한 법률」에 따른 정보통신망을 이용하여야 하나, 정보통신망이 손상되는 등 불가피한 경우에는 그러하지 아니하다.

규정에 따른 업무에 종사하거나 종사하였던 자는 업무를 수행하면서 취득한 금융정보 등을 이 법에서 정한 목적 외의 다른 용도로 사용하거나 다른 사람 또는 기관에 제공하거나 누설하여서는 아니 되며, 금융정보 등의 제공 요청 및 제공 등에 필요한 사항은 대통령령으로 정한다.

5) 복지지원 제공기관의 연계

특별자치시장·특별자치도지사·시장·군수·구청장은 복지지원 대상자로 선정한 장애아동과 그 가족에게 복지지원 제공기관을 연계하여야 한다. 이 경우 복지지원 제공기관과의 연계는 지역센터에 위탁할 수 있다.

특별자치시장·특별자치도지사·시장·군수·구청장은 복지지원 대상자와 복지지원 제공기관을 연계할 때에는 복지지원 대상자에게 복지지원 제공시간 및 방법·비용부담 등 관련 정보를 제공하여야 하며, 복지지원 대상자와 복지지원 제공기관을 연계하는 데 필요한 사항은 보건복지부령으로 정한다.

6) 개인별지원계획의 수립

특별자치시장·특별자치도지사·시장·군수·구청장은 장애아동에게 적합한 복지지원을 제공하기 위하여 개인별지원계획을 수립할 수 있다. 이 경우 그 업무를 지역센터에 위탁할 수 있으며, 개인별지원계획을 수립하는 경우 보호자, 복지지원을 제공하는 인력, 복지 관계 전문가 등에게 자문할 수 있다. 개인별지원계획의 수립·실시 및 자문 등에 필요한 사항은 보건복지부령으로 정한다.

7) 장애아동과 그 가족의 개인정보보호

특별자치시장·특별자치도지사·시장·군수·구청장과 업무를 위탁받은 기관의 장은 장애아동과 그 가족에 대한 정보의 수집과 관리에 있어 개인정보가 분실·도난·유출·변조 또는 훼손되지 아니하도록 필요한 조치를 하여야 한다.

복지지원에 종사하거나 종사하였던 자는 직무상 알게 된 장애아동과 그 가족의 개인정보를 보호자의 동의 없이 누설하거나 권한 없이 처리하거나 다른 사람이 이용하도록 제공하는 등 부당한 목적으로 사용하여서는 아니 된다.

4. 복지지원의 내용

1) 의료비지원

국가와 지방자치단체는 장애아동의 의료적 욕구에 따라 적절한 의료비지원을 할 수 있으며, 의료비지원은 「국민건강보험법」과 「의료급여법」에 따라 제공되는 의료에 드는 비용 중 장애아동의 부담을 지원하는 것으로 한다.

2) 보조기구지원

국가와 지방자치단체는 장애아동의 학습과 일상생활 활동에 필요한 보조기구를 교부·대여 또는 수리하거나 구입 또는 수리에 필요한 비용을 지급할 수 있다.

3) 발달재활서비스지원

국가와 지방자치단체는 장애아동의 인지, 의사소통, 적응행동, 감각·운동 등의 기능향상과 행동발달을 위하여 적절한 발달재활서비스를 지원할 수 있으며, 발달재활서비스를 지원할 때에는 장애아동의 장애유형·장애정도와 그 가족의 경제적 능력 등을 고려하여 지원할 대상 및 내용을 결정할 수 있다.

발달재활서비스 지원기간은 장애아동이 발달재활서비스 지원 대상자로 선정된 달의 다음 달부터 장애아동이 만 18세가 되는 달까지로 한다. 다만, 해당 장애아동이 「초·중등교육법」에 따른 학교에 재학 중인 경우에는 만 20세가 되는 달까지로 한다.

지방자치단체는 발달재활서비스의 제공경험 및 전문성, 서비스 내용의 적정성 등을 고려하여 발달재활서비스를 제공하는 기관(발달재활서비스 제공기관)을 지정하여 운영할 수 있고, 발달재활서비스 제공기관은 장애아동에게 적합한 발달재활서비스를 제공하기 위하여 발달재활서비스 제공계획을 수립하고 실시하여야 한다.

지방자치단체의 장은 발달재활서비스 제공기관이 다음의 어느 하나에 해당하는 때에는 그 지정을 취소할 수 있다.

- 거짓이나 그 밖의 부정한 방법으로 지정을 받은 경우
- 당초의 지정조건을 충족하지 못하게 된 경우

• 정보제공의무를 위반한 경우

발달재활서비스의 지원 기준·방법 등에 필요한 사항은 보건복지부령으로 정하고, 발달재활서비스 제공기관의 지정 및 지정취소의 기준·절차, 지정기간 및 운영 등에 필요한 사항은 보건복지부령으로 정한다.

4) 보육지원

국가와 지방자치단체는 「영유아보육법」에 따른 어린이집 이용대상이 되는 장애아동(장애영유아)에 대하여 보육료 등을 지원하여야 한다.

국가 및 지방자치단체는 「영유아보육법」에 따른 어린이집 또는 「유아교육법」에 따른 유치원을 이용하지 아니하는 장애영유아에게 「영유아보육법」에 따라 양육수당을 지급할 수 있다.

장애영유아를 위한 어린이집은 장애영유아에 대한 체계적인 보육지원과 원활한 취학을 위한 보육계획을 수립·실시하여야 하며 대통령령으로 정하는 자격을 가진 특수교사와 장애영유아를 위한 보육교사 등을 배치하여야 하며, 특수교사와 장애영유아를 위한 보육교사의 자격 및 배치는 국가와 지방자치단체의 재정 및 교원수급여건을 고려하여 대통령령으로 정하는 바에 따라 순차적으로 실시한다.

5) 가족지원

국가와 지방자치단체는 장애아동의 가족이 장애아동에게 적합한 양육방법을 습득하고 가족의 역량을 키울 수 있도록 가족상담·교육 등의 가족지원을 제공할 수 있으며, 지방자치단체는 가족지원 업무를 비영리법인에 위탁할 수 있으며 필요한 경우 예산의 범위에서 그 비용을 지원할 수 있다.

6) 돌봄 및 일시적 휴식지원 서비스지원

국가와 지방자치단체는 장애아동 가족의 일상적인 양육부담을 경감하고 보호자의 정상적인 사회활동을 돕기 위하여 돌봄 및 일시적 휴식지원 서비스를 제공할 수 있다.

복지지원을 제공할 때에는 장애아동의 장애유형·장애정도와 그 가족의 경제적 능력 등을 고려하여 지원할 대상 및 내용을 결정할 수 있으며, 복지지원의 대상·지원기준 및 방법 등에 필요한 사항은 보건복지부령으로 정한다.

7) 지역사회 전환 서비스지원

국가와 지방자치단체는 장애아동이 18세가 되거나 「초·중등교육법」의 고등학교와 이에 준하는 각종 학교 또는 「장애인 등에 대한 특수교육법」의 전공과를 졸업한 후 주거·직업체험 등의 지역사회 전환 서비스를 제공하도록 노력하여야 한다.

8) 문화·예술 등 복지지원

국가와 지방자치단체는 이 법에서 정한 복지지원 외에 문화·예술·스포츠·교육·주거 등의 영역에서 장애아동에게 필요한 서비스가 지원되도록 최대한 노력하여야 한다.

8) 취약가정 복지지원 우선제공

국가와 지방자치단체는 다음의 어느 하나에 해당하는 장애아동과 그 가족(취약가정)에 대하여는 이 법에서 정하는 복지지원을 우선적으로 제공할 수 있다. 다만, 보육지원은 「영유아보육법」에 따른다.

- 장애아동의 부 또는 모가 「장애인복지법」의 장애인인 경우
- 한 가정에 장애아동이 2명 이상인 경우
- 장애아동이 「한부모가족지원법」의 한부모가족의 자녀인 경우
- 장애아동이 부모와 떨어져 조부 또는 조모가 세대주이거나 세대원을 사실상 부양하는 경우
- 장애아동이 「다문화가족지원법」의 다문화가족의 자녀인 경우
- 장애아동이 「도서·벽지 교육진흥법」의 도서·벽지에 거주하는 경우
- 그 밖에 보건복지부장관이 우선하여 지원할 필요가 있다고 인정하는 경우

9) 복지지원의 제공

이 법에 따른 복지지원은 개별 복지지원의 목적에 따라 장애아동과 그 가족에게 현금 또는 현물로 제공한다. 이 경우 현물은 복지지원 이용권으로 제공할 수 있으며, 복지지원의 제공방법 및 관리 등에 필요한 사항은 보건복지부령으로 정한다.

10) 복지지원 비용의 환수

국가나 지방자치단체는 이 법에 따른 복지지원을 제공받은 사람이 다음의 어느 하나에

해당하는 경우에는 그 비용의 전부 또는 일부를 환수할 수 있다.

- 거짓이나 그 밖의 부정한 방법으로 제공받은 경우
- 잘못 제공된 경우
- 이 법에 따른 복지지원을 제공받은 후 복지지원을 받게 된 사유가 소급하여 소멸한 경우

비용을 반환하여야 할 사람이 반환하지 아니할 때에는 국세 또는 지방세 체납처분의 예에 따라 징수한다.

5. 복지지원 제공기관

1) 복지지원 제공기관

다음의 어느 하나의 기관 또는 단체는 장애아동에게 필요한 복지지원을 할 수 있다.

- 「장애인복지법」에 따른 장애인복지시설
- 「아동복지법」의 아동복지시설
- 「건강가정기본법」에 따른 건강가정지원센터
- 발달재활서비스 제공기관
- 가족지원업무 수행기관
- 장애영유아를 위한 어린이집
- 그 밖에 보건복지부장관 또는 지방자치단체의 장이 필요하다고 인정하는 기관 또는 단체

2) 복지지원 제공기관의 직무

복지지원 제공기관은 장애아동의 연령 및 장애 유형에 적합한 프로그램을 계획하고 실시하여야 하며, 특별자치시장 · 특별자치도지사 · 시장 · 군수 · 구청장 또는 지역센터로부터 복지지원 제공의뢰를 받은 때에는 정당한 사유가 없는 한 지체 없이 복지지원을 제공하여야 하며, 복지지원 제공기관은 시설, 인력 등 이 법에 따른 복지지원의 내용과 관련한 정보를 지역센터에 제공하여야 하고, 제공할 정보의 내용, 정보제공의 방법 등 에 필요한 사항은 보건복지부령으로 정한다.

특별자치시장·특별자치도지사·시장·군수·구청장은 복지지원 제공기관의 설치 및 운영에 필요한 비용을 지원할 수 있다.

3) 장애영유아 어린이집

국가와 지방자치단체는 지역별로 적절한 균형을 이루도록 장애영유아를 위한 어린이집을 확보하기 위하여 노력하여야 한다.

특별자치시장·특별자치도지사·시장·군수·구청장은 「영유아보육법」에 따른 어린이집이 다음의 요건을 갖추어 신청하는 경우 장애영유아를 위한 어린이집으로 지정할 수 있다.

- 「영유아보육법」의 어린이집 평가인증을 받을 것
- 「장애인·노인·임산부 등의 편의증진보장에 관한 법률」에 따른 편의시설을 설치할 것
- 보건복지부령으로 정하는 설치기준을 갖출 것

위 조항에 따라 지정받은 어린이집의 원장은 매년 어린이집 운영에 관한 사업계획서를 특별자치시장·특별자치도지사·시장·군수·구청장에게 제출하여야 하며, 지정받은 어린이집이 다음의 어느 하나에 해당하는 경우에 지정을 취소할 수 있다.

- 거짓이나 그 밖의 부정한 방법으로 지정을 받은 경우(지정 취소)
- 지정을 받은 사유가 소급하여 소멸한 경우
- 착오 등으로 잘못 지정받은 경우
- "어린이집 평가인증, 편의시설, 설치기준"에 해당하는 요건을 갖추지 못하게 된 경우
- 보육지원을 거짓이나 그 밖의 부정한 방법으로 받은 경우
- 따른 특수교사와 장애영유아를 위한 보육교사 배치기준을 충족하지 못하게 된 경우
- 설치 및 운영에 필요한 비용을 거짓이나 부정한 방법으로 지원받은 경우
- 어린이집의 원장, 보육교사, 특수교사, 그 밖에 원장의 지도·감독을 받는 자가 「아동복지법」의 금지행위를 하여 같은 아동복지법에 따른 처벌을 받은 경우
- 어린이집의 원장이 "거짓이나 그 밖의 부정한 방법으로 복지지원 제공기관의 설치·운영에 대한 보조금을 교부받거나 보조금 유용, 장애아동과 그 가족의 개인정보를 누설하거나 권한 없이 처리하거나 다른 사람이 이용하도록 제공하는 등 부당한 목적으로 사용"에 해당하여 금고 이상의 형을 선고받은 경우

지정받은 어린이집의 폐업, 휴업, 재개 등에 관하여는 「영유아보육법」을 준용하고, 지정받은 어린이집에 관하여 이 법에서 정하지 아니한 사항은 「영유아보육법」을 따른다.

지정받은 어린이집의 주된 이용 대상, 기능 및 소재 지역 등의 특성에 따른 세부 유형은 보건복지부령으로 정하며, 지정·지정취소의 방법·절차 및 그 밖에 장애영유아를 위한 어린이집의 운영 등에 필요한 사항은 보건복지부령으로 정한다.

4) 발달재활서비스 제공기관의 정보제공

발달재활서비스 제공기관의 장은 서비스를 제공하는 인력이 보유하고 있는 자격의 명칭, 발급기관, 취득요건과 경력 등 서비스의 질에 영향을 미치는 정보를 다음의 대상에게 제공하여야 한다.

- 관할 특별자치시장·특별자치도지사·시장·군수·구청장
- 지역센터의 장
- 발달재활서비스를 제공받고자 하는 장애아동 및 그 보호자

발달재활서비스 제공기관의 장은 정보를 제공하기에 앞서 상당한 주의를 기울여 그 정보의 사실여부를 확인하여야 하며, 제공한 정보가 사실과 다름이 알려진 경우 발달재활서비스 제공기관의 장은 그러한 상황을 알지 못하였음을 입증하여야 한다.

중앙장애아동지원센터의 장은 장애아동의 복지지원을 효율적으로 시행하기 위한 연구·분석을 목적으로 지역센터를 통하여 정보를 제공받아 활용할 수 있고, 규정에 따른 정보제공에 필요한 사항은 보건복지부령으로 정한다.

6. 보 칙

1) 지도와 감독

보건복지부장관, 시·도지사 또는 시장·군수·구청장은 복지지원의 원활한 수행을 위하여 복지지원 제공기관 및 지역센터에 대하여 필요한 지도와 감독을 할 수 있다.

2) 보고와 검사

보건복지부장관, 시·도지사 또는 시장·군수·구청장은 복지지원 제공기관 및 지역센

터를 운영하는 자로 하여금 그 시설에 관하여 필요한 자료제출과 보고를 하게 할 수 있으며, 관계 공무원으로 하여금 그 시설의 운영상황을 조사하게 하거나 장부와 그 밖의 서류를 검사하게 할 수 있다.

관계 공무원이 그 직무를 수행할 때에는 그 권한을 표시하는 증표 및 조사기간, 조사범위, 조사담당자, 관계 법령 등 보건복지부령으로 정하는 사항이 기재된 서류를 지니고 이를 관계인에게 내보여야 한다.

3) 청문

지방자치단체의 장은 행정처분을 하려면 청문을 하여야 한다.

4) 위임 및 위탁

보건복지부장관 또는 시·도지사는 이 법에 따른 권한의 일부를 대통령령으로 정하는 바에 따라 시·도지사 또는 시장·군수·구청장에게 위임할 수 있으며, 보건복지부장관은 이 법에 따른 업무의 일부를 대통령령으로 정하는 바에 따라 법인이나 단체에 위탁할 수 있다.

5) 이의신청

복지지원 대상자 선정 및 복지지원 내용 결정이나 그 밖에 이 법에 따른 처분에 이의가 있는 사람은 특별자치시장·특별자치도지사·시장·군수·구청장에게 이의신청을 할 수 있으며, 이의신청은 그 처분이 있음을 안 날부터 90일 이내에 서면으로 할 수 있다. 다만, 정당한 사유로 그 기간 내에 이의신청을 할 수 없음을 증명한 경우에는 그 사유가 소멸한 날부터 60일 이내에 이의신청을 할 수 있다.

이의신청이 있는 경우에는 청구인이나 그 대리인에게 의견진술의 기회를 주어야 한다. 다만, 그 청구인이나 대리인이 정당한 사유 없이 이에 응하지 아니하거나 주소불명 등으로 의견진술의 기회를 줄 수 없는 경우에는 그러하지 아니하다.

이의신청의 방법 및 절차 등에 관하여 필요한 사항은 보건복지부령으로 정한다.

7. 벌 칙

1) 벌칙

3년 이하의 징역 또는 3천만원 이하의 벌금	• 거짓이나 그 밖의 부정한 방법으로 복지지원 제공기관의 설치·운영에 대한 보조금을 교부받거나 보조금을 유용한 자 • 장애아동과 그 가족의 개인정보를 누설하거나 권한 없이 처리하거나 다른 사람이 이용하도록 제공하는 등 부당한 목적으로 사용한 자
1년 이하의 징역 또는 1천만원 이하의 벌금	• 거짓이나 그 밖의 부정한 방법으로 복지지원을 받거나 다른 사람으로 하여금 받게 한 자 • 복지지원 이용권을 부정사용한 자 • 거짓이나 그 밖의 부정한 방법으로 어린이집의 지정을 받은 자 • 정보를 제공함에 있어 고의로 사실과 다른 정보를 제공한 발달재활서비스 제공기관의 장

2) 양벌규정

법인의 대표자나 법인 또는 개인의 대리인, 사용인, 그 밖의 종업원이 그 법인 또는 개인의 업무에 관하여 "벌칙"조항의 위반행위를 하면 그 행위자를 벌하는 외에 그 법인 또는 개인에게도 해당 조문의 벌금형을 과(科)한다. 다만, 법인 또는 개인이 그 위반행위를 방지하기 위하여 해당 업무에 관하여 상당한 주의와 감독을 게을리하지 아니한 경우에는 그러하지 아니하다.

3) 과태료

정당한 사유 없이 자료제출·보고를 거부하거나 거짓으로 한 자 또는 조사·검사를 거부·방해하거나 기피한 자에게는 300만원 이하의 과태료를 부과하며, 과태료는 대통령령으로 정하는 바에 따라 보건복지부장관, 시·도지사 또는 시장·군수·구청장이 부과·징수한다.

24
chapter

발달장애인 권리보장 및 지원에 관한 법률

1. 총 칙

1) 목적

이 법은 발달장애인의 의사를 최대한 존중하여 그들의 생애주기에 따른 특성 및 복지 욕구에 적합한 지원과 권리옹호 등이 체계적이고 효과적으로 제공될 수 있도록 필요한 사항을 규정함으로써 발달장애인의 사회참여를 촉진하고, 권리를 보호하며, 인간다운 삶을 영위하는 데 이바지함을 목적으로 한다.

2) 정의

이 법에서 사용하는 용어의 뜻은 다음과 같다.

- "발달장애인"이란 「장애인복지법」 상의 다음의 장애인을 말한다.
  - ㉠ 지적장애인: 정신 발육이 항구적으로 지체되어 지적 능력의 발달이 불충분하거나 불완전하여 자신의 일을 처리하는 것과 사회생활에 적응하는 것이 상당히 곤란한 사람
  - ㉡ 자폐성장애인: 소아기 자폐증, 비전형적 자폐증에 따른 언어·신체표현·자기조절·사회적응 기능 및 능력의 장애로 인하여 일상생활이나 사회생활에 상당한 제약을 받아 다른 사람의 도움이 필요한 사람

㉢ 그 밖에 통상적인 발달이 나타나지 아니하거나 크게 지연되어 일상생활이나 사회생활에 상당한 제약을 받는 사람으로서 대통령령으로 정하는 사람

• "보호자"란 다음의 어느 하나에 해당하는 사람을 말한다.
㉠ 「아동복지법」의 보호자(발달장애인이 미성년자인 경우에 한정)
㉡ 성년인 발달장애인의 후견인
㉢ 성년인 발달장애인의 후견인이 아닌 사람 중 「민법」에 따른 가족 또는 부양의무자로서 사실상 해당 발달장애인을 보호하는 사람
㉣ 성년인 발달장애인 중 보호자가 없는 경우 지방자치단체의 장이 발달장애인의 보호자로 지명하는 사람(후견인을 선임하기 전까지로 한정)

3) 발달장애인의 권리

첫째, 발달장애인은 원칙적으로 자신의 신체와 재산에 관한 사항에 대하여 스스로 판단하고 결정할 권리를 가진다.

둘째, 발달장애인은 자신에게 법률적·사실적인 영향을 미치는 사안에 대하여 스스로 이해하여 자신의 자유로운 의사를 표현할 수 있도록 필요한 도움을 받을 권리가 있다.

셋째, 발달장애인은 자신과 관련된 정책의 결정과정에서 자기의 견해와 의사를 표현할 권리가 있다.

4) 국가와 지방자치단체의 책무

첫째, 국가와 지방자치단체는 발달장애인의 적절한 발달과 원활한 사회통합을 촉진하기 위하여 장애를 최대한 조기에 발견하여 지원할 수 있도록 필요한 조치를 강구하여야 한다.

둘째, 국가와 지방자치단체는 발달장애인의 장애를 완화하고 기능을 향상시키는 방안을 마련하기 위한 연구와 조사를 지원하여야 하며, 발달장애인의 복지수준 향상과 그 가족의 일상적인 양육부담을 경감하기 위하여 필요한 조치를 강구하여야 한다.

셋째, 국가와 지방자치단체는 발달장애인이 장애로 인하여 차별을 받는 등 권리가 침해받지 아니하도록 권익옹호에 필요한 지원을 실시하여야 한다.

넷째, 국가와 지방자치단체는 발달장애인과 그 가족이 이용할 수 있는 복지시책을 적극적으로 홍보하여야 하며, 국민이 발달장애인을 올바르게 이해하도록 하는 데에 필요한 정책을 강구하여야 한다.

다섯째, 국가와 지방자치단체는 위의 책무를 효율적으로 수행하기 위하여 필요한 인력

및 예산을 확보할 수 있다.

5) 국민의 책무

모든 국민은 발달장애인의 인격을 존중하고 사회통합의 이념에 기초하여 발달장애인의 복지향상에 협력하여야 한다.

6) 실태조사

보건복지부장관은 발달장애인의 실태파악과 복지정책 수립을 위한 기초자료로 활용하기 위하여 3년마다 발달장애인과 그 가족에 대한 실태조사를 실시하여야 하며, 실태조사는 「장애인복지법」에 따른 장애실태조사와 함께 실시할 수 있으며, 실태조사의 방법, 대상 및 내용 등에 필요한 사항은 대통령령으로 정한다.

7) 다른 법률과의 관계

발달장애인의 권리보호나 복지지원에 관하여 이 법에서 정한 사항에 대하여는 다른 법률에 우선하여 이 법을 적용한다.

2. 권리의 보장

1) 자기결정권의 보장

발달장애인은 자신의 주거지의 결정, 의료행위에 대한 동의나 거부, 타인과의 교류, 복지서비스의 이용 여부와 서비스 종류의 선택 등을 스스로 결정하며, 누구든지 발달장애인에게 의사결정이 필요한 사항과 관련하여 충분한 정보와 의사결정에 필요한 도움을 제공하지 아니하고 그의 의사결정능력을 판단하여서는 아니 된다.

스스로 의사를 결정할 능력이 충분하지 아니하다고 판단할 만한 상당한 이유가 있는 경우에는 보호자가 발달장애인의 의사결정을 지원할 수 있다. 이 경우 보호자는 발달장애인 당사자에게 최선의 이익이 되도록 하여야 한다.

2) 성년후견제 이용지원

지방자치단체의 장은 성년인 발달장애인이 다음의 어느 하나에 해당하여 후견인을 선임할 필요가 있음에도 불구하고 자력으로 후견인을 선임하기 어렵다고 판단되는 경우에는 그를 위하여 「민법」에 따라 가정법원에 성년후견개시, 한정후견개시 또는 특정후견의 심판을 청구할 수 있다.

- 일상생활에서 의사를 결정할 능력이 충분하지 아니하거나 매우 부족하여 의사결정의 대리 또는 지원이 필요하다고 볼 만한 상당한 이유가 있는 경우
- 발달장애인의 권리를 적절하게 대변하여 줄 가족이 없는 경우
- 별도의 조치가 없으면 권리침해의 위험이 상당한 경우

지방자치단체의 장이 성년후견개시, 한정후견개시 또는 특정후견의 심판을 청구할 때에는 대통령령으로 정하는 요건을 충족하는 사람 또는 법인을 후견인 후보자로 하여 그 사람 또는 법인을 후견인으로 선임하여 줄 것을 함께 청구하여야 하며, 중앙발달장애인지원센터의 장에게 후견인 후보자를 추천하여 줄 것을 의뢰할 수 있다.

국가와 지방자치단체는 선임된 후견인의 후견사무의 수행에 필요한 비용의 일부를 예산의 범위에서 보건복지부령으로 정하는 바에 따라 지원할 수 있으며, 성년후견제 이용지원의 요건, 후견인 후보자의 자격 및 추천 절차, 후견인 후견사무에 필요한 비용 지원 등에 필요한 사항은 보건복지부령으로 정한다.

3) 의사소통지원

국가와 지방자치단체는 발달장애인의 권리와 의무에 중대한 영향을 미치는 법령과 각종 복지지원 등 중요한 정책정보를 발달장애인이 이해하기 쉬운 형태로 작성하여 배포하여야 한다.

교육부장관은 발달장애인이 자신의 의사를 원활하게 표현할 수 있도록 학습에 필요한 의사소통도구를 개발하고 의사소통지원 전문인력을 양성하여 발달장애인에게 도움이 될 수 있도록 「초·중등교육법」의 학교와 「평생교육법」의 평생교육기관 등을 통하여 필요한 교육을 실시하여야 한다.

행정안전부장관은 국가와 지방자치단체의 민원담당 직원이 발달장애인과 효과적으로 의사소통할 수 있도록 의사소통 지침을 개발하고 필요한 교육을 실시하여야 한다.

위 조항에 따른 정책정보의 작성 및 배포, 의사소통도구의 개발·교육 및 전문인력 양성, 민원담당 직원에 대한 의사소통 지침 개발 및 교육 등에 필요한 사항은 대통령령으로 정한다.

4) 자조단체의 결성

발달장애인은 자신의 권익을 보호하고 사회참여를 제고하기 위하여 자조단체(自助團體)를 구성할 수 있으며, 국가와 지방자치단체는 예산의 범위에서 「장애인복지법」에 따라 자조단체의 활동에 필요한 경비를 지원할 수 있다.

5) 형사 · 사법 절차상 권리보장

경찰청장, 해양경찰청장 및 제주특별자치도지사는 「국가공무원법」에 따른 경찰공무원과 「지방공무원법」에 따른 자치경찰공무원에게 발달장애인에 대한 올바른 인식확산을 위한 교육을 실시하여야 한다.

발달장애인이 재판의 당사자가 된 경우 그의 보호자, 중앙발달장애인지원센터 및 지역발달장애인지원센터(이하 "발달장애인지원센터")의 직원이나 그 밖에 발달장애인과 신뢰관계에 있는 사람은 법원의 허가를 받아 법원의 심리과정에서 발달장애인을 위한 보조인이 될 수 있다.

법원은 발달장애인을 증인으로 신문하는 경우 발달장애인 본인, 검사, 보호자, 발달장애인지원센터의 장의 신청이 있는 때에는 재판에 중대한 지장을 줄 우려가 있는 등 부득이한 경우가 아니면 발달장애인과 신뢰관계에 있는 사람을 동석하게 하여야 한다.

수사기관이 발달장애인을 조사하는 경우에도 위 조항을 따라야 한다.

6) 발달장애인에 대한 전담조사제

검찰총장은 각 지방검찰청 검사장(檢事長)으로 하여금 발달장애인 전담 검사(이하 전담검사")를 지정하도록 하여 특별한 사정이 없으면 이들로 하여금 발달장애인을 조사 또는 심문하게 하여야 한다.

경찰청장은 각 경찰서장으로 하여금 발달장애인 전담 사법경찰관(이하 "전담사법경찰관")을 지정하도록 하여 특별한 사정이 없으면 이들로 하여금 발달장애인을 조사 또는 심문하게 하여야 한다.

검찰총장 및 경찰청장은 전담검사 및 전담사법경찰관에게 발달장애인의 특성에 대한 전문지식과 의사소통 방법 및 발달장애인 보호를 위한 수사방법 등에 관한 교육을 실시하여야 한다.

검찰총장 및 경찰청장은 전담검사 및 전담사법경찰관에게 예산의 범위에서 수당을 지급할 수 있다.

해양경찰청장 및 제주특별자치도지사도 위 조항의 규정을 따라야 한다.

7) 발달장애인 대상 범죄 방지

국가와 지방자치단체는 발달장애인에 대한 다음의 범죄(이하 "유기 등")를 예방하고 근절하기 위한 대책을 마련하여 추진하여야 한다.

- 「형법」에 따른 유기 또는 존속유기
- 「형법」에 따른 학대 또는 존속학대
- 「형법」에 따른 약취, 유인, 인신매매, 상해 · 치상, 살인 · 치사, 수수 · 은닉 등
- 「성폭력범죄의 처벌 등에 관한 특례법」에 따른 성폭력범죄
- 「아동학대범죄의 처벌 등에 관한 특례법」의 아동학대범죄
- 그 밖에 발달장애인에게 특히 빈번하게 발생하는 범죄로서 대통령령으로 정하는 범죄

경찰청장, 해양경찰청장 및 제주특별자치도지사는 발달장애인에 대한 유기 등의 발생 사례가 없는지 소속 경찰공무원 · 자치경찰공무원에게 관할 지역을 정기적으로 탐문하고 조사하도록 하여야 한다.

8) 신고의무

누구든지 발달장애인에 대한 유기 등의 발생 사실을 알게 된 경우에는 발달장애인지원센터 또는 수사기관에 신고할 수 있다.

다음의 어느 하나에 해당하는 사람은 그 직무상 발달장애인에 대한 유기 등의 발생 사실을 알게 된 경우에는 즉시 발달장애인지원센터 또는 수사기관에 신고하여야 한다.

- 「사회복지사업법」에 따른 사회복지시설의 장과 그 종사자
- 「장애인활동 지원에 관한 법률」에 따른 활동지원인력, 활지원기관의 장과 그 종사자
- 「의료법」의 의료인과 의료기관의 장
- 「의료기사 등에 관한 법률」의 의료기사
- 「응급의료에 관한 법률」에 따른 응급구조사
- 「소방기본법」에 따른 구조대 및 구급대의 대원
- 「정신건강증진 및 정신질환자 복지서비스 지원에 관한 법률」에 따른 정신건강복지센터의 장과 그 종사자
- 「영유아보육법」의 어린이집의 원장 등 보육교직원
- 「유아교육법」에 따른 유치원의 교직원 및 유치원의 강사, 기간제 교사 또는 명예교

사 등
- 「초 · 중등교육법」에 따른 교직원, 전문상담교사 및 산학겸임교사 · 명예교사 또는 강사 등
- 「학원의 설립 · 운영 및 과외교습에 관한 법률」에 따른 학원의 운영자와 그 종사자 및 교습소의 교습자 등 종사자
- 「성폭력방지 및 피해자보호 등에 관한 법률」에 따른 성폭력피해상담소의 장과 그 종사자 및 성폭력피해자보호시설의 장과 그 종사자
- 「성매매방지 및 피해자보호 등에 관한 법률」에 따른 지원시설의 장과 그 종사자 및 성매매 피해상담소의 장과 그 종사자
- 「가정폭력방지 및 피해자보호 등에 관한 법률」에 따른 가정폭력 관련 상담소의 장과 그 종사자 및 가정폭력피해자 보호시설의 장과 그 종사자
- 「건강가정기본법」에 따른 건강가정지원센터의 장과 건강가정사 등 그 종사자
- 「노인장기요양보험법」의 장기요양요원

관계 중앙행정기관의 장은 보건복지부령으로 정하는 바에 따라 위 조항에 해당하는 사람의 자격 취득 과정이나 보수교육 과정 등에 발달장애인에 대한 유기 등에 대한 신고의무와 관련된 교육 내용을 포함하도록 하여야 한다.

발달장애인지원센터 또는 수사기관의 장이나 직원은 신고인의 인적 사항 또는 신고인임을 미루어 알 수 있는 사실을 다른 사람에게 알려주거나 공개하여서는 아니 된다.

9) 현장조사

발달장애인에 대한 유기 등의 신고를 접수한 발달장애인지원센터의 직원이나 사법경찰관리는 지체 없이 그 현장에 출동하여야 한다. 이 경우 발달장애인지원센터의 장이나 수사기관의 장은 서로 발달장애인에 대한 유기 등의 현장에 동행하여 줄 것을 요청할 수 있고 요청받은 발달장애인지원센터의 장이나 수사기관의 장은 정당한 사유가 없으면 그 소속 직원이나 사법경찰관리가 동행하도록 조치하여야 한다.

신고를 접수한 발달장애인지원센터의 직원이나 사법경찰관리는 발달장애인에 대한 유기 등의 행위가 행하여지고 있는 것으로 신고된 현장에 출입하여 발달장애인 또는 유기 등 행위자 등 관계인에 대하여 조사를 하거나 질문을 할 수 있다. 이 경우 발달장애인지원센터의 직원은 그 발달장애인의 보호를 위한 범위에서만 조사 또는 질문을 할 수 있다.

조사 또는 질문을 하는 발달장애인지원센터의 직원이나 사법경찰관리는 그 권한을 표시하는 증표를 지니고 이를 관계인에게 보여 주어야 한다.

누구든지 발달장애인지원센터의 직원이나 사법경찰관리가 위 조항에 따른 업무를 수행할 때에 폭행이나 협박을 하거나 현장조사를 거부하는 등 업무수행을 방해하는 행위를 하여서는 아니 된다.

10) 보호조치

발달장애인지원센터의 장은 발달장애인에 대한 유기 등이 발생하였다고 믿을 만한 상당한 이유가 있고, 발달장애인을 그 가해자로 추정되는 사람으로부터 격리하거나 치료할 필요가 있는 경우 발달장애인을 임시로 보호하기 위하여 지정된 쉼터(위기발달장애인쉼터) 또는 의료기관에 인도하는 등 발달장애인이 안전한 곳에서 보호받을 수 있도록 조치하여야 한다.

발달장애인지원센터의 장은 발달장애인을 격리하여 보호하는 경우 그 사실을 관할 특별시장・광역시장・특별자치시장・도지사・특별자치도지사 또는 시장・군수・구청장에게 즉시 통보하여야 하고, 그 격리기간은 7일을 넘을 수 없다. 다만, 대통령령으로 정하는 사유가 있는 경우에는 시・도지사 또는 시장・군수・구청장의 사전 승인을 받아 7일 이내에서 이를 연장할 수 있다.

발달장애인지원센터의 장은 격리기간이 끝나기 전에 대통령령으로 정하는 바에 따라 피해 발달장애인의 복리를 위하여 「장애인복지법」, 「성폭력방지 및 피해자보호 등에 관한 법률」 또는 「가정폭력방지 및 피해자보호 등에 관한 법률」에 따른 시설 입소를 통한 보호조치를 시・도지사 또는 시장・군수・구청장에게 의뢰할 수 있다.

위기발달장애인쉼터는 보건복지부령으로 정하는 바에 따라 장애인 거주시설 중에서 지정하여 운영하여야 한다.

국가와 지방자치단체는 예산의 범위에서 위 조항의 보호조치를 수행하는 데 필요한 경비의 전부 또는 일부를 지원할 수 있다.

3. 복지지원 및 서비스

1) 복지서비스의 신청

발달장애인은 다음의 복지지원 및 서비스(복지서비스), 「사회보장기본법」에 따른 사회보험, 공공부조 및 사회서비스를 스스로 신청하여야 한다.

- 「장애인복지법」 및 「장애인활동 지원에 관한 법률」에 따른 활동지원급여
- 「장애아동 복지지원법」에 따른 발달재활서비스지원, 가족지원, 돌봄 및 일시적 휴식지원 서비스지원, 지역사회 전환 서비스지원 및 문화·예술 등 복지지원
- 재활 및 발달 지원, 문화·예술·여가·체육 활동 등 지원, 주간활동·방과 후 활동지원, 보호자에 대한 상담지원 및 휴식지원 등
- 그 밖에 보건복지부장관이 정하는 서비스

발달장애인이 의사를 결정할 능력이 충분하지 아니하다고 판단할 만한 상당한 이유가 있는 경우에는 보호자가 신청을 할 수 있다. 이 경우 보호자의 신청은 발달장애인의 신청으로 보며, 보호자가 신청을 하지 아니하는 경우 「사회복지사업법」에 따른 사회복지 전담공무원은 발달장애인에 대한 복지지원이 누락되지 아니하도록 하기 위하여 발달장애인의 동의를 받아 관할 지역에 거주하는 발달장애인에 대한 복지서비스를 직권으로 신청할 수 있다. 이 경우 사회복지 전담공무원의 신청은 발달장애인의 신청으로 본다.

신청을 하는 경우 신청자는 해당 발달장애인 개인의 특성을 고려한 복지서비스를 제공받을 수 있도록 개인별 복지서비스에 관한 제공계획(개인별지원계획)을 수립하여 줄 것을 특별자치시장·특별자치도지사·시장·군수·구청장에게 신청할 수 있다.

위의 조항에 따른 복지서비스의 대상, 복지서비스 및 개인별지원계획의 신청 방법 및 절차 등에 필요한 사항은 보건복지부령으로 정한다.

2) 개인별지원계획의 수립

특별자치시장·특별자치도지사·시장·군수·구청장은 개인별지원계획의 수립을 신청받은 경우 대상자 선정 여부 및 복지서비스 내용을 결정하여 지역발달장애인지원센터의 장에게 개인별지원계획의 수립을 의뢰하여야 한다.

지역발달장애인지원센터의 장은 개인별지원계획의 수립을 의뢰 받은 경우 결정된 복지서비스의 범위에서 발달장애인 및 그 가족의 특성을 고려하여 복지서비스의 내용, 방법 등이 포함된 개인별지원계획을 수립하여야 하며, 개인별지원계획을 수립할 때에는 발달장애인에게 적합한 의사소통의 방식으로 의견진술의 기회가 충분히 제공되어야 한다.

지역발달장애인지원센터의 장은 복지서비스 대상자에 대하여 수립된 개인별지원계획의 승인을 특별자치시장·특별자치도지사·시장·군수·구청장에게 요청하여야 하며, 개인별 지원계획은 특별자치시장·특별자치도지사·시장·군수·구청장 의 적합성 심사를 거쳐 승인을 얻은 경우 효력을 가진다.

지역발달장애인지원센터의 장은 개인별지원계획의 적합성 심사 결과를 발달장애인 및 그 보호자에게 통보하여야 하며, 개인별지원계획을 통보받은 발달장애인과 그 보호자는 발달장애인의 복지 욕구를 고려하여 개인별지원계획의 변경·수정을 지역발달장애인지원센터의 장에게 신청할 수 있다.

개인별지원계획을 변경·수정하는 경우에는 위 조항의 절차를 따르며, 개인별지원계획 수립의 의뢰 방법 및 절차, 수립 방법 및 내용, 승인통보·신청·변경·수정 방법 및 절차 등에 필요한 사항은 보건복지부령으로 정한다.

3) 발달장애인과 복지서비스 제공기관 등의 연계

지역발달장애인지원센터의 장은 특별자치시장·특별자치도지사·시장·군수·구청장에 의하여 복지서비스 대상자로 선정된 발달장애인과 그 가족에게 개인별지원계획에 따라 복지서비스 제공기관 등을 연계하여야 한다.

지역발달장애인지원센터의 장은 복지서비스 대상자와 복지서비스 제공기관 등을 연계할 때에는 복지서비스 대상자에게 복지서비스 제공시간 및 방법·비용부담 등 관련 정보를 제공하여야 하며, 제공하여야 하는 관련 정보의 제공방법 및 범위 등에 필요한 사항은 보건복지부령으로 정한다.

4) 계좌의 관리

발달장애인이 지급받을 복지지원이 현금으로 지급되는 경우에는 그의 명의로 개설된 예금계좌로 입금하여야 하며, 예금의 인출 및 다른 계좌로의 이체 등 관리도 발달장애인 스스로 하여야 한다.

발달장애인에게 의사를 결정할 능력이 충분하지 아니하다고 판단할 만한 상당한 이유가 있는 경우에는 보호자가 계좌 관리를 대행할 수 있으며 보호자가 없는 경우에는 지방자치단체의 장이 발달장애인을 대신하여 계좌를 관리할 사람(계좌관리인)을 지정할 수 있다.

계좌관리인의 자격 및 지정 절차 등에 필요한 사항은 보건복지부령으로 정한다.

지방자치단체의 장은 보건복지부장관이 정하는 바에 따라 발달장애인의 보호자 및 계좌관리인이 발달장애인의 계좌를 발달장애인의 이익을 위하여 적절하게 관리하는지 점검할 수 있으며, 점검을 하는 때에는 통장 등 필요한 자료의 열람 또는 제출을 요구할 수 있으며, 필요한 질문을 할 수 있다. 이 경우 발달장애인의 보호자 및 계좌관리인은 점검에 협조하여야 하며 통장 등 필요한 자료의 열람 또는 제출 요구 등에 따라야 한다.

지방자치단체의 장은 현금으로 지급된 복지지원이 발달장애인의 의사에 반하거나 발달장애인의 이익을 위하여 관리되고 있지 아니하다고 판단되는 경우 사실관계를 조사하여 계좌관리인을 변경하거나 후견인을 선임하도록 하는 등 필요한 조치를 하여야 하며, 계좌관리, 점검의 절차·대상·내용, 조치방법 등에 필요한 사항은 보건복지부령으로 정한다.

5) 조기진단 및 개입

국가와 지방자치단체는 발달장애인의 장애를 조기에 발견하기 위하여 검사도구의 개발, 영유아를 둔 부모에 대한 정보제공 및 홍보 등 필요한 정책을 적극적으로 강구하여야 한다.

보건복지부장관은 발달장애가 의심되는 영유아에 대하여 발달장애 정밀진단 비용을 지원할 수 있으며, 지원 대상, 지원의 내용 등에 필요한 사항은 보건복지부령으로 정한다.

6) 재활 및 발달 지원

국가와 지방자치단체는 발달장애인이 자신의 장애에도 불구하고 잠재적인 능력을 최대한 계발할 수 있도록 발달장애인에게 적절한 재활치료와 발달재활서비스 등을 제공하도록 노력하여야 한다.

보건복지부장관은 발달장애의 원인규명과 치료 및 행동문제 등의 완화를 위한 연구 및 의료 지원체계를 구축하여야 하며, 국가와 지방자치단체는 발달장애인의 특성과 요구에 맞는 체계적이고 효율적인 의료지원을 위하여 발달장애인 거점병원을 지정할 수 있다.

국가와 지방자치단체는 자해·공격 등 행동문제로 인하여 일상생활에 곤란을 겪는 발달장애인을 전문적으로 지원하기 위하여 대통령령으로 정하는 바에 따라 행동발달증진센터를 설치·운영할 수 있다.

국가와 지방자치단체는 예산의 범위에서 위 조항의 사업을 수행하는 데 필요한 경비의 전부 또는 일부를 지원할 수 있으며, 거점병원의 지정 및 행동발달증진센터의 설치·운영 등에 필요한 사항은 보건복지부령으로 정한다.

7) 고용 및 직업훈련 지원

국가와 지방자치단체는 발달장애인이 자신의 능력을 최대한 활용하여 직업생활을 영위할 수 있도록 필요한 조치를 강구하여야 한다.

보건복지부장관은 장애의 정도가 심한 발달장애인의 능력과 특성에 적합한 직업훈련을 지원하기 위하여 발달장애인에 특화된 직업훈련을 하는 직업재활시설을 설치·운영할 수 있으며, 직업재활시설의 설치·운영에 필요한 사항은 보건복지부령으로 정한다.

8) 평생교육 지원

국가와 지방자치단체는 발달장애인에게 「교육기본법」에 따른 평생교육의 기회가 충분히 부여될 수 있도록 특별자치시·특별자치도·시·군·구별로 「평생교육법」의 평생교육기관을 지정하여 발달장애인을 위한 교육과정을 적절하게 운영하도록 조치하여야 한다.

평생교육기관의 지정 기준과 절차, 발달장애인을 위한 교육과정의 기준, 교육제공인력의 요건 등은 교육부장관이 보건복지부장관과 협의하여 정한다.

국가와 지방자치단체는 지정된 평생교육기관에 대하여 예산의 범위에서 발달장애인을 위한 교육과정의 운영에 필요한 경비의 전부 또는 일부를 지원할 수 있다.

9) 문화·예술·여가·체육 활동 등 지원

국가와 지방자치단체는 발달장애인이 영화, 전시관, 박물관 및 국가·지방자치단체 등이 개최하는 각종 행사 등을 관람·참여·향유할 수 있도록 발달장애인을 지원할 수 있으며, 발달장애인의 문화·예술·여가·체육 활동을 장려하기 위하여 발달장애인의 특성과 흥미에 적합한 방식으로 설계된 시설, 놀이기구, 프로그램 및 그 밖의 장비 등을 지원할 수 있다.

국가와 지방자치단체는 발달장애인의 생활체육을 활성화시키기 위하여 생활체육 행사 및 생활체육 관련 단체를 지원할 수 있으며, 규정한 사항 외에 문화·예술·여가·체육 활동 등 지원을 위하여 필요한 사항은 대통령령으로 정한다.

10) 소득보장

국가와 지방자치단체는 발달장애인의 특수한 어려움을 고려하여 발달장애인이 적정한 생활수준을 유지할 수 있도록 장애인 연금제도 등 관련 장애인 복지제도의 개선을 위하여 노력하여야 한다.

11) 거주시설 · 주간활동 · 돌봄 지원

국가와 지방자치단체는 발달장애인의 특성에 맞는 거주시설 지원을 위하여 필요한 시책을 강구하여야 하며, 발달장애인과 그 가족의 특성과 요구에 따른 돌봄 지원을 제공하기 위하여 노력하여야 한다.

12) 주간활동 · 방과 후 활동 지원

국가와 지방자치단체는 발달장애인의 낮 시간 활동 및 지역사회 참여를 효과적으로 지원하기 위하여 주간활동서비스를 제공할 수 있으며, 청소년 발달장애학생의 방과 후 활동을 지원하고 그 가족의 양육부담을 경감하기 위하여 청소년 발달장애학생 방과 후 활동서비스를 제공할 수 있다.

위 조항에 따른 주간활동서비스 및 청소년 발달장애학생 방과 후 활동서비스의 내용 · 방법 등 필요한 사항은 보건복지부령으로 정한다.

4. 발달장애인 가족 및 보호자 지원

1) 보호자에 대한 정보제공과 교육

국가와 지방자치단체는 발달장애인의 보호자가 발달장애인을 적절하게 보호 및 양육하는 데 필요한 정보를 제공하거나 관련 교육을 할 수 있으며, 발달장애인의 건전한 성가치관 형성과 성범죄 예방을 위하여 발달장애인과 그 보호자를 대상으로 성교육을 실시할 수 있다. 제공하는 정보와 교육 및 실시하는 성교육의 내용과 방법 등에 필요한 사항은 보건복지부령으로 정한다.

국가와 지방자치단체는 예산의 범위에서 정보제공과 교육 및 성교육의 실시에 필요한 경비의 전부 또는 일부를 지원할 수 있다.

2) 보호자에 대한 상담지원

국가와 지방자치단체는 발달장애인과 동거하는 보호자에게 전문적인 심리상담 서비스를 제공할 수 있으며, 제공하는 심리상담 서비스의 내용과 방법 등에 필요한 사항은 보건복지부령으로 정한다.

국가와 지방자치단체는 예산의 범위에서 심리상담 서비스에 필요한 경비의 전부 또는 일부를 지원할 수 있다.

3) 휴식지원

국가와 지방자치단체는 발달장애인 가족의 일상적인 양육부담을 경감하고 보호자의 정상적인 사회활동을 돕기 위하여 돌봄 및 일시적 휴식 지원 서비스를 제공할 수 있으며, 발달장애인의 형제·자매로서 발달장애인이 아닌 아동 및 청소년이 건전하게 성장할 수 있도록 이들의 정서발달과 심리적 부담 해소 등을 위한 프로그램 운영을 지원할 수 있다.

위의 조항에 따른 지원을 제공할 때에는 발달장애인 가족의 경제적 능력 등을 고려하여 지원할 대상 및 내용을 결정할 수 있으며, 지원의 대상·기준 및 방법 등에 필요한 사항은 보건복지부령으로 정한다.

5. 발달장애인지원센터

1) 발달장애인지원센터

보건복지부장관은 국가와 지방자치단체의 책무를 효과적으로 수행하고 발달장애인에 대한 통합적 지원체계를 마련하기 위하여 중앙발달장애인지원센터를 설치하여야 한다.

시·도지사는 발달장애인의 권리보호 활동, 당사자와 그 가족에 대한 상담 등을 담당하는 지역발달장애인지원센터를 특별시·광역시·특별자치시·도·특별자치도에 설치하여야 한다. 이 경우 시·도지사는 필요성을 고려하여 지역발달장애인지원센터를 시·군·구에 설치할 수 있다.

시·도지사는 지역발달장애인지원센터를 시·군·구에 설치하는 경우 둘 이상의 시·군·구를 통합하여 하나의 지역발달장애인지원센터를 설치·운영할 수 있다. 이 경우 시·도지사는 지역발달장애인지원센터의 설치·운영에 필요한 비용을 관할 구역의 발달장애인 수 등을 고려하여 시장·군수·구청장에게 공동으로 부담하게 할 수 있다.

발달장애인지원센터의 설치기준과 운영, 직원의 자격과 배치기준 및 절차 등에 필요한 사항은 보건복지부령으로 정하고, 발달장애인(보호자 포함)이 참여하는 운영위원회를 구성·운영할 수 있으며, 운영위원회 설치·운영에 필요한 사항은 보건복지부령으로 정한다.

국가와 지방자치단체는 예산의 범위에서 발달장애인지원센터의 설치 및 운영에 필요한 경비의 전부 또는 일부를 지원할 수 있다.

2) 발달장애인지원센터의 임무

(1) 중앙발달장애인지원센터

- 발달장애인에 대한 연구수행 지원
- 발달장애인이 이용 가능한 복지정보 데이터베이스 구축 및 정보 제공
- 발달장애인 가족 및 관련 서비스 종사자에 대한 지침 · 편람 마련 및 교육지원
- 발달장애인에 대한 인식개선 홍보
- 발달장애인 지원 프로그램 개발
- 지역발달장애인지원센터의 지원
- "성년후견제 이용지원"에 따른 후견인 후보자의 추천
- 발달장애인 권리침해의 모니터링 및 권리구제의 지원
- 그 밖에 보건복지부장관이 필요하다고 인정하는 사항

(2) 지역발달장애인지원센터

- 발달장애인에 대한 개인별지원계획의 수립
- 발달장애인을 위한 복지지원 정보의 제공 및 연계
- 발달장애인 가족 및 관련 서비스 종사자에 대한 교육지원
- 발달장애인에게 서비스를 제공하는 기관에 대한 정보의 축적 및 관리
- 발달장애 조기 발견과 발달장애인에 대한 인식개선을 위한 지역사회 홍보
- 발달장애인 및 그 가족에 대한 상담지원
- 발달장애인 주간활동 서비스 및 청소년 발달장애학생 방과 후 활동서비스 사업 지원
- "성년인 발달장애인 중 보호자가 없는 경우 지방자치단체의 장이 발달장애인의 보호자로 지명하는 사람(후견인을 선임하기 전까지로 한정)에 대한 감독
- 선임된 후견인에 대한 감독지원 및 후견업무의 지원
- 현장조사 및 보호조치 등 발달장애인의 권리구제 지원
- 그 밖에 보건복지부장관이 필요하다고 인정하는 사항

발달장애인지원센터에는 대통령령으로 정하는 자격을 가진 특수교사, 사회복지사, 변호사 등 필요한 인력을 적절히 배치하여 발달장애인이 복지 및 법률 서비스를 받을 수 있

도록 노력하여야 하며, 발달장애인 동료에 대한 상담 및 교육 등의 역할을 수행할 수 있는 발달장애인을 채용할 수 있다. 이에 따른 인력 배치 및 채용 등에 필요한 사항은 보건복지부령으로 정한다.

3) 관계 기관의 협조

지역발달장애인지원센터는 다음의 기관의 장에게 발달장애인에 대한 서비스 제공 현황 등 관련 정보의 제공을 요청할 수 있다. 이 경우 협조 요청을 받은 기관의 장은 특별한 사유가 없으면 이에 따라야 한다.

- 직업재활시설
- 발달장애인을 위한 교육과정을 운영하는 평생교육기관
- "주간활동 · 방과 후 활동 지원" 및 "보호자에 대한 정보제공과 교육, 보호자에 대한 상담지원, 휴식지원"서비스를 제공하는 기관
- 「장애인복지법」에 따른 장애인복지시설
- 「장애아동 복지지원법」에 따라 지정된 발달재활서비스 제공기관
- 「장애아동 복지지원법」에 따른 돌봄 및 일시적 휴식지원 서비스를 제공하는 기관
- 「장애인활동 지원에 관한 법률」 의 활동지원기관
- 「장애인고용촉진 및 직업재활법」에 따른 장애인 직업재활 실시 기관
- 「영유아보육법」의 어린이집
- 「유아교육법」의 유치원
- 「초 · 중등교육법」의 학교
- 「노숙인 등의 복지 및 자립지원에 관한 법률」에 따른 노숙인복지시설
- 그 밖에 보건복지부령으로 정하는 기관

위 조항에 따라 각 기관별로 제공을 요청할 수 있는 정보의 내용, 제공방법 등에 필요한 사항은 보건복지부령으로 정한다.

4) 발달장애인지원정보시스템의 구축 및 운영

보건복지부장관은 이 법의 시행에 필요한 각종 자료 및 정보의 효율적인 처리와 기록 및 관리 업무의 전산화를 위하여 대통령령으로 정하는 바에 따라 발달장애인지원정보시스템을 구축 · 운영할 수 있다.

5) 서비스의 제공

국가와 지방자치단체는 “주간활동·방과 후 활동 지원 및 보호자에 대한 정보제공과 교육, 보호자에 대한 상담지원, 휴식지원”서비스“의 규정에 따라 서비스를 제공할 경우 「사회서비스 이용 및 이용권 관리에 관한 법률」의 사회서비스이용권으로 제공할 수 있다.

보건복지부장관은 사회서비스이용권을 제공하는 경우 「사회서비스 이용 및 이용권 관리에 관한 법률」에도 불구하고 서비스 제공을 위한 전문 인력의 수급 상황, 제공기관 현황과 서비스 수요자의 규모 등을 고려하여 소재지를 관할하는 특별자치시장·특별자치도지사·시장·군수·구청장(이하 “지정권자”)으로 하여금 사회서비스이용권을 통하여 서비스를 제공하는 기관 등을 지정하게 할 수 있다.

위 조항에 따른 사회서비스이용권의 제공 방법 및 절차, 서비스제공기관의 지정 기준 및 절차 등에 필요한 사항은 보건복지부령으로 정한다.

6) 서비스제공기관의 변경지정

서비스를 제공하도록 지정받은 기관 등(이하 “서비스제공기관”)의 장은 보건복지부령으로 정하는 중요사항을 변경하려는 경우 보건복지부장관이 정하는 바에 따라 지정권자의 변경지정을 받아야 한다.

서비스제공기관이 폐업 또는 휴업하려는 경우에는 폐업 또는 휴업 예정일 전 30일까지 지정권자에게 신고하여야 하며 신고를 받은 지정권자는 인근 지역에 대체할 서비스제공기관이 없는 등 서비스 제공에 중대한 차질이 우려되는 경우에는 서비스제공기관의 폐업 또는 휴업 철회를 권고하거나 그 밖의 다른 조치를 마련하여야 한다.

서비스제공기관의 지정권자는 서비스제공기관이 다음의 어느 하나에 해당하는 경우에는 6개월의 범위에서 업무를 정지하거나 그 지정을 취소할 수 있다.

- 거짓이나 그 밖의 부정한 방법으로 지정을 받은 경우(지정 취소)
- 시설 및 인력 기준 등 지정기준에 맞지 아니하게 된 경우
- 자료의 제출과 보고 요구를 거부·방해·기피하거나 거짓 자료를 제출하거나 관계 공무원의 조사에 협조하지 아니한 경우
- 거짓이나 그 밖의 부정한 방법으로 서비스 제공 비용을 청구한 경우
- 서비스 제공과 관련한 개인정보를 본인의 동의 없이 누설한 경우

지정취소를 받은 자는 그 처분을 받은 날부터 2년 이내의 범위에서 대통령령으로 정하

는 기간 동안 서비스제공기관으로 다시 지정될 수 없으며, 행정처분의 세부적인 기준 및 절차 등에 필요한 사항은 보건복지부령으로 정한다.

7) 서비스의 관리 · 평가

국가와 지방자치단체는 서비스제공기관이 사회서비스이용권의 제공 방법 및 절차 등에 따라 적정하게 서비스를 제공하였는지를 평가한 후 그 결과를 공개하는 등 필요한 조치를 할 수 있으며, 서비스제공기관이 제공하는 서비스의 내용을 지속적으로 관리 · 평가하여 그 수준을 향상시킬 수 있도록 노력하여야 한다. 서비스 제공 평가 및 평가 결과 공개의 절차 · 방법 등에 필요한 사항은 보건복지부령으로 정한다.

6. 보 칙

1) 지도와 감독

보건복지부장관, 시 · 도지사 또는 시장 · 군수 · 구청장은 발달장애인에 대한 서비스의 원활한 제공을 위하여 서비스제공기관에 대하여 필요한 지도와 감독을 할 수 있다.

2) 보고와 검사

보건복지부장관, 시 · 도지사 또는 시장 · 군수 · 구청장은 서비스제공기관의 장으로 하여금 필요한 자료제출과 보고를 하게 할 수 있으며, 관계 공무원으로 하여금 운영 상황을 조사하게 하거나 장부와 그 밖의 서류를 검사하게 할 수 있으며, 이에 따라 관계 공무원이 그 직무를 수행할 때에는 그 권한을 표시하는 증표를 지니고 이를 관계인에게 보여주어야 한다.

3) 위임 · 위탁

이 법에 따른 보건복지부장관과 시 · 도지사의 권한은 대통령령으로 정하는 바에 따라 소속 기관의 장, 시 · 도지사 또는 시장 · 군수 · 구청장에게 그 일부를 위임할 수 있다.

보건복지부장관과 시 · 도지사는 「공공기관의 운영에 관한 법률」에 따른 공공기관 중 대통령령으로 정하는 기관에 발달장애인지원센터의 운영을 위탁할 수 있다. 이 경우 발달장애인지원센터는 「장애아동 복지지원법」에 따른 중앙장애아동지원센터 또는 지역장애아동지원센터와 통합하여 운영하도록 할 수 있다.

보건복지부장관은 보건복지부령으로 정하는 바에 따라 「공공기관의 운영에 관한 법률」에 따른 공공기관을 지정하여 직업재활시설의 운영을 위탁할 수 있다.

시·도지사, 시장·군수·구청장은 위기발달장애인쉼터의 운영 및 계좌 관리의 점검을 지역발달장애인지원센터의 장에게 위탁할 수 있다.

보건복지부장관은 「공공기관의 운영에 관한 법률」에 따른 공공기관 중 대통령령으로 정하는 기관에 발달장애인지원정보시스템의 구축·운영을 위탁할 수 있다.

7. 벌 칙

1) 벌칙

다음의 어느 하나에 해당하는 자는 1년 이하의 징역 또는 1천만원 이하의 벌금에 처한다.

- 거짓이나 그 밖의 부정한 방법으로 규정된 서비스 또는 지원을 받거나 다른 사람으로 하여금 이를 받게 한 자
- "발달장애인지원센터 또는 수사기관의 장이나 직원은 신고인의 인적 사항 또는 신고인임을 미루어 알 수 있는 사실을 다른 사람에게 알려주거나 공개하여서는 아니 된다"는 조항을 위반하여 신고인의 인적사항 또는 신고인임을 미루어 알 수 있는 사실을 다른 사람에게 알려주거나 공개 또는 보도한 발달장애인지원센터의 장 또는 직원

2) 양벌규정

법인의 대표자나 법인 또는 개인의 대리인, 사용인, 그 밖의 종업원이 그 법인 또는 개인의 업무에 관하여 "거짓이나 그 밖의 부정한 방법으로", "조기진단 및 개입, 재활 및 발달 지원, 고용 및 직업훈련 지원, 평생교육 지원, 문화·예술·여가·체육 활동 등 지원" 및 "보호자에 대한 정보제공과 교육, 보호자에 대한 상담지원, 휴식지원" 조항에 규정된 서비스 또는 지원을 받거나 다른 사람으로 하여금 이를 받게 한 자" 조항을 위반하면 그 행위자를 벌하는 외에 그 법인 또는 개인에게도 해당 조문의 벌금형을 과(科)한다. 다만, 법인 또는 개인이 그 위반행위를 방지하기 위하여 해당 업무에 관하여 상당한 주의와 감독을 게을리하지 아니한 경우에는 그러하지 아니하다.

3) 과태료

다음의 어느 하나에 해당하는 자에게는 300만원 이하의 과태료를 부과한다.

- 발달장애인에 대한 유기등을 신고하지 아니한 사람
- 정당한 사유 없이 현장조사를 거부 · 기피하는 등 업무 수행을 방해한 사람
- 지방자치단체의 장에 대하여 계좌 관리 상황과 관련한 자료열람 또는 제출을 거부하거나 거짓으로 한 발달장애인의 보호자 및 계좌관리인
- "서비스제공기관의 변경지정을 받지 아니한 자
- 폐업 · 휴업 시 신고하지 아니한 자 또는 거짓으로 신고한 자
- 정당한 사유 없이 자료제출 · 보고를 거부하거나 거짓으로 한 자 또는 조사 · 검사를 거부 · 방해하거나 기피한 자

과태료는 대통령령으로 정하는 바에 따라 보건복지부장관, 시 · 도지사 또는 시장 · 군수 · 구청장이 부과 · 징수한다.

제 6 부

가족 관련 법령

제25장　한부모가족지원법
제26장　다문화가족지원법
제27장　가정폭력방지 및 피해자보호 등에 관한 법률
제28장　성매매방지 및 피해자보호 등에 관한 법률
제29장　성폭력방지 및 피해자 보호 등에 관한 법률

25
chapter

한부모가족지원법

1. 총 칙

1) 목적

이 법은 한부모가족이 안정적인 가족 기능을 유지하고 자립할 수 있도록 지원함으로써 한부모가족의 생활 안정과 복지 증진에 이바지함을 목적으로 한다.

2) 국가 등의 책임

국가와 지방자치단체는 한부모가족의 복지를 증진할 책임을 지며, 한부모가족의 권익과 자립을 지원하기 위한 여건을 조성하고 이를 위한 시책을 수립·시행하여야 한다.

국가와 지방자치단체는 한부모가족에 대한 사회적 편견과 차별을 예방하고, 사회구성원이 한부모가족을 이해하고 존중할 수 있도록 교육 및 홍보 등 필요한 조치를 하여야 한다.

교육부장관과 특별시·광역시·특별자치시·도·특별자치도의 교육감은 「유아교육법」의 유치원, 「초·중등교육법」 및 「고등교육법」의 학교에서 한부모가족에 대한 이해를 돕는 교육을 실시하기 위한 시책을 수립·시행하여야 한다.

국가와 지방자치단체는 청소년 한부모가족의 자립을 위하여 노력하여야 하며, 모든 국민은 한부모가족의 복지 증진에 협력하여야 한다.

3) 한부모가족의 권리와 책임

한부모가족의 모(母) 또는 부(父)는 임신과 출산 및 양육을 사유로 합리적인 이유 없이 교육·고용 등에서 차별을 받지 아니하며, 한부모가족의 모 또는 부와 아동은 한부모가족 관련 정책결정과정에 참여할 권리가 있으며, 한부모가족의 모 또는 부와 아동은 그가 가지고 있는 자산과 노동능력 등을 최대한으로 활용하여 자립과 생활 향상을 위하여 노력하여야 한다.

4) 정의

이 법에서 사용하는 용어의 뜻은 다음과 같다.

- "모" 또는 "부"란 다음의 어느 하나에 해당하는 자로서 아동인 자녀를 양육하는 자를 말한다.
  ㉠ 배우자와 사별 또는 이혼하거나 배우자로부터 유기(遺棄)된 자
  ㉡ 정신이나 신체의 장애로 장기간 노동능력을 상실한 배우자를 가진 자
  ㉢ 교정시설·치료감호시설에 입소한 배우자 또는 병역복무 중인 배우자를 가진 사람
  ㉣ 미혼자(사실혼(事實婚) 관계에 있는 자는 제외)
  ㉤ 위에 규정된 자에 준하는 자로서 여성가족부령으로 정하는 자
- "청소년 한부모"란 24세 이하의 모 또는 부를 말한다.
- "한부모가족"이란 모자가족 또는 부자가족을 말한다.
- "모자가족"이란 모가 세대주(세대주가 아니더라도 세대원(世代員)을 사실상 부양하는 자를 포함)인 가족을 말한다.
- "부자가족"이란 부가 세대주(세대주가 아니더라도 세대원을 사실상 부양하는 자를 포함)인 가족을 말한다.
- "아동"이란 18세 미만(취학 중인 경우에는 22세 미만을 말하되, 「병역법」에 따른 병역의무를 이행하고 취학 중인 경우에는 병역의무를 이행한 기간을 가산한 연령 미만)의 자를 말한다.
- "지원기관"이란 이 법에 따른 지원을 행하는 국가나 지방자치단체를 말한다.
- "한부모가족복지단체"란 한부모가족의 복지 증진을 목적으로 설립된 기관이나 단체를 말한다.

5) 지원대상자의 범위

이 법에 따른 지원대상자는 제4조제1호 · 제1호의2 및 제2호부터 제5호까지의 규정[8]에 해당하는 자로서 여성가족부령으로 정하는 자로 한다.

위 조항에 따른 지원대상자 중 아동의 연령을 초과하는 자녀가 있는 한부모가족의 경우 그 자녀를 제외한 나머지 가족구성원을 지원대상자로 한다.

6) 지원대상자의 범위에 대한 특례

혼인 관계에 있지 아니한 자로서 출산 전 임신부와 출산 후 해당 아동을 양육하지 아니하는 모는 미혼모자가족복지시설을 이용할 때에는 이 법에 따른 지원대상자가 된다.

다음의 어느 하나에 해당하는 아동과 그 아동을 양육하는 조부 또는 조모로서 여성가족부령으로 정하는 자는 이 법에 따른 지원대상자가 된다.

- 부모가 사망하거나 생사가 분명하지 아니한 아동
- 부모가 정신 또는 신체의 장애 · 질병으로 장기간 노동능력을 상실한 아동
- 부모의 장기복역 등으로 부양을 받을 수 없는 아동
- 부모가 이혼하거나 유기하여 부양을 받을 수 없는 아동
- 위 조항에 규정된 자에 준하는 자로서 여성가족부령으로 정하는 아동

국내에 체류하고 있는 외국인 중 대한민국 국적의 아동을 양육하고 있는 모 또는 부로서 대통령령으로 정하는 사람이 "지원대상자의 범위"에 해당하면 이 법에 따른 지원대상자가 된다.

---

8) 1. "모" 또는 "부"란 다음 각 목의 어느 하나에 해당하는 자로서 아동인 자녀를 양육하는 자를 말한다.
가. 배우자와 사별 또는 이혼하거나 배우자로부터 유기(遺棄)된 자
나. 정신이나 신체의 장애로 장기간 노동능력을 상실한 배우자를 가진 자
다. 교정시설 · 치료감호시설에 입소한 배우자 또는 병역복무 중인 배우자를 가진 사람
라. 미혼자(사실혼(事實婚) 관계에 있는 자는 제외한다)
마. 가목부터 라목까지에 규정된 자에 준하는 자로서 여성가족부령으로 정하는 자
1의2. "청소년 한부모"란 24세 이하의 모 또는 부를 말한다.
2. "한부모가족"이란 모자가족 또는 부자가족을 말한다.
3. "모자가족"이란 모가 세대주(세대주가 아니더라도 세대원(世代員)을 사실상 부양하는 자를 포함한다)인 가족을 말한다.
4. "부자가족"이란 부가 세대주(세대주가 아니더라도 세대원을 사실상 부양하는 자를 포함한다)인 가족을 말한다.
5. "아동"이란 18세 미만(취학 중인 경우에는 22세 미만을 말하되, 「병역법」에 따른 병역의무를 이행하고 취학 중인 경우에는 병역의무를 이행한 기간을 가산한 연령 미만을 말한다)의 자를 말한다.

7) 자료 또는 정보의 제공과 홍보

국가와 지방자치단체는 이 법에 따른 지원대상자를 발굴하기 위하여 필요한 자료 또는 정보의 제공과 홍보에 노력하여야 한다.

8) 한부모가족의 날

한부모가족에 대한 국민의 이해와 관심을 제고하기 위하여 매년 5월 10일을 한부모가족의 날로 하며, 국가와 지방자치단체는 한부모가족의 날의 취지에 맞는 행사 등 사업을 실시할 수 있다.

9) 한부모가족 정책에 관한 기본계획의 수립

여성가족부장관은 한부모가족 지원을 위하여 한부모가족 정책에 관한 기본계획을 5년마다 수립하여야 한다.

기본계획에는 다음의 사항이 포함되어야 한다.

- 한부모가족 지원 정책의 기본방향
- 한부모가족 지원을 위한 분야별 발전시책과 평가에 관한 사항
- 한부모가족 지원을 위한 제도 개선에 관한 사항
- 한부모가족 구성원의 경제 · 사회 · 문화 등 각 분야에서의 활동 증진에 관한 사항
- 한부모가족 지원을 위한 재원 확보 및 배분에 관한 사항
- 그 밖에 한부모가족 지원을 위하여 필요한 사항

여성가족부장관은 기본계획을 수립하려는 경우에는 특별시장 · 광역시장 · 특별자치시장 · 도지사 · 특별자치도지사의 의견을 들은 후 관계 중앙행정기관의 장과 협의하여야 한다.

여성가족부장관은 기본계획을 수립한 때에는 지체없이 국회 소관 상임위원회에 보고하고, 관계 중앙행정기관의 장과 시 · 도지사에게 알려야 한다.

여성가족부장관은 기본계획을 수립하기 위하여 필요하다고 인정하는 경우 관계 기관의 장에게 기본계획의 수립에 필요한 자료의 제출을 요구할 수 있다. 이 경우 자료의 제출을 요구받은 관계 기관의 장은 정당한 사유가 없으면 이에 따라야 한다.

10) 연도별 시행계획의 수립 · 시행

여성가족부장관, 관계 중앙행정기관의 장과 시 · 도지사는 매년 기본계획에 따라 한부모

가족정책에 관한 시행계획을 수립·시행하여야 한다.

관계 중앙행정기관의 장과 시·도지사는 전년도의 시행계획에 따른 추진실적 및 다음 연도의 시행계획을 대통령령으로 정하는 바에 따라 매년 여성가족부장관에게 제출하여야 하며, 시행계획의 수립·시행 및 추진실적의 평가 등에 필요한 사항은 대통령령으로 정한다.

11) 실태조사

여성가족부장관은 한부모가족 지원을 위한 정책수립에 활용하기 위하여 3년마다 한부모가족에 대한 실태조사를 실시하고 그 결과를 공표하여야 한다. 또한, 여성가족부장관은 필요한 경우 여성가족부령으로 정하는 바에 따라 청소년 한부모 등에 대한 실태를 조사·연구할 수 있다.

여성가족부장관은 실태조사를 위하여 관계 공공기관 또는 관련 법인·단체에 대하여 필요한 자료의 제출 등 협조를 요청할 수 있으며, 요청받은 관계 공공기관 또는 관련 법인·단체는 특별한 사유가 없으면 이에 협조하여야 한다.

실태조사의 대상 및 방법, 그 밖에 필요한 사항은 여성가족부령으로 정한다.

12) 한부모가족 지원업무 관련 공무원의 교육

국가와 지방자치단체는 한부모가족 지원 관련 업무에 종사하는 공무원의 한부모가족에 대한 이해 증진과 전문성 향상을 위하여 교육을 실시할 수 있다.

13) 한부모가족복지단체에 대한 지원

국가와 지방자치단체는 한부모가족복지단체에 대하여 필요한 비용의 전부 또는 일부를 보조하거나 그 업무수행에 필요한 행정적 지원을 할 수 있으며, 한부모가족 간의 정보 공유와 상부상조 등을 위한 자조모임 단체의 사업 등을 지원할 수 있다.

2. 복지의 내용과 실시

1) 지원대상자의 조사

특별자치시장·특별자치도지사·시장·군수·구청장은 매년 1회 이상 관할구역 지원대상자의 가족상황, 생활실태 등을 조사하여야 하며, 조사 결과를 대장(臺帳)으로 작성·비치하여야 한다. 다만, 「사회복지사업법」에 따른 정보시스템을 활용할 때에는 전자적으로 작성하여 관리할 수 있으며, 조사 및 대장의 작성·관리에 필요한 사항은 여성가족부령으로 정한다.

2) 복지 급여의 신청

지원대상자 또는 그 친족이나 그 밖의 이해관계인은 복지 급여를 관할 특별자치시장·특별자치도지사·시장·군수·구청장에게 신청할 수 있으며, 복지 급여 신청을 할 때에는 금융·신용·보험에 따른 자료 또는 정보의 제공에 대한 지원대상자의 동의 서면을 제출하여야 한다.

급여의 신청 방법·절차와 동의의 방법·절차 등 필요한 사항은 대통령령으로 정한다.

3) 복지 급여의 내용

국가나 지방자치단체는 복지 급여의 신청이 있으면 다음의 복지 급여를 실시하여야 한다.

- 생계비
- 아동교육지원비
- 아동양육비
- 그 밖에 대통령령으로 정하는 비용

이 법에 따른 지원대상자가 「국민기초생활 보장법」 등 다른 법령에 따라 지원을 받고 있는 경우에는 그 범위에서 이 법에 따른 급여를 하지 아니한다. 다만, 아동양육비는 지급할 수 있으며, 아동양육비를 지급할 때에 다음의 어느 하나에 해당하는 경우에는 예산의 범위에서 추가적인 복지 급여를 실시하여야 한다. 이 경우 모 또는 부의 직계존속이 5세 이하의 아동을 양육하는 경우에도 또한 같다.

- 미혼모나 미혼부가 5세 이하의 아동을 양육하는 경우
- 34세 이하의 모 또는 부가 아동을 양육하는 경우

국가나 지방자치단체는 이 법에 따른 지원대상자의 신청이 있는 경우에는 예산의 범위에서 직업훈련비와 훈련기간 중 생계비를 추가적으로 지급할 수 있으며, 규정에 따른 복지 급여의 기준 및 절차, 그 밖에 필요한 사항은 여성가족부령으로 정한다.

4) 복지 급여 사유의 확인

여성가족부장관 또는 특별자치시장・특별자치도지사・시장・군수・구청장 은 복지 급여를 신청한 지원대상자 또는 복지 급여를 받고 있는 지원대상자에 대하여 급여 사유의 발생・변경 또는 상실을 확인하기 위하여 필요한 소득・재산 등에 관한 자료의 제출을 요구할 수 있으며, 소속 공무원으로 하여금 지원대상자의 주거 등에 출입하여 생활환경 및 소득자료 등을 조사하게 하거나 지원대상자의 고용주 등 관계인에게 필요한 질문을 하게 할 수 있다.

여성가족부장관 또는 특별자치시장・특별자치도지사・시장・군수・구청장 위 조항에 따른 확인을 위하여 필요한 국세・지방세, 토지・건물, 건강보험・고용보험・국민연금, 출국・입국, 교정시설・치료감호시설의 입소・출소, 병무, 주민등록・가족관계등록 등에 관한 자료의 제공을 관계 기관의 장에게 요청할 수 있다. 이 경우 자료의 제공을 요청받은 관계 기관의 장은 정당한 사유가 없으면 이에 응하여야 한다.

출입・조사・질문을 하는 공무원은 그 권한을 표시하는 증표를 지니고 이를 관계인에게 보여주어야 하며, 업무에 종사하거나 종사하였던 사람은 업무를 수행하면서 받은 자료와 그 밖에 알게 된 사실을 이 법에서 정한 목적과 다르게 사용하거나 누설하여서는 아니 된다.

5) 금융정보 등의 제공

여성가족부장관은 복지 급여를 신청한 지원대상자의 급여 사유의 발생을 확인하기 위하여 필요하다고 인정하는 경우 「금융실명거래 및 비밀보장에 관한 법률」과 「신용정보의 이용 및 보호에 관한 법률」에도 불구하고 지원대상자가 제출한 동의 서면을 전자적 형태로 바꾼 문서에 의하여 금융기관 등(「금융실명거래 및 비밀보장에 관한 법률」에 따른 금융회사 등 및 「신용정보의 이용 및 보호에 관한 법률」에 따른 신용정보집중기관을 말한다)의 장에게 금융정보, 신용정보 또는 보험정보(이하 “금융정보 등”)의 제공을 요청할 수 있다.

여성가족부장관은 복지 급여를 받고 있는 지원대상자의 급여 사유의 변경・상실을 확인하기 위하여 필요하다고 인정하는 경우 「금융실명거래 및 비밀보장에 관한 법률」과 「신용정보의 이용 및 보호에 관한 법률」에도 불구하고 대통령령으로 정하는 기준에 따라 인적사항을 적은 문서 또는 정보통신망으로 금융기관 등의 장에게 금융정보 등을 제공하도록 요청할 수 있다.

위 조항에 따라 금융정보 등의 제공을 요청받은 금융기관 등의 장은 「금융실명거래 및 비밀보장에 관한 법률」과 「신용정보의 이용 및 보호에 관한 법률」에도 불구하고 명의인의 금융정보 등을 제공하여야 한다.

금융정보 등을 제공한 금융기관 등의 장은 금융정보 등의 제공사실을 명의인에게 통보하여야 한다. 다만, 명의인의 동의가 있는 경우에는 「금융실명거래 및 비밀보장에 관한 법률」과 「신용정보의 이용 및 보호에 관한 법률」에도 불구하고 통보하지 아니할 수 있다.

규정에 따른 금융정보 등의 제공 요청과 제공은 「정보통신망 이용촉진 및 정보보호 등에 관한 법률」에 따른 정보통신망을 이용하여야 한다. 다만, 정보통신망의 손상 등 불가피한 경우에는 그러하지 아니하다.

규정에 따른 업무에 종사하거나 종사하였던 사람은 업무를 수행하면서 취득한 금융정보 등을 이 법에서 정한 목적 외의 다른 용도로 사용하거나 다른 사람 또는 기관에 제공하거나 누설하여서는 아니 된다.

금융정보 등의 제공 요청과 제공 등 필요한 사항은 대통령령으로 정한다.

6) 복지 급여의 거절·변경

여성가족부장관 또는 특별자치시장·특별자치도지사·시장·군수·구청장은 복지 급여를 신청한 지원대상자가 자료의 제출을 거부하거나 조사·질문을 거부·방해 또는 기피하는 경우에는 복지 급여의 지급을 거절할 수 있다.

여성가족부장관 또는 특별자치시장·특별자치도지사·시장·군수·구청장은 복지 급여를 받고 있는 지원대상자에 대하여 다음의 구분에 따른 조치를 할 수 있다.

- 지원대상자가 자료의 제출을 거부하거나 조사·질문을 거부·방해 또는 기피하는 경우 복지급여 지급의 정지
- 지원대상자의 복지 급여 사유가 변경되거나 상실된 경우: 복지 급여의 변경 또는 지급 중지

7) 복지급여수급계좌

국가나 지방자치단체는 복지 급여를 받는 지원대상자의 신청이 있는 경우에는 복지 급여를 지원대상자 명의의 지정된 계좌(복지급여수급계좌)로 입금하여야 한다. 다만, 정보통신장애나 그 밖에 대통령령으로 정하는 불가피한 사유로 복지급여수급계좌로 이체할 수 없을 때에는 현금 지급 등 대통령령으로 정하는 바에 따라 복지 급여를 지급할 수 있다.

복지급여수급계좌의 해당 금융기관은 이 법에 따른 복지 급여만이 복지급여수급계좌에

입금되도록 관리하여야 하며, 신청 방법·절차와 복지급여수급계좌의 관리에 필요한 사항은 대통령령으로 정한다.

8) 복지 자금의 대여

국가나 지방자치단체는 한부모가족의 생활안정과 자립을 촉진하기 위하여 다음의 어느 하나의 자금을 대여할 수 있으며, 대여 자금의 한도, 대여 방법 및 절차, 그 밖에 필요한 사항은 대통령령으로 정한다.

- 사업에 필요한 자금
- 아동교육비
- 의료비
- 주택자금
- 그 밖에 대통령령으로 정하는 한부모가족의 복지를 위하여 필요한 자금

9) 고용의 촉진

국가 또는 지방자치단체는 한부모가족의 모 또는 부와 아동의 직업능력을 개발하기 위하여 능력 및 적성 등을 고려한 직업능력개발훈련을 실시하여야 하며, 한부모가족의 모 또는 부와 아동의 고용을 촉진하기 위하여 적합한 직업을 알선하고 각종 사업장에 모 또는 부와 아동이 우선 고용되도록 노력하여야 한다.

10) 고용지원 연계

국가 및 지방자치단체는 한부모가족의 모 또는 부와 아동의 취업기회를 확대하기 위하여 한부모가족 관련 시설 및 기관과 「직업안정법」에 따른 직업안정기관간 효율적인 연계를 도모하여야 한다.

고용노동부장관은 한부모가족의 모 또는 부와 아동을 위한 취업지원사업 등이 효율적으로 추진될 수 있도록 여성가족부장관과 긴밀히 협조하여야 한다.

11) 공공시설에 매점 및 시설 설치

국가나 지방자치단체가 운영하는 공공시설의 장은 그 공공시설에 각종 매점 및 시설의 설치를 허가하는 경우 이를 한부모가족 또는 한부모가족복지단체에 우선적으로 허가할 수 있다.

12) 시설 우선이용

국가나 지방자치단체는 한부모가족의 아동이 공공의 아동 편의시설과 그 밖의 공공시설을 우선적으로 이용할 수 있도록 노력하여야 한다.

13) 가족지원서비스

국가나 지방자치단체는 한부모가족에게 다음의 가족지원서비스를 제공하도록 노력하여야 한다.

- 아동의 양육 및 교육 서비스
- 장애인, 노인, 만성질환자 등의 부양 서비스
- 취사, 청소, 세탁 등 가사 서비스
- 교육·상담 등 가족 관계 증진 서비스
- 인지청구 및 자녀양육비 청구 등을 위한 법률상담, 소송대리 등 법률구조서비스
- 그 밖에 대통령령으로 정하는 한부모가족에 대한 가족지원서비스

14) 청소년 한부모에 대한 교육 지원

국가나 지방자치단체는 청소년 한부모가 학업을 할 수 있도록 청소년 한부모의 선택에 따라 다음의 어느 하나에 해당하는 지원을 할 수 있다.

- 「초·중등교육법」에 따른 학교에서의 학적 유지를 위한 지원 및 교육비 지원 또는 검정고시 지원
- 「평생교육법」에 따른 학력인정 평생교육시설에 대한 교육비 지원
- 「초·중등교육법」에 따른 교육 지원
- 그 밖에 청소년 한부모의 교육 지원을 위하여 여성가족부령으로 정하는 사항

「초·중등교육법」에 따른 교육 지원을 위하여 특별시·광역시·특별자치시·도·특별자치도의 교육감은 한부모가족복지시설에 순회교육 실시를 위한 지원을 할 수 있다.

국가와 지방자치단체는 청소년 한부모의 학업과 양육의 병행을 위하여 그 자녀가 청소년 한부모가 속한 「고등교육법」에 따른 학교에 설치된 직장어린이집을 이용할 수 있도록 지원할 수 있다.

여성가족부장관은 청소년 한부모가 학업을 계속할 수 있도록 교육부장관에게 협조를 요청하여야 한다.

15) 자녀양육비 이행지원

여성가족부장관은 자녀양육비 산정을 위한 자녀양육비 가이드라인을 마련하여 법원이 이혼 판결 시 적극 활용할 수 있도록 노력하여야 한다.

16) 청소년 한부모의 자립지원

국가나 지방자치단체는 청소년 한부모가 주거마련 등 자립에 필요한 자산을 형성할 수 있도록 재정적인 지원을 할 수 있으며, 지원으로 형성된 자산은 청소년 한부모가 이 법에 따른 지원대상자에 해당하는지 여부를 조사·확인할 때 이를 포함하지 아니한다.

자립 지원의 대상과 기준은 대통령령으로 정하고, 자립 지원의 신청, 방법 및 지원금의 반환절차 등에 필요한 사항은 여성가족부령으로 정한다.

17) 청소년 한부모의 건강진단

국가와 지방자치단체는 청소년 한부모의 건강증진을 위하여 건강진단을 실시할 수 있으며, 건강진단의 결과를 청소년 한부모 본인에게 알려주어야 한다.

국가와 지방자치단체는 건강진단의 실시와 그 결과 통보를 전문기관 또는 단체에 위탁할 수 있고, 건강진단의 대상과 기준은 대통령령으로 정하고, 건강진단의 신청, 방법 및 이에 따른 결과의 통보 등에 필요한 사항은 여성가족부령으로 정한다.

18) 미혼모 등의 건강관리 등 지원

국가와 지방자치단체는 미혼모 또는 미혼부와 그 자녀가 건강하게 생활할 수 있도록 산전(産前)·분만·산후(産後)관리, 질병의 예방·상담·치료, 영양·건강에 관한 교육 등 건강관리를 위한 지원을 할 수 있고, 기본생활지원 미혼모자가족복지시설에 입소한 미혼모 등의 신청이 있는 경우에는 미혼모 등 본인 및 함께 생활하는 자녀에 대한 의료비를 추가적으로 지원할 수 있다.

건강관리와 의료비 지원의 기준 및 절차, 그 밖에 필요한 사항은 대통령령 또는 조례로 정한다.

20) 아동·청소년 보육·교육

국가와 지방자치단체는 아동·청소년 보육·교육을 실시함에 있어서 한부모가족 구성원인 아동·청소년을 차별하여서는 아니 된다.

21) 국민주택의 분양 및 임대

국가나 지방자치단체는 「주택법」에서 정하는 바에 따라 국민주택을 분양하거나 임대할 때에는 한부모가족에게 일정 비율이 우선 분양될 수 있도록 노력하여야 한다.

22) 한부모가족 상담전화의 설치

여성가족부장관은 한부모가족 지원에 관한 종합정보의 제공과 지원기관 및 시설의 연계 등에 관한 전문적이고 체계적인 상담서비스를 제공하기 위하여 한부모가족 상담전화를 설치·운영할 수 있고, 한부모가족 상담전화의 설치·운영에 필요한 사항은 여성가족부령으로 정한다.

3. 한부모가족복지시설

1) 한부모가족복지시설

한부모가족복지시설은 다음의 시설로 한다.

• 모자가족복지시설: 모자가족에게 다음의 어느 하나 이상의 편의를 제공하는 시설
  ㉠ 기본생활지원: 생계가 어려운 모자가족에게 일정 기간 동안 주거와 생계를 지원
  ㉡ 공동생활지원: 독립적인 생활이 어려운 모자가족에게 일정 기간 동안 공동생활을 통하여 자립을 준비할 수 있도록 주거 등을 지원
  ㉢ 자립생활지원: 자립욕구가 강한 모자가족에게 일정 기간 동안 주거를 지원

• 부자가족복지시설: 부자가족에게 다음의 어느 하나 이상의 편의를 제공하는 시설
  ㉠ 기본생활지원: 생계가 어려운 부자가족에게 일정 기간 동안 주거와 생계를 지원
  ㉡ 공동생활지원: 독립적인 생활이 어려운 부자가족에게 일정 기간 동안 공동생활을 통하여 자립을 준비할 수 있도록 주거 등을 지원
  ㉢ 자립생활지원: 자립욕구가 강한 부자가족에게 일정 기간 동안 주거를 지원

• 미혼모자가족복지시설: 미혼모자가족과 출산 미혼모 등에게 다음의 어느 하나 이상의 편의를 제공하는 시설

㉠ 기본생활지원: 미혼 여성의 임신·출산 시 안전 분만 및 심신의 건강 회복과 출산 후의 아동의 양육 지원을 위하여 일정 기간 동안 주거와 생계를 지원(지원대상자 중 미혼이 아닌 여성의 임신·출산 시 안전 분만과 출산 후 양육 지원 포함)

㉡ 공동생활지원: 출산 후 해당 아동을 양육하지 아니하는 미혼모 또는 미혼모와 그 출산 아동으로 구성된 미혼모자가족에게 일정 기간 동안 공동생활을 통하여 자립을 준비할 수 있도록 주거 등을 지원

• 일시지원복지시설: 배우자(사실혼 관계에 있는 사람 포함)가 있으나 배우자의 물리적·정신적 학대로 아동의 건전한 양육이나 모의 건강에 지장을 초래할 우려가 있을 경우 일시적 또는 일정 기간 동안 모와 아동 또는 모에게 주거와 생계를 지원하는 시설

• 한부모가족복지상담소: 한부모가족에 대한 위기·자립 상담 또는 문제해결 지원 등을 목적으로 하는 시설

위 조항의 규정에 따른 복지시설의 입소기간 및 그 기간의 연장 등에 필요한 사항은 여성가족부령으로 정한다.

2) 한부모가족복지시설의 설치

국가나 지방자치단체는 한부모가족복지시설을 설치할 수 있으며, 한부모가족복지시설의 장은 청소년 한부모가 입소를 요청하는 경우에는 우선 입소를 위한 조치를 취하여야 한다.

국가나 지방자치단체 외의 자가 한부모가족복지시설을 설치·운영하려면 특별자치시장·특별자치도지사·시장·군수·구청장에게 신고하여야 한다. 신고한 사항 중 여성가족부령으로 정하는 중요 사항을 변경하려는 경우에도 또한 같다.

특별자치시장·특별자치도지사·시장·군수·구청장은 설치·운영 신고 또는 변경 신고를 받은 날부터 여성가족부령으로 정하는 기간 내에 신고수리 여부를 신고인에게 통지하여야 한다.

「입양특례법」에 따른 입양기관을 운영하는 자는 "미혼 여성의 임신·출산 시 안전 분만 및 심신의 건강 회복과 출산 후의 아동의 양육 지원을 위하여 일정 기간 동안 주거와 생계를 지원(지원대상자 중 미혼이 아닌 여성의 임신·출산 시 안전 분만과 출산 후 양

육 지원을 포함)하는 편의제공시설을 설치·운영할 수 없다.

한부모가족복지시설의 시설 설치·운영 기준, 시설 종사자의 직종(職種)과 수(數) 및 자격기준, 그 밖에 설치신고에 필요한 사항은 여성가족부령으로 정한다.

3) 폐지 또는 휴지

한부모가족복지시설의 설치 신고를 한 자가 그 시설의 폐지, 일시적 운영중단 또는 운영재개를 하려면 여성가족부령으로 정하는 바에 따라 미리 특별자치시장·특별자치도지사·시장·군수·구청장에게 신고하여야 한다.

한부모가족복지시설의 장은 한부모가족복지시설을 폐지하거나 그 시설의 운영을 일시적으로 중단하는 경우에는 여성가족부령으로 정하는 바에 따라 그 시설에 입소하고 있는 사람이 다른 한부모가족복지시설로 옮길 수 있도록 하는 등 입소자의 권익을 보호하기 위한 조치를 하여야 한다.

특별자치시장·특별자치도지사·시장·군수·구청장은 신고를 받은 경우 그 신고받은 내용을 검토하여 이 법에 적합하면 신고를 수리하여야 한다. 이 경우 시설의 폐지 또는 일시적 운영중단 신고를 받은 경우에는 한부모가족복지시설의 장이 입소자의 권익을 보호하기 위한 조치를 하였는지 여부를 확인하는 등 여성가족부령으로 정하는 조치를 한 후 수리하여야 한다.

4) 수탁 의무

한부모가족복지시설을 설치·운영하는 자는 시·도지사 또는 시장·군수·구청장으로부터 한부모가족복지시설에 한부모가족을 입소하도록 위탁받으면 정당한 사유 없이 이를 거부하지 못한다.

5) 감독

여성가족부장관, 시·도지사 또는 시장·군수·구청장은 한부모가족복지시설을 설치·운영하는 자에게 그 시설에 관하여 필요한 보고를 하게 하거나, 관계 공무원에게 시설의 운영 상황을 조사하게 하거나 장부 등 그 밖의 서류를 검사하게 할 수 있으며, 그 직무를 수행하는 관계 공무원은 그 권한을 표시하는 증표를 지니고 이를 관계인에게 내보여야 한다.

6) 시설 폐쇄

특별자치시장 · 특별자치도지사 · 시장 · 군수 · 구청장은 한부모가족복지시설이 다음의 어느 하나에 해당하면 그 사업의 정지나 폐지를 명하거나 시설을 폐쇄할 수 있다.

- 시설 기준에 미달하게 된 경우
- "수탁의"를 위반한 경우
- 정당한 이유 없이 "한부모가족복지시설을 설치 · 운영하는 자에게 그 시설에 관하여 필요한 보고"를 하지 아니하거나 거짓으로 한 경우 또는 조사 · 검사를 거부하거나 기피한 경우

특별자치시장 · 특별자치도지사 · 시장 · 군수 · 구청장은 한부모가족복지시설이 그 사업이 정지 또는 폐지되거나 시설이 폐쇄되는 경우에는 해당 시설에 입소하고 있는 사람이 다른 한부모가족복지시설로 옮길 수 있도록 하는 등 여성가족부령으로 정하는 바에 따라 입소자의 권익을 보호하기 위하여 필요한 조치를 하여야 한다.

7) 청문

특별자치시장 · 특별자치도지사 · 시장 · 군수 · 구청장은 사업의 폐지를 명하거나 시설을 폐쇄하려면 청문을 하여야 한다.

4. 비 용

1) 비용의 보조

국가나 지방자치단체는 대통령령으로 정하는 바에 따라 한부모가족복지사업에 드는 비용을 보조할 수 있다.

2) 부정수급자에 대한 비용의 징수

거짓이나 그 밖의 부정한 방법으로 복지 급여를 받거나 타인으로 하여금 복지 급여를 받게 한 경우 복지 급여를 지급한 지원기관은 그 비용의 전부 또는 일부를 그 복지 급여를 받은 자 또는 복지 급여를 받게 한 자(부정수급자)로부터 징수할 수 있고, 징수할 금

액은 부정수급자에게 통지하여 징수하고, 부정수급자가 이에 응하지 아니하는 경우 국세 또는 지방세 체납처분의 예에 따라 징수한다.

3) 보조금 등의 반환명령

국가나 지방자치단체는 한부모가족복지시설의 장이나 한부모가족복지단체의 장이 다음의 어느 하나에 해당하면 이미 내준 보조금의 전부 또는 일부의 반환을 명할 수 있다.

- 보조금의 교부 조건을 위반한 경우
- 거짓이나 그 밖의 부정한 방법으로 보조금을 받은 경우
- 한부모가족복지시설을 경영하면서 개인의 영리를 도모하는 행위를 한 경우
- 이 법 또는 이 법에 따른 명령을 위반한 경우

지원기관은 복지 급여의 변경 또는 복지 급여의 정지·중지에 따라 지원대상자에게 이미 지급한 복지 급여 중 과잉지급분이 발생한 경우에는 즉시 지원대상자에 대하여 그 전부 또는 일부의 반환을 명하여야 한다. 다만, 이를 소비하였거나 그 밖에 지원대상자에게 부득이한 사유가 있는 경우에는 그 반환을 면제할 수 있다.

5. 보　칙

1) 양도·담보 및 압류 금지

이 법에 따라 지급된 복지급여와 이를 받을 권리는 다른 사람에게 양도하거나 담보로 제공할 수 없으며, 다른 사람은 이를 압류할 수 없다.

지정된 복지급여수급계좌의 예금에 관한 채권은 압류할 수 없다.

2) 심사 청구

지원대상자 또는 그 친족이나 그 밖의 이해관계인은 이 법에 따른 복지 급여 등에 대하여 이의가 있으면 그 결정을 통지받은 날부터 90일 이내에 서면으로 해당 복지실시기관에 심사를 청구할 수 있다.

복지실시기관은 심사 청구를 받으면 30일 이내에 이를 심사·결정하여 청구인에게 통보하여야 한다.

3) 벌칙

- 금융정보 등을 사용 또는 누설한 사람은 5년 이하의 징역 또는 5천만원 이하의 벌금에 처한다.
- "업무에 종사하거나 종사하였던 사람은 업무를 수행하면서 받은 자료와 그 밖에 알게 된 사실을 이 법에서 정한 목적과 다르게 사용하거나 누설하여서는 아니 된다"는 조항을 위반하여 자료 등을 사용 또는 누설한 사람은 3년 이하의 징역 또는 3천만원 이하의 벌금에 처한다.
- 다음의 어느 하나에 해당하는 자는 1년 이하의 징역 또는 1천만원 이하의 벌금에 처한다.
  ㉠ 신고를 하지 아니하고 한부모가족복지시설을 설치한 자
  ㉡ 시설의 폐쇄, 사업의 정지 또는 폐지의 명령을 받고 사업을 계속한 자
- 거짓이나 그 밖의 부정한 방법으로 복지 급여를 받거나 타인으로 하여금 복지 급여를 받게 한 자는 1년 이하의 징역, 1천만원 이하의 벌금, 구류 또는 과료에 처한다.

4) 양벌규정

법인의 대표자나 법인 또는 개인의 대리인, 사용인, 그 밖의 종업원이 그 법인 또는 개인의 업무에 관하여 위반행위를 하면 그 행위자를 벌하는 외에 그 법인 또는 개인에게도 해당 조문의 벌금 또는 과료의 형을 과(科)한다. 다만, 법인 또는 개인이 그 위반행위를 방지하기 위하여 해당 업무에 관하여 상당한 주의와 감독을 게을리하지 아니한 경우에는 그러하지 아니하다.

5) 과태료

다음의 어느 하나에 해당하는 자에게는 300만원 이하의 과태료를 부과할 수 있다.

㉠ 정당한 사유 없이 수탁을 거부한 자
㉡ 정당한 이유 없이 보고를 하지 아니하거나 거짓으로 한 자 또는 조사·검사를 거부하거나 기피한 자

위 조항에 따른 과태료는 대통령령으로 정하는 바에 따라 여성가족부장관이 부과·징수한다.

6) 권한의 위임

여성가족부장관이나 시·도지사는 대통령령으로 정하는 바에 따라 이 법에 따른 권한의 일부를 시장·군수·구청장에게 위임할 수 있다.

26 chapter

다문화가족지원법

1) 목적

이 법은 다문화가족 구성원이 안정적인 가족생활을 영위하고 사회구성원으로서의 역할과 책임을 다할 수 있도록 함으로써 이들의 삶의 질 향상과 사회통합에 이바지함을 목적으로 한다.

2) 정의

이 법에서 사용하는 용어의 뜻은 다음과 같다.

- "다문화가족"이란 다음의 어느 하나에 해당하는 가족을 말한다.
  - ㉠ 「재한외국인 처우 기본법」의 결혼이민자와 「국적법」의 규정에 따라 대한민국 국적을 취득한 자로 이루어진 가족
  - ㉡ 「국적법」에 따라 대한민국 국적을 취득한 자와 대한민국 국적을 취득한 자로 이루어진 가족
- "결혼이민자등"이란 다문화가족의 구성원으로서 다음의 어느 하나에 해당하는 자를 말한다.
  - ㉠ 「재한외국인 처우 기본법」의 결혼이민자
  - ㉡ 「국적법」에 따라 귀화허가를 받은 자
- "아동 · 청소년"이란 24세 이하인 사람을 말한다.

3) 국가와 지방자치단체의 책무

국가와 지방자치단체는 다문화가족 구성원이 안정적인 가족생활을 영위하고 경제 · 사회 · 문화 등 각 분야에서 사회구성원으로서의 역할과 책임을 다할 수 있도록 필요한 제도와 여건을 조성하고 이를 위한 시책을 수립 · 시행하여야 한다.

특별시 · 광역시 · 특별자치시 · 도 · 특별자치도 및 시 · 군 · 구에는 다문화가족 지원을 담당할 기구와 공무원을 두어야 한다.

국가와 지방자치단체는 이 법에 따른 시책 중 외국인정책 관련 사항에 대하여는 「재한외국인 처우 기본법」의 규정에 따른다.

4) 다문화가족 지원을 위한 기본계획의 수립

여성가족부장관은 다문화가족 지원을 위하여 5년마다 다문화가족정책에 관한 기본계획을 수립하여야 하며, 기본계획에는 다음의 사항을 포함하여야 한다.

- 다문화가족 지원 정책의 기본 방향
- 다문화가족 지원을 위한 분야별 발전시책과 평가에 관한 사항
- 다문화가족 지원을 위한 제도 개선에 관한 사항
- 다문화가족 구성원의 경제 · 사회 · 문화 등 각 분야에서 활동 증진에 관한 사항
- 다문화가족 지원을 위한 재원 확보 및 배분에 관한 사항
- 그 밖에 다문화가족 지원을 위하여 필요한 사항

여성가족부장관은 기본계획을 수립할 때에는 미리 관계 중앙행정기관의 장과 협의하여야 하며, 기본계획은 다문화가족정책위원회의 심의를 거쳐 확정한다. 이 경우 여성가족부장관은 확정된 기본계획을 지체 없이 국회 소관 상임위원회에 보고하고, 관계 중앙행정기관의 장과 특별시장 · 광역시장 · 특별자치시장 · 도지사 · 특별자치도지사에게 알려야 한다.

여성가족부장관은 기본계획을 수립하기 위하여 필요하다고 인정하는 경우 관계 기관의 장에게 기본계획의 수립에 필요한 자료의 제출을 요구할 수 있고, 자료의 제출을 요구받은 관계 기관의 장은 정당한 사유가 없으면 이에 따라야 한다.

5) 연도별 시행계획의 수립 · 시행

여성가족부장관, 관계 중앙행정기관의 장과 시 · 도지사는 매년 기본계획에 따라 다문화가족정책에 관한 시행계획을 수립 · 시행하여야 한다.

관계 중앙행정기관의 장과 시·도지사는 전년도의 시행계획에 따른 추진실적 및 다음 연도의 시행계획을 대통령령으로 정하는 바에 따라 매년 여성가족부장관에게 제출하여야 한다.

시행계획의 수립·시행 및 추진실적의 평가 등에 필요한 사항은 대통령령으로 정한다.

6) 다문화가족정책위원회의 설치

다문화가족의 삶의 질 향상과 사회통합에 관한 중요 사항을 심의·조정하기 위하여 국무총리 소속으로 다문화가족정책위원회를 두며, 정책위원회는 다음의 사항을 심의·조정한다.

- 다문화가족정책에 관한 기본계획의 수립 및 추진에 관한 사항
- 다문화가족정책의 시행계획의 수립, 추진실적 점검 및 평가에 관한 사항
- 다문화가족과 관련된 각종 조사, 연구 및 정책의 분석·평가에 관한 사항
- 각종 다문화가족 지원 관련 사업의 조정 및 협력에 관한 사항
- 다문화가족정책과 관련된 국가 간 협력에 관한 사항
- 그 밖에 다문화가족의 사회통합에 관한 중요 사항으로 위원장이 필요하다고 인정하는 사항

정책위원회는 위원장 1명을 포함한 20명 이내의 위원으로 구성하고, 위원장은 국무총리가 되며, 정책위원회에서 심의·조정할 사항을 미리 검토하고 대통령령에 따라 위임된 사항을 다루기 위하여 정책위원회에 실무위원회를 둔다.

그 밖에 정책위원회 및 실무위원회의 구성 및 운영 등에 필요한 사항은 대통령령으로 정한다.

7) 실태조사

여성가족부장관은 다문화가족의 현황 및 실태를 파악하고 다문화가족 지원을 위한 정책수립에 활용하기 위하여 3년마다 다문화가족에 대한 실태조사를 실시하고 그 결과를 공표하여야 하며, 실태조사를 위하여 관계 공공기관 또는 관련 법인·단체에 대하여 필요한 자료의 제출 등 협조를 요청할 수 있다. 이 경우 자료의 제출 등 협조를 요청받은 관계 공공기관 또는 관련 법인·단체 등은 특별한 사유가 없는 한 이에 협조하여야 한다.

여성가족부장관은 실태조사를 실시함에 있어서 외국인정책 관련 사항에 대하여는 법무부장관과, 다문화가족 구성원인 아동·청소년의 교육현황 및 아동·청소년의 다문화가족

에 대한 인식 등에 관한 사항에 대하여는 교육부장관과 협의를 거쳐 실시한다.

실태조사의 대상 및 방법 등에 필요한 사항은 여성가족부령으로 정한다.

8) 다문화가족에 대한 이해증진

국가와 지방자치단체는 다문화가족에 대한 사회적 차별 및 편견을 예방하고 사회구성원이 문화적 다양성을 인정하고 존중할 수 있도록 다문화 이해교육을 실시하고 홍보 등 필요한 조치를 하여야 하며, 조치를 함에 있어 홍보영상을 제작하여 「방송법」에 따른 방송사업자에게 배포하여야 한다.

여성가족부장관은 「방송법」에 따른 방송사업자에게 대통령령으로 정하는 비상업적 공익광고 편성비율의 범위에서 홍보영상을 채널별로 송출하도록 요청할 수 있으며, 방송사업자는 홍보영상 외에 독자적으로 홍보영상을 제작하여 송출할 수 있다. 이 경우 여성가족부장관에게 필요한 협조 및 지원을 요청할 수 있다.

교육부장관과 특별시·광역시·특별자치시·도·특별자치도의 교육감은 「유아교육법」, 「초·중등교육법」 또는「고등교육법」에 따른 학교에서 다문화가족에 대한 이해를 돕는 교육을 실시하기 위한 시책을 수립·시행하여야 한다. 이 경우 실태조사의 결과 중 다문화가족 구성원인 아동·청소년의 교육현황 및 아동·청소년의 다문화가족에 대한 인식 등에 관한 사항을 반영하여야 한다.

교육부장관과 특별시·광역시·특별자치시·도·특별자치도의 교육감은 「유아교육법」 및 「초·중등교육법」에 따른 학교의 교원에 대하여 대통령령으로 정하는 바에 따라 다문화 이해교육 관련 연수를 실시하여야 한다.

9) 생활정보 제공 및 교육 지원

국가와 지방자치단체는 결혼이민자 등이 대한민국에서 생활하는데 필요한 기본적 정보(아동·청소년에 대한 학습 및 생활지도 관련 정보 포함)를 제공하고, 사회적응교육과 직업교육·훈련 및 언어소통 능력 향상을 위한 한국어교육 등을 받을 수 있도록 필요한 지원을 할 수 있다.

국가와 지방자치단체는 결혼이민자 등의 배우자 및 가족구성원이 결혼이민자등의 출신국가 및 문화 등을 이해하는 데 필요한 기본적 정보를 제공하고 관련 교육을 지원할 수 있다.

국가와 지방자치단체는 교육을 실시함에 있어 거주지 및 가정환경 등으로 인하여 서비스에서 소외되는 결혼이민자 등과 배우자 및 그 가족구성원이 없도록 방문교육이나 원격

교육 등 다양한 방법으로 교육을 지원하고, 교재와 강사 등의 전문성을 강화하기 위한 시책을 수립 · 시행하여야 한다.

국가와 지방자치단체는 방문교육의 비용을 결혼이민자 등의 가구 소득수준, 교육의 종류 등 여성가족부장관이 정하여 고시하는 기준에 따라 차등지원할 수 있다.

국가와 지방자치단체가 비용을 지원함에 있어 비용 지원의 신청, 금융정보 등의 제공, 조사 · 질문 등은 「아이돌봄 지원법」의 규정을 준용한다.

결혼이민자 등의 배우자 등 다문화가족 구성원은 결혼이민자등이 한국어교육 등 사회적응에 필요한 다양한 교육을 받을 수 있도록 노력하여야 하며, 정보제공 및 교육에 필요한 사항은 대통령령으로 정한다.

10) 평등한 가족관계의 유지를 위한 조치

국가와 지방자치단체는 다문화가족이 민주적이고 양성평등한 가족관계를 누릴 수 있도록 가족상담, 부부교육, 부모교육, 가족생활교육 등을 추진하여야 한다. 이 경우 문화의 차이 등을 고려한 전문적인 서비스가 제공될 수 있도록 노력하여야 한다.

11) 가정폭력 피해자에 대한 보호 · 지원

국가와 지방자치단체는 「가정폭력방지 및 피해자보호 등에 관한 법률」에 따라 다문화가족 내 가정폭력을 예방하기 위하여 노력하여야 하며, 가정폭력으로 피해를 입은 결혼이민자 등을 보호 · 지원할 수 있다.

국가와 지방자치단체는 가정폭력의 피해를 입은 결혼이민자 등에 대한 보호 및 지원을 위하여 외국어 통역 서비스를 갖춘 가정폭력 상담소 및 보호시설의 설치를 확대하도록 노력하여야 한다.

국가와 지방자치단체는 결혼이민자 등이 가정폭력으로 혼인관계를 종료하는 경우 의사소통의 어려움과 법률체계 등에 관한 정보의 부족 등으로 불리한 입장에 놓이지 아니하도록 의견진술 및 사실확인 등에 있어서 언어통역, 법률상담 및 행정지원 등 필요한 서비스를 제공할 수 있다.

12) 의료 및 건강관리를 위한 지원

국가와 지방자치단체는 결혼이민자 등이 건강하게 생활할 수 있도록 영양 · 건강에 대한 교육, 산전 · 산후 도우미 파견, 건강검진 등의 의료서비스를 지원할 수 있고, 결혼이민자 등이 의료서비스를 제공받을 경우 외국어 통역 서비스를 제공할 수 있다.

13) 아동 · 청소년 보육 · 교육

국가와 지방자치단체는 아동 · 청소년 보육 · 교육을 실시함에 있어서 다문화가족 구성원인 아동 · 청소년을 차별하여서는 아니 되며, 다문화가족 구성원인 아동 · 청소년이 학교생활에 신속히 적응할 수 있도록 교육지원대책을 마련하여야 하고, 특별시 · 광역시 · 특별자치시 · 도 · 특별자치도의 교육감은 다문화가족 구성원인 아동 · 청소년에 대하여 학과 외 또는 방과 후 교육 프로그램 등을 지원할 수 있다.

국가와 지방자치단체는 다문화가족 구성원인 18세 미만인 사람의 초등학교 취학 전 보육 및 교육 지원을 위하여 노력하고, 그 구성원의 언어발달을 위하여 한국어 및 결혼이민자 등인 부 또는 모의 모국어 교육을 위한 교재지원 및 학습지원 등 언어능력 제고를 위하여 필요한 지원을 할 수 있다.

「영유아보육법」에 따른 어린이집의 원장, 「유아교육법」에 따른 유치원의 장, 「초 · 중등교육법」에 따른 각급 학교의 장, 그 밖에 대통령령으로 정하는 기관의 장은 아동 · 청소년 보육 · 교육을 실시함에 있어 다문화가족 구성원인 아동 · 청소년이 차별을 받지 아니하도록 필요한 조치를 하여야 한다.

14) 다국어에 의한 서비스 제공

국가와 지방자치단체는 "다문화가족에 대한 이해증진, 생활정보 제공 및 교육 지원, 평등한 가족관계의 유지를 위한 조치, 가정폭력 피해자에 대한 보호 · 지원, 의료 및 건강관리를 위한 지원, 아동 · 청소년 보육 · 교육"의 규정에 따른 지원정책을 추진함에 있어서 결혼이민자 등의 의사소통의 어려움을 해소하고 서비스 접근성을 제고하기 위하여 다국어에 의한 서비스 제공이 이루어지도록 노력하여야 한다.

15) 다문화가족 종합정보 전화센터의 설치 · 운영

여성가족부장관은 다국어에 의한 상담 · 통역 서비스 등을 결혼이민자 등에게 제공하기 위하여 다문화가족 종합정보 전화센터를 설치 · 운영할 수 있다. 이 경우 「가정폭력방지 및 피해자보호 등에 관한 법률」에 따른 외국어 서비스를 제공하는 긴급전화센터와 통합하여 운영할 수 있으며, 여성가족부장관은 전화센터의 설치 · 운영을 대통령령으로 정하는 기관 또는 단체에 위탁할 수 있다.

여성가족부장관은 전화센터의 설치 · 운영을 위탁할 경우 예산의 범위에서 그에 필요한 비용의 전부 또는 일부를 지원할 수 있고, 전화센터의 설치 · 운영에 필요한 사항은 여성가족부령으로 정한다.

16) 다문화가족지원센터의 설치 · 운영

국가와 지방자치단체는 다문화가족지원센터를 설치 · 운영할 수 있으며, 국가 또는 지방자치단체는 지원센터의 설치 · 운영을 대통령령으로 정하는 법인이나 단체에 위탁할 수 있다.

국가 또는 지방자치단체 아닌 자가 지원센터를 설치 · 운영하고자 할 때에는 미리 시 · 도지사 또는 시장 · 군수 · 구청장의 지정을 받아야 한다.

지원센터는 다음의 업무를 수행한다.

- 다문화가족을 위한 교육 · 상담 등 지원사업의 실시
- 결혼이민자 등에 대한 한국어교육
- 다문화가족 지원서비스 정보제공 및 홍보
- 다문화가족 지원 관련 기관 · 단체와의 서비스 연계
- 일자리에 관한 정보제공 및 일자리의 알선
- 다문화가족을 위한 통역 · 번역 지원사업
- 다문화가족 내 가정폭력 방지 및 피해자 연계 지원
- 그 밖에 다문화가족 지원을 위하여 필요한 사업

지원센터에는 다문화가족에 대한 교육 · 상담 등의 업무를 수행하기 위하여 관련 분야에 대한 학식과 경험을 가진 전문인력을 두어야 하며, 국가와 지방자치단체는 지정한 지원센터에 대하여 예산의 범위에서 업무를 수행하는 데에 필요한 비용 및 지원센터의 운영에 드는 비용의 전부 또는 일부를 보조할 수 있다.

지원센터의 설치 · 운영 기준, 위탁 · 지정 기간 및 절차 등에 필요한 사항은 대통령령으로 정하고, 전문인력의 기준 등에 필요한 사항은 여성가족부령으로 정한다.

17) 보수교육의 실시

여성가족부장관 또는 시 · 도지사는 지원센터에 두는 전문인력의 자질과 능력을 향상시키기 위하여 보수교육을 실시하여야 하며, 보수교육의 내용 · 기간 및 방법 등은 여성가족부령으로 정한다.

18) 유사명칭 사용 금지

이 법에 따른 지원센터가 아니면 다문화가족지원센터 또는 이와 유사한 명칭을 사용하지 못한다.

19) 다문화가족 지원업무 관련 공무원의 교육

국가와 지방자치단체는 다문화가족 지원 관련 업무에 종사하는 공무원의 다문화가족에 대한 이해증진과 전문성 향상을 위하여 교육을 실시할 수 있다.

20) 다문화가족지원사업 전문인력 양성

국가 또는 지방자치단체는 다문화가족지원 및 다문화 이해교육 등의 사업 추진에 필요한 전문인력을 양성하는 데 노력하여야 하며, 전문인력을 양성하기 위하여 대통령령으로 정하는 바에 따라 대학이나 연구소 등 적절한 인력과 시설 등을 갖춘 기관이나 단체를 전문인력 양성기관으로 지정하여 관리할 수 있다.

국가 또는 지방자치단체는 지정된 전문인력 양성기관에 대하여 예산의 범위에서 필요한 경비의 전부 또는 일부를 지원할 수 있고, 전문인력 양성기관의 지정 기준 및 절차 등은 대통령령으로 정한다.

21) 사실혼 배우자 및 자녀의 처우

대한민국 국민과 사실혼 관계에서 출생한 자녀를 양육하고 있는 다문화가족 구성원에 대하여 준용한다.

22) 다문화가족 자녀에 대한 적용 특례

다문화가족이 이혼 등의 사유로 해체된 경우에도 그 구성원이었던 자녀에 대하여는 이 법을 적용한다.

23) 권한의 위임과 위탁

여성가족부장관은 이 법에 따른 권한의 일부를 대통령령으로 정하는 바에 따라 시·도지사 또는 시장·군수·구청장에게 위임할 수 있으며, 국가와 지방자치단체는 이 법에 따른 업무의 일부를 대통령령으로 정하는 바에 따라 비영리법인이나 단체에 위탁할 수 있다.

24) 정보 제공의 요청

여성가족부장관 또는 지방자치단체의 장은 이 법의 시행을 위하여 필요한 경우에는 법무부장관에게 다음의 정보 중 결혼이민자 등의 현황 파악을 위한 정보로서 대통령령으로 정하는 정보의 제공을 요청할 수 있다. 이 경우 지방자치단체의 장은 해당 관할구역의 결혼이민자 등에 관한 정보에 한정하여 요청할 수 있다.

- 「재한외국인 처우 기본법」에 따른 결혼이민자의 외국인 등록 정보
- 「국적법」에 따라 귀화허가를 받은 사람의 귀화허가 신청 정보

정보의 제공을 요청받은 법무부장관은 정당한 사유가 없으면 이에 따라야 하며, 정보를 제공받은 여성가족부장관 또는 지방자치단체의 장은 제공받은 정보를 지원센터에 제공할 수 있다.

25) 민간단체 등의 지원

국가와 지방자치단체는 다문화가족 지원 사업을 수행하는 단체나 개인에 대하여 필요한 비용의 전부 또는 일부를 보조하거나 그 업무수행에 필요한 행정적 지원을 할 수 있으며, 결혼이민자 등이 상부상조하기 위한 단체의 구성 · 운영 등을 지원할 수 있다.

26) 과태료

"유사명칭 사용 금지" 규정을 위반한 자에게는 300만원 이하의 과태료를 부과하며, 과태료는 대통령령으로 정하는 바에 따라 여성가족부장관 또는 지방자치단체의 장이 부과 · 징수한다.

27 chapter

가정폭력방지 및 피해자보호 등에 관한 법률

1) 목적

이 법은 가정폭력을 예방하고 가정폭력의 피해자를 보호·지원함을 목적으로 한다.

2) 기본이념

가정폭력 피해자는 피해 상황에서 신속하게 벗어나 인간으로서의 존엄성과 안전을 보장받을 권리가 있다.

3) 정의

이 법에서 사용하는 용어의 뜻은 다음과 같다.

- "가정폭력"이란 「가정폭력범죄의 처벌 등에 관한 특례법」의 "가정구성원 사이의 신체적, 정신적 또는 재산상 피해를 수반하는 행위"를 말한다.
- "가정폭력행위자"란 「가정폭력범죄의 처벌 등에 관한 특례법」의 "가정폭력범죄를 범한 사람 및 가정구성원인 공범"을 말한다.
- "피해자"란 가정폭력으로 인하여 직접적으로 피해를 입은 자를 말한다.
- "아동"이란 18세 미만인 자를 말한다.

4) 국가 등의 책무

국가와 지방자치단체는 가정폭력의 예방·방지와 피해자의 보호·지원을 위하여 다음의 조치를 취하여야 한다.

- 가정폭력 신고체계의 구축 및 운영
- 가정폭력의 예방과 방지를 위한 조사 · 연구 · 교육 및 홍보
- 피해자를 보호 · 지원하기 위한 시설의 설치 · 운영
- 임대주택의 우선 입주권 부여, 직업훈련 등 자립 · 자활을 위한 지원서비스 제공
- 법률구조 및 그 밖에 피해자에 대한 지원서비스 제공
- 피해자의 보호와 지원을 원활히 하기 위한 관련 기관 간의 협력 체계 구축 및 운영
- 가정폭력의 예방 · 방지와 피해자의 보호 · 지원을 위한 관계 법령의 정비와 각종 정책의 수립 · 시행 및 평가
- 피해자와 긴급전화센터, 가정폭력 관련 상담소, 가정폭력피해자 보호시설의 상담원 등 종사자의 신변보호를 위한 안전대책 마련
- 가정폭력 피해의 특성을 고려한 피해자 신변노출 방지 및 보호 · 지원체계 구축
- 가정폭력을 목격하거나 피해를 당한 아동의 신체적 · 정신적 회복을 위하여 필요한 상담 · 치료 프로그램 제공

국가와 지방자치단체는 위 조항에 따른 책무를 다하기 위하여 이에 필요한 재원을 확보하는 등 예산상의 조치를 취하여야 하며, 특별시 · 광역시 · 특별자치시 · 도 · 특별자치도 및 시 · 군 · 구에 가정폭력의 예방 · 방지 및 피해자의 보호 · 지원을 담당할 기구와 공무원을 두어야 한다.

국가와 지방자치단체는 설치 · 운영하는 가정폭력 관련 상담소와 가정폭력피해자 보호시설에 대하여 경비(經費)를 보조하는 등 이를 육성 · 지원하여야 한다.

5) 가정폭력 실태조사

여성가족부장관은 3년마다 가정폭력에 대한 실태조사를 실시하여 그 결과를 발표하고, 이를 가정폭력을 예방하기 위한 정책수립의 기초자료로 활용하여야 하며, 가정폭력 실태조사의 방법과 내용 등에 필요한 사항은 여성가족부령으로 정한다.

6) 가정폭력 예방교육의 실시

국가기관, 지방자치단체 및 「초 · 중등교육법」에 따른 각급 학교의 장, 그 밖에 대통령령으로 정하는 공공단체의 장은 가정폭력의 예방과 방지를 위하여 필요한 교육을 실시하고, 그 결과를 여성가족부장관에게 제출하여야 한다.

예방교육을 실시하는 경우 「성폭력방지 및 피해자보호 등에 관한 법률」에 따른 성교육

및 성폭력 예방교육, 「양성평등기본법」에 따른 성희롱 예방교육 및 「성매매방지 및 피해자보호 등에 관한 법률」에 따른 성매매 예방교육 등을 성평등 관점에서 통합하여 실시할 수 있으며, 여성가족부장관은 교육을 위하여 전문강사를 양성하고, 교육 프로그램을 개발·보급하여야 한다.

여성가족부장관 또는 특별시장·광역시장·특별자치시장·도지사·특별자치도지사는 교육의 대상이 아닌 국민에게 가정폭력의 예방과 방지를 위하여 필요한 교육을 실시할 수 있다. 이 경우 여성가족부장관 또는 시·도지사는 교육에 관한 업무를 가정폭력 관련 상담소 또는 대통령령으로 정하는 교육기관에 위탁할 수 있다.

여성가족부장관은 가정폭력 예방교육 실시 결과에 대한 점검을 대통령령으로 정하는 바에 따라 매년 실시하여야 한다.

여성가족부장관은 점검결과 교육이 부실하다고 인정되는 기관·단체에 대하여 대통령령으로 정하는 바에 따라 관리자 특별교육 등 필요한 조치를 취하여야 한다.

여성가족부장관은 점검결과를 다음의 평가에 반영하도록 해당 기관·단체의 장에게 요구할 수 있다.

- 「정부업무평가 기본법」에 따른 중앙행정기관 및 지방자치단체의 자체평가
- 「공공기관의 운영에 관한 법률」에 따른 공기업·준정부기관의 경영실적평가
- 「지방공기업법」에 따른 지방공기업의 경영평가
- 「초·중등교육법」에 따른 학교 평가

여성가족부장관은 점검결과를 대통령령으로 정하는 바에 따라 언론 등에 공표하여야 한다. 다만, 다른 법률에서 공표를 제한하고 있는 경우에는 그러하지 아니하다.

교육의 내용과 방법, 결과 제출 등에 필요한 사항은 대통령령으로 정한다.

7) 아동의 취학 지원

국가나 지방자치단체는 피해자나 피해자가 동반한 가정구성원 (「가정폭력범죄의 처벌 등에 관한 특례법」의 자 중 피해자의 보호나 양육을 받고 있는 자)이 아동인 경우 주소지 외의 지역에서 취학(입학·재입학·전학 및 편입학 포함)할 필요가 있을 때에는 그 취학이 원활히 이루어지도록 지원하여야 하며, 취학에 필요한 사항은 대통령령으로 정한다.

8) 피해자에 대한 불이익처분의 금지

피해자를 고용하고 있는 자는 누구든지 「가정폭력범죄의 처벌 등에 관한 특례법」에 따

른 가정폭력범죄와 관련하여 피해자를 해고(解雇)하거나 그 밖의 불이익을 주어서는 아니 된다.

9) 긴급전화센터의 설치 · 운영

여성가족부장관 또는 시·도지사는 다음의 업무 등을 수행하기 위하여 긴급전화센터를 설치·운영하여야 한다. 이 경우 외국어 서비스를 제공하는 긴급전화센터를 따로 설치·운영할 수 있다.

- 피해자의 신고접수 및 상담
- 관련 기관·시설과의 연계
- 피해자에 대한 긴급한 구조의 지원
- 경찰관서 등으로부터 인도받은 피해자 및 피해자가 동반한 가정구성원(이하 "피해자 등")의 임시 보호

여성가족부장관 또는 시·도지사는 긴급전화센터의 설치·운영을 대통령령으로 정하는 기관 또는 단체에 위탁할 수 있으며, 긴급전화센터의 설치·운영을 위탁할 경우 그에 필요한 경비를 지원하여야 하며, 긴급전화센터의 설치·운영에 필요한 사항은 여성가족부령으로 정한다.

10) 가정폭력 추방 주간

가정폭력에 대한 사회적 경각심을 높이고 가정폭력을 예방하기 위하여 대통령령으로 정하는 바에 따라 1년 중 1주간을 가정폭력 추방 주간으로 하며, 국가와 지방자치단체는 가정폭력 추방 주간의 취지에 맞는 행사 등 사업을 시행하여야 한다. 이 경우 「성폭력방지 및 피해자보호 등에 관한 법률」에 따른 성폭력 추방 주간의 행사와 통합하여 시행할 수 있다.

11) 상담소의 설치 · 운영

국가나 지방자치단체는 가정폭력 관련 상담소를 설치·운영할 수 있으며, 국가나 지방자치단체 외의 자가 상담소를 설치·운영하려면 특별자치시장·특별자치도지사·시장·군수·구청장에게 신고하여야 한다. 신고한 사항 중 여성가족부령으로 정하는 중요 사항을 변경하려는 경우에도 또한 같다.

시장·군수·구청장은 신고를 받은 날부터 10일 이내(변경신고의 경우 5일 이내)에 신

고수리 여부 또는 민원 처리 관련 법령에 따른 처리기간의 연장을 신고인에게 통지하여야 한다. 상담소는 외국인, 장애인 등 대상별로 특화하여 운영할 수 있고, 상담소의 설치·운영기준, 상담소에 두는 상담원의 수와 신고절차 등에 필요한 사항은 여성가족부령으로 정한다.

12) 상담소의 업무

- 가정폭력을 신고받거나 이에 관한 상담에 응하는 일
- 가정폭력을 신고하거나 이에 관한 상담을 요청한 사람과 그 가족에 대한 상담
- 가정폭력으로 정상적인 가정생활과 사회생활이 어렵거나 그 밖에 긴급히 보호를 필요로 하는 피해자등을 임시로 보호하거나 의료기관 또는 가정폭력피해자 보호시설로 인도(引渡)하는 일
- 행위자에 대한 고발 등 법률적 사항에 관하여 자문하기 위한 대한변호사협회 또는 지방변호사회 및 「법률구조법」에 따른 법률 구조법인 등에 대한 필요한 협조와 지원의 요청
- 경찰관서 등으로부터 인도받은 피해자등의 임시 보호
- 가정폭력의 예방과 방지에 관한 교육 및 홍보
- 그 밖에 가정폭력과 그 피해에 관한 조사·연구

13) 보호시설의 설치

국가나 지방자치단체는 가정폭력피해자 보호시설을 설치·운영할 수 있고, 「사회복지사업법」에 따른 사회복지법인과 그 밖의 비영리법인은 시장·군수·구청장의 인가(認可)를 받아 보호시설을 설치·운영할 수 있다.

보호시설에는 상담원을 두어야 하고, 보호시설의 규모에 따라 생활지도원, 취사원, 관리원 등의 종사자를 둘 수 있으며, 보호시설의 설치·운영의 기준, 보호시설에 두는 상담원 등 종사자의 직종(職種)과 수(數) 및 인가기준(認可基準)등에 필요한 사항은 여성가족부령으로 정한다.

14) 보호시설의 종류

- 단기보호시설 : 피해자 등을 6개월의 범위에서 보호하는 시설
- 장기보호시설 : 피해자 등에 대하여 2년의 범위에서 자립을 위한 주거편의(住居便宜) 등을 제공하는 시설

- 외국인보호시설 : 외국인 피해자 등을 2년의 범위에서 보호하는 시설
- 장애인보호시설 : 「장애인복지법」의 적용을 받는 장애인인 피해자 등을 2년의 범위에서 보호하는 시설

단기보호시설의 장은 그 단기보호시설에 입소한 피해자 등에 대한 보호기간을 여성가족부령으로 정하는 바에 따라 각 3개월의 범위에서 두 차례 연장할 수 있다.

15) 보호시설의 입소대상

보호시설의 입소대상은 피해자 등으로서 다음의 어느 하나에 해당하는 경우로 한다.

- 본인이 입소를 희망하거나 입소에 동의하는 경우
- 「장애인복지법」에 따른 지적장애인이나 정신장애인, 그 밖에 의사능력이 불완전한 자로서 가정폭력행위자가 아닌 보호자가 입소에 동의하는 경우
- 「장애인복지법」에 따른 지적장애인이나 정신장애인, 그 밖에 의사능력이 불완전한 자로서 상담원의 상담 결과 입소가 필요하나 보호자의 입소 동의를 받는 것이 적절하지 못하다고 인정되는 경우

인가받은 보호시설의 장은 보호시설에 입소한 입소자의 인적사항 및 입소 사유 등을 시장·군수·구청장에게 지체 없이 보고하여야 하며, "지적장애인이나 정신장애인, 그 밖에 의사능력이 불완전한 자로서 상담원의 상담 결과 입소가 필요하나 보호자의 입소 동의를 받는 것이 적절하지 못하다고 인정되는 경우"에는 지체 없이 관할 시장·군수·구청장의 승인을 받아야 한다.

16) 보호시설의 퇴소

보호시설에 입소한 자는 본인의 의사 또는 입소 동의를 한 보호자의 요청에 따라 보호시설을 퇴소할 수 있으며, 보호시설의 장은 입소한 자가 다음의 어느 하나에 해당하는 경우에는 퇴소를 명할 수 있다.

- 보호의 목적이 달성된 경우
- 보호기간이 끝난 경우
- 입소자가 거짓이나 그 밖의 부정한 방법으로 입소한 경우
- 보호시설 안에서 현저한 질서문란 행위를 한 경우

17) 보호시설에 대한 보호비용 지원

국가나 지방자치단체는 보호시설에 입소한 피해자나 피해자가 동반한 가정 구성원의 보호를 위하여 필요한 경우 다음의 보호비용을 보호시설의 장 또는 피해자에게 지원할 수 있다. 다만, 보호시설에 입소한 피해자나 피해자가 동반한 가정 구성원이 「국민기초생활 보장법」 등 다른 법령에 따라 보호를 받고 있는 경우에는 그 범위에서 이 법에 따른 지원을 하지 아니하며, 보호비용 지원의 기준, 방법 및 절차 등에 필요한 사항은 여성가족부령으로 정한다.

- 생계비
- 아동교육지원비
- 아동양육비
- 직업훈련비
- 퇴소 시 자립지원금
- 그 밖에 대통령령으로 정하는 비용

18) 보호시설의 업무

보호시설은 피해자 등에 대하여 다음의 업무를 행한다. 다만, 피해자가 동반한 가정 구성원에게는 "숙식 제공" 외의 업무 일부를 하지 아니할 수 있고, 장기보호시설은 피해자 등에 대하여 "숙식의 제공, 심리적 안정과 사회적응을 위한 상담 및 치료, 질병치료와 건강관리(입소 후 1개월 이내의 건강검진 포함)를 위한 의료기관에의 인도 등 의료지원, 수사·재판과정에 필요한 지원 및 서비스 연계, 법률구조기관 등에 필요한 협조와 지원의 요청"에 규정된 업무(주거편의를 제공하는 업무는 제외)를 하지 아니할 수 있다.

- 숙식의 제공
- 심리적 안정과 사회적응을 위한 상담 및 치료
- 질병치료와 건강관리(입소 후 1개월 이내의 건강검진 포함)를 위한 의료기관에의 인도 등 의료지원
- 수사·재판과정에 필요한 지원 및 서비스 연계
- 법률구조기관 등에 필요한 협조와 지원의 요청
- 자립자활교육의 실시와 취업정보의 제공
- 다른 법률에 따라 보호시설에 위탁된 사항
- 그 밖에 피해자등의 보호를 위하여 필요한 일

장애인보호시설을 설치·운영하는 자가 위 조항의 업무를 할 때에는 장애인의 특성을 고려하여 적절하게 지원할 수 있도록 하여야 한다.

19) 긴급전화센터, 상담소 및 보호시설 종사자의 자격기준

다음의 어느 하나에 해당하는 자는 긴급전화센터의 장, 상담소의 장, 보호시설의 장 또는 그 밖에 긴급전화센터·상담소 및 보호시설 종사자가 될 수 없다.

- 미성년자, 피성년후견인 또는 피한정후견인
- 파산선고를 받은 자로서 복권(復權)되지 아니한 자
- 금고 이상의 형을 선고받고 그 집행이 끝나지(집행이 끝난 것으로 보는 경우 포함) 아니하거나 집행이 면제되지 아니한 자

긴급전화센터, 상담소 및 보호시설에 근무하는 상담원은 여성가족부령으로 정하는 요건에 해당하는 자로서 가정폭력 관련 상담원 교육훈련시설에서 여성가족부령으로 정하는 상담원 교육훈련과정을 마친 자로 한다.

그 밖에 긴급전화센터, 상담소 및 보호시설에 종사하는 종사자의 자격기준에 필요한 사항은 여성가족부령으로 정한다.

20) 가정폭력 관련 상담원 교육훈련시설

국가나 지방자치단체는 상담원(상담원이 되려는 자 포함)에 대하여 교육·훈련을 실시하기 위하여 가정폭력 관련 상담원 교육훈련시설을 설치·운영할 수 있으며, 교육훈련시설을 설치하려는 자는 시장·군수·구청장에게 신고하여야 한다. 신고한 사항 중 여성가족부령으로 정하는 중요 사항을 변경하려는 경우에도 또한 같다.

- 「고등교육법」에 따른 학교를 설립·운영하는 학교법인
- 법률구조법인
- 사회복지법인
- 그 밖의 비영리법인

시장·군수·구청장은 신고를 받은 날부터 10일 이내(변경신고의 경우 5일 이내)에 신고수리 여부 또는 민원 처리 관련 법령에 따른 처리기간의 연장을 신고인에게 통지하여야 한다.

교육훈련시설의 설치기준, 교육훈련시설에 두는 강사의 자격과 수, 상담원 교육훈련과

정의 운영기준 및 신고절차 등에 필요한 사항은 여성가족부령으로 정한다.

21) 보수교육의 실시

여성가족부장관 또는 시·도지사는 긴급전화센터·상담소 및 보호시설 종사자의 자질을 향상시키기 위하여 보수교육을 실시하여야 하며, 교육에 관한 업무를 「고등교육법」에 따른 대학, 전문대학 또는 대통령령으로 정하는 전문기관에 위탁할 수 있다.

보수교육의 기간·방법 및 내용 등에 필요한 세부사항은 여성가족부령으로 정한다.

22) 임대주택의 우선 입주권 부여

"임대주택의 우선 입주권 부여, 직업훈련 등 자립·자활을 위한 지원서비스 제공"에서 정하는 임대주택의 우선 입주권 부여의 대상자 선정기준 및 선정방법 등에 필요한 사항은 대통령령으로 정한다.

23) 피해자 의사의 존중 의무

상담소나 보호시설의 장은 피해자 등의 명시한 의사에 반하여 "보호시설의 업무[9)]"와 "치료보호"를 할 수 없다.

24) 수사기관의 협조

긴급전화센터, 상담소 또는 보호시설의 장은 가정폭력행위자로부터 피해자 또는 그 상담원 등 종사자를 긴급히 구조할 필요가 있는 경우 관할 경찰관서의 장에게 그 소속 직원의 동행을 요청할 수 있다. 이 경우 요청을 받은 경찰관서의 장은 특별한 사유가 없으면 이에 따라야 한다.

25) 홍보영상의 제작·배포

여성가족부장관은 가정폭력의 예방과 방지를 위하여 가정폭력의 위해성 및 가정폭력피

9) 1. 숙식의 제공
2. 심리적 안정과 사회적응을 위한 상담 및 치료
3. 질병치료와 건강관리(입소 후 1개월 이내의 건강검진을 포함한다)를 위한 의료기관에의 인도 등 의료지원
4. 수사·재판과정에 필요한 지원 및 서비스 연계
5. 법률구조기관 등에 필요한 협조와 지원의 요청
6. 자립자활교육의 실시와 취업정보의 제공
7. 다른 법률에 따라 보호시설에 위탁된 사항
8. 그 밖에 피해자등의 보호를 위하여 필요한 일

해자 지원 등에 관한 홍보영상을 제작하여 「방송법」에 따른 방송사업자에게 배포하여야 한다.

여성가족부장관은 「방송법」의 지상파방송사업자(이하 방송사업자)에게 대통령령으로 정하는 비상업적 공익광고 편성비율의 범위에서 홍보영상을 채널별로 송출하도록 요청할 수 있다.

방송사업자는 홍보영상 외에 독자적으로 홍보영상을 제작하여 송출할 수 있다. 이 경우 여성가족부장관에게 필요한 협조 및 지원을 요청할 수 있다.

26) 사법경찰관리의 현장출동

사법경찰관리는 가정폭력범죄의 신고가 접수된 때에는 지체 없이 가정폭력의 현장에 출동하여야 하며, 출동한 사법경찰관리는 피해자를 보호하기 위하여 신고된 현장 또는 사건 조사를 위한 관련 장소에 출입하여 관계인에 대하여 조사를 하거나 질문을 할 수 있다.

가정폭력행위자는 사법경찰관리의 현장 조사를 거부하는 등 그 업무 수행을 방해하는 행위를 하여서는 아니 되며, 출입, 조사 또는 질문을 하는 사법경찰관리는 그 권한을 표시하는 증표를 지니고 이를 관계인에게 내보여야 한다.

현장출동 시 수사기관의 장은 긴급전화센터, 상담소 또는 보호시설의 장에게 가정폭력 현장에 동행하여 줄 것을 요청할 수 있고, 요청을 받은 긴급전화센터, 상담소 또는 보호시설의 장은 정당한 사유가 없으면 그 소속 상담원을 가정폭력 현장에 동행하도록 하여야 한다.

조사 또는 질문을 하는 사법경찰관리는 피해자·신고자·목격자 등이 자유롭게 진술할 수 있도록 가정폭력행위자로부터 분리된 곳에서 조사하는 등 필요한 조치를 하여야 한다.

27) 상담소·보호시설 또는 교육훈련시설의 폐지

상담소·보호시설 또는 교육훈련시설의 장이 그 시설의 운영을 일시적으로 중단하거나 폐지(廢止) 또는 그 운영을 재개하려면 여성가족부령으로 정하는 바에 따라 시장·군수·구청장에게 신고하여야 하며, 시장·군수·구청장은 일시적 중단 또는 폐지신고를 받은 경우 그 내용을 검토하여 이 법에 적합하면 신고를 수리하여야 한다.

상담소의 장, 보호시설의 장 또는 교육훈련시설의 장은 해당 시설을 일시적으로 중단 또는 폐지하는 경우에는 여성가족부령으로 정하는 바에 따라 해당 시설을 이용하는 사람이 다른 시설로 옮길 수 있도록 하는 등 시설 이용자의 권익을 보호하기 위한 조치를 하여야 한다.

시장 · 군수 · 구청장은 상담소 · 보호시설 또는 교육훈련시설의 일시적 중단 또는 폐지의 신고를 받은 경우 해당 시설의 장이 시설 이용자의 권익을 보호하기 위한 조치를 하였는지 여부를 확인하는 등 여성가족부령으로 정하는 조치를 하여야 한다.

28) 감독

여성가족부장관 또는 시장 · 군수 · 구청장은 상담소 · 보호시설 또는 교육훈련시설의 장에게 그 시설에 관하여 필요한 보고를 하게 할 수 있으며, 관계 공무원으로 하여금 그 시설의 운영 상황을 조사하게 하거나 장부나 그 밖의 서류를 검사하게 할 수 있으며, 그 직무를 수행하는 관계 공무원은 그 권한을 표시하는 증표를 지니고 이를 관계인에게 내보여야 한다.

29) 인가의 취소

시장 · 군수 · 구청장은 상담소 · 보호시설 또는 교육훈련시설이 다음의 어느 하나에 해당하면 시설의 폐쇄, 업무의 폐지 또는 6개월의 범위에서 업무의 정지를 명하거나 인가를 취소할 수 있다.

- 설치기준이나 운영기준에 미달하게 된 경우
- 상담원이나 강사의 수가 부족하거나 자격이 없는 자를 채용한 경우
- 정당한 사유 없이 보고를 하지 아니하거나 거짓으로 보고를 한 경우 또는 관계 공무원의 조사 · 검사를 거부하거나 기피한 경우
- 영리를 목적으로 상담소 · 보호시설 또는 교육 훈련시설을 설치 · 운영한 경우

시장 · 군수 · 구청장은 상담소 · 보호시설 또는 교육훈련시설이 시설의 폐쇄, 업무의 정지 · 폐지 또는 인가가 취소되는 경우에는 해당 시설을 이용하는 사람이 다른 시설로 옮길 수 있도록 하는 등 여성가족부령으로 정하는 바에 따라 시설 이용자의 권익을 보호하기 위하여 필요한 조치를 하여야 하며, 업무의 정지 · 폐지 또는 시설의 폐쇄명령이나 인가취소에 관한 세부 기준은 여성가족부령으로 정한다.

30) 청문

시장 · 군수 · 구청장은 업무의 정지 · 폐지 또는 그 시설의 폐쇄를 명하거나 인가를 취소하려면 청문을 하여야 한다.

31) 경비의 보조

국가나 지방자치단체는 상담소나 보호시설의 설치·운영에 드는 경비의 일부를 보조할 수 있고, 장애인보호시설이 여성가족부장관이 정하는 기준에 맞는 시설과 설비를 설치할 수 있도록 그 비용을 지원하여야 한다.

32) 긴급전화센터 등의 평가

여성가족부장관은 3년마다 긴급전화센터, 상담소 및 보호시설의 운영실적을 평가하고, 그 결과를 각 시설의 감독, 지원 등에 반영할 수 있으며, 평가의 기준과 방법 등에 필요한 사항은 여성가족부령으로 정한다.

33) 상담소 또는 보호시설의 통합 설치 및 운영

국가나 지방자치단체는 이 법에 따라 설치·운영하는 상담소나 보호시설을 대통령령으로 정하는 유사한 성격의 상담소나 보호시설과 통합하여 설치·운영하거나 설치·운영할 것을 권고할 수 있다.

34) 영리목적 운영의 금지

누구든지 영리를 목적으로 상담소·보호시설 또는 교육훈련시설을 설치·운영하여서는 아니된다. 다만, 교육훈련시설의 장은 상담원교육훈련과정을 수강하는 자에게 여성가족부장관이 정하는 바에 따라 수강료를 받을 수 있다.

35) 비밀 엄수의 의무

긴급전화센터, 상담소 또는 보호시설의 장이나 이를 보조하는 자 또는 그 직에 있었던 자는 그 직무상 알게 된 비밀을 누설하여서는 아니 된다.

36) 유사 명칭의 사용 금지

이 법에 따른 긴급전화센터·상담소·보호시설 또는 교육훈련시설이 아니면 가정폭력 관련 긴급전화센터, 상담소, 가정폭력피해자 보호시설 또는 가정폭력 관련 상담원 교육훈련시설이나 그 밖에 이와 유사한 명칭을 사용하지 못한다.

37) 치료보호

의료기관은 피해자 본인, 가족, 친지나 긴급전화센터, 상담소 또는 보호시설의 장 등이 요청하면 피해자에 대하여 다음의 치료보호를 실시하여야 한다.

- 보건에 관한 상담 및 지도
- 신체적 · 정신적 피해에 대한 치료
- 그 밖에 대통령령으로 정하는 의료에 관한 사항

치료보호에 필요한 일체의 비용은 가정폭력행위자가 부담하나, 피해자가 치료보호비를 신청하는 경우에는 국가나 지방자치단체는 가정폭력행위자를 대신하여 치료보호에 필요한 비용을 의료기관에 지급하여야 하며, 국가나 지방자치단체가 비용을 지급한 경우에는 가정폭력행위자에 대하여 구상권(求償權)을 행사할 수 있다. 다만, 피해자가 보호시설 입소 중에 치료보호를 받은 경우나 가정폭력행위자가 다음의 어느 하나에 해당하는 경우에는 그러하지 아니하다.

- 「국민기초생활보장법」에 따른 수급자(受給者)
- 「장애인복지법」에 따라 등록된 장애인

비용을 지급하기 위한 절차, 구상권 행사(行使)의 절차 등에 필요한 사항은 여성가족부령으로 정한다.

38) 권한의 위임

이 법에 따른 여성가족부장관의 권한은 대통령령으로 정하는 바에 따라 그 일부를 시 · 도지사 또는 시장 · 군수 · 구청장에게 위임할 수 있다.

39) 벌칙

- "피해자에 대한 불이익처분의 금지" 규정을 위반하여 피해자를 해고하거나 그 밖의 불이익을 준 자는 3년 이하의 징역 또는 3천만원 이하의 벌금에 처한다.
- 다음의 어느 하나에 해당하는 자는 1년 이하의 징역 또는 1천만원 이하의 벌금에 처한다.
  ㉠ 신고를 하지 아니하거나 인가를 받지 아니하고 상담소 · 보호시설 또는 교육훈련시설을 설치 · 운영한 자

㉡ 업무의 정지·폐지 또는 시설의 폐쇄 명령을 받고도 상담소·보호시설 또는 교육훈련시설을 계속 운영한 자

㉢ 비밀 엄수의 의무를 위반한 자

40) 양벌규정

법인의 대표자나 법인 또는 개인의 대리인, 사용인, 그 밖의 종업원이 그 법인 또는 개인의 업무에 관하여 "벌칙" 조항의 위반행위를 하면 그 행위자를 벌하는 외에 그 법인 또는 개인에게도 해당 조문의 벌금형을 과(科)한다. 다만, 법인 또는 개인이 그 위반행위를 방지하기 위하여 해당 업무에 관하여 상당한 주의와 감독을 게을리하지 아니한 경우에는 그러하지 아니하다.

41) 과태료

- 정당한 사유 없이 사법경찰관리의 현장조사를 거부·기피하는 등 업무 수행을 방해한 가정폭력행위자에게는 500만원 이하의 과태료를 부과한다.
- 다음의 어느 하나에 해당하는 자에게는 300만원 이하의 과태료를 부과한다.

㉠ 정당한 사유 없이 시장·군수·구청장에 대한 상담소·보호시설 또는 교육훈련시설의 장이 그 시설에 관하여 필요한 보고를 하지 아니하거나 거짓으로 보고한 자 또는 조사·검사를 거부하거나 기피한 자

㉡ 유사 명칭 사용 금지를 위반한 자

위 조항에 따른 과태료는 대통령령으로 정하는 바에 따라 여성가족부장관 또는 시장·군수·구청장이 부과·징수한다.

28
chapter

성매매방지 및 피해자보호 등에 관한 법률

1) 목적

이 법은 성매매를 방지하고, 성매매피해자 및 성을 파는 행위를 한 사람의 보호, 피해회복 및 자립·자활을 지원하는 것을 목적으로 한다.

2) 정의

이 법에서 사용하는 용어의 뜻은 다음과 같다.

- "성매매"란 「성매매알선 등 행위의 처벌에 관한 법률」에 따른 행위10)를 말한다.
- "성매매알선등행위"란 「성매매알선 등 행위의 처벌에 관한 법률」에 따른 행위11)를 말한다.
- "성매매 목적의 인신매매"란 「성매매알선 등 행위의 처벌에 관한 법률」에 따른 행위12)를 말한다.

---

10) "성매매"란 불특정인을 상대로 금품이나 그 밖의 재산상의 이익을 수수(收受)하거나 수수하기로 약속하고 다음 각 목의 어느 하나에 해당하는 행위를 하거나 그 상대방이 되는 것을 말한다.
가. 성교행위
나. 구강, 항문 등 신체의 일부 또는 도구를 이용한 유사 성교행위

11) 가. 성매매를 알선, 권유, 유인 또는 강요하는 행위
나. 성매매의 장소를 제공하는 행위
다. 성매매에 제공되는 사실을 알면서 자금, 토지 또는 건물을 제공하는 행위

12) 가. 성을 파는 행위 또는 「형법」 제245조에 따른 음란행위를 하게 하거나, 성교행위 등 음란한 내용을 표현하는 사진·영상물 등의 촬영 대상으로 삼을 목적으로 위계(僞計), 위력(威力), 그 밖에 이에 준하는 방법으로 대상자를 지배·관리하면서 제3자에게 인계하는 행위
나. 가목과 같은 목적으로 「청소년 보호법」 제2조제1호에 따른 청소년(이하 "청소년"이라 한다), 사물을 변별하거나 의사를 결정할 능력이 없거나 미약한 사람 또는 대통령령으로 정하는 중대한 장애가 있는 사람이나 그를 보호·감독하는 사람에게 선불금 등 금품이나 그 밖의 재산상의 이

- “성매매피해자”란 「성매매알선 등 행위의 처벌에 관한 법률」에 따른 사람[13]을 말한다.
- “성접대”란 거래나 업무 관계에 있는 상대방에게 거래나 업무행위에 대한 대가로서 성을 제공하거나 알선·권유하는 행위를 말한다.

3) 국가 등의 책임

국가와 지방자치단체는 성매매를 방지하고, 성매매·피해자 및 성을 파는 행위를 한 사람(이하 “성매매피해자 등”)의 보호, 피해 회복 및 자립·자활을 지원하기 위하여 다음의 사항에 대한 법적·제도적 장치를 마련하고 필요한 행정적·재정적 조치를 하여야 한다.

- 성매매, 성매매알선등행위 및 성매매 목적의 인신매매 신고체계의 구축·운영
- 성매매, 성매매알선등행위 및 성매매 목적의 인신매매를 방지하기 위한 조사·연구·교육·홍보, 법령 정비 및 정책 수립
- 성매매피해자등의 보호와 자립을 지원하기 위한 시설(외국인을 위한 시설 포함)의 설치·운영
- 성매매피해자등에 대한 주거지원, 직업훈련, 법률구조 및 그 밖의 지원 서비스 제공
- 성매매피해자등에 대한 보호·지원을 원활히 하기 위한 관련 기관 간 협력체계의 구축·운영
- 성매매, 성매매알선 등 행위 예방을 위한 유해환경 감시

국가는 성매매 목적의 인신매매 방지를 위한 국제협력을 증진하기 위하여 노력하여야 한다.

4) 성매매 실태조사

여성가족부장관은 3년마다 국내외 성매매 실태조사(성접대 실태조사 포함)를 실시하여

익을 제공하거나 제공하기로 약속하고 대상자를 지배·관리하면서 제3자에게 인계하는 행위
다. 가목 및 나목의 행위가 행하여지는 것을 알면서 가목과 같은 목적이나 전매를 위하여 대상자를 인계받는 행위
라. 가목부터 다목까지의 행위를 위하여 대상자를 모집·이동·은닉하는 행위

13) 가. 위계, 위력, 그 밖에 이에 준하는 방법으로 성매매를 강요당한 사람
나. 업무관계, 고용관계, 그 밖의 관계로 인하여 보호 또는 감독하는 사람에 의하여 「마약류관리에 관한 법률」 제2조에 따른 마약·향정신성의약품 또는 대마(이하 “마약 등”이라 한다)에 중독되어 성매매를 한 사람
다. 청소년, 사물을 변별하거나 의사를 결정할 능력이 없거나 미약한 사람 또는 대통령령으로 정하는 중대한 장애가 있는 사람으로서 성매매를 하도록 알선·유인된 사람
라. 성매매 목적의 인신매매를 당한 사람

성매매 실태에 관한 종합보고서를 발간하고, 이를 성매매의 예방을 위한 정책수립에 기초자료로 활용하여야 하며, 실태조사를 위하여 필요하다고 인정하는 경우에는 관계 중앙행정기관의 장, 지방자치단체의 장 및 관련 단체의 장에게 자료 제출 또는 조사업무의 수행에 필요한 협조를 요청할 수 있다. 이 경우 자료 제출 또는 협조 요청을 받은 자는 특별한 사유가 없으면 이에 따라야 한다.

성매매 실태조사의 방법과 내용 등에 필요한 사항은 여성가족부령으로 정한다.

5) 성매매 예방교육

국가기관, 지방자치단체, 초·중·고등학교, 그 밖에 대통령령으로 정하는 공공단체(이하 "국가기관 등")의 장은 성에 대한 건전한 가치관 함양과 성매매 방지 및 인권보호를 위하여 성매매 예방교육을 실시하고, 그 결과를 여성가족부장관에게 제출하여야 하며, 예방교육을 실시하는 경우 「성폭력방지 및 피해자보호 등에 관한 법률」에 따른 성교육 및 성폭력 예방교육, 「양성평등기본법」에 따른 성희롱 예방교육 및 「가정폭력방지 및 피해자보호 등에 관한 법률」에 따른 가정폭력 예방교육 등을 성평등 관점에서 통합하여 실시할 수 있다.

여성가족부장관 또는 특별시장·광역시장·특별자치시장·도지사·특별자치도지사는 교육의 대상이 아닌 국민에게 성매매 및 성매매 목적의 인신매매 방지와 성매매피해자등의 인권 보호를 위하여 필요한 교육을 실시할 수 있다. 이 경우 여성가족부장관 또는 시·도지사는 교육에 관한 업무를 성매매피해상담소 또는 대통령령으로 정하는 교육기관에 위탁할 수 있다.

여성가족부장관은 교육을 효과적으로 실시하기 위하여 전문강사를 양성하고 교육프로그램을 개발·보급하여야 하며, 국가기관 등의 성매매 예방교육 실시 결과에 대한 점검을 대통령령으로 정하는 바에 따라 매년 실시하여야 한다.

여성가족부장관은 점검결과 교육이 부실하다고 인정되는 국가기관 등에 대하여 대통령령으로 정하는 바에 따라 관리자 특별교육 등 필요한 조치를 취하여야 한다.

여성가족부장관은 점검결과를 다음의 평가에 반영하도록 해당 기관·단체의 장에게 요구할 수 있다.

- 「정부업무평가 기본법」에 따른 중앙행정기관 및 지방자치단체의 자체평가
- 「공공기관의 운영에 관한 법률」에 따른 공기업·준정부기관의 경영실적 평가
- 「지방공기업법」에 따른 지방공기업의 경영평가

• 「초 · 중등교육법」에 따른 학교 평가

여성가족부장관은 점검결과를 대통령령으로 정하는 바에 따라 언론 등에 공표하여야 한다. 다만, 다른 법률에서 공표를 제한하고 있는 경우에는 그러하지 아니하다.

성매매 예방교육의 내용과 방법, 결과 제출 절차 등에 필요한 사항은 대통령령으로 정한다.

6) 성매매 방지 홍보영상의 제작 · 배포 · 송출

여성가족부장관은 성매매, 성매매알선등행위, 성매매 목적의 인신매매를 방지하고 성매매피해자등을 지원하기 위한 홍보영상을 제작하여 「방송법」에 따른 방송사업자에게 배포하여야 하며, 「방송법」의 지상파방송사업자에게 대통령령으로 정하는 비상업적 공익광고 편성비율의 범위에서 홍보영상을 채널별로 송출하도록 요청할 수 있다.

방송사업자는 홍보영상 외에 독자적으로 홍보영상을 제작하여 송출할 수 있다. 이 경우 여성가족부장관에게 필요한 협조 및 지원을 요청할 수 있다.

7) 성매매 추방주간

성매매 및 성매매 목적의 인신매매에 대한 사회적 경각심을 높이고 해당 범죄를 예방하기 위하여 대통령령으로 정하는 바에 따라 1년 중 1주간을 성매매 추방주간으로 한다.

8) 성매매피해자 등 및 가족의 취학 지원

국가와 지방자치단체는 성매매피해자 등 또는 그 가족이 「초 · 중등교육법」에 따른 각급 학교의 학생인 경우 주소지 외의 지역에서 취학(입학, 재입학, 전학 및 편입학 포함)할 필요가 있을 때에는 그 취학이 원활히 이루어지도록 지원하여야 한다. 이 경우 취학을 지원하는 관계자 및 관계 기관은 성매매피해자등 및 그 가족의 사생활이 침해되지 아니하도록 유의하여야 한다. 출석일수 산입 등 취학 지원에 필요한 사항은 대통령령으로 정한다.

9) 지원시설의 종류

성매매피해자 등을 위한 지원시설의 종류는 다음과 같다.

• 일반 지원시설: 성매매피해자 등을 대상으로 1년의 범위에서 숙식을 제공하고 자립을 지원하는 시설

- 청소년 지원시설: 19세 미만의 성매매피해자 등을 대상으로 19세가 될 때까지 숙식을 제공하고, 취학·교육 등을 통하여 자립을 지원하는 시설
- 외국인 지원시설: 외국인 성매매피해자 등을 대상으로 3개월(「성매매알선 등 행위의 처벌에 관한 법률」에 해당하는 경우에는 그 해당 기간)의 범위에서 숙식을 제공하고, 귀국을 지원하는 시설
- 자립지원 공동생활시설: 성매매피해자 등을 대상으로 2년의 범위에서 숙박 등의 편의를 제공하고, 자립을 지원하는 시설

일반 지원시설의 장은 1년 6개월의 범위에서 여성가족부령으로 정하는 바에 따라 지원기간을 연장할 수 있다.

청소년 지원시설의 장은 2년의 범위에서 여성가족부령으로 정하는 바에 따라 지원기간을 연장할 수 있다.

자립지원 공동생활시설의 장은 2년의 범위에서 여성가족부령으로 정하는 바에 따라 지원기간을 연장할 수 있다.

위 조항의 규정에도 불구하고 성매매피해자등이 「장애인차별금지 및 권리구제 등에 관한 법률」에 따른 장애인인 경우 여성가족부령으로 정하는 바에 따라 피해 회복에 소요되는 기간까지 지원기간을 연장할 수 있다.

10) 지원시설의 설치

국가 또는 지방자치단체는 지원시설을 설치·운영할 수 있으며, 국가나 지방자치단체 외의 자가 지원시설을 설치·운영하려면 특별자치시장·특별자치도지사·시장·군수·구청장에게 신고하여야 한다. 신고한 사항 중 여성가족부령으로 정하는 중요 사항을 변경하려는 경우에도 또한 같다.

특별자치시장·특별자치도지사·시장·군수·구청장은 위 조항에 따른 신고를 받은 날부터 10일 이내(변경신고의 경우 5일 이내)에 신고수리 여부 또는 민원 처리 관련 법령에 따른 처리기간의 연장을 신고인에게 통지하여야 한다.

지원시설의 설치기준·신고절차 및 종사자의 자격기준·수 등에 필요한 사항은 여성가족부령으로 정한다.

11) 지원시설의 업무

일반 지원시설은 다음의 업무를 수행한다.

- 숙식 제공
- 심리적 안정과 피해 회복을 위한 상담 및 치료
- 질병치료와 건강관리를 위하여 의료기관에 인도(引渡)하는 등의 의료지원
- 수사기관의 조사와 법원의 증인신문(證人訊問)에의 동행
- 「법률구조법」에 따른 대한법률구조공단 등 관계 기관에 필요한 협조와 지원 요청
- 자립·자활 교육의 실시와 취업정보 제공
- 「국민기초생활 보장법」 등 사회보장 관계 법령에 따른 급부(給付)의 수령 지원
- 기술교육(위탁교육 포함)
- 다른 법률에서 지원시설에 위탁한 사항
- 그 밖에 여성가족부령으로 정하는 사항

청소년 지원시설은 위 조항의 업무 외에 진학을 위한 교육을 제공하거나 교육기관에 취학을 연계하는 업무를 수행한다.

외국인 지원시설은 규정된 업무[14]와 귀국을 지원하는 업무를 수행한다.

자립지원 공동생활시설은 다음의 업무를 수행한다.

- 숙박 지원
- 취업 및 창업을 위한 정보 제공
- 그 밖에 사회 적응을 위하여 필요한 지원으로서 여성가족부령으로 정하는 사항

12) 지원시설 입소

지원시설에 들어가려는 사람은 해당 지원시설의 입소규정을 지켜야 하며, 지원시설에서 제공하는 프로그램을 이용하려는 사람은 해당 지원시설의 이용규정을 지켜야 한다.

지원시설의 장은 입소규정이나 이용규정을 지키지 아니하거나 그 밖에 단체생활을 현저히 해치는 행위를 하는 입소자나 이용자에 대하여는 퇴소 또는 이용 중단 등 필요한 조치를 할 수 있으며, 지원시설의 입소절차, 이용절차, 입소규정 및 이용규정 등에 필요한 사항은 여성가족부령으로 정한다.

---

14) • 숙식 제공
- 심리적 안정과 피해 회복을 위한 상담 및 치료
- 질병치료와 건강관리를 위하여 의료기관에 인도(引渡)하는 등의 의료지원
- 수사기관의 조사와 법원의 증인신문(證人訊問)에의 동행
- 「법률구조법」에 따른 대한법률구조공단 등 관계 기관에 필요한 협조와 지원 요청
- 다른 법률에서 지원시설에 위탁한 사항

13) 지원시설의 운영

지원시설의 장은 입소자 또는 이용자의 인권을 최대한 보장하여야 하며, 입소자 및 이용자의 사회 적응능력 등을 기를 수 있도록 상담, 교육, 정보를 제공하고, 신변 보호 등에 필요한 지원을 하여야 한다.

지원시설의 장은 입소자의 건강관리를 위하여 입소 후 1개월 이내에 건강진단을 실시하고, 건강에 이상이 발견된 경우에는 「의료급여법」에 따른 의료급여를 받게 하는 등 필요한 조치를 하여야 하며, 필요한 경우 의료기관에 질병치료 등을 의뢰할 수 있다.

지원시설의 운영방법·운영기준 등에 필요한 사항은 여성가족부령으로 정한다.

14) 지원시설에 대한 보호비용 지원

국가 또는 지방자치단체는 지원시설 중 일반·청소년·외국인 지원시설에 입소한 성매매피해자등의 보호를 위하여 필요한 경우 다음의 보호비용을 해당 지원시설의 장 또는 지원시설에 입소한 성매매피해자등에게 지원할 수 있다. 다만, 지원시설에 입소한 성매매피해자 등이 「국민기초생활 보장법」 등 다른 법령에 따라 지원을 받고 있는 경우에는 그 범위에서 이 법에 따른 지원을 하지 아니한다.

- 생계비
- 아동교육지원비
- 아동양육비
- 그 밖에 대통령령으로 정하는 비용

위 조항에 따른 보호비용의 지원 방법 및 절차 등에 필요한 사항은 여성가족부령으로 정한다.

15) 자활지원센터의 설치 및 운영

국가 또는 지방자치단체는 성매매피해자등의 회복과 자립에 필요한 지원을 제공하기 위하여 자활지원센터를 설치·운영할 수 있으며, 국가 또는 지방자치단체 외의 자가 자활지원센터를 설치·운영하려면 특별자치시장·특별자치도지사·시장·군수·구청장에게 신고하여야 한다. 신고한 사항 중 여성가족부령으로 정하는 중요 사항을 변경하려는 경우에도 또한 같다.

특별자치시장·특별자치도지사·시장·군수·구청장은 신고를 받은 날부터 10일 이내

(변경신고의 경우 5일 이내)에 신고수리 여부 또는 민원 처리 관련 법령에 따른 처리기간의 연장을 신고인에게 통지하여야 한다.

자활지원센터는 이 법에 따른 성매매피해자 등이라면 누구라도 이용할 수 있으며, 자활지원센터의 설치기준·신고절차, 이용규정 및 종사자의 자격기준·수 등에 필요한 사항은 여성가족부령으로 정한다.

16) 자활지원센터의 업무

- 작업장 등의 설치·운영
- 취업 및 기술교육(위탁교육 포함)
- 취업 및 창업을 위한 정보의 제공
- 그 밖에 사회 적응을 위하여 필요한 지원으로서 여성가족부령으로 정하는 사항

17) 상담소의 설치

국가 또는 지방자치단체는 성매매피해상담소)를 설치·운영할 수 있으며, 국가 또는 지방자치단체 외의 자가 상담소를 설치·운영하려면 특별자치시장·특별자치도지사·시장·군수·구청장에게 신고하여야 한다. 신고한 사항 중 여성가족부령으로 정하는 중요 사항을 변경하려는 경우에도 또한 같다.

특별자치시장·특별자치도지사·시장·군수·구청장은 신고를 받은 날부터 10일 이내(변경신고의 경우 5일 이내)에 신고수리 여부 또는 민원 처리 관련 법령에 따른 처리기간의 연장을 신고인에게 통지하여야 한다.

상담소에는 상담실을 두어야 하며, 이용자를 임시로 보호하기 위한 보호실을 운영할 수 있고, 상담소의 설치기준·신고절차·운영기준, 상담원 등 종사자의 자격기준 및 수 등에 필요한 사항은 여성가족부령으로 정한다.

18) 상담소의 업무

- 상담 및 현장 방문
- 지원시설 이용에 관한 고지 및 지원시설에의 인도 또는 연계
- 성매매피해자의 구조
- "질병치료와 건강관리를 위하여 의료기관에 인도(引渡)하는 등의 의료지원, 수사기관의 조사와 법원의 증인신문(證人訊問)에의 동행, 「법률구조법」에 따른 대한법률구조공단 등 관계 기관에 필요한 협조와 지원 요청" 업무

• 성매매 예방을 위한 홍보와 교육
• 다른 법률에서 상담소에 위탁한 사항
• 성매매피해자 등의 보호를 위한 조치로서 여성가족부령으로 정하는 사항

19) 성매매방지중앙지원센터의 설치

국가는 성매매방지활동 및 성매매피해자등에 대한 지원서비스 전달체계의 효율적인 연계 · 조정 등을 위하여 성매매방지중앙지원센터를 설치 · 운영할 수 있다.

중앙지원센터는 다음의 업무를 수행한다.

• 이 법에 규정된 지원시설 · 자활지원센터 · 상담소 간 종합 연계망 구축
• 성매매피해자 구조체계 구축 · 운영 및 성매매피해자 구조활동의 지원
• 법률 · 의료 지원단 운영 및 법률 · 의료 지원체계 확립
• 성매매피해자의 자립 · 자활 프로그램 개발 · 보급
• 성매매피해자에 대한 지원대책 연구 및 홍보활동
• 성매매 실태조사 및 성매매 방지대책 연구
• 성매매 예방교육프로그램의 개발
• 상담소 종사자의 교육 및 상담원 양성, 상담기법의 개발 및 보급
• 그 밖에 여성가족부령으로 정하는 사항

중앙지원센터의 운영은 여성가족부령으로 정하는 바에 따라 비영리법인 또는 단체에 위탁할 수 있으며, 그 밖에 중앙지원센터의 조직 · 운영 및 종사자의 자격기준 등에 관하여 필요한 사항은 대통령령으로 정한다.

20) 보수교육의 실시

여성가족부장관 또는 시 · 도지사는 상담소등의 종사자의 자질을 향상시키기 위하여 보수교육을 실시하여야 하며, 보수교육에 관한 업무를 중앙지원센터 또는 대통령령으로 정하는 전문기관에 위탁할 수 있고, 보수교육의 내용 · 기간 및 방법 등에 필요한 사항은 여성가족부령으로 정한다.

21) 수사기관의 협조

상담소의 장은 성매매피해자 등을 긴급히 구조할 필요가 있는 경우에는 관할 국가경찰관서의 장에게 그 소속 직원의 동행을 요청할 수 있으며, 요청을 받은 국가경찰관서의 장

은 특별한 사유가 없으면 이에 따라야 한다.

상담소의 장은 본인 또는 상담소 직원이 성매매, 성매매알선 등위 및 성매매 목적의 인신매매 방지 등을 위하여 업소 및 지역을 현장방문하거나 출입하고자 할 때 업무를 원활히 수행할 수 있도록 수사기관 및 행정기관의 지원을 요청할 수 있다.

22) 성매매피해자 등의 의사 존중

상담소 등의 장은 성매매피해자등이 밝힌 의사에 반(反)하여 지원시설에 들어가게 하거나 "성매매피해상담소 내 임시 보호실"에서의 보호를 할 수 없다.

23) 의료비의 지원

국가 또는 지방자치단체는 상담소 등의 장이 의료기관에 질병치료 등을 의뢰한 경우에는 「의료급여법」상의 급여가 지급되지 아니하는 치료항목에 대한 의료비용의 전부 또는 일부를 지원할 수 있으며, 의료비용의 지원범위와 지원절차 등에 필요한 사항은 여성가족부령으로 정한다.

24) 전담의료기관의 지정

여성가족부장관 또는 특별자치시장 · 특별자치도지사, 시장 · 군수 · 구청장은 「성폭력방지 및 피해자보호 등에 관한 법률」에 따라 지정받은 전담의료기관 등 필요한 의료기관을 성매매피해자등의 치료를 위한 전담의료기관으로 지정할 수 있다.

지정된 전담의료기관은 상담소 등의 장의 요청이 있을 때에는 다음의 의료 등을 제공하여야 한다.

- 성매매피해자 등의 보건 상담 및 지도
- 성매매피해의 치료
- 그 밖에 대통령령으로 정하는 신체적 · 정신적 치료

25) 비용의 보조

국가나 지방자치단체는 상담소등의 설치 · 운영에 드는 비용을 보조할 수 있으며, 해외성매매피해자(해외에서 발생한 성매매피해자)에 대한 보호 · 지원 활동을 하는 비영리법인이나 단체에 예산의 범위에서 그 경비를 보조할 수 있고, 비용의 보조범위 등에 필요한 사항은 대통령령으로 정한다.

26) 상담소 등의 평가

여성가족부장관은 3년마다 상담소등의 운영실적을 평가하고, 그 결과를 감독 및 지원 등에 반영할 수 있으며, 평가의 기준과 방법 등에 필요한 사항은 여성가족부령으로 정한다.

27) 지도 · 감독

여성가족부장관, 시 · 도지사 또는 시장 · 군수 · 구청장은 상담소 등의 장으로 하여금 필요한 보고를 하도록 명하거나 자료를 제출하게 할 수 있으며, 관계 공무원으로 하여금 상담소 등에 출입하여 관계 서류 등을 검사하게 할 수 있다.

위 조항에 따라 출입 · 검사를 하는 공무원은 출입하기 전에 방문 및 검사의 목적 · 일시 등을 상담소등의 장에게 알려야 하며, 출입하는 경우 그 권한을 표시하는 증표를 지니고 이를 관계인에게 내보여야 한다.

28) 폐지 · 휴지 등의 신고

신고한 상담소 등을 폐지 또는 휴지(休止)하거나 그 운영을 재개(再開)하려는 자는 여성가족부령으로 정하는 바에 따라 특별자치시장 · 특별자치도지사 · 시장 · 군수 · 구청장에게 신고하여야 하며, 이에 따른 상담소 등의 폐지 또는 휴지신고를 받은 경우 그 내용을 검토하여 이 법에 적합하면 신고를 수리하여야 한다.

상담소 등의 장은 해당 시설을 폐지 또는 휴지하는 경우에는 여성가족부령으로 정하는 바에 따라 해당 시설을 이용하는 사람이 다른 시설로 옮길 수 있도록 하는 등 시설 이용자의 권익을 보호하기 위한 조치를 하여야 한다.〉

특별자치시장 · 특별자치도지사 · 시장 · 군수 · 구청장은 상담소 등의 폐지 또는 휴지의 신고를 받은 경우 해당 시설의 장이 시설 이용자의 권익을 보호하기 위한 조치를 하였는지 여부를 확인하는 등 여성가족부령으로 정하는 조치를 하여야 한다.

29) 영리목적 운영의 금지

이 법에 따른 상담소등은 영리를 목적으로 설치 · 운영하여서는 아니 된다.

30) 비밀엄수 등의 의무

상담소 등의 장이나 종사자 또는 그 직에 있었던 자는 직무상 알게 된 비밀을 누설하여서는 아니 된다.

31) 상담소 등의 폐쇄

여성가족부장관, 시·도지사 또는 시장·군수·구청장은 상담소 등이 다음의 어느 하나에 해당하는 경우에는 업무 정지 또는 폐지를 명하거나 상담소등을 폐쇄할 수 있다.

- 상담소 등이 설치기준에 미달하게 된 경우
- 정당한 사유 없이 보고를 하지 아니하거나 거짓으로 보고한 경우
- "영리목적 운영의 금지"를 위반한 경우
- 상담소 등의 장 또는 그 종사자들이 입소자·이용자에 대하여 「성폭력범죄의 처벌 등에 관한 특례법」의 범죄를 범한 경우
- 「사회복지사업법」 "설치 목적이 달성되었거나 그 밖의 사유로 계속하여 운영될 필요가 없다고 인정할 때" 또는 "회계부정이나 불법행위 또는 그 밖의 부당행위 등이 발견되었을 때"에 해당하는 경우
- 이 법 또는 이 법에 따른 명령을 위반한 경우

위 조항에 따라 업무 정지 또는 폐지를 명하거나 상담소 등을 폐쇄하려면 청문을 하여야 한다.

여성가족부장관, 시·도지사 또는 시장·군수·구청장은 상담소 등이 업무가 정지 또는 폐지되거나 상담소 등이 폐쇄되는 경우에는 해당 시설을 이용하는 사람이 다른 시설로 옮길 수 있도록 하는 등 여성가족부령으로 정하는 바에 따라 시설 이용자의 권익을 보호하기 위하여 필요한 조치를 하여야 한다.

처분의 세부종류 및 기준에 필요한 사항은 여성가족부령으로 정한다.

32) 상담소 연락처 등의 게시

「식품위생법」에 따른 식품접객업 중 유흥종사자를 둘 수 있는 식품접객업의 영업자 또는 대통령령으로 정하는 업소의 영업자는 다음에 해당하는 사항을 해당 사업장 안의 보기 쉬운 곳에 게시하여야 한다.

- 성매매 및 성매매알선 등 행위의 신고에 관한 사항
- 성매매피해자 등 보호와 지원 등에 관한 상담소 업무와 연락처 등에 관한 사항
- 「성매매알선 등 행위의 처벌에 관한 법률」에 따른 불법원인으로 인한 채권무효에 관한 사항
- 그 밖에 대통령령으로 정하는 사항

위 조항에 따른 게시물의 크기, 게시 장소, 그 밖에 게시에 필요한 사항은 대통령령으로 정한다.

33) 정보통신서비스 제공자 및 온라인서비스제공자의 의무

「정보통신망 이용촉진 및 정보보호 등에 관한 법률」의 정보통신서비스 제공자 또는 「저작권법」의 온라인서비스제공자는 「정보통신망 이용촉진 및 정보보호 등에 관한 법률」의 정보통신망을 이용하여 2명 이상이 실시간으로 대화할 수 있는 기능이 포함된 디지털콘텐츠로서, 컴퓨터, 이동통신단말장치에서 이용되는 웹 사이트 및 애플리케이션(Application) 등 대통령령으로 정하는 디지털콘텐츠의 대화 화면에 다음의 사항을 이용자가 알아보기 쉽게 게시하여야 한다.

- 「성매매알선 등 행위의 처벌에 관한 법률」의 "불특정인을 상대로 금품이나 그 밖의 재산상의 이익을 수수(收受)하거나 수수하기로 약속하고 성교행위, 유사 성교행위의 어느 하나에 해당하는 행위를 하거나 그 상대방이 되는 것"
- 성매매가 처벌 대상이라는 사실
- 「아동·청소년의 성보호에 관한 법률」에 따른 신고 포상금에 대한 안내문
- 「성매매알선 등 행위의 처벌에 관한 법률」에 따른 신고 보상금에 대한 안내문
- 그 밖에 대통령령으로 정하는 사항

위 조항에 따른 게시물의 내용, 크기, 게시 방법 등에 필요한 사항은 대통령령으로 정한다.

34) 출입 및 지도

여성가족부장관 또는 특별자치시장·특별자치도지사·시장·군수·구청장은 성매매를 방지하고 성매매피해자 등을 보호하기 위하여 필요하다고 인정하면 소속 공무원으로 하여금 다음의 영업을 하는 업소에 출입하여 지도하게 할 수 있다.

- 「공중위생관리법」에 따른 다음의 영업
  - ㉠ 숙박업 중 대통령령으로 정하는 영업
  - ㉡ 목욕장업 중 대통령령으로 정하는 영업
  - ㉢ 이용업
- 「식품위생법」에 따른 식품접객업 중 대통령령으로 정하는 영업
- 불특정한 사람 사이의 신체적인 접촉 또는 은밀한 부분의 노출 등 성적 행위가 이루

어지거나 이와 유사한 행위가 이루어질 우려가 있는 서비스를 제공하는 영업으로서 「청소년 보호법」에 따른 청소년보호위원회가 결정하고 여성가족부장관이 고시한 영업

위 조항에 따라 출입·지도하는 공무원은 그 권한을 표시하는 증표를 지니고 이를 관계인에게 보여주어야 한다.

35) 권한의 위임

여성가족부장관 또는 시·도지사는 이 법에 따른 권한의 일부를 대통령령으로 정하는 바에 따라 시·도지사 또는 시장·군수·구청장에게 위임할 수 있다.

36) 명칭사용에 대한 특례

이 법의 성매매피해자 등에 대한 안전과 진학, 취업 및 자활과 피해회복을 위하여 상담소 등의 명칭을 사용할 경우 기관명칭사용으로 인한 낙인과 피해를 방지하기 위하여 별도의 명칭을 사용한 서식을 활용하도록 하며, 이에 따른 서식, 절차, 그 밖에 필요한 사항은 여성가족부령으로 정한다.

37) 벌칙

다음의 어느 하나에 해당하는 자는 1년 이하의 징역 또는 1천만원 이하의 벌금에 처한다.

- 신고를 하지 아니하고 지원시설을 설치·운영한 자
- 신고를 하지 아니하고 자활지원센터를 설치·운영한 자
- 신고를 하지 아니하고 상담소를 설치·운영한 자
- "영리목적 운영의 금지", "비밀엄수 등의 의무"를 위반한 자
- "상담소의 폐쇄" 명령을 위반한 자

38) 양벌규정

법인의 대표자나 법인 또는 개인의 대리인, 사용인, 그 밖의 종사자가 그 법인 또는 개인의 업무에 관하여 "벌칙" 조항의 위반행위를 하면 그 행위자를 벌하는 외에 그 법인 또는 개인에게도 해당 조문의 벌금형을 과(科)한다. 다만, 법인 또는 개인이 그 위반행위를 방지하기 위하여 해당 업무에 관하여 상당한 주의와 감독을 게을리하지 아니한 경우

에는 그러하지 아니하다.

39) 과태료

다음의 어느 하나에 해당하는 자에게는 500만원 이하의 과태료를 부과한다.

- 관계 공무원의 출입·검사를 거부·방해 또는 기피한 자
- "상담소 연락처 등의 게시" 또는 "정보통신서비스 제공자 및 온라인서비스제공자의 의무"를 위반하여 게시물을 게시하지 아니한 자

신고한 상담소 등을 폐지 또는 휴지(休止)하거나 그 운영 재개를 신고하지 아니한 자에게는 300만원 이하의 과태료를 부과한다.

위 조항에 따른 과태료는 대통령령으로 정하는 바에 따라 여성가족부장관, 시·도지사 또는 시장·군수·구청장이 부과·징수한다.

29
chapter

성폭력방지 및 피해자 보호 등에 관한 법률

1. 총 칙

1) 목적

이 법은 성폭력을 예방하고 성폭력피해자를 보호·지원함으로써 인권증진에 이바지함을 목적으로 한다.

2) 정의

이 법에서 사용하는 용어의 뜻은 다음과 같다.

• "성폭력"이란 「성폭력범죄의 처벌 등에 관한 특례법」[1]에 규정된 죄에 해당하는 행

1) 1. 「형법」 제2편제22장 성풍속에 관한 죄 중 제242조(음행매개), 제243조(음화반포등), 제244조(음화제조등) 및 제245조(공연음란)의 죄

2. 「형법」 제2편제31장 약취(略取), 유인(誘引) 및 인신매매의 죄 중 추행, 간음 또는 성매매와 성적 착취를 목적으로 범한 제288조 또는 추행, 간음 또는 성매매와 성적 착취를 목적으로 범한 제289조, 제290조(추행, 간음 또는 성매매와 성적 착취를 목적으로 제288조 또는 추행, 간음 또는 성매매와 성적 착취를 목적으로 제289조의 죄를 범하여 약취, 유인, 매매된 사람을 상해하거나 상해에 이르게 한 경우에 한정한다), 제291조(추행, 간음 또는 성매매와 성적 착취를 목적으로 제288조 또는 추행, 간음 또는 성매매와 성적 착취를 목적으로 제289조의 죄를 범하여 약취, 유인, 매매된 사람을 살해하거나 사망에 이르게 한 경우에 한정한다), 제292조[추행, 간음 또는 성매매와 성적 착취를 목적으로 한 제288조 또는 추행, 간음 또는 성매매와 성적 착취를 목적으로 한 제289조의 죄로 약취, 유인, 매매된 사람을 수수(授受) 또는 은닉한 죄, 추행, 간음 또는 성매매와 성적 착취를 목적으로 한 제288조 또는 추행, 간음 또는 성매매와 성적 착취를 목적으로 한 제289조의 죄를 범할 목적으로 사람을 모집, 운송, 전달한 경우에 한정한다] 및 제294조(추행, 간음 또는 성매매와 성적 착취를 목적으로 범한 제288조의 미수범 또는 추행, 간음 또는 성매매와 성적 착취를 목적으

위를 말한다.

- "성폭력행위자"란 「성폭력범죄의 처벌 등에 관한 특례법」의 "성폭력"에 해당하는 죄를 범한 사람을 말한다.
- "성폭력피해자"란 성폭력으로 인하여 직접적으로 피해를 입은 사람을 말한다.

3) 국가 등의 책무

국가와 지방자치단체는 성폭력을 방지하고 성폭력피해자를 보호·지원하기 위하여 다음의 조치를 하여야 한다.

- 성폭력 신고체계의 구축·운영
- 성폭력 예방을 위한 조사·연구, 교육 및 홍보
- 피해자를 보호·지원하기 위한 시설의 설치·운영
- 피해자에 대한 주거지원, 직업훈련 및 법률구조 등 사회복귀 지원
- 피해자에 대한 보호·지원을 원활히 하기 위한 관련 기관 간 협력체계의 구축·운영
- 성폭력 예방을 위한 유해환경 개선
- 피해자 보호·지원을 위한 관계 법령의 정비와 각종 정책의 수립·시행 및 평가

국가와 지방자치단체는 위 조항에 따른 책무를 다하기 위하여 이에 따른 예산상의 조치를 하여야 한다.

4) 성폭력 실태조사

여성가족부장관은 성폭력의 실태를 파악하고 성폭력 방지에 관한 정책을 수립하기 위하여 3년마다 성폭력 실태조사를 하고 그 결과를 발표하여야 하며, 이에 따른 성폭력 실태조사의 내용과 방법 등에 필요한 사항은 여성가족부령으로 정한다.

로 범한 제289조의 미수범, 추행, 간음 또는 성매매와 성적 착취를 목적으로 제288조 또는 추행, 간음 또는 성매매와 성적 착취를 목적으로 제289조의 죄를 범하여 발생한 제290조제1항의 미수범 또는 추행, 간음 또는 성매매와 성적 착취를 목적으로 제288조 또는 추행, 간음 또는 성매매와 성적 착취를 목적으로 제289조의 죄를 범하여 발생한 제291조제1항의 미수범 및 제292조제1항의 미수범 중 추행, 간음 또는 성매매와 성적 착취를 목적으로 약취, 유인, 매매된 사람을 수수, 은닉한 죄의 미수범으로 한정한다)의 죄

3. 「형법」 제2편제32장 강간과 추행의 죄 중 제297조(강간), 제297조의2(유사강간), 제298조(강제추행), 제299조(준강간, 준강제추행), 제300조(미수범), 제301조(강간등 상해·치상), 제301조의2(강간등 살인·치사), 제302조(미성년자등에 대한 간음), 제303조(업무상위력등에 의한 간음) 및 제305조(미성년자에 대한 간음, 추행)의 죄
4. 「형법」 제339조(강도강간)의 죄 및 제342조(제339조의 미수범으로 한정한다)의 죄
5. 이 법 제3조(특수강도강간 등)부터 제15조(미수범)까지의 죄

5) 성폭력 예방교육

국가기관 및 지방자치단체의 장, 「유아교육법」에 따른 유치원의 장, 「영유아보육법」에 따른 어린이집의 원장, 「초·중등교육법」에 따른 각급 학교의 장, 그 밖에 대통령령으로 정하는 공공단체의 장은 대통령령으로 정하는 바에 따라 성교육 및 성폭력 예방교육 실시, 기관 내 피해자 보호와 피해 예방을 위한 자체 예방지침 마련, 사건발생 시 재발방지 대책 수립·시행 등 필요한 조치를 하고, 그 결과를 여성가족부장관에게 제출하여야 하며, 이에 따른 교육의 내용과 방법, 결과 제출 절차 등에 필요한 사항은 대통령령으로 정한다.

위 조항에 따른 교육을 실시하는 경우 「성매매방지 및 피해자보호 등에 관한 법률」에 따른 성매매 예방교육, 「양성평등기본법」에 따른 성희롱 예방교육 및 「가정폭력방지 및 피해자보호 등에 관한 법률」에 따른 가정폭력 예방교육 등을 성평등 관점에서 통합하여 실시할 수 있다.

「양성평등기본법」에 따른 사용자는 성교육 및 성폭력 예방교육을 실시하는 등 직장 내 성폭력 예방을 위한 노력을 하여야 한다.

여성가족부장관 또는 특별시장·광역시장·특별자치시장·도지사·특별자치도지사는 위 조항에 따른 교육대상에 포함되지 아니하는 국민에게 성교육 및 성폭력 예방교육을 실시할 수 있다. 이 경우 여성가족부장관 또는 시·도지사는 교육에 관한 업무를 성폭력 예방교육 지원기관에 위탁할 수 있다.

6) 성폭력 예방교육

국가기관 및 지방자치단체의 장, 「유아교육법」에 따른 유치원의 장, 「영유아보육법」에 따른 어린이집의 원장, 「초·중등교육법」에 따른 각급 학교의 장, 「고등교육법」에 따른 학교의 장, 그 밖에 대통령령으로 정하는 공공단체의 장(이하 "국가기관 등의 장")은 대통령령으로 정하는 바에 따라 성교육 및 성폭력 예방교육 실시, 기관 내 피해자 보호와 피해 예방을 위한 자체 예방지침 마련, 사건발생 시 재발방지대책 수립·시행 등 필요한 조치를 하고, 그 결과를 여성가족부장관에게 제출하여야 하며, 이에 따른 교육을 실시하는 경우 「성매매방지 및 피해자보호 등에 관한 법률」에 따른 성매매 예방교육, 「양성평등기본법」에 따른 성희롱 예방교육 및 「가정폭력방지 및 피해자보호 등에 관한 법률」에 따른 가정폭력 예방교육 등을 성평등 관점에서 통합하여 실시할 수 있다.

국가기관 등의 장은 위의 조항에 따라 실시하는 성교육 및 성폭력 예방교육의 참여에 관한 사항을 소속 직원 및 종사자에 대한 승진, 전보, 교육훈련 등의 인사관리에 반영할 수 있다.

「양성평등기본법」에 따른 사용자는 성교육 및 성폭력 예방교육을 실시하는 등 직장 내 성폭력 예방을 위한 노력을 하여야 한다.

여성가족부장관 또는 특별시장 · 광역시장 · 특별자치시장 · 도지사 · 특별자치도지사는 교육대상에 포함되지 아니하는 국민에게 성교육 및 성폭력 예방교육을 실시할 수 있다. 이 경우 여성가족부장관 또는 시 · 도지사는 교육에 관한 업무를 성폭력 예방교육 지원기관에 위탁할 수 있다.

7) 성폭력 예방교육 지원기관의 설치 · 운영

여성가족부장관 또는 시 · 도지사는 성교육 및 성폭력 예방교육의 실시, 생애주기별 교육프로그램 개발 · 보급, 장애인 등 대상별 특성을 고려한 교육프로그램 개발 · 보급, 전문강사 양성 등의 업무를 수행하고 지원하기 위한 기관을 설치 · 운영할 수 있으며, 여성가족부장관 또는 시 · 도지사는 지원기관의 운영을 대통령령으로 정하는 기관이나 단체에 위탁할 수 있다. 지원기관의 업무 및 운영 등에 필요한 사항은 여성가족부령으로 정한다.

8) 성폭력 예방 홍보영상의 제작 · 배포 · 송출

여성가족부장관은 성폭력의 예방과 방지, 피해자의 치료와 재활 등에 관한 홍보영상을 제작하여 「방송법」의 방송편성책임자에게 배포하여야 하며, 「방송법」의 지상파방송사업자에게 대통령령으로 정하는 비상업적 공익광고 편성비율의 범위에서 홍보영상을 채널별로 송출하도록 요청할 수 있다.

방송사업자는 홍보영상 외에 독자적으로 홍보영상을 제작하여 송출할 수 있다. 이 경우 여성가족부장관에게 필요한 협조 및 지원을 요청할 수 있다.

9) 성폭력 사건 발생 시 조치

국가기관 등의 장은 해당 기관에서 성폭력 사건이 발생한 사실을 알게 된 경우 피해자의 명시적인 반대의견이 없으면 지체 없이 그 사실을 여성가족부장관에게 통보하고, 해당 사실을 안 날부터 3개월 이내에 재발방지대책을 여성가족부장관에게 제출하여야 한다.

여성가족부장관은 통보받은 사건이 중대하다고 판단되거나 재발방지대책의 점검 등을 위하여 필요한 경우 해당 기관에 대한 현장점검을 실시할 수 있으며, 점검 결과 시정이나 보완이 필요하다고 인정하는 경우에는 국가기관 등의 장에게 시정이나 보완을 요구할 수 있다.

재발방지대책의 제출 및 현장점검 등에 필요한 사항은 대통령령으로 정한다.

10) 성폭력 추방 주간

성폭력에 대한 사회적 경각심을 높이고 성폭력을 예방하기 위하여 대통령령으로 정하는 바에 따라 1년 중 1주간을 성폭력 추방 주간으로 한다.

11) 피해자 등에 대한 취학 및 취업 지원

국가와 지방자치단체는 피해자나 피해자의 가족구성원(이하 "피해자 등")이 「초·중등교육법」에 따른 각급학교의 학생인 경우 주소지 외의 지역에서 취학(입학, 재입학, 전학 및 편입학 포함)할 필요가 있을 때에는 다음에 따라 그 취학이 원활히 이루어지도록 지원하여야 한다. 이 경우 취학을 지원하는 관계자는 피해자등의 사생활이 침해되지 아니하도록 유의하여야 한다.

- 초등학교의 경우에는 다음 각 목에 따른다.
  - ㉠ 보호자가 피해자 등을 주소지 외의 지역에 있는 초등학교에 입학시키려는 경우 초등학교의 장은 피해자 등의 입학을 승낙하여야 한다.
  - ㉡ 피해자 등이 초등학교에 다니고 있는 경우 그 초등학교의 장은 피해자 등의 보호자(가해자가 아닌 보호자) 1명의 동의를 받아 교육장에게 그 피해자 등의 전학을 추천하여야 하고, 교육장은 전학할 학교를 지정하여 전학시켜야 한다.
- 그 밖의 각급학교의 경우: 각급학교의 장은 피해자 등이 다른 학교로 전학·편입학할 수 있도록 추천하여야 하고, 교육장 또는 교육감은 교육과정의 이수에 지장이 없는 범위에서 전학·편입학할 학교를 지정하여 배정하여야 한다. 이 경우 그 배정된 학교의 장은 피해자 등의 전학·편입학을 거부할 수 없다.

출석일수 산입 등 취학 지원에 필요한 사항은 대통령령으로 정하며, 국가와 지방자치단체는 피해자를 보호하는 자에 대한 직업훈련 및 취업을 알선할 수 있다. 취업 지원 대상의 범위 등 에 따른 취업 지원에 필요한 사항은 여성가족부령으로 정한다.

12) 피해자에 대한 법률상담

국가는 피해자에 대하여 법률상담과 소송대리(訴訟代理) 등의 지원(법률상담 등)을 할 수 있다.

여성가족부장관은 「법률구조법」에 따른 대한법률구조공단 또는 대통령령으로 정하는 그 밖의 기관에 법률상담 등을 요청할 수 있고, 법률상담 등에 드는 비용은 대통령령으로 정하는 바에 따라 국가가 부담할 수 있으며 법률상담 등의 요건과 내용 및 절차 등은 대통령령으로 정한다.

13) 불법촬영물 등으로 인한 피해자에 대한 지원

국가는 다음의 어느 하나에 해당하는 촬영물 또는 복제물 등(촬영물 등)이 정보통신망(「정보통신망 이용촉진 및 정보보호 등에 관한 법률」의 정보통신망)에 유포되어 피해(촬영물 등의 대상자로 등장하여 입은 피해)를 입은 사람에 대하여 촬영물 등의 삭제를 위한 지원을 할 수 있다.

- 「성폭력범죄의 처벌 등에 관한 특례법」에 따른 촬영물 또는 복제물(복제물의 복제물 포함)
- 「성폭력범죄의 처벌 등에 관한 특례법」에 따른 편집물 등 또는 복제물(복제물의 복제물 포함)
- 「아동·청소년의 성보호에 관한 법률」에 따른 아동·청소년성착취물

지원 대상자, 그 배우자(사실상의 혼인관계 포함), 직계친족, 형제자매 또는 지원 대상자가 지정하는 대리인(삭제지원요청자)은 국가에 촬영물 등의 삭제를 위한 지원을 요청할 수 있다. 이 경우 지원 대상자가 지정하는 대리인은 여성가족부령으로 정하는 요건을 갖추어 삭제지원을 요청하여야 한다.

국가는 다음의 어느 하나에 해당하는 촬영물 등에 대해서는 삭제지원요청자의 요청 없이도 삭제를 위한 지원을 한다. 이 경우 범죄의 증거 인멸 등을 방지하기 위하여 해당 촬영물 등과 관련된 자료를 보관하여야 한다.

- 수사기관의 삭제지원 요청이 있는 촬영물 등
- 「아동·청소년의 성보호에 관한 법률」에 따른 아동·청소년성착취물

촬영물 등 삭제지원에 소요되는 비용은 「성폭력범죄의 처벌 등에 관한 특례법」에 해당하는 죄를 범한 성폭력행위자 또는 「아동·청소년의 성보호에 관한 법률」에 해당하는 죄를 범한 아동·청소년대상 성범죄행위자가 부담한다.

국가가 촬영물 등 삭제지원에 소요되는 비용을 지출한 경우 성폭력행위자 또는 아동·

청소년대상 성범죄행위자에 대하여 구상권(求償權)을 행사할 수 있다.

촬영물 등 삭제지원의 내용·방법, 자료 보관의 방법·기간 및 구상권 행사의 절차·방법 등에 필요한 사항은 여성가족부령으로 정한다.

14) 피해자에 대한 불이익조치의 금지

누구든지 피해자 또는 성폭력 발생 사실을 신고한 자를 고용하고 있는 자는 성폭력과 관련하여 피해자 또는 성폭력 발생 사실을 신고한 자에게 다음의 어느 하나에 해당하는 불이익조치를 하여서는 아니 된다.

- 파면, 해임, 해고, 그 밖에 신분상실에 해당하는 불이익조치
- 징계, 정직, 감봉, 강등, 승진 제한, 그 밖의 부당한 인사조치
- 전보, 전근, 직무 미부여, 직무 재배치, 그 밖에 본인의 의사에 반하는 인사조치
- 성과평가 또는 동료평가 등에서의 차별이나 그에 따른 임금 또는 상여금 등의 차별 지급
- 직업능력 개발 및 향상을 위한 교육훈련 기회의 제한, 예산 또는 인력 등 가용자원의 제한 또는 제거, 보안정보 또는 비밀정보 사용의 정지 또는 취급자격의 취소, 그 밖에 근무조건 등에 부정적 영향을 미치는 차별 또는 조치
- 주의 대상자 명단 작성 또는 그 명단의 공개, 집단 따돌림, 폭행 또는 폭언 등 정신적·신체적 손상을 가져오는 행위 또는 그 행위의 발생을 방치하는 행위
- 직무에 대한 부당한 감사 또는 조사나 그 결과의 공개
- 그 밖에 본인의 의사에 반하는 불이익조치

15) 신고의무

19세 미만의 미성년자(19세에 도달하는 해의 1월 1일을 맞이한 미성년자는 제외)를 보호하거나 교육 또는 치료하는 시설의 장 및 관련 종사자는 자기의 보호·지원을 받는 자가 「성폭력범죄의 처벌 등에 관한 특례법」, 「형법」의 피해자인 사실을 알게 된 때에는 즉시 수사기관에 신고하여야 한다.

국가기관, 지방자치단체 또는 대통령령으로 정하는 공공단체의 장과 해당 기관·단체 내 피해자 보호 관련 업무 종사자는 기관 또는 단체 내에서 다음의 어느 하나에 해당하는 성폭력 사건이 발생한 사실을 직무상 알게 된 때에는 피해자의 명시적인 반대의견이 없으면 즉시 수사기관에 신고하여야 한다.

- 「성폭력범죄의 처벌 등에 관한 특례법」의 "업무상 위력 등에 의한 추행"

• 「형법」 "업무상위력 등에 의한 간음"

2. 피해자 보호 · 지원 시설 등의 설치 · 운영

1) 상담소의 설치 · 운영

국가 또는 지방자치단체는 성폭력피해상담소를 설치 · 운영할 수 있고, 국가 또는 지방자치단체 외의 자가 상담소를 설치 · 운영하려면 특별자치시장 · 특별자치도지사 · 시장 · 군수 · 구청장에게 신고하여야 한다. 신고한 사항 중 여성가족부령으로 정하는 중요 사항을 변경하려는 경우에도 또한 같다.

특별자치시장 · 특별자치도지사 또는 시장 · 군수 · 구청장은 신고를 받은 날부터 10일 이내(변경신고의 경우 5일 이내)에 신고수리 여부 또는 민원 처리 관련 법령에 따른 처리기간의 연장을 신고인에게 통지하여야 한다.

상담소의 설치 · 운영 기준, 상담소에 두는 상담원 등 종사자의 수 및 신고 등에 필요한 사항은 여성가족부령으로 정한다.

2) 상담소의 업무

• 성폭력피해의 신고접수와 이에 관한 상담
• 성폭력피해로 인하여 정상적인 가정생활 또는 사회생활이 곤란하거나 그 밖의 사정으로 긴급히 보호할 필요가 있는 사람과 성폭력피해자보호시설 등의 연계
• 피해자 등의 질병치료와 건강관리를 위하여 의료기관에 인도하는 등 의료 지원
• 피해자에 대한 수사기관의 조사와 법원의 증인신문(證人訊問) 등에의 동행
• 성폭력행위자에 대한 고소와 피해배상청구 등 사법처리 절차에 관하여 「법률구조법」에 따른 대한법률구조공단 등 관계 기관에 필요한 협조 및 지원 요청
• 성폭력 예방을 위한 홍보 및 교육
• 그 밖에 성폭력 및 성폭력피해에 관한 조사 · 연구

3) 보호시설의 설치 · 운영 및 종류

국가 또는 지방자치단체는 성폭력피해자보호시설을 설치 · 운영할 수 있고, 「사회복지사업법」에 따른 사회복지법인이나 그 밖의 비영리법인은 특별자치시장 · 특별자치도지사 또

는 시장·군수·구청장의 인가를 받아 보호시설을 설치·운영할 수 있다.

보호시설의 종류는 다음과 같다.

- 일반보호시설: 피해자에게 "피해자 등의 보호 및 숙식 제공" 등2)을 제공하는 시설

보호시설 제공 업무

1. 피해자 등의 보호 및 숙식 제공
2. 피해자 등의 심리적 안정과 사회 적응을 위한 상담 및 치료
3. 자립·자활 교육의 실시와 취업정보의 제공
4. 피해자 등의 질병치료와 건강관리를 위하여 의료기관에 인도하는 등 의료 지원
5. 피해자에 대한 수사기관의 조사와 법원의 증인신문(證人訊問) 등에의 동행
6. 성폭력행위자에 대한 고소와 피해배상청구 등 사법처리 절차에 관하여 「법률구조법」에 따른 대한 법률구조공단 등 관계 기관에 필요한 협조 및 지원 요청
7. 다른 법률에 따라 보호시설에 위탁된 업무
8. 그 밖에 피해자등을 보호하기 위하여 필요한 업무

- 장애인보호시설: 「장애인차별금지 및 권리구제 등에 관한 법률」에 따른 장애인인 피해자에게 "피해자 등의 보호 및 숙식"을 제공하는 시설
- 특별지원 보호시설: 「성폭력범죄의 처벌 등에 관한 특례법」에 따른 피해자로서 19세 미만의 피해자에게 "피해자 등의 보호 및 숙식"을 제공하는 시설
- 외국인보호시설: 외국인 피해자에게 "피해자 등의 보호 및 숙식"을 제공하는 시설. 다만, 「가정폭력방지 및 피해자보호 등에 관한 법률」에 따른 외국인보호시설과 통합하여 운영할 수 있다.
- 자립지원 공동생활시설: 일반보호시설, 장애인보호시설, 특별지원 보호시설, 외국인보호시설을 퇴소한 사람에게 자립·자활 교육의 실시와 취업정보의 제공 및 그 밖에 필요한 사항을 제공하는 시설
- 장애인 자립지원 공동생활시설: 장애인보호시설을 퇴소한 사람에게 자립·자활 교육의 실시와 취업정보의 제공 및 그 밖에 필요한 사항을 제공하는 시설

---

2) 1. 피해자등의 보호 및 숙식 제공
2. 피해자등의 심리적 안정과 사회 적응을 위한 상담 및 치료
3. 자립·자활 교육의 실시와 취업정보의 제공
4. 제11조제3호·제4호 및 제5호의 업무
5. 다른 법률에 따라 보호시설에 위탁된 업무
6. 그 밖에 피해자등을 보호하기 위하여 필요한 업무

국가 또는 지방자치단체는 보호시설의 설치·운영을 대통령령으로 정하는 기관 또는 단체에 위탁할 수 있으며, 보호시설의 설치·운영 기준, 보호시설에 두는 상담원 등 종사자의 수 및 인가 절차 등과 위탁에 필요한 사항은 여성가족부령으로 정한다.

4) 보호시설의 업무

- 피해자 등의 보호 및 숙식 제공
- 피해자 등의 심리적 안정과 사회 적응을 위한 상담 및 치료
- 자립·자활 교육의 실시와 취업정보의 제공
- 피해자등의 질병치료와 건강관리를 위하여 의료기관에 인도하는 등 의료 지원
- 피해자에 대한 수사기관의 조사와 법원의 증인신문(證人訊問) 등에의 동행
- 성폭력행위자에 대한 고소와 피해배상청구 등 사법처리 절차에 관하여 「법률구조법」에 따른 대한법률구조공단 등 관계 기관에 필요한 협조 및 지원 요청
- 다른 법률에 따라 보호시설에 위탁된 업무
- 그 밖에 피해자등을 보호하기 위하여 필요한 업무

장애인보호시설 및 자립지원 공동생활시설을 설치·운영하는 자가 위 조항 각 호의 업무를 할 때에는 장애인의 특성을 고려하여 적절하게 보호·지원될 수 있도록 하여야 한다.

5) 보호시설에 대한 보호비용 지원

국가 또는 지방자치단체는 보호시설에 입소한 피해자등의 보호를 위하여 필요한 경우 다음 의 보호비용을 보호시설의 장 또는 피해자에게 지원할 수 있다. 다만, 보호시설에 입소한 피해자등이 「국민기초생활 보장법」 등 다른 법령에 따라 보호를 받고 있는 경우에는 그 범위에서 이 법에 따른 지원을 하지 아니하며, 보호비용의 지원 방법 및 절차 등에 필요한 사항은 여성가족부령으로 정한다.

- 생계비
- 아동교육지원비
- 아동양육비
- 그 밖에 대통령령으로 정하는 비용

6) 보호시설의 입소

피해자 등이 다음의 어느 하나에 해당하는 경우에는 보호시설에 입소할 수 있다.

- 본인이 입소를 희망하거나 입소에 동의하는 경우
- 미성년자 또는 지적장애인 등 의사능력이 불완전한 사람으로서 성폭력행위자가 아닌 보호자가 입소에 동의하는 경우

인가받은 보호시설의 장은 보호시설에 입소한 사람의 인적사항 및 입소사유 등을 특별자치시장·특별자치도지사 또는 시장·군수·구청장에게 지체 없이 보고하여야 한다.

보호시설의 장은 친족에 의한 피해자나 지적장애인 등 의사능력이 불완전한 피해자로서 상담원의 상담 결과 입소가 필요하나 보호자의 입소 동의를 받는 것이 적절하지 못하다고 인정하는 경우에도 보호시설에 입소하게 할 수 있다. 이 경우 인가받은 보호시설의 장은 지체 없이 관할 특별자치시장·특별자치도지사 또는 시장·군수·구청장의 승인을 받아야 한다. 이에 따른 입소 및 승인에 있어서 보호시설의 장과 특별자치시장·특별자치도지사 또는 시장·군수·구청장은 피해자의 권익 보호를 최우선적으로 고려하여야 한다.

7) 보호시설의 입소기간

보호시설의 종류별 입소기간은 다음과 같다.

- 일반보호시설: 1년 이내. 다만, 여성가족부령으로 정하는 바에 따라 1년 6개월의 범위에서 한 차례 연장할 수 있다.
- 장애인보호시설: 2년 이내. 다만, 여성가족부령으로 정하는 바에 따라 피해회복에 소요되는 기간까지 연장할 수 있다.
- 특별지원 보호시설: 19세가 될 때까지. 다만, 여성가족부령으로 정하는 바에 따라 2년의 범위에서 한 차례 연장할 수 있다.
- 외국인보호시설: 1년 이내. 다만, 여성가족부령으로 정하는 바에 따라 피해회복에 소요되는 기간까지 연장할 수 있다.
- 자립지원 공동생활시설: 2년 이내. 다만, 여성가족부령으로 정하는 바에 따라 2년의 범위에서 한 차례 연장할 수 있다.
- 장애인 자립지원 공동생활시설: 2년 이내. 다만, 여성가족부령으로 정하는 바에 따라 2년의 범위에서 한 차례 연장할 수 있다.

일반보호시설에 입소한 피해자가 대통령령으로 정하는 특별한 사유에 해당하는 경우에

는 입소기간을 초과하여 연장할 수 있으며, 이에 따른 입소기간의 연장에 관한 사항은 여성가족부령으로 정한다.

8) 보호시설의 퇴소

보호시설에 입소한 사람은 본인의 의사 또는 입소 동의를 한 보호자의 요청에 따라 보호시설에서 퇴소할 수 있다.

보호시설의 장은 입소한 사람이 다음의 어느 하나에 해당하면 퇴소를 명할 수 있다.

- 보호 목적이 달성된 경우
- 보호기간이 끝난 경우
- 입소자가 거짓이나 그 밖의 부정한 방법으로 입소한 경우
- 그 밖에 보호시설 안에서 현저한 질서문란 행위를 한 경우

9) 피해자를 위한 통합지원센터의 설치 · 운영

국가와 지방자치단체는 성폭력 피해상담, 치료, 기관에 법률상담 등 연계, 수사지원, 그 밖에 피해구제를 위한 지원업무를 종합적으로 수행하기 위하여 성폭력피해자통합지원센터를 설치 · 운영할 수 있으며, 국가와 지방자치단체는 대통령령으로 정하는 기관 또는 단체로 하여금 통합지원센터를 설치 · 운영하게 할 수 있다.

통합지원센터에 두는 상담원 등 종사자의 수 등에 필요한 사항은 여성가족부령으로 정한다.

10) 상담원 등의 자격기준

다음의 어느 하나에 해당하는 사람은 상담소, 보호시설 및 통합지원센터의 장, 상담원 또는 그 밖의 종사자가 될 수 없다.

- 미성년자, 피성년후견인 또는 피한정후견인
- 금고 이상의 형을 선고받고 그 집행이 종료(집행이 종료된 것으로 보는 경우 포함)되지 아니하였거나 그 집행을 받지 아니하기로 확정되지 아니한 사람
- 「성폭력범죄의 처벌 등에 관한 특례법」의 죄 또는 「아동 · 청소년의 성보호에 관한 법률」의 죄를 범하여 형 또는 치료감호를 선고받고 그 형 또는 치료감호의 전부 또는 일부의 집행이 종료되거나 집행이 유예 · 면제된 날부터 10년이 지나지 아니한 사람

상담소, 보호시설 및 통합지원센터에서 종사하려는 사람은 전문 지식이나 경력 등 대통

령령으로 정하는 자격기준을 갖추어야 한다.

11) 상담원 교육훈련시설

국가와 지방자치단체(특별시·광역시·특별자치시·도·특별자치도에 한정)는 상담원(상담원이 되려는 사람 포함)의 자질을 향상시키기 위하여 상담원에 대한 전문적인 교육·훈련을 담당하는 시설(교육훈련시설)을 설치·운영할 수 있다.

여성가족부장관 또는 시·도지사는 상담원에 대한 전문적인 교육·훈련을 대통령령으로 정하는 기관 또는 단체에 위탁하거나 이를 교육훈련시설로 지정할 수 있다.

다음의 자로서 교육훈련시설을 설치하려는 자는 특별자치시장·특별자치도지사 또는 시장·군수·구청장에게 신고하여야 한다. 신고한 사항 중 여성가족부령으로 정하는 중요사항을 변경하려는 경우에도 또한 같다.

- 「고등교육법」에 따른 학교를 설립·운영하는 학교법인
- 법률구조법인
- 사회복지법인
- 그 밖의 비영리법인이나 단체

특별자치시장·특별자치도지사 또는 시장·군수·구청장은 신고를 받은 날부터 10일 이내(변경신고의 경우 5일 이내)에 신고수리 여부 또는 민원 처리 관련 법령에 따른 처리기간의 연장을 신고인에게 통지하여야 한다.

교육훈련시설의 설치 및 지정 기준, 교육훈련시설에 두는 강사의 자격과 수, 상담원 교육훈련과정의 운영기준 및 신고절차 등에 필요한 사항은 여성가족부령으로 정한다.혁

12) 보수교육의 실시

여성가족부장관 또는 시·도지사는 상담소, 보호시설 및 통합지원센터 종사자의 자질을 향상시키기 위하여 보수(補修)교육을 실시하여야 하며, 이에 따른 교육에 관한 업무를 「고등교육법」에 따른 대학 및 전문대학 또는 대통령령으로 정하는 전문기관에 위탁할 수 있다.

보수교육의 내용·기간 및 방법 등에 필요한 사항은 여성가족부령으로 정한다.

13) 폐지·휴지 등의 신고

상담소, 보호시설 또는 교육훈련시설을 폐지하거나 휴지(休止) 또는 재개(再開)하려는

경우에는 여성가족부령으로 정하는 바에 따라 미리 특별자치시장·특별자치도지사 또는 시장·군수·구청장에게 신고하여야 하며, 폐지 또는 휴지신고를 받은 경우 그 내용을 검토하여 이 법에 적합하면 신고를 수리하여야 한다.

상담소의 장, 보호시설의 장 또는 교육훈련시설의 장은 해당 시설을 폐지 또는 휴지하는 경우에는 여성가족부령으로 정하는 바에 따라 해당 시설을 이용하는 사람이 다른 시설로 옮길 수 있도록 하는 등 시설 이용자의 권익을 보호하기 위한 조치를 하여야 한다.

특별자치시장·특별자치도지사 또는 시장·군수·구청장은 상담소, 보호시설 또는 교육훈련시설의 폐지 또는 휴지의 신고를 받은 경우 해당 시설의 장이 시설 이용자의 권익을 보호하기 위한 조치를 하였는지 여부를 확인하는 등 여성가족부령으로 정하는 조치를 하여야 한다.

14) 시정 명령

특별자치시장·특별자치도지사 또는 시장·군수·구청장은 상담소, 보호시설 또는 교육훈련시설이 다음의 어느 하나에 해당하는 경우에는 기간을 정하여 시정을 명할 수 있다.

- 설치·운영 기준 및 종사자의 수에 미달하게 된 경우
- 상담소 또는 보호시설의 상담원 등이 자격기준에 미달하게 된 경우
- 설치·지정 기준 또는 운영기준에 미달하게 되거나 강사의 수가 부족한 경우 또는 자격이 없는 사람을 채용한 경우
- 신고한 휴지기간을 초과하여 운영을 재개하지 아니한 경우

15) 인가의 취소

특별자치시장·특별자치도지사 또는 시장·군수·구청장은 상담소, 보호시설 또는 교육훈련시설이 다음의 어느 하나에 해당하는 경우에는 그 업무의 폐지 또는 정지를 명하거나 인가를 취소할 수 있다.

- 시정 명령을 위반한 경우
- 영리를 목적으로 상담소, 보호시설 또는 교육훈련시설을 설치·운영한 경우
- 정당한 사유 없이 보고를 하지 아니하거나 거짓으로 보고한 경우 또는 조사·검사를 거부하거나 기피한 경우

특별자치시장·특별자치도지사 또는 시장·군수·구청장은 상담소, 보호시설 또는 교육훈련시설이 업무가 폐지 또는 정지되거나 인가가 취소되는 경우에는 해당 시설을 이용하

는 사람이 다른 시설로 옮길 수 있도록 하는 등 여성가족부령으로 정하는 바에 따라 시설 이용자의 권익을 보호하기 위하여 필요한 조치를 하여야 한다.

업무의 폐지·정지 또는 인가의 취소에 관한 세부 기준은 여성가족부령으로 정한다.

16) 피해자 등의 의사 존중

상담소, 보호시설 및 통합지원센터의 장과 종사자는 피해자 등이 분명히 밝힌 의사에 반하여 상담소 및 보호시설의 업무 등을 할 수 없다.

17) 상담소·보호시설 및 통합지원센터의 평가

여성가족부장관은 상담소·보호시설 및 통합지원센터의 운영실적을 3년마다 평가하고, 시설의 감독 및 지원 등에 그 결과를 고려하여야 하며, 이에 따른 평가의 기준과 방법 등에 필요한 사항은 여성가족부령으로 정한다.

18) 경비의 보조

국가 또는 지방자치단체는 상담소, 보호시설 또는 통합지원센터의 설치·운영에 드는 경비를 보조할 수 있으며, 이에 따라 경비를 보조할 때에는 성폭력 실태조사와 평가 및 보고 등의 결과를 고려하여야 한다.

19) 성폭력 전담의료기관의 지정

여성가족부장관, 특별자치시장·특별자치도지사 또는 시장·군수·구청장은 국립·공립병원, 보건소 또는 민간의료시설을 피해자등의 치료를 위한 전담의료기관으로 지정할 수 있으며, 이에 따라 지정된 전담의료기관은 피해자 본인·가족·친지나 긴급전화센터, 상담소, 보호시설 또는 통합지원센터의 장 등이 요청하면 피해자등에 대하여 다음의 의료지원을 하여야 한다.

- 보건 상담 및 지도
- 치료
- 그 밖에 대통령령으로 정하는 신체적·정신적 치료

여성가족부장관, 특별자치시장·특별자치도지사 또는 시장·군수·구청장은 위 조항에 따라 지정한 전담의료기관이 다음의 어느 하나에 해당하는 경우에는 그 지정을 취소할 수 있다.

- 거짓이나 그 밖의 부정한 방법으로 지정을 받은 경우(지정 취소)
- 정당한 사유 없이 의료 지원을 거부한 경우
- 그 밖에 전담의료기관으로서 적합하지 아니하다고 대통령령으로 정하는 경우

여성가족부장관, 특별자치시장·특별자치도지사 또는 시장·군수·구청장은 위 조항에 따라 지정을 취소하는 경우에는 청문을 하여야 한다.

지정 및 지정 취소의 기준, 절차, 운영 등에 필요한 사항은 여성가족부령으로 정한다.

20) 의료비 지원

국가 또는 지방자치단체는 치료 등 의료 지원에 필요한 경비의 전부 또는 일부를 지원할 수 있으며, 이에 따른 의료비용의 지원범위 및 절차 등에 필요한 사항은 여성가족부령으로 정한다.

21) 영리목적 운영의 금지

누구든지 영리를 목적으로 상담소, 보호시설 또는 교육훈련시설을 설치·운영하여서는 아니 된다. 다만, 교육훈련시설의 장은 상담원 교육훈련과정을 수강하는 사람에게 여성가족부장관이 정하는 바에 따라 수강료를 받을 수 있다.

22) 비밀 엄수의 의무

상담소, 보호시설 또는 통합지원센터의 장이나 그 밖의 종사자 또는 그 직에 있었던 사람은 그 직무상 알게 된 비밀을 누설하여서는 아니 된다.

3. 보 칙

1) 경찰관서의 협조

상담소, 보호시설 또는 통합지원센터의 장은 피해자등을 긴급히 구조할 필요가 있을 때에는 경찰관서(지구대·파출소 및 출장소 포함)의 장에게 그 소속 직원의 동행을 요청할 수 있으며, 요청을 받은 경찰관서의 장은 특별한 사유가 없으면 이에 따라야 한다.

2) 사법경찰관리의 현장출동

사법경찰관리는 성폭력 신고가 접수된 때에는 지체 없이 신고된 현장에 출동하여야 하며, 출동한 사법경찰관리는 신고된 현장에 출입하여 관계인에 대하여 조사를 하거나 질문을 할 수 있다. 이에 따라 출입, 조사 또는 질문을 하는 사법경찰관리는 그 권한을 표시하는 증표를 지니고 이를 관계인에게 내보여야 한다.

조사 또는 질문을 하는 사법경찰관리는 피해자 · 신고자 · 목격자 등이 자유롭게 진술할 수 있도록 성폭력행위자로부터 분리된 곳에서 조사하는 등 필요한 조치를 하여야 한다.

누구든지 정당한 사유 없이 신고된 현장에 출동한 사법경찰관리에 대하여 현장조사를 거부하는 등 업무를 방해하여서는 아니 된다.

3) 보고 및 검사

여성가족부장관 또는 지방자치단체의 장은 상담소, 보호시설, 통합지원센터 또는 교육훈련시설의 장에게 해당 시설에 관하여 필요한 보고를 하게 할 수 있으며, 관계 공무원으로 하여금 그 시설의 운영 상황을 조사하게 하거나 장부 또는 그 밖의 서류를 검사하게 할 수 있다. 이에 따라 검사를 하는 공무원은 사전에 검사 일시, 검사 목적 등에 관한 사항을 그 시설의 장에게 통보하여야 한다.

직무를 수행하는 관계 공무원은 그 권한을 표시하는 증표를 지니고 이를 관계인에게 보여주어야 한다.

4) 유사명칭 사용 금지

이 법에 따른 상담소, 보호시설, 통합지원센터, 교육훈련시설이 아니면 성폭력피해상담소, 성폭력피해자보호시설, 성폭력피해자통합지원센터, 성폭력 관련 상담원 교육훈련시설 또는 이와 유사한 명칭을 사용하지 못한다.

5) 청문

특별자치시장 · 특별자치도지사 또는 시장 · 군수 · 구청장은 업무의 폐지를 명하거나 인가를 취소하려면 청문을 하여야 한다.

6) 권한의 위임

이 법에 따른 여성가족부장관의 권한은 그 일부를 대통령령으로 정하는 바에 따라 시 · 도지사 또는 시장 · 군수 · 구청장에게 위임할 수 있다.

4. 벌 칙

1) 벌칙

- 피해자 또는 성폭력 발생 사실을 신고한 자에게 불이익조치를 한 자는 3년 이하의 징역 또는 3천만원 이하의 벌금에 처한다
- 다음의 어느 하나에 해당하는 자는 2년 이하의 징역 또는 500만원 이하의 벌금에 처한다.
  ㉠ 신고를 하지 아니하거나 인가를 받지 아니하고 상담소, 보호시설 또는 교육훈련시설을 설치 · 운영한 자
  ㉡ 업무의 폐지 또는 정지 명령이나 인가취소를 받고도 상담소, 보호시설 또는 교육훈련시설을 계속 운영한 자
  ㉢ 영리목적 운영 금지의무를 위반한 자
  ㉣ 비밀 엄수의 의무를 위반한 자

2) 양벌규정

법인의 대표자나 법인 또는 개인의 대리인, 사용인, 그 밖의 종사자가 그 법인 또는 개인의 업무에 관하여 "벌칙" 조항의 위반행위를 하면 그 행위자를 벌하는 외에 그 법인 또는 개인에게도 해당 조문의 벌금형을 과(科)한다. 다만, 법인 또는 개인이 그 위반행위를 방지하기 위하여 해당 업무에 관하여 상당한 주의와 감독을 게을리하지 아니한 경우에는 그러하지 아니하다.

3) 과태료

- 정당한 사유 없이 현장조사를 거부하는 등 업무를 방해한 자에게는 500만원 이하의 과태료를 부과한다.
- 다음의 어느 하나에 해당하는 자에게는 300만원 이하의 과태료를 부과한다.
  ㉠ 성폭력 사건이 발생한 사실을 신고하지 아니한 자
  ㉡ 정당한 사유 없이 보고를 하지 아니하거나 거짓으로 보고한 자 또는 조사 · 검사

를 거부하거나 기피한 자

㉢ 유사명칭 사용 금지의무를 위반한 자

위 조항에 따른 과태료는 대통령령으로 정하는 바에 따라 여성가족부장관 또는 지방자치단체의 장이 부과·징수한다.

[저자 소개]

• 강용규
삼육보건대학교 노인복지과 교수

사회복지법제와 실천

2021년 8월 15일 초판인쇄
2021년 8월 20일 초판발행

저 자 강 용 규
발행인 유 성 열
발행처 **청목출판사**
서울특별시 영등포구 신길로 40길 20
전화 (02) 849-6157(代) · 2820 / 833-6091
FAX (02) 849-0817
등록 제318-1994-000090호

파본은 바꾸어 드립니다. 값 35,000원

http : //www.chongmok.co.kr

ISBN 978-89-5565-801-9